Responsabilidade por Conduta Processual

Responsabilidade por Conduta Processual

LITIGÂNCIA DE MÁ FÉ E TIPOS ESPECIAIS

2022

Paula Costa e Silva

ALMEDINA

RESPONSABILIDADE POR CONDUTA PROCESSUAL
LITIGÂNCIA DE MÁ FÉ E TIPOS ESPECIAIS
© Almedina, 2022

AUTORA: Paula Costa e Silva

DIRETOR ALMEDINA BRASIL: Rodrigo Mentz
EDITORA JURÍDICA: Manuella Santos de Castro
EDITOR DE DESENVOLVIMENTO: Aurélio Cesar Nogueira
ASSISTENTES EDITORIAIS: Larissa Nogueira e Rafael Fulanetti
ESTAGIÁRIA DE PRODUÇÃO: Laura Roberti

DIAGRAMAÇÃO: Almedina

DESIGN DE CAPA: Edições Almedina, S.A.
ISBN: 9786556277332
Dezembro, 2022

Dados Internacionais de Catalogação na Publicação (CIP)
(Câmara Brasileira do Livro, SP, Brasil)

Silva, Paula Costa e
Responsabilidade por Conduta Processual :
litigância de má fé e tipos especiais / Paula Costa e Silva.
São Paulo, SP : Almedina, 2022

Bibliografia.
ISBN 978-65-5627-733-2

1. Direito processual civil 2. Indenização (Direito civil) 3. Litigância de má-fé
4. Obrigação (Direito) 5. Responsabilidade (Direito) – Jurisprudência I. Título.

22-132100 CDU-347.9

Índices para catálogo sistemático:

1. Direito processual civil 347.9

Eliete Marques da Silva – Bibliotecária – CRB-8/9380

Este livro segue as regras do novo Acordo Ortográfico da Língua Portuguesa (1990).

EDITORA: Almedina Brasil
Rua José Maria Lisboa, 860, Conj. 131 e 132, Jardim Paulista | 01423-001 São Paulo | Brasil
www.almedina.com.br

ÍNDICE

NOTA À NOVA EDIÇÃO

I. Retomar, para efeitos de republicação, um texto, que reflecte o resultado de pesquisa e pensamento com mais de uma década, é tarefa que, para quem agora escreve, coloca sempre um dilema: reescrever tudo? Deixar o núcleo intocado, dando nota quando haja alteração no modo de compreender os problemas postos e actualizando as referências legislativas, jurisprudenciais e doutrinárias nos pontos chave?

Seguimos a segunda opção por diversas razões. O presente texto encontra-se numa singular linha do tempo. Justificado pela necessidade de responder aos problemas colocados por um caso concreto, no seu curso foi tomada posição acerca de diversas regras que, coincidência provável, foram alteradas entre a data da primeira publicação e o dia de hoje e que o foram no sentido das observações feitas na versão datada de 2008. A permanência da estrutura originária e das então enunciadas críticas a certas opções legislativas, acompanhada, nesta edição, de notas onde se dá conta da alteração da regra e do novo sentido da regra, permite confrontar texto e lei e melhor compreender a interacção entre ambos.

Mas foi decisiva a circunstância de, não obstante os quinze anos que nos separam da versão originária, mantermos as conclusões a que então chegámos: sobreviveram ao teste de resistência que lhes foi colocado sempre que, em aulas, artigos, pareceres, tivemos de retomar os problemas relacionados com as consequências de conduta processual ilícita. Então como hoje, olhamos a responsabilidade por conduta processual como um tipo especial de responsabilidade, exauriente quanto às suas consequências – se a conduta processual ilícita provocar danos e sejam quais forem os bens jurídicos atingidos, o dano indemnizável será aquele que, seja pelo critério da causalidade adequada, seja pela teoria do escopo de protecção da norma, tiver aquela conduta como causa eficiente – e especial porque afasta a aplicação do tipo geral do artigo 483.º do Código Civil por ponderação da natureza da conduta, uma conduta processual, activa ou omissiva. A estranheza do tipo central de responsabilidade por conduta processual ilícita, assente em condutas típicas e não numa cláusula geral, como ocorre nos casos cobertos pelo artigo 483.º, n.º 1, do Código Civil, prende-se com a origem e as finalidades desta responsabilidade: trata-se de um tipo assente em condutas típicas, potencialmente violadoras de bens jurídicos distintos e titularizados por diferentes sujeitos, indutoras da aplicação de penas civis – a multa – e justificadoras da constituição de deveres de indemnizar se provocadoras de danos. A intervenção da pena civil aproxima a responsabilidade por conduta processual ilícita da responsabilidade por conduta com relevância penal, razão que explica a tipicidade histórica da responsabilidade por conduta processual ilícita, acolhida pela expressão *litigância de má fé*.

A limpidez desta conclusão resultou da análise de condutas processuais desvirtuosas ocorridas num contexto em que pode questionar-se a aplicabilidade de multas; referimo-nos à arbitragem. Não sendo uma instância de exercício de jurisdição, ausente de preocupações éticas, a realização da justiça através de tribunais arbitrais impõe que também aí se reprimam condutas atentatórias de valorações fundamentais. Mas a possibilidade de prescindir da aplicação de multas – mas não dos deveres de indemnizar danos provocados por condutas ilícitas – permite uma maior fluidez na determinação dos parâmetros definidores dessa ilicitude, sendo admissível configurar um recurso ao tipo central da responsabilidade civil que, no nosso sistema, dispensa a tipicidade dos bens jurídicos violados e dos comportamentos violadores desses bens jurídicos. Esta matéria não integrará a presente investigação.

II. Os últimos pontos permitem-nos fazer a ligação com o ponto seguinte: a razão da mudança de título para um trabalho que se mantém estrutural e nuclearmente idêntico a um outro que tinha o título *litigância de má fé*. São litigância de má fé e responsabilidade por conduta processual ilícita uma e a mesma coisa? A resposta a esta interrogação é negativa. Como veremos quando confrontarmos os diversos tipos que intervêm perante condutas processuais ilícitas nem todos se podem rigorosamente reconduzir ao conceito de litigância de má fé. A evolução do sistema português ampliou as situações de responsabilidade, rompendo com os limites que aquela dispunha ao dever de indemnizar danos provocados em contexto processual. Porque no presente texto se analisam estes diversos tipos, mais preciso é o título que o livro agora ganha àquele com que foi publicado na anterior versão.

III. Uma última palavra, de agradecimento. Sem a ajuda substancial de Filipa Lira de Almeida, que interveio sobre a impecável revisão já feita por Marta Taborda, o trabalho de revisão da revisão teria sido um empreendimento superior às forças disponíveis para o concretizar. A solidariedade da Filipa, ainda mais evidente, se isto for possível, quando se apercebe que as circunstâncias colocam o outro num permanente conflito real heterogéneo de desafios, tornou possível o que se representava como mais uma tarefa insuperável.

Lisboa, Junho de 2022

PREFÁCIO

Numa conhecida fábula[1], Italo Calvino conta a história do Visconde Medardo di Terralba, que, na guerra contra os infiéis, foi cortado ao meio: da batalha sobreviveu como Medardo, o Maléfico, capaz de todas as iniquidades, sem sombra de piedade ou de correção, e Medardo, o Bom, dotado de uma generosidade infinita a ponto da disfuncionalidade. Diferentemente de Dr. Jekyll e Mr. Hyde, de Stevenson[2] – uma pessoa que se repartia em duas outras, inteiras em si mesmos, embora opostas –, Medardo, *incompleto, era um só*: as duas metades formavam uma unidade, um mesmo e único homem partido ao meio, pois "todos nos sentimentos de algum modo incompletos, todos realizamos uma parte de nós mesmos e não a outra"[3].

A metáfora do autor italiano parece-me mais próxima do que acontece na humana realidade. Todos somos, convivemos e nos comportamos, em unidade fundamental, contrastados entre o certo e o errado, o direito e o torto, o lícito e o ilícito, o aplauso e a censura, o recompensável e o sancionável. Assim, para qualificar nossos atos, carecemos responder: quais são os fundamentos e os critérios aptos a demarcar as fronteiras entre os fenômenos em contraste?

A fábula de Calvino me vem à mente desde as primeiras linhas deste muito sério, erudito e necessário "Responsabilidade por Conduta Processual – Litigância de má fé e outros tipos especiais", da Professora Doutora Paula Costa e Silva, da Universidade de Lisboa, que me deu a alegria e a imensa honra de prefaciá-lo talvez pela preocupação compartida com a arquitetura técnica que está a revestir os aspectos éticos fundamentais ao sistema.

---

[1] Calvino, Italo. *O visconde partido ao meio*. Trad. Portuguesa de Nilson Moulin. 2. ed. São Paulo: Companhia das Letras, 2004. Título original: *Il visconte dimezzato*. Torino: Einaudi, 1952.

[2] Stevenson, Robert Louis. *O médico e o monstro:* o estranho caso de Dr. Jekyll e Mr Hyde. São Paulo: Penguin-Companhia, 2015. Título original: *Strange Case of Dr. Jekyll and Mr. Hyde*. London: Longmans, Greens and Co., 1886.

[3] Assim explicou Calvino a Carlo Salinari, em resposta a uma resenha que este escrevera em *L'Unità* de 06 de agosto de 1952, transcrita na Apresentação da edição brasileira.

Renovando estudos anteriores[4], atualizando-os em vista de alterações legislativas, acrescendo-os por novas considerações, a Autora enfrenta a questão de saber quais são a natureza e o escopo da responsabilidade por conduta processual, discernindo entre as condutas lesivas que ocorrem na seara processual e aquelas que, ocorrendo fora deste meio, são alcançadas pela regra central da responsabilidade civil.

Disseca, para tanto, de onde provém, como se justifica e de que forma se revela a obrigação de indenizar danos provocados por comportamento processual ou por violação de dever adjetivo, situando, fundamentalmente, os critérios a serem obedecidos pelo decisor ao qualificar comportamentos processuais com a pecha da ilicitude. A pergunta central a qual responde é: dentre a multifária gama de comportamentos adotados pelos sujeitos no curso do processo, quais serão aqueles que, etiquetados como ilícitos, resultarão no dever de indenizar?

No trato dos comportamentos processuais, o sistema português, dentre outras peculiaridades, cumula os campos da censura entre condutas geradoras de multa e de indenização. A distinção tem como fundamento a circunstância de o comportamento processual ilícito potencialmente gerar, além do dano diretamente causado à contraparte, dano ao próprio sistema de Justiça e a toda coletividade, no mínimo pelo alongamento do tempo na discussão e resolução do litígio e pelo próprio descrédito ao sistema de justiça que pode gerar. A multa caberá quando a conduta processual resultar em prejuízo ao sistema de administração de justiça, revertendo aos cofres do Estado. A intervenção legal será, então, claramente punitiva. Mas, quanto à segunda, quais serão as balizas que orientam a cominação no dever de indenizar? Trata-se da mesma ilicitude prevista em cláusula geral no Código Civil? O intuito é punitivo ou ressarcitório? A responsabilidade civil obedece, no âmbito do processo, a um modelo próprio ou se funde ao sistema geral previsto no Código Civil? Ao determinar a indenização como consequência de um ilícito adjetivo, o decisor encontra-se, ou não, vinculado a um modelo de tipicidade?

Essas e outras questões são respondidas ao longo das muito cultas e instigantes páginas que a essas se seguem com amparo em sólida pesquisa histórica e comparatista, polarizadas pelo direcionamento ético e finalista

---

[4] O livro tem origem na Tese de Agregação apresentada pela Autora em 2008 à Faculdade de Direito de Lisboa. A pesquisa foi agora atualizada, nas referências legais, doutrinárias e jurisprudenciais, mantendo-se a linha central do seu pensamento sobre o tema.

que marca a concepção da Autora acerca do próprio fenômeno jurídico. Uma declaração de princípio é estampada com clareza ou é inferida com não menor nitidez de cada uma das páginas deste livro: *no exercício de posições jurídico-processuais, as partes têm o dever de litigar de modo correto.*

Diante do exercício patológico de direito de ação, agravado, em nossos dias, pela degradação dos níveis éticos que coenvolvem o exercício profissional, o ordenamento reage por meio de um específico modelo de imputação de responsabilidade. No sistema português, a indenização caberá nas hipóteses previstas nos artigos 542.º e seguintes do Código de Processo Civil[5]. Porém, para gerar o dever de indenizar, não basta o dano: a imposição da consequência obedece à aplicação de rigorosos critérios técnicos, atinentes, de um lado, à delimitação do que significa *ilicitude processual*, de outro, à forma de sua previsão, a qual obedece, no sistema português, ao modelo da tipicidade, e não o da cláusula geral.

A palavra *ilicitude* é polissêmica desde as suas arcanas origens, que vão do literal e objetivo significado (contrariedade a direito, antijuridicidade, *iniuria*) até a sua mescla com o principal fator de imputação de responsabilidade, qual seja, a culpa, então nele se imiscuindo elementos subjetivados (negligência, dolo, má-fé)[6]. Atenta às sutilezas conceituais subjacentes ao texto da lei, registra a Autora a forma agravada de negligência que há de revestir a má-fé qualificadora da litigância censurável com a imposição do dever de

---

[5] *In verbis:* "1 – Tendo litigado de má-fé, a parte é condenada em multa e numa indemnização à parte contrária, se esta a pedir. 2 – Diz-se litigante de má-fé quem, com dolo ou negligência grave: a) Tiver deduzido pretensão ou oposição cuja falta de fundamento não devia ignorar; b) Tiver alterado a verdade dos factos ou omitido factos relevantes para a decisão da causa; c) Tiver praticado omissão grave do dever de cooperação; d) Tiver feito do processo ou dos meios processuais um uso manifestamente reprovável, com o fim de conseguir um objetivo ilegal, impedir a descoberta da verdade, entorpecer a ação da justiça ou protelar, sem fundamento sério, o trânsito em julgado da decisão. 3 – Independentemente do valor da causa e da sucumbência, é sempre admitido recurso, em um grau, da decisão que condene por litigância de má-fé."

[6] Para uma síntese dessa conturbada história conceitual, permito-me referir: Martins-Costa, Judith; Giannotti, Luca. A culpa no Direito das Obrigações: notas para uma história de conceitos jurídicos fundamentais. In: Pires, Fernanda Ivo (Org.). *Da estrutura à função da responsabilidade civil*: uma homenagem do Instituto Brasileiro de Estudos da Responsabilidade Civil (IBERC) ao Professor Renan Lotufo. São Paulo: Foco, 2021, pp. 163-179.

indenizar[7]. Conquanto os enunciados normativos contemplem conceitos vagos, a ilicitude processual não chega a ser prevista em cláusula geral, antes seguindo forma analítica da previsão, o que – radicando na tipicidade própria da ilicitude penal, onde o instituto encontra a sua origem – confere maior segurança ao julgador, precisando as hipóteses[8]. Ao tipo central – litigância de má-fé – se ajuntam outros tipos, também exaustivamente analisados pela Autora. Em qualquer caso, o litigante de má-fé deverá indenizar todos os danos, seja qual for a natureza da situação jurídica lesada, que, com a sua conduta, haja causado à contraparte.

Até concretizar a consequência reparatória, muitas armadilhas perigosas hão de ser evitadas, muitas questões hão de ser previamente respondidas. A mais evidente cilada a enfrentar diz respeito à garantia fundamental ao direito de acesso à justiça, conjugada às peculiaridades do *estar-se em juízo*, o que requer uma especial ponderação quanto à antijuridicidade da conduta. Ademais, o "estar-se em juízo" configura situação inclusiva da "especial periculosidade da estrutura processual"[9], devendo o intérprete atentar ao incremento da periculosidade que intensifica os deveres de cuidado, dado a ter relevância quer na bitola para a averiguação da culpa, quer na quantificação do dano.

Atenta às especificidades que caracterizam a antijuridicidade adjetiva, Paula Costa e Silva discerne com fineza entre as eficácias de figuras distintas – o abuso de direito, o abuso de posição processual e a litigância de má-fé – concluindo que a constituição da obrigação de indenizar, como efeito de uma especial situação de responsabilidade, resulta do preenchimento de um ilícito próprio, a litigância de má-fé. Esta concretiza, especificativamente, o ilícito suposto pelo artigo 483.º, n.º 1, do Código Civil[10], o qual está relacionado

---

[7] Código de Processo Civil português, art. 542.º, 2, ao referir "quem, com dolo ou negligência grave" praticar o comportamento prescrito em qualquer das alíneas seguintes.

[8] Recordei os riscos apresentados pelas cláusulas gerais em: MARTINS-COSTA, Judith. *A Boa-fé no Direito Privado*: critérios para a sua aplicação. 2. ed. São Paulo: Saraiva, 2018, § 16, 7, pp. 190-196.

[9] A expressão é da Autora. *Vide* Conclusão.

[10] Código Civil português, cláusula geral de ilicitude subjetiva, Art. 483, *in verbis*: "1. Aquele que, com dolo ou mera culpa, violar ilìcitamente o direito de outrem ou qualquer disposição legal destinada a proteger interesses alheios fica obrigado a indemnizar o lesado pelos danos resultantes da violação. 2. Só existe obrigação de indemnizar independentemente de culpa nos casos especificados na lei.".

ao artigo 542.º do Código processual por nexo de especialidade, e não de absorção. A indenização decorrente do preenchimento desse tipo destina-se a compensar todos os danos sofridos, seja qual for a natureza da situação jurídica atingida. Não estarão, apenas, em casa aqueles que vulgarmente se qualificam como "danos processuais" (custas, encargos processuais, despesas do patrocínio e demais lesões a interesses processuais juridicamente tutelados), mas todos os danos verificados nas situações jurídicas materiais da contraparte que, determinados pelos critérios constantes no art. 562.º[11] e seguintes do Código Civil português, sejam considerados indenizáveis.

Sendo o tipo central a litigância de má-fé, um dos pontos altos da investigação diz respeito ao preenchimento conceitual da expressão *má-fé* que adjetiva a litigância reprovada e sancionada com o dever de indenizar. Visualizada por seu antônimo, tratar-se-á do contraponto à *boa-fé objetiva*, dita "boa-fé normativa", porque, desprendida do elemento subjetivo, impõe regra de conduta correta e leal? Ou aí estará configurado o par oposto à *boa-fé subjetiva*, estado de fato, estado psicológico tradutor da consciência de agir-se corretamente, embora se esteja, de fato, a agir contra o Direito?

Como se sabe, o sintagma boa-fé designa, na língua portuguesa, duas realidades jurídicas fundamentalmente distintas, operando a distinção conforme a adjetivação que receba. Tradicionalmente, a expressão má-fé, denotando malícia, artifício, estratagema maléfico, comportamento doloso, é o oposto da boa-fé subjetiva, a boa-fé "fato" ou "estado psicológico". Porém, ensina Paula Costa e Silva, a inserção, no sistema, de cláusula geral de *conduta diligente* quer no plano substantivo, quer no adjetivo, provoca alteração nesse significado. As modificações introduzidas no elemento subjetivo do tipo de ilícito que virá desencadear o dever de indenizar "tem de permear todo o sistema de responsabilidade". Embora a requerer o elemento subjetivo sob a forma de negligência, a litigância de má-fé atenderá, pois, não às condições psicológicas do agente, "mas a parâmetros éticos que lhe são exigidos"[12], já que a litigância de má-fé "já não assenta em puros factos, mas em juízos normativos"[13].

---

[11] Código Civil português, art. 562.º, dever de indenizar, *in verbis*: "Quem estiver obrigado a reparar um dano deve reconstituir a situação que existiria, se não se tivesse verificado o evento que obriga à reparação".

[12] Assim a Autora, Conclusão.

[13] Assim a Autora, Capítulo VI.

Penso caber integral razão à Autora. A inserção, no sistema, de cláusulas gerais de diligência e de conduta segundo a boa-fé permite falar num terceiro significado, a romper a díade que envolve tradicionalmente o polêmico sintagma, perspectivando uma "boa-fé [subjetiva] *objetivada*", porque apreciável segundo critérios a serem retirados das circunstâncias do caso, do que é usual no tráfego jurídico, iluminado, por certo, pelos vetores éticos nucleares ao sistema. Relevarão, então, os critérios da razoabilidade da conduta e da finalidade da ação, bem como o imperativo da correção processual.

Ao fim e ao cabo, para além de solidamente ancorada no sistema, a adoção desta perspectiva é vantajosa às partes e à própria administração da justiça. Ela tem, fundamentalmente, a virtualidade de dar conforto ao decisor, que pode melhor perceber e enquadrar os casos com os quais se defronta, viabilizando a cominação do dever de indenizar apenas àqueles que exercem disfuncionalmente o direito de ação.

Seja-me consentida, ao final, uma nota de caráter pessoal: a demonstrar a unidade essencial do pensamento e da excepcional formação jurídica de Paula Costa e Silva, penso que uma tão fina análise do comportamento processual só poderia ser realizada por quem se move, com igual perícia, no Direito substancial e no adjetivo[14]. Penso em não estar errada ao atribuir o êxito das páginas que a esta seguem à habilidosa conjugação da processualista e da civilista que, unindo suas duas *metades* pode discernir, no *unuum* da conduta humana relevante para o Direito, as notas caracterizadoras do comportamento processual ilícito.

Setembro, 2022

JUDITH MARTINS-COSTA[15]

---

[14] E assim o faz desde o doutoramento, quando analisou com refinamento ímpar o ato postulatório como ato processual, e, sobretudo, como ato jurídico – COSTA E SILVA, Paula. *Acto e Processo*: o dogma da irrelevância da vontade na interpretação e nos vícios do acto postulativo. Coimbra: Coimbra, 2003.

[15] Foi Professora de Direito Civil na Faculdade de Direito da Universidade Federal do Rio Grande do Sul entre 1992 e 2010. Livre-Docente e Doutora pela Universidade de São Paulo. Presidente do Instituto de Estudos Culturalistas. Atua como Parecerista e Árbitra.

PREFÁCIO À NOVA EDIÇÃO

Talvez não seja mera coincidência que, num país cujos litigantes frequentemente não constituem exemplo de boa conduta processual, escasseiem os estudos sobre a má-fé na atuação das partes em tribunal. Pode, de facto, dizer-se que, até à publicação, em 2008, da obra, agora reeditada, de Paula Costa e Silva, a lógica estrutural e as consequentes derivações práticas do instituto do comportamento processual ilícito foram, entre nós, mal conhecidas, não obstante as referências e tomadas de posição de autores como Vaz Serra, Manuel de Andrade, Furtado dos Santos, Pedro Albuquerque, Menezes Cordeiro e outros poucos mais.

A anos-luz desta escassez, a doutrina alemã, confrontada com a falta de consagração legal dum ilícito específico como o descrito e regulado nos arts. 542.º a 545.º do nosso CPC, há muito se lançara no "intenso debate" (p. 415 da presente obra), sobre a articulação entre o direito à utilização dos meios processuais e a necessidade de reparar o dano causado pela atuação processual injusta, enveredando rapidamente, com a tenacidade que lhe é conhecida no vivo intercâmbio de posições até à exaustão de cada tema, pela discussão sistemática das adaptações a fazer na aplicação ao processo dos arts. 226, 823 e 826 do BGB.

Não admira, dado o panorama da doutrina nacional, que a jurisprudência portuguesa na matéria conheça muitas oscilações e entendimentos contrários e que, embora seja de registar, com a Autora, que, quer o Tribunal Constitucional, quer o Supremo Tribunal de Justiça, conhecem hoje linhas de orientação mais coerentes que no passado e, em certa medida, mais aprofundadas do que as da doutrina nacional, continua a prevalecer demasiada benevolência na apreciação sancionatória do comportamento processual das partes.

A este panorama de mornice nacional se contrapõe a presente obra. E fá-lo com um vigor e um brilhantismo notáveis.

A base de sustentação das ideias nela desenvolvidas é ampla: uma descrição histórica desenvolvida, produto de investigação minuciosa e exposta com um método de síntese que dela permite retirar apenas o essencial para a compreensão do presente; a doutrina germânica, mas também a anglossaxónica (em especial, sobre o *contempt of court*), a italiana (que conta, nomeadamente, com a obra em dois volumes de Francesco Cordopatri) e a brasileira (com vários estudos sobre o tema), inteligentemente referidas e usadas na justa medida do que à Autora vai sendo necessário para a análise do sistema português; por fim, os contributos da doutrina e da jurisprudência nacionais.

A exposição histórica tem a particularidade de começar por se fazer mediante um método de recuo que, depois de referidas as normas gerais e especiais do sistema legislativo atual, vai das Ordenações Filipinas às Ordenações Manuelinas, destas às Ordenações Afonsinas, das ordenações às primeiras leis portuguesas e, finalmente, às fontes anteriores à nacionalidade, maxime o Direito Romano clássico e o Direito Visigótico (quase como naquela história duma vida contada da frente para trás e acabando no SPA do útero materno). É chamada a atenção para a influência do Direito Romano no direito nacional se dar indiretamente, por influência de Aragão, Leão, Castela e a legislação canónica, bem como para o facto de o longo processo sociocultural da formação de Portugal não coincidir com o momento da formação política do Estado.

Afastado o flash back progressivo e adotado o tipo de exposição histórica mais corrente, é avançando no tempo que a Autora analisa a seguir as disposições pertinentes da Reforma Judiciária, da Nova Reforma Judiciária, da Novíssima Reforma Judiciária, do CPC de 1876 (com a curiosa história da sua elaboração, desde o falhanço, por total inoperância, das sucessivas comissões constituídas desde 1845 até ao arrojo da iniciativa individual do Visconde de Seabra, sobre cujo projeto, mas com o incrível afastamento do seu autor, o Código teve finalmente existência) e, por fim, do CPC de 1939. Ao longo do percurso histórico, é constante a tensão, diversamente resolvida, entre a imputação obrigacional decorrente do decaimento e a imputação da responsabilidade pelo comportamento processual abusivo, tensão essa que o CPC de 1939, sob influências italiana e brasileira, resolve autonomizando o instituto da má-fé do instituto das custas processuais.

O debate doutrinário, superadas as dúvidas sobre a censurabilidade do comportamento assumido no exercício dos direitos processuais, abre-se – como é mostrado pela Autora – para outra tensão, respeitante ao tipo de ligação entre as normas gerais de responsabilidade do direito civil e as normas, gerais e especiais, que regulam a responsabilidade das partes pela sua conduta no processo: as primeiras (normas processuais gerais) gozam – defende (bem) a Autora – de total autonomia na definição do tipo de conduta censurável e de parcial autonomia na definição do nexo de causalidade; a relação de especialidade das segundas é, com os fundamentos específicos da perigosidade da conduta (arts. 858.º e 866.º do CPC) e do menor grau da prova (art. 374.º do CPC) e a exceção infeliz do art. 22.º do CIRE, estabelecida diretamente com as normas gerais do direito civil, devidamente adaptadas e, consequentemente, significativamente modificadas, quer quanto ao tipo de conduta ilícita, quer quanto ao nexo causal e ao dano indemnizável.

Do ponto de vista teórico, um só ponto há que mereceria maior aprofundamento: a articulação entre o pressuposto do interesse processual e o comportamento processual abusivo: a Autora adota o ponto de vista de autores alemães, sem o assentar numa definição rigorosa do conceito geral de interesse processual. Já a articulação feita entre o comportamento processual abusivo (uso abusivo do direito de ação ou do direito de defesa) e o instituto geral do abuso de direito aparece totalmente justificada, tal como, aliás, são justificadas todas as referências jurisprudenciais feitas ao longo da obra.

Em conclusão: os teóricos e os práticos do Direito (e não só do processual) têm agora a obra que faltava entre nós, obra que é um marco de referência no estudo sistemático e na aplicação à vida do instituto português do comportamento processual ilícito.

Acrescento – *last but not least* – que, tal como esperariam todos os que conhecem o seu espírito jovial e a fluidez do seu raciocínio, a Autora se exprime sempre numa linguagem cujo rigor científico se combina com a simplicidade, o que torna a leitura fácil para qualquer jurista (nada que se assemelhe à profusão, por vezes fastidiosa, de parêntesis e orações coordenadas e subordinadas do discurso escrito do autor deste prefácio).

Por fim, uma nota pessoal, consentida pela Autora. Conheci a agora Professora Doutora Paula Costa e Silva no longínquo ano de 1985. Numa muito quente tarde de julho, apresentou-se a prestar, perante mim, prova oral de melhoria de nota na disciplina de Direito Processual Civil II – Processo Executivo. O tema era "Os efeitos civis da venda em execução: atos com dupla eficácia". Desde aquela distante prova oral até ao dia de hoje, a minha então aluna, que não prescinde de assim ser por mim tratada, faz do diálogo entre direito substantivo e direito processual o fio constante da sua vida de investigação.

O trabalho que, neste momento, é reeditado foi submetido a provas públicas (últimas na carreira de um professor) para a obtenção do título de professor agregado, na Faculdade de Direito da Universidade de Lisboa. Bem haja a minha amiga Ana Paula por ter feito reeditar este seu trabalho!

Agosto de 2022

José Lebre de Freitas

AGRADECIMENTOS

Uma conversa foi determinante para o controlo da adequação do método e dos resultados obtidos em pontos sensíveis da presente monografia. Devo-a ao Professor Doutor Martim de Albuquerque.

Aos Doutores Miguel Teixeira de Sousa, Paulo Otero, Pedro Barbas Homem e Luís Bigotte Chorão agradeço o acesso irrestrito às respectivas bibliotecas e as pistas bibliográficas que, ao longo do tempo, me foram dando. Ao Doutor Miguel Teixeira de Sousa devo, ainda, o tempo perdido com a reprografia de textos a que não pude aceder directamente e em tempo útil.

Ao Professor Aristides Pinheiro devo o auxílio na remoção dos muitos escolhos suscitados pelas fontes disponíveis em latim.

Aos Drs. João Geraldes, Hugo Moredo Santos, Paulo Saragoça da Matta e Nuno Trigo dos Reis devo a infinita paciência para a leitura e discussão de aspectos vários do trabalho.

O agradecimento maior é devido ao Professor Doutor Ruy de Albuquerque. Aqui fica o percurso que me permitia, há uns anos, intuir as conclusões que então lhe transmiti quanto aos limites da solução intencionada para um concreto caso real.

Lisboa, Julho de 2008

"Se é assim, como também o profundíssimo Aristóteles afirma na Filosofia Primeira que nas coisas mais manifestas por natureza deparamos com dificuldades semelhantes à dos morcegos que tentam ver o sol, então, se o nosso desejo não é em vão, o que desejamos é saber que ignoramos. Se pudermos chegar plenamente a isso, atingiremos a douta ignorância. Com efeito, nenhum outro saber mais perfeito pode advir ao homem, mesmo ao mais estudioso, do que descobrir-se sumamente douto na sua ignorância, que lhe é própria, e será tanto mais douto quanto mais ignorante se souber."

NICOLAU DE CUSA, A douta ignorância, Lv. 1.º, Cap. I., § 4

"Gewissheit konnte oft nur durch ein sehr weitläuftiges Verfahren erlangt werden, weil man dann den Grund jeder Forderung untersuchen müsste [...]. Aber auf der anderen Seite wie sichert man den Schuldner gegen Missbrauch der richterlichen Gewalt, wenn der Richter jede leere Vermuthungen zusammenstroppeln, und hierauf ein Concursverfahren bauen kann, womit er den Schuldner mit seiner Familie von Haus und Hof verdrängt, seinen Credit untergräbt, um entweder niedrigen Leidenschaften zu fröhnen, oder gar um Concursgebühren zu ziehen!"

GÖNNER, Handbuch des deutschen gemeinen Prozesses in einer ausführlichen Erörterung seiner wichtigsten Gegenstände, LXXXII, p. 576

"Porque o abuso do direito de accionar se considera um facto ilícito, sujeita-se a responsabilidade quem pratica esse abuso, procedendo de má fé. Essa responsabilidade desdobra-se em duas sanções: multa e indemnização."

JOSÉ ALBERTO DOS REIS, Código de Processo Civl anotado, 1940, p. 327

"Der Streit um Geld und andere Vermögensinteressen macht die Achtung vor dem Gegner schnell vergessen."

GERHARD WAGNER, Ehrenschutz gegenüber Parteivorbringen im Zivilprozeß, p. 614

Ao longo do texto as obras são citadas segundo o método *short title*. No final, é incluído um índice bibliográfico com a referência completa das diversas obras citadas.

Foi possível, na primeira edição da obra, tomar em consideração jurisprudência proferida e doutrina publicada até ao final de Julho de 2008.

ABREVIATURAS

Ac./Acs.	– acórdão/acórdãos
AcP	– Archiv für die zivilistische Praxis
All. T.	– Allgemeiner Teil
BB	– Der Betriebs-Berater
Beschl.	– Beschluß
Bd	– Band
BFD	– Boletim da Faculdade de Direito [Universidade de Coimbra]
BGB	– Bürgerliches Gesetzbuch
BGH	– Bundesgerichtshof
BGHZ/RGZ	– Entscheidungen des Bundesgerichtshofes in Zivilsachen (1950: Entscheidungen des Reichsgerichts in Civilsachen)
BMJ	– Boletim do Ministério da Justiça
BVerfG	– Bundesverfassungsgericht
C	– Constituição Imperial
CC	– Código Civil, aprovado pelo Decreto-Lei n.º 47344, de 25 de Novembro de 1966
CC1867	– Código Civil de 1867
c.c.it.	– Codice Civile, aprovado pelo *Regio Decreto* n. 262, de 16 de Março de 1942, com as alterações introduzidas pelo *Decreto-Legge* n. 36, de 30 de Abril de 2022 e pela *Sentenza* da *Corte Constituzionale* n. 131, de 31 de Maio de 2022
CIRE	– Código da Insolvência e da Recuperação de Empresas, aprovado pelo Decreto-Lei n.º 53/2004, de 18 de Março
CJC	– *Corpus Iuris Civilis*
C. L. Ex. D. N. L.	– Leis Extravagantes e Repertório das Ordenações de Duarte Nunes de Lião
CP	– Código Penal, aprovado pelo Decreto-Lei n.º 400/82, de 23 de Setembro
CPC1876	– Código de Processo Civil, aprovado por Carta de Lei de 8 de Novembro de 1876

CPC1939 – Código de Processo Civil de 1939, aprovado pelo Decreto-Lei n.º 29637, de 28 de Maio de 1939
CPC1961 – Código de Processo Civil de 1961, aprovado pelo Decreto-Lei n.º 44129, de 28 de Dezembro de 1961
CPC1967 – Código de Processo Civil de 1961, aprovado pelo Decreto-Lei n.º 44129, de 28 de Dezembro de 1961, na versão introduzida pelo Decreto-Lei n.º 47690, de 11 de Maio de 1967
CPC2013 – Código de Processo Civil, aprovado pela Lei n.º 41/2013, de 26 de Junho
CPCbr1939 – Código de Processo Civil (brasileiro), aprovado pelo Decreto-Lei n.º 1608, de 18 de Setembro de 1939
CPCbr1973 – Código de Processo Civil (brasileiro), aprovado pela Lei n.º 5869, de 11 de Janeiro de 1973
CPCbr2015 – Código de Processo Civil (brasileiro), aprovado pela Lei n.º 13105/2015, de 16 de Março de 2015
CPCfr – Code de Procédure Civile, aprovado pelo *Décret* n.º 75-1123, de 5 de Dezembro de 1975, com as alterações introduzidas pelo *Décret* n.º 2022-479, de 30 de Março de 2022
c.p.c.it1865 – *Codice di Procedura Civile del Regno d'Italia*, cuja publicação foi autorizada pelo n.º 1.2 da Lei de 2 de Abril de 1865, n.º 2215, destinada à unificação legislativa do Reino de Itália
c.p.c.it. – Codice di Procedura Civile, aprovado pelo *Regio Decreto* de 28 de Outubro de 1940, n. 1443, com as alterações introduzidas pela *Legge* n. 206, de 26 de Novembro de 2021, pela *Legge* n. 70, de 22 de Abril de 2021 e pelo *Decreto-Legge* n. 137, de 28 de Outubro de 2020
CPR – Civil Procedure Rules 1998
CRP1976 – Constituição da República Portuguesa, versão de 1976
CRP – Constituição da República Portuguesa
CPP1929 – Código de Processo Penal, aprovado pelo Decreto n.º 16489, de 15 de Fevereiro de 1929
C. Th. – *Codex Theodosianus*
D – Digesto

DR – Diário da República
EJ – Estatuto Judiciário, aprovado pelo Decreto n.º 15344, de 10 de Abril de 1928
Enc. Dir. – Enciclopedia del Diritto
EOA – Estatuto da Ordem dos Advogados, aprovado pela Lei n.º 15/2005, de 26 de Janeiro/aprovado pela Lei n.º 145/2015, de 9 de Setembro
ETAF – Estatuto dos Tribunais Administrativos e Fiscais, aprovado pela Lei n.º 13/2002, de 19 de Fevereiro
FG – Festgabe
FIt – Il Foro Italiano
FS – Festschrift
Gai. – Instituições de Gaio
GDLP – Grande Dicionário da Língua Portuguesa, de António Morais Silva
Gz. Rl. – Gazeta das Relações
Gz. Rl. Lx. – Gazeta da Relação de Lisboa
Gel. – *Aulus Gellius*
GKG – Gerichtskostengesetz, de 5 de Maio de 2004
GSZ – Großer/Grosser Senat für Zivilsachen
Ins. – *Corpus Iuris Civilis; Institutiones*
JuS – Juristische Schulung
JZ – Juristenzeitung
Lei da Boa Razão – Lei de 18 de Agosto de 1769. Declara a autoridade do Direito Romano, do Canónico e dos Assentos, Estilos e Costumes observados no Reino
L. R. W. – *Lex Romana Wisigothorum*
L. V. – *Lex Visigothorum*
N/n. – Número/número
NssimaRJ – Novíssima Reforma Judiciária, introduzida por Decreto de 21 de Maio de 1841
NJW – Neue Juristische Wochenschrift
NRJ – Nova Reforma Judiciária, introduzida por Decreto de 13 de Janeiro de 1837
O. A. – Ordenações Afonsinas
O.D.D. – Ordenações del-Rei Dom Duarte
O. F. – Ordenações Filipinas

O. M. – Ordenações Manuelinas
P.M.H. – *Portugaliae Monumenta Historica*
RCP – Regulamento das Custas Processuais, aprovado pelo Decreto-Lei n.º 34/2008, de 26 de Fevereiro
RDDP – Revista dialética de direito processual
RDES – Revista de Direito e de Estudos Sociais
RFD – Revista da Faculdade de Direito da Universidade de Lisboa
RJ – Reforma Judiciária, introduzida pelo Decreto n.º 24, de 16 de Maio de 1932
RePro – Revista de processo
RG – Reichsgericht
Riv. di dir. proc. – Rivista di diritto processuale
RTDPC – Rivista trimestrale di diritto e procedura civile
RLJ – Revista de Legislação e de Jurisprudência
Rl Cb – Tribunal da Relação de Coimbra
Rl Év – Tribunal da Relação de Évora
Rl Lx – Tribunal da Relação de Lisboa
Rl Pt – Tribunal da Relação do Porto
Rn – Randnummer
ROA – Revista da Ordem dos Advogados
RPE – Regime Processual Experimental, aprovado pelo Decreto-Lei n.º 108/2006, de 8 de Junho, e revogado pela Lei n.º 41/2013, de 26 de Junho, que aprovou o CPC.
RTr – Revista dos Tribunais
seg./segs. – seguinte/seguintes
STJ – Supremo Tribunal de Justiça
Urt. – Urteil
VersR – Versicherungsrecht
Vol./vol. – volume
ZHR – Zeitschrift für das gesamte Handelsrecht und Wirtschaftsrecht
ZPO – Zivilprozeßordnung alemã, aprovada por Lei de 30 de Janeiro de 1877
ZPO.A – Zivilprozeßordnung austríaca, aprovada por Lei de 1 de Agosto de 1895

ZZP – Zeitschrift für Zivilprozeß (entre 1879 (Bd/vol. 1) e 1920 (Bd/vol 48), Zeitschrift für deutschen Zivilprozess und das Verfahren in Angelegenheiten der freiwilligen Gerichtsbarkeit)

XII T – *Duodecim Tabularum Leges*

I. INTRODUÇÃO

1. O PROBLEMA

1. O presente trabalho visa dar resposta às seguintes interrogações: a obrigação de indemnizar, prevista nos artigos 456.º, n.º 1 e 457.º, n.º 1 do Código de Processo Civil[16] [542.º, n.º 1 e 543.º, n.º 1], emergente da prática de actos processuais ou da violação de deveres adjectivos, cobre a lesão de quaisquer bens jurídicos e a reposição de todos os tipos de danos? Conviverá esta responsabilidade, porque não permite a reposição de todos os danos que devam considerar-se indemnizáveis e que decorram, quer da prática de actos processuais, quer da violação de deveres adjectivos, com outros títulos de imputação desses danos ao lesante?

Comecemos por enunciar a nossa tese: a obrigação de indemnizar danos provocados por comportamento processual ou por violação de dever adjectivo é delimitada nos seus elementos pelos artigos 456.º [542.º] e seguintes do Código de Processo Civil. Com excepção de outras disposições que procedam a diferente valoração dos comportamentos processuais ou da violação de deveres adjectivos, estes apenas merecem censura, desencadeando o dever de indemnizar, nas condições previstas naquele regime. Dito de outro modo, a actuação processual apenas pode determinar a constituição da obrigação de indemnizar se verificados, quer os pressupostos enunciados pelo artigo 456.º [542.º], quer os que encontramos em subsistemas de responsabilidade processual.

A investigação subsequente destinar-se-á a comprovar a tese enunciada.

---

[16] Doravante, qualquer disposição legal citada sem indicação de fonte pertence ao Código de Processo Civil aprovado pelo Decreto-Lei n.º 44129, com as alterações que lhe foram introduzidas até ao Decreto-Lei n.º 226/2008, de 20 de Novembro, a não ser que do contexto ou de indicação expressa resulte diferentemente. As indicações dadas entre parêntesis rectos correspondem aos preceitos em vigor à data desta reedição, dentro do diploma expressamente indicado ou daquele que, do contexto, resulte referenciado.

2. O problema que acabámos de expor implica imediatamente uma delimitação no objecto da nossa investigação.

No contexto do presente trabalho, não vai interessar-nos aquela que comummente se designa por responsabilidade simples, em contraposição com a responsabilidade agravada. A responsabilidade simples respeita à obrigação de pagamento de custas, podendo questionar-se se lhe subjaz ou não uma censura exercida sobre a parte que recorreu aos tribunais, quer para fazer valer uma situação jurídica activa (ou passiva, nas acções de simples apreciação negativa) putativa, quer porque se vinha opondo a uma situação jurídica activa em caso de decaimento da lide ou do respectivo sucesso.

A responsabilidade que se convencionou chamar de responsabilidade agravada é aquela que, seja qual for o fundamento da responsabilidade simples, pressuporá sempre uma conduta ilícita da parte.

No entanto, porque o tipo do artigo 456.º [542.º] não vive isolado no sistema, à responsabilidade simples serão feitas as referências que permitam clarificar a zona de intervenção da responsabilidade agravada.

3. Uma das dificuldades que enfrenta a tentativa de construção de um sistema de responsabilidade fundado na actuação processual ou na violação de deveres adjectivos decorre da crescente explosão normativa que se tem verificado neste domínio.

Sem qualquer pretensão de exaustividade, para além do próprio artigo 456.º [542.º], podem ser referidas, como disposições que estabelecem deveres de indemnizar com fundamento na prática de actos processuais, as seguintes:

- Artigo 113.º [107.º], que impõe o dever de indemnizar danos, por litigância de má fé, à parte que, manipulando o elemento subjectivo da instância, haja intentado desaforar ilicitamente o tribunal competente;
- Artigo 130.º, n.º 3 [123.º, n.º 3] nos termos do qual, em simetria com o que era o regime do revogado artigo 1188.º CPC1961, o presidente do tribunal, ao apreciar a suspeição oposta ao juiz, decide, em caso de improcedência, se a parte recusante agiu de má fé[17];

[17] Assim como é curioso observar que é frequente haver condenação por litigância de má fé quando a parte imputa determinados factos quer ao juiz, quer ao poder judicial, em abstracto, com base em dedução de pretensão cuja falta de fundamento a parte não podia

- Artigo 390.º [374.º], que prevê a responsabilidade do requerente de providência cautelar que for julgada injustificada ou que vier a caducar por facto imputável ao requerente;
- Artigo 819.º [858.º e 727.º, n.º 4], que regula a responsabilidade do exequente por danos provocados ao executado em execução sem citação prévia e quando a oposição for julgada procedente[18];
- Artigo 930.º-E [866.º], que dispõe acerca da responsabilidade do exequente em acção executiva para entrega de coisa imóvel arrendada, fundada em título extrajudicial;
- Artigo 22.º do CIRE, que prevê a responsabilidade por dedução infundada de declaração de insolvência e por indevida apresentação à insolvência pelo devedor.

4. Numa primeira aproximação aos artigos 390.º [374.º], 819.º [858.º e 727.º, n.º 4] e 930.º-E e 22.º do CIRE e estabelecendo o seu confronto, ainda necessariamente perfunctório, com o tipo central[19] do artigo 456.º [542.º], verifica-se que qualquer um deles interfere essencialmente com o elemento subjectivo deste tipo. Se umas vezes eles intervêm para o alargar,

ignorar, é igualmente curioso registar como a má fé surge como questão crucial sempre que o procedimento desencadeado pela parte visa atingir um juiz. *Cfr.*, a título meramente exemplificativo, o acórdão do Supremo, de 19 de Fevereiro de 2004 (Lucas Coelho).

[18] Na vigência do CPC2013, dispõe o artigo 858.º que, "[s]e a oposição à execução vier a proceder, o exequente, sem prejuízo da eventual responsabilidade criminal, responde pelos danos culposamente causados ao executado, se não tiver atuado com a prudência normal, e incorre em multa correspondente a 10 % do valor da execução, ou da parte dela que tenha sido objeto de oposição, mas não inferior a 10 UC, nem superior ao dobro do máximo da taxa de justiça." Já o artigo 727.º, n.º 4 do mesmo Código, sob a epígrafe "dispensa de citação prévia", determina a aplicabilidade do disposto no artigo 858.º às hipóteses de dispensa de citação prévia do executado.

[19] Tomando o conceito de responsabilidade como o grau maior de abstracção para a ideia de imputação de alguma coisa ao agente, a responsabilidade por comportamento processual será, já, um dos diversos tipos de responsabilidade em que releva a ilicitude da conduta do agente. O tipo será, assim, o estádio intermédio entre a abstracção máxima e o absoluto concreto. Apontando esta função intermédia ao tipo, Engisch, Die Idee der Konkretisierung in Recht und Rechtswissenschaft, pp. 237 e segs. (pp. 262); Kaufmann, Analogie und Natur der Sache, p. 47; Larenz/Canaris, Methodenlehre, pp. 290 e segs. (pp. 293 e segs.). Sobre o conceito de tipo central e sua articulação com os demais tipos de tipos, por todos, entre nós, Pais de Vasconcelos, Contratos atípicos, n.os 1-9 (n.º 9) [2.ª edição, 2009].

considerando censuráveis actuações que escapam a censura segundo o tipo central – assim ocorre nas hipóteses cobertas pelos artigos 390.º, 819.º e 930.º-E –, em outros casos, tais regras restringem a censura para além daquilo que decorre daquele tipo-padrão – nesta situação se encontra o artigo 22.º do CIRE. Atendendo a que o intérprete deve partir da premissa de que as soluções legais não são arbitrárias, antes confluindo num sistema, a principal preocupação será a de encontrar as razões destas diferenças, contrapondo os regimes especiais de responsabilidade àquele que resulta do tipo central. E, antecipando, de algum modo, as conclusões a que adiante se chegará, diremos, desde já, que tais diferenças decorrem de considerações substanciais, normalmente implicadas na particular conformação dos meios de tutela e na respectiva perigosidade. Quer isto dizer que, afinal, as diversidades têm, na sua origem, razões de isonomia, conferindo plena coerência ao sistema de responsabilidade por comportamento processual desvalioso tal como este surge desenhado no Código de Processo Civil.

5. Para além das disposições que expressamente se referem a responsabilidade em ligação com intervenções processuais, pode ainda ser identificado um conjunto de outras regras que, pressupondo omissões ou comportamentos processuais inadmissíveis, sujeitam o agente ao pagamento de uma multa. Esta intervenção punitiva, muito frequente perante a violação do dever de cooperação na fase instrutória, pode se encontrada, nomeadamente:

- No tipo central de cooperação em matéria probatória, constante do artigo 519.º, n.º 2[20] [417.º, n.º 2];
- No artigo 532.º [433.º], que impõe o pagamento de uma multa a terceiro[21] que incumpra injunção judicial de entrega de documento;

[20] Nesta matéria, e decidindo generalizadamente pela inversão do ónus da prova enquanto efeito da destruição de provas nos conflitos que eclodem entre médicos e pacientes, parte esta que se vê, regra geral, impossibilitada de fazer prova quanto aos factos constitutivos e, consequentemente, quanto aos pressupostos da obrigação de indemnizar, *cfr.*, a título meramente exemplificativo de uma jurisprudência constante, decisões do BGH de 21.3.1982, BGHZ 85, 212-221 e de 3.2.1987, BGHZ 99, 391-400.

[21] Caso o incumprimento seja da parte contrária, rege o artigo 529.º [430.º], que submete este sujeito processual às consequências previstas no já identificado artigo 519.º, n.º 2 [417.º, n.º 2].

- No artigo 537.º [437.º], que impõe o pagamento de multa pelas partes ou por terceiros que não obedeçam à requisição dos elementos probatórios identificados no artigo 535.º [436.º];
- No artigo 543.º, n.º 1 [443.º, n.º1], que prevê a aplicação de multa ao apresentante de documento considerado impertinente ou desnecessário;
- No artigo 629.º, n.º 4 [508.º, n.º 4], que manda aplicar multa à testemunha que, sem justificação, haja faltado à inquirição;
- No artigo 850.º, n.º 2 [767.º, n.º 2], que manda aplicar o regime da litigância de má fé à parte ou ao terceiro que ocultarem determinada coisa com o objectivo de a subtraírem à penhora (sendo a coisa móvel).

No entanto, em outras hipóteses não atinentes à violação do dever de cooperação em matéria probatória, mas que vêm a entroncar no dever de boa fé processual, a lei prevê a condenação da parte em multa. Assim sucede, *v.g.*, quando o exequente ou o executado apresentem requerimento ao juiz de execução que este, exercendo a sua competência de controlo geral do processo executivo, considere manifestamente injustificado (artigo 809.º, n.º 2 [723.º, n.º 2]). De acordo com Lebre de Freitas/Ribeiro Mendes, a injustificação manifesta caracteriza má fé processual, pois só pode ser manifestamente injustificado o requerimento que a parte deduz, quer sabendo dessa falta de justificação, quer devendo conhecê-la[22]. Concordando com esta posição, supomos ser, assim, esta regra espúria já que a conduta do requerente, porque se reconduziria a um dos tipos de ilícito descritos no artigo 456.º, n.º 2 [542.º, n.º 2], seria sancionada com os efeitos aí previstos, entre eles, a aplicação da multa.

Também o executado é condenado em sanção pecuniária compulsória, aplicando-se o regime do artigo 829.º-A CC, e em taxa sancionatória excepcional se, declarando não ter bens susceptíveis de penhora, vier a revelar-se que afinal os tinha (artigo 833.º, n.º 7 [750.º, n.º 1])[23].

[22] Lebre de Freitas/Ribeiro Mendes, Código de Processo Civil anotado, vol. 3.º, *sub* artigo 809.º, n.º 2 [Lebre de Freitas/Ribeiro Mendes/Isabel Alexandre, Código de Processo Civil Anotado, volume 3.º, Almedina, Coimbra, 2022, *sub* artigo 723.º, n.º 2].

[23] Ao abrigo do anterior regime de execução, para o artigo 837.º-A do Código de Processo Civil na versão aprovada pelo Decreto-Lei n.º 329-A/95, de 12 de Dezembro (artigo revogado pelo Decreto-Lei n.º 38/2003, de 8 de Março), que cominava a falta de cooperação do

6. Para além dos esquemas reactivos, a análise da intervenção sobre os comportamentos processuais desvaliosos não estaria completa se não se considerassem outros instrumentos de que o legislador lança mão e que visam impedir a produção de efeitos por tais actos. Entre estas reacções preventivas avultam:

- A decisão de inadmissibilidade de acto praticado fora de tempo, como sucede, *v.g.*, perante a junção extemporânea de articulados ou a interposição extemporânea de recurso;
- A decisão de inadmissibilidade de produção de meios probatórios quando estes hajam sido requeridos ou apresentados fora de prazo.

7. Por fim, não pode deixar de referir-se, ainda entre os meios de reacção a comportamentos processuais desvaliosos, porque inúteis, o regime do interesse processual[24]. Neste caso, e se bem que a decisão proferida seja favorável à parte carecida de interesse, a desnecessidade de tutela judicial impõe uma inversão da regra geral de repartição dos custos da litigância. A parte, ainda que vencedora, vê constituir-se na sua esfera a obrigação de pagamento de custas. Quer isto dizer que o interesse processual actua no plano da responsabilidade simples.

2. O PONTO DE REFERÊNCIA DO PROBLEMA: O DIREITO DE ACÇÃO

8. A delicadeza extrema dos problemas implicados na responsabilidade processual, aqui sempre na acepção do que se designa por responsabilidade agravada, deflui do facto de este instituto traçar uma secante na actuação processual, apartando a actuação adjectiva lícita e não censurável da actuação processual ilícita e censurável. Quais os limites de exercício lícito do direito de acção?

No fundo, o que vai discutir-se são os limites da actuação processual lícita ou, dito de outro modo, os limites do exercício lícito e não censurável do

---

executado com o exequente na identificação de bens penhoráveis, Teixeira de Sousa, Acção executiva singular, p. 25. Ao abrigo do novo regime, Rui Pinto, A acção executiva depois da reforma, p. 125; Teixeira de Sousa, A reforma da acção executiva, 32-33.

[24] Por todos, Teixeira de Sousa, O interesse processual na acção declarativa.

direito de acção, aqui tomado no seu sentido concreto: direito de dedução de uma pretensão ou de uma oposição em juízo[25].

9. Esta colocação resulta com toda a evidência do acórdão do BVerfG, de 25.2.1987[26]. Por esse motivo, vale a pena enunciar a situação com a qual foi confrontado o tribunal. A potencial lesão de bens jurídicos de personalidade da parte, por exercício do direito de acção, ocorre em contexto penal.

A decisão do BVerfG foi proferida na sequência da dedução de queixa, por uma menor de 17 anos, contra um médico, que aquela alegava tê-la molestado sexualmente, durante uma consulta. A menor, não obstante haver reconstruído de forma absolutamente razoável os factos, não logrou fazer prova de que havia sido molestada. O médico não veio a ser condenado. Na sequência desta acusação, o médico instaurou acção contra a menor, pedindo a sua condenação na restituição de todas as verbas que havia gasto com a sua defesa da acusação, bem como a restituição das custas que teve de desembolsar.

A primeira instância condenou a então queixosa em indemnização ao autor, ao abrigo dos §§ 823, I, BGB e 186 StGB, fundamentando a decisão na circunstância de a menor não haver logrado fazer prova dos factos que alegara no procedimento criminal.

Na sua decisão, o BVerfG sustentou que esta decisão não só procedia a uma errada aplicação do direito infraconstitucional, como violava o artigo 2.I GG (princípio do Estado de Direito/*Rechtsstaatprinzip*), concluindo que jamais poderia a então queixosa haver sido condenada em indemnização por prática de um facto ilícito.

10. Na fundamentação da sua decisão, começa o BVerfG por subscrever o princípio, elaborado pelo BGH, segundo o qual um comportamento processual, observado sob o prisma da sua legalidade procedimental, goza de uma presunção de conformidade ou de licitude. Afirma que, fora de casos excepcionais, não pode a parte (*Rechtsschutzbegehrender*) sofrer, no confronto da contraparte, outras sanções para além daquelas que constam do sistema processual, nomeadamente aquelas que são associadas pelo direito substantivo a uma errada avaliação da sua posição jurídica, decorrente de

---

25 Entre nós, por todos, Castro Mendes, O direito de acção judicial: Estudo de processo civil.

26 NJW 1987, 1929-1930.

negligência. Conclui que uma visão contrária implicaria uma muito duvidosa restrição do direito de acesso aos tribunais e do direito de acção, aos quais também estão subjacentes interesses de ordem pública relevantes. Uma vez que, do processo pretérito, não resultava haver a queixosa proferido afirmações de modo leviano ou que sabia serem falsas, afirmando o próprio tribunal que a autora apresentara, com toda a probabilidade, uma correcta descrição dos factos, deveria ter-se concluído que ela se comportara de modo socialmente adequado (logo e por apelo à teoria da adequação social de um comportamento enquanto parâmetro de licitude), não cabendo a aplicação do § 823 BGB.

11. Mais relevantes são, neste momento, as considerações feitas pelo BVerfG quanto à articulação dos limites ao exercício do direito de acção com o plano constitucional. Questionada a sua competência para se pronunciar sobre a situação concreta, o tribunal assenta-a na contradição entre a decisão e as normas constitucionais. Nesta sede, afirma o BVerfG que a circunstância de o tribunal ter concluído que havia direito a indemnização porque a queixosa não lograra fazer prova das afirmações que proferira constitui uma limitação ou contracção desproporcional do direito de dedução de queixa em processo-crime (*unverhältnismässige Beschneidung des Rechts, Strafanzeige zu erstatten*). E conclui: não é compatível com a ideia de Estado de Direito, que tem ínsita a proibição de autotutela, que aquele que deduz, de boa fé, uma acusação penal se veja confrontado com efeitos negativos caso se verifique que a sua alegação não tem fundamento. E estará de boa fé aquele que deduzir uma acusação penal de modo não leviano ou supondo serem verdadeiros os factos que arrola.

Apesar de assente no exercício do direito de queixa, a decisão do BVerfG toca o ponto central: quando nos perguntamos em que casos deve entender-se que uma parte exerceu de modo desconforme e censurável o direito de acção temos de ter em atenção que este direito serve a tutela de situações jurídicas substantivas relativamente às quais se instalou um estado de dúvida, regra geral decorrente do oferecimento de resistência à posição afirmada por um sujeito contra outro e que por este último é negada. Quer porque se arroga posição simétrica, mas em contexto subjectivo invertido, quer porque contesta a existência, pura e simples, da posição contra ele afirmada. A existência de dúvida ou de resistência a situação substantiva implica a utilização de todos os meios destinados à sua remoção.

O tratamento que se dará ao problema imporá que se pense, primariamente, na jurisdição contenciosa. No entanto, as conclusões a que se chegará podem, com as devidas adaptações, ser transpostas para o domínio da jursidição voluntária.

12. Os problemas a enfrentar na delimitação do direito de acção não são recentes, tendo merecido diversos tipos de respostas ao longo do tempo e consoante os espaços jurídicos em que foram sendo colocados. Neste particular, são especialmente ricos, para efeito de ponderação do nosso sistema, os contributos que podem provir da jurisprudência e da doutrina alemãs. Confrontadas com um sistema adjectivo que desconhece um sistema específico de responsabilidade por intervenção processual, estas têm de operar a construção integral desta matéria. As soluções gravitam em torno de um grande problema: o das relações a estabelecer entre o direito processual – e as suas valorações próprias – e o sistema material, também este pensado em torno das suas valorações. Já a propósito de uma outra matéria o enfrentámos, tentando demonstrar que da circunstância de um comportamento ocorrer num contexto processual não decorre, em linha directa, a sua subtracção aos esquemas normativos do direito privado civil. Esta conclusão, que pode suscitar reacção negativa quando se pense as zonas do ordenamento estanques, está há muito adquirida para a ciência do direito processual.

Agora, e em sede de responsabilidade por intervenção processual da parte, teremos de tomar em atenção as coordenadas próprias do nosso sistema processual para chegarmos a uma conclusão. Tem razão GÖTZ quando afirma que o sistema constitucional, ao reconhecer o direito de acção, não implica uma imediata exclusão da obrigação de indemnizar que possa impender sobre a parte que actua, em processo, de modo censurável[27]. Na verdade, o direito de acção, como qualquer outro direito subjectivo, não traduz uma liberdade absoluta: ainda que o direito a agir configure uma permissão normativa genérica, não pode significar uma possibilidade de actuação sem fronteiras de licitude. O direito de acção, como qualquer situação jurídica, está, desde logo, limitado pelos fins da sua atribuição.

Se é certo que a circunstância de se estar a exercer o direito de acção, em qualquer uma das suas refracções, não funciona como causa de exclusão da

---

[27] Zivilrechtliche Ersatzansprüche bei schädingender Rechtsverfolgung, pp. 81 e segs. e *passim*.

ilicitude[28], certo é, também, que esta situação jurídica apresenta peculiaridades muito próprias, que impõem valorações específicas na demarcação da fronteira entre actuações lícitas e ilícitas. Conforme sublinha Blomeyer[29], é função do processo pôr termo a litígios, que eclodem em torno de situações tendencialmente duvidosas. O autor que recorre a tribunal não tem de ter a certeza de que lhe assiste razão; do mesmo modo, não pode impor-se ao réu que se limite a contestar a pretensão se tiver a certeza absoluta daquilo que afirma. A dúvida é conatural ao processo, há sempre um certo grau de risco em todas as acções[30], instrumentos de contraponto à proibição de justiça privada. E a dúvida pode ser absolutamente legítima, conforme se demonstra através dos esquemas de recurso e de revogação de decisões de tribunais inferiores por tribunais superiores, bem como das inflexões jurisprudenciais.

13. Será, então, a ponderação específica dos limites do direito de acção, por confronto com as demais situações jurídicas, que nos permitirá compreender as especificidades do tipo de responsabilidade civil por comportamento processual que encontramos desenhado no Código de Processo Civil.

Neste contexto, será particularmente importante a discussão em torno da possibilidade de um sistema normativo provocar, com as suas valorações próprias, adaptações em institutos centrais do direito privado. Um dos aspectos que mais parecem ter impressionado a doutrina portuguesa que recentemente se pronunciou sobre a litigância de má fé e a responsabilidade pelos danos provocados por comportamento processual será o da eventual restrição introduzida no dever de indemnizar quando o comportamento lesivo é um comportamento processual. O caminho para a superação deste desvio terá sido o da total autonomização da responsabilidade processual face à responsabilidade civil. Supomos que a via de resolução será outra, sem que possa assacar-se aos artigos 456.º e 457.º [542.º e 543.º] qualquer atropelo à tutela constitucional de bens jurídicos fundamentais.

---

[28] Neste sentido, Acórdão do Tribunal da Relação do Porto (Deolinda Borges Varão), de 13 de Julho de 2006, p. 890.

[29] Schadensersatzansprüche des im Prozeß Erlegenen wegen Fehlverhaltens Dritter, p. 41.

[30] Acórdão do Tribunal da Relação de Lisboa de 2 de Fevereiro de 2007 (Fátima Galante).

3. OS LIMITES DA INVESTIGAÇÃO

14. Somente os comportamentos das partes em processo regulado pelo sistema de direito processual civil serão objecto da presente investigação. Esta delimitação corresponde a uma das premissas acima enunciadas. Não obstante poder dizer-se que o problema da responsabilidade por intervenção processual entronca, em qualquer procedimento, na delimitação do direito de acção, os limites desta situação jurídica podem variar de sistema processual para sistema processual. Na verdade, os limites dependerão das valorações próprias de cada ordenamento. Deste modo, apesar de se poder afirmar que a questão é sempre a mesma – a da demarcação entre intervenções processuais lícitas e intervenções processuais ilícitas[31] –, certo é que caberá a cada sistema adjectivo proceder a esta delimitação. As conclusões a que possa chegar-se quanto aos limites do direito de acção relativos a comportamentos que ocorrem em procedimentos regulados pelo direito processual civil não podem ser transpostas para comportamentos ocorridos em procedimentos submetidos ao direito processual penal. Aliás, um breve cotejo pela doutrina[32] e pela jurisprudência[33] que se têm confrontado com este problema permite, mesmo, uma afirmação presuntiva: a de que os contornos da litigância de má fé, caso este instituto tenha alguma aplicação em processo penal, serão bem diversos daqueles que a figura assume no contexto do processo civil.

15. Estarão igualmente excluídas da presente investigação, as hipóteses de responsabilidade por comportamento processual de terceiro. Não vai interessar-nos nem a responsabilidade do juiz, nem a responsabilidade de testemunhas ou peritos[34]. Mais uma vez se dirá que o problema inerente

---

[31] Assinale-se que, se nos movimentarmos na zona ressarcitória, para além da ilicitude requerer-se-á, ainda, o dano para a constituição do dever de indemnizar.

[32] FIGUEIREDO DIAS/COSTA ANDRADE, Limites do direito de defesa. O direito de defesa em processo penal, p. 273 e segs..

[33] Acórdão do Supremo Tribunal de Justiça de 14 de Fevereiro de 2007 (JOÃO BERNARDO); Acórdãos do Tribunal da Relação de Lisboa de 12 de Outubro de 2005 (CLEMENTE LIMA) e de 9 de Novembro de 2005 (MÁRIO MORGADO); Acórdão do Tribunal da Relação do Porto de 14 de Dezembro de 1977 (GÓIS PINHEIRO).

[34] Sobre esta matéria, compreensivamente, JÜRGEN BLOMEYER, Schadensersatzansprüche des im Prozeß Erlegenen wegen Fehlverhaltens Dritter. No contacto com esta obra haverá que ter em consideração a circunstância de, em momento posterior ao da sua publicação, a

ao estabelecimento da respectiva responsabilidade é idêntico àquele que nos ocupa: tudo se resume a traçar a linha divisória entre intervenção lícita e intervenção ilícita. No entanto, o título de intervenção de cada uma destas categorias de sujeitos não se confunde com aquele que determina a intervenção das partes. De um ponto de vista metodológico, não pode aceitar-se com apriorismo que a interposição deste título seja irrelevante na delimitação das esferas de licitude e de ilicitude. Por esta razão, também a responsabilidade destes intervenientes no procedimento estará fora da nossa análise.

16. Não será, igualmente, objecto da presente investigação a designada má fé bilateral ou dolo processual bem como as situações em que possa existir um concurso de culpa do lesado e as suas repercussões na dimensão ressarcitória[35]. Problema que entronca directamente na instrumentalização do tribunal por ambas as partes, encontrando nessa instrumentalização um ponto de contacto com o nosso tema, não responde directamente às questões que a instrumentalização do tribunal por uma das partes, em benefício próprio e em prejuízo da contraparte, suscita[36]. Só estas nos propomos analisar.

17. Outro ponto que não constituirá objecto imediato da presente análise é a problemática da má fé no processo internacional. Os mecanismos que as instâncias supranacionais actuam quando verificado o uso abusivo ou mesmo ilícito dos meios adjectivos é questão que ficará fora da nossa investigação.

18. Mais do que uma exclusão, uma precisão. Não serão analisados, no presente texto, os problemas decorrentes da utilização, em processo, de prova considerada ilícita[37], quer porque foi obtida com violação de posições ou bens jurídicos que vedam a sua utilização, quer porque a sua apresentação pode consubstanciar um ilícito.

---

lei ter vindo a consagrar expressamente a responsabilidade do perito nomeado pelo tribunal, no § 839a. LANGE/SCHIEMANN, Schadensersatz, 3.ª, VIII.3 .e) ff).

[35] Por todos, entre nós, BRANDÃO PROENÇA, A conduta do lesado como pressuposto e critério de imputação do dano extracontratual.

[36] Para uma distinção entre a má fé unilateral, que equipara ao dolo, e a má fé ou dolo bilateral, PAULO CUNHA, Simulação processual e anulação do caso julgado, pp. 47 e segs..

[37] Sobre a matéria da prova ilícita, entre nós, por todos, ISABEL ALEXANDRE, Provas ilícitas em processo civil. Afastando a matéria da prova ilícita da litigância de má fé, pp. 99 e segs..

A utilização de prova ilícita e a violação de bens jurídicos que, através da apresentação dessa prova, ocorra em processo, não traduz um ilícito da ordem da litigância de má fé. Numa apreciação *prima facie*, diremos que os danos provocados à contraparte deverão, neste caso, ser indemnizados nos termos gerais da responsabilidade civil por facto ilícito[38].

19. O presente estudo destina-se a analisar a matéria da litigância de má fé em relação com o dever de indemnizar no direito português. Isto implica que os direitos internos estrangeiros serão tomados em consideração a propósito de pontos específicos e sempre que da respectiva análise possam advir pistas para a solução dos problemas para os quais iremos buscando soluções. Na verdade, se os problemas que nos propomos resolver são tendencialmente universais, se os instrumentos disponíveis para a respectiva resolução acabam por se reconduzir a um feixe relativamente estreito, são muitas as formas da respectiva conjugação.

4. A SEQUÊNCIA DA INVESTIGAÇÃO

20. Nos dois parágrafos que vão seguir-se, tentar-se-ão localizar as linhas de evolução da responsabilidade das partes por comportamento processual inadmissível. A cesura será traçada pelos diplomas que, tendo vigência simultânea com as Ordenações Filipinas, delas já claramente se destacavam na regulação do procedimento civil e criminal, antecipando, em diversos aspectos, o Código de Processo Civil de 1876. Nesse lugar se explanará a metodologia que se escolheu na apresentação das fontes, justificando-se que, para um certo período, se prefira a regressão à evolução e, num outro, se inverta o método.

A litigância de má fé é instituto com intensa concretização judicial. Esta circunstância, a que acresce a opção metodológica de identificação do Direito no caso[39], determinou a nossa opção de dedicarmos o parágrafo subsequente à exposição das decisões mais significativas quanto aos diversos

[38] Veja-se, sobre este ponto, Paula Costa e Silva/Nuno Trigo dos Reis, Efeitos lícitos da prova ilícita em processo estadual e arbitral, Lisboa, AAFDL Editora, 2019.

[39] Carneiro da Frada, Direito Civil. Responsabilidade civil. O método do caso, pp. 133 e segs..

pontos do regime da litigância de má fé que concorrerão para a compreensão do sistema no ponto específico que escolhemos para objecto do presente trabalho: a sua relação com a responsabilidade civil e com outros instrumentos destinados a reprimir comportamentos abusivos. Partiremos, então, de jurisprudência relativamente recente. Percorreremos um lapso temporal que nos permita perceber se existiu uma qualquer reacção à alteração do elemento subjectivo do tipo de ilícito, descrito no artigo 456.º [542.º], verificada em 1996. A jurisprudência será, não obstante esta primeira apresentação, permanentemente chamada à colação, quer quando se expuserem as diversas fontes que foram regendo a matéria da litigância de má fé ou da lide caluniosa, quer quando entrarmos na parte dogmática da presente investigação.

Os parágrafos subsequentes terão por objecto o direito vigente. Aí se analisarão as suas linhas de força, confrontando-se, ainda que brevemente, as opções do legislador nacional com as opções de legisladores de alguns sistemas estrangeiros. Estes foram escolhidos em razão de dois critérios: possibilidade de controlo das informações por acesso directo às fontes e particularidades de soluções e de enquadramento. Antecipando dados que, só a final, se poderão ter por demonstrados, veremos que o sistema nacional, actualmente tão dispersivo em termos normativos, é dotado de coerência, encontrando-se, nas suas principais coordenadas, alinhado com os demais sistemas analisados.

II. A REPRESSÃO DO COMPORTAMENTO PROCESSUAL ILÍCITO NO DIREITO PORTUGUÊS E OS SEUS ANTECEDENTES HISTÓRICOS

1. A METODOLOGIA DO PRESENTE PARÁGRAFO

21. A análise das fontes legais nacionais que pudemos compulsar e que foram regulando, ao longo do tempo, as formas de tutela de situações jurídicas substantivas e a actividade processual dos diversos intervenientes na instância permite-nos uma conclusão, que seguidamente se tentará comprovar: o direito português sempre reagiu com hostilidade ao abuso do processo. Se é certo que o título de imputação de efeitos repressivos da lide maliciosa deixou de ser um acto de autonomia para passar a ser um dever geral específico, se é igualmente certo que cresceu a intolerância face a comportamentos processuais negligentes, intolerância que é tanto mais intensa quanto mais acentuada for a perigosidade do meio colocado ao dispor da parte, certo é, também, que o legislador preservou, nos diferentes instrumentos legais que se sucederam, os vectores nucleares do instituto da responsabilidade processual agravada.

Antes de avançarmos para o estudo dos elementos relevantes constantes das várias fontes, um aspecto tem de ser realçado: a responsabilidade por comportamento processual não é instituto que viva isolado no sistema. Esta observação, que se taxará de indiscutível, atingiu, para nós, um pico de relevância quando verificámos que um dos elementos de que o legislador se socorre para reprimir a lide maliciosa é constituído pelas custas e pelas multas.

Ora, a compreensão exacta das finalidades que presidem à qualificação de despesas como custas, relevante directamente para a respectiva contagem e, indirectamente, para o cálculo das multas processuais, bem como a destinação subjectiva de umas e outras, são aspectos que se encontram em ligação profunda com uma matéria, regra geral, omitida do plano de análise: a do financiamento dos sistemas de justiça. Actualmente, e seja qual for a relação que se estabelece entre as custas contadas e o valor do serviço efectivamente prestado pelo Estado ao cidadão, é para nós dado tão evidente que quase não carece de demonstração que as custas se destinam a financiar o sistema de Justiça, que é público. Mas esta forma de encarar as custas, substancialmente ligada ao problema do fundamento da obrigação de as pagar (risco? Culpa? Simples facto objectivo da sucumbência sem qualquer relevância de um estado subjectivo do agente? Ressarcimento? Pena?[40]) não é a única possível. Ela tem, na sua génese, a ideia de um sistema centralizado e público de prestação de um serviço global, pressupondo uma imputação da maioria dos actos e das intervenções a agentes integrados nesse sistema. Não obstante a impossibilidade de aprofundarmos este ponto, sabemos que não era este o paradigma de sistema de Justiça contemporâneo ao ordenamento jurídico que agora nos ocupa. O financiamento de muitas intervenções dos diversos oficiais (juiz, contador, procurador, inquiridor, distribuidor, tabelião, escrivão do judicial) era directo e feito "à peça"[41], não sendo financiado através do pagamento de uma taxa global que reverteria para um qualquer sistema centralizado. A administração da justiça encontrava-se espartilhada entre diversas jurisdições. A competência primária da Coroa, que se fazia sentir a nível local através da acção do juiz de fora[42] e do

[40] Para uma apresentação das diversas teorias que fundamentam a obrigação de pagamento de custos processuais pela parte vencida, entre nós, Luso Soares, A responsabilidade processual civil, Capítulo II.

[41] Assim sucedia, *v.g.*, com o contador, com o procurador, com o tabelião, com o escrivão do judicial e, mesmo, com o juiz. António Hespanha, As vésperas do Leviathan, p. 246.
Recorde-se o modo curioso como se procedia ao pagamento ao juiz, na Atenas do tempo de Aristóteles. Este recebia, no início do julgamento, duas peças, uma perfurada e outra maciça. Uma das peças representava a parte activa, a outra, a parte passiva. A decisão era formada a favor da parte que obtivesse maior número de votos expressos por peças que a representassem, colocadas numa das duas ânforas de sufrágio. Aquando da votação "cada um dos juízes recebe em troca uma outra peça em bronze com o número "três" inscrito, a qual devolverá para auferir os três óbolos. O objectivo é que todos votem, pois a nenhum juiz é permitido receber a tal peça, se não tiver votado." Aristóteles, A Constituição dos Atenienses, n.º 68.

[42] Sobre as funções e características estatutárias do juiz de fora, Barbas Homem, *Judex perfectus*, § 40.I, onde se acentua a dotação do país "de um grupo organizado de juízes de nomeação régia"; António Hespanha, As vésperas do Leviathan, pp. 271 e segs., que depois de afirmar que, através da nomeação destes juízes, "a Coroa fomenta, sobretudo, a vigência do direito régio e dos padrões oficiais e letrados de julgamento," prossegue dizendo que "[e]mbora se pudesse também dizer que, sendo estes juízes nomeados pela Coroa, se instituíram deste modo laços mais apertados de dependência e redes mais eficazes de comando entre os magistrados locais e a administração central", "contra o que é corrente

corregedor[43], concorria com a jurisdição local, assegurada pelo juiz ordinário[44] e pelo ouvidor[45], e com a jurisdição eclesiástica[46]. Só numa pequena percentagem os juízes eram oficiais de carreira, sendo "as justiças de uma esmagadora maioria dos concelhos [...], ainda nos séculos XVII e XVIII, justiças honorárias"[47] ou seja, justiças às quais não correspondia uma remuneração efectiva[48]. Os juízes ordinários, oficiais não letrados[49] e desconhecedores do direito produzido a nível central[50], prevaleciam, apesar dos esforços e de legislação em contrário, em larga percentagem sobre os juízes letrados "já que as fracas rendas do cargo não o tornavam atraente para letrados"[51].

22. Os dados que antecedem são relevantes desde logo para se compreender porque nos fala a doutrina contemporânea das Ordenações em despesas em ligação com as custas. Aquilo que hoje em dia nos surge como um dos afloramentos da natureza pública dos sistemas centralizados de administração de justiça, que são de modo mais ou menos directo financiados pelas custas processuais, não era índice que pudesse encontrar-se nas Ordenações. Se havia diversas receitas judiciais[52] ou relacionadas com a administração da Justiça[53], entre as quais se conta a coima, termo derivado

afirmar-se – o juiz de fora servia o controlo dos poderes periféricos pelo poder central apenas de forma indirecta".

[43] Sobre o corregedor, António Hespanha, As vésperas do Leviathan, pp. 276 e segs..

[44] Sobre as funções do ouvidor, António Hespanha, As vésperas do Leviathan, p. 235.

[45] Sobre as funções do juiz ordinário, António Hespanha, As vésperas do Leviathan, p. 267.

[46] Sobre a jurisdição eclesiástica e os muitos domínios ou para ela reservados ou em que, havendo foro misto, a ela não estavam vedados, António Hespanha, As vésperas do Leviathan, pp. 441 e segs..

[47] António Hespanha, As vésperas do Leviathan, p. 238.

[48] António Hespanha, As vésperas do Leviathan, p. 58.

[49] António Hespanha, As vésperas do Leviathan, pp. 632 e segs..

[50] Sobre as excepções favoráveis aos juízes locais que não só não tinham de ter, estatutariamente, habilitações que lhes permitissem conhecer o direito produzido a nível central, como dificilmente a ele teriam acesso, António Hespanha, As vésperas do Leviathan, p. 635.

[51] António Hespanha, As vésperas do Leviathan, p. 633.

[52] António Hespanha, As vésperas do Leviathan, p. 177; Ruy de Albuquerque/Martim de Albuquerque, História do Direito Português, vol. I, Tomo II, n.º 75.

[53] Pode referir-se o imposto das meias anatas, pago por ocasião do provimento de cargos judiciais. Barbas Homem, *Judex perfectus*, § 44.VII; António Hespanha, As vésperas do Leviathan, p. 55, nota 50.

exactamente do vocábulo calúnia[54], na qual era convertida a maioria das penas e que, como tal, tinha enorme relevância económica no financiamento do respectivo beneficiário[55], e a dízima de Chancelaria[56], que adiante se retomará, veremos que não integram estas receitas as custas do processo. Estas serão compostas, na parte que actualmente podemos designar por encargos do processo, por pagamentos directamente feitos pela parte aos vários oficiais de justiça pelos diferentes serviços que cada um ia prestando no decurso do processo.

É, aliás, curioso verificar como o caminho que se vai trilhando actualmente, com a recondução da função jurisdicional, quase que em exclusivo, ao que foi sendo segregado como seu núcleo, a saber, a resolução de litígios, gera fenómenos parecidos com aquele com que as Ordenações nos confrontam. A taxa de justiça respeita a um espectro cada vez mais estreito de actuações de um sistema centralizado e estadual de aplicação do Direito. Veja-se que, ainda há uns anos, diríamos estranho que certas actividades, fundamentais em determinadas formas de tutela e que implicam a realização de despesas pela parte por causa de um processo, fossem pagas com autonomia relativamente à conta de custas. Pensamos nos honorários do agente de execução, quando este é um profissional liberal. Mas pensamos, também, na contagem como encargo do custo da citação quando esta é realizada por funcionário judicial.

23. As observações anteriores remetem-nos para uma conclusão: as custas são manipuláveis pelo legislador, tanto nas finalidades que lhes podem presidir, como nos beneficiários de que delas podem tirar proveito. Se nos habituámos a encará-las como meio de financiamento das estruturas públicas de resolução de litígios, cujo beneficiário é o Estado, podem elas não ter semelhante função se os actos que levam à administração de justiça não forem praticados, parcial ou totalmente, por agentes de um sistema com aquelas características.

---

[54] Coelho da Rocha, Ensaio sobre a História do Governo e Legislação de Portugal, § 81; Ruy de Albuquerque/Martim de Albuquerque, História do Direito Português, vol. I, Tomo II, n.º 75 [13.ª edição, 2022, AAFDL Editora].

[55] Coelho da Rocha, Ensaio sobre a História do Governo e Legislação de Portugal, § 81; Ruy de Albuquerque/Martim de Albuquerque, História do Direito Português, vol. I, Tomo II, n.º 75 [13.ª edição, 2022, AAFDL Editora].

[56] Dando conta do arrendamento das rendas da Chancelaria da Casa do Cível no ano de 1603, António Hespanha, As vésperas do Leviathan, p. 191-192.

24. Mas a manipulação das custas pode ir mais longe. Mesmo num esquema de administração pública da justiça, pode conceber-se que o financiamento do sistema apenas ocorra se o recurso ao tribunal ou a resistência que a este for oferecida não se fundar numa justa causa. O aspecto que agora tocamos não é desconhecido e, como veremos, foi recebendo, no nosso Direito, respostas diferenciadas ao longo do tempo. Saber quando devem as partes suportar encargos com a administração da justiça foi problema, aliás, muitíssimo discutido perante a afirmação da gratuitidade deste serviço a prestar pelo Estado[57].

25. O presente estudo não tem por objecto aquela que se convencionou chamar de responsabilidade processual simples, ou seja, a responsabilidade pelo pagamento dos encargos do processo. Mas há uma advertência que não pode deixar de imediatamente se fazer. Aquela que veio a ser considerada como responsabilidade processual simples e que, actualmente, se contrapõe claramente à responsabilidade processual por comportamento de má fé, nem sempre assim foi concebida. Como dissemos, a própria obrigação de pagamento de encargos do processo pode depender de realidade diversa da mera sucumbência. E, se assim for, não pode descartar-se a possibilidade de esta obrigação ser, também ela, manipulada (exactamente porque é manipulável), dependendo a sua constituição da verificação e prova de certos estados subjectivos do agente.

Assim, se nos propusemos analisar a reacção do sistema processual à lide maliciosa não podemos excluir que a imposição da obrigação de pagamento de custas nos surja como uma das reacções àquele tipo de comportamento. Por esta razão, pensamos que vão resultar do estudo da litigância maliciosa dados que nos permitirão justificar o que acima afirmámos quanto à possível ligação entre as custas e as multas e o custeamento da Justiça ou a prossecução de outras finalidades. E, reiteremos, porque não pode descartar-se que a

[57] Luso Soares, A responsabilidade processual civil, pp. 22 e segs.. Afirmando, ainda hoje, o princípio da gratuitidade da Justiça, gratuitidade que tomaria por referência a parte vencedora e que seria corolário do princípio segundo o qual esta não deve sofrer qualquer diminuição no seu direito por ter tido de aceder aos tribunais, o acórdão do Tribunal Constitucional n.º 357/2008, de 9 de Julho de 2008 (Pamplona de Oliveira) e o menos recente, mas muito relevante acórdão n.º 643/2006 (Maria dos Prazeres Beleza), de 28 de Novembro de 2006. Acerca daquele princípio, Chiovenda, La condanna nelle spese giudiziali, n.º 172 e *passim*.

obrigação de pagamento de custas (ou de umas quantas de entre elas) surja somente quando a parte actua desprovida de uma justa causa, não pode deixar aquela que se nos apresenta, hoje em dia e entre nós, como efeito típico da responsabilidade processual simples de ser equacionada como eventual consequência da responsabilidade processual agravada.

26. A exposição dos dados históricos referentes à repressão da lide maliciosa no processo civil português segue uma divisão principal, assente numa proposta de Castro Mendes[58], substancialmente seguida por Antunes Varela[59]. Segundo aquele Autor, haverá que considerar dois grandes períodos de evolução do direito adjectivo nacional. Um primeiro, anterior à publicação do Código de Processo Civil de 1876, e um segundo, com início na publicação daquele diploma e que se estende até aos nossos dias. No primeiro período, Castro Mendes distingue duas fases, uma primeira em que pode analisar-se o processo nas Ordenações, e uma segunda, correspondente ao processo no período liberal. No segundo, reserva o Autor "uma parte [...] destacada para o Código de Processo Civil vigente, de 1961".

O critério de distinção adoptado por Castro Mendes assenta no âmbito material das leis processuais[60]: enquanto as leis do primeiro período regulam, indistintamente, o processo civil *stricto sensu* e a organização judiciária, nas leis do segundo período estas duas matérias são tratadas em diplomas distintos.

27. Tomaremos a grande *divisio* apresentada por Castro Mendes como base de apresentação da evolução dos esquemas de repressão da lide maliciosa e dos mecanismos compensatórios e/ou punitivos a ela associados. Fazemo-lo não porque as soluções e os respectivos pressupostos se mantenham nas diferentes fontes integradas em cada período e que se foram sucedendo no tempo. Aliás, e como veremos, a matéria que nos ocupa vai conhecendo contornos distintos de fonte para fonte. Por esta razão, a integração do direito positivo anterior ou posterior ao Código de Processo Civil de 1876 num só período não significa uma manutenção do sistema dentro de cada período, muito pelo contrário. Na verdade, cremos, inclusivamente, poder afirmar que

---

[58] Manual de processo civil, n.º 43.

[59] Varela/Bezerra/Nora, Manual de processo civil, n.º 8.

[60] Manual de processo civil, pp. 106 e 107.

as maiores alterações no sistema de responsabilidade por actuação processual inadmissível se vão encontrar no segundo período. Assim, a arrumação dos dados históricos relativos à litigância de má fé em dois períodos não significa uma ruptura na transição entre o primeiro e o segundo períodos.

Mas não significa, igualmente, que os dados históricos do segundo período apontem uma grande continuidade. Como veremos, é muito sensível a alteração do esquema legal em matéria de lide maliciosa do Código de 1876 para o Código de 1939[61]. Se menos acentuadas são as alterações apresentadas pelo Código de 1961 na sua formulação originária, profundas são as repercussões decorrentes da entrada em vigor, num primeiro momento, dos Decretos-Leis n.ºs 329-A/95, de 12 de Dezembro, e 180/96, de 25 de Setembro e, num egundo, do Decreto-Lei n.º 38/2003, de 8 de Março.

28. Em face do que antecede, o que nos leva, então, a aceitar a distinção de CASTRO MENDES, que o Autor usou com o estrito objectivo de apresentar as fontes do direito processual civil português?

Para além da circunstância de, até à publicação do Código de Processo Civil de 1876, nos encontrarmos, em termos evolutivos, num tempo em que o corpo legislativo central se encontra nas Ordenações, razão que, por si só, não seria justificativa, certo é que, com a publicação daquele Código, vem a ser atingido o título de imputação dos efeitos dos comportamentos processuais reprováveis. Se a praxe, devidamente reflectida nos diversos diplomas liberais relativos à organização judicial (substancialmente, verdadeiros códigos de ritos) já revelava que, apesar de formalmente vigente, o esquema legal não era seguido, é com o Código novecentista que o legislador assume claramente a ruptura com o seu antecessor. Isto porque, até lá, "a nossa legislação de processo civil [...] contem-se no livro 3.º das Ordenações Philipinas, no Decreto n.º 24, de 16 de maio de 1832, na Reforma Judiciaria de 1837, Novíssima Reforma Judiciária de 1841, e em leis posteriores"[62].

---

[61] Os diplomas intercalares fundamentais, a saber, os Decretos n.ºs 12353, de 22 de Setembro de 1926, 21287, de 26 de Maio de 1932 e 21694, de 29 de Setembro que, segundo VARELA/BEZERRA/NORA, Manual de processo civil, n.º 8.III, marcam "uma profunda viragem no direito processual então vigente", com manifesto reforço do inquisitório quanto ao desenvolvimento da instância, não atingem disposições relacionadas com a lide maliciosa pelo que não serão aflorados *ex professo*.

[62] CHAVES E CASTRO, Estudos sobre a reforma do processo civil ordinario portuguez, p. 63.

29. Aquando da recolha dos elementos históricos relativos à repressão da lide maliciosa no direito nacional, depois de um primeiro contacto com as fontes romanas, nomeadamente com as *Institutas*, atribuídas a Gaio, e com o *Corpus Iuris Civilis*, fomos regredindo no tempo, tentando localizar vestígios nas fontes que antecederam a primeira codificação. Interessou-nos compreender, na medida do possível sem lapsos temporais, as diversas soluções vigentes nesta matéria, identificando identidades e rupturas na evolução.

Será, porém, inversa a ordem de exposição dos elementos recolhidos, uma vez que optámos por iniciar esta apresentação pelas Ordenações Filipinas. A esta escolha subjazem várias ordens de razões.

Em primeiro lugar porque, com excepção das múltiplas disposições processuais constantes das sucessivas Reformas Judiciárias, bem como da imensa legislação extravagante[63], são as Ordenações Filipinas, enquanto "código oficial do Reino"[64], a fonte mais próxima do primeiro Código de Processo Civil. E é nesta transição que a figura do juramento de calúnia, enquanto fonte de deveres de indemnizar por lide maliciosa, apresenta a alteração legal mais radical.

Em segundo lugar, as Ordenações Filipinas representam o culminar de uma evolução legislativa. Apesar de nas Ordenações Filipinas se encontrarem algumas alterações face às anteriores Ordenações Manuelinas e Afonsinas, excepcionando a nova ordem do processo civil, publicada por D. João III, no início do séc. XVI, afirma-se que tais alterações não são de dimensão tal "que influissem no systema, ou mudassem a natureza da legislação anterior"[65]. Elaboradas para dar corpo à "pretensão de constituir o repositório integral da legislação vigente, realizando mais obra de actualização do que de

---

[63] Acerca do papel atribuído, pelo Marquês de Pombal, nos Estatutos da Universidade de Coimbra de 1772, à Academia por forma a minorar as dificuldades de conhecimento do sistema vigente, Rui Figueiredo Marcos, A legislação pombalina. Alguns aspectos fundamentais, II.5.1.

[64] Rui Figueiredo Marcos, A legislação pombalina. Alguns aspectos fundamentais, II.5.1. No mesmo lugar, o Autor aponta às Ordenações Filipinas grande incompletude, causadora de profusão de leis extravagantes. Mais afirma que "as Ordenações, eram levianamente defeituosas" (p. 59).

[65] Coelho da Rocha, Ensaio sobre a História do Governo e Legislação de Portugal, § 250 (p. 190).

inovação"[66]. No entanto, é possível identificar, exactamente na ligação entre o estado subjectivo do sujeito processual e o exercício do direito de acção, uma evolução das soluções legais. Veremos, inclusivamente, que o esquema de repressão do abuso do processo constante das Ordenações Afonsinas se apresenta como mais fino, de um ponto de vista dogmático, do que aquele que pode ser identificado na evolução deste instituto.

A terceira razão que nos determinou a iniciarmos a apresentação da matéria da litigância de má fé pelas Ordenações Filipinas prende-se com o acesso a elementos bibliográficos. Se já para este período, essencialmente para os tempos mais recuados, nem sempre é fácil aceder a dados bibliográficos muito consistentes, maior é a dificuldade quando se quer chegar a elementos doutrinários coevos das Ordenações Manuelinas e Afonsinas.

Pelas razões que antecedem, pareceu-nos mais eficaz regredir no tempo na apresentação dos elementos históricos relevantes. Analisaremos, em primeiro lugar, o pico da evolução, a saber, o período de vigência das Ordenações Filipinas. Finda esta apresentação, remontaremos primeiramente às Ordenações Manuelinas e, por fim, às Ordenações Afonsinas e ao direito que as antecedeu. Em todo este percurso não pode esquecer-se que, a par do Direito do Reino, outras fontes eram convocadas na definição da solução do caso, havendo, mesmo, jurisdições paralelas. Entres estas terá assumido especial relevância o direito canónico. Também este previa formas de repressão à lide maliciosa. Centrararemos, porém, a nossa análise da conformação do regime de reacção à lide maliciosa no direito pátrio, permeado por este direito canónico[67].

---

66 Rui Figueiredo Marcos, A legislação pombalina. Alguns aspectos fundamentais, II.3.

67 Acerca do sistema de direito canónico aplicável à responsabilidade processual e suas interligações com a doutrina de direito comum, Cordopatri, L'abuso del processo, I, pp. 287 e segs., e 389 e segs.. Para um dimensionamento da influência, quer do direito canónico, quer da jurisdição eclesiástica cuja competência era atribuída *ratione personae* e *ratione materiae* (nesta segunda competência e especificamente em matéria civil, a competência relacionada com a quebra de uma promessa feita sob juramento prestado sobre os Santos Evangelhos), John Glissen, Introdução histórica ao Direito, Capítulo 4, B. Sobre a relevância do direito canónico na formação do direito pátrio, Ruy de Albuquerque /Martim de Albuquerque, História do Direito Português, I volume, n.ºs 88 e 125 [13.ª edição, 2022, AAFDL Editora]; Almeida Costa, História do Direito Português, 4.ª, n.ºs. 37-41 [5.ª edição revista e actualizada, 2012 (reimp. 2021)]; Espinosa Gomes da Silva, História do Direito Português, I.8, II.I.11 e II.II.16.

2. AS ORDENAÇÕES FILIPINAS

30. Antes de apresentarmos os dados estritamente atinentes à matéria da litigância de má fé tal como ela nos surge nas Ordenações Filipinas, pensamos ser relevante assentar, desde já, num aspecto fundamental, que foi tornado evidente pelo estudo daquele texto legal. Respeita ele à tríplice valoração de que era susceptível o comportamento da parte vencida no processo à luz daquela fonte e nos efeitos que, de cada concreta valoração, se extraíam. Conforme decorre dos dados legais, o comportamento da parte podia ser considerado não culposo porque, apesar de vencida, lhe assistia uma justa causa para litigar, culposo, porque lhe não assistia uma justa causa para litigar apesar de ela entender e revelar através da sua actuação processual que entendia ter razão, e malicioso ou doloso, porque era manifesto, não só que à parte não assistia uma justa causa para litigar, como porque resultava do processo ter ela conhecimento de não litigar a coberto de uma qualquer causa daquele tipo.

Em rigor, o único tipo de comportamento que nos interessaria seria o terceiro, ou seja, o comportamento da parte que litiga sabendo que lhe não assiste razão de ordem alguma. No entanto, só através de uma análise dos diversos tipos de comportamentos e dos efeitos a eles conectados por lei podemos compreender integralmente a reacção das Ordenações Filipinas à lide maliciosa.

2.1. A repressão da lide maliciosa nas Ordenações Filipinas: as custas dobradas ou triplicadas

31. A repressão da malícia processual não é desconhecida do sistema das Ordenações Filipinas. Nestas vamos encontrar, com um desnível valorativo não despiciendo entre os processos civil e criminal, mecanismos penalizadores da litigância de má fé e da litigância destituída de justa causa.

A regra mais relevante em matéria de repressão da litigância de má fé e mesmo da litigância temerária consta do Título LVII do Livro III das Ordenações Filipinas. O mecanismo dela constante é repressivo e não preventivo. Com efeito, e ainda em traços muito largos, aí se dispõe a condenação da parte, que actuara maliciosamente, no pagamento das custas em dobro ou em tresdobro, bem como a possibilidade de isenção da parte, que actuara a coberto de uma justa causa, da compensação das custas pessoais à parte vencedora.

Esta regra terá de ser analisada em toda a sua extensão. Se bem que deixemos de lado as situações em que, por questões estritamente ligadas ao estatuto dos litigantes, não são contadas custas para efeito de repetição[68], é crucial compreendermos, em primeiro lugar, que tipo de custos está coberto pela condenação nela prevista de modo a podermos tomar posição quanto à amplitude objectiva do dever de compensar a parte vencedora. Isto porque, e antecipando uma conclusão, veremos que o nosso sistema integrou a regra *victus victori* com os matizes que desde sempre conheceu.

Em segundo lugar, teremos de indagar que valores servem de base à penalidade em que a parte vencida incorre especificamente em caso de malícia. Que custos se duplicavam ou triplicavam?

Por fim, haverá que perguntar quem são os beneficiários dos valores duplicados ou triplicados. Parece-nos relativamente seguro que à multiplicação preside sempre um objectivo punitivo: porque a parte se comporta de modo eticamente reprovável, sofre um efeito negativo, a saber, vê-se confrontada, não apenas com a obrigação de compensar os custos em que incorreu a parte vencedora, mas com a de compensar tais custos e de pagar uma quantia que os supera em cem ou duzentos por cento. No entanto, se a qualificação do efeito da malícia como consubstanciando uma pena se apresenta como mais ou menos pacífica, ela ainda não representa o termo da investigação. Na verdade, e se estamos, actualmente, condicionados a ver as condenações do tipo daquela que se estabelecia nas Ordenações Filipinas como multas cujo montante reverte para o Estado, não podemos partir do princípio de que tudo era idêntico ao tempo da vigência daquela regra. Na verdade, não podemos descartar a hipótese de não ser o Estado o beneficiário da pena imposta à parte vencida, que actuou com malícia, mas antes a parte contrária. Da determinação de quem seja o beneficiário da "pena" resultarão dados relevantes para a qualificação dos efeitos da malícia processual.

32. Passemos, então, à análise do Título LXVII, pr. do Livro III das Ordenações Filipinas.

---

[68] Com efeito, prevêem as Ordenações uma pluralidade de isenções subjectivas, entre elas se contando, *v.g.*, a isenção do Procurador do Rei da condenação em custas processuais. Neste sentido, JORGE DE CABEDO, *Praticarum observationum*, *Pars Secunda*, *Decisio* CXIX, § 25.

Dispunha esta regra[69]:

"Quando o Juiz der sentença final, em qualquer caso, de qualquer qualidade que seja, *sempre condenará em custas, ao menos do processo*, assi ao réo, que fôr vencido, como ao autor quando o réo fôr absoluto, sem poder dellas relevar cada huma das partes, *postoque lhe pareça, que cada huma dellas teve justa causa para litigar*, salvo entre as pessoas, em que por bem das Ordenações, não há custas. *E das custas pessoaes poderão ser escusas, se tiverem justa causa de litigar*" (itálico nosso).

Dispõe, depois, o § 1:

"E no caso, em que o vencido foi em culpa sómente de fazer demanda, que não devêra, sem outra malicia, será condenado nas custas singelas. E sendo achado em malícia, será condenado nas custas em dobro, ou tresdobro, segundo a malicia em que for achado. E porque ácerca disto se não póde dar certa regra, ficará em arbitrio do Julgador. E em todo o caso, onde o vencido he condenado nas custas em dobro, ou em tresdobro, e não lhe forem achados bens, em que se faça execução, será preso, até que as pague da cadeia, porque a dita condenação procedeo de malicia, que he havida por maleficio".

33. Podem ser encontradas neste título várias regras da maior relevância. Em primeiro lugar, registe-se que as Ordenações consagravam a regra *victus victori* quanto à imposição da obrigação de pagamento de custas: a parte vencida deve suportar as custas da acção e deve suportá-las em benefício da parte vencedora. Aquele que tem necessidade de recorrer aos tribunais para acautelar o seu direito não pode sofrer qualquer desvantagem com este recurso, deve chegar ao final do processo com o seu direito incólume. Por esta razão, as custas do processo, que são sempre devidas, sejam ou não pedidas[70], são suportadas pelo vencido, mesmo que este, no entendimento do juiz, tenha tido justa causa para litigar. O fundamento da imputação desta obrigação de suportar os custos da demanda surge, aqui, ligado a um elemento subjectivo e não à mera sucumbência: o vencido paga as custas do processo porque, apesar de ter tido, de acordo com a convicção do tribunal, justa causa para litigar,

[69] Regra idêntica podia ser encontrada, já, no § 41 da Lei VII da Nova Ordem do Juízo, de Dom Manuel. *Cfr.* C. L. Ex. D. N. L., p. 98.

[70] Gonçalves da Silva, *Ad Ordinationes*, Tomo II, *Ad Ord. Lib.* 3., *titul.* 67. *ad Princip*, n.º 7.

"*foi em culpa* sómente de fazer demanda, que não devêra". Mas esta culpa não engloba o dolo, antes a ele se contrapondo, já que a condenação em custas singelas supõe que a parte "*foi em culpa* sómente de fazer demanda, que não devêra, *sem outra malicia*" (itálico nosso).

34. O *beneficiário do pagamento de custas* fixadas, a final, na sentença e ulteriormente contadas será *a parte vencedora* pelo menos quanto a despesas que houvesse feito e que devessem ser-lhe repetidas. Neste sentido, prevê, *v.g.*, o Título XIV, § 3, do Livro III das O.F. que, caso o réu houvesse sido absolvido da instância em situação de revelia do autor, este não seria "recebido jámais [...] tornar á dita demanda, sem primeiro *pagar ao réo todas as custas em que foi condenado*, quando o réo foi absoluto da instancia" (itálico nosso)[71]. Nesta circunstância, a obrigação de o autor suportar as custas resulta do seu não comparecimento ao termo para o qual fizera citar o réu, sendo que era ao réu que o autor deveria pagar as custas. Esta passagem dá-nos já uma indicação de que há custas que são pagas por uma das partes à outra. E bem se compreende que assim fosse num estádio de evolução em que, inexistindo um sistema centralizado de Justiça, que devesse ser financiado através de taxas, todo e qualquer interveniente no processo era pago directamente pela parte e em função do serviço que prestara.

35. O segundo aspecto relevante e directamente decorrente do Título LXVII, já aflorado, decorre da circunstância de a lei dispor que o juiz deve condenar as partes em custas do processo "sem poder dellas relevar cada huma das partes, postoque lhe pareça que cada huma dellas teve justa causa para litigar". Quer isto dizer que não há um juízo desvalioso inerente ao pagamento de custas processuais, já que dele não pode sequer ser relevada a parte que teve justa causa para litigar, ou seja, a parte cujo comportamento na acção não merece censura. Nas palavras de MELO FREIRE, "*in quas (litis expensae) sempre victus condemnandus, utut bona fide litigaverit*"[72]. O esquema de imputação da obrigação de pagamento de custas ao vencido é-nos familiar porque coincidente com dados do sistema actualmente vigente entre nós. Porém, já nos pode parecer estranha a especificação a que procede o legislador: as custas são devidas ainda que, de acordo com o convencimento do

---

[71] Sobre este regime, CORREIA TELLES, Manual de processo civil, 4.ª, § 147.

[72] *Institutiones Iuris Civilis Lusitani*, Livro IV, Título XXI, § VIII.

tribunal, a parte tenha tido justa causa para litigar. No entanto, compreender-se-á esta clarificação quando se conhecer o regime que antecedeu o das Ordenações Filipinas.

O terceiro aspecto relevante respeita directamente à matéria das custas pessoais. Quanto a estas, dispõe a passagem em citação que delas poderão as partes ser escusas "se tiveram justa causa de litigar". Prevê-se, assim, a possibilidade de isenção da parte que litigou com justa causa do pagamento de custas pessoais. Na sua inversa, se a parte litigou sem justa causa, pagará custas pessoais, delas não podendo ser relevada. Neste sentido, afirma CAETANO GOMES que "6. [...] ainda que o vencido tivesse justa causa de litigar, sempre é condenado nas custas dos autos [...]; 7. Mas das custas pessoais escusa a justa causa de litigar"[73].

O quarto aspecto refere-se já especificamente à penalização da malícia. Se a parte litigou maliciosamente, suportará custas dobradas ou triplicadas.

36. A título de mera curiosidade, veja-se como o esquema das Ordenações, no que respeitava à querela infundada, ou seja, no que tangia aos efeitos do exercício do direito de acção em processo penal, era diverso e bem mais pesado nos seus efeitos. Não se estranhará que assim seja: "a severidade das penas estava de acordo com o sistema criminal da época mas estava-o também com o espírito que presidia à valoração do próprio crime"[74]; todo o Livro V, considerado o livro negro das Ordenações Filipinas, "sanguinário e terrível, sombrio e medonho como os cárceres da inquisição, desapiedado como a ponta do azorrague, desnaturado e cruciante como as torturas do sancto officio"[75], contém um pesadíssimo esquema sancionatório, no qual imperam as penas que, actualmente, se considerariam desumanas.

Se bem que a litigância de má fé em processo penal não integre o objecto do nosso trabalho, vale a pena reproduzir parcialmente o Título CXVIII do Livro V:

> "Se alguem querelar de outro e o réo accusado fôr livre por sentença do maleficio e querela, por se não provar o conteúdo nella, *mandamos que o tal querelosо seja nessa mesma sentença condenado nas custas, e em todo o dano, e perda, que o réo por rasão dessa querela e accusação receber*, o que todo pagará da Cadêa.

---

[73] Manual pratico judicial, civel e criminal, Capítulo XIII.

[74] RUY DE ALBUQUERQUE, A Lei dos Conluios de 1570, pp. 721 e 747 e segs..

[75] SEABRA D'ALBUQUERQUE, Prefácio ao Direito Penal de SOUSA PINTO, s/n, mas p. 4.

Porém, *sendo o quereloso achado em malicia, será condenado nas custas em dobro ou em tresdobro, segundo a malicia em que fôr achado.*

§ 1. E além disto, se o Julgador achar que o quereloso querelou maliciosamente [...] *dar-lhe-ha mais a pena crime arbitraria, que lhe bem, e direito parecer, segundo a qualidade da malicia e a prova que della houver*" (itálicos nossos).

Desta regra, vigente em processo penal, resultam os seguintes aspectos relevantes.

Em primeiro lugar, o de que a condenação da parte em custas não dependia explicitamente da censurabilidade da sua actuação. O pagamento das custas não dependia de uma actuação culposa daquele que apresentava querela.

Em segundo lugar, saliente-se o facto de o quereloso ser condenado não apenas no pagamento das custas do processo, mas ainda no pagamento de todos os prejuízos sofridos pelo acusado. Estes não coincidiam com as custas pessoais, já que estas eram também fixadas em função da qualidade da parte vencedora.

Em terceiro lugar, a circunstância de o pagamento das perdas e danos sofridos pelo acusado não depender de uma actuação maliciosa do quereloso. Independentemente de se subentender um juízo de censurabilidade, inerente à imposição da obrigação de pagamento de custas em geral, certo é que, em regra, o pagamento de danos provocados pelo exercício do direito de acção depende de um juízo de especial censurabilidade da conduta do agente: a malícia.

Em quarto lugar, o facto de a condenação no pagamento das custas e de todas as perdas e danos sofridos pelo acusado ser realizada na sentença, ou seja, no acto que punha termo ao procedimento criminal.

37. Regressemos ao Título LXVII das Ordenações Filipinas. Aí podem ser encontradas várias regras da maior relevância, através das quais procuraremos dar resposta às quatro questões centrais, que surgem de imediato.

O que são custas do processo e custas pessoais?

O que é a justa causa para litigar a que agora se faz referência?

Que ligação existe entre o tipo de custos que integram as custas pessoais e a justa causa para litigar de modo que esta possa justificar a isenção de repetição daquelas?

Que custas são dobradas ou triplicadas? Todas? As do processo? As pessoais?

Tentemos resolvê-las uma a uma pela ordem enunciada pois só deste modo poderemos abarcar os efeitos que a lei ligou à actuação processual maliciosa.

2.1.1. *Custas do processo e custas pessoais*

38. Mandam as Ordenações Filipinas que, na sentença, o juiz proceda à condenação das partes em custas segundo as regras nelas estabelecidas. Esta condenação deve ser de tal modo clara, nomeadamente quando haja condenação parcial, que ao contador se não ofereçam dúvidas quanto aos valores a contar. Por outro lado, a obrigação de condenação da parte vencida em custas na sentença constituía dever legal do juiz, implicando a falta de pronúncia sobre esta matéria que fosse ele próprio condenado em custas e em responsabilidade pelos danos causados com esta omissão[76]. Acresce que, se a parte vencedora tinha direito a ser compensada tanto pelas custas do processo como pelas custas pessoais, limitando-se o juiz a condenar a parte vencida em custas processuais, podia a parte que obtivera ganho de causa apelar[77].

Apesar destes comandos e se bem que em grande parte das decisões consultadas expressamente se especifique que custas são contadas e a quem incumbe o respectivo pagamento, certo é que é possível localizar sentenças em que o juiz se limita a condenar a parte em custas. Perante esta condenação, avulta o problema de se saber que custas devem ser contadas. Almeida e Sousa, estribando-se em Pegas[78] e em Pereira e Sousa, sustenta que "quando o Juiz condena nas custas *dos autos* é a condenação restrita à que o Contador contar na forma do seu Regimento. Quando a sentença condena nas custas simplesmente sem aditamento da palavra *dos autos*, se compreendem na condenação não apenas as dos autos mas também as pessoais"[79].

---

[76] Barbas Homem, *Judex perfectus*, § 51.IV.

[77] Jorge de Cabedo, *Praticarum observationum, Pars Prima, Arestum* LXXVIII ("Foi movida duvida, & assentouse que se o iuz condemna hum no principal, & nas custas do processo, & deixa de cõdemnar nas pessoaes havendo iusta causa pera o cõdemnar tãbem nellas: que desta omissão pode a parte vencedora appellar. E nas custas quando se appella não há alçada: sic iudicavit senatus").

[78] Nos *Commentaria ad Ordinationes Regni Portugalliae*, Tomo 7, Livro 1, Título XCI, ad §II, Glos. IV, lê-se: "*quod in dubio, quando judex dicit condemno in expensis victum, non declarans na sint processus tantum, na etiam personales, condemnatio facta in omnibus intelligitur.*"

[79] Segundas linhas sobre o processo civil, Parte I, Capítulo XXVII, n.º 3; itálico no texto.

39. A que realidades se refere Almeida e Sousa na passagem citada? O que são custas processuais e custas pessoais e que custas são contadas?

Uma primeira resposta a estas interrogações vai encontrar-se no Livro I, Título XCI das Ordenações Filipinas, no qual se regulam as competências dos contadores. Aí se lê:

> "Os Contadores das custas as contarão, assi as pessoaes, que são para mantimento das pessoas, como as do processo, que são o que os Scrivães e Tabeliães hão de haver da scriptura, e o salario dos Procuradores e outros quaesquer Officiaes.
>
> [...]
>
> § 2. E porque as custas pessoaes se hão de contar aos litigantes, a que forem julgadas, mais e menos, segundo a differença das pessoas, qualidade e stado, no contar dellas se tenha a maneira seguinte. [...]".

Desta passagem resulta que haveria dois tipos de custas: as custas do processo e as custas pessoais.

Enquanto as custas do processo respeitam às despesas que a parte faz com a intervenção ou prática de actos processuais ou com relevância no processo por determinados agentes, as custas pessoais são despesas que a parte faz com o seu mantimento.

40. O mesmo Título XCI enuncia, seguidamente, uma série de regras de contagem de custas pessoais, através das quais ficamos a saber que despesas feitas com a própria pessoa podem ser imputadas à contraparte porque são contadas como custas pessoais. Isto porque "[a]s custas não são todas as despezas que se fazem por causa da demanda; mas só aquelas que entram em taxa e são contadas pelo Contador do Juízo"[80].

O princípio fundamental na contagem das custas pessoais é o de que o seu quantitativo é determinado em função do tempo e do seu valor, calculado este em relação com a qualidade e estatuto social[81] daquele que o investe, directa e indirectamente, no julgamento da causa. A imobilização da parte por causa do processo integra, deste modo, as custas.

---

[80] Pereira e Sousa, Esboço de hum diccionario urídico, entrada *Custas*.

[81] O.F., Livro I, Título XCI, *v.g.* §§ 2, 3, 4 e 24.

Para além do tempo investido na demanda, serão ainda contadas à parte vencedora as despesas que ela tenha realizado com alimentação, transporte, alojamento, bem como as despesas feitas com pessoas que, atendendo ao seu estatuto, a acompanham nas suas deslocações.

41. Apesar de à determinação dos quantitativos devidos a título de custas estar subjacente um valor-padrão, cuja obtenção depende, como se disse, da qualidade e do estatuto social das pessoas, as Ordenações Filipinas contêm regras que nos permitem afirmar que os custos devidos a título de custas pessoais não equivalem a montantes abstractamente calculados (*v.g.*, através da multiplicação do valor *per diem* de imobilização da pessoa pelo número de dias de suposta imobilização por causa do processo), mas aos montantes efectivamente dispendidos por causa do processo.

Veja-se o que se dispõe, nomeadamente, no § 13 do Título XCI :

> "E se a parte vencedor não for do Lugar e Termo onde se tratar o feito e ver a esse feito d'outro Julgado, contar-lhe-hão os dias que hi se deteve por elle, e os da ida e vinda, até que chegue a sua casa, a seis legoas por dia e mais não, e mais tres para se fazer e tirar a sentença. E isto se entenderá se elle não veio ahi para outra cousa. Que se para negociar outra cousa veio, mais que por seguir o feito (o que ficará em seu juramento), então não haverá custas senão dos dias em que apparecer em Juízo, ou der inquirição, ou vir jurar as testemunhas, e os dias do costume como se fosse morador no logar, e de outra maneira não: e o conhecimento disto pertence ao Contador. [...]".

Observe-se que a regra dispõe que seja contado somente o valor da imobilização efectiva por causa da demanda: se a parte se desloca do seu centro de actividade, mas aproveita essa deslocação para outras finalidades que não apenas a de acompanhar o processo, seria realmente iníquo fazer a parte vencida suportar custos que, afinal, não são apenas imputados ao processo.

Finalidade idêntica presidia ao § 23 do mesmo Título XCI. Aí se previa que se a parte fosse procurador, escrivão ou oficial, porque tinha de estar no tribunal por causa do seu ofício em dias de audiência, não lhe seriam contados os dias do costume. Isto porque se ela, por dever de ofício, se encontrava no lugar e termo onde se tratava o feito, nenhuma despesa anómala suportaria com o acompanhamento do seu processo.

42. Disposições como as acabadas de referir apontariam para uma natureza verdadeiramente compensatória das custas pessoais: todas as despesas, mas somente as despesas realizadas por causa do processo, seriam devidas pela parte vencida à parte vencedora.

Sucede, porém, que esta afirmação apenas vale como princípio, já que as Ordenações Filipinas estabelecem limites máximos à contagem de determinadas custas pessoais. Assim sucede, por exemplo, com a contagem dos dias que a parte usa para seguir seus feitos. O § 12 do Título XCI, depois de dispor que serão contados à parte os dias que jurar haver investido no acompanhamento dos processos, limita o número de dias que, por ano, podem ser contados: a parte pode fazer contar, no máximo, quarenta dias por ano, ainda que este limite fique aquém daquele que a parte jurou. A justificação avançada pelo legislador para esta limitação é o costume, sendo este número de dias conhecido como *dias do costume*.

Identicamente se passam as coisas com a deslocação daquele que "não for do Lugar e Termo, onde se tratar o feito". Também neste caso dispõe o § 13 que "contar-lhe-hão os dias que aí se deteve por elle, e os da ida e vinda, até que chegue a sua casa a seis legoas por dia e *mais não*" (itálico nosso).

43. Da análise das regras diríamos resultar, quanto aos custos pessoais, que a lei mandava contar como custas todas as despesas feitas por causa do processo com a pessoa do litigante: valor do tempo, valor da alimentação, valor do transporte, valor do alojamento e, implicitamente, valor do tempo, alimentação, transporte e alojamento daqueles que, atendendo ao seu estatuto social, acompanhavam a parte.

Daqui resulta que nenhum custo incorrido por causa da demanda deixaria de ser contado. Se era, depois, compensado ou não, por quem e em que circunstâncias, é aspecto que vai decorrer da continuação da interpretação do Título LXVII. Mas, de quanto vimos até aqui, as custas pessoais começam, efectivamente, a desenhar-se como "o antecedente histórico da indemnização à parte contrária"[82].

---

[82] ALBERTO DOS REIS, Código de Processo Civil anotado, II, *sub* artigo 465.º, p. 256.

2.1.2. Custas pessoais, perdas, danos e interesses

44. Em anotação ao Título XCI das Ordenações Filipinas, escreve Cândido de Almeida que as custas pessoais "são as custas que respeitam a pessoa do litigante vencedor com relação ao dano por ele sofrido"[83]. Já anteriormente e numa expressão mais exacta porque compatível com a regras de imputação de despesas a custas, escrevera Pereira e Sousa que "[c]hamam-se custas pessoaes aquellas que respeitam à pessoa com relação ao damno por ella soffrido"[84]. Aquando da preparação do Código de 1876, a Revista de Legislação e Jurisprudência dirá que as custas pessoais "consistiam em uma indemnidade, regulada por certa forma, que havia de ser paga pelo litigante vencido ao vencedor, em attenção ás despezas que lhe occasionou o litigio, sem comprehender os emolumentos dos funccionarios judiciaes, a que eram relativas as outras custas denominadas *do processo*"[85].

Ora, se a parte poderá ser eventualmente compensada por tais custos pessoais, uma análise da doutrina que se foi pronunciando sobre esta figura permite-nos compreender que, em matéria de compensação, haverá que tomar ainda em consideração outras realidades. Com efeito, se as custas pessoais apontam para uma compensação de custos ou despesas, outras figuras, a que a doutrina faz apelo, indiciam no sentido da compensação de danos ou prejuízos.

Paradigmática do que estamos dizendo é a construção de Almeida e Sousa. O Autor, ampliando as categorias propostas por Pereira e Sousa, refere existirem, naquilo que ora nos interessa, as custas dos autos simples, em dobro ou em tresdobro e as custas pessoais. Desta categoria geral das custas aparta a dízima da Chancelaria "por que he uma pena com diversa applicação"[86], já que esta é imposta ao réu enquanto pena de calúnia[87].

Referindo-se, ainda, às custas pessoais, continua Almeida e Sousa dizendo que "na simples condemnação das custas não vem os damnos", mas

---

[83] Ordenações Filipinas, Livro 1, Título XCI, p. 223, nota 1.

[84] Primeiras linhas sobre o processo civil, Tomo I, § CCLXXXV, nota 586.

[85] O projecto do Codigo do Processo Civil. Observações sobre os projectos de Codigo do processo civil portuguez, apresentados pelo sr. Alexandre de Seabra e pela respectiva Comissão revisora, 7.º Ano, p. 49.

[86] Segundas linhas sobre o processo civil, Parte I, Capítulo XXVII, p. 607.

[87] Segundas linhas sobre o processo civil, Parte I, Capítulo XXVII, n.º 2.

"quando ha condemnação das custas dos autos com perdas e damnos, não vem as pessoaes nem outras despezas da demanda"[88].

Desta passagem resulta que, havendo simples condenação em custas, estas compreendem, tanto as custas dos autos, como as custas pessoais. Mas, em tal condenação, não se abrangem os danos. Daqui se inferiria que os danos, caso houvesse condenação na respectiva compensação, cobririam realidade distinta daquelas que são cobertas tanto pelas custas dos autos, como pelas custas pessoais.

45. A clareza perde-se já, de algum modo, quando o Autor sustenta que "quando ha condemnação das custas dos autos com perdas e damnos, não vem as pessoaes nem outras despezas da demanda." Posição semelhante fora já expressa por Gonçalves da Silva, que defende que "*in condemnatione expensarum non veniunt damna [...]. Ac ita in condemnatione expensarum actorum, atque damnorum non veniunt expensas personales*"[89]. Perante estas afirmações não há dificuldade na fixação do sentido da expressão *custas dos autos*. O mesmo não se pode, porém, dizer no que respeita à relação existente entre as custas pessoais, as outras despesas da demanda, as perdas e os danos.

Que relação existe entre as custas pessoais e as outras despesas da demanda, por um lado, e as perdas e danos? Se os danos cobrem outras despesas que não as custas pessoais, como decorria da primeira afirmação, o que pode justificar, quando há condenação em perdas e danos, que não sejam indemnizados custos pessoais?

Diremos que uma aparente permutabilidade entre custas pessoais e perdas e danos: quando umas fossem impostas, de outras seria relevada a parte vencida. Mas esta interpretação só terá sentido se se verificar que as custas pessoais, de um lado, e as perdas e os danos, por outro, estão em relação de sobreposição, pelo menos parcial, entre si.

46. A interpretação a que acabámos de chegar sai reforçada pela passagem subsequente, em que Almeida e Sousa escreve: "Quando porém ha condemnação generica de *custas* (sem restricção ás dos autos), *interesses, perdas e damnos* (maxime tendo-se pedido Libello), vem não só as custas dos autos, mas os damnos *intrinsecos*, que da demanda resultárao ao Vencedor,

[88] Segundas linhas sobre o processo civil, Parte I, Capítulo XXVII, n.º 3.

[89] *Ad Ordinationes*, Tomo I, *Ad Ord. Lib.* 3. Tit. LXVII *ad princip*, n.º 22

quaes as despeszs com Advogados, Procuradores[90], Escripturas, etc.; mas não os *extrinsecos*, como se ao Vencedor morreo o cavallo na jornada, se nella foi roubado, se experimentou perda em sua casa, v.g., por falta de cultura de seus prédios [...]"[91]. No *Tratado pratico das avaliações e dos damnos* acrescenta aos danos não indemnizáveis aqueles que a parte vencedora sofreu em sua casa por falta da sua assistência, como sejam a perda de gados ou o retardamento do serviço de lavoura[92].

Pareceria, assim, que quando se refere a condenação em custas, perdas e danos, ao termo *custas* devia ser dado um sentido restrito: apenas estariam em causa as custas dos autos, estando excluídas as custas pessoais.

47. A explicação mais acabada da posição de ALMEIDA E SOUSA quanto ao que seja imputado a custas pessoais em contraposição àquilo que será imputado a perdas e danos surge no já referido *Tratado pratico das avaliações e dos damnos*, onde o Autor começa por afirmar, naquilo que directamente nos interessa, que "o calumniador verdadeiro deve depois, não so satisfazer ao calumniado as custas, mas os interesses, perdas e damnos"[93]. Se aqui se considerar o que antes fora assente (quando há condenação em perdas e danos, à expressão *custas* deve ser atribuído o sentido restrito de *custas dos autos* ou *do processo*), infere-se da posição de ALMEIDA E SOUSA que ou as custas pessoais estão, de algum modo, cobertas pela expressão *perdas e danos*, que ou as transcenderá ou, pelo menos, a elas equivalerá, ou que o caluniador, se bem que deva compensar perdas e danos, não deve compensar despesas, ou seja, não deve compensar custas pessoais.

É no parágrafo seguinte que ficamos a saber o que o Autor integra, afinal, nas *perdas e danos*. Aí se lê que "[n]estas perdas e damnos não se compreendem as extrinsecas e remotas, como se o accusado foi roubado no caminho quando ia tratar do livramento; ou se lhe morreo o cavallo; se por falta da sua assistência em casa lhe morreram gados, retardou o serviço da lavoura,

[90] Note-se que entre as despesas dos autos não constam nem as despesas feitas com o advogado, nem as realizadas com o procurador. É curiosa a simetria, apesar da evolução histórica dos institutos envolvidos na matéria da responsabilidade por actuação processual, quanto à imputação a terceiro deste tipo de despesas.

[91] Segundas linhas sobre o processo civil, Parte I, Capítulo XXVII, n.º 4.

[92] *Ob. cit.*, Parte segunda, Capítulo V, § 104

[93] *Ob. cit.*, Parte segunda, Capítulo V, § 103.

etc.. Mas só se compreendem as perdas e damnos intrinsecos *occasione litis*; como 1.º as custas contadas nos autos; 2.º as dos Advogados, Procuradores, Núncios e Solicitadores; 3.º Cópias de Escripturas; 4.º despezas de jornadas e alimentos nellas; 5.ª diárias que o réo perdeo ou quando preso[94], ou quando solicitador do seu Livramento; *maxime* sendo Artífice; despezas que fez com as Testemunhas, etc."[95].

A passagem é tudo menos clara ou precisa. Com efeito, como pode ALMEIDA E SOUSA sustentar que entre as perdas e danos se contam as custas dos autos? Não dissera antes que, para além das custas dos autos, será a parte vencida condenada em perdas e danos? Ora, se as custas dos autos se integram entre as perdas e danos não podem ter autonomia na condenação sob pena de dupla contagem.

48. Mas se, quanto às custas dos autos, a passagem é pouco clara, quanto às custas pessoais dá-nos algum esclarecimento. Com efeito, porque, na expressão de ALMEIDA E SOUSA, se compreendem nas perdas e danos as despesas com "jornadas e alimentos nellas", na medida em que as custas pessoais correspondem, *grosso modo*, às despesas que a parte realiza com o mantimento da sua pessoa por causa da demanda, verifica-se que, afinal, as custas pessoais se contam entre as perdas e danos.

O que resta para as perdas e danos que não esteja coberto pelas custas pessoais? Das despesas enunciadas por ALMEIDA E SOUSA, ficam as despesas realizadas com Advogados, Procuradores, Núncios e Solicitadores, bem como as cópias de escrituras. São, claramente, despesas feitas *por causa* da acção, mas que nenhuma ligação apresentam com o mantimento e deslocação da parte durante o período de pendência do processo.

Compreende-se, agora, porque sustentava ALMEIDA E SOUSA que a condenação em perdas e danos implicava a não condenação em compensação de custas pessoais: estas estão compreendidas naqueles pelo que a condenação

---

[94] Neste contexto, vale a pena referir uma decisão, recenseada por JORGE DE CABEDO, em que foi necessário determinar quem deveria pagar as custas pessoais de um réu preso, sendo ele ulteriormente absolvido, quando fossem vários aqueles que "com ele trouxessem demanda". Segundo o aresto, "urídicose que se aviam de contar contra a pessoa que o fez prender, & não contra outrem que traga com elle demanda, posto que foy muy altercada esta duvida: assi se assentou, mas antiguamente se iulgou o contrario no iuzo de agravo, no feito de Fernando delgado com Domingos fernandes." *Praticarum observationum, Pars Prima, Arestum* VIII.

[95] Tratado pratico das avaliações e dos damnos, Parte segunda, Capítulo V, § 104.

em custas dos autos, perdas e danos significa, necessariamente, a condenação em custas pessoais. A condenação em perdas e danos implicava a obrigação de compensar mais custos do que as custas pessoais.

49. Fundando-nos em quanto antecede, pensamos poder afirmar que se entendia que, mesmo que uma das partes fosse condenada a pagar custas, estas integravam somente, como acima se viu, as despesas referidas no Título XCI, ou seja, as despesas que a parte houvesse efectivamente feito com a demanda, com as ressalvas acima operadas quanto ao estabelecimento de alguns limites. E caso haja condenação em perdas e danos, ser-lhe-ão ainda devidos os custos que suportou com o patrocínio da causa, uma vez que estes, apesar de qualificados como despesas, não integram as custas pessoais[96]. Não porque não devam considerar-se causalmente provocados e justificados pela acção, mas porque a lei os não incluía entre as custas.

Fora das custas pessoais ficariam, assim, os demais danos concretos que a parte pudesse ter sofrido em outras situações jurídicas, eventualmente afectadas com a demanda maliciosa. Circunstância que tem plena justificação dogmática: se tais danos podem ter sido provocados através do exercício do direito de acção, não se trata de despesas realizadas por causa da acção.

2.1.3. A justa causa para litigar

50. Sabemos, agora, que as custas pessoais são, *grosso modo*, despesas feitas pela pessoa com o seu mantimento por causa da demanda.

Pergunta-se em seguida: e haverá obrigação de repetir custas pessoais? Se estas correspondem, na terminologia de Pereira e Sousa, ao dano sofrido pela pessoa com a demanda, é este "dano" indemnizável?

A resposta a esta interrogação vai depender das regras estabelecidas quanto à determinação dos limites subjectivos e objectivos da obrigação de pagamento de custas.

Pereira e Sousa, depois de afirmar que as custas pessoais teriam caído, aquando da redacção das suas Primeiras Linhas, em desuso, diz-nos que em tais custas era apenas condenado "aquelle que não teve justa causa de

---

[96] Pereira e Sousa, Primeiras linhas sobre o processo civil, Tomo I, nota 585; *ibidem*, Nova Edição, nota 585.

litigar"[97]. Assim, se as custas do processo, únicas em que se devia ter por condenada a parte vencida, dependiam somente da sucumbência[98], as custas pessoais dependiam da ausência de justa causa para litigar. Porém, não nos esclarece quanto ao que deva entender-se pela cláusula *justa causa para litigar*.

O que sucede com Pereira e Sousa é apenas um exemplo do que se verifica nas demais obras consultadas. Como se o sentido da expressão *justa causa*, que é tudo menos clara, desde logo porque nos parece que vai variando ao longo das Ordenações, fosse um dado adquirido e dispensado de explicitação. Curiosamente, nem mesmo no Repertório das Ordenações se encontra qualquer entrada para as expressões *justa causa de litigar* ou *causa justa de litigar*. Só um confronto da evolução do termo *iusta causa litigandi* e dos actuais *giusti motivi*, a que faz referência o legislador processual italiano no artigo 92, *comma* 2, c.p.c.it.[99], nos permitem ir encontrando os contornos desta cláusula geral.

51. Poderia supor-se que a *justa causa* a que aqui se faz referência seria aquela que a parte jurava movê-la quer na propositura da acção, quer na dedução da defesa, dando-se imediatamente por adquirida no momento da imputação da obrigação de pagamento de custas. Seria uma interpretação possível.

Porém, este esquema seria altamente iníquo pois desprotegeria desmesuradamente a parte vencedora. Isto porque a parte vencida poderia ser isenta do pagamento de custas pessoais, quer o seu convencimento quanto à justeza ou justiça da causa se fundasse em circunstâncias plenamente justificáveis, quer não. Ora, pode compreender-se que, sendo as custas

---

[97] Primeiras linhas sobre o processo civil, Tomo I, § CCLXXXV, nota 586; *ibidem*, Nova Edição, nota 586.

[98] Pereira e Sousa, Primeiras linhas sobre o processo civil, Tomo I, § CCLXXXV, nota 586; *ibidem*, Nova Edição, nota 586.

[99] Esta expressão foi substituída, em 2009, por "gravi ed eccezionali ragioni", tendo esta última sido, igualmente, afastada, em 11 de Novembro de 2014, data em que foi adoptada a seguinte redação do artigo 92, *comma* 2, c.p.c.it.: "[s]e vi è soccombenza reciproca ovvero nel caso di assoluta novità della questione trattata o mutamento della giurisprudenza rispetto alle questioni dirimenti, il giudice può compensare le spese tra le parti, parzialmente o per intero.". Na anterior redacção do preceito, "[s]e vi è soccombenza reciproca o concorrono altre gravi ed eccezionali ragioni, esplicitamente indicate nella motivazione, il giudice può compensare, parzialmente o per intero, le spese tra le parti.".

pessoais concebidas como uma compensação da parte pelas despesas da lide, estas não fossem devidas quando a parte litigara com uma justa causa objectivamente aferida. O mesmo se não dirá se a parte vencida retirasse o seu convencimento de circunstâncias totalmente injustificáveis. Se bem que ela se considerasse de boa fé, porque a sua convicção seria insustentável, tal boa fé reverteria em prejuízo da contraparte. É evidente que o seu comportamento não seria equiparado a uma actuação maliciosa já que, apesar do relativo desvalor da sua representação quanto à *causa litigandi*, ela estava convencida da sua razão, convencimento que resultaria patente no modo como litigaria. No entanto, neste caso dificilmente se poderia explicar que ela não houvesse de suportar o pagamento das despesas que levara a parte vencedora a realizar para a resolução de um litígio, objectivamente destituído de justa causa.

52. O esquema de imputação de custas pessoais nas Ordenações Filipinas parece ter sido, efectivamente, interpretado, segundo as informações que podem colher-se em Gonçalves da Silva, de acordo com as preocupações que registámos.

Depois de dizer que o juiz deve condenar a parte vencida em custas, tanto do processo, quanto pessoais, afirma o Autor que destas últimas poderá a parte ser exonerada caso haja litigado com justa causa. Porém, para que este efeito se produza, deve o juiz apreciar a causa ao abrigo da qual a parte agiu. E, concluindo que ela agiu a coberto de uma justa causa, assim declararia na sentença de modo a justificar a sua isenção de pagamento de custas pessoais à parte vencedora[100].

Seguidamente diz-nos o Autor em referência que, não explicitando a lei o que devia entender-se por *justa causa*, seriam a sua concretização e apreciação deferidas ao critério do julgador[101]. No entanto, neste seu juízo contaria o tribunal com uma série de presunções[102]. Assim, deveria presumir-se que a parte vencida litigara com justa causa se tinha por si a autoridade dos

[100] Gonçalves da Silva, *Ad Ordinationes*, Tomo I, *Ad Ord. Lib.* III. Tit. LXVII ad princip., onde, sob os n.ºs 30 e 31 se lê: "*Dicitur hic, quod ab expensis personalibus poterunt partes absolvi, si causam justam habuerit. [...]. Et tunc judex debet in sententiam exprimere hanc justam causam, propter quam victus fuit excusatus a condemnatione hujusmodi expensarum.*"

[101] *Ad Ordinationes*, Tomo I, *Ad Ord. Lib.* III. Tit. LXVII *ad princip.*, n.º 33.

[102] *Ad Ordinationes*, Tomo I, *Ad Ord. Lib.* III. Tit. LXVII *ad princip.*, n.º 34 e segs..

Doutores[103], se obtivera o aconselhamento de vários advogados, ainda que não desempenhassem este *munus* na causa, se se verificasse divergência doutrinária entre os Doutores, não se tendo formado uma opinião comum, se a parte logra fazer prova semi-plena, se a parte fez prova por meio de várias testemunhas, mesmo que estas hajam sido rejeitadas posteriormente, se o autor pede mais do que aquilo que lhe é devido[104], se a parte sucede na situação jurídica litigiosa ou se é um simples fiador[105]. Por último, vem a grande presunção: "*In dubio autem justam causam litigandi non habuisse victum asserunt*". A sucumbência faz presumir a ausência de uma *iusta causa litigandi* pelo que ela requer a invocação de uma contrapresunção que a afaste sob pena de daquela se inferir a ausência de justa causa objectiva para litigar. No entanto, ausência de justa causa e calúnia ou malícia não se confundem. Se aquela é compatível com a mera temeridade, esta pressupõe uma actuação dolosa da parte: ela sabe estar a agir a descoberto de uma *iusta causa litigandi*, sabe que litiga sem razão.

2.1.4. O beneficiário da repetição das custas pessoais

53. O beneficiário directo da condenação em custas pessoais era a parte vencedora. Na verdade, fora esta quem, durante o tempo de pendência do processo, suportara os custos com o seu mantimento e com a expedição

---

[103] Sobre o valor da opinião dos Doutores e as dificuldades criadas por esta fonte, vinculante para os magistrados, Barbas Homem, *Judex perfectus*, § 13.IX e segs.. Genericamente sobre a polissemia e a relevância da *opinio communis doctorum*, cujo êxito atribui à perda de prestígio da Glosa Magna de Acúrsio e que assenta na presunção de verdade que acompanha a opinião de certos autores, Reis Marques, História do Direito Portugês Medieval e Moderno, A.13. Vejam-se, na mesma passagem, as razões de decadência da *communis opinio*, exacerbada com o humanismo jurídico. Sobre a relevância de a parte fazer acompanhar a sua *intentio* ou *exceptio* da opinião de um jurisconsulto para a conclusão de que ela agia a coberto de uma *iusta* ou *probabilis causa litigandi*, Cordopatri, L'abuso del processo, I, p. 297.

[104] Esta última presunção apenas pode compreender-se, atendendo ao que o Autor afirmara a propósito do excesso de pedido, se se acrescentar que os factos que integram a causa do crédito não são factos pessoais. *Cfr. Ad Ordinationes*, Tomo I, *Ad Ord. Lib.* III. Tit. XXXIV. *Ad princ.*, n.º 46. Quanto à sanção em que incorre o autor que pede mais do que aquilo que lhe é devido e às cautelas que, consequentemente, deve colocar na elaboração do libelo, Correia Telles, Formulário de urídic e petições summarias, § 6.

[105] *Cfr.*, quanto a esta presunção, D.50, 17, 42. Trutter, Bona fides im Civilprozesse, p. 9.

ou seguimento da causa. Por esta razão manda a lei repetir custas à parte vencedora[106].

O facto de o beneficiário das custas em que a parte vencida é condenada ser a parte vencedora apenas nos permite concluir que, através desta condenação, se visam repetir à parte vencedora as despesas contadas como custas, que fez com a causa. Contudo, daqui não podemos imediatamente inferir que, sendo as custas duplicadas ou triplicadas e sejam quais forem aquelas que se duplicam ou triplicam, que seja ainda a parte vencedora a beneficiar desses valores. Como é evidente, se o for, e sejam quais forem as custas que se multiplicam, ela receberá da parte vencida valores que já não correspondem a despesas feitas com a causa, aspecto que terá a maior relevância na qualificação da penalidade imposta ao litigante malicioso. Prossigamos, então, na recolha dos dados que nos permitirão chegar, se não a uma conclusão definitiva, pelo menos a uma conclusão indiciária, quanto ao tipo de custas que se multiplicam e quanto ao beneficiário dos valores multiplicados. Este aspecto é, para nós, relevante na medida em que dele pode resultar uma pista quanto à natureza da condenação em custas pessoais.

2.1.5. A justa causa para litigar e as custas pessoais: presença de uma, isenção das outras

54. Perguntámos, acima, que relação poderia existir entre a presença de justa causa para litigar e a isenção de pagamento de custas pessoais. Acabámos por responder a esta interrogação no ponto antecedente: sendo as custas pessoais concebidas como uma compensação da parte vencedora pelas despesas da lide, pode compreender-se que estas não fossem devidas quando a parte vencida, apesar de vencida, litigara com uma justa causa objectivamente aferida. Se o pressuposto primeiro da condenação em custas pessoais era o vencimento[107], este não bastava. Fundando mera presunção de ausência de justa causa para litigar[108], podia tal presunção ser afastada.

---

[106] Pereira e Sousa, Esboço de hum diccionario jurídico, entrada *Custas*.

[107] Veja-se o acórdão proferido pela Relação, em 16 de Julho de 1644, relatado por Pegas, *Resolutiones*, Tomo II, XVI, n.º 4.

[108] Que o vencimento parece constituir uma presunção de ausência de justa causa resulta, *v.g.*, de uma das decisões relatadas por Pegas, *Resolutiones*, Tomo II, XVI, n.º 4, onde se afirma que

As Ordenações Filipinas manipulavam a imputação das custas pessoais em função do modo de exercício do direito de acção. Se este não fosse fundamentado numa justa causa, aferida esta objectivamente, tais custas seriam suportadas pela parte vencida. Na hipótese inversa, cada uma das partes poderia ter de suportar as custas pessoais em que incorrera por conta da acção.

55. Na hipótese de a parte ter litigado com tenção maliciosa, sabia ela que não actuara a coberto de uma justa causa.

Quererá isto necessariamente dizer que ela seria condenada nas custas pessoais?

Que o pagamento de custas pessoais pela parte vencida à parte vencedora é um efeito possível da sucumbência, mas necessário da malícia, é dado aceite pela doutrina. ALMEIDA E SOUSA afirmara que as Ordenações Filipinas haviam cominado aquela violação com a pena de perjúrio, ao arrepio do Direito romano, e com a condenação do perjuro "nas custas em dobro e nas pessoaes do outro"[109]. Quer isto dizer que a parte que actua com malícia pagará, pelo menos, as custas do processo em dobro ou em triplo e ainda as custas pessoais da contraparte, integradas ou não na mais vasta condenação em perdas e danos.

Mas pode perguntar-se se esta conclusão é inelutável. Bem pode suceder que a parte julgue não ter razão, vindo o tribunal a dar-lha. Esta situação será talvez mais frequente caso seja o réu a litigar sabendo que não tem qualquer razão na oposição que deduz, atendendo aos diversos ónus que incidem sobre a parte processual activa. Nesta circunstância, apesar de a parte litigar maliciosamente, poderá obter uma decisão que não lhe é desfavorável. Atendendo ao esquema de distribuição da obrigação de pagamento de custos, não será pecuniariamente penalizada.

"mandão que o Contador lhe conte custas pessoais do tempo [...] visto o reo ser condenado na Sentença de liquidação nas custas onde se envolvem conforme o Direito as pessoais". Nesta decisão não procede o juiz a qualquer apreciação quanto à ausência ou verificação de uma justa causa que lhe permita justificar a condenação da parte vencida, no caso o réu, em custas pessoais.

[109] Collecção de dissertações e tractados vários, Tractado VII, §§ 19 e 22. Acerca da generalização da pena de perjúrio que, ao lado das sanções morais e religiosas, era aplicada a quem violasse o juramento de calúnia, ZANI, La mala fede nel processo civile, p. 47.

É evidente que esta hipótese pressupõe uma dupla condição: que a parte, que está convencida de não ter razão, efectivamente a não tenha; que a decisão, apesar da falta de razão da parte, acabe por proferir uma decisão que lhe seja favorável. Dir-se-á que semelhante situação é patológica. É claro que o é. Mas certo é, igualmente, que não pode descartar-se a sua verificação.

2.1.6. O dobro ou o triplo: custas da acção e custas pessoais?

56. A última questão que deve ser equacionada vai girar em torno da interpretação da passagem do Título LXVII, § 1, que determina que, havendo malícia, a parte seja condenada a pagar custas em dobro ou em tresdobro. Que custas são dobradas ou triplicadas? As custas do processo? As custas pessoais? Ambas?

Sabemos já que o beneficiário da obrigação de repetição de custas, tanto processuais, como pessoais, é a parte vencedora. Porém, e para que as de segundo tipo sejam indemnizáveis é necessário que a parte vencida haja litigado sem justa causa, sendo esta aferida objectivamente.

Sabemos, igualmente, que as custas do processo correspondem àquilo que "os Escrivães e Tabeliães hão-de haver da escritura e o salário dos Procuradores e outros quaisquer Oficiais". E vimos já que a administração da Justiça pressupunha a intervenção de uma pluralidade de oficiais.

Que custas se duplicam ou triplicam, afinal? Os custos em que a parte vencedora incorreu com o seu mantimento por causa da demanda? Aquilo que os Escrivães, Tabeliães, Procuradores e outros quaisquer Oficiais hão-de receber?

Ainda antes de respondermos a esta questão, observemos que, seja qual for a natureza da penalidade prevista para a malícia[110], sendo ela estabelecida por relação ou aos custos do processo, ou aos custos pessoais, nenhuma

[110] Nas hipóteses que estamos equacionando, para que houvesse, sequer, uma penalização (pagamento do dobro ou do triplo das custas) a parte teria de ter agido maliciosamente. Como vimos, diferente foi a opção do legislador de então no âmbito do processo penal. Aí, para além da condenação em custas, previu, expressamente, o legislador a condenação da parte no pagamento de todas as perdas e danos causados ao infundadamente acusado, mesmo que aquela não houvesse agido com malícia.
Há um claro desnível valorativo: os deveres de cuidado que rodeiam o exercício do direito de acção em processo penal são inequivocamente mais fortes do que aqueles que impendem sobre a parte que recorre à acção cível. Mas é um desnível que pode compreender-se,

coincidência haverá entre outros danos eventualmente sofridos e o valor a pagar pelo sucumbente.

57. Poderia pensar-se se as custas a pagar em dobro ou em triplo, mesmo que englobassem as custas pessoais, não beneficiariam a parte contrária. Esta teria direito à repetição dos custos pessoais em que efectivamente incorrera, sendo que, aquilo em que estas custas fosse excedido (dentro dos valores de 100% ou 200%) beneficiaria uma outra entidade que não a parte.

A pré-compreensão de que pode partir-se vai no sentido de semelhante conclusão. Na verdade, um esquema de pagamento, imposto *ex officio*, de uma quantia a fixar dentro de limites preestabelecidos, é-nos familiar. Mas o que sabemos, face ao sistema actualmente vigente, é que os valores assim pagos pela parte em circunstâncias de actuação maliciosa, que a lei qualifica como *multa*, revertem directamente para o Estado e não para a parte contrária. E temos, ainda, de tomar em consideração que o Título LXVI, § 1 das Ordenações Filipinas permite ao juiz, que quanto a custas, frutos e interesses[111], julgue de acordo com a prova feita nos autos ainda que condene em pedidos não deduzidos pela parte já que "todas as coisas que acontecem em juízo depois da lide contestada, pertencem ao ofício do juiz, ainda que não sejam pedidas".

No entanto, apesar da semelhança entre um esquema repressivo que manda condenar a parte numa multa a fixar dentro de certas balizas e a condenação em custas pessoais duplicadas ou triplicadas tem uma dissemelhança: o valor de referência para o estabelecimento da penalidade. Actualmente vamos encontrar a faculdade de requerer a condenação da parte que litiga de má fé na compensação dos custos em que incorreu a parte contrária. Contudo, esta condenação, que visa anular os efeitos negativos sofridos pela parte que se vê confrontada com uma actuação *maliciosa*, não se confunde com a condenação em multa, sendo que é esta que pode ser fixada oficiosamente e que, como qualquer pena, está sujeita a limites, máximo e mínimo.

58. Não obstante a diversidade assinalada, aquelas que não podemos descartar como hipóteses antes de conhecermos o esquema das Ordenações Filipinas são as seguintes:

---

atendendo aos bens jurídicos em jogo num e noutro esquema de administração de Justiça e que podem ser directamente atingidos pelo exercício do direito de acção.

[111] Quanto à vigência do dispositivo em geral, O.F., LXIII, pr..

- Que sendo eventualmente duplicadas ou triplicadas as custas pessoais, os valores que excedessem as custas pessoais em que a parte vencedora efectivamente incorrera revertessem para entidade diversa da parte vencedora;
- Que sendo duplicadas ou triplicadas as custas pessoais, porque as custas são sempre pagas pela parte vencida à parte vencedora, fosse esta a beneficiária do pagamento das custas duplicadas ou triplicadas.

Se em qualquer uma das duas situações a duplicação ou triplicação nos surge como pena – porque não tem correspondência directa num dano –, a destinação pública ou privada desta sanção, reveladora daquele que possa considerar-se lesado pela actuação maliciosa, vai depender de quem seja o beneficiário dos montantes devidos pelo infractor.

Se, porventura, o beneficiário das custas agravadas por lide maliciosa fosse a parte vencedora, poderiam tais custas assumir a natureza de indemnização punitiva, porque ultrapassariam, ou no dobro ou no triplo, qualquer custo concretamente suportado e imputável a custas pessoais. Estaria ultrapassado o carácter meramente reconstitutivo da obrigação de pagar custas ao vencedor, nela avultando uma faceta punitiva em seu benefício. Inversamente, se o beneficiário das custas pessoais duplicadas ou triplicadas fosse outro sujeito ou entidade que não a parte vencedora, não obstante a natureza ainda punitiva destes valores, não poderia dizer-se que os bens lesados e para os quais a lei estabelecia uma reacção punitiva – para além de ressarcitória – seriam da parte vencedora.

59. Haverá, então, que perguntar que custas eram dobradas ou triplicadas em caso de malícia e quem era o beneficiário do respectivo pagamento.

Lamentavelmente, as diversas fontes consultadas não nos permitem tomar uma posição definitiva nesta matéria. Paradigmática da demais literatura da época é a obra de Correia Telles, que, em matéria de custas, nos diz que "o vencido póde ser condemnado no dobro, ou trezdobro das custas, se ao Juiz parecer que elle tractou da demanda com malícia"[112]. Uma resposta poderia ser dada pela análise e consulta dos diversos processos. No entanto, esta tarefa seria extremamente complexa de levar por diante, já que "o estado dos arquivos judiciários portugueses [relativos ao Renascimento e ao Barroco]

[112] Manual do processo civil, 4.ª, § 277.

é ainda lamentável [sendo] difícil ao investigador um estudo científico sobre as decisões dos tribunais portugueses", sendo idêntico o estado dos processos tramitados no séc. XIX, há pouco transferidos para a Torre do Tombo[113]. As únicas decisões que conseguimos escrutinar são aquelas que foram publicadas nas diversas colectâneas. Por esta razão, teremos de assumir que qualquer resultado a que possa chegar-se, será sempre provisório, pois baseado numa ínfima base de análise. Acrescendo que esta base de análise ainda por cima respeita a uma franja de litigiosidade: nas palavras de António Hespanha, pouco ou nada se sabe acerca da actividade jurisdicional dos tribunais locais. E o que é problemático nesta circunstância é que seria "por meios formais ou informais, [que] terminaria a esmagadora maioria das questões"[114].

60. Há um indício no sentido de que as custas pessoais não seriam nem duplicadas, nem triplicadas. Com efeito, ao descrever o regime da violação do juramento de calúnia, Almeida e Sousa escreve que as Ordenações Filipinas haviam cominado aquela violação com a pena perjúrio, ao arrepio do Direito romano, e com a condenação do perjuro "nas custas em dobro e nas pessoaes do outro"[115]. Esta passagem parece sugerir que apenas as custas processuais seriam dobradas ou triplicadas. Quereria isto então significar que, de um ponto de vista da parte vencedora, a malícia da parte vencida seria inconsequente. Isto porque tanto deveria compensá-la pelas custas pessoais a parte vencida que litigara sem justa causa objectiva quanto a parte vencida que litigara com malícia comprovada nos autos.

Afirmação semelhante, mas ainda mais ambígua, faz Pereira e Sousa, que, ao descrever os efeitos da malícia, se limita a dizer que "havendo malícia da parte do vencido pode este ser condenado nas custas em dobro ou em tresdobro"[116]. Uma vez que o Autor afirmara que nas custas se compreendem tanto as custas do processo, como as custas pessoais, a não clarificação do ponto de referência das custas dobradas ou triplicadas permite a dúvida quanto à inclusão ou exclusão das custas pessoais.

---

[113] Barbas Homem, História do pensamento jurídico, pp. 202 e 203.

[114] As vésperas do Leviathan, p. 494.

[115] Collecção de dissertações e tractados vários, Tractado VII, §§ 19 e 22.

[116] Primeiras linhas sobre o processo civil, Tomo I, § CCLXXXVII.

61. É, no entanto, possível localizar uma nova passagem das Ordenações Filipinas que deve ser considerada antes de nos aproximarmos de uma tomada de posição. Estabelece o § 19 do Título XCI do Livro I que:

> "[...] quando forem julgadas à parte vencedor *as custas do processo sómente*, conte-lhe todas as custas, que a parte fizer no processo, e mais não. E quando achar que são julgadas em dobro ou tresdobro, *contará todas as custas que se mostrar que a parte fez em dobro, e tresdobro*. Salvo a assinatura[117], e o salario do Procurador, e conta do Contador, e feitio da sentença, e Chancellaria della [...]."

O texto das Ordenações Filipinas é, também ele, ambíguo, exactamente porque não opera com o termo compreensivo das diversas categorias de despesas, mas com exemplificação. Pode dizer-se que a oração iniciada por "E quando" tem o mesmo referente da oração antecedente. Significaria esta interpretação que a segunda oração tomaria por referente da expressão *todas as custas*, as custas do processo. A interpretação alternativa consistirá em afirmar que o trecho contrapõe as custas do processo às custas do processo e pessoais, reportando-se a segunda oração às duas categorias de custas. Esta segunda interpretação tem a seu favor exactamente os factores que determinam a condenação em custas pessoais: a ausência de uma justa causa objectiva de litigar. E, havendo malícia, esta não se verificará. É um indício que aponta no sentido de também os custos pessoais serem duplicados ou triplicados.

Curiosamente, a parte final da passagem ora em apreciação permite-nos, ao invés, questionar se os custos do processo serão efectivamente duplicados ou triplicados. Com efeito, sabemos já que as custas do processo, a contar também pelo Contador sob pena de nulidade, "são o que os Scrivães, e Tabeliães hão de haver da scriptura, e o salario dos Procuradores, e outros quaesquer Offciais". Acabámos de verificar que as Ordenações Filipinas mandam contar em dobro ou tresdobro as custas que a parte fez. Mas, destas custas, deverão excluir-se "a assinatura, e o salario do Procurador, e conta do Contador, e feitio da sentença, e Chancellaria della". As despesas agora excluídas são despesas típicas do processo.

---

[117] Pereira e Sousa, Primeiras linhas sobre o processo civil, Tomo I, nota 587; *ibidem*, Nova Edição, nota 587.

62. Pergunta-se: pode concluir-se, a partir da respectiva exclusão da conta, que se dobrará ou triplicará, que afinal estes factores de multiplicação recaem sobre as custas pessoais já que todas as custas processuais são excluídas?

A resposta afirmativa a esta questão provaria demais, por duas ordens de razão. Tanto porque há outras despesas tipicamente processuais ou feitas por causa do processo para além daquelas a que a lei se refere, como porque não haveria razão para encabeçar quem nenhum efeito negativo sofreu com a má fé da parte em salário dobrado ou triplicado. Independentemente da ambiguidade de qualificação, assim sucederia com o salário do Procurador, que, de acordo com a doutrina, não integrava nem as custas pessoais, nem as processuais, sendo apenas imputável quando houvesse condenação em perdas e danos, como com a percentagem que recebia o Contador.

63. Apenas em Gonçalves da Silva conseguimos localizar uma passagem em que o Autor refere expressamente a condenação da parte vencida em custas pessoais triplicadas quando, até aí, afirmara sem especificação que, em caso de calúnia ou malícia, a parte seria condenada nas custas em dobro ou em triplo. Vale a pena transcrever parte do que o Autor sustenta a propósito do Título LXVII, § 1[118]:

> *"n. 2 In qua dispositione loquitur textus de temere (?) litigante, ac de litigante per calumnia; it aut (?) in primo casu soluym tenetur ad expensas simpli; ille enim qui non probavit id, quod deduxit in judicio, magis per temeritatem, quam per calumniam videtur injuste litigasse; nec enim dolus, vel calumnia praesumi debet, nisi clarè probetur.*
>
> *n. 3 At vero, in secundo casu cum deprehensit fuerit in militia, teneatur ad expensas dupli, aut tripli arbitrio judicis; tunc enim jam dicitur calumniator, & non temerarius, & ideo punitur tanquam calumniator concordat alia Ord. Lib. 5. títul. 118 in princip..*
>
> *n. 4 Ex quo infertur 1. quod qui querelam, seu gravamen petitionis interponit a judicis interloquutoria malitiose condemnari debet in expensis duplicatis. Ord. Lib. 1, títul. 5 § 7.*
>
> *n. 5: Infertur 2. quod plus petens, quam sibi debetur condemnatur in expensis triplici. Or. Li. 3 títul. 34.*
>
> *n. 6: Infertur 3. quod impediens executionem sententiae cum exceptionibus, quase eam offendant, & jam antea erant allegatae, condemnari debt in expensis personalibus in triplum, modo tradito & statuto in Ord. Lib. 3, títul. 87. § 7 in fine [...].*

[118] *Ad Ordinationes*, Tomo I, *Ad Ord. Lib.* III. *Tit.* LXVII.

n. 8: Infertur 4 quod accusator, qui reum accusavit de crimine jam purgato per sententiam, de quo iterum absolutis fuit in hac secunda accusatione, debet condemnari in expensis duplicatis & damnis in forma Ord. lib. 5. títul. 131 § 1."

64. O trecho transcrito dá-nos diversas indicações relevantes. Em primeiro lugar, e confirmando o que já sustentáramos, haverá que estabelecer uma clara distinção entre a lide temerária e a lide maliciosa. Se, em ambos os casos, a parte vencida se vê confrontada com um regime desvantajoso, naquele, porque a parte apenas actua sem justa causa objectiva, sem prudência, sem consideração e sem conselho[119], "*teneatur ad expensas simplici*". Por outro lado, a parte que litiga sem lograr provar o que deduz, se bem que se considere haver litigado injustamente ou, na linguagem das Ordenações Filipinas, estar "em culpa sómente de fazer demanda que não devêra", não pode presumir-se ter agido com malícia. Nem esta, nem o dolo podem ser presumidos, devendo ser inequivocamente provados.

Quanto à condenação em custas, verifica-se que Gonçalves da Silva, depois de descrever o regime do Título LXVII, § 1, acaba por enunciar diversas previsões especiais, que se encontram dispersas ao longo das Ordenações. O que nos permite simplesmente afirmar que, nos casos expressamente referidos na lei, as custas pessoais serão duplicadas ou triplicadas. Mas nada mais uma vez que, ao interpretar a regra geral, o Autor não nos dá indicações particulares quanto ao que integra o conceito de despesa duplicada ou triplicada.

2.1.7. O beneficiário das custas duplicadas ou triplicadas

65. Vimos que se sustentava que as "custas são as despezas feitas na expediçaõ da cauza, e que tendo huma taxa legal saõ contadas para serem pagas á Parte vencedora pela vencida"[120]. Porque as custas, quer

---

[119] Pedro Barbosa, *Commentarii ad Interpretationem Tituli ff. De Iudiciis.*, p. 370; Barbas Homem, *Judex perfectus*, § 51.I.

[120] Pereira e Sousa, Primeiras linhas sobre o processo civil, Tomo I, § CCLXXXIV; *ibidem*, Nova Edição, Tomo I, § CCLXXXIV. Em sentido equivalente, Autor cit., Esboço de hum diccionario urídico, entrada *Custas*, onde se lê que "custas são as despezas que se fazem no seguimento da demanda e devem ser pagas pela Parte vencida condenada nellas á Parte vencedora".

do processo, quer pessoais, correspondiam a despesas que a parte fora realizando durante a pendência da causa, constituindo-se a obrigação da respectiva compensação pela parte vencida à parte vencedora, seria esta, necessariamente, a beneficiária dos valores contados e a pagar. Por esta razão, sustentava Pereira e Sousa que "[a]inda que as custas vem a ser huma pena para o que sucumbe na causa, ellas foram estabelecidas para diverso fim, qual o de indemnizar aquelle que ganha a causa"[121]. A condenação em custas constituía, assim, um modo de distribuir os custos da demanda pelas partes em função de critérios substanciais: a sucumbência e a presença ou ausência de uma justa causa de litigar.

Como acima dissemos, se podemos encontrar fundamento directo para concluirmos que o beneficiário das custas singelas seria a parte vencedora, já temos de fazer um juízo de inferência para determinarmos quem possa ser o beneficiário das custas dobradas ou triplicadas, sejam quais forem as custas que se multiplicam.

66. Quem é o beneficiário dos valores contados como penalidades ao abrigo do Título LXVII do Livro III?

Sendo a parte vencida e maliciosa condenada em custas em dobro ou em triplo, para quem revertiam estes montantes?

Dos diversos elementos consultados não é possível chegar a conclusão que afaste a percepção destes montantes da regra geral vigente em termos de custas: as custas, fossem elas simples, duplicadas ou triplicadas, revertiam para a parte vencedora.

Este aspecto que, confessa-se, gostaríamos de ter comprovado nomeadamente através da sua clara enunciação pela doutrina ou pela jurisprudência, a não ser desmentido, tem enorme relevância. Com efeito, uma vez que as custas simples, nelas integradas as custas do processo e as custas pessoais, cobrem as despesas feitas pela parte vencedora com a intervenção e prática dos actos adjectivos pelos diversos oficiais (neles incluídos os emolumentos, as espórtulas e os salários de escrivães, contadores e outros funcionários[122]), bem como as despesas feitas com o seu mantimento, tudo quanto a parte vencedora percepciona a mais destinar-se-á a compensá-la por ter sido confrontada com

---

[121] Esboço de hum diccionario urídico, entrada *Custas*.

[122] Barbas Homem, *Judex perfectus*, § 51.III; Pereira e Sousa, Esboço de hum diccionario jurídico, entrada *Custas*.

uma lide maliciosa. A duplicação ou triplicação das custas tem, deste modo, efeito claramente punitivo para a parte que age dolosamente, sendo a parte contrária o beneficiário da pena pecuniária imposta.

2.1.8. Conclusão provisória

67. Antes de passarmos em revista as decisões disponíveis em matéria de litigância maliciosa, retenhamos os resultados até aqui obtidos.

Do conjunto das disposições analisadas e da doutrina que sobre elas se pronunciou, parece resultar que, com a relevante excepção da compensação pelas custas pessoais, a parte vencedora nada mais poderia obter em processos cíveis da parte vencida que agira com malícia. Não previa esta fonte a indemnização de danos extrínsecos, como se lhes referia ALMEIDA E SOUSA. Exclusão que não se estranhará, pois corresponde à solução generalizada de então[123].

Acresce que a compensação a satisfazer à parte vencedora podia ter, à luz dos dados disponíveis, carácter punitivo e não meramente ressarcitório. Assim sucederia sempre que a parte vencida fosse condenada a satisfazer, à parte vencedora, as custas pessoais em valor superior à sua contagem em singelo.

Por outro lado, registe-se que os efeitos decorrentes da malícia apenas atingiam a parte vencida. Quer isto dizer que era ainda desconhecida das Ordenações Filipinas aquela que veio a ser conhecida por litigância de má fé instrumental.

Vimos, também, que diversa era a ponderação em processo criminal. Nestes casos, o quereloso era obrigado a indemnizar o acusado por todos os prejuízos por ele sofridos com uma acusação que viesse a revelar-se infundada, não dependendo esta obrigação, sequer, de uma actuação maliciosa daquele. O valor da honra estava aqui seguramente em jogo[124].

68. Quanto ao estado subjectivo do agente, é relevante fixar que *a prestação de juramento de calúnia fazia presumir que a parte tinha justa causa para litigar*. Mas

---

[123] VINNIUS, *In quatuor libros Institutionum Imperialium*, IV, XVI, n.º 3.

[124] Identicamente, PEDRO DE ALBUQUERQUE, Responsabilidade processual por litigância de má fé, abuso de direito e responsabilidade civil em virtude de actos praticados no processo, p. 34.

esta presunção podia ser afastada pela sucumbência, sendo, nestes casos, a parte vencida condenada em custas pessoais à parte vencedora. Assim sucedia se, apesar de a parte jurar litigar com justa causa, de um ponto de vista objectivo, tal justa causa lhe não assistisse.

Por outro lado, da sucumbência não podia inferir-se malícia, mas apenas e eventualmente a ausência de justa causa para litigar. A malícia tinha de tornar-se ostensiva no processo, através de comportamentos altamente censuráveis da parte que, sabendo que litigava sem justa causa, revelava este estado através da sua conduta. A parte que actuava com malícia era, nas palavras de PEGAS, a parte mentirosa, era a parte que se socorria de uma cavilação para enganar ou prejudicar a parte adversária[125].

2.2. Os dados da jurisprudência: a malícia e a responsabilidade por danos

69. Se os dados legais não permitem extrair a conclusão de que a malícia processual podia desencadear o dever de a parte vencida indemnizar a parte vencedora por danos a esta causados em bens jurídicos alheios à situação jurídica litigada, a jurisprudência disponível determina uma ilação diferente. Veremos que, afinal, no período de vigência das Ordenações Filipinas era já imposto jurisprudencialmente o dever de a parte vencida indemnizar os danos provocados em bens jurídicos como a honra ou a propriedade da parte vencedora quando o comportamento processual daquela fosse malicioso e os lesasse.

70. Uma das decisões mais esclarecedoras que, neste domínio, se pode citar, foi proferida "[n]o feito de apelação de Luís Francisco com Pedro Domingues", em 21 de Abril 1676 (relatada por LEITÃO). O autor pedira, nuns primeiros autos, que o réu prestasse segurança por alegada falta de bens penhoráveis. Não a tendo prestado, foi o réu preso. Veio a verificar-se que tal dívida não existia. Lê-se na decisão:

> "E respeitando a calumnia com que o A pedira a dita injusta segurança o condenei nas perdas e damnos que se liquidassem em execução de sentença".

[125] PEREIRA E SOUSA, Esboço de hum diccionario jurídico, entrada *Dolo*.

Esta sentença foi confirmada pelo Senado em julgamento de apelação em 10 de Novembro de 1675.

Apesar destes antecedentes, o autor voltou a deduzir pretensão semelhante contra o mesmo réu num segundo processo, no qual é proferida a sentença acima identificada e que parcialmente se reproduz:

> "Mostra-se que logo no mês de Março seguinte fizera o A a Petição [...] pedindo ao réo segurança por esta mesma dívida com notoria calumnia por quanto sendo lhe dado despacho para que jurando se lhe passasse Mandado e que justificaria os requisitos não usou delle sendo tanto a seu favor e quis primeiro justificar os requisitos como fez na inquirição. E por estarem provados pelas ditas testemunhas, assim foram julgados pelo despacho embargado. E sendo o A requerido para apresentar as ditas testemunhas em Juizo pela suspeita que havia de serem dadas falsamente e com suborno, em razaõ da notícia que então se teve do A haver poucos dias antes usado contra o réo do meio de lhe pedir segurança e haver se dado contra elle a sentença do Senado referida e a presunção sinistra, que demais havia em não querer usar do despacho [...] e querer primeiro dar prova [...] que a faz menos verdadeira. E se confirmou o dito dolo em não apresentar as ditas testemunhas. [...][126]. Com tudo isto se conclui o notorio dolo com que o A[127] falsa e calumniosamente requereo a dita segurança e com tanta malicia que levou este autor [a Escrivão diverso daquele que] o havia sido na primeira injusta segurança para que não fosse logo presente o dolo de semelhante requerimento.
>
> E visto o notório dolo com que o A se houve [...] *condeno-o nas perdas e damnos e injuria que deu ao réo com esta injusta prisão que se liquidarão na execução desta sentença e nas custas pessoais e dos autos.* E outrssim o condeno [...] para as despezas da Relação pelo dolo e calumnia que animosamente usou, pedindo no mesmo juizo a dita segunda segurança com occultação e fingimento do que havia precedido nos primeiros autos de segurança findos" (itálico nosso)[128].

---

[126] Tentando-se a localização das testemunhas, verificou-se que haviam sido indicadas moradas falsas.

[127] No texto da decisão, tal como transcrito por PEGAS, surge neste lugar a expressão *réu*. No entanto, atendendo ao antecedente e consequente da decisão, será seguramente uma gralha pois todos os elementos indiciam que o julgador esteja a referir-se ao autor.

[128] Transcrita por PEGAS, *Resolutiones forenses praticabiles*, Parte segunda, Capítulo XVI, n.º 89.

71. Decorre com clareza desta decisão que o dolo ou malícia da parte teve um quíntuplo efeito: a sua condenação nas custas dos autos, nas custas pessoais, em valor a reverter para as despesas da Relação e, naquilo que para nós é absolutamente determinante, em injúria e em indemnização à parte vencedora pelas perdas e danos que, com a prisão injusta, lhe provocou. Na sua parte dispositiva, a decisão impõe o dever de indemnizar danos extraprocessuais, remetendo o seu cômputo para liquidação de sentença. Quer isto dizer que, sendo apreciada a malícia pelo tribunal que julgou a causa, foi este quem condenou a parte nos efeitos dessa malícia, limitando-se a deixar para momento ulterior, não o conhecimento dos pressupostos do dever de indemnizar, mas somente a fixação do quantitativo da indemnização. Fica ainda patente, e ao invés do que afirmava Cândido Mendes de Almeida, que as custas pessoais se não destinam a compensar todos os danos que a parte podia sofrer com a demanda. E fica igualmente claro que, para além dos custos a compensar, são ainda considerados indemnizáveis outros danos causados à parte vencedora com um comportamento processual doloso da parte vencida.

72. Duas outras decisões, igualmente transcritas por Pegas[129], apreciam situações semelhantes (prisão injusta por segurança maliciosamente requerida pelo autor contra o réu). E também nestes dois casos (decisão de 25 de Junho de 1676, relatada por Cardoso, e decisão de 26 de Agosto de 1679, relatada por Silva e Sousa) foi o autor condenado nas custas dos autos, nas custas pessoais e em indemnização por perdas e danos provocados ao réu com o seu comportamento processual malicioso. Igualmente foi o tribunal da acção que apreciou os pressupostos do dever de indemnizar (actuação processual ilícita e dolosa) e que, declarando-os verificados, remeteu a quantificação da indemnização para a execução da sentença.

73. Mas, para além da honra e da liberdade, outros bens jurídicos mereciam especial tutela quando violados através de comportamento processual malicioso. Assim sucedia com a propriedade, conforme resulta da decisão proferida "[n]o feito entre as partes o Capitão Gregório Gonçalves de Miranda com Jerónimo da Silva"[130]. No caso decidendo, um credor requereu, pela segunda vez, um embargo da totalidade de um navio que sabia pertencer

---

[129] *Resolutiones forenses praticabiles*, Parte segunda, Capítulo XVI, n.º 89.

[130] Pegas, *Resolutiones forenses praticabiles*, Parte segunda, Capítulo XVI. n.º 89.

apenas parcialmente ao seu devedor. Lê-se na decisão que, com este seu comportamento, "o embargante [incorreu] nas penas impostas aos que cientemente fazem embargos em bens, que não pertencem ao seu devedor". E continua a decisão que porque o réu tem direito a embargar parte, quer embargue parte, quer embargue a totalidade do navio, "ficaria resultado aos autores o mesmo prejuizo e do seu excesso lhe não resulta novo damno. [...]. E finalmente cometendo o réo o excesso de embargar as partes do navio, que não pertenciam ao seu devedor, [...], por conta do réo e não dos autores corria a diligencia de levantar o dito embargo: alias, ficariam os autores padecendo os damnos que o réo lhes fazia por sua culpa, fazendo incivilmente um embargo em bens, que não eram do seu devedor. Por tanto condemno o réo nas perdas e damnos causados pelo dito embargo".

Também neste caso veio o réu/embargante a ser condenado na indemnização dos danos provocados em situação jurídica extraprocessual em virtude de comportamento intra ou meramente processual. E também neste caso o foi pelo juiz que tinha competência primária para a acção e perante o qual ocorreu o comportamento adjectivo malicioso.

74. O que as decisões analisadas apresentam de inovador face aos dados recolhidos na doutrina é a circunstância de se declararem indemnizáveis valores que, não só não se reconduzem a custas pessoais (aliás, em algumas destas decisões condena-se a parte vencida em custas pessoais e em perdas e danos), como aparentemente transcendem a compensação dos custos de procuradoria. Se bem que não possa afirmar-se peremptoriamente que à malícia podia aderir como efeito a constituição da obrigação de indemnizar danos causados em bens jurídicos diversos daquele que está em causa na situação material litigada, também se não pode concluir que assim não sucedia. Como é evidente, só o acesso a elementos doutrinários porventura mais claros do que aqueles a que conseguimos aceder, ou a consulta dos autos de execução, nos quais se terão eventualmente liquidado as condenações proferidas, permitiriam um juízo definitivo.

2.3. A dízima de Chancelaria: pena de calúnia ou taxa de justiça?

75. Uma das figuras cuja natureza cumpre, ainda, analisar é a dízima de Chancelaria. Com efeito, é discutida a sua função: seria esta um equivalente da actual taxa de justiça? Seria ainda uma pena pecuniária aplicada à parte que litigara maliciosamente?

Os elementos disponíveis permitem-nos dizer que a dízima de Chancelaria é apenas um dos muitos tributos que se baseiam num sistema de dízimos[131]. Assumindo a natureza de direito real[132] é um tributo integrado na categoria dos réditos da Justiça[133]. Ao lado das coimas em que se convertiam as condenações, regra geral não estava a dízima de Chancelaria integrada nas doações genéricas[134]. Estes réditos, introduzidos em Portugal em fase muito precoce[135], ter-se-ão generalizado rapidamente, encontrando-se lançados em grande parte do que era então o território nacional em meados do séc. XII[136].

Segundo o § 6 do Regulamento da Chancelaria de 1658, "[n]os avemos dizima de qualquer sentença, dada em nossa Corte, & Casa da Suplicação, e do civel, que nellas se começarem per ante cada hum de nossos desembargadores, & ouvidores, juiz de nossos feitos, & nosso chanceller mor, desembargadores do agravo, & ouvidores da Rainha, sobrejuizes, veedores da nossa fazenda, & outros officiaes que jurisdição tenhão, em cada huma das ditas casas ordinaria, ou que por nossa commissão, ou de outrem que poder tenha de cometter"[137].

---

[131] Entre os diversos tributos fundados num sistema de dízimos, contavam-se, *v.g.*, os dízimos eclesiásticos, cuja origem é situada por ALMEIDA E SOUSA no Livro do Génesis (Capítulos 14, v. 20 e 28, v. 22) e que, após o Concílio de Macon, se tornam de contribuição voluntária em obrigatória para subsistência do "Estado Eccleiástico." *Cfr.* ALMEIDA E SOUSA, Dissertações sobre os Dízimos Ecclesiásticos e Oblações pias, Dissertação I, Artigos I e II. Acerca das "velhas" e "novas" dízimas do pescado, ANTÓNIO HESPANHA, As vésperas do Leviathan, p. 175. Curiosamente, no seu estudo dedicado ao estudo da Economia portuguesa entre os sécs. XII e XVII, JOÃO LÚCIO DE AZEVEDO, fazendo diversas referências à dízima, não refere este imposto entre os tributos da Justiça.

[132] BENTO PEREIRA, *Promptuarium Judicium*, § 1722 (*Decima litis est jus regale*) [JORGE DE CABEDO]. Neste sentido, BARBAS HOMEM, *Judex perfectus*, § 51.III (p. 618).

[133] ANTÓNIO HESPANHA, As vésperas do Leviathan, p. 177.

[134] ANTÓNIO HESPANHA, As vésperas do Leviathan, p. 540.

[135] ALVES DE SÁ, Commentario ao Código do Processo Civil Portuguez, 2.º volume, p. 327, afirma que "(é) tão antiga, quanto obscura, a origem das mulctas judiciaes, primeiramente chamadas "*dizima*" ou "d*ecuma cancellariae*," por serem de dez por cento do valor do pedido".

[136] COELHO DA ROCHA, Ensaio sobre a História do Governo e Legislação de Portugal, § 69.

[137] JORGE DE CABEDO, *Praticarum observationum*, *Pars Prima*, *Decisio* XVI, § 1.

76. Em que casos era, então, devida esta dízima?

Segundo ALMEIDA E SOUSA, para além das custas, havia ainda que contar com a dízima da Chancelaria, imposta ao réu enquanto pena de calúnia[138].

A primeira estranheza provocada por esta afirmação de ALMEIDA E SOUSA decorre de um desnível das partes. Na verdade, se a dízima apenas era aplicada ao réu enquanto pena de calúnia, que pena de calúnia sofreria o autor? Segundo JORGE DE CABEDO, esta disparidade não se verificaria no direito comum, mas somente no nosso Direito[139]. Já ALVES DE SÁ entendia que este desnível deveria reconduzir-se aos Regimentos da Chancellaria, publicados por Afonso V, sendo posteriormente alargado o pagamento de multa a todos quantos decaíssem na demanda, quer fossem autores ou réus[140].

Em MELO FREIRE[141] encontramos mais dados que nos permitem compreender esta figura que, afinal, pouco tem que ver com a matéria da responsabilidade processual agravada. Segundo este Autor, a dízima, que terá tido a natureza de um tributo[142], é devida, pelo menos a partir do séc. XVII, pela parte vencida, seja esta autor ou réu. O fundamento desta obrigação que, segundo o Regimento da Chancelaria de 16 de Janeiro de 1589[143], não é um direito da Chancelaria, mas uma pena aplicada "ao que faz má demanda", pode ter levado ALMEIDA E SOUSA a identificá-la com uma pena de calúnia. Ou talvez que a origem desta afirmação radique em PEREIRA E SOUSA, que ALMEIDA E SOUSA segue tão de perto, já que nas *Primeiras linhas sobre o processo civil* aquele Autor sustenta que, para além das custas que, apesar de não terem sido estabelecidas com o fim de constituírem uma pena para o litigante que

---

138 ALMEIDA E SOUSA, Segundas linhas sobre o processo civil, Parte I, Capítulo XXVII, n.º 7.

139 *Praticarum observationum, Pars Prima, Decisio* XVI, § 2, também referenciado em BENTO PEREIRA, *Promptuarium Judicium*, § 1722.

140 Commentario ao Codigo do Processo Civil Portuguez, 2.º volume, p. 328.

141 *Institutiones Iuris Civilis Lusitani*, Livro IV, Título XXII, § XX.

142 A dízima será retomada posteriormente, sendo designada, no artigo 52.º do projecto de Código de Processo Civil de Seabra, de multa. Nos debates travados na Comissão Revisora CPC1876, os seus membros concluíram que se trataria de um verdadeiro imposto e não de uma pena. JOSÉ LUCIANO DE CASTRO, na altura Ministro e Secretário de Estado dos Negócios Eclesiásticos e de Justiça, declarou na Comissão que não proporia a criação deste imposto uma vez que não aceitava a sua base. *Cfr.* Actas da Comissão Revisora do Código do Processo Civil, 1.ª revisão, Acta n.º 7 (sessão de 3 de Janeiro de 1870, presidida por Ferreira Lima), p. 31.

143 Transcrito em MELO FREIRE, *Institutiones Iuris Civilis Lusitani*, Livro IV, Título XXII, § XX.

decai na acção, mas como uma forma de indemnizar o vencedor, "há outras penas contra os litigantes ou temerários ou dolosos, como a Dízima"[144].

No entanto, ALMEIDA E SOUSA acaba por afirmar que a dízima seria devida pelo condenado, mesmo que ele não houvesse sido um litigante temerário. Daqui resulta que a obrigação de pagar a dízima, tal como a de pagar as custas do processo, adere à parte vencida que, no texto das Ordenações Filipinas, pode ter justa causa para litigar, mas que, para este efeito tributário, se considera fazer *má demanda*. Por esta razão, o sistema foi já qualificado como injusto, uma vez que "a parte podia ter litigado na convicção legítima de ter razão"[145].

77. O confronto do Regulamento de Chancelaria permite efectivamente sustentar que a dízima de Chancelaria era um tributo, cujo valor podia variar entre os 10, os 20 ou os 30 do valor da lide ou da condenação parcial[146], a suportar pela parte vencida[147] e que integraria as despesas que lhe seriam contadas e pelas quais deveria ser compensada a parte vencedora. Isto porque, de acordo com o mesmo Regulamento, a dízima era directamente liquidada pelo vencedor quando este fosse requerer escritura da sentença final (ou sentença lata)[148], já que as decisões interlocutórias não determinavam o pagamento deste rédito[149]. Sendo a decisão revogada em agravo, podia a parte repetir a dízima entretanto paga à parte vencida no recurso, sendo ambas dispensadas do pagamento de tal tributo se as "sentenças forem avidas &

---

[144] *Ob. cit.*, Tomo I, nota 585.

[145] MENEZES CORDEIRO, Litigância de má fé, § 2.5 [2014 (reimp. 2016), n.º 18].

[146] JORGE DE CABEDO, *Praticarum observationum, Pars Prima, Decisio* XVI, 5 (*si plus petitur in notad, quam condemnetur in sententia, attenditur ad condemnationem sententiae*).

[147] Segundo o Regimento de Chancelaria, de 1589, "as ditas dizimas pagarão as partes que condemnadas forem assi das custas como das penas, se julgadas forem, & bem asy do principal." JORGE DE CABEDO, *Praticarum observationum, Pars Prima, Decisio* XVI, § 2.

[148] JORGE DE CABEDO, *Praticarum observationum, Pars Prima, Decisio* XVII, § 7, apoiando-se na regra segunda a qual "[s]e a sentença condemnatoria não passar da contia de trinta mil reis, o vencedor pague logo ao tirar da sentença da Chancellaria toda a dizima que nella montar [...] & sendo a condemnação de maior cõtia não será theudo o vencedor pagar dizima, nem vintena ou quarentena da tal cõdemnação, mas tirar seha a verba da dita condemnação pêra por ella fazer carta de execução."

[149] JORGE DE CABEDO, *Praticarum observationum, Pars Prima, Decisio* XVI, § 2 e 6 e segs. E *Decisio* XVIII, § 8, na sequência do § 3 do Regimento de Chancelaria, nos termos do qual a dízima deve ser paga no tribunal onde foi proferida a última decisão "lata".

declaradas por nenhumas, por que então se não devem de pagar, & se as ia pagas teverem sejão tornadas as partes e descarregadas sobre o recebedor que as tever recebidas, por quanto de sentença que foi ávida por nenhuma senão deve pagar dizima, vintena, nem quarentena"[150].

O aparente desvio valorativo do comportamento da parte vencida não pode estranhar-se quando se sabe que, ainda hoje, nas leis fiscais encontramos uma grande autonomia conceptual. A parte sucumbente, quer litigasse de boa ou de má fé, pagaria a dízima, pelo que não se tratava de multa imposta ao litigante doloso ou temerário[151], mas sim de um imposto. Apesar de alguns autores sustentarem ser a dízima uma pena e não um tributo, o seu enquadramento jurídico permite acompanhar Alves de Sá quando o Autor escreve que "*in favorem fisci* presumia-se sempre mau litigante o vencido, só por ficar vencido". E continua: "D'aqui resultam duas cousas: uma linguagem requintada nos livros dos praxistas, e um clamor ultimamente levantado contra as mulctas, que se tornou geral e impoz a reforma que o codigo actual realisou"[152].

78. Registe-se, por fim, que a obrigação de pagar a dízima convivia com o esquema de custas e penalidades anteriormente descrito, encontrando-se o regime da respectiva cobrança no Título XX do Livro I das Ordenações Filipinas. Neste se regula a competência do Escrivão da Chancelaria da Casa da Suplicação. A dízima, que "se applica ao Fisco"[153], poderá ser, no final de uma conturbada evolução de que ainda se dará conta quando se analisarem os trabalhos preparatórios do CPC1876, antes um equivalente remoto da taxa de justiça, se bem que aquele tivesse a natureza de verdadeiro imposto e esta a natureza de taxa. Com efeito, como veremos, a dízima será ulteriormente substituída, nas sucessivas leis de reforma judiciária, por um sistema de multas[154] que, apesar da designação, vêm a ser efectivamente impostas à parte vencida, tenha esta litigado com ou sem justa causa.

---

[150] Jorge de Cabedo, *Praticarum observationum, Pars Prima, Decisio* XVIII, § 1, transcrevendo o § 20 do Regimento de Chancelaria.

[151] Alberto dos Reis, Código de Processo Civil anotado, II, *sub* artigo 465.º, p. 256.

[152] Commentario ao Codigo do Processo Civil Portuguez, 2.º volume, p. 328.

[153] Pereira e Sousa, Esboço de hum diccionario jurídico, entrada *Dízima*.

[154] Nazareth, Elementos do processo civil, 2.ª, p. 267, a). *Cfr.* artigos 411.º da NRJ e 828.º da NssimaRJ.

Somente o CPC1876 retomará a dízima ou multa enquanto pena aplicada à parte que litigou de má fé, surgindo esta já com a designação de multa processual[155]. Deste modo, a dízima, na sua feição de reacção sancionatória do comportamento da parte que, tendo ficado vencida, litigou com má fé, apenas ressurgirá com a versão definitiva do que veio a ser o artigo 121.º CPC1876[156]. Até lá, apesar de Alves de Sá nos informar de que "[a] abolição das mulctas era principio formado já na theoria, e que esperava apenas pela occasião de descer ás leis escriptas" e não obstante a sua recondução a uma pena a aplicar somente à parte maliciosa em Lei de 12 de Novembro de 1822[157], vários diplomas (as sucessivas reformas judiciárias) a mantiveram enquanto tributo a pagar pela parte vencida. Adiante retomaremos este fio da meada.

2.4. Responsabilidade dos advogados, procuradores e juízes

79. Para além do regime expressamente aplicável à parte que litigava maliciosamente, cumpre perguntar se os efeitos da malícia não poderiam, à semelhança do que actualmente sucede e do que sucederá na matriz romana, atingir os advogados e procuradores.

A resposta a esta questão vai depender, em primeira linha, do tipo de intervenção que cada um destes profissionais pudesse ter no processo, aspecto que, atendendo às particularidades que, uma vez mais, avultam por comparação com as respectivas funções na actualidade, não pode deixar de analisar-se.

80. No seu Título XLVIII do Livro I as Ordenações Filipinas traçam o estatuto dos advogados e procuradores. Desta unificação sistemática não deve, no entanto, inferir-se uma identidade de funções. Isto porque enquanto os

---

[155] Sobre as tentativas de abolição da dízima enquanto tributo imposto à parte que decai antes da entrada em vigor do CPC1876, Alves de Sá, Commentario ao Codigo do Processo Civil Portuguez, 2.º volume, p. 329.

[156] Dias Ferreira, Novíssima Reforma Judiciária anotada, *sub* artigo 828.º.

[157] Alves de Sá, Commentario ao Codigo do Processo Civil Portuguez, 2.º volume, p. 329, onde se encontra uma transcrição dos artigos 96.º e 97.º da Lei de 12 de Novembro de 1822 que vieram, respectivamente, abolir a dízima de Chancelaria e prever a condenação da parte que actuara maliciosa ou dolosamente no pagamento de uma multa na percentagem de 5% a 20% do valor da causa.

advogados *advogam*, os procuradores *procuram*. Haverá que aprofundar estes dois conceitos, no contexto das Ordenações, para que se possa chegar a uma conclusão quanto à existência ou inexistência de responsabilidades de uns e outros profissionais quando se conclua, em processo em que tiveram uma qualquer interferência, que a parte litigou com malícia.

81. Ao descrever as *funções do advogado*, cujo ofício era considerado tanto útil quanto necessário às coisas públicas[158], diz-nos Pereira e Sousa que ele "he o Jurisconsulto que aconselha, e auxilia as Partes litigantes em Juízo"[159], aqui se repercutindo a distinção entre o advogado de Banca e o advogado de Auditório: enquanto aquele se limita a aconselhar a parte e a elaborar peças de processos em sua casa, este advoga perante auditórios, ou seja, intervém em actos orais ou audiências[160]. Sendo um profissional letrado, que deveria ter pelo menos o grau de bacharel e que haveria de ter sido "[condecorado] com as honras academicas, e [formado] em huma das Faculdade juridicas"[161], vê o advogado repercutir-se esta sua formação nas funções que vai desempenhar. Ao invés do procurador, que pode ser iletrado e que, como tal, não tem conhecimentos técnicos que lhe permitam aconselhar juridicamente as partes, o advogado "só instrue de direito, e não diligencia"[162]. Segundo Pereira e Sousa, entre as qualidades pessoais específicas do advogado conta-se a sinceridade, querendo esta significar que "só as armas da verdade devem ser empregadas nos combates da justiça, e não as do arteficio e da mentira. [...] Hum advogado para a defeza das causas, de que se incumbe, só deve servir-se dos meios legítimos; porque ou a causa que elle se propõe defender he justa, ou injusta. Se he justa, a verdade basta para a ganhar. Se he injusta he accumular crime sobre crime querêlla defender por meios sinistros. Se a causa he duvidosa, he licito ao advogado encarregar-se della, mas não deve na sua defeza recorrer á calumnia"[163]. Numa alegada qualidade pessoal, a sinceridade, acabamos por encontrar os deveres específicos que ainda hoje

[158] Jorge de Cabedo, *Praticarum observationum, Pars Prima*, Decisio CCIV, § 1.

[159] Primeiras linhas sobre o processo civil, Tomo I, § LVII; *ibidem*, Nova Edição, Tomo I, § LVII.

[160] Almeida e Sousa, Segundas linhas sobre o processo civil, Tomo I, p. 36.

[161] Pereira e Sousa, Primeiras linhas sobre o processo civil, Tomo I, § LVII, nota 130; *ibidem*, Nova edição, Tomo I, § LVII, nota 130.

[162] Pereira e Sousa, Primeiras linhas sobre o processo civil, Tomo I, § LVII, nota 129.

[163] Primeiras linhas sobre o processo civil, Tomo I, § LVII, nota 134.

impendem sobre o Advogado, quer quando este é consultado para patrocinar uma causa, quer quando aceita esse patrocínio.

Cruzando com esta função, dispõem as Ordenações no Título XX, § 2, do Livro III, preceito a que adiante teremos de regressar, que "ao autor pertence, antes que comece a demanda, haver conselho, se tem direito no que quer demandar, e se tem prova de testemunhas, ou scripturas no caso, em que testemunhas se não hão de receber, per que possa provar sua tenção". Por outro lado, vimos que entre as presunções de que a parte litigava com justa causa se incluía aquela que resultava de ela haver sido aconselhada por advogado, mesmo que este não tivesse esta função no processo concretamente em questão.

82. Supondo que a parte deduz uma pretensão totalmente infundada, mas que o faz sob conselho de advogado, podem aquela, este ou ambos ser responsáveis por lide maliciosa?

É evidente que, neste ponto, são, em tese, admissíveis várias respostas que deverão atender aos seguintes pressupostos.

Em primeiro lugar, diremos que não parece adequado emitir um juízo de censurabilidade da parte: esta, não sendo perita, aconselha-se junto daquele que o é. Se segue o seu conselho, age bem, mesmo se actuar contra Direito, já que não tem conhecimentos que lhe permitam sindicar o conselho recebido. Tirando o caso em que a parte sabe que não tem qualquer razão, ela não actuou com malícia, pois que, atendendo ao aconselhamento que obteve, terá concluído assistir-lhe uma justa causa.

No entanto, se o comportamento da parte não é censurável, já o do advogado é altamente desvalioso. Ao aconselhá-la como aconselhou, violou todos os *deveres deontológicos* a que as Ordenações sujeitavam o exercício do seu ofício.

O comportamento do advogado veio a repercutir-se externamente numa actuação objectivamente censurável: a pretensão ou a defesa deduzidas são totalmente infundadas, sabendo a parte que assim é.

Desconsiderando a responsabilidade disciplinar, na qual somente o advogado pode incorrer, podem imaginar-se como boas duas respostas: ou o advogado é directamente responsável quer perante a parte contrária, quer perante a parte que aconselhou, pelos efeitos negativos do seu comportamento, ou é a parte quem é directamente responsável perante a parte contrária, sendo o advogado internamente responsável perante ela, devendo compensá-la quer pelos danos que directamente lhe provocou com a perda da demanda motivada por mau conselho, quer pelas custas que ela houve de pagar à parte contrária.

83. Mas outra perspectiva deve ser equacionada. Assim, se a responsabilidade do advogado não for autónoma face à responsabilidade da parte, não poderá, nestas situações, o advogado responder com fundamento em lide maliciosa. Isto porque a parte, apesar de deduzir uma pretensão absolutamente infundada de um ponto de vista objectivo, fá-lo achando que lhe assiste uma justa causa (convicção que é tanto mais justificada quanto é certo que a parte foi previamente aconselhada a assim proceder por advogado), não litigando a parte maliciosamente. Litigará eventualmente sem justa causa objectiva, incorrendo na obrigação de repetir à parte vencedora as custas pessoais em que esta haja incorrido. Mas não será confrontada com as penalizações especificamente aplicáveis à parte que litigava com má fé.

Se à parte não podem ser, neste caso, impostas as penalidades que dependem da malícia, se a concretização deste tipo tiver o seu estado subjectivo como ponto de referência, também o não poderiam ser ao advogado se a responsabilidade deste pressupusesse a responsabilidade da parte que aconselhara.

No entanto, é possível conceber ainda duas alternativas a esta construção.

Primeira, é possível construir um sistema de responsabilidade que tome como ponto de referência não o estado subjectivo da parte, mas o do advogado.

Segunda, ainda, é possível conceber um esquema em que a cada sujeito sejam directamente imputados os efeitos das respectivas condutas.

Resta, assim, saber, por um lado, se haveria algum meio de imputar uma responsabilidade autónoma ao advogado que aconselhara a parte a deduzir uma pretensão que não poderia ter qualquer fundamento. E, por outro, haverá que determinar se, tendo o advogado intervenção directa na causa, ou seja, se assumindo ele o patrocínio, poderia ser responsabilizado caso o seu comportamento viesse a revelar malícia, imputável à parte.

84. A resposta às questões antecedentes deveria resultar do estatuto dos advogados, traçado nas Ordenações. No entanto, e conforme já em seguida se verá, estas não nos permitirão uma conclusão segura. O mesmo se pode dizer quanto à doutrina consultada. Se esta vai discorrendo, mais ou menos amplamente, acerca de aspectos como os deveres deontológicos do advogado e do procurador, se se ocupa largamente da forma do mandato, acaba por não cruzar a responsabilidade do procurador ou advogado com a responsabilidade da parte, *scilicet*, acaba por não tomar posição inequívoca no clássico problema do modo de imputação de efeitos de actuações de terceiro, advogado ou procurador, à parte por um ou outro patrocinada.

Com estas indicações, vejamos, então, que elementos se conseguem colher nas Ordenações e na doutrina quanto à conformação da responsabilidade do advogado.

85. As Ordenações Filipinas previam um regime especificamente aplicável aos advogados que aceitassem patrocinar ou aconselhar em causas ilegais. Estas dispunham que aquele que aconselhasse contra lei ou direito expresso incorria nas penas aplicáveis aos julgadores que julgassem contra direito[164] e aquele que requeresse contra Ordenação não revogada, alegando ser esta contrária ao direito comum ou canónico, incorria nas penas previstas no Livro I, Título XLVIII, §§ 6 e 7 das Ordenações[165].

Se bem que as Ordenações Filipinas, no lugar comentado, somente prevejam tais penalizações para aqueles que litigassem contra a verdade adquirida para o processo e contra direito expresso[166], NAZARETH sustentava que eram condenados em multa "os que fizerem petição de agravo frívola, contra a verdade dos autos ou direito expresso"[167]. A incriminação da litigância frívola constava já do referido Livro I, Título VI, § 11 das Ordenações Filipinas, sendo este esquema retomado na Lei da Boa Razão[168]. Aí se previa que fossem condenados em multa os advogados que procedessem a interpretações das Leis do Reino que não passassem de "raciocínios frívolos e ordenados, mais a implicar com sofismas as verdadeiras disposições das Leis

164 O.F., 1, 48, 7. NAZARETH, Elementos do processo civil, 2.ª, § 157; *id.*, Elementos do processo civil, 4.ª, § 157, com mais ampla indicação de fontes do que a 2.ª edição.

165 NAZARETH, Elementos do processo civil, 2.ª, § 157; *id.*, Elementos do processo civil, 4.ª, § 157. Por último, entre nós, BARBAS HOMEM, *Judex perfectus*, § 16.º.

166 O.F., Livro 1, Título XLVIII, § 7. A petição de agravo frívola, cuja dedução implicava o pagamento, pelo Procurador, de multa de dois mil reis para as despesas da Relação, encontra-se prevista no Livro 1, Título VI, § 11.

167 Elementos do processo civil, 2.ª, § 157; *id.*, Elementos do processo civil, 4.ª, § 157.

168 CORREIA TELLES, Commentario critico à Lei da Boa Razão, *sub* § 7, n.º 29.

do que a demonstrar por elas a justiça das partes"[169]. Em todos aqueles casos, a sanção era particularmente pesada para o advogado pela circunstância de ele ser suspenso do exercício da sua profissão enquanto se não mostrasse paga a multa[170].

A multa, inicialmente no valor de dois mil reis, revertia a favor das despesas da Relação, vindo ulteriormente a ser aumentada pela Lei da Boa Razão[171]. Este diploma veio agravar substancialmente a posição dos advogados uma vez que à pena de multa acrescia, numa primeira condenação, a suspensão por seis meses, numa segunda, a privação do uso dos graus que tivessem na Universidade, e, numa terceira, a pena de cinco anos de degredo em Angola.

No entanto, para que se pudesse seguir a condenação do advogado não bastava que ficasse demonstrado nos autos que ele usara de um qualquer tipo de sofisma pois, nas palavras de CORREIA TELLES, "em descuidos tais cairão os mais abalizados Jurisconsultos"[172]. O tipo incriminatório é claramente subjectivo, uma vez que se requer que o advogado tenha agido com dolo, *scilicet* usando de "artifício revestido do intuito de enganar"[173], e que deste seja convencido nos autos. Apesar da dificuldade de prova deste intuito, que devia resultar manifesto de "actos maus"[174], a dúvida decidia-se a favor do advogado.

86. Atendendo aos tipos de condutas aqui arroladas e que determinam uma penalização do advogado, pergunta-se: e que repercussão têm estas condutas no confronto das partes, quer daquela que é patrocinada pelo advogado, quer daquela que se vê confrontada com uma conduta semelhante a qualquer uma das acima descritas?

Uma primeira conclusão parece-nos segura: se o advogado requer contra direito e independentemente dos efeitos que esta conduta expressamente desencadeia de um ponto de vista disciplinar, a parte por ele representada verá a sua acção ou a sua defesa serem julgadas improcedentes.

---

[169] Lei da Boa Razão, § 7.

[170] O.F., I, V, IV e XLVIII, § 7.

[171] CORREIA TELLES, Commentario critico à Lei da Boa Razão, *sub* § 7, n.º 29.

[172] Commentario critico à Lei da Boa Razão, *sub* § 7, n.º 38.

[173] CORREIA TELLES, Commentario critico à Lei da Boa Razão, *sub* § 7, n.º 38.

[174] CORREIA TELLES, Commentario critico à Lei da Boa Razão, *sub* § 7, n.º 38.

87. O problema que seguidamente se coloca é o de saber se a parte pode, neste caso, incorrer nas penas civis que cominam a litigância de má fé. Deverá ser condenada em custas simples ou em custas agravadas, independentemente de se saber se estas lhe serão ulteriormente repostas pelo advogado? Imputa-se à parte o desvalor da conduta do advogado?

Para estas questões, que ainda hoje relevam, não foi possível obter resposta segura. Os dados parecem apontar no sentido de uma responsabilidade interna do advogado, para além da sua responsabilidade disciplinar. No confronto da contraparte, responsável parece ser a parte. Porém, e perante a escassez de dados absolutamente determinantes, fica esta conclusão como hipótese.

Na verdade, para além da condenação em multa do advogado que deduzisse pretensão frívola, segundo o Livro I, Título XLVIII, §§ 10 e 17, os advogados eram responsáveis pelos danos que, com dolo, culpa ou ignorância, causassem à parte que os nomeara no exercício do patrocínio[175].

Conjugando os diversos dados recolhidos, apura-se que a responsabilidade do advogado seria directa para com a parte que auxiliava ou patrocinava caso esta, por dolo ou ignorância daquele, sofresse danos. Incorrendo a parte vencida na obrigação de repetir custos processuais e pessoais por se considerar que litigara sem justa causa objectiva, já que a pretensão deduzida seria contrária a Direito, poderia ela repetir as custas pagas ao vencedor daquele que a aconselhara. Se, com a sua intervenção directa, o advogado violasse os deveres que sobre ele impendiam, incorreria nas penas acima descritas. Ao actuar violando os deveres que a lei sobre ele fazia impender, via ser-lhe aplicado o regime que se aplicaria ao julgador que julgava *mal*: para além das consequências disciplinares, ficava o advogado obrigado a indemnizar a parte por todos os danos que lhe provocara.

88. O esquema proposto sustenta-se, ainda, naquela que era a construção da relação existente entre o advogado e a parte. Apesar de as Ordenações (O. F. I, XLVIII, § 28) e a doutrina se referirem ao *dominium litis* do advogado (e do procurador)[176], certo é que esta expressão surge como destituída de

---

[175] NAZARETH, Elementos do processo civil, 2.ª, § 154; *id.*, Elementos do processo civil, 4.ª, § 154. BARBAS HOMEM, *Judex perfectus*, § 16.º.

[176] Com alguma ambiguidade, MELO FREIRE, *Institutiones Iuris Civilis Lusitani*, Livro IV, Título III, § XI. Se o autor afirma que "*ea (litis) contestata, cum Procurator dominus litis per contestationem*

rigor dogmático[177]. Com efeito, o *dominium litis* implicava, na sua origem, que o referente de toda a actividade processual fosse o mandatário e não a parte. O mandatário era o dono da lide, era o *dominum litis*. No entanto, para que este efeito se produzisse, era necessário que o advogado ou o procurador celebrassem, em nome próprio, o contrato que era a *litiscontestatio*[178]. A razão justificativa desta condição residiria na alegada impossibilidade, para o direito romano, de uma representação directa[179], repercutindo-se os efeitos do título na pessoa do contraente[180]. Para que o advogado ou o procurador actuassem como verdadeiros *domini litis*, seria requerida uma *translatio iudicii*, destinada a operar a substituição de partes na instância: a parte material era substituída por uma nova parte, o advogado ou o procurador[181]. Ficando o advogado ou o procurador encabeçados na posição de parte, era em nome deles que a decisão era proferida[182].

A partir do momento em que a instância deixa de fundar-se na *litiscontestatio*, não pode mais explicar-se a intervenção do advogado ou do procurador através do instituto do *dominium litis*. O processo português coevo às Ordenações não conhece a *litiscontestatio*. Consequentemente, haveria que explicar dogmaticamente a repercussão da intervenção do advogado ou do procurador através de outra figura que não a do *dominium litis*. Aliás, a circunstância de se afirmar que a sentença era proferida em nome das partes, sendo, também estas, os sujeitos de uma condenação em custas, aponta no sentido de uma repercussão directa dos efeitos da actuação do advogado

---

efficiatur," escreve, mais adiante, "*haec autem, cum ex ficto litis domínio originem suam ducant*", criticando a passagem das Ordenações em que se faz apelo ao conceito de *dominium litis*, que qualifica de impertinente e exclusivamente justificado por excessivo apego ao direito romano.

177 Rosenberg, Stellvertretung, pp. 423 e segs..

178 Rosenberg, Stellvertretung, p. 418.

179 Assim, Pessoa Jorge, Mandato sem representação, p. 47. Em sentido inverso e com ampla informação, Pedro de Albuquerque, A representação voluntária em Direito Civil, pp. 43 e segs.. O Autor, depois de dizer que a "acriticamente apregoada afirmação segundo a qual o direito romano desconheceu a representação merece atenta reflexão" (ob. cit., p. 43), demonstra que este sistema conheceu inclusivamente a representação directa (decisivo o que escreve nas pp. 140 e segs. e 167 e segs.).

180 Pessoa Jorge, Mandato sem representação, p. 47; Rosenberg, Stellvertretung, pp. 418, 420 e *passim*.

181 Rosenberg, Stellvertretung, p. 421.

182 Rosenberg, Stellvertretung, p. 425.

ou do procurador na esfera das partes. O título que justificaria semelhante repercussão seria o mandato.

89. Do que antecede pensamos poder concluir que a responsabilidade do advogado que aconselhasse a parte contra Direito ou que a patrocinasse contra Direito e em violação dos seus deveres deontológicos determinava, por um lado, a sua responsabilidade profissional, com as graves consequências que dela resultavam. Mas os efeitos da sua conduta eram imputados à parte. Como se interligava, agora, a responsabilidade da parte pelos custos de uma acção em que decaíra com a responsabilidade do seu advogado, cuja conduta fora determinante para esse decaimento, é aspecto para o qual as fontes compulsadas não nos dão resposta directa.

90. Analisemos o *estatuto dos procuradores*, figura sobre a qual se estribam as Ordenações, naquilo que pode apresentar de distinto face ao estatuto dos advogados. Neste particular deve recordar-se que, enquanto o advogado tinha uma função essencial no plano do Direito e do aconselhamento da parte, o procurador actuava externamente, praticando os actos convenientes e necessários à boa execução do mandato, praticando actos pela parte.

Apesar de se dispor que "aos Procuradores mandamos que tenham os livros das nossas Ordenações, e não procurem contra ellas" (O.F., I, XLVIII, § 6), estes, não estando colocados nos tribunais superiores[183], podiam, como já acima se referiu, ser iletrados[184]. Neste caso e para além da dificuldade de acesso ao texto das Ordenações, de que seguramente não haveria cópias facilmente consultáveis por todo o Reino, sendo iletrados[185], teriam provavelmente os procuradores insuficientes conhecimentos acerca do sistema jurídico, dominando, eventualmente, somente os usos e praxes dos tribunais em que estavam habituados a procurar. Por esta razão o

---

[183] Estando-o, deveriam ser letrados e ter cursado "oito annos de studo [...] na Universidade de Coimbra em Direito Canónico, ou Civel, ou em ambos." O.F., I, XLVIII, pr. e segs.. Por outro lado, não estando colocados em tribunais superiores, mas na justiça local, sendo letrados, estariam dispensados de licença.

[184] Retirando consequências desta circunstância no que respeita às dificuldades de aplicação de fontes subsidiárias, tal como identificadas na codificação, Reis Marques, História do Direito Português Mediavel e Moderno, A.4.4.

[185] Assim como a maioria dos juízes e com excepção daqueles que integravam os tribunais superiores. Reis Marques, História do Direito Português Mediavel e Moderno, A.4.4.

procurador era aquele que, diligenciando, "[sollicitava]a cauza em Juízo"[186]. A esta noção se acrescentava que era procurador a pessoa que solicitava a causa em juízo *com procuração legítima*[187]. Independentemente de ser então considerada condição de existência, a noção de procuração legítima tinha a maior relevância. Na verdade, praticados actos por um falso procurador, ou seja, por um procurador que "acciona, ou defende em Juizo, sem mandato"[188], o processo era considerado nullo, sendo "o falso Procurador [...] punido com condemnação das custas, perdas e damnos"[189].

91. Se o procurador se limitasse a exercer o *munus* de *procurar*, cumprindo os deveres que a lei lhe impunha, dificilmente se podem equacionar hipóteses em que a sua intervenção fosse autónoma e determinante de modo a poder traduzir uma actuação maliciosa própria, imputada à parte. Com efeito, e conforme dispunham os § 15 do Título XLVIII do Livro I, mandam as Ordenações que os procuradores, "que em juizo houverem de procurar pelas partes, hajam dellas informação de todo o negocio, assy sobre o libello, como contrariedade, e sobre todos os artigos que no feito houverem de fazer, em modo que não façam artigo algum, que não seja conteúdo nas ditas informações; [...] As quais informações serão assinadas pelas mesmas partes; [...]; as quaes informações os Procuradores terão bem guardadas, para as mostrarem aos Julgadores, quando lhes for mandado, assi quando os feitos se tratarem perante elles, como depois de serem sentenciados, para se ver se procuraram os feitos verdadeiramente, e segundo as informações que lhes foram dadas". A necessidade de acautelar que as peças processuais elaboradas, não pelo próprio, mas por procurador apenas reflectiam aquilo que era a representação da realidade da parte determinava, inclusivamente e conforme se dispunha no § 8 do Título XX do Livro III que, "quantas vezes o autor fizer nova addição a seu libello, ou petição, tantas vezes será dado ao réo termo para se aconselhar e responder ao accrescentado, se o pedir. E isto se

---

[186] Pereira e Sousa, Primeiras linhas sobre o processo civil, Tomo I, § LXIII, p. 42; *ibidem*, Nova edição, Tomo I, § LVII, nota 130.

[187] Pereira e Sousa, Primeiras linhas sobre o processo civil, Tomo I, § LXIII, p. 42; Melo Freire, *Institutiones Iuris Civilis Lusitani*, Livro IV, Título III, § 1; Nazareth, Elementos do processo civil, § 160.

[188] Almeida e Sousa, Segundas linhas sobre o processo civil, Tomo I, p. 37.

[189] Almeida e Sousa, Segundas linhas sobre o processo civil, Tomo I, p. 37.

entenderá se o réo for presente [...]; que se for absente, e somente litigar por seu Procurador, não será o Procurador obrigado a responder à dita addição, até a parte principal ser citada, para o informar do que deve responder".

92. É, ainda assim, possível encontrar diversas regras que imputam uma responsabilidade ao Procurador.

Neste contexto, devem ser considerados diversos regimes, uns constantes do Título XLVIII do Livro I, que conforma o estatuto dos Procuradores, outros desenhados no Título XLIII do Livro III, relativo ao juramento de calúnia.

93. Dispõe o § 6 do Título XLVIII do Livro I:

> "E porque nossa tenção he, que sejam [as Ordenações] muito inteiramente guardadas, defendemos a todos os Procuradores, assi da nossa Corte, como da Casa da Supplicação e do Porto, e a todas as outras pessoas, que em cada huma das ditas Casas feitos trouxerem, ou procurarem, ou requererem, que per palavra, nem per scripto não alleguem, nem requeiram contra alguma Ordenação per Nós approvada, que se não deve cumprir, nem guardar, nem per ella julgar, dizendo, que he contra Direito commum, ou contra Direito Canónico, em quanto a tal Ordenação não for per Nós revogada. E qualquer que o contrario fizer, por esse mesmo feito, sem ser necessário outra sentença, nem declaração, havemos por bem, que incorra em pena de vinte cruzados para as despesas da Relação, onde se a tal duvida mover, os quaes logo pagará, antes que da Relação se parta, se hi presente stiver; e não stando hi, o Regedor ou Governador da Casa o suspenda logo do officio do Procuratório, até que pague a dita pena".

O segundo conjunto de regras, que concorre para a construção da responsabilidade do procurador, são os §§ 2 e 6 do Título XLIII do Livro III. Lê-se no § 2:

> "E posto que as partes principaes, quando são presentes, devam necessariamente per si fazer os ditos juramentos universal e particular [de calumnia], se todavia os Procuradores forem requeridos para os fazer em seu nome, fal-os-hão, jurando que elles trabalharão todo o que poderem, como as partes, a que ajudam, alleguem somente o que for justo e razoado, per que justamente possam haver vencimento em seus feitos; e quanto em elles for, não deixarão por seu saber e diligencia cousa alguma, por que o direito de suas partes possa perecer,

nem allegarão per, nem lhes darão conselho, que alleguem, ou provem cousa, ou razão, per que a demanda seja indevidamente prolongada, ou a parte contraria danificada. E este juramento farão os Procuradores das partes em seu nome, como Procuradores, além do juramento, que fazem as partes principaes".

Dispõe, por sua vez, o § 6:

> "E tanto que assi os ditos juramentos de calumnia forem dados, se assentará nos feitos por termo, como as partes, ou seus Procuradores os receberam. E achando-se que fizeram nos feitos, ou allegaram alguma causa, que não deviam, por malícia, serão accusados e punidos por perjúrio".

Independentemente da relevância do juramento enquanto título de imputação de deveres de actuação, aspecto que adiante se retomará, resulta das Ordenações que, mesmo que as partes se encontrassem presentes[190], prestando juramento, este podia ser exigido dos seus procuradores, que o prestariam em nome próprio[191]. Através de tal juramento, os procuradores juravam que actuariam de modo a que a parte que auxiliassem alegasse somente o que fosse justo e razoado, de modo a que "justamente possam haver vencimento em seus feitos"[192]. Mais, ainda, juravam os procuradores que exerceriam o seu ofício segundo os padrões deontológicos que lhes eram impostos. Deste juramento apenas estava isento o procurador do Rei

[190] Caso as partes se encontrassem ausentes, prestariam os procuradores juramento em seu nome e juramento em nome daquelas, devendo, para esse efeito, estar munidos de procuração com poderes especiais para jurarem de calúnia. *Cfr.* O.F., III, XLIII, § 3. Almeida e Sousa localiza a origem da prestação de juramento por intermédio de procurador, hipótese que tende a repudiar por "as intenções pias e os fins de Justiniano não se [cumprirem]" no Direito canónico, uma vez que esta possibilidade seria desconhecida no Direito romano. *Cfr.* Collecção de dissertações e tractados varios, Tractado VII. Do juramento de calúnia, § 5. A introdução do juramento por procurador no Direito canónico poderá decorrer da circunstância de, nas palavras de Gonçalves da Silva, "*[N]isi Ecclesiasticae personae causam Ecclesiasticae suae agant, tunc enim non possunt compelli ad jusjurandum, sed aliis idoneis defensoribus hoc munus delegari debent.*" *Ad Ordinationes*, Tomo I, *Ad Ord. Lib.* III. Tit. XLIII *ad princ*, n.º 10. No contexto específico do § 8 do Título LXXXVII do Livro I, sustenta Pegas, *Ad Ordinationes,* Tomo 7, que "*de calumnia jurare non potest procurator in animam sui principalis.*"

[191] O.F., III, XLIII, § 2.

[192] O.F., III, XLIII, § 2.

já que *Procurator regis propter iustitiam, quam semper fovere praesumitur & rectam conscientiam*[193].

Não obstante as regras que acabámos de compulsar, sustentava PEREIRA E SOUSA que os advogados e procuradores, quando juravam de calúnia, o faziam "pelo que pertence ao seu ofício procuratório e não quanto ao merecimento da causa e justiça ou injustiça dela"[194]. É difícil acompanhar semelhante entendimento quando o procurador jura que tudo fará para que a parte somente com justiça haja vencimento de sua causa.

94. A primeira regra, o § 6 do Título XLVIII do Livro I, impõe claramente uma penalização ao procurador que, exercendo o seu ofício perante tribunais superiores, procurasse ou requeresse contra Direito. Neste caso, a pretensão ou alegação seria manifestamente infundada porque contraditória com o Direito posto. E o procurador, porque "graduado per exame" (O.F., I, XLVIII, § 3), não poderia deixar de saber que assim era. Se a pretensão era infundada, a parte em nome da qual actuasse, seria vencida. Pagaria custas do processo e custas pessoais já que a sua pretensão não estaria coberta por uma justa causa, objectivamente verificada. Todos estes danos sofridos pela parte seriam ulteriormente imputados ao seu procurador.

Mas o efeito porventura mais grave decorria da violação do juramento de calúnia dado pelo procurador caso actuasse maliciosamente, ou seja, caso deduzisse pretensão ou alegação sabendo que o fazia contra direito expresso. Tal como a parte, incorreria, neste caso, o seu procurador no crime de perjúrio.

95. Como regra de cúpula relativa à responsabilidade do procurador deve ser referido o § 10 do Título XLVIII, segundo o qual "se as partes por negligência, culpa, ou ignorância de seus Procuradores receberem em seus feitos alguma perda, lhes seja satisfeito pelos bens delles". Ainda no mesmo lugar, impunham as Ordenações Filipinas a obrigação de os procuradores compensarem as partes pelas custas por estas incorridas quando houvessem interposto agravo ou apelação legalmente inadmissíveis. Também este regime

---

[193] JORGE DE CABEDO, *Praticarum observationum, Pars Secunda, Decisio* CXIX, § 22.

[194] Primeiras linhas sobre o processo civil, Tomo I, § CCXLVII, nota 521; *ibidem*, Nova edição, Tomo I, § CCXLVII, nota 521. Já assim, GONÇALVES DA SILVA, *Ad Ordinationes*, Tomo I, *Ad Ord. Lib.* III. Tit. XLIII *ad princ*, n.º 16.

concorre para fundar uma conclusão já acima expressa: a responsabilidade directa do procurador na actuação maliciosa da parte não determina a sua responsabilidade directa perante a contraparte. A responsabilidade externa é da parte, se bem que internamente tenha direito de regresso contra o seu procurador.

96. Devem, ainda, ser ponderadas as regras relativas à responsabilidade dos juízes. Estas últimas apenas indirectamente poderiam relevar no nosso contexto. Isto porque a responsabilidade do juiz, em caso de malícia da parte, apenas pode decorrer de um acto de mal julgar. Assim sucederá se, não se apercebendo o julgador da natureza do comportamento da parte, aplicar mal o Direito, quer duplamente – porque lhe dá razão quando ela a não tem, assim a isentando, na sua qualidade de parte vencedora ou, pelo menos, de parte não vencida, de pagar quaisquer custas à outra parte –, quer singelamente – porque, não se apercebendo da malícia ou julgando mal os factos dos quais ela pode resultar, não impõe à parte vencida e objectivamente maliciosa as cominações ditadas pelo Título XLVII do Livro III das Ordenações Filipinas.

Diga-se, no entanto, que a problemática que se prende com a responsabilidade do juiz por um errado julgamento não tem especialidades quando esse mau julgamento incide sobre a valoração do comportamento da parte ou quando é provocado especificamente pela sua malícia. Porque este tema é de enorme vastidão e justifica, por si só, uma análise monográfica, atendendo à sua falta de peculiaridade no contexto do presente estudo, ser-lhe-á feita uma brevíssima referência.

97. O esquema de reposição de prejuízos causados à parte por má aplicação do Direito envolvia, ainda, o próprio juiz[195] que julgava mal[196], sendo que este julgava mal quando agia com dolo ou com ignorância[197]. No entanto, e para além da distinção que deverá ser estabelecida na concretização dos elementos subjectivos atendendo à contraposição de juízes letrados a

---

[195] A título meramente exemplificativo, O.F., I, LXV, § 9; III, LXXXVII, § 6.

[196] Sobre a ambiguidade da expressão e sua concretização na dogmática da responsabilidade civil, Barbas Homem, *Judex perfectus*, respectivamente, §48.III e §§ 49-50.

[197] Barbas Homem, *Judex perfectus*, § 50.II-IV, para a actuação dolosa, e V, para a actuação negligente.

juízes iletrados[198], era obviamente diversa a situação do juiz que agira com malícia daquela em que se encontrava o juiz que agira com ignorância ou negligência. Se o juiz que agia com malícia fazia sua a lide, o juiz que agia com negligência violava os seus deveres funcionais sem intencionalidade de prejudicar uma parte em benefício da outra. Em ambas as hipóteses, o juiz incorria na obrigação de repetir à parte as custas em que esta incorrera quando a sua decisão era revogada, o que vinha a importar na condenação do juiz em custas[199]. Porém, se o julgador agira com malícia, para além desta obrigação, era ele ainda confrontado com sanções de ordem penal[200].

2.5. O título de imputação dos efeitos da lide maliciosa: o juramento de calúnia

98. Numa análise *prima facie* do direito escrito das Ordenações Filipinas, dir-se-ia dele decorrer que o título de imputação de efeitos à litigância de má fé era o juramento de calúnia. Esta figura, cujas origens remontam, pelo menos, ao processo civil romano da época clássica, tem a sua sede no Título XLIII do Livro III das Ordenações Filipinas. Tratava-se de praxe forense que "[tendia] a reforçar o carácter simbólico da intervenção da justiça e a apelar ao sistema de honra e de dignidade de cada função e de cada pessoa"[201].

Na verdade, é através do juramento de calúnia que "o autor jurará que não move a demanda com tenção maliciosa, mas por entender que tem justa razão para a mover e prosseguir até ao fim," sendo que "o réo jurará, que justamente entende defender a demanda, e não allegará, nem provará em ella cousa alguma por malícia, ou engano, mas que verdadeiramente se defenderá sempre até fim do feito segundo sua consciencia"[202]. O juramento de calúnia,

---

[198] Sobre esta distinção e sua repercussão na responsabilidade judicial, Barbas Homem, *Judex perfectus*, § 51.II. e IV.

[199] Jorge de Cabedo, *Praticarum observationum, Pars Prima, Arestum* XCIX ("[n]as sentenças em que condemnarem alguns iuzes nas custas, convem que se ponha sempre clausula iustificativa, que tendo embargos os possa vir allegar em certo tempo que logo se lhe assinarã, segundo a distancia dos lugares, & a qualidade das pessoas.").

[200] Barbas Homem, *Judex perfectus*, § 51.II.

[201] Barbas Homem, *Judex perfectus*, § 66.XII (mas X), p. 809.

[202] O.F., III, XLIII.

que pertencia à substância do juízo[203], constituía, deste modo, a declaração através da qual as partes[204] prometiam "litigar de boa fé e abster-se de toda a tergiversação e fraude"[205].

99. A prestação do juramento de calúnia vai apresentar-se como extremamente relevante no que respeita à condenação da parte em custas. Com efeito, se ele implica que se presuma que a parte actua de boa fé, devendo provar-se o contrário para que ela possa ser condenada por intervenção processual maliciosa, já não afasta a temeridade da parte. Pelo que sendo esta fonte autónoma de imputação de custos processuais, da prestação daquele nada se infere quanto a esta[206].

Porque assim é, entende a doutrina que este juramento respeita ao modo como as partes declaram estar a litigar e não à matéria da prova[207]. Afirmam Pereira e Sousa[208], Melo Freire[209] e Nazareth[210] que o juramento de

---

[203] Gonçalves da Silva, *Ad Ordinationes*, Tomo I, *Ad Ord. Lib.* III. Tit. XLIII *ad princ*, n.º 29; Pereira e Sousa, Primeiras linhas sobre o processo civil, Tomo I, § CCXLVII, nota 521; *ibidem*, Nova edição, Tomo I, § CCXLVII, nota 521.

[204] Quanto à necessidade de prestação de juramento de calúnia pelos assistentes e opoentes, Pereira e Sousa, Primeiras linhas sobre o processo civil, Tomo I, § LXXIII; *ibidem*, Nova edição, Tomo I, § LXXIII.

[205] Pereira e Sousa, Primeiras linhas sobre o processo civil, Tomo I, § CCXLVII, nota 521; *ibidem*, Nova edição, Tomo I, § CCXLVII, nota 521; Nazareth, Elementos do processo civil, 2.ª, § 425; *id.*, Elementos do processo civil, 4.ª, § 425, onde se reproduz Pereira e Sousa.

[206] Gonçalves da Silva, *Ad Ordinationes*, Tomo I, *Ad Ord. Lib.* III. Tit. LXVII, ad § 1, n.º 9, onde se lê: "*non obstante juramento calumniate, victus debet condemnari in expensis; licet enim juramentum excuset à praesumpta calumnia, non tamen excusat à temeritate, quae sola sufficit ad condemnationem expensarum.*" Imputando posição semelhante aos Comentadores, Cordopatri, L'abuso del processo, I, p. 397 e segs., afirmando o Autor que, ao invés do que sucedia com a Glosa, os Comentadores terão operado uma clara distinção entre a *calumnia* e a *temeritas*, sendo aquela excluída pelo juramento e esta pela *iusta causa litigandi.*

[207] Afastando o juramento de calúnia, que faz equivaler à manquadra, dos meios de prova já no direito hispânico medieval, Paulo Merêa, Sobre o juramento purgatório no direito hispânico medieval, p. 78, nota 23.

[208] Primeiras linhas sobre o processo civil, Tomo I, § CCXLVII; *ibidem*, Nova edição, Tomo I, § CCXLVII.

[209] *Institutiones Iuris Civilis Lusitani*, Livro IV, Título XIX, § VIII., onde se lê: "*Jusjurandum calumniae ad judiciorum formulas pertinet, non ad probandi modos.*"

[210] Nazareth, Elementos do processo civil, 2.ª, § 425; *id.*, Elementos do processo civil, 4.ª, § 425.

calúnia, mais do que constituir um meio de prova, pertencia às *fórmulas do juízo*, excluindo a sua prestação que "possa presumir-se fraude das partes ou dos seus advogados pelas declarações proferidas"[211]. Como vimos acima, a presunção que da prestação de juramento se retirava tinha relevância no julgamento feito pelo tribunal quanto à existência ou inexistência de justa causa de litigar, facto que, por si, influenciava a decisão proferida em matéria de custas.

100. Embora não se confunda com os juramentos probatórios[212], havia uma ligação entre a necessidade de prestação de juramento de calúnia e a necessidade de fazer prova dos fundamentos da acção. Se a questão fosse de direito ou se os fundamentos estivessem provados, não haveria que exigir juramento de calúnia[213]: a ausência de malícia da parte estaria adquirida para o processo.

101. Os termos do juramento, que costumava constar do fim do libelo, eram relativamente rígidos. Nele, a parte jurava "aos Santos Evangelhos que bem e verdadeiramente e sem dolo [fazia] esta demanda a N."[214].

A tenção maliciosa, no juramento identificada com a actuação dolosa, contrapunha-se à convicção do autor e do réu de que litigavam com justa causa, quer isto dizer, de que litigavam com a convicção de terem razão quanto ao que expunham e alegavam. Assim, quando a parte jurava litigar

---

[211] Barbas Homem, *Judex perectus*, p. 614.

[212] Acentuando a distinção, Cabral de Moncada, Lições de Direito Civil, II, p. 534. Acerca dos juramentos probatórios, que se traduziam na "religiosa asseveração da verdade de algum facto pela invocação da vingança divina", *cfr.*, por todos, Pereira e Sousa, Primeiras linhas sobre o processo civil, Tomo I, § CCXXXIV a CCXLIV; Melo Freire, *Institutiones Iuris Civilis Lusitani*, Livro IV, Título XIX, §§ 1 a 7. Sobre o juramento enquanto meio de prova, que considera menos irracional do que os ordálios, mas que ainda assim apela às forças divinas no processo, Teresa Morais, Considerações sobre os meios de prova no Direito Medieval Português, pp. 79 e segs. e 253 e segs.; *Idem*, Dos meios de prova no Direito Medieval Português – Notas para a história do juramento probatório, pp. 401 e segs..

[213] Gonçalves da Silva, *Ad Ordinationes*, Tomo I, *Ad Ord. Lib.* III. Tit. XLIII *ad princ*, n.os 33 (*"Non tamen requiritur juramentum de calumnia, si constat ex actis de bono jura jurare debentis, vel quaestio de re notoria, vel juris nun exigentis probationes [...]"*) e 34 (*"Nec hoc juramentum subit, qui jam plene probavit"*).

[214] Vanguerve Cabral, Pratica judicial, Parte II, Capítulo X.

com justa causa, o que jurava era estar na convicção de que lhe assistia razão de um ponto de vista do direito substantivo quanto à pretensão ou à oposição que deduzia.

102. A circunstância de as partes litigarem com a convicção de que tinham razão não equivale a terem-na efectivamente. Nas palavras de ALMEIDA E SOUSA, "certo é que o juramento de calumnia e propriamente juramento de credulidade e não de verdade"[215]. No entanto, e para que assim seja, deverá entender-se que a parte, ao prestar juramento de calúnia no início da causa, atinge com esta declaração essencialmente a relevância jurídica dos factos que alega e da pretensão que deduz. Na verdade, e conforme sustenta SAMUEL STRYKIUS, "*in factis propriis omnino non de credulitate, sed de veritate jurari*"[216].

No final do processo e mesmo que ambas tivessem litigado convencidas de que o faziam a coberto de uma justa causa, regra geral sucederia que só uma das partes saísse vencedora. O que não significava, nem que uma delas (em regra, a parte vencida) houvesse litigado com malícia, nem que não tivessem ambas litigado a coberto de uma justa causa. Na verdade, o que relevava na destrinça entre a actuação maliciosa e a actuação de boa fé era o estado subjectivo do agente quanto à causa em que se fundava para mover a acção ou para nela se defender. Se o agente a entendesse ou representasse como justa, poderia sair vencido. Mas daqui não se concluiria que litigara, quer sem justa causa, quer maliciosamente.

Porém, e conforme já acima se salientou, a convicção da parte podia ser objectivamente fundada ou não. Por esta razão, e mesmo que a parte estivesse convicta de ter razão, haveria que valorar a adequação da sua convicção no final da acção, aquando da prolação da decisão relativa às custas do processo. Se, como vimos, a conclusão pela verificação de uma justa causa para litigar eximia a parte vencida do pagamento das custas pessoais da parte vencedora, a ilação de que aquela parte, apesar de convencida de ter razão, não tinha fundamento legítimo que justificasse este estado subjectivo[217], fazia-a incorrer

---

[215] Collecção de dissertações e tractados varios, Tractado VII. Do juramento de calúnia, § 24 (pp. 266-267).

[216] *Operum Praestantiorum, Pandect. Lib.* XI Tit. I, § LVIII.

[217] Recordem-se, aqui, as presunções enunciadas por GONÇALVES DA SILVA, *Ad Ordinationes*, Tomo I, *Ad Ord. Lib.* III. Tit. LXVII *ad princip.*, n.os 34 e segs., quanto à existência de uma justa causa para litigar.

na obrigação de compensar a parte vencedora pelos custos pessoais em que esta incorrera.

103. Perguntar-se-á como se distinguiria, de um ponto de vista prático, a situação da parte que agia com tenção maliciosa da da parte que julgava, bem ou mal, actuar a coberto de uma justa causa.

Como é evidente, a parte que agia com tenção maliciosa, não só não o afirmava *apertis verbis* no processo, como seguramente jurava estar convencida de que actuava a coberto de uma justa causa. Quer isto significar que, de um ponto de vista da prestação do juramento, seguramente que não se distinguiria o comportamento da parte que actuava de boa fé daquele que teria a parte que actuava com má fé. Esta, enquanto estado subjectivo, não é directamente acessível por terceiros. Somente a parte sabe se está intimamente convencida de uma realidade ou não, somente a parte conhece as suas verdadeiras convicções. Consequentemente, o juízo acerca da má fé da parte haveria de fundar-se em dados externos. A ausência de razoabilidade da pretensão da parte ou da defesa, acompanhada de comportamentos que visassem escamotear ou ocultar a verdade ou que, de qualquer outro modo, fossem eticamente reprováveis e claramente destinados a esconder a sua falta de razão, constituíam os pontos de apoio para a sua condenação por lide maliciosa. Se do conjunto dos dados adquiridos para o processo se concluísse que a parte agia sabendo que não tinha razão quanto ao que afirmava, inferia-se que ela actuara com má fé.

Para além dos elementos doutrinários que apontam no sentido do que se vem afirmando, o confronto de algumas decisões judiciais proferidas durante o período de vigência das Ordenações Filipinas permitiu-nos verificar que era através de indícios como os acabados de referir que se decidia que a parte havia tido uma actuação maliciosa.

104. A justificação da diversidade de tratamento entre a parte que agia a coberto de uma justa causa objectivamente determinada e aquela que, se bem que actuasse na convicção de ter razão, não tinha fundamento legítimo para esta sua convicção residia, não só na justiça substantiva dos efeitos que desta distinção se retiravam para a parte vencedora, como ainda no esquema de imposição de deveres extra e pré-processuais ao autor. As Ordenações Filipinas impunham uma série de deveres quer às partes, quer aos seus advogados e procuradores, cuja função era, respectivamente, a de aconselharem e auxiliarem as partes em juízo[218] e a de "solicitarem a causa em Juízo"[219].

Neste contexto, para além do juramento de calúnia, que a lei mandava prestar por ambas as partes e através do qual asseveram estar a litigar por uma causa justa, dispõem as Ordenações que "ao autor pertence, antes que comece a demanda, haver conselho, se tem direito no que quer demandar e se tem prova de testemunhas ou escrituras no caso em que as testemunhas se não hão-de receber, para que possa provar sua tenção"[220]. Resulta desta passagem que não devia o autor litigar sem previamente se ter assegurado da possibilidade de procedência da sua pretensão, quer no que respeitava à respectiva cobertura pelo sistema, quer no que se referia à demonstrabilidade dos factos em que aquela se fundava. Impunham-se, inequivocamente, ao autor deveres de indagação e de cuidado no exercício do direito de acção.

A situação do réu não era análoga. Na mesma passagem, as Ordenações Filipinas limitam-se a dispor que "ao réu convém, tanto que for citado e souber o que lhe querem demandar, ir à audiência para que é citado ou mandar Procurador bastante"[221]. Se o réu assim não fizesse nem enviasse Procurador, nem Escusador, seria julgado à revelia.

105. O estabelecimento de um paralelo com o regime aplicável à malícia na formulação da pretensão permite reforçar o entendimento de que o que estava em causa na qualificação da conduta do agente era o seu estado subjectivo, reflectido no seu comportamento e, a final, aferido por critérios relativamente objectivos.

Com efeito, dispõe o Título XXXIV do Livro III das Ordenações que se o autor demandar maliciosamente o réu por mais do que na verdade lhe é devido, será condenado nas custas em tresdobro "por demandar maliciosamente o que lhe não era devido". Esta condenação em custas

---

[218] Pereira e Sousa, Primeiras linhas sobre o processo civil, Tomo I, § LVII; *ibidem*, Nova edição, Tomo I, § LVII. Registe-se que a passagem das Ordenações citada pelo Autor apenas se refere à prestação de juramento de calúnia pelo Procurador.

[219] Pereira e Sousa, Primeiras linhas sobre o processo civil, Tomo I, § LXIII; *ibidem*, Nova edição, Tomo I, § LXIII.

[220] O.F., III, XX, § 2.

[221] O.F., III, XX, § 3.

triplicadas tomará por referência a parte do pedido em que o réu foi absolvido. Já quanto à parte em que este foi condenado, pagará ele as custas singelas. Isto porque, nesta parte, decaiu.

O que releva para a condenação em custas triplicadas não é somente a circunstância de o agente pedir mais do que aquilo que lhe é devido, mas a de o fazer com malícia. E que esta malícia equivale à dedução de pretensão que o autor sabe ser infundada decorre do que adiante se estabelece no mesmo título. De acordo com o último parágrafo do princípio do Título XXXIV, "quando o demandador por ignorancia, ou simpleza, sem outro engano e malicia, demandar ao Réo em Juizo mais do que lhe for devido, será condenado nas custas singelas, ou em dobro, segundo a simpleza, ou culpa, em que for achado". Segundo GONÇALVES DA SILVA, a parte que pede mais do que o que lhe é devido não será condenada no triplo se agiu "*non per dolum, sed per probabilim ignorantia,*" continuando que esta se deve presumir em três situações distintas, todas elas relacionadas com a natureza dos factos que determinam a posição creditícia: se o crédito não pertencia originariamente ao credor demandante, mas lhe foi cedido; se o pedido é formulado por procurador "*qui non dicitur habere mandatum ad faciendum incidere dominum in poenam;*" se a parte sucedeu na causa[222].

106. A articulação do Título XXXIV do Livro III das Ordenações com o § 2 do Título LXVII do Livro III não é simples. Vejamos porquê, partindo do Título XXXIV.

Segundo esta disposição, apesar da identidade objectiva da pretensão deduzida, verifica-se uma graduação clara do estado subjectivo do agente que a deduz: o agente pode ter deduzido uma pretensão excessiva por ignorância ou singeleza, com culpa ou com malícia. A diversidade dos estados subjectivos do agente repercute-se directamente na sua condenação em sede de custas. Se a pretensão é excessiva, é evidente que, sendo a decisão correcta, o réu será parcialmente condenado e parcialmente absolvido. Se o réu, ao ser condenado, é parte vencida, pagará as custas relativas a essa condenação; do mesmo modo é o autor parte vencida pois que não logrou êxito quanto à totalidade da pretensão. Nesta medida, pagará custas "pola parte, em que o réo foi absoluto" (O.F., III, LXVII, § 2).

---

[222] *Ad Ordinationes,* Tomo I, *Ad Ord. Lib.* III. Tit. XXXIV *ad princ.*, n.º 46.

Resta saber, atendendo às graduações estabelecidas nos Títulos XLIII e LXVII, ambos do Livro III, qual a penalidade em que incorria o autor que demandara mais do que lhe era devido.

Como dissemos, as penalidades impostas vão depender, em ambos os títulos, do estado subjectivo do agente. No entanto, não só não há identidade dos termos qualificativos desses estados subjectivos, como não há identidade de cominações. Se é certo que a falta de homogeneidade no tratamento da mesma matéria ao longo do texto das Ordenações não deve impressionar-nos[223], ainda assim não podemos deixar de a registar.

Enquanto o Título XXXIV parece contrapor três estados subjectivos – a ignorância ou simpleza, a culpa e a malícia –, o § 2 do Título LXVII impõe ao juiz que dê relevância na determinação das custas devidas pelo autor parcialmente vencido à respectiva ignorância no demandar, malícia ou justa razão de litigar. A ignorância surge associada ao termo *demandar*, a justa razão à expressão *litigar*. A culpa, referida no Título XXXIV, não encontra consagração verbal expressa no § 2 do Título LXVII, se bem que a tivesse no § 1 do mesmo título, onde era referida somente a culpa no fazer demanda que não devia.

Mas mais. Segundo o Título LXVII, § 2, o autor pagaria custas dobradas, se agira com malícia, ou seja, se pedira mais do que devia sabendo que aquilo que pedia não lhe era devido. Pagaria custas singelas, se agira com ignorância e pagaria simplesmente custas do processo se lhe assistia justa causa para litigar. Esta última regra, contraposta à cominação em que incorria o autor que agira com ignorância permite-nos aproximar esta ignorância da negligência ou, dito dentro da terminologia das Ordenações, à ausência de justa causa objectiva. Temos, então, que o Título LXVII, § 2, prevê uma tripla valoração, a que vão corresponder diferentes cominações: à malícia correspondem custas dobradas, à ignorância correspondem custas do processo e pessoais singelas, à sucumbência acompanhada de justa causa para litigar correspondem custas do processo.

---

[223] Relembre-se a afirmação de Rui Figueiredo Marcos, A legislação pombalina. Alguns aspectos fundamentais, II.3, segundo a qual "as Ordenações eram levianamente defeituosas. Um feliz intérprete passaria muito do seu tempo ao pretender aclarar as escuridades, eliminar as frequentes antinomias, [...]" (p. 59). Também Coelho da Rocha, Ensaio sobre a História do Governo e Legislação de Portugal, § 246, adverte para este e outros tipos de deficiências das Ordenações Filipinas.

Bem diferente é o regime do Título XXXIV. Também aí se prevêem três tipos de cominações, mas estas não coincidem com as que encontramos no Título LXVII, § 2. Com efeito, prevê o Título XXXIV que a cominação variasse em função do estado subjectivo do agente, sendo a parte que pede em excesso condenada no pagamento de custas singelas, custas duplicadas e custas triplicadas. A cominação no triplo, associada ao dolo ou malícia, não é referida no Título LXVII, § 2, que prevê a condenação e a absolvição parciais; a condenação no triplo aparece, sim, mas no mesmo Título LXII, § 1. Se o agente actua com ignorância ou simpleza, pagará custas singelas pela parte em que o réu é absolvido. Mas perante a indistinção das custas que são devidas, deverá o agente pagar tanto as custas do processo, como as custas pessoais. Ora, como vimos, nos termos do Título LXVII, § 2, se o agente agia com ignorância e sem justa causa objectiva, pagaria custas singelas, nestas se englobando as custas do processo e as custas pessoais.

À malícia corresponde, no Título XXXIV, a condenação em custas triplicadas, no Título LXVII, § 1, a condenação em custas dobradas ou triplicadas e, no Título LXVII, § 2, a condenação em custas dobradas.

À culpa, que com esta designação apenas surge no Título XXXIV, corresponde a condenação em custas dobradas. Ora a condenação em custas dobradas é associada, no Título LXVII, §§ 1 e 2, à malícia.

À ignorância é associada a condenação em custas singelas, tanto no Título XXXIV, como no Título LXVII, § 2.

À justa causa de litigar é associada a condenação somente em custas do processo, tanto no princípio do Título LXVII, como na previsão especificamente relacionada com a condenação e absolvição parciais. Mas esta cominação não surge associada ao excesso de pedido no Título XXXIV, mesmo quando a parte age com o estado subjectivo eticamente menos reprovável, a saber, quando actua com singeleza.

Saber exactamente como eram aplicadas estas disposições é, uma vez mais, tarefa que não conseguimos levar a cabo. E, naquilo que é relevante no contexto do presente estudo, basta-nos fixar que à malícia correspondia uma penalização (regra geral a duplicação ou triplicação das custas) e que a própria negligência relevava naquela que era a principal medida da responsabilidade processual, a saber, a responsabilidade pelas custas (regra geral, pagamento de custas singelas, mas custas do processo e custas pessoais).

107. Quanto ao seu âmbito, o juramento de calúnia, que devia ser prestado em toda a causa, tanto civil, como criminal[224], podia ser universal ou particular[225]. Enquanto o juramento universal valia para toda a causa, sendo prestado após a contestação da lide pelo réu[226], o juramento particular podia ser prestado "em toda a parte do feito, assim antes da lide contestada, como depois em qualquer auto"[227]. Mais se distinguiam os dois juramentos pelo impulso para a respectiva prestação: enquanto o juramento universal era provocado pelo juiz "de seu ofício sem outro requerimento das partes", após a contestação da lide[228], o juramento particular, sendo provocado pelo juiz, era-o, com algumas excepções[229], sob impulso da parte perante a prática de um acto processual pela parte contrária[230].

Possivelmente por o juramento universal ser prestado em todo o tipo de causa era ele qualificado como geral por oposição àquele que apenas era prestado aquando da prática de actos concretos[231]. Veja-se, no entanto, que o que distinguia o juramento universal do juramento particular em face do texto das Ordenações Filipinas não era a circunstância de aquele ser exigido em toda a causa e este apenas em alguns casos particulares, mas a amplitude desse juramento que, sendo universal, valia para toda a causa, independentemente

---

[224] Gonçalves da Silva, *Ad Ordinationes*, Tomo I, *Ad Ord. Lib.* III. Tit. XLIII *ad princ*, n.º 24.

[225] Almeida e Sousa, Collecção de dissertações e tractados varios, Tractado VII. Do juramento de calúnia, § 10 identifica o juramento especial com o juramento de malícia. Reportando a origem do juramento de malícia ao Direito canónico, Samuel Strykius, *Operum Praestantiorum, Pandect. Lib.* XII, Tit. II, § XXXV, n.º 480.

[226] O.F., III, XLIII.

[227] O.F., III, XLIII, § 1.

[228] O.F., III, XLIII.

[229] Assim sucedia, *v.g.*, quando a parte opusesse embargos à sentença antes da respectiva execução. Neste caso, a parte jurava, para que aqueles fossem admissíveis, que se fundava em factos que "novamente vieram à sua notícia depois que a sentença foi dada e passada pela Chancelaria". No âmbito dos embargos jurava, ainda, a parte "se os allega bem e verdadeiramente e os espera provar, ou se o faz por dilatar". O. F, LXXXVII, §§ 2 e 11.

[230] O.F., III, XLIII, § 1.

[231] Pereira e Sousa, Primeiras linhas sobre o processo civil, Tomo I, § CCXLVII, nota 521, situa a origem da generalização do juramento de calúnia em Justiniano que, tendo abolido o juramento de calúnia especial, consagrado por Bonifácio, o faz absorver por um juramento geral. *Ibidem*, Nova edição, Tomo I, § CCXLVII, nota 521. No mesmo sentido, Melo Freire, *Institutiones Iuris Civilis Lusitani*, Livro IV, Título XIX, § VIII., e Nazareth, Elementos do processo civil, 2.ª, § 425; *id.*, Elementos do processo civil, 4.ª, § 425 que retoma a classificação apresentada por Pereira e Sousa e por Melo Freire.

do tipo de demanda para que fosse exigido, e que, sendo particular, valia somente para actos isolados. Esta distinção aparece, ainda, muito bem vincada em Pereira e Sousa, que afirma que o juramento de calúnia se divide em geral e especial; "aquele respeita a toda a causa, e este a certo e determinado acto"[232].

108. Um dos aspectos mais relevantes do juramento de calúnia decorre dos efeitos imputados à recusa da sua prestação, efeitos apenas evitáveis através da invocação de justa causa[233] e que se mantiveram ao longo dos tempos. A recusa de prestação do juramento universal e a recusa de prestação de juramento particular importavam a aplicação de um mesmo regime[234], gravoso para o recusante.

Com efeito, se o recusante fosse o autor, "perder[ia] toda a acção", sendo réu, seria "havido por confessado o que lhe o autor demandar"[235]. A recusa de jurar de calúnia tinha, deste modo, efeito na composição da acção, numa linha evolutiva que, como veremos, remonta ao direito romano[236].

Ao relevar no plano da composição da acção, a recusa da prestação de juramento de malícia aproximava-se, quanto aos efeitos, da recusa de prestação de juramento decisório. No entanto, esta aproximação não pode ser lida como identidade já que o juramento decisório pertencia e relevava no domínio das provas. Se bem que Correia Telles afirme que "a parte que

[232] Pereira e Sousa, Primeiras linhas sobre o processo civil, Tomo I, § CCXLVII, nota 521; *ibidem*, Nova edição, Tomo I, § CCXLVII, nota 521.

[233] Almeida e Sousa, Collecção de dissertações e tractados vários, Tractado VII. Do juramento de calúnia, § 20 afirma que as "causas justas, que excusem de jurar sem renitência punível e que excusem da pena de contumácia", se bem que não especificadas nas Ordenações, são aquelas que eram reconhecidas pelo Direito romano e canónico e que o Autor arrola no § 8.

[234] O.F., III, XLIII, § 1, onde se lê que "se alguma das partes, sendo requerida pelo Juiz para fazer o dito juramento [o juramento particular], o recusar sem justa causa, haverá a pena acima dita", quer isto dizer, a pena prevista para a recusa de prestação de juramento universal.

[235] O.F., III, XLIII. Pereira e Sousa, Primeiras linhas sobre o processo civil, Tomo I, § CCXLVII, nota 521; Mendes de Castro, Practica Lusitana, Tomo I, Lib. III, Cap. VII "De juramento calumniae"; Almeida e Sousa, Collecção de dissertações e tractados vários, Tractado VII. Do juramento de calúnia.

[236] Lembre-se, aqui, a posição de Ulpiano: "*Si non fuerit remissum iniurandum abe o qui detulerit, sed de calumnia non iuratur, consequens est, ut debeat denegari ei actio*".

recusa prestar o juramento deferido ou referido dá-se por vencida"[237], certo é que este vencimento seria uma consequência provável, mas apenas eventual, do efeito directo da recusa de prestação de juramento decisório[238].

109. A circunstância de a lei estabelecer, com rigor, os efeitos da recusa de prestação de juramento de calúnia não dispensava o proferimento de sentença, que expressamente declarasse as referidas sanções aplicáveis à parte[239]. A razão de ser deste regime residia na possibilidade de a parte vir invocar uma justa causa para a não prestação de juramento. Neste caso, da sua recusa, não resultavam os efeitos previstos na regra.

Mas a mera invocação de justa causa para recusar a prestação de juramento não era suficiente. A necessidade de aferição quanto à sua verificação ou não verificação implicava um acto jurisdicional de controlo. Não se esqueça, aqui, que o juramento era prestado sobre os Santos Evangelhos, com as consequências daqui decorrentes para quem não lhes reconhecesse qualquer valor superior.

Por fim, podia a parte impedir os efeitos decorrentes da recusa de prestação de juramento se, antes de proferida a decisão, viesse prestá-lo[240].

2.6. Os efeitos do falso juramento e da violação do juramento: o crime de perjúrio

110. Poderia supor-se que o fundamento jurídico para a imputação de efeitos à litigância maliciosa seria o juramento de calúnia. A parte (e o procurador) incorreria nas penalizações acima descritas porque se mostrava ter jurado falso: afirmara litigar convencida de que o fazia a coberto de uma justa causa quando, na realidade, de todo o seu comportamento, associado ao seu decaimento, resultava saber que não agia a coberto de tal tipo de causa.

---

[237] Digesto Portuguez, Tomo I, Título XV, n.º 944.

[238] O.F., III, LIX, §§ 5 e 6. Correia Telles, Digesto Portuguez, Tomo I, Título XV, n.º 945.

[239] Gonçalves da Silva, *Ad Ordinationes*, Tomo I, *Ad Ord. Lib.* 3. *tit.* 43 *ad princ*, n.º 40; Pereira e Sousa, Primeiras linhas sobre o processo civil, Tomo I, § CCXLVII, nota 521; *ibidem*, Nova edição, Tomo I, § CCXLVII, nota 521; Almeida e Sousa, Collecção de dissertações e tractados vários, Tractado VII. Do juramento de calúnia, § 6.

[240] Gonçalves da Silva, *Ad Ordinationes*, Tomo I, *Ad Ord. Lib.* III. Tit. XLIII, *ad princ.*, n.º 44.

Não é, porém, possível acompanhar semelhante entendimento, atendendo aos dados que são avançados por Almeida e Sousa. Se vai ser com a entrada em vigor do Código de 1876 que, segundo Dias Ferreira, se assiste à supressão "[dess]a formalidade inútil e impertinente do juramento de calúnia"[241], já em 1855 afirmara Almeida e Sousa quanto ao juramento de calúnia geral: "[s]eria para desejar, que assim como nas mais Nações se tem proscrito do foro pelas razões (a §13)[242] o juramento de calúnia geral, se proscrevesse também do foro do nosso Reino, como um fecundo gérmen de tantos perjúrios. [...]. As intenções dos nossos Legisladores, quanto ao juramento de calúnia foram tão pias e santas, como a de Justiniano [...]; mas a depravação e relaxação dos costumes faz hoje impraticáveis, tanto estas nossas Leis, como as que foram o seu modelo. Em quanto porém no novo e tão desejado Código se não revoga nas partes, em que ainda está em uso [...] eu declamo altamente contra os que exigem o juramento de calúnia geral e daquelas pessoas que se persuadem juraram falso"[243].

Mais afirmava Almeida e Sousa que o juramento de calúnia, previsto para todas as demandas nas Ordenações que, lembre-se, conviveram com os diversos diplomas de reforma judiciária, deixara de ser praticado em geral e que nunca fora exigido do réu[244], mantendo-se apenas o juramento especial ou, como lhe chamara aquele Autor[245], o juramento de malícia.

Não obstante a ausência reiterada de prestação de juramento geral de calúnia, mantinham-se as condenações proferidas ao abrigo do Título LXVII do Livro III das Ordenações Filipinas. E, na verdade, esta disposição era, por si só, suficiente, para que dela se inferisse um dever geral autónomo, delimitador do exercício admissível e eticamente aceitável do direito de acção.

---

[241] Novíssima Reforma Judiciária anotada, *sub* artigo 874.º.

[242] No referido parágrafo, escrevera Almeida e Sousa que "passaram os bons tempos do Cristianismo, em que legislou o Pio Justiniano [...]; tempos em que o temor das penas espirituais e temporais reprimia os perjúrios; mas os costumes bons se depravaram [...]". *Cfr.* Collecção de dissertações e tractados varios, Tractado VII. Do juramento de calúnia, § 14.

[243] Collecção de dissertações e tractados varios, Tractado VII. Do juramento de calúnia, Corolário e advertência à Magistratura, pp. 267-268.

[244] Almeida e Sousa, Collecção de dissertações e tractados varios, Tractado VII. Do juramento de calúnia, § 22; Cândido Mendes de Almeida, Ordenações Filipinas, Livro 3, Título XLIII, nota 3. Quanto à abolição do juramento de calúnia no Brasil, *vide* Cândido Mendes de Almeida, Ordenações Filipinas, Livro III, Título XLIII, nota 2.

[245] Collecção de dissertações e tractados varios, Tractado VII. Do juramento de calúnia, § 10.

111. Que relevância teria, então, o juramento geral de calúnia quando este fosse efectivamente prestado?

Diremos que a de fazer incorrer a parte ou o procurador que violassem o seu juramento ou que houvessem jurado falso no crime de perjúrio.

Com efeito, a prestação de falso juramento (aquele que a parte presta sabendo que não litiga a coberto de uma justa causa, *scilicet*, sabendo que não tem razão) e a violação do juramento prestado (circunstância que se verifica se a parte, apesar de ter estado de boa fé aquando da sua prestação, vier a prosseguir a demanda ou a sua defesa sabendo que afinal não tem qualquer justa causa; quanto ao procurador, este juramento é violado quando ele alega por si ou aconselha a parte a alegar causa ou razão com o objectivo de entorpecer a acção da justiça ou de provocar um dano à parte contrária) não eram, obviamente, inconsequentes. Na verdade, uma vez prestados os juramentos pelas partes principais e seus procuradores, assentava-se, nos autos e por termo, que elas os haviam recebido, e "achando-se que fizeram nos feitos ou alegaram alguma causa, que não deviam, por malícia, serão acusados e punidos por perjuros"[246].

Deste modo, a violação do juramento de calúnia determinava, à luz das Ordenações, o preenchimento do tipo de perjúrio[247], cujos efeitos se encontravam estabelecidos no Título LIV do Livro V[248]. A incriminação deixava transparecer, não apenas a gravidade do falso juramento ou da sua violação, como também as finalidades públicas que à sua imposição presidiam e que impediam a sua dispensa por consenso das partes[249].

Ao invés da recusa de prestação de juramento, que tinha relevância imediata na composição da acção, a violação do juramento prestado fazia

---

246 O.F., III, XLIII, § 6.

247 Almeida e Sousa, Collecção de dissertações e tractados vários, Tractado VII. Do juramento de calúnia, §§ 23 e 24, atesta que a condenação à luz deste tipo raramente se seguia, sendo desconhecida tanto do Direito canónico, como do Direito comum. No mesmo sentido, já antes e quanto ao Direito comum, Gonçalves da Silva, *Ad Ordinationes,* Tomo I, *Ad Ord. Lib.* 3. tit. 43 *ad princ,* n.os 37 e 38.

248 Silva Ferrão, Theoria do direito penal, volume V, *sub* artigo 238, p. 259; Levy Maria Jordão, Commentario ao Codigo Penal portuguez, tomo II, *sub* artigo 238, p. 343.

249 Gonçalves da Silva, *Ad Ordinationes,* Tomo I, *Ad Ord. Lib.* III. Tit. XLIII *ad princ,* n.º 7, onde escreve que "*sed consensu partium expresso remitti non potest hujusmodi juramentum, nisi tácito; introductum enim fuit pro publica utilitate & litium minuendarum causa.*"

incorrer a parte (ou o seu procurador) numa pena. Porém, a aplicação desta pena dependia de o perjúrio "se [ter feito] evidente nos autos"[250].

2.7. Conclusões

112. Antes de avançarmos, recuando no tempo, retenhamos as principais conclusões que resultaram da análise do sistema disposto pelas Ordenações Filipinas.

Retenhamos que as Ordenações faziam depender a obrigação do pagamento de custas da sucumbência.

Porém, e eis a segunda conclusão, nas custas que eram, não só contadas, mas imputadas à parte vencida, era o sistema sensível ao modo como o sujeito processual exercera o direito de acção. Ainda sem nomear esta situação jurídica, as Ordenações imputavam à parte vencida, que actuara com uma justa causa objectiva, assim avaliada e qualificada pelo juiz na sentença final, a obrigação de repetir as custas do processo à parte vencedora. Quer isto dizer que a parte que, apesar de vencida, não podia sequer ser apodada de negligente no exercício do seu direito de acção, apenas suportava os custos que a parte vencedora tivera com a prática de actos processuais. Porém, porque o exercício do direito de acção foi considerado legítimo, a parte vencedora tinha de suportar os custos pessoais em que havia incorrido.

Se a parte vencida não agira a coberto de uma justa causa, repetia à parte vencedora, tanto os custos do procedimento, como os custos pessoais. Assiste-se a um claro desvalor da conduta da parte sucumbente: se a improcedência era previsível se aferida por critérios objectivos, já não podia considerar-se objectivamente legítimo o exercício do direito de acção. Apesar de a parte vencida não ter manifestado, com o seu comportamento, que estava convencida da sua falta de razão, só assim acontecia por não ter actuado de modo diligente. A parte vencedora era compensada por todas as despesas que realizara.

Por fim, se a parte vencida agira com dolo ou malícia, não só repetia à parte vencedora todos os custos em que esta houvesse incorrido, como sofria uma forte penalização. Seria condenada na repetição das custas do

---

[250] Pereira e Sousa, Primeiras linhas sobre o processo civil, Tomo I, § CCXLVII, nota 521; *ibidem*, Nova edição, Tomo I, § CCXLVII, nota 521.

procedimento e pessoais, devendo, ainda, compensar a parte vencida por esta ter sido confrontada com um uso claramente abusivo do direito de acção: era condenada a pagar-lhe ou dobro ou o triplo daquilo que ela despendera. Quanto a estes valores, a responsabilidade pelas custas assumia carácter claramente punitivo.

Em síntese, o sistema manipulava aquela que era a principal medida da responsabilidade processual, a saber, a responsabilidade pelas custas, em função do estado subjectivo do agente. Aquela responsabilidade era graduada, abrangendo diferentes tipos e montantes de custos, consoante a parte sucumbente agisse sem negligência, com mera negligência ou com dolo. Esta conclusão é da maior relevância quando sabemos que a doutrina tende a referir, actualmente, a existência de dois tipos de responsabilidade processual, a responsabilidade simples e a responsabilidade agravada. O que as Ordenações nos mostram é que o seu esquema era mais rico do que este par revela: nelas era possível identificar pelo menos três níveis de responsabilidade, variando os custos/danos indemnizáveis em função do estado subjectivo do agente.

Em terceiro lugar, e apesar da exiguidade numérica das decisões que puderam ser consultadas, foi possível verificar que a parte sucumbente, que actuara com malícia e de modo extremamente reprovável (com dolo intenso), incorria ainda na obrigação de indemnizar a parte vencedora por danos a esta provocados com a lide maliciosa em bens jurídicos como a honra, a liberdade e a propriedade.

Em quarto lugar, podemos afirmar que, se os efeitos da litigância de má fé surgiam, de um ponto de vista positivo, indissociavelmente ligados ao juramento de calúnia, este acabava por relevar somente para o preenchimento do tipo penal do perjúrio. Na verdade, o juramento era, regra geral, dispensado, sendo ainda assim aplicadas as cominações previstas no Título LXVII do Livro III quando a parte litigava de má fé ou com malícia.

3. AS ORDENAÇÕES MANUELINAS

113. Dissemos, acima, que exporíamos o tratamento dado ao longo do tempo pelo ordenamento jurídico nacional à lide maliciosa começando pelas Ordenações Filipinas, já que estas representariam o culminar de uma evolução a que se vão seguir as codificações.

No entanto, atendendo à normal progressão dos institutos jurídicos e ao facto de o problema que nos ocupa ser identificável em tempos anteriores àqueles em que as Ordenações Filipinas tiveram vigência, pode presumir-se que as valorações e os instrumentos nelas identificados em matéria de lide dolosa e negligente terão tido os seus antecedentes. Por esta razão, confrontaremos, já em seguida, as Ordenações Manuelinas para vermos se e como reagiam aos diversos modos de exercício do direito de acção.

O regime que nos interessa conferir respeita, uma vez mais, à responsabilidade processual. Queremos ver que tratamento era conferido por aquela fonte tanto àquele que não tinha justa causa objectiva de litigar como àquele que actuava com malícia.

114. Vimos que o juramento de calúnia surge ligado à lide maliciosa (*cfr.* Título XLIII, pr, do Livro III das O.F.), implicando a sua violação o preenchimento do tipo penal do perjúrio (*cfr.* o mesmo título XLIII, § 6). Vimos, também, que a parte maliciosa era condenada no pagamento das custas pessoais e dos custos do processo em que incorrera a parte vencedora, sendo pelo menos estes últimos dobrados ou triplicados (*cfr.* Título LXVII, § 1). Quanto às custas pessoais, não foi possível obter dados decisivos.

Compulsando o texto das Ordenações Manuelinas, concluiremos que os regimes acabados de descrever já aí se encontravam, se bem que as soluções constantes dos dois textos não sejam absolutamente conformes.

115. Dispunha o Título XXIX do Livro III no seu princípio e com um texto absolutamente idêntico àquele que se descobre no Título XLIII do Livro III das O.F. que, contestada a lide, o juiz dará juramento de calúnia a ambas as partes. Através deste juramento, o autor declarará que "não move essa demanda com tenção maliciosa, mas por entender que tem justa razão para a mover e prosseguir até ao fim; e bem assim o réu jurará, que justamente entende defender essa demanda, e não alegará, nem provará em ela coisa alguma por malícia ou engano, mas que verdadeiramente se defenderá sempre até fim do feito, segundo sua consciência"[251]. Se o autor não jurar, perderá

[251] A diversidade entre as duas disposições respeita ao juramento dos Procuradores. Enquanto as Ordenações Filipinas prevêem esta matéria na regra relativa ao juramento de calúnia em geral (*cfr.* Título LXVIII, § 2 do Livro III das O.F.), as Ordenações Manuelinas regulam este ponto sob o § 1 do mesmo título XXIX. A referência que pode ser encontrada sob o

a acção; se for o réu quem recusa o juramento, ter-se-á por confessado o pedido do autor, devendo, em ambos os casos, ser este efeito declarado por sentença. Ao lado do juramento geral surgia o juramento especial, com o regime exactamente idêntico àquele que reaparece nas Ordenações Filipinas e a que acima se fez referência.

116. Acentuada é a diferença de regimes quanto às custas.

Se as Ordenações Filipinas previam sempre o pagamento de custas processuais pela parte vencida, as Ordenações Manuelinas estabeleciam uma distinção entre a posição processual activa e a passiva. Depois de o princípio do Título LI prever que "será o vencido no principal condenado nas custas ao vencedor", seria o autor, caso o réu fosse absolvido, relevado da obrigação de pagamento de custas se tivesse tido justa razão para litigar. Tal como na sua evolução, justa causa não equivale à procedência, mas à total ausência de culpa no demandar.

Todavia, se o autor, não tendo justa causa, teve razão colorada para demandar[252], será condenado nas custas do processo, mas não nas custas pessoais.

Do mesmo modo será isento do pagamento de custas pessoais ao autor o réu que teve justa causa para litigar. No entanto, não será em caso algum isento do pagamento de custas do processo se decair na acção. Neste aspecto, a solução das Ordenações Manuelinas coincide com a solução que encontrámos nas Ordenações Filipinas no que respeita à repetição de custas pessoais: tendo a parte justa causa para litigar, será relevada das custas pessoais em que incorreu o vencedor.

Título LXVIII, § 2, na edição anotada por Cândido Mendes de Almeida parece-nos equivocada uma vez que o preceito para o qual se remete, o Título XX, § 1 das O. M., não regula a matéria do juramento dos Procuradores, mas a entrega da coisa reivindicada ao réu quando o autor se ausentou não deixando procurador. Seguimos, assim, a tabela de correspondências apresentada por Melo Freire que faz simplesmente corresponder o Título LXVIII das O.F. ao Título XXIX das O. M.. *Historiae Juris civilis lusitani*, p. 134.

[252] Se se estabelece, neste trecho, uma clara contraposição entre a *justa causa* e a *causa colorada*, Jerónimo Pereira regista, no Repertório das Ordenações, a propósito da expressão *ignorância colorada* e da sua relevância num juízo possessório em que a parte pretenda pôr em causa uma decisão anterior fundada em comportamento seu, uma equivalência dos termos *justa ignorantiae causa* e *ignorantia colorata*.

A grande divergência entre os dois textos encontra-se, porém, na influência da justa causa, ou seja, na influência da total ausência de censurabilidade do comportamento da parte na contagem de custas processuais.

De acordo com as Ordenações Filipinas, das custas processuais não podia nenhuma das partes, fosse autor ou réu, ser relevada ainda que tivesse tido justa causa para demandar. Ao invés, nas Ordenações Manuelinas verifica-se um claro desnível entre autor e réu. Enquanto aquele é relevado da repetição de quaisquer custas em que haja incorrido o réu se teve justa causa para litigar, o réu, mesmo que se houvesse defendido com justa causa não estaria isento do pagamento das custas do processo. No pagamento destas custas apenas incorria o autor vencido que, se bem que não tivesse tido justa causa para litigar, houvesse tido causa colorada para demandar.

117. O texto sob análise suscita, imediatamente, duas interrogações.

A primeira respeita à assimetria entre autor e réu. Porque é o autor colocado numa posição de vantagem face ao réu? Porque deve este repetir ao autor custas processuais em circunstâncias em que aquele lhe não deve repeti-las?

Em segundo lugar, regista-se neste texto (e, antecipando o que já a seguir se dirá, na sequência do que constava já das Ordenações Afonsinas) uma distinção fundamental: a parte pode litigar com justa causa ou demandar com causa colorada. A questão que imediatamente avulta, conhecendo-se já os traços que a responsabilidade processual assume ulteriormente nas Ordenações Filipinas, é se a contraposição dos termos *justa causa para litigar/razão colorada para demandar* equivale à distinção entre a *justa causa objectiva para litigar* e a *justa causa subjectiva para litigar.*

Assentemos num primeiro ponto: tanto a justa causa como a causa colorada convivem com a sucumbência da parte. Quer isto dizer que ter justa causa para litigar não equivale a ter ganho de causa. Este aspecto está já adquirido nesta fase na investigação uma vez que vimos que a lei estabelecia regimes distintos quanto à obrigação de pagamento de custas, consoante a parte agisse a coberto de uma justa causa, ponderada esta de um ponto de vista objectivo, ou não. E vimos já, também, que tanto a parte que litigava com a consciência de lhe assistir uma justa causa, como aquela que o fazia sabendo que nenhuma causa podia justificar a sua acção ou resistência, deveriam prestar juramento de calúnia. E este tinha sempre o mesmo conteúdo, quer a parte cometesse ou não perjúrio ao jurar.

Por outro lado, há uma graduação evidente (que mais evidente é ainda nas Ordenações Afonsinas) entre a justa causa para litigar e a causa colorada para demandar. A justa causa pode levar à total isenção de pagamento de custas pela parte vencida, caso esta seja o autor, enquanto a causa colorada pode determinar a isenção de repetição de outras custas que não as dos autos; estas deverão, neste caso, ser pagas.

A valoração subjacente à regra antecedente apresenta-se clara, se bem que seja apenas válida para o autor: a justa causa para litigar legitima de tal modo o recurso ao processo que a parte, apesar de sair vencida, não pagará sequer os custos da acção em que incorreu a contraparte. Já a causa colorada para demandar, se bem que isente o vencido do pagamento de custas pessoais e outras indemnizações, não é tão boa que permita a total isenção de repetição das despesas da acção à parte vencedora[253].

118. O que distingue, então, a justa causa para litigar da causa colorada para demandar, sabendo-se que ambos os termos são compatíveis com o decaimento? A causa em si ou o estado do agente por referência a essa causa?

O legislador faz depender o regime da responsabilidade processual da circunstância de a causa ser justa ou meramente colorada. Lexicalmente, a expressão *colorada* tem uma conotação relativamente pejorativa. O adjectivo qualificará algo como dissimulado ou fingido. Teríamos, então, a parte a litigar com causa colorada quando só na aparência litigasse com uma justa causa. Fingindo pensar ter razão, a parte dissimularia a sua falta de razão consciente, agindo a coberto de uma justa causa putativa.

Ora, não pode ser este o sentido que ao termo deve ser imputado no contexto das Ordenações Manuelinas. Isto porque dificilmente se poderá explicar que a parte beneficie de um tratamento relativamente favorável quando invoca, quer para propor a acção, quer para nela se defender, uma causa que sabe ser fingida. Assim, seja qual for o sentido exacto que ao adjectivo *colorada* venha a dar-se, não deverá este corresponder a qualquer conteúdo que coincida com uma actuação eticamente reprovável da parte: fazê-lo significaria aceitar que as Ordenações Manuelinas premiariam o infractor.

Há, ainda, que dar atenção a outra diferença entre os dois termos. Enquanto num caso se dispõe um regime para a hipótese de o autor vencido

---

[253] Chiovenda, La condanna nelle spese giudizilai, n.º 42, referindo a causa que, sendo objectivamente dúbia, é também dúbia para o litigante.

ter justa causa para *litigar*, no outro prevê-se um regime para as situações em que ele tenha causa colorada para *demandar*. Veremos que também o sistema das Ordenações Afonsinas nos vai falar da justa razão (e não causa) para litigar e da razão colorada para demandar.

119. Apesar da evidente graduação do desvalor do comportamento (nenhum se a parte age a coberto de justa causa, algum se a parte age a coberto de uma causa colorada), tanto numa hipótese como na outra, a parte vencida fica colocada em melhor situação do que aquela em que se encontrará se não beneficiar nem de uma justa causa para litigar, nem de uma causa colorada para demandar.

E em que situação se encontra a parte que não goza nem de justa causa para litigar, nem de causa colorada para demandar?

Diremos que, nesta hipótese, a parte actuou em processo entendendo estar desprovida de qualquer causa que permita justificar o seu comportamento. Esta conclusão sai reforçada se relembrarmos os termos do juramento de calúnia, regulado pelo título XXIX do Livro III no seu princípio: contestada a lide, o juiz dará juramento de calúnia a ambas as partes, jurando o autor que "nom move essa demanda com tençam maliciosa, mas por *entender* que *tem justa razam pera a mover, e proseguir atee fim*; e bem assi o Reo jurará, que *justamente entende defender essa demanda*, e *nom aleguará, nem provará em ela coisa algua por malícia, ou engano*, mas que verdadeiramente *se defenderá sempre atee fim do feito, segundo sua consciencia*" (itálico nosso).

Se analisarmos os termos do juramento, verificaremos que, através dele o autor jura que não actua processualmente com intento malicioso. Ele actua contra o réu, não por ter necessariamente, mas por entender ter uma justa causa, que justifica a sua acção. O que releva no juramento é, deste modo, a representação que o autor forma da causa que invoca, não a coincidência da causa assim representada com a realidade tal como ulteriormente estabelecida na sentença.

120. Perguntar-se-á, agora, como se delimita a *tenção maliciosa*. O autor que actua com o objectivo de prejudicar o réu, apesar de agir, no limite, a coberto de uma causa que lhe permitirá ganhar a acção, actua com tenção maliciosa? Ou apenas actua com tenção maliciosa aquele que age sabendo que não tem justa causa para mover a demanda e a prosseguir até ao fim?

A tenção maliciosa surge no tipo em contraposição ao resto da previsão relativa ao juramento. O autor jura que não move a demanda com tenção maliciosa mas por entender ter justa causa. A causa que o determina é, no seu entender, boa.

O juramento releva, assim, no plano das determinações do agente. O autor que age a coberto da representação de ter uma justa causa age de boa fé. E porque age sem intuito malicioso vem a ver-se investido numa situação relativamente favorável em sede de obrigação de pagamento de custas.

121. Resta-nos ultimar os termos da contraposição entre a justa causa e a causa colorada.

Projectemos os termos do juramento sobre a regra que analisávamos em matéria de custas. Aí se fazia a distinção entre a justa causa para *litigar* e a causa colorada para *demandar*. Relembremos que a responsabilidade pelas custas podia estender-se a diversos tipos de despesas: as custas dos autos e as custas pessoais da parte vencedora. A justa causa podia levar até à isenção das custas dos autos (no caso de a parte vencida ser o autor), sendo que a causa colorada determinava o pagamento das custas do processo, mas isenção de pagamento de custas pessoais.

O que distingue os dois tipos de causas?

Comecemos pelo juramento. Tanto num caso como no outro, a parte jurará entender ter justa causa para iniciar a demanda e para a prosseguir até ao final. Isto implica que a distinção entre a justa causa e a causa colorada há-de manifestar-se em momento ulterior do processo.

O segundo dado de que teremos de partir é o de que o que releva é a representação que o autor tem da causa com que instaura a acção: ele supõe-a justa mesmo que ela objectivamente o não seja.

A partir destes dados diremos que o autor tem justa razão para litigar quando pode entender ter tal causa ao longo de todo o processo: nesta circunstância, ele "*tem justa razam pera a [acção] mover e prosseguir até ao fim*". Porém, pode suceder que o autor entendesse ter justa causa para mover a acção mas que, ao longo do processo, deixasse de lhe ser possível manter tal entendimento. Neste caso, o autor podia entender, no momento em que demandou o réu, que tinha justa causa. Mas, a partir do momento em que não pode manter tal entendimento, deixa de a ter. Se a causa era, da perspectiva do autor, boa para demandar porque como tal a entendia no momento da propositura da acção, já não o seria para justificar a prossecução da demanda: o autor deixara de ter justa causa para litigar até ao fim.

A causa, que o autor entendia ser justa, revelava-se afinal como aparente ou colorada. No entanto, porque o autor estava de boa fé aquando da propositura da acção, não tendo quebrado o juramento, não se via confrontado com a obrigação de suportar as custas pessoais da parte contrária. Mas, porque a sua causa não justificava plenamente o recurso ao tribunal, pagaria as custas do processo.

122. O sentido acabado de dar às expressões *justa causa* e *causa colorada*, que aponta para uma subjectivização da responsabilidade processual, pode mesmo ser extraído do Título LI, § 3. Se bem que com uma técnica menos perfeita do que aquela que a regressão às Ordenações Afonsinas nos permitirá encontrar, dispõe a citada passagem legal que

> "por que acontece algumas vezes, que o Autor no começo do processo parece que tem justa razam pera demandar, e depois per curso do processo e abertas as inquirições, ou per alguma outra maneira se mostra não teer direito na demanda, per que cessa o fundamento que ouve, em que se fundou para litiguar, em tal caso será condenado nas custas soomente feitas, des aquelle tempo que elle assi pode conhecer, como nom tinha razam pera seguir a dita demanda, e será relevado das que foram feitas antes que elle fosse, ou devesse seer em conhecimento da verdade substancial do feito, como dito he".

123. Tal como vai suceder ulteriormente nas Ordenações Filipinas, interessa saber se o autor, ao entender ter justa causa para litigar, pode entender o que entende. Se, de um ponto de vista objectivo, a sua conduta não merece censura, podendo justificar-se que haja exercido o direito de acção como exerceu, então, porque a parte está munida de justa causa, chega a ficar isenta de repetir à parte vencedora as custas do processo. Se a causa em que a parte se funda apenas de um ponto de vista subjectivo pode justificar a sua conduta e o recurso a tribunal, então o seu comportamento é já, de algum modo, censurável: se a parte se houvesse informado, se tivesse buscado a melhor opinião, teria compreendido que a sua causa não era boa, inibindo-se de perturbar a parte contrária com a demanda e de lhe ir impondo os custos pessoais e processuais que ela foi suportando ao longo do procedimento. A parte, tendo agido convencida de que tinha razão mas apenas tendo este convencimento porque foi negligente, deve repetir à parte vencedora todas as despesas que esta realizou por causa do processo.

124. As custas pessoais correspondem, tal como vimos ser o regime das Ordenações Filipinas, às despesas que a parte teve com a demanda, sendo estas fixadas "mais e menos segundo a deferença das pessoas, e de sua honra, qualidade e estado" (*cfr.* O. M., Livro I, Título LXX, § 2). Estas despesas são computadas por categoria e não em função da demonstração da sua efectiva realização. Mas veja-se como a sua contagem, no que respeita ao tempo de imobilização pessoal em virtude da necessidade de permanência no local do juízo, se suspende, por exemplo, durante as férias.

125. Já num plano de absoluta censura da conduta do agente nos aparece a reacção à lide maliciosa. Para além da incidência da ausência de justa causa no plano das custas pessoais, verifica-se, ainda, que a malícia da parte determina a obrigação de pagamento de custas em dobro ou em triplo (*cfr.* O. M., Título LI, § 4). O factor de multiplicação dependerá da malícia, ficando o seu estabelecimento ao critério do julgador. Este, se bem que tenha um poder aparentemente discricionário, porque está condicionado na determinação da medida da responsabilidade, em concreto, por factores legalmente definidos, deverá limitar-se a concretizar o grau da malícia e a retirar os efeitos dessa concretização.

126. Quanto às custas e naquilo que para nós directamente releva, podemos afirmar que elas continuam a assumir-se como a medida geral da responsabilidade por comportamento processual. Reflectindo os custos que a parte sofreu, são elas o reflexo do *dano processual típico indemnizável*.

Mais se verifica que os custos compensáveis variam em função da censura que merece a conduta da parte vencida. Por exemplo, no caso do réu, o pagamento das custas pessoais depende de ele litigar sem justa causa. No caso do autor, tal responsabilidade decorre de ele litigar, não tanto sem justa causa, mas sequer sem causa aparente. Nas custas pessoais incorre, assim, quem faz um mau uso do procedimento, compreendendo-se realidades distintas neste mau uso consoante se observe a posição do autor ou a do réu.

127. Dos dados antecedentes resulta que o regime das Ordenações Filipinas, com algumas diferenças nomeadamente no que respeita à imposição da obrigação de pagamento de custas ao autor vencido, teve o seu antecedente nas Ordenações Manuelinas. Destas resultava já que a lide maliciosa implicava a repetição das despesas pessoais e processuais pelo vencido ao vencedor, traduzindo estas custas os danos considerados indemnizáveis pelo legislador. A esta repetição acrescia uma penalização: o vencido haveria de compensar a parte vencedora, para além da mera repetição, com um valor 100% ou 200% superior àquele que aquela despendera.

128. Um outro aspecto que cumpre verificar respeita à eventual responsabilidade de advogados e procuradores pelas custas processuais quando o respectivo comportamento possa ser considerado reprovável. Não se esqueça que, no contexto das Ordenações Filipinas e apesar da instabilidade dos resultados, respondiam estes sujeitos pelos custos que houvessem provocado às partes com uma actuação dolosa ou negligente. Atendendo à identidade dos custos que podem estar em causa quando se refere a responsabilidade de advogados e procuradores e a responsabilidade da parte vencida, fosse qual fosse, de um ponto de vista construtivo, a articulação entre a responsabilidade do advogado ou procurador e a responsabilidade da parte. Só esta surgia referida como podendo ser condenada em custas pelo que se a responsabilidade disciplinar do advogado ou do procurador sobre cada um incidia directamente, a responsabilidade pelas custas seria, eventuamente, uma responsabilidade para com a parte que, no confronto da parte vencedora, fora condenada a repetir-lhe os custos pessoais e processuais, talvez até agravados por malícia.

Em disposição paralela àquela que consta do Título XLVIII, § 10 das Ordenações Filipinas, dispõem as Ordenações Manuelinas, no seu Título XXXVIII, § 4, do Livro I, que "[...] mandamos a esses Procuradores que tenham os Livros todos das Nossas Ordenações, e nom procurem contra ellas, e usem bem de seu Officio, nem fazendo perlongas nos feitos, nem os dilatando maliciosamente; e fazendo o contrario paguaram aas partes todas as custas, que por sua culpa fezerem". A dilação dolosa da lide e a dedução de pretensão ou alegação contrária ao Direito faz, deste modo, incorrer o procurador em responsabilidade perante as partes pelas despesas que com a sua conduta a estas haja causado. Se esta regra parece apontar no sentido de uma responsabilidade directa do procurador perante a parte pelas despesas a esta provocadas, da regra vigente em sede de condenação em custas ressurge a dúvida quanto a esta construção.

Do mesmo modo, é penalizado o procurador que actue contra a tenção do legislador de que "as Ordenações sejam mui inteiramente guardadas". Impõe-se-lhes que não aleguem nem procurem "contra alguma Ordenaçam por Nós aprovada", sustentando que "se nom devem cumprir, nem guardar, nem por ella julgar, dizendo que he contra Dereito Commum, ou contra Dereito Canónico, em quanto a tal Ordenaçam nom for por Nós revogada". Se o procurador, em violação destes deveres legais, actuar em processo, "por esse mesmo feito sem seer necesario outra sentença, nem declaraçam, Avemos por bem, que encorra em pena de vinte cruzados pera as despesas da Rolaçam, onde a tal se mover, os quaes loguo paguará ante que da Rolaçam parta, se hi presente estever; e nom estando hi, se esto for na Casa da Soprocaçam o Regedor da dita Casa, ou se for na Casa Cível o Guovernador della suspenda loguo o Procurador que tal razam tever aleguada do Officio do Procuratório, atee que pague a dita pena". À responsabilidade processual, ou seja, à responsabilidade pelas custas, acrescem, segundo esta disposição e de modo semelhante àquele que encontrámos nas Ordenações Filipinas, penas de natureza disciplinar.

Ainda em responsabilidade disciplinar incorriam o advogado e o procurador que, tendo recebido de uma parte dinheiro ou qualquer outra coisa para advogarem ou procurarem ou que dela houvessem "sabidos os segredos da demanda", advogassem ou procurassem, publica ou secretamente, pela outra parte. A conduta era considerada de tal modo reprovável, sendo-o, de facto, que aquele que assim procedesse, "aalem de seer contado por falso", seria "degradado pera sempre pera a Ilha de Sam Thome, e nunca mais use do Officio" (O. M., V, § 55)[254].

129. A segunda questão que o Título LI do Livro III suscita prende-se com a diversidade de tratamento dado ao autor e ao réu. Porque estará o autor numa posição mais favorável do que o réu? Por que razão fica o autor isento de repetir as custas processuais ao réu se teve justa causa para litigar, devendo o réu repetir-lhas, ainda que tenha tido justa razão para se defender?

130. Retenhamos, antes de avançarmos, as conclusões que decorreram da análise do regime da responsabilidade processual das partes e seus advogados ou procuradores nas Ordenações Manuelinas.

---

[254] Jorge de Cabedo, *Praticarum observationum, Pars Prima, Decisio* CCXIV, § 15.

Como vimos, e independentemente do desnível verificado entre a posição do autor e a posição do réu, naquilo que para nós é mais relevante podemos afirmar que a medida da responsabilidade da parte continua a depender do seu estado subjectivo quando exerce o direito de acção. Se este estado não merece qualquer censura, ou seja, se a parte litiga com uma justa razão objectivamente comprovada, verá a medida da sua responsabilidade reduzida ao máximo. No caso do autor, estará ele isento de repetir ao réu sequer as custas do processo. Já o réu, que se defenda com justa razão, limitar-se-á a repetir as custas processuais ao autor. Se as partes actuarem apenas a coberto de uma causa colorada, ou seja, se o seu comportamento é negligente, não podendo a sua conduta considerar-se objectivamente adequada, verão alargado o espectro das respectivas responsabilidades: o autor vencido repetirá custas processuais ao réu, o réu vencido repetirá custas processuais e custas pessoais ao autor. Por fim, a conduta maliciosa, ou seja, a conduta da parte que, através do seu comportamento, vem a revelar saber que não actua a coberto de uma justa causa, fá-la incorrer em responsabilidade por todas as custas suportadas pela parte contrária, a esta repetição acrescendo a obrigação de a compensar pela malícia, logo, pela lide absolutamente inútil e reprovável, pagando-lhe um acréscimo de cem ou duzentos por cento, contados sobre aquilo que ela despendeu.

Registe-se, ainda, que a fonte dos deveres de litigância de boa fé é, ainda, o juramento de calúnia. Infelizmente e quanto a esta matéria não foi possível localizar fontes que nos dessem conta, tal como sucedia para o período de vigência das Ordenações Filipinas, quanto à efectiva prática e real relevância deste acto.

Por fim, retenha-se que para além das partes também os seus procuradores responderiam pelas custas que, com a sua conduta dolosa ou ignorante, lhes houvessem provocado. A esta responsabilidade aderiam, ainda, sanções disciplinares, para cuja aplicação era competente o "juiz do processo de recurso".

4. AS ORDENAÇÕES AFONSINAS

131. Regredindo um passo mais na evolução, cumpre ver a que regime sujeitavam as Ordenações Afonsinas a responsabilidade processual.

A matriz do regime da lide dolosa encontra-se novamente no juramento de calúnia. Dispõe o Título XXXIX do Livro III que uma vez contestada a lide, dará o juiz oficiosamente às partes juramento de calúnia. Por este juramento o autor jura que não move a acção com intenção maliciosa, mas por entender que tem justa razão para a mover e prosseguir até ao fim. Paralelamente, o réu jura "que justamente entemde de deffender esse preito, e não aleguará, nem provará em elle cousa alguma per malicia, ou emguano, mas que verdadeiramente se defenderá sempre até ao fim do preito, a salvo de sua consciência".

A falta de prestação de juramento, "sem justa resam", determinará uma imediata composição da acção desfavorável à parte que recuse aquela prestação.

Ao lado do juramento geral ou universal prevêem, ainda, as Ordenações Afonsinas o juramento especial no § 1 deste Título XXXIX . Segundo esta regra, o juramento particular de calúnia "se dá em toda a parte do preito, assy ante da Lide comtestada, como depois em qualquer outro Auto, que se alguma das partees queira fazer, ou rezam, que alegue, se da outra parte o Juiz for requerido pera lhe dar o dito juramento, o qual se fará em esta forma; a saber, que em essa rezam, que essa parte alegua, ou Auto, que emtende fazer, nam usará d'alguma Calunia, ou arte, e mão enguano, mas que obrará hy bem, e verdadeiramente a salvo de sua conciencia. E se alguma das partees, sendo requerida, per o dito Juiz, pera fazer o dito juramento, o recusar sem justa rezam, avera a pena contheuda no Capitulo suso escripto".

Tal como fomos encontrando na evolução do regime do juramento de calúnia, também os procuradores deviam prestá-lo. Dispunha o § 2 do Título XXXIX que "se os Procuradores forem requeridos pera os (juramento geral e especial de calúnia) fazer, devem-os fazer em esta forma, a saber, que elles trabalharam a todo o seu leal, e verdadeiro poder, como as partes, que ajudarem, aleguem somente o que for justo, e resoado, perque justamente possam aver vitoria de seus feitos".

O juramento que "faram os Procuradores das ditas partees em nome de sy mesmos como Procuradores" reflectia os respectivos deveres deontológicos tanto no confronto da parte representada, quanto no confronto da parte contrária. Com efeito, continuava o citado § 2 do Título XXXIX que "[...] quanto em elles (procuradores) for nom leixaram per seu estudo cousa alguma, per que o direito de suas partees possa perecer; nem aleguaram per sy, nem lhe daram Conselho, que aleguem, ou provem alguma cousa, ou resam, porque o preito sem justa rezam seja perlomguado, ou a parte contraria danificada."

132. Em matéria de custas, as Ordenações Afonsinas criam um sistema mais perfeito do que aquele que vem, ulteriormente, a constar das Ordenações Manuelinas e, em alguma medida, das Ordenações Filipinas.

Os princípios relativos ao pagamento das custas são equivalentes para autor e réu, princípios que vimos não terem sido adoptados pelas Ordenações Manuelinas. Com efeito, dispõe o Título LXX, pr., do Livro III das Ordenações Afonsinas:

> "Estabeleceram os Sabedores antiguos, que compilaram as Leys Imperiaees, que o vencido deve ser em todo o caso condenado ao vencedor nas custas, assy feito Civel como Crime, e de qualquer calidade, e condiçam que seja, quer seja vencido o Autor, quer o Reo. Pero se o vencido ouve justa rezam pera litiguar, em tal caso deve ser relevado das custas; e quando nam ouve tam justa rezam pera litiguar, mas ouve rezam colorada para demandar, ou se defender, emtam acustumáram os Julgadores de o condenar nas custas do processo, relevando-o das custas pessoaes".

Clarificando o que deva, efectivamente, entender-se quanto à distinção entre a justa razão e a razão colorada para litigar no que tange à representação e ao estado subjectivo do agente, continua a mesma disposição:

> "E porque acontece alguumas vezes, que o vencido no começo do processo tem justa e muito clorada causa rezam pera demandar, ou se defender, e depois per curso do processo, abertas as Inquiriçoeens, ou per alguuma outra maneira mostra nom ter direito na demanda, porque cessa o fundamento que ouve, em que se fundou pera litiguar, em tal caso deve ser condenado nas custas somente feitas dês aquelle tempo, que elle assy pode conhecer como nam tinha rezam pera seguir a dita demanda, e deve ser relevado das que foram feitas antes que elle fosse, ou devesse ser em conhecimento da verdade sostancial do Feito, como dito he".

133. A disposição acabada de transcrever é muitíssimo rica.

Em primeiro lugar, dela resulta a ausência da obrigação de repetição de quaisquer custas, seja pelo autor seja pelo réu, que apesar de vencidos, houvessem tido justa causa para litigar. A aplicação da Justiça, quando absolutamente justificada, implicava que cada um suportasse os encargos processuais em que incorrera. Sabemos, já, neste momento que esta era a regra no direito comum.

A regra segundo a qual cada um suporta os seus custos quando ambos tenham agido com justa causa é prenhe de consequências quando se pergunta pelo fundamento da obrigação de repetir custos processuais e, em última instância, quando se pergunta se deve ou não entender-se subjacente a esta obrigação um juízo de censurabilidade. Ora, se a solução consiste em exonerar a parte que, apesar de vencida, exerceu de modo absolutamente justificado o direito de acção, nada devendo repetir à parte vencedora, quando surja a obrigação de compensar custos há uma censura indelével do comportamento da parte.

De outro lado, assiste-se à graduação da responsabilidade pelo pagamento dos encargos em função da natureza da razão com que a parte litiga. A condenação nas custas do processo surge ligada à falta de justa razão para litigar, pressupondo, no entanto, que a parte tenha litigado com razão colorada. Somente poderá, então, conceber-se uma condenação em custas pessoais quando o juiz conclua, a final, que a parte não litigou sequer a coberto de causa colorada.

Por fim, impõe-se que a valoração do estado subjectivo do agente seja operada em face das circunstâncias processuais, objectivamente aferidas. Se os factos determinarem objectivamente a impossibilidade de o agente manter a sua convicção de que litiga com justa razão, a sua condenação na repetição de custas à parte vencedora tomará em consideração somente aquelas que foram realizadas a partir do momento em que ele conheceu ou não podia deixar de ter conhecido tais circunstâncias.

134. O último passo na graduação da responsabilidade processual surge exactamente quando a parte litiga maliciosamente. Esta afirmação estriba-se no § 3 do Título LXX. Aí se dispunha:

> "3. E achamos por Direito, que onde o vencido foi em culpa somente e negligência de fazer demanda, sem outra malícia, em tal caso somente deve ser condenado nas custas singelas; e quando ele for achado em malícia evidente ou presumptiva, em tal caso deve ser condenado em custas em dobro ou em tresdobro, segundo a malícia em que for achado. E porque acerca disto não se pode dar certa doutrina, deve ficar em alvedrio do Julgador."

A malícia era, deste modo, cominada com a duplicação ou triplicação das custas. Mas tal malícia era, não apenas a evidente, mas também aquela que fosse inferida do comportamento da parte, contrapondo-se ao comportamento negligente/culposo do agente. Como vimos, este afinamento desaparece dos textos ulteriores.

Em suma, e tal como sucede na evolução posterior, o comportamento malicioso da parte implicava efeitos de duas ordens: em primeiro lugar e no que respeita ao confronto da parte contrária, deve a parte vencida, que actua em processo maliciosamente, compensá-la pelas custas pessoais. Em segundo lugar, e no seu confronto com o "Estado", é a parte condenada em custas dobradas ou triplicadas. No entanto, e ao invés do que sucede na evolução posterior, as Ordenações Afonsinas não prevêem ainda a incriminação da violação do juramento.

135. A evolução do sistema de responsabilidade por custos provocados com e por causa do processo que, como veremos, no seu antecedente, nos surge como objectivo, pode encontrar a sua justificação na recepção das posições da Glosa. Segundo CORDOPATRI, o trabalho operado por esta Escola sobre o CJC leva a que se afirme que não incorre em responsabilidade por custos processuais aquele que deu início ao processo com uma *iusta causa*, aquele que não agiu *iniuste*, aquele que se encontrava em *iusta ignorantia* e aquele que estava investido na *ratio litigandi*[255]. O sistema de responsabilidade surge como fundado numa sucumbência qualificada pelos atributos da calúnia/malícia ou da temeridade[256]. E, no que respeita, quer à *iusta ignorantia*, quer à *ratio litigandi*, CORDOPATRI chama a atenção para um aspecto relevante. Sendo estes conceitos relativos, a realidade de referência para a respectiva concretização só pode ser o plano do direito substantivo e não o plano processual[257]. Se é verdade que assim é, verdade é, também, que não pode escamotear-se a relevância que o procedimento, enquanto facto altamente complexo, assume no acesso da parte a dados que concorrerão para a composição final. Aquele que julga ter uma *iusta causa litigandi* pode, com o desenrolar do processo, entender que, afinal, assim não é. Se persistir na tutela (processual) de uma posição (substantiva), quando esta não pode mais ser sustentada, seguramente que incorre nas penas aplicáveis àquele cujo comportamento se considerada reprovável.

---

[255] L'abuso del processo, I, p. 243.

[256] CORDOPATRI, L'abuso del processo, I, p. 244.

[257] L'abuso del processo, I, p. 284.

5. MALÍCIA E ABUSO EM LEIS ANTERIORES À PRIMEIRA CODIFICAÇÃO

136. Continuando a regredir, tentemos localizar vestígios quanto ao regime da responsabilidade processual e de repressão de lides maliciosas em fontes anteriores à primeira codificação[258].

137. Nas célebres Leis de 1211[259] podem ser localizadas três previsões relacionadas com a ideia de recurso injustificado ao processo e de abuso dos meios processuais.

A primeira que nos interessa sublinhar é a Lei XVI. Nesta se prevê que aquele que, não podendo provar ser credor, penhorar bens do putativo devedor, "peite quinhentos ssoldos E correga o dano aaquel que o Receber"[260]. O objectivo deste instrumento é claro: dissuadir do recurso directo à penhora privada[261] aquele que não pode provar a existência de um dever de prestar. Com Duarte Nogueira, diremos que a Lei XVI "visa essencialmente prevenir o recurso abusivo ao instituto tendo em vista situações em que a penhora estava totalmente destituída de fundamento, cominando uma coima e o dever de ressarcir os prejuízos causados"[262].

A segunda Lei de 1211 que aqui nos interessa em especial prevê a aplicação de uma sanção quando seja oferecida resistência ilegítima à realização da penhora. Nela, Lei IX, se lê que se o executado não houver sido previamente condenado, "[s]e este contra que faz a enxuquecom o porteiro quer dar boa cauçom ou penhores Dante dous ou tres homeens pera estar a nosso Juizo E o porteiro o nom quer Receber mas que-llo penhorar Esto

---

[258] Atendendo ao critério seguido por Herculano na apresentação dos diversos textos legais e às fontes escolhidas dar-se-ão, sempre que possível, indicações quanto à respectiva localização nos P.M.H. e nas O. D. D.. Sobre os problemas suscitados por aquela compilação, Teresa Morais, Leis gerais desde o início da Monarquia, pp. 806 e segs.; Duarte Nogueira, Lei e poder régio. I. As leis de Afonso II, pp. 228 e segs..

[259] Sobre as diferentes denominações da lei, Ruy de Albuquerque/Martim de Albuquerque, História do Direito Português, I, n.º 57. Sobre a possibilidade de qualificação dos instrumentos legislativos da cúria de 1211 como leis, Duarte Nogueira, Lei e poder régio, Capítulo III.

[260] O. D. D., p. 49, "Constituçom xb que nem-huum nom penhore senom o seu duedor".

[261] Duarte Nogueira, Lei e poder régio, 4.3.21.a) e b).

[262] Lei e poder régio, 4.3.21., p. 315. Sobre o acolhimento desta regra nas Ordenações Afonsinas não obstante a decadência do instituto da penhora privada, Duarte Nogueira, Lei e poder régio, 4.3.21.a).

seia testemunhado Dante homeens boons E entom tolha-lhe o penhor E se mester for tolha-lho per força sem outra cooima nem-hua E se caucom nom quiser dar a nehua guisa nom tolha o penhor E se o tolher seia apenado em quinhentos ssoldos"[263].

138. A terceira Lei, para a qual queremos chamar a atenção, está em estreita ligação com a demora na realização da Justiça e consagra a regra *victus victori* de modo expresso.

Com efeito, a demora na conclusão dos procedimentos deveria ser tão significativa que, na Lei VIII, relativa a recursos e custas[264], Afonso II começa por dispor que "[e]stabelesçudo he de fazerem fim aos preitos", mais se determinando, numa presumível tentativa de pôr fim à eternização das questões por multiplicação de procedimentos, com os inerentes custos para as partes e descredibilização das instâncias de decisão que "nem que nenhuus preytos encalcem os outros assy que nunca aian fin". Esta segunda previsão é concretizada na mesma Lei, prevendo-se que "se alguum foy uençudo per sentença de nossos juyzes aduserem aquel uençudo he e lhy for prouado ca leuou dereyto juizo porque seu auersayro fez trabalhar sem dereyto se for caualeiro ou priol degreia peite X marauedis e se for peom ou clérigo peite V marauedis"[265]. As custas, que surgem desligadas de custos concretos, dependem da condição daquele que as deve pagar.

Se o âmbito de aplicação da Lei VIII, tal como constante dos *Portugaliae Monumenta Historica*, não fica absolutamente claro, a versão que figura nas Ordenações Afonsinas permite precisar que a norma se destina a penalizar aquele que interpõe recurso[266] de decisão e que, neste, é vencido. Com efeito, lê-se na "Constituiçom vij." que "se alguum trouuer a nosso Juizo *aquel com que ouue demanda depois da sentença dos nosos Juizes.* Querendo-lhes nos fazer merçee que lhes conheçam d'erro alguum se o hi ha E se depois for ueencido E achado que a Sentença que gaanhou he boa E qual

[263] O. D. D., p. 46, "Constituçom viijº que el Rej manda que os porteiros façom exuquçoões pellas sentenças E nom Recebam cauçom." Revelando o acolhimento desta regra nas Ordenações Afonsinas, Duarte Nogueira, Lei e poder régio, p. 422.

[264] Duarte Nogueira, Lei e poder régio, 4.3.20 e 4.3.21.

[265] P. M. H., *Leges et Consuetudines*, I, p. 167.

[266] Qual seja este recurso – se uma espécie de apelação, se um tipo de revista –, é ponto discutido. Paulo Merêa, Bosquejo histórico do recurso de revista, I.1.

deuia por esto porque costrangeo a seu aduersario como non deuya [...]" (itálico nosso)[267].

Esta regra é retomada em Lei de Afonso III, datada de 14 de Setembro de 1269[268]. Nesta é igualmente consagrada de modo expresso a regra *victus victori*. Conforme se lê no preâmbulo da própria lei que, segundo Herculano, "encontra-se unicamente entre algumas leis geraes junctas aos Costumes de Gravão, posto que a matéria della se possa desumir de diversos estabelecimentos, posturas e costumes da epocha de Affonso III"[269], "foy feyta constituiçon en casa delRey pela corte que en tres cousas seian juygadas as custas."

Segundo a primeira "se o juyz esto que he sobredito assy non fezer[270] e o agrauado dalgumas destas cousas se ueer queysar alrey darlian carta que li peyte as custas e que lle dê agrauo assy como se agrauar e senon que uenan dizer porque lo non dá." Em segundo lugar, dispõe Afonso III que "se se agraua mal que peyte as custas á outra parte"[271].

139. Que o vencido deve pagar as custas ao vencedor resulta, inequivocamente e em termos gerais, de estabelecimento contemporâneo do reinado de Afonso III, recolhido tanto nas Ordenações de D. Duarte (Constituiçam cxxiiij, p. 112), como nos *Portugaliae Monumenta Historica* (*Leges et consuetudines*, I, CLXIII, p. 290). Aí se lê que "he custume [...] que o vençudo pague as custas ao vencedor [...]".

Mais tarde, e em Lei de D. Dinis, a regra *victor victori* é enunciada em termos gerais, lendo-se na *Ley quarta como o uençido deve pagar as custas* que

---

[267] O. D. D., p. 46. "Constituiçom vij. Que pena deue d'auer aquel que for contra a sentença dada contra el per os sobre Juizes del Rej. Se depois a sentença for achada por boa".

[268] P.M.H., *Leges et consuetudines*, I, XV, p. 219.

[269] O facto de a lei a que se faz referência estar datada assume, de acordo com Herculano, grande relevância já que, sendo ela "emenda ou resumo de alguns desses actos legislativos", servirá para "fixar a data de varias provisões sobre custas". P.M.H., *Leges et consuetudines*, I, p. 219.

[270] "E se [a parte] diz que li mingua algumas razões e que las metan as o agrauo e se non acorda ende o juyz e as quer prouar per homens boos deuelas receber e se as provar deuelas meteasen o agrauo assi como as prouar [...]".

[271] Previsão idêntica pode ser encontrada nos Costumes e Foros de Santarém, sob a epígrafe "Do que sse mal agraua." Ruy de Albuquerque/Martim de Albuquerque, História do Direito Português. Elementos auxiliares, I volume, p. 295.

"[o] uençido pague ao uencedor as despesas lidimas as quaaes asy temperamos como em-nos feytos das apelaçonees"[272].

140. A mesma Lei de Afonso III (Constituiçam cxxiiij, nas O. D. D. p. 112) fixa, ainda, as despesas e os valores que devem ser contados como custas em termos próximos daqueles que conhecemos já como sendo os de contagem de custas pessoais. Com efeito, aí, bem como nos costumes seguidamente arrolados[273], se discriminam os valores a computar *per diem*, dependendo aqueles da condição social da parte, das distâncias a percorrer e dos dias de imobilização em função da causa. Outras regras, cuja datação é, segundo HERCULANO, duvidosa quanto ao reinado[274], permitem, por um lado, a compensação de custas entre as partes[275], bem como a contagem de custas pessoais que se darão por provadas nos termos do juramento da parte[276]. Curiosa é, ainda, a regra às custas que "cada hum pode leuar dos moradores delRey ou eles deles"[277]. Para evitar que os mais poderosos e ricos imponham, através de um prolongamento das causas, aos mais desfavorecidos o seu abandono por não poderem suportar os custos que estas lhes provocam, dispõe-se que "non levem hos ditos sobrejuizes nem os ouuençaes mayores custas deles [os que forem chamados e vencidos] que leuariam deles aqueles

[272] O. D. D., p. 164, "Ley quarta como o uençido deue pagar as custas."

[273] O. D. D., pp. 112-113, "Constituiçam cxxb. Que custas deue leuar o Rico homem ou Caualeiro ou mestre d'hoordem" e P.M.H., *Leges et consuetudines*, I, CLXIV, pp. 290-291 e CLXV, p. 291, se bem que haja diferenças entre as duas enunciações da regra costumeira. Estas não determinam, porém, inflexão no que se escreve no texto.

[274] P.M.H., *Leges et consuetudines*, I, Pr. aos estabelecimentos e costumes CCXVIII a CCXXIV, lugar em que o Autor admite que estes estabelecimentos e costumes tanto possam ser atribuídos a Afonso III como a seu filho. Criticando a solução de Herculano, TERESA MORAIS, Leis gerais desde o início da Monarquia, p. 808, escreve que "[m]elhor pareceria se tais diplomas tivessem sido incluídos num grupo à parte do relativo à legislação seguramente atribuída por Herculano a Afonso III, e com numeração autónoma".

[275] P.M.H., *Leges et consuetudines*, I, CCXVIII.

[276] P.M.H., *Leges et consuetudines*, I, CCXXI. A mesma regra terá vigência durante o reinado de D. Dinis, prevendo-se que "he costume que se allguum que veençeo o preito per Sentença defenetyva demanda as custas ao vençudo do tempo que andarom no preito./ E lhe demanda custas de cauallo porque diz que trouue sempre besta./ o demandador deue prouar per testemunhas que trouue besta na demanda ./E sse prouar que trouue hi besta deue fazer certo per seu Juramento se a trouue E deue seer creudo per seu Juramento". O. D. D., p. 208.

[277] P.M.H., *Leges et consuetudines*, I, CCXX.

que eles chamaron se uençessem". As custas, enquanto custo em que a parte incorre por causa do processo, surgem aqui claramente como uma realidade que, sendo manipulável na sua base de cálculo, pode determinar uma preterição do direito de acesso à jurisdição. É esta preterição ou denegação de justiça, induzida por comportamento reprovável do mais forte sobre o mais fraco, que o costume atalha.

141. Também já na Lei de 14 de Setembro de 1269[278]se encontra a regra segundo a qual a parte que faz incorrer a outra em custos inúteis na medida em que, com o seu comportamento, frustra a prática dos actos processuais devidos, deve suportar os custos sofridos seja qual for o desfecho ulterior da acção ou do recurso.

Com efeito, dispõe a terceira regra que se a parte que manda citar a outra não comparecer, comparecendo esta, "darlian carta en testimoyo das custas que o se o citar sobre aquelle demanda outra uez que li non responda ata que lli pague aquellas custas".

Situação próxima quanto ao pressuposto de aplicação desta regra justifica o regime da Lei de 21 de Junho de 1272[279]. Através deste diploma e conforme resulta do respectivo preâmbulo, porque Afonso III afirma ter entendido "maa parança do [seu] rreyno andarem os homeens en rreuelia sobre ssas demandas que se fazem os huuns aos outros", são tomadas previdências em sede de revelia. Entre estas, prevê-se que aquele que "quer purgar saa revelia" para "estar a dereyto" deverá pagar à outra parte "todalas custas [...] as que fez hi per rrazom de ssa rreuelia".

142. Mais relevante para o contexto do presente trabalho é uma ulterior passagem desta Lei. Aí se prevê:

> "E sse depoys poderem poenr aaquel que a entrega tiinha que de todo era entregado o que ante fora rreuel paguelhi todas as custas que fez per rrazom dessa demanda e outro tanto do sseu quanto era o que maliçiosamente disse que lhi minguaua da entrega. E sse per uentuyra o que esteuer entregado por rreuelia da outra parte nom fez conpridamente ssa entrega ao que ante fora rreuel e diz

---

[278] P.M.H., *Leges et consuetudines*, I, XV, p. 219.

[279] P.M.H., *Leges et consuetudines*, I, XX, p. 224. Quanto à datação exacta desta lei, *cfr.* as explicações de HERCULANO no lugar indicado.

maliçiosamente que lha fez se nom poder prouar que essa entrega he ia feita entregue aaquel que ante for rreuel todo aquelo que achado for que lhi mingua dessa entrega e dè outro tanto do sseu pagandolhi sem aquesto todalas custas as quaes forem com rrazom. E logo em começo destas demandas iure o demandado que maliçiosamente se nom defende".

Dois são os aspectos que devem ser ressaltados.

Em primeiro lugar, implicando a revelia uma entrega provisória do que era judicialmente exigido, se o demandante afirma maliciosamente ter restituído à parte que purga a revelia aquilo que lhe não restituiu, entregará "aaquel que ante for rreuel todo aquelo que achado for que lhi mingua dessa entrega e dè outro tanto do sseu pagandolhi sem aquesto todalas custas as quaes forem com rrazom". A malícia faz, deste modo, incorrer a parte numa pena civil: ela deverá entregar à contraparte, não apenas tudo aquilo que maliciosamente alega ter-lhe já restituído, sem lograr fazer prova dessa entrega, como ainda e para além dessa entrega na obrigação de lhe pagar as custas que tenham justa razão de haver sido realizadas.

Em segundo lugar, prevê-se expressamente o juramento do demandado no começo "destas demandas". Independentemente de este juramento ser exigido, segundo Costume coevo do reinado de Afonso III[280], em outros tipos de acções, tanto do demandante, como do demandado, aqui é imposto em instrumento com a forma de lei. Lei e Costume determinam que a parte deve jurar não litigar com malícia, abstendo-se ambas as fontes de clarificar este conceito. Quer isto dizer que a inadmissibilidade do comportamento da parte depende da concretização de um conceito indeterminado, a saber, do conceito de malícia, sabendo o intérprete que, perante esta lei, age maliciosamente aquele que mente. Porém, e ao invés do que ocorre com a Lei de Afonso III, o Costume, tendo uma enunciação bem mais desenvolvida já que o seu objecto é, precisamente, o dos termos em que "demandador e demandado deuem jurar de malicia no começo do preito", prevê, ainda, a possibilidade de a parte que é demandada "se [...] defender per razom que nom deue jurar".

[280] *Cfr.* O.D.D., p. 144, "Ley quarta como o uençido deue pagar as custas"; P.M.H., *Leges et consuetudines*, I, CC, p. 305.

143. Também Lei de Afonso III, datada de Setembro de 1273[281], refere o juramento de malícia. Segundo este diploma, que regula o chamamento de um autor[282] à acção pelo demandado quando deste seja exigida coisa móvel ou imóvel por um terceiro, sempre que o autor chamado não compareça ou, comparecendo, não defender a pretensão do demandado, sendo este vencido "o outor sseia theudo de a dar dobrada aaquel a que a cousa foy vençuda ou cambhada per el ou per cuio herel he". E prossegue a mesma fonte:

> "E mando que tanto que sse alguem chamar a outor sseia theudo de iurar que se non chama a ele maliciosamente nem pera perlongar e feyto".

Nesta passagem, é vedada a nomeação à acção que é ocasionada por malícia ou que é destinada a prolongar a acção. Quer isto dizer que nos surge, aqui, a

---

[281] P.M.H., *Leges et consuetudines*, I, XXIII, p. 228.

[282] A lei refere a expressão "outor" que, segundo Morais, D.L.P., significa "aquele que é a primeira causa" e, mais especificamente, "aquele que o demandado nomeia e chama para lhe defender a coisa, que o autor vendeu, deu, etc. e um terceiro demanda ao comprador, donatário, etc.". O que demanda diz-se autor principal, distinguindo-se do chamado, o citado pelo réu à autoria. Sobre o autor no direito foraleiro se pronunciou Paulo Merêa: diz, a este propósito que, após o demandador fazer a *demanda do haver*, cabia ao demandado "dar autor", como uma das alternativas que se lhe deparavam para se libertar da suspeita. Esta decorria da circunstância de ter o demandador de "alegar que fora privado da coisa involuntariamente, pois de outra forma não poderia reivindicá-la. Isto fazia-se jurando ele [...] que lha haviam furtado ou que a tinha perdido". Assim alegando, afirmava o demandador que o demandado ou algum dos anteriores possuidores se haviam apoderado ilicitamente da coisa. Nesta circunstância e dentro de um prazo previsto, devia o demandado apresentar a juízo a pessoa que lhe havia alienado a coisa a haver, evitando assim pagá-la ao demandante em dobro, ou seja, como ladrão. Quanto à pena concretamente aplicável ao furto "não manifesto", *cfr.* Instituições de Justiniano, IV, 16.1.
A pessoa chamada, então, na qualidade de autor ou primeiro autor, devia apresentar-se em tribunal, substituindo o demandado. No entanto, se este "autor" declarasse, por sua vez, ter recebido de outra pessoa a coisa em causa, pedia ser igualmente substituído por ela que então se constituía segundo autor. Por influência do direito germânico, poderia chegar-se, ainda, a um terceiro(a) chamamento/substituição, cabendo, então, a defesa a um terceiro autor. Estudos de Direito Hispânico Medieval, volume I, p. 1-35 (Nota complementar sobre a "*demanda de haver movel*", 31-35).
Previsão idêntica pode ser encontrada nos Costumes e Foros de Santarém, sob a epígrafe "Como me deuo chamar a outor de cousa que me uendem". Ruy de Albuquerque/Martim de Albuquerque, História do Direito Português. Elementos auxiliares, I volume, p. 295.

repressão não apenas do comportamento que é censurável por ser malicioso, como também daquele que tem natureza dilatória. Esta mesma preocupação surge em estabelecimento não datado, mas pertencente ao reinado de Afonso III, nos termos do qual se dispõe que "se alcaide ou meirinho ou moordomo citar ou trover a juízo outro homem perante nós ou perante os nossos juízes e o non quiserem logo demandar ou quiserem perlongar o preito que o citado seja logo asolto e vasse em paz. E esto fazemos pera tolher as malicias e perlongas dos poderosos"[283].

A duração injustificada dos pleitos foi também preocupação de D. Dinis. Durante o seu reinado, dirige expressamente injunção às partes no sentido de não fundarem querela contra a decisão em razões que unicamente deduzem "per delongar o preito"[284]. Por outro lado, e quanto aos procuradores, dispõe D. Dinis que "porque os acham em mjuitas bulras em que fazem grandes perdas//aas Jentes te[m] por bem e mand[a]aos SobreJuizes que todos os que acharem que fazem alguma perda aas partes a que ouuerem de procurar o preito que lhes façam correger pellos Corpos e pellos aueres"[285].

À malícia e ao prolongamento da lide acresce, ainda, como comportamento reprovável, com D. Dinis, a dedução de apelação contra postura da Corte. O procurador que assim fizesse pagaria as custas à parte[286].

144. O juramento de malícia vai ressurgir em Lei de D. Dinis em estreita ligação com a apelação, tal como vimos suceder em Lei de Afonso III. Segundo a "hordenaçõm que fez o mujto nobre Rey dom denijs em Razom dos sobreJuizes E uogados E procuradores E Scpriuaaes de sa corte", a parte alegará junto do sobrejuiz, aquando da "interposição" de apelação de sentença *antrellugatoria* (interlocutória, supomos, atendendo ao que Morais, GDLP, abona sob *antre* e ao típico abrandamento da consoante forte *c* na fraca *g*[287]), "que lhe mjnguam Razoões." Neste caso e conforme a mesma lei,

[283] O. D. D., p. 163, "Das citaçõees. Capitollo Lix como o alcaide nem mordomo nom deuem perlongar o feito."; P. M. H., *Leges et consuetudines*, I, CXVIII.

[284] O. D. D., p. 290, "Como as partes non deuem poeer Razooes per delongar o preito."

[285] O. D. D., 168, "Ley xbiij. Que pena deuem auer os procuradores que deteuerem os feitos."

[286] O. D. D., p. 169, "Ley .xx. que pena deue d'auer o procurador que apelar contra a postura da corte."

[287] António Emiliano, Latim e romance na segunda metade do século XI, p. 24, nota 19.

"primeiramente conuem que Jure de maliçia este que diz que lhe mjnguam as Razoões se lhe a parte demandar".

Se, porventura, o sobrejuiz concluísse que à parte assistia razão, o que dependia do resultado da prova realizada em inquirição, "[j]ulgara se a apellaçom he boa se maa E fara que os Juízes paguem as custas aa parte a que mjnguam as Rezoões pois que lhas non quyseram poeer no agrauo.// E se dapnos ou perdas Reçebeo fara-lho Receber das casas dos Juízes".

145. Também o juramento dos advogados e procuradores tem antecedentes longínquos. Por um lado, Afonso IV impõe-lhes a prestação de juramento quanto ao cumprimento dos seus deveres deontológicos. Advogados e procuradores devem jurar, não apenas cobrar somente os honorários que a lei lhes permite, mas ainda que não deduzirão pretensão com alteração dos factos que lhes são relatados pelas partes ou contra ordenação expressa[288]. Mas o juramento dos procuradores e advogados vai mais longe. Porque devem escrutinar a viabilidade e a razoabilidade da pretensão antes da propositura da acção e da dedução da defesa, advogados e procuradores "depois que assy o feito ouuere E ouujrem faça'-nos Jurar se entendem que as partes que ham de Jurar se teem boos preitos"[289].

Se o procurador ou o advogado forem negligentes na condução da acção e a parte pela qual procuram ou advogam for vencida, dela cobrarão honorários//*sollairo*. Porém, se houverem actuado dolosamente ou com malícia, àquela proibição de remuneração acrescerá a aplicação de uma pena: para que sirva de exemplo e como pena adequada à sua maldade, o advogado será impedido de voltar a advogar e o procurador sê-lo-á de procurar[290]. Este regime vem a ser reiterado em nova ordenação[291], sendo ainda possível surpreender regime mais gravoso para a malícia do procurador em processo penal[292].

---

[288] O. D. D., pp. 517-518, "Da Jura que ham de fazer os percuradores E os uogados."

[289] O. D. D., p. 333, "Como os procuradores deuem Jurar se as partes cujos procuradores som teem boos feitos E como os vogados deuem poeer o direito polas partes cuJos feitos sosteuerem E se errarem os feitos ou forem njgrigentes que non leuem sollairos."

[290] O. D. D., p. 334, "Que pena deuem d'auer os vogados E procuradores que maliciosamente trautarem os feitos ou em elles forem negligentes".

[291] O. D. D., pp. 356-357, "Como os Juízes non deuem conssintir aos Vogados E procuradores que trautem os feitos malleçiosamente E que pena deue d'auer o que esto fezer".

[292] O. D. D., p. 504, "Como deue dar pena ao Juiz se non liurar os feitos E outrosy ao procurador malicioso". Pesado é, igualmente, o regime aplicável quando seja deduzida querela

Apesar da respectiva submissão a um conjunto de deveres deontológicos, D. Afonso IV chega, no entanto, à conclusão de que os seus Reinos "[r]eçebiam grandes dapnos pella dellonga em que andaua nas demandas que faziam ou que lhe eram feitas" de modo que aquele que vencia tirava maior dano do que proveito da decisão, sucedendo, ainda, que aquele que devia ter ganho de causa, a perdia, ganhando-a aquele que a devia vencer. Compreendendo que "a maior parte deste dapno E desta delonga era pollos uogados e pollos procuradores que eram na minha corte E uogauom E procurauom os preitos E que catauam camjnhos E tantas dellongas E as ueezes tanta malljçia per que os preitos se poderiam desenbargar em breue tenpo E durauam gram tenpo," querendo Afonso IV "catar caminho per que este mal E este dapno seJa Refreado E Refertados os que demandas ouuerem nem andem dellongando o preito E posa auer Jgualldade E conprimento de direito [...]" dispõe que na sua corte "nom aja [...] uogados nem procuradores rregidentes em nhuum preito"[293]. Se a parte vier juntamente com procurador, para que este seja impelido a procurar convenientemente o seu feito, durante a respectiva pendência não poderá procurar mais nenhum. Cautela adicional decorre da imposição aos juízes que se dirijam directamente às partes, fazendo-lhes as perguntas necessárias de modo a que a decisão seja justa. É o reforço claro dos deveres assistenciais do juiz, perdidos mais tarde e recentemente recuperados, se bem que de modo não tão acentuado, no nosso actual sistema adjectivo. Não tendo esta lei atingido o seu desiderato, D. Afonso publicará nova lei através da qual mandou que no seu reino não houvesse nem advogados nem procuradores nos feitos[294].

infundada. *Cfr.* O. D. D., p. 462, "que pena deue d'auer aquell que querella ou acusa outro se lho nom prouar". Esta circunstância não surpreenderá nesta fase da investigação uma vez que vimos já existir um desnível de reacção à dedução de pretensão ou à dedução de acusação/querela infundada.

[293] O. D. D., pp. 315-316, "Esta he a ordenaçom que fez o muy nobre Rey dom affonso o quarto em Razom dos feitos como se am de trautar E liurar na sa corte E nos seus Regnos na quall estabelleçeo que nom ouuesse uogados nem procuradores Regidentes na sa corte".

[294] O. D. D., pp. 549-550, "ley per que el rej mandou que no seu Regno nom aJa uogados nem procuradores". Chaves e Castro, Estudos de direito portuguez, p. 46, afirma que D. Pedro I publicará, em 7 de Abril de 1362, lei que extingue os advogados em todo o reino. Mas esta medida fora já tomada anteriormente.

A articulação entre a função do advogado e a do procurador resulta, de algum modo, de outra Lei de Afonso IV[295]. A previsão revela que "mujtas uezes aconteçe que [os procuradores] perdem esses feitos [que trautam] nom poendo o direjto pollas partes como deuem poer". Para obviar a esta circunstância, deve o procurador perguntar à parte logo no começo do feito e antes da contestação se quer que seja pedida a intervenção de advogado para que o não perca "per mjngua de uogado".

146. Pelas fontes disponíveis pode, ainda, apontar-se uma outra característica às relações estabelecidas entre D. Dinis e as jurisdições senhoriais. Num movimento de clara concentração, o Rei, não podendo pôr-lhes termo, toma medidas expressas quanto ao controlo que pode exercer sobre as decisões proferidas por aquelas jurisdições. É claro indício do que se afirma a lei cujos destinatários directos são "todo-llos Ricos homens e Ricas donas E meestres E priores das hordens E caualleiros E donas de meus Regnos que auedes Jurisdiçom em ujllas E em castellos E em herdades de qualquer estado ou condiçom"[296]. Fundando a sua intervenção na circunstância de ter sabido que "alguns non apellam de uos pera mym com medo e com Reçeo de uos" e que, sendo interposto recurso de decisões proferidas na justiça senhorial, "dades a ouuiressas apellaçoões E esses preitos a outrem em uosso logo emganosamente contra a minha Jurisdiçom", assim provocando uma tal prolongamento dos feitos que "as partes ficam estragadas e non uehem as apellaçoões a mym (D. Dinis) como deuam", manda D. Dinis que ricos homens, cavaleiros e mestres das ordens dêem apelação, fixando prazos para os recursos.

147. Se pudéssemos sintetizar o que encontrámos nas nossas primeiras leis, diríamos que a condenação em custas aparece directamente ligada quer à sucumbência, em primeira instância ou em instância de recurso, quer à realização de despesas imputáveis a um comportamento omissivo da contraparte. O esquema, ao invés do que vamos depois encontrar nas Ordenações Afonsinas, é relativamente objectivo, pois nada leva a supor que seja necessário sindicar a causa da acção ou da defesa ou ainda a causa

---

[295] O. D. D., p. 357, "Como e a que tenpo o procurador que o feito teuer deue a pidir vogado E que pena d'auer o procurador que o pidir como nom deue".

[296] O. D. D., pp. 301-302, "Como el Rey manda que toda-llas apellaçoões que forem perante quaisqueer que ajam Jurdiçom que as enujem a el".

da omissão. O único tempero do sistema residirá nas despesas que podem vir a ser suportadas pelo sucumbente ou por aquele que infringe o dever processual de comparência: apenas são consideradas as despesas necessárias.

6. A INFLUÊNCIA DO DIREITO ROMANO

148. Uma das partes mais complexas na determinação dos sistemas que foram influenciando o direito português e cuja apresentação apenas poderá, numa investigação desta índole, formular hipóteses, respeita à identificação da real influência do direito romano, em primeiro lugar, e de qual direito romano, em segundo lugar.

Se é usual a apresentação da progressão de uma figura ou instituto a partir da sua génese no direito romano mais arcaico até à sua configuração em finais do séc. VI, certo é que as fontes que determinam esta última conformação só muito improvavelmente poderão ter tido repercussão a elas contemporânea na conformação dos direitos do Ocidente. A tomada de consciência deste aspecto e que avulta quando o sistema romano não é estudado enquanto objecto *a se* mas enquanto a partir das fontes directas e indirectas actualmente conhecidas, implicaria a apresentação do direito romano, se tomarmos em consideração o *Corpus Iuris*, pelo menos, a dois tempos. A divisão definitiva do Império em final do séc. IV, acompanhada da promulgação, em 429, da Constituição "*Emendandi vel revocandi potestas*", impõem cautela acrescida no estabelecimento de potenciais ligações entre os direitos do Ocidente e direito romano do Oriente. Em rigor, as matérias em que o CJC inova face a fontes anteriores, *maxime* e com principal incidência para nós, face ao *Codex Theodosianus* naquilo que, desta complicação, passa para a *Lex Romana Wisigothorum*, deveriam ser alvo de exposição, quanto à sua repercussão no direito pátrio, aquando da apresentação das soluções contemporâneas ou ulteriores à sua descoberta.

Este primeiro aspecto assume particular relevância para nós. Com efeito, veremos adiante que entre as fontes que se vão sucedendo em matéria de responsabilidade processual encontram-se uma Constituição do séc. IV e outra Constituição do séc. VI. Se ambas explicam o sistema romano, em si, no contacto deste sistema com os que se foram desenvolvendo e com ele mesclando no Ocidente, só quanto à primeira Constituição se poderá aventar a hipótese de ter, aquando da sua promulgação, influenciado estes sistemas.

149. Para além desta primeira dificuldade na apresentação do sistema romano, outra resulta do modo de constituição da Nação portuguesa. Não pode deixar de se ponderar que estamos tentando reconstituir uma linha de evolução, regredindo, para o nosso direito. Quer isto dizer que tentamos localizar as fontes que foram influenciando a conformação do direito aplicado no espaço geográfico que, por doação de Afonso VI, de *Castela*, província destacada de *Leão*, a sua filha ilegítima, conhecemos como Portugal[297]. Os direitos hispânicos terão, assim, influência decisiva na compreensão das soluções que, num momento imediatamente ulterior ao da bula *Manifestis probatum*, tiveram vigência entre nós.

Este aspecto leva-nos a observar que, se entre as fontes que podem ter determinado a conformação do direito português, se conta o direito romano, não pode contar-se nem apenas o direito romano, nem o direito romano tal como entendido no último estádio da sua evolução no Oriente[298]. O direito romano que nos terá influenciado numa primeira fase terá operado, primordialmente, por via indirecta, quer entrando através da legislação visigótica, quer da legislação de Aragão, Leão e Castela, quer da legislação canónica; mas também por aplicação quase directa, mesmo antes da Recepção, releva o sistema romano. Nesta fase, o sistema romano não nos influencia por meio de uma aplicação racional da sua matriz constante do *Corpus Iuris Civilis*, mas integrado na cultura dos diversos sistemas que com ele foram contactando. E o direito romano que pode ter-nos influenciado, não é o justinianeu, mas o direito clássico pré-justinianeu. Nesta fase, o sistema romano não nos influencia por meio de uma aplicação racional da sua matriz constante do *Corpus Iuris Civilis*, mas integrado na cultura dos diversos sistemas que com ele foram contactando. E o direito romano que pode ter-nos influenciado, não é o justinianeu, mas o direito clássico

[297] Acerca da relevância da natureza jurídica da concessão da terra portucalense a D. Henrique e sua repercussão no sistema de fontes, ESPINOSA GOMES DA SILVA, História do Direito Português, pp. 125 e segs. e 145 e segs..

[298] A afirmação que se faz no texto, tem-se disso consciência, peca por simplismo. Com efeito, e na sequência do que afirma VERA-CRUZ PINTO, "o direito nacional não tem data de nascimento. Como não tem o surgimento da Nação Portuguesa. O seu aparecimento corresponde a um processo, não a um acto." E, mais adiante: "Existe um grande contraste entre o Norte e o Sul, devido às suas diferentes composições económicas e sociais. [...]. Por isso, antes de falar de um direito único, é necessário reconstruir os direitos locais, com uma coerência interna de organização". As origens do Direito português, pp. 334 e 336-337.

pré-justinianeu. Recorde-se a observação de PAULO MERÊA: "[e]stranhar-se-á que essa compilação (o CJC), do séc. VI, só agora [Recepção] influenciasse o direito; mas convém não esquecer que, porque era bizantina, embora com importância excepcional no oriente, só no séc. XII foi no ocidente devidamente apreciada"[299].

Num segundo momento, o da Recepção, o direito romano, que terá influenciado as regras contidas nas nossas compilações, especialmente nas matérias relacionadas com o processo[300], "não foi o Direito Romano clássico, nem sequer o Direito justinianeu histórico, mas a doutrina que os glosadores e os comentadores tinham criado e experimentado profissionalmente, tendo por base o *Corpus Iuris*"[301]. Independentemente da forte reacção que, desde cedo, se faz sentir contra o poder do Imperador, representado pela aplicação do direito dele emanado, por inibidor do fortalecimento da *potestas* do Soberano[302], não pode deixar de considerar-se que este Direito, enquanto corpo normativo autónomo, teve, até à reacção ostensivamente contrária da Lei da Boa Razão[303], forte influência no sistema nacional. Se já tanto as Ordenações Manuelinas[304], quanto as Ordenações Filipinas[305] fazem depender a aplicação do direito imperial da "boa razão em que são fundadas", a Lei da

[299] Elementos de História do Direito Português, p. 51.

[300] Escreve COELHO DA ROCHA, a propósito do Livro III das Ordenações Afonsinas, onde se [...]"[contém] a forma do processo civil, tanto ordinário, como summario", que se trata de "legislação complicadissima e morosa, por sobrecarregada das formulas do Direito Romano e Canónico [...]". *Cfr.* Ensaio sobre a História do Governo e Legislação de Portugal, § 162. No mesmo sentido, PAULO MERÊA, Elementos de História do Direito Português, p. 64, escreve que "[m]uitas das nossas leis processuais em especial, são meras aplicações de direito romano".

[301] SEBASTIÃO CRUZ, Direito Romano, I, p. 95.

[302] MARTIM DE ALBUQUERQUE, Portugal e a *iurisdictio imperii*, pp. 303 e segs.; *Idem*, O poder político no renascimento português, pp. 325 e segs..

[303] REIS MARQUES, História do Direito Português Mediavel e Moderno, B.4.3.

[304] O. M. II, V, pr.. Sobre o direito subsidiário nas Ordenações Manuelinas, MARTIM DE ALBUQUERQUE, Portugal e a *iurisdictio imperii*, p. 324; REIS MARQUES, História do Direito Português Mediavel e Moderno, B.4.2; ESPINOSA GOMES DA SILVA, O Direito Subsidiário Num Comentário às Ordenações Manuelinas atribuído a Luís Correia, pp. 255 e segs..

[305] O. F. III, LXIV, pr.. Sobre o direito subsidiário nas Ordenações Filipinas, MARTIM DE ALBUQUERQUE, Portugal e a *iurisdictio imperii*, p. 324 e seg.; REIS MARQUES, História do Direito Português Mediavel e Moderno, B.4.3; ESPINOSA GOMES DA SILVA, O direito subsidiário das Ordenações Filipinas num comentário de António Leitão Homem, pp. 175 e segs..

Boa Razão, assim designada por CORREIA TELLES[306], acaba por reduzir a zero o campo de aplicação das leis imperiais uma vez que se não justifica, "depois de mais de dezassete séculos" ir buscar "socorro às Leis de huns Gentios, que nos seus princípios Moraes e Civis forão muitas vezes perturbados, e corrompidos [...], que do Direito Natural tiverão apenas as poucas, e geraes noções, que manifestão os termos com que o definirão; que do Direito Divino, he certo, que não souberão cousa alguma"[307].

150. Das observações dos jus-historiadores e atendendo a que a investigação se movimenta no domínio do direito processual, resulta como pista relativamente segura a de que há-de ser no ordenamento romano que vamos encontrar as raízes da figura que conhecemos no nosso direito como o juramento de malícia.

Atendendo à evolução que o próprio direito romano processual foi sofrendo ao longo de diversos séculos, somente o direito tal como vigente antes do conhecimento do *Corpus Iuris Civilis* poderia ter influenciado o ocidente. Porém, há-de tomar-se em consideração a circunstância de ser somente o direito romano, na sua matriz bizantina, que dificilmente poderia, durante o seu tempo de evolução, ter influenciado o nosso direito. O *Corpus Iuris Civilis* não cria um novo sistema *ex abrupto*, antes agrega contribuições diversas na compilação do sistema que, ao tempo da respectiva elaboração, já existia. Com efeito, a principal tarefa da comissão que, constituída no início do séc. VI, trabalhou na elaboração do que veio a ser o Digesto, consistiu na organização de uma compilação de regimes que, sendo descritos pelos autores clássicos considerados relevantes, pudessem, ainda, ter-se por vigentes. Aliás, só mesmo o direito romano pós-clássico poderá ter influenciado indirectamente o nosso sistema, pois era este que se encontrava já vigente aquando do desmembramento do Império, influenciando os direitos dos povos/Estados que lhe sucederam[308]. Não pode perder-se de vista que já mesmo a Constituição de 342, que determinou a extinção do processo formular[309], se limitou a "confirmar um estado de coisas que há muito se

---

306 REIS MARQUES, História do Direito Português Mediavel e Moderno, p. 160, nota 287.

307 *Cfr.* § 9.

308 KASER/HACKL, Das römische Zivilprozessrecht, § 1.II.4.

309 Nas palavras de Gai 4, 30, o processo formular caracteriza-se como aquele em que se verifica um "*litigare per concepta verba: id est per formulas*". Apesar da aparente rigidez deste

verificava"[310]. Deste modo, somente na medida em que o direito pós-clássico possa ser uma evolução do processo formular e, este, uma evolução das formas mais arcaicas conhecidas e cuja vigência terá cessado no séc. II a. C.[311], poderemos dizer que o direito romano terá possivelmente influenciado, desde a sua conformação inicial e conhecida, o direito nacional por via indirecta, ou seja, primeiro através da legislação dos Godos, e, ulteriormente, aquando da Recepção.

151. E, ainda, nova questão se pode suscitar. Porquê especificamente o sistema romano?

Na verdade, outra observação de Paulo Merêa, em ligação com os efeitos desse juramento, não permite descartar, de imediato, que haja uma influência de elementos germânicos quanto a períodos intermédios não controlados. Com efeito, apenas sabemos que efeitos tinha a violação do juramento no direito codificado e nas leis avulsas e costumes anteriores a essa codificação, mas posteriores a Afonso II. Ora, não pode descartar-se a hipótese de a lide caluniosa ou maliciosa ter determinado a aplicação de uma pena. Se assim for, há que ter em atenção a posição de Merêa, segundo a qual, na sua origem, o direito penal sofre influência não negligenciável de elementos germânicos[312].

Entrar no debate acerca da premissa de base – que elementos foram concorrendo para a conformação do ordenamento nacional – está, obviamente, muito para além das nossas possibilidades. Por isso, limitamos-nos a deixar a pista.

---

procedimento e independentemente de outras diferenças face ao anterior sistema de *legis actiones*, o facto de se litigar *per concepta verba* representa uma evolução face aos ritos e gestos ainda mais rígidos do procedimento de *legis actiones*. Não cumpre, aqui, fazer uma descrição da evolução do sistema das *legis actiones* para o sistema de fórmulas e, ulteriormente, para o processo *per libellos*, do qual derivam os actuais sistemas processuais. Sobre esta matéria e apesar de a doutrina ser inabarcável, podem indicar-se as análises de Betti, Processo civile romano; Kaser/Hackl, Das römische Zivilprozessrecht, § 1; Talamanca, Processo civile (dir. romano).

[310] Kaser/Hackl, Das römische Zivilprozessrecht, § 1.II.4, nota 23. No original: "Das Gesetz von 342 (C. 2, 57, 1), das die *iuris formulae* [...] endgültig beseitigt, bestätigt nur einen längst eingetretenen Zustand".

[311] Betti, Processo civile romano, n.º 3.

[312] Em sentido idêntico, Espinosa Gomes da Silva, História do Direito Português, p. 160, sustentando o Autor que só a origem germânica poderá explicar "muitas instituições de direito [...], processual e penal [...]".

152. Tentemos, então, compreender como era combatido o comportamento processual reprovável da parte e que efeitos eram por este desencadeados no direito romano, sendo a primeira grande dificuldade constituída pela determinação do que pudesse ser considerado então um comportamento reprovável. Neste passo, cumpre avançar com uma cautela imensa, já que haverá que procurar a resposta para esta interrogação atendendo, não aos actuais parâmetros do que é considerado o comportamento inadmissível, mas aos parâmetros coevos do ordenamento em que nos vamos movimentar.

153. Na interpretação das fontes, trava-se grande debate em torno de dois núcleos de problemas. Em primeiro lugar, discute-se se o fundamento da responsabilidade processual é objectivo, dependendo estritamente da sucumbência, ou se pressupõe uma censura do comportamento do agente, traduzida num juízo de culpabilidade que, a partir da sucumbência, se infere. Em segundo lugar, debate-se se a responsabilidade processual apenas é desencadeada com a sucumbência, sendo esta o respectivo facto gerador, ou se, ao invés, aquela responsabilidade pode ser constituída independentemente de sucumbência e como efeito da violação de deveres processuais.

É evidente que, para além das demais, é a expressão responsabilidade processual que, aqui, é extremamente fluida. Mas aquilo que está, essencialmente, em causa é a compreensão da extensão do dever de reparar os custos incorridos pela parte, cujo comportamento não merece qualquer tipo de censura.

Qualquer dos conjuntos de problemas acima referidos apenas nos interessa na medida em que concorra para a compreensão da litigância de má fé. Quer isto dizer que aquela que genericamente se designa por responsabilidade processual simples, ou seja, aquela que se faz coincidir com a mera obrigação de repetir certos custos processuais ou incorridos por causa do processo, apenas nos interessa por contraposição à responsabilidade processual agravada, ou seja, àquela que integra já determinado elemento subjectivo no seu tipo.

154. Por fim, uma justificação quanto à inclusão do presente parágrafo nesta monografia.

Seria impossível traçar aqui um quadro aprofundado do sistema adjectivo romano. Desde logo, faltar-nos-iam muitos dos instrumentos imprescindíveis a tamanho empreendimento, entre os quais um domínio adequado da língua latina nas suas múltiplas variantes, o domínio do grego e o acesso directo a fontes primárias. Diga-se, até, que a leitura de algumas obras de referência, tanto no que respeita à matéria do processo civil em geral, quer no que tange a aspectos particulares, mesmo aqueles que mais directamente estão implicados na presente investigação, quase nos determinavam a silenciar, por completo, qualquer referência ao direito romano. Ocorreram-nos as palavras de RAÚL VENTURA, numa espécie de nota prévia ao seu Manual de Direito Romano. "Talvez gostasse de ser um desses romanistas – exemplos de dedicação à ciência, modelares cultores dum dos mais difíceis ramos da História – mas nem vale a pena averiguar do gosto quando se reconhece a pobreza das qualidades indispensáveis para a realização do ideal."

No entanto, e apesar da reconhecida insipiência dos dados que seguidamente se veicularão, ainda assim os registamos já que eles nos permitiram identificar alguns aspectos que nos ajudaram na compreensão de certas soluções que fomos encontrando na longa evolução dos meios de reacção à lide temerária e maliciosa.

6.1. *Lex Visigothorum*

155. O Título I do Livro II da *L.V.*[313], consultado na edição dos *P.M.H*[314], contém múltiplas leis relacionadas com o exercício da magistratura. Entre estas, e se bem que nenhuma se refira expressamente à lide maliciosa, encontramos duas que são interessantes e que tratam de matérias próximas ao tema desta investigação.

---

[313] Acerca da vigência efectiva deste conjunto de leis entre nós e até ao séc. XII, na sua forma *vulgata*, RUY DE ALBUQUERQUE/MARTIM DE ALBUQUERQUE, História do Direito Português, n.º 55; ALMEIDA COSTA, História do Direito Português, 22.1.V e VI [na 5.ª edição revista e actualizada, 2012 (reimp. 2021), o ponto 22.1 não inclui os sub-pontos V e VI, terminando no sub-ponto IV, atinente ao Código Visigótico. Já sob o ponto 22.2, o Autor trata "[o] problema da personalidade ou territorialidade na legislação visigótica]; ESPINOSA GOMES DA SILVA, História do Direito Português, pp. 160 e 162 e segs..

[314] Sobre esta edição, MARCELLO CAETANO, História do Direito Português, n.º 32.VI.a).

Uma delas, a Lei de Flavius Cintasvintus "*De commodis atque damnis iudicis vel saionis*"[315], visa combater a prática reprovável dos juízes (e saiãos[316]) de ficarem para si com uma parte do valor da causa superior àquela que, por lei, lhes era devida, bem como a dilação das causas, induzida pelas partes. Começa a lei por atestar ser comum entre os magistrados[317] reterem estes para si a terceira parte da causa quando, por lei, apenas podiam receber pelos serviços prestados (*causa iudicata ac deliberata*), "*vicessimum solidum*". Dispõe o legislador, repressivamente, que se o juiz tentasse obter quantia superior a esta, perderia o direito de cobrar sequer a quantia que a lei lhe permitia cobrar[318]. Por outro lado, se ocorrer uma dilação da causa imputável a uma das partes, deverá dela exigir o juiz o valor que lhe é devido em virtude da dilação.

A segunda, a Lei de Flavius Cintasvintus "*Si iudex dolo vel calliditate, aut unam, aut ambas causantium partes dispendia faciat sustinere*", reprime a dilação dos processos pelos juízes. Dispõe que se se perceber que o juiz atrasou o processo com dolo ou com astúcia, fazendo as partes incorrer em custos e provocando-lhes prejuízos, deverá o magistrado ser compelido a restituir-lhes, a expensas suas, o valor do sacramento. Porém, prevenindo que a ausência de julgamento possa decorrer de uma causa não imputável a má fé do juiz (*vel aegritudo, vel publicae utilitatis indictio*), esta Lei prevê, ainda, que finde imediatamente o processo pendente com absolvição das partes, devendo estas apresentar novamente a causa para que esta seja julgada sem contestação.

156. Na Lei de Flavius Cintasvintus "*Si iudex dolo vel calliditate, aut unam, aut ambas causantium partes dispendia faciat sustinere*" surge-nos um indício que demonstra como são ainda formas processuais anteriores ao processo civil romano na sua versão pré-justinianeia que influencia a legislação visigoda. Na verdade, refere esta lei a circunstância de as partes haverem prestado

---

[315] Nos P.M.H., trata-se da lei XXIV. *Cfr. Leges et Consuetudines*, I, p. 19.

[316] Atestando a etimologia germânica do vocábulo *sayón*, derivado de *sagjan*, através do gótico *sagjis* e transformado, na Península, em *sagio, sagionis* por influência do vocábulo *praeco, praeconis*, Corominas/Pascual, Dicionário Critico, entrada: sayón.

[317] Adiante a mesma lei refere ser também esta prática reprovável comum entre os saiãos. "*Similiter quoque quia cognovimus quod saiones, qui pro causis alienis vadunt, maiores pro labore suo mercedes, quam merentur, accipiunt*; [...]".

[318] Semelhante pena sofre o juiz que julga mal. *Cfr.* Lei XIX *Si iudex per commodum aut per ignorantiam iudicet causam*, P.M.H (*Leges et Consuetudines*), I, p. 18.

o sacramento (*reddito sacramento*). Ora, esta figura não tem mais lugar no processo romano justinianeu.

6.2. O *Codex Theodosianus* e a *Lex Romana Wisigothorum*

157. Independentemente do seu âmbito de aplicação pessoal (romanos sob dominação visigoda), cremos ser relevante chamar a atenção para uma das leis integradas no *Codex Theodosianus*[319][320]e que, tendo sido integrado na *LRW*[321], pudemos consultar nas edições de HAENEL e da Real Academia Espanhola de História. Trata-se, seguramente, de uma das mais relevantes previsões em matéria de responsabilidade processual, tendo precedido temporalmente aquela que vem a ser conhecida como a Constituição de ZENÃO (487) e a que, ulteriormente, faremos referência. No entanto, e atendendo à sua data de publicação (369)[322], esta Lei é considerada como aquela que institui a condenação do sucumbente temerário nas custas[323].

Perguntar-se-á porque indicamos esta Constituição neste lugar e não depois da descrição da Constituição de ZENÃO. Isto porque a Constituição

---

[319] Consultada, directamente, no sítio www.upmf-grenoble.fr.

[320] Acerca da relevância desta compilação de *leges* e de *iura*, mandada elaborar por Teodósio II a uma comissão constituída por 16 membros, em 435, acentuando a proximidade desta iniciativa à Lei das Citações, SEBASTIÃO CRUZ, Direito Romano, I, p. 411 e segs; CASTRO MENDES, História do Direito Romano, I, 483 e segs.. *Cfr.*, ainda, RAUL VENTURA, Manual de Direito Romano, I, pp. 123 e seg..
Sobre o significado das expressões *ius* e *leges*, CASTRO MENDES, História do Direito Romano, I, 453.
Especificamente sobre a Lei das Citações, que "veio restringir a massa jurídica jurisprudencial quanto ao seu valor judicial", SEBASTIÃO CRUZ, Direito Romano, I, pp. 412 e 424-425.

[321] Acerca dos diversos textos (*leges* e *ius*) que integram a *Lex Romana Wisigothorum* ou Breviário de Alarico, RUY DE ALBUQUERQUE/MARTIM DE ALBUQUERQUE, História do Direito Português, n.º 53; MARCELLO CAETANO, História do Direito Português, n.º 30; ALMEIDA COSTA, História do Direito Português, 4.ª, 22.1.II. [5.ª edição revista e actualizada, 2012 (reimp. 2021)]; ESPINOSA GOMES DA SILVA, História do Direito Português, pp. 75 e segs..

[322] Esta Constituição, atendendo à circunstância de ter sido publicada durante o interregno de quatro décadas e meia em que, após uma primeira divisão, na sequência da morte e sucessão de Constantino, o poder se reunifica em um só Imperador, aplica-se em todo o Império. Sobre a situação política-administrativa ao tempo de Valentiniano I, KASER, Das römische Privatrecht, II, § 192.

[323] CHIOVENDA, La condenna nelle spese giudiziali, p. 43.

de Valentiniano e Valente é de 369 e a de Zenão data já do séc. VI. Consequentemente, se alguma destas Constituições poderá ter tido repercussão sobre a outra terá sido a primeira sobre a segunda. A Constituição que surge no CJC deveria ser apresentada antes da apresentação da Constituição de Valentiniano e Valente.

No entanto, é a circunstância de o nosso ponto de referência ser o direito português que determina esta ordem de apresentação das duas Constituições. Se, entre si e atendendo à circunstância de o Código Teodosiano tanto ter tido vigência no oriente, quanto no ocidente, é a Constituição de Valentiniano e Valente que pode ter influenciado a ulterior Constituição de Zenão, já do ponto de vista do direito nacional, num percurso regressivo, é a Constituição de Valentiniano e Valente que, exactamente porque integrada no Código Teodosiano e porque absorvida pela *LRW*, mais razoavelmente se pode presumir ter influenciado o nosso direito, anterior à nacionalidade[324].

158. Nesta Constituição, de [Flávio] Valentiniano [I] e de seu irmão Valente, que dispunha em matéria de reivindicação da posse, previa-se:

> *"Litigator victus, quem invasorem alienae rei praedonemve constabit, sed et qui post conventionem rei incubarit alienae, non in sola rei redhibitione teneatur nec tantum simplorum fructuum praestationem aut eorum quos ipse percepit agnoscat, sed duplos fructus et eos, quos percipi oportuisset, non quos eum redegisse constabit, exsolvat. Et praedoni quidem ratio a die invasi loci usque ad exitum litis habeatur; ei vero, qui simpliciter tenet, ex eo, quo re in iudicium deducta scientiam malae possessionis accepit. Heredis quoque succedentis in vitium par habenda fortuna est. Addimus etiam, ut inpensas sumptusque litis re ad finem deducta petitoribus praestent. Ac ne ipsos quidem petitores, qui inanes lites et iurgia non movenda ingerunt possidentibus, ab istius cautionis merito segregamus; iubemus enim, ut, si intentio petitoris inproba iudicetur, praestet possessori sumptus, praestet inpensas, quas eum toto litis tempore sustinuisse claruerit, etiamsi super hac re expressior cesset sententia iudicantis"*[325].

---

[324] Sebastião Cruz, Direito Romano, I, pp. 421-422 escreve que "[n]o Ocidente, o CT desempenhou um papel muito considerável e de longa duração. [...]. Deste modo, compreende-se facilmente a existência no Ocidente de vários manuscritos [...] e a grande importância que tem o *Codex Theodosianus* para a história dos direitos – francês, italiano, espanhol e português".

[325] C. Th. 4, 18, 1.

159. Esta Constituição veio a integrar o CJC[326], aí apresentando, no entanto, uma redacção algo diversa. Ao cabo de quase século e meio, a Constituição de VALENTINIANO e VALENTE acerca dos frutos e das despesas da lide passa a ter seguinte o texto, reflexo daquilo que, da sua redacção originária, JUSTINIANO pretendia manter em vigor:

> "*Litigator victus, qui post conventionem rei incubarit alienae, non in sola rei redhibitione teneatur nec tantum fructuum praestationem aut eorum quos ipse percepit agnoscat, sed eos, quos percipi oportuisse, non quos eum redegisse constabit, exsolvat ex eo, ex quo re in iudicium deducta scientiam malae possessionis accepit. heredis quoque succedentis in vitium par habenda fortuna est*".

160. Segundo o C. Th. 4, 18, 1, o possuidor sucumbente devia ser condenado, não apenas a restituir a coisa e os frutos percebidos, em singelo, mas sim na restituição da coisa e no dobro dos frutos que a coisa deveria ter percebido. Mais ainda deveria ser condenado a pagar ao autor "*impensas sumptusque*". Por seu turno, se a *intentio* do autor fosse considerada maliciosa, deveria ele indemnizar o possuidor demandado pelas custas e pelas despesas em que este incorrera durante a pendência da acção[327]. Poderia ver-se, nesta Constituição, um desnível entre autor e réu: enquanto este responderia por custas e despesas caso actuasse maliciosamente, àquele bastaria ser declarado parte vencida para ser confrontado com pena idêntica. No entanto, e conforme sublinha CHIOVENDA[328], o possuidor que, em concreto, pode incorrer nas sanções previstas em C. Th. 4, 18, 1 é aquele que usurpa coisa alheia (*invasor rei alienae*), ou seja, é aquele que sabe que a sua resistência à restituição é destituída de fundamento. Quer isto dizer que, atendendo ao âmbito subjectivo de aplicação desta Constituição, apenas autor ou réu que, em acção de restituição, respectivamente, demanda ou se defende sem fundamento e, como tal, maliciosamente, incorrem na condenação em custas e despesas da acção. Não bastará a sucumbência: a esta tem de

---

[326] C. 7, 51, 2.

[327] Ultrapassando uma interpretação desta passagem que colocasse em diferentes planos o fundamento dos deveres de indemnizar de autor (plano processual, *scilicet*, violação de deveres processuais) e de réu (plano substantivo ou violação do direito real), CORDOPATRI, L'abuso del processo, pp. 255 e segs.

[328] La condanna nelle spese giudiziali, p. 43.

acrescer um estado subjectivo do agente que leva à reprovação da sua conduta, desencadeando a aplicação de uma pena. A responsabilidade pelos custos em que a parte incorre por causa da acção é subjectiva e não objectiva.

Confrontando a Constituição de VALENTINIANO e VALENTE, tal como constante do C. Th. e do CJC, verifica-se que neste se suprimem as regras relativas ao autor. Adiante, quando confrontarmos, tanto o que resulta das Instituições de JUSTINIANO (*v.g.*, 4, 16, 1), como quando analisarmos a Constituição de ZENÃO, veremos que talvez assim seja por se terem criado regras gerais em matéria de responsabilidade por lide maliciosa.

6.3. A lide temerária e lide maliciosa no processo pós-clássico

161. A primeira pista que podemos localizar quanto aos meios de reacção à lide maliciosa no direito romano encontra-se numa passagem das Instituições de JUSTINIANO.

Lê-se em Ins. 16:

> "*Nunc admonendi sumus magnam curam egisse eos qui iura sustinebant, ne facile homines ad litigandum procedente: quod et nobis studio est. Idque eo maxime fieri potest, quod temeritas tam agentium quam eorum cum quibus ageretur modo pecuniaria poena, modo iurisiurandi religione, modo metu infamiae coercetur*".

Em Ins. 4, 16, 1, afirma-se que segundo uma *nostra constitutione*[329] a todos os que são chamados a juízo é deferido um juramento. E continua a mesma passagem que o demandado não pode prevalecer-se das suas alegações se não houver previamente jurado que se constrange a apenas contraditar a acção fazendo uso de bons argumentos[330]. Depois de serem referidas as acções pelo dobro[331], pelo triplo ou mesmo pelo quádruplo (caso do furto manifesto),

---

[329] A Constituição a que o texto se refere é a Constituição de Justiniano C. 2. 58 (*De iureiurando propter calumniam dando*), datada de 531, que regula os termos do juramento de calúnia e que, segundo CHIARA BUZZACCHI, L'abuso del processo nel diritto romano, VII.1, nota 2, assume a qualidade de condição do exercício de contraditório substancial.

[330] Dispõe C. 2. 58, na parte que agora nos interessa: "*reus autem non aliter suis adlegationibus utatur, nisi prius et ipse iuraverit, quod putans se bona instantia uti ad reluctandum pervenerit* [...]".

[331] Quanto à restrição das acções em que ela pode ser dada pelo dobro por contraposição àquelas previstas no processo formular, KASER/HACKL, Das römische Zivilprozessrecht, § 97.I.

afirma-se: "*item actoris quoque calumnia coercetur: nam etiam actor por calumnia iurare cogitur ex nostra constitutione*"[332].

Prossegue a passagem Ins. 4, 16, 1 relatando que o juramento de calúnia foi, igualmente, imposto aos advogados por uma outra Constituição. A Constituição a que se faz referência é a Constituição C. 3. 1. 14, datada de 530[333].

Em conclusão, o *Corpus Iuris Civilis* consagra, para o período do processo pós-clássico, o juramento de calúnia, de que encontrámos registo no nosso direito medieval e moderno, como meio de repressão da lide maliciosa. Isto porque, nos termos deste juramento, tanto autor como réu devem jurar que não agem, no processo, de modo reprovável. A justificação para a abrangência deste juramento é dada pelo Imperador: a decadência da *actio calumniae.*[334]

162. O mesmo tipo de juramento era exigido dos advogados, tal como vimos igualmente suceder no nosso direito. Na Constituição *rem non novam*, de 530 (C 3, 1, 14, 4) lê-se "*patroni autem causarum [...] vel apud arbitros sive ex compromisso vel aliter datos vel electos sacrosanctis evangeliis tacts iuramentum praestente, qiod omni quidem virtute sua ominique ope quod iustum et verum existimaverint clientibus suis inferred procurent.*" O juramento *de calumnia*, prestado pelo defensor, que é equiparado, quanto ao desenvolvimento da actividade processual, às partes (*principales litigantium partes*), destina-se a

---

[332] Uma vez mais se refere a Constituição C. 2. 58 (*De iureiurando propter calumniam dando*), onde se dispõe: "*et actor quidem iuret non calumniandi animo litem movisse, sed existimando bonam causam habere* [...]".

[333] Trata-se da Constituição de Justiniano *de iudicis*, que no seu § 4 dispõe: "*Patroni autem causarum, qui utrique parti suum praestantes ingrediuntur auxilium, cum lis fuerit contestata, post narrationem propositam et contradictionem obiectam in qualicumque iudicio maiore seu minore vel apud arbitros sive ex compromisso vel aliter datos vel electos sacrosanctis evangeliis tactis iuramentum praestent, quod omni quidem virtute sua omnique ope quod iustum et verum existimaverint clientibus suis inferre procurent, nihil studii relinquentes, quod sibi possibile est, non autem credita sibi causa cognita, quod improba sit vel penitus desperata et ex mendacibus adlegationibus composita, ipsi scientes prudentesque mala conscientia liti patrocinantur, sed et si certamine procedente aliquid tale sibi cognitum fuerit, a causa recedant ab huiusmodi communione sese penitus separantes: hocque subsecuto nulla licentia concedatur spreto litigatori ad alterius advocati patrocinium convolare, ne melioribus contemptis improba advocatio subrogetur*".

[334] Chiara Buzzacchi, L'abuso del processo nel diritto romano, p. 156.

reprimir a actuação processual abusiva. Apesar da equiparação do defensor à parte, àquele não podia ser imputado um conhecimento da realidade equivalente ao detido por esta. Nesta medida, o juramento do defensor destinou-se, desde sempre, a garantir um *honeste procedere* processual.

Uma vez que o regime aplicável à violação do juramento pelo defensor se encontrava pouco desenvolvido no sistema de fontes, entende-se que se estava essencialmente perante a violação de um acto de autonomia e não perante uma violação da lei[335]. Para além de implicar graves sanções contra o defensor (nomeadamente, a sua responsabilização através da *actio de dolo*), a falta de prestação de juramento podia determinar a invalidade do processo[336]. O defensor vem, a final, a poder ser condenado tanto no pagamento de uma multa, como na obrigação de suportar, conjuntamente com a parte, o ressarcimento das despesas provocadas com o abuso do processo à parte contrária. A responsabilidade conjunta de defensor e parte é explicada com a figura da *culpa in eligendo*: a parte deve suportar a responsabilidade pelos danos causados pelo seu defensor uma vez que foi ela quem o escolheu para a patrocinar[337].

163. Do que antecede, pensamos ser legítimo retirar uma ilação: da imposição deste juramento resulta o estabelecimento dos parâmetros de licitude e de ilicitude do comportamento das partes e dos seus defensores. Quer isto dizer que, ao jurarem nos termos em que juram, as partes – e os seus defensores – não assumem uma responsabilidade pela sucumbência ou pelo sucesso da lide, conforme já acima se disse, antes assumem o compromisso de litigarem de modo eticamente valioso. Com efeito, se ambas as partes

[335] CORDOPATRI, L'abuso del processo, p. 530.

[336] Veja-se como este traço do regime da falta de prestação de juramento de calúnia é identificado nas nossas Ordenações Filipinas e como se dispõe que, não obstante a falta desta solenidade, a decisão não se deve ter por nula, nem o processo será anulado se "o Julgador julgou o que lhe pareceo justiça, por as provas no processo feitas sobre a verdade e substancia da causa." (O.F. III, LIII, pr.).

[337] Assim, nas *Leggi e Costituzioni di S. M. il Re di Sardegna*, em passagem transcrita por CORDOPATRI, L'abuso del processo, I, p. 510, onde se dispõe que os advogados que "*maliziosamente o per negligenza cagioneranno il ritardo della spedizione della causa saranno condannati a risarcire alla parte avversa i danni e le spese patite per il ritardito processo; [...] intanto saranno condannate le parti che l'avranno eletti a prontamente pagare colla riserva di essere integrate dai procuratori*".

prestam juramento, sucedendo, em regra, que uma delas decairá e sendo certo que há efeitos distintos para aquele que viola o juramento e para aquele que sucumbe, percebe-se que o juramento seja entendido, numa fase precoce de desenvolvimento dos sistemas processuais, como a fonte dos deveres processuais de conduta. Vimos que também assim acontecia no nosso direito. Se assim é, surge como provável a construção de CORDOPATRI segundo a qual, já com JUSTINIANO, é possível compreender a responsabilidade processual como realidade interligada à violação de deveres processuais[338]. Este enquadramento dogmático não é inconsequente posto que dele se extrai que, desta responsabilidade, não possa conhecer um juiz diverso daquele a quem esteve adstrito o processo em que ocorreu a violação de tais deveres: da responsabilidade por violação de deveres processuais e sejam quais forem os bens jurídicos atingidos com essa violação, não pode conhecer um juiz *ad hoc*, mas somente o juiz do processo em que o facto gerador de responsabilidade ocorreu[339]. Esta conclusão, que não podia extrair-se dos dados legais enquanto a responsabilidade processual ou por violação de deveres processuais merecia reacção penal, passou a ser inelutável a partir da Constituição C. 7, 51, 3, que adiante melhor se analisará[340].

164. Um aspecto que vamos encontrar no direito pós-clássico e que permitirá situar a origem de idêntico regime no nosso direito (relembre-se O. F. III, XLIII) respeita aos efeitos da não prestação do juramento que, tanto ao autor, quanto ao demandado, devia ser deferido. Se o autor recusa o juramento, o processo não prosseguirá; se a recusa provier do réu, será ele tido por *confessus*[341].

165. Lê-se na penúltima frase de Ins. 4, 16, 1: "*haec autem omnia pro veteris calumniae actione introducta sunt, quae in desuetudinem abiit, quia in partem decimam litis actorem multabat, quod nusquam factum esse invenimus [...]*". Esta afirmação nos demonstra que o juramento, tal como regulado pelas Constituições de JUSTINIANO, veio substituir uma anterior *actio calumniae* que caíra em desuso

[338] L'abuso del processo, p. 275.

[339] CORDOPATRI, L'abuso del processo, p. 260.

[340] Para esta ligação entre a competência exclusiva do juiz da acção para conhecer da má fé da parte e a Constituição C. 7, 51, 3 chama a atenção MONTANI, Anotação a Cass. de 24.3.1904.

[341] KASER/HACKL, Das römische Zivilprozessrecht, § 97.I, nota 10.

porque multava o autor na décima parte do valor da lide[342], sanção que se declarava não mais ter sido aplicada.

Mas, e naquela que é a parte mais relevante para o nosso contexto do trecho das Instituições que estamos analisando, continua o texto: "*sed pro his introductum est et praefatum iusiurandum et ut improbus litigator etiam damnum et impensas litis inferre adversario suo cogatur*". A lição é claríssima quanto aos meios de repressão da lide maliciosa no processo pós-clássico: para além do juramento de calúnia, substitutivo da *actio calumniae*, consagra-se o princípio segundo o qual o litigante ímprobo ou desonesto deve pagar ao seu adversário as despesas da lide e os danos que esta lhe haja causado.

Parece ter-se completado, na regressão, o ciclo: a lide maliciosa, prevenida através do juramento de calúnia, vem a implicar, não a aplicação de uma pena fixa, mas a condenação do litigante desonesto a pagar à parte contrária todas as despesas em que ela haja incorrido por causa do processo e a indemnizá-la pelos danos sofridos[343].

Note-se que, neste trecho, não se estabelece uma ligação entre a sucumbência e a condenação da parte maliciosa na reposição dos custos sofridos pela parte contrária. E esta é exactamente uma das situações em que a falta de referência expressa ao fundamento da condenação abre campo para debate.

166. Quanto à *infamia*, prevê-se em Ins. 4, 16, 2 que os condenados em alguns tipos de juízos serão considerados infames (*cfr.* ainda, D 3, 2, 1). Esta indicação, que deve ser acompanhada por C. 2.11 (*De causis ex quibus infamia alucui irrogatur*), aponta para a pena aplicada àqueles que são condenados por furto, *bonorum raptorum* (peculato), injúrias, dolo, e "*item tutelae, mandati, depositi, directis non contrariis actionibus, item pro socio quae ab utraque parte directa est et ob id quilibet ex sociis eo iudicio danatus ignaminia notatur*". Esta passagem,

---

342 Talvez seja a associação entre a condenação do autor calunioso na décima parte do valor da lide e o valor da dízima que leve ALMEIDA E SOUSA a qualificá-la como uma pena que atingia o réu enquanto pena de calúnia. Segundas linhas sobre o processo civil, Parte I, Capítulo XXVII, n.º 2.

343 Note-se, ainda, que o juramento abrangia igualmente a matéria dos requerimentos probatórios. Deste regime encontrámos registo no nosso direito, onde vimos que se impunha à parte que jurasse, ao pedir determinado prazo para a apresentação de documentos não imediatamente disponíveis, que não pedia este prazo maliciosamente.

que pressupõe a distinção justinianeia e não clássica[344], entre as pretensões nominadas e as pretensões [contrárias] inominadas[345], somente releva no nosso contexto porquanto se entende que se defende ilegitimamente aquele que vem a ser condenado em *infamia*: a pena para o crime estende-se à valoração do comportamento da parte. No entanto, e apesar desta ligação entre a pena de *infamia* e a reprovação do comportamento da parte, porque ela só releva enquanto tipo próprio, não poderá ter influenciado as cláusulas gerais que viemos a encontrar no nosso direito. Por esta razão não retomaremos esta figura.

167. Para além das diferentes cominações impostas ao litigante calunioso, entre as quais nos interessa, particularmente, a condenação da parte no pagamento à contraparte das despesas feitas por causa do processo, bem como os danos que este lhe haja provocado, discute-se se o processo pós-clássico reagiu, igualmente, contra o litigante temerário.

O problema é suscitado, conforme já acima se deu conta, em face das fontes que instituem a obrigação de pagamento das custas pela parte sucumbente à parte vencedora. A questão gravita em torno dos elementos do tipo da obrigação de compensação: será esta absolutamente objectiva, pressupondo simplesmente a sucumbência? Será que a obrigação de compensação depende da verificação de elementos subjectivos, nomeadamente, da culpa ou temeridade do litigante?

O elemento determinante na resposta a esta interrogação será a Constituição de ZENÃO[346] e a sua interpretação sistemática. Segundo este texto, o juiz deve, não na sentença mas em decisão autónoma, decidir oficiosamente acerca das custas. Este regime consta de C 7, 51, 3 na qual se dispõe: "[t]*erminato transactoque negotio posthac nulli actio, neque ex rescripto, super sumtuum repetitione, praestetur,* nisi iudex, qui de principali negotio sententiam promulgavit, cominus partitibus constitutis, iuridica pronuntiatione

---

[344] FRITZ SCHULZ, Derecho romano clásico, p. 39.

[345] Sobre esta distinção, FRITZ SCHULZ, Derecho romano clásico, p. 38 e segs., onde se sustenta que o plano de relevância entre a *actio directa* e a *actio contraria* é o da terminologia através da qual se designam as pretensões accionáveis pelas diversas partes de situações jurídicas concretas.

[346] C. 7, 51, 5 (*De fructibus et litis expensis*). O texto completo, em língua latina, desta lei encontra-se em CHIOVENDA, La condanna nelle spese giudiziali, p. 50, nota 1.

significaverit: *victori causae restitui debere expensas, aut: super his querelam iure competere. Post absolutum enim dimissumque iudicium nefas est litem alteram consurgere ex litis primae materiae.*" (itálico nosso).

Se o juiz não conhecer das custas na decisão, e tal como vimos ocorrer no nosso direito, deverá compensar, pessoalmente, a parte vencedora[347]. A decisão deverá onerar o sucumbente com o pagamento das custas em que incorreu a parte contrária. Se a parte agiu de modo desrespeitoso, incorrerá numa pena pecuniária, no valor de 10% da lide. Este valor reverte para o *fiscus*.

168. A necessidade de proferimento de uma decisão sobre as custas logo após o proferimento da sentença e não em ulterior processo autónomo[348] é justificada por CORDOPATRI, não a partir da possibilidade de se verificar uma colisão entre a anterior decisão de mérito e uma posterior decisão sobre as custas, mas antes a partir do facto de a responsabilidade pelos custos processuais se fundar na violação de deveres adjectivos. A responsabilidade pelos custos pode, assim, ser associada à decisão de mérito (incorre na obrigação de compensar custos a parte sucumbente) na medida em que uma decisão de sucumbência reflecte um abuso do procedimento: a parte que litiga e é vencida abusou do processo porque não tinha razão para litigar. Este controlo deve ser realizado pelo juiz da acção que infere da sucumbência a violação dos deveres adjectivos. Quer isto dizer que a responsabilidade pelo pagamento dos custos do processo não seria independente de culpa//temeridade, antes a pressuporia: a temeridade é revelada pela sucumbência[349].

Em suma, o fundamento para a exigência de proferimento de decisão sobre encargos do processo pelo juiz da causa encontra-se no novo enquadramento que é conferido aos fundamentos da responsabilidade processual[350]. Esta deixa de assentar numa violação de situações jurídicas, que fazem desencadear a aplicação de uma cominação, com a natureza de uma pena, para se circunscrever à violação de deveres processuais. Assim, e como compete ao juiz da causa verificar o cumprimento dos deveres processuais, que se vão constituindo e extinguindo no decurso do acto complexo que é o processo,

---

[347] CHIOVENDA, La condanna nelle spese giudiziali, pp. 60 e 63.

[348] Sobre a diversidade entre a anterior *victori restitui debere* e a condenação expressa imposta por ZENÃO, CHIOVENDA, La condanna nelle spese giudiziali, p. 59.

[349] L'abuso del processo, pp. 261 e segs..

[350] Assim, CORDOPATRI, L'abuso del processo, I, p. 261.

é a esse mesmo juiz que compete verificar o incumprimento de tais deveres, sancionando esse incumprimento com as cominações previstas na lei.

169. Os principais argumentos de CORDOPATRI para propor uma interpretação das fontes que liga a condenação em custos à temeridade e não simplesmente à sucumbência, resultam, essencialmente, das múltiplas excepções à regra *victus victori*, aqui seguindo um caminho que, segundo CHIOVENDA, fora já anteriormente percorrido por WALDNER, HENNEMANN e ERMAN.

Para CORDOPATRI, estas só podem ser justificadas se, por um lado, a sucumbência não implicar automaticamente a condenação em custas e, por outro, se se atender a que algumas destas excepções se reportam à ponderação da natureza da causa com que a parte litiga. Esta tendência terá, aliás, sido acentuada com a Glosa, onde a responsabilidade processual se desprende da pronúncia sobre o mérito: a sucumbência deixa de ser o seu fundamento único, ocorrendo mesmo uma disjunção tal entre uma e outra realidade que nem mesmo a decisão de mérito favorável à parte pode apagar a responsabilidade por violação de deveres adjectivos[351]. Na expressão de CORDOPATRI, "a responsabilidade não descende apenas da sucumbência enquanto expressão da violação do dever genérico, mas também da violação, que prescinde da sucumbência, de deveres específicos"[352].

170. CORDOPATRI entra, com esta sua construção, em ruptura com posição que anteriormente fora defendida por CHIOVENDA[353] e que veio, de algum modo, a tornar-se dominante. Aliás, já antes de CHIOVENDA, outros autores haviam considerado ser a responsabilidade pelas custas, a partir de ZENÃO, totalmente objectiva: assim sucedeu com SAVIGNY[354].

Para CHIOVENDA, a Constituição de ZENÃO, que se manteve ignorada até à sua identificação por CUJÁCIO[355], representou uma passagem do antigo para o

---

[351] CORDOPATRI, L'abuso del processo, I, p. 262.

[352] L'abuso del processo, I, p. 262. No original: "*La responsabilitá non discende solo dalla soccombenza come espressione di violazione del generico dovere, ma anche dalla violazione, a prescindere dalla soccombnza, di doveri specifici.*"

[353] La condanna nelle spese giudiziali.

[354] System, VI, § 288.

[355] La condanna nelle spese giudiziali, p. 51.

novo. Se, até à sua promulgação, a obrigação de compensação de custos em que a parte incorreu no processo dependia, não apenas da sucumbência, mas antes da sucumbência acompanhada da prova da má fé/temeridade do sucumbente, pelo que podia considerar-se excepcional, com esta Constituição, a obrigação de compensar custos deixa de depender da prova da temeridade da parte vencida, dependendo estritamente da sucumbência, tornando-se de excepção em regra[356]. A absoluta objectivização da obrigação de pagamento das custas em caso de sucumbência permite estabelecer, de acordo com a posição de Chiovenda, uma distinção de regime para os casos em que a parte, além de sucumbente, agiu de má fé pois, segundo Zenão, neste caso, para além de ser condenada a compensar custos, deve a parte ser ainda condenada numa pena pecuniária de 10% do valor da lide[357].

A objectivização da obrigação de compensar os custos em que incorreu a contraparte terá, segundo Kaser/Hackl, representado uma segunda evolução durante o período pós-clássico já que, inicialmente, apenas se alterou o regime vigente no processo clássico de conhecimento pela extensão desta obrigação ao demandado sucumbente[358]. E, conforme adiante veremos, no processo clássico, a condenação em custas pressupõe a temeridade.

Em Constituição ulterior[359], Justiniano declara vigente a regra *victus victori*. No entanto, esclarece que os custos a compensar são aqueles em que a parte jurar haver incorrido. Também esta regra pôde ser encontrada no nosso direito, desde logo, em leis do reinado de Afonso III.

171. Não há absoluta necessidade de aprofundar aqui um debate que interessa, essencialmente, à responsabilidade simples. Contudo, deverá deixar-se enunciado o aspecto que, do nosso ponto de vista, aproxima as construções relativamente subjectivistas das fontes legais.

Depois de enunciar a regra *victus victori*, a Constituição de Zenão prevê diversas excepções à condenação do sucumbente nas despesas da lide. A articulação entre a primeira e a terceira excepções dificilmente se compatibilizam com um regime estritamente objectivo. Na tradução proposta por Mommsen-Krueger que, como já se referiu, nos é dada por

---

[356] La condanna nelle spese giudiziali, pp. 55 e 58.

[357] La condanna nelle spese giudiziali, p. 55.

[358] Das römische Zivilprozessrecht, § 97.II.

[359] C. 3, 1, 13, 6 (*De iudiciis*).

CHIOVENDA, lê-se no § 3: "*[s]i autem reus aliquis fidem solvendo praestabit aut actor lite desiste aut iudex eum perspiciet re vera calumniatorem non esse, sed in ancipiti causa condemnatum, is condemnationem in sumptus faciendam evitat*".

A primeira (*si reus fidem solvendo praestabit*) e a terceira excepção (*iudex eum perspiciet re vera calumniatorem non esse, sed in ancipiti causa condemnatum is condemnationem in sumptus faciendam evitat*) parecem apontar no sentido de a condenação em custas apenas encontrar fundamento se o réu não tiver justa causa para se defender ou para litigar. Isto porque se o réu, apesar de deduzir oposição que julga fundada, se convencer de que esta, afinal, o não é (relembre-se a *causa colorada*, que encontrámos nas Ordenações Afonsinas), reconhecendo espontaneamente a pretensão do autor, não pagará custas. Ao invés, se o réu oferecer resistência, de duas, uma. Ou se considera a resistência legítima, ou a resistência não é legítima. Se a resistência for considerada legítima, o réu sucumbente não pagará custas; se a resistência for injustificada, o réu vencido pagará as custas.

A questão reside em saber exactamente quando pode considerar-se legítima a oposição. E, segundo a interpretação de CHIOVENDA, esta legitimidade depende da sua razoabilidade objectivamente aferida, ou seja, depende de se considerar, de acordo com critérios éticos e não psicológicos, que a dúvida do demandado, que resiste à pretensão do autor, é justificada[360]. No fundo, e retomando os critérios que fomos encontrando na nossa legislação, a questão estará já, na interpretação da Constituição de ZENÃO, em saber se a obrigação de pagamento de custas depende da ausência de verificação de justa causa de litigar.

Mesmo que se aceite este sentido, ele é, já por si, suficiente para que não possa efectivamente defender-se uma absoluta objectivização da obrigação de pagamento de custas. Esta não pressupõe, simplesmente, a sucumbência, mas exige a ponderação da qualidade das razões da parte quando esta litiga. Se, objectivamente, o seu comportamento é justificável, se a resistência é legítima porquanto a dúvida é pertinente, então o seu comportamento não é censurável. Ao invés, já o será se a dúvida for impertinente, ou seja, se a parte não estiver de boa fé, litigando com malícia ou por não ter cumprido os deveres de esclarecimento que sobre ela impendem. Avultam, aqui, as presunções que PÊGAS arrolava quanto à determinação da justa causa de litigar.

---

[360] Da condanna nelle spese giudiziali, p. 54.

6.4. A lide maliciosa e temerária no processo de conhecimento e no processo formular: a *lex Aebutia de formulis*

172. Continuando a regredir, haverá que perguntar que meios de reacção à lide temerária e maliciosa foram conhecidos do processo clássico de conhecimento e que meios eram contemplados para o processo formular[361], cuja origem é obscura[362] mas que funciona como substituto das *legis actiones*[363]. Mesmo que haja tempos de coincidência entre os dois tipos de procedimentos e províncias em que nunca terá tido vigência efectiva o processo *per formulas*[364], é o processo de conhecimento que substitui o processo formular[365]. Na evolução histórica dos sistemas processuais, aquele representa o antecedente do processo pós-clássico.

173. Em termos extremamente sumários e muitíssimo simplificados, avulta como principal particularidade distintiva da *cognitio extra ordinem* ou *extraordinaria cognitio* a circunstância de a competência para o proferimento de uma decisão sobre a pretensão da parte pertencer, não a sujeitos privados, como sucedia no processo formular, mas, com elevadíssimo grau de concentração, a funcionários públicos[366]. Estes exerciam a função jurisdicional em procedimentos dotados de grande flexibilidade e sujeitos ao princípio da adequação, no que claramente se distinguiam do processo formular.

---

361 Quanto ao campo de aplicação do processo de conhecimento clássico, instituído por Augusto e continuado pelos seus sucessores, Kaser/Hackl, Das römische Zivilprozessrecht, §§ 1. II.3 e 66.

362 Contestando a afirmação de Gai 4.30, segundo a qual o processo formular teria sido criado por lei (concretamente, pela lex Aebutia), Kaser/Hackl, Das römische Zivilprozessrecht, § 22.II.1.

363 Acerca da relevância da *lex Aebutia* que, juntamente com outras duas *leges sublatae*, declarou a extinção das *legis actiones*, Gai 4, 30; Gel 16, 10, 8.

364 Assim poderá ter acontecido, *v.g.*, no Egipto. Kaser/Hackl, Das römische Zivilprozessrecht, § 66.III.3. Sobre o *praefectus* enquanto alto funcionário do Imperador em províncias em que, contra a regra da administração conjunta, era excluído o poder do Senado, Mommsen, The provinces of the roman Empire, II, p. 233 e 246-247; Kaser/Hackl, Das römische Zivilprozessrecht, § 70.II.1.

365 Kaser/Hackl, Das römische Zivilprozessrecht, § 66.I.

366 Sobre o exercício da função jurisdicional em nome do príncipe pelo *praefectus urbis*, auxiliado pelos *iudices pedanei*, Castro Mendes, História do Direito Romano, I, pp. 461 e segs..

Este último aspecto terá grande relevância, essencialmente, com CONSTANTINO. Com efeito, não pode perder-se de vista que o processo de conhecimento clássico tem um longo tempo de vigência, durante o qual foi sofrendo alterações. Entre os marcos evolutivos mais relevantes deve salientar-se, por um lado e na época de DIOCLECIANO, um certo nivelamento com o procedimento *per formulas*.

Mas a maior alteração ocorre na época de CONSTANTINO, pois o processo de conhecimento estará submetido a uma orientação totalmente nova: o procedimento que, na *extraordinaria cognitio*, estava subordinado ao princípio da adequação, surge em CONSTANTINO submetido a uma conformação típica e relativamente uniforme, insensível à natureza da pretensão actuada. Os actos de sequência deverão ser praticados dentro de prazos certos, sob pena de preclusão. Também quanto à forma, deverão os actos das partes ser necessariamente reduzidos a escrito. Os actos judiciais, sendo praticados por funcionários públicos, passarão a implicar o pagamento de *taxas de Justiça*, ou seja, passarão a implicar despesas para as partes com o procedimento. O meio através do qual se obtém a composição do litígio encarece, tornando-se *anti-social*. Porque parte das quantias pagas a título de custos beneficia directamente os funcionários/autores dos actos (*sportulae*), instituem-se regras muito rígidas quanto aos valores que podem ser cobrados. A violação destas regras pelas partes e seus advogados (através do exercício de corrupção activa sobre os funcionários de Justiça) ou por estes funcionários determina responsabilidade criminal.

Na *cognitio extra ordinem*, instituída para conhecimento de pretensões não reconhecidas, nem pelo *ius civile*, nem pelo *ius honorarium* e fundada no poder do Imperador, avulta claramente a intenção de centralização e de recondução do poder jurisdicional ao Imperador. A expressão última desta centralização é constituída pela *appellatio*, consagrada apenas nesta fase[367]. Através da instituição da *cognitio extra ordinem*, AUGUSTO pretendeu, num primeiro momento, conferir accionabilidade a pretensões como as decorrentes de fideicomissos e de bens que revertiam para o erário (*bona caduca*), vindo o âmbito desta jurisdição a ser progressivamente alargado por este Imperador e pelos seus sucessores.

---

[367] KASER/HACKL, Das römische Zivilprozessrecht, §§ 1.II.3 e 75.

174. É exactamente no contexto da *appellatio*, meio de impugnação apenas criado por Augusto e vigente na jurisdição *extra ordinem*, que vamos encontrar um meio típico de reacção à lide temerária.

A *appellatio* era o recurso admissível contra todas as decisões finais e, com restrições, contra as decisões interlocutórias[368], nele se podendo deduzir novos factos e apresentar novos meios de prova[369]. O recurso, depois de interposto junto do tribunal *a quo* e uma vez por este proferido despacho de admissibilidade, era concluso ao juiz do tribunal *ad quem* para julgamento e decisão. A decisão consistia em proferir um juízo acerca da justiça ou injustiça da impugnação.

Se o recurso fosse julgado improcedente, o recorrente devia compensar o recorrido pelas despesas por este realizadas com a impugnação da decisão. Mas, para além desta compensação, sofria o apelante, num primeiro momento, sanções de diversa ordem e que dependiam das circunstâncias económicas do sucumbente e, em alteração introduzida por JUSTINIANO, uma pena pecuniária, que era fixada segundo o critério do juiz[370].

175. Uma das questões em aberto reside em saber se a lide temerária é reprimida no processo clássico de conhecimento através da compensação de despesas realizadas pela parte vencedora à parte vencida.

Algumas passagens permitem um juízo afirmativo a esta interrogação. Assim sucede em D. 5, 1, 79, onde se prevê que aquele que conste haver citado temerariamente o seu adversário a juízo, deverá pagar-lhe os custos da viagem e os gastos do feito. Veja-se como, nesta regra, se faz, sem qualificação, uma distinção entre aquelas que, no nosso direito, vieram a ser conhecidas como as custas pessoais por contraposição às custas do processo[371].

D. 31, 78, 2, onde se prevê, depois de se dispor que a cidade deve ser obrigada a pagar os juros moratórios de um fideicomisso de que foi encarregue, que os prejuízos que sejam inerentes à mora deverão ser suportados por aqueles que não cumpriram a decisão depois de proferida a condenação contra a cidade. E, na parte que directamente para nós releva, continua PAPIANO que a mesma coisa deve ser feita quanto aos gastos do

---

368 KASER/HACKL, Das römische Zivilprozessrecht, § 95.I.2.

369 C. 7, 63, 2, 7 (*De temporibus et reparationibus appellationum seu consultationum*).

370 KASER/HACKL, Das römische Zivilprozessrecht, § 95.I.3.

371 No original, lê-se em D. 5, 1, 79: "*Eum quem temere adversarium suum in iudicio vocasse constitit, litisque sumptus adversario suo reddere oportebit*".

litígio se não havia motivo para litigar (*nec aliud ferabitur in litis sumptibus, si ratio litigandi non fuit*).

Por último, lê-se em D. 50, 5, 1, 1 (Ulpiano) que aquele que demanda frequentemente um adversário que sabe estar permanentemente imune à jurisdição, com intuito vexatório e sem que lhe presida qualquer razão para demandar, deverá pagar-lhe os custos da acção. Apesar do acentuado desvalor da motivação do agente, este é apenas condenado a compensar a parte pelos custos processuais.

A condenação parece, assim, pressupor, não apenas a sucumbência, mas um juízo acerca da actuação da parte: ela agiu temerariamente, não tendo causa legítima para litigar. Por esta razão, deverá compensar a parte contrária e vencedora pelos custos, umas vezes, do processo, outras, do processo e pessoais.

176. Quanto ao procedimento *per formulas*[372], relembremos a passagem das Instituições de Justiniano que acima confrontámos (Ins. 4, 16). Na verdade, ela é da maior relevância para a compreensão do sistema de reacção à lide caluniosa e à lide temerária no período clássico. Com efeito, ela permite a reconstrução do texto de Gaio relativo à mesma matéria e que, atendendo às condições do designado *Codex Veronensis*[373],

---

[372] Acerca da necessidade de implementar um novo esquema processual perante a impossibilidade de o sistema de *legis actiones* responder a duas necessidades fundamentais – aos *bonae fidei iudicia* que, não encontrando fundamento legal [*oportere ex lege*] se sustentariam num *opportere ex fide bona*, e aos conflitos que eclodiam entre cidadãos romanos e estrangeiros ou apenas entre estrangeiros – Kaser/Hackl, Das römische Zivilprozessrecht, § 22.II.1. Quanto aos *bonae fidei iudcia*, cuja criação através do pretor parece ser inequívoca, Menezes Cordeiro, Da boa fé no Direito Civil, vol. I, n.º 13.III [2017 (reimp. 2020), I, § 3.º, n.º 13]. Quanto ao conteúdo da *fides*, entendida como obrigação de agir segundo a própria palavra, apontando, assim, para parâmetros de conduta, Menezes Cordeiro, Da boa fé no Direito Civil, vol. I, n.º 13.VI [2017 (reimp. 2020), I, § 4.º], onde o Autor expressamente afirma que "pode valorar-se a afirmação corrente de que a fides bona teria revestido, no período clássico, a natureza de norma jurídica objectiva de comportamento honesto e correcto, respeitador da lealdade e dos costumes do tráfego" (p. 105); Kaser, Dar römische Privatrecht, § 49.II.2. Quanto à eficácia jurígena da própria *fides*, em sentidos não coincidentes, Kaser, Dar römische Privatrecht, § 49.II.2 e Menezes Cordeiro, Da boa fé no Direito Civil, vol. I, n.º 13 [2017 (reimp. 2020), I, § 2.º]

[373] Com esta designação refere-se o palimpsesto encontrado por Niebuhr, em 1816, em Verona e que, por baixo de um texto com grafia do séc. VIII, continha um outro imputado

se encontra relativamente ilegível. Ora, porque as primeiras palavras que conseguem ler-se em Gai 4, 171 são "*pecuniaria poena, modo iurisiurandi religione*", seguidas de "*coercenda est*", atendendo à estreita coincidência entre este texto e as Instituições de Justiniano, ele é usualmente completado, nos seus termos iniciais, com aquela das Instituições de Justiniano, que acima se transcreveu.

Deve, no entanto, chamar-se a atenção para uma diferença de ordem sistemática. Enquanto Gaio refere somente em 4, 171, como meios de reacção à lide temerária, a pena pecuniária e o juramento religioso, as Instituições de Justiniano aludem já à infâmia no corpo de 4, 16. Todavia, a *infamia* que, nas fontes mais antigas, é referida como *ignominia*[374], está prevista em Gaio a propósito dos tipos concretos em que pode ser aplicada (Gai 4, 60) e ulteriormente, na descrição geral dos meios de reacção à lide maliciosa, em 4, 182. Gaio refere-nos, assim, para o processo formular, os três tipos de reacção à lide temerária e caluniosa que a este período são imputados pelas Instituições de Justiniano. Um destes meios actua no plano jurídico (o da imposição de uma *poena pecuniaria*), outro no plano da relação com a divindade (o do *iurisiurandi religione*)[375]. Para além destes, e com natureza claramente penal, surge a *ignominia* ou *infamia*.

177. Será, ainda, possível localizar outras passagens das Instituições de Gaio em que se descrevem os meios de combate à *pluris petitio*. Se bem que os efeitos imputados à pretensão excessiva não constem especificamente da exposição geral dos meios de repressão da lide temerária, sendo, antes, descritos após a apresentação das diversas partes que compõem a fórmula

---

ao início do séc. VI e que foi identificado como correspondendo a uma cópia das Instituições de Gaio. Para além deste manuscrito foi, ainda, possível localizar no Egipto uma série de fragmentos de outra cópia das Instituições, datados da mesma época, e que, por haverem sido preservados em Florença, são conhecidos como *Fragmenta Florentina*. Não havendo coincidência entre os dois textos, é considerada a hipótese de os *Fragmenta Florentina* reproduzirem uma versão mais antiga das Instituições do que aquela que serviu de base à cópia do *Codex Veronensis*, levantando-se a possibilidade de serem ambas imputadas a Gaio. Sobre as duas cópias principais das Instituições de Gaio, bem como sobre o *Papyrus Oxyrhynchus*, Ulrich Manthe, Gaius Institutionen, Einleitung, II.

[374] Max Kaser, *Infamia* und *Ignominia* in den römischen Rechtsquellen, pp. 227 a 235.

[375] Chiara Buzzacchi, L'abuso del processo nel diritto romano, p. 27.

(entre as quais vai avultar, com relevância directa, a *intentio*[376]), eles acabam por refrear o autor temerário.

Comecemos brevemente por esta última.

178. Entre os instrumentos que visam reprimir a dedução de pretensões infundadas avulta a reacção à *pluris petitio*. Nas Instituições de GAIO, os efeitos de uma *intentio* excessiva eram de enorme violência. Com efeito, e ao invés de uma sucumbência parcial, o autor era confrontado com uma decadência total[377]. Lê-se em Gai. 4, 53: "*Si quis intentione plus complexus fuerit, causa cadit, id est rem perdit*". Esta sucumbência total, ordenada pelo juiz, não abria, sequer, a via da *in integrum restitutio* pelo pretor. Assim não sucedia se o excesso constasse somente da *demonstratio*, atendendo à circunstância de esta parte da fórmula, nas *actiones* em que convive com *intentio*, ter a mera função de individualização do objecto do processo[378], não provocando, por si só, a litispendência (*nihil in iudicio deducitir*).

A *pluris petitio* que, segundo CORDOPATRI[379], é um claro instrumento de estigmatização e de punição de uma conduta incorrecta do autor, podia traduzir-se em quatro vias distintas. Quanto à coisa/objecto, se o autor fazia incluir na *intentio* mais do que aquilo a que tinha direito, quer porque excedia o valor do que lhe era devido, quer porque para si reclamava integralmente uma coisa que só parcialmente lhe pertencia. Quanto ao tempo, *v.g.* se o autor demandava a outra parte antes da verificação de uma condição ou do decurso do prazo. Quanto ao lugar, se da *intentio* não constava o lugar de cumprimento acordado e o autor pedia a condenação da contraparte sem ser nesse lugar. Quanto à causa[380], se o autor, na *intentio*, suprime uma faculdade de escolha

---

376 Sobre a *intentio*, parte da fórmula que exprime a intenção do autor, manifestada através da dedução/formulação de uma pretensão, Gai. 4,41: *Intentio est ea pars formulae, qua actor desiderium suum concludit, velut haec pars formula*. KASER/HACKL, Das römische Zivilprozessrecht, § 45.II.

377 ANDREAS WACKE, Antikes im modernen Zivilprozeß, II.4.

378 Gai 4, 40: *Demonstratio est ea pars formulae, quae praecipue ideo inseritur, ut demonstretur res, de qua agitur*. KASER/HACKL, Das römische Zivilprozessrecht, § 45.III. Será, possivelmente, esta a origem das máximas *falsa demonstratio non nocet* e *falsa demonstratione rem non perimi*.

379 L'abuso del processo, I, p. 80.

380 Na tradução a que procede desta passagem (Gai 4, 53.d), ULRICH MANTHE, GAIUS INSTITUIONEN, refere-se a esta quarta modalidade de *ultra petita* como atingindo a *Rechtslage*.

ou de especificação conferida, por meio de *stipulatio*, ao demandado sendo a obrigação alternativa ou genérica.

179. Diferente era o regime aplicável aos casos de *aliud pro alio*. Nestas situações, porque se considerava que a pretensão não estivera pendente, o erro na identificação do objecto da prestação na *intentio* não prejudicava uma nova acção (Gai. 4, 55). Diversa era a solução dada aos casos em que a própria *condemnatio*, cuja função era a de delimitar objectivamente a ulterior decisão do *iudex*, permitia que a parte fosse condenada em mais do que era devido (Gai 4, 57). Nestes casos, havia que estabelecer uma distinção fundamental. Se o autor obtivera a *condemnatio* sem iniquidade, o seu direito não seria prejudicado (*actoris quidem periculum nullum est*). Mas se o autor tivesse obtido a *condemnatio* de modo iníquo, ocorria a *restitutio in integrum*.

180. O que mais impressiona no esquema de reacção descrito nas Instituições à *ultra petitio* é o seu funcionamento totalmente objectivo[381]: o autor que pede mais do que lhe é devido ou que pede a condenação na sequência do incumprimento em condições diversas das que foram *estipuladas*, perde o seu direito à prestação. E perde-o, quer tenha agido maliciosamente ou não. Será possivelmente a violência de semelhante intervenção uma das razões determinantes das alterações que este regime sofreu, vindo a evolução a culminar com a condenação do autor no pagamento ao demandado do triplo do dano que este haja sofrido por causa de um pedido que exorbite os seus justos limites em substituição da anterior sucumbência integral (Inst. 4, 6, 35)[382].

---

[381] Chamando, também, a atenção para este aspecto, que considera estranho atendendo à diversidade de valoração da ilicitude e da culpa [ou da ilicitude objectiva e da ilicitude subjectiva], JHERING, Das Schuldmoment im römischen Privatrecht, *in* Vermischte Schriften juristischen Inhalts, pp. 169 e seg..

[382] CORDOPATRI entende que esta evolução é muitíssimo relevante no contexto da sua demonstração – a de que o abuso do processo vem a traduzir-se numa violação de deveres adjectivos, sem necessária relação de dependência com a sucumbência – já que a *ultra petitio* deixa de poder ser entendida como uma sanção aplicável à violação de um dever intrínseco à relação direito substantivo/fórmula para passar a ser entendida como um ilícito verdadeiro e próprio, decorrente da violação de um dever inerente à realidade processual. L'abuso del processo, p. 84.

181. Para além da reacção à *pluris petitio*, Gaio apresenta quatro meios de reacção à lide caluniosa (*actoris calumnia*): o *iudicium calumniae*, o *iudicium contrario*, o juramento e a *restipulatio*.

O *iudicium calumniae* tem lugar em todos os tipos de acções (*calumniae iudicium adversus omnes actiones locum habet*) e tem, com excepção da acção em que é reclamada a liberdade de um escravo, o valor de um décimo do valor da causa (Gai 4, 175)[383]. No entanto, este *iudicium calumniae* constitui uma faculdade alternativa para o demandado que pode, em oposição à acção, deduzir aquele pedido ou exigir que o autor preste juramento de calúnia. O juramento implica que o autor jure *non calumniae causa agere*, ou seja, que o autor jure que não deduz a acção sabendo que ela é destituída de fundamento (Gai 4, 176).

O *iudicium contrario* permite ao demandado deduzir, em situações tipificadas, um pedido pecuniário contra o autor, umas vezes por um quinto do valor da causa, outras, pelo seu décimo[384].

Gaio dá-nos uma indicação quanto ao que o Autor considerava ser a estratégia processual mais adequada, sendo este conselho precioso de um ponto de vista dogmático. Lê-se em Gai 4, 178: "*severior autem coercitio est per contrarium iudicium; nam calumniae iudicio X partis nemo damnatur nisi, qui iltellegit non recte se agere, sed vexandi adversarii gratia actionem instituit potiusque ex iudicis errore vel iniquitate victoriam sperat quam ex causa veritatis. Calumnia enim in adfectu est, sicut furti crimen*".

No juízo de calúnia, o autor só seria condenado se soubesse que a acção que deduzira carecia de fundamento. E deste conhecimento, de que a acção carece de fundamento, retira Gaio uma conclusão directa quanto à intenção do autor: ele agiu movido de um intuito vexatório, justificando-se a acção somente *vexandi gratia*. E, numa valoração do comportamento do autor calunioso, Gaio, equiparando-o àquele que furta, afirma que semelhante autor espera que haja um erro judicial que o possa beneficiar já que, ele próprio, tem consciência de que a sua pretensão é infundada. Em estádios avançados de evolução vamos reencontrar esta ideia: a parte litiga de má fé quando sabe que não tem razão e o seu dolo é dirigido a provocar um

---

383 Lipari, Il dolo processuale, p. 11, sustenta que o *iudicium calumniae* se destinava a reprimir as formas de dolo processual, sob as formas de *mendacium* e de *iniusta petitio*.

384 Quanto à provável e ulterior integração do *iudicium decimae partis* no Título IX do Edito perpétuo, Lenel, Edictum perpetuum, p. 107.

erro no espírito do decisor. Só neste caso consegue a parte o seu intento: através da provocação de um erro no decisor, obter aquilo a que não tem direito, burlando a justiça e infligindo um prejuízo à contraparte que se vê confrontada com o reconhecimento de uma situação destituída de causa justa e que lhe é desfavorável.

Por contraposição à absoluta subjectividade do tipo de condenação do autor no décimo do valor da lide se o demandado deduzisse o *iudicium calumniae*, uma vez que o réu teria de provar que o autor deduzira a acção sabendo não ter razão – *mit wissentlichem Unrecht*, na expressão de JHERING[385] –, a condenação do autor, em caso de dedução de *contrario iudicio*, apenas pressupunha a sua sucumbência. E esta condenação em caso de sucumbência ocorria ainda que o autor estivesse convencido de ter agido correctamente, ou seja, que agira pressupondo que a sua causa tinha fundamento.

Quanto à relação entre *iudicio contrario* e *iudicium calumniae*, GAIO afirma que em todos os casos em que é possível o primeiro, é facultado igualmente o segundo. No entanto, estes meios são alternativos e não cumulativos (Gai 4, 179). Por outro lado, se o demandado exigir a prestação de juramento de calúnia pelo autor, tanto o *iudicium calumniae*, como o *iudicium contrario* se tornam inadmissíveis.

Relativamente à pena pecuniária da *restipulatio*, também nela é condenado o autor sucumbente (Gai 4, 180). E esta pena é aplicada, de acordo com GAIO, sem que se exija que ele soubesse que a acção não tinha fundamento.

182. GAIO descreve como meios de combate à oposição temerária e maliciosa a pena pecuniária e o juramento.

De acordo com Gai 4, 171, a pena pecuniária tem origem, umas vezes, na litiscrescência e, outras, na *sponsio*/promessa solene de uma quantia. Caso a acção, atendendo à sua natureza, não fosse admitida pelo dobro (ou seja, caso a acção se não reconduzisse a nenhuma das circunstâncias em que era admitida pelo dobro, o que sucedia perante pretensões derivadas de sentença, reembolso ao *sponsore* pelo devedor principal, dano injusto e legado *per damnationem*), podia o pretor autorizar a prestação de juramento pelo demandado (Gai 4, 172). O demandado devia jurar que *non calumniae causa infitias ire*, ou seja, que contestava a causa não sabendo que não lhe assistia razão quanto à defesa deduzida.

---

[385] Das Schuldmoment im römischen Privatrecht, *in* Vermischte Schriften juristischen Inhalts, p. 172.

183. Confrontando o regime do processo clássico com o do processo *per libellos*, verificamos que, apesar da similitude aparente de Ins. 16 e Gai 4, 171 e seguintes, JUSTINIANO, não só altera os efeitos da lide maliciosa e temerária, como não absorve, entre os meios gerais, nem a *sponsio*, nem a *restipulatio*[386].

6.5. A lide maliciosa e temerária nas *legis actiones*: as Leis das Doze Tábuas[387]

184. Regredindo, ainda, é possível encontrar, nos fragmentos que chegaram até à actualidade relativos ao sistema das *legis actiones*[388], esquemas de penalização da parte sucumbente ou da parte que reagia à pretensão infundadamente. Estas penalizações não tinham, porém, autonomia, podendo ser compreendidas se se atender à circunstância de, na sua base, o esquema da *legis actio*, pressupor um acordo entre os litigantes. Apesar de todas as reservas manifestadas, este seria representado pela *litis contestatio*[389]. Perante a violência das penalizações, compreender-se-á porque podia ser este sistema considerado relativamente completo e mais do que suficiente para fazer face à lide temerária.

Umas têm aplicação universal no sentido em que actuam, indiferenciadamente, sobre demandante e demandado, outras são tipos próprios. Pode, ainda, identificar-se, no contexto de determinadas acções, relacionadas com a prática de delitos especificados em diferentes fontes, a imposição ao acusado da pena de *infamia*[390].

185. De entre os meios aplicáveis à dissuasão, tanto de lide, quanto da oposição temerária, avulta no sistema romano arcaico ou das *legis actiones*[391] tal

---

[386] KASER/HACKL, Das römische Zivilprozessrecht, § 97.I.

[387] Sobre a origem destas leis, D. 1.2.4 e 5. M. ORTOLAN, Explicacion histórica de las Instituciones del Emperador Justiniano, p. 106.

[388] D. 1.2.6.

[389] BETTI, Processo civile romano, n.º 1.

[390] Sobre toda esta matéria, MAX KASER, *Infamia* und *Ignominia* in den römischen Rechtsquellen, pp. 227 e segs..

[391] Afirmando peremptoriamente que na sua fase mais antiga o processo romano é um sistema de *legis actiones*, BETTI, Processo civile romano, n.º 4.

como o conhecemos[392], a *legis actio sacramento*, descrita em algumas das suas espécies em Gai 4, 13 a 16[393] e que é o antecedente remoto do juramento, que encontrámos em Ins. 4, 16, 1.

Sendo uma *actio* com um espectro relativamente universal[394] e de aplicação subsidiária[395] (Gai 4, 13, onde se lê "*Sacramenti actio generalis erat; [de] quibus enim rebus, ut aliter ageretur, lege cautum non erat, de his sacramentum agebatur*"), a *legis actio sacramento* tinha uma particularidade: a de nela as partes reciprocamente se desafiarem através da promessa de um *sacramentum*[396].

Analisando o procedimento tal como descrito nas Instituições[397], compreender-se-á em que se traduzem esta provocação e o *sacramentum*. Se fosse reclamada por duas pessoas distintas a propriedade de uma coisa (em

---

[392] Talamanca chama a atenção para duas contingências da maior relevância, relacionadas com a origem das *legis actiones*. Sendo que apenas podemos conhecer o direito das *legis actiones* pelas fontes disponíveis, apenas é possível estudá-lo a partir de uma época para a qual há fontes relativamente fiáveis. Isto implica começar a analisá-lo num tempo em que estavam já em vigor as Leis das Doze Tábuas. Por outro lado, deve perguntar-se se este sistema teve vigência de acordo com o que dele conhecemos pela Lei das Doze Tábuas ou se, ao invés, representam estas leis já uma evolução de um sistema mais arcaico. Processo Civile (dir. rom.), p. 5 e nota 25.

[393] Quanto à provável existência desta *actio in personam* mesmo antes da *legis actio per iudicis arbitrive postulationem*, Kaser/Hackl, Das römische Zivilprozessrecht, § 13.I.

[394] Kaser/Hackl, Das römische Zivilprozessrecht, §§ 12 e 13.I, quanto ao carácter geral da *legis actio sacramentum in personam*.

[395] Numa analogia muitíssimo imprópria, mas de algum modo expressiva do âmbito de aplicação desta *actio*, diremos que ela se comportava relativamente às demais *actiones* como o processo comum se comporta face aos processos especiais.

[396] Sem excluir que a *legis actio per sacramentum* tivesse tido, na sua origem, a estrutura de um ordálio, com expressa invocação dos deuses no início da instância em equiparação ao *iustum bellum*, e com a possibilidade de a decisão ser ditada em função do estado das entranhas dos animais sacrificados, Kaser/Hackl, Das römische Zivilprozessrecht, §§ 3, nota 38 e 12.I.3. Em sentido diferente parece depor Talamanca, Processo Civile (dir. rom.), p. 24, uma vez que este Autor sustenta não haver qualquer indício na documentação disponível que permita encontrar processos irracionais de decisão. Também sobre a origem desta *legis actio*, Cabral de Moncada, Elementos de História do Direito Romano, p. 361.

[397] O procedimento desta *legis actio* é, de algum modo, complexo se comparado com o das demais *actiones*. Esta circunstância explica-se, segundo Artur Montenegro, Lições de Direito Romano, n.º 128 (p. 179), pelo facto de ser esta *actio* "aquela que tinha aplicação em todos os casos em que não havia acção especialmente designada".

Gai 4, 16[398], a coisa cuja propriedade é reclamada é uma pessoa[399]) e esta pudesse ser conduzida ao tribunal, tinha lugar a *legis actio sacramento in rem*. Perante o pretor, aquele que suscitara a questão da propriedade, tocando com uma vara na coisa, afirmava que esta lhe pertencia. Idêntico procedimento era percorrido pela "contraparte"; quer isto dizer que à *vindicatio* se seguia a *contravindicatio*[400]. Uma vez proferidas estas declarações, o pretor ordenava que ambos soltassem a coisa [pessoa], circunstância que permite acompanhar a posição de CORDOPATRI quando o Autor escreve que a *contravindicatio* paralisava os efeitos da *vindicatio*[401].

E, neste momento, de duas, uma: ou o "demandante" nada mais fazia, chegando o processo ao seu termo, ou se dirigia ao demandado, exigindo que este o informasse daquele que considerava ser o fundamento da sua posição jurídica face à coisa. O demandado deveria responder-lhe que sobre a coisa exercera um senhorio compatível com a imposição da vara. A esta afirmação replicaria o demandante que, uma vez que o demandado afirmara o seu direito ilegitimamente (*quando tu iniuria vindicavisti*), o desafiava a apostar uma determinada quantia em dinheiro. Nesta sequência, o pretor procedia a uma composição provisória[402], investindo na posse a parte que, segundo o seu juízo, entendesse ter razão. Só na fase *apud iudicem* se procedia à composição definitiva.

186. O facto de o *sacramentum* ser representado por uma quantia em dinheiro significou já uma evolução desta figura[403]. Esta se liga a um outro

---

398 Fundamentando em Gai 4, 16, a distinção que entende absolutamente crucial operar entre a ilicitude objectiva (*objektiver Unrecht*) e a ilicitude subjectiva (*subjektiver Unrecht*) para explicar a discrepância das posições jurídicas do possuidor de boa fé e do autor do crime de furto, JHERING, Das Schuldmoment im römischen Privatrecht, *in* Vermischte Schriften juristischen Inhalts, p. 160, nota 3.

399 Sobre o campo de aplicação da *legis actio sacramento in rem* em ligação com a *vindicatio*, as realidades sobre as quais esta podia ser imposta e os títulos que a legitimavam e as *actiones in rem* recortadas pelo *ius civile*, KASER/HACKL, Das römische Zivilprozessrecht, § 14.I.

400 CORDOPATRI, L'abuso del processo, I, p. 58.

401 Gai 4, 16, onde se lê: "Cum uterque vindicasset, praetor dicebat: Mittite ambo hominem. Illi mittebant." Uma vez que a injunção do pretor se fundava nas prévias declarações da parte, só a eficácia paralisadora exercida pela *contravindicatio* sobre a *vindicatio* poderia, de facto, justificar o conteúdo daquela. CORDOPATRI, L'abuso del processo, I, p. 58.

402 CABRAL DE MONCADA, Elementos de História do Direito Romano, p. 363.

403 Sobre os valores a entregar/apostar, *cfr.* Gai 4, 16.

aspecto: o do beneficiário deste *sacramentum*. Originariamente, o *sacramentum* era composto por animais (bovinos e ovinos), que deveriam ser oferecidos aos deuses em sacrifício para que fosse expiado o perjúrio cometido pelo sucumbente[404]. Em alteração introduzida pela *lex Aternia Tarpeia*, datada de 454 a.C., o *sacramentum*, que passa a corresponder, não aos animais a sacrificar, mas ao respectivo valor, era entregue por ambas as partes ao pontífice logo no início da instância, revertendo o da parte vencida para o erário e podendo a parte vencedora levantar aquele que depositara/apostara[405]. Note-se, porém, que na descrição que desta *actio* é feita nas Instituições, os valores não são já entregues ao pretor no início do processo (uma vez feitas as declarações acima descritas), mas somente após o proferimento da decisão[406]. Nesta circunstância, as partes, ao aceitarem o *sacramentum*, comprometem-se, em caso de sucumbência, a entregá-lo. A promessa é acompanhada da constituição de *garantias* pela entrega do *sacramentum*, os *praedes sacramenti*.

187. Um dos aspectos desta *actio* que aqui deve ser ressaltado respeita, exactamente, ao que poderia considerar-se a sucumbência. O que estaria efectivamente em causa não seria, como no exemplo acima figurado e directamente extraído das Instituições, saber a quem competia a propriedade da coisa, mas sim quem tinha feito uma aposta que pudesse considerar-se justa ou legítima. Se teria feito a aposta justa aquele a quem fosse reconhecido o direito de senhorio/propriedade, o que importava era aferir da legitimidade da aposta[407]; no fundo, da legitimidade do recurso ao procedimento.

O *sacramentum* consegue, assim, dissuadir a parte de litigar temerariamente[408], sendo uma das *poene temere litigantium*[409]. Sendo um efeito

[404] Cordopatri, L'abuso del processo, I, p. 59, nota 20.

[405] Cordopatri, L'abuso del processo, I, p. 57; Talamanca, Processo Civile (dir. rom.), p. 15, nota 104.

[406] Segundo Cordopatri, L'abuso del processo, a alteração terá sido introduzida pela *Lex Papiria de tresviribus capitalibus*. Através desta se permite que a entrega do *sacramentum* ao pontífice seja substituída pela promessa de entrega desse *sacramentum* em caso de sucumbência.

[407] Betti, Processo civile romano, n.º 6; Cordopatri, L'abuso del processo, p. 59, nota 21, e 61; Kaser/Hackl, Das römische Zivilprozessrecht, § 12.II; Talamanca, Processo Civile (dir. rom.), p. 15, nota 103.

[408] Gai 4, 14. Kaser/Hackl, Das römische Zivilprozessrecht, § 12.I.2.

[409] Wenger, Institutionen des römischen Zivilprozessrechts, § 17.IV.

que pressupõe a sucumbência, esta *legis actio* acaba por operar, mediatamente, como freio à lide imponderada: a parte que não tem certeza de lhe assistir razão, abster-se-á de aceitar a *provocatio* da parte contrária.

A questão mais interessante em torno do funcionamento do *sacramentum* reside na aparente falta de ligação da penalidade a outro elemento que não seja a sucumbência. Quer isto dizer que a parte vencida se via confrontada com a obrigação de entregar a quantia prometida mesmo que entendesse litigar com uma justa causa e ainda que, objectivamente, se pudesse afirmar que a posição por si assumida no processo era absolutamente legítima. Uma vez que o beneficiário do *sacramentum* não é, sequer, a parte adversária mas o erário, naquele não se poderá ver uma qualquer compensação pela necessidade de sujeição a uma acção em que fora vencedora.

188. Já para o período das *legis actiones* é levantada a hipótese de, na *legis actio per condictionem*[410], a mais jovem das diversas *legis actiones*[411], se dever admitir a prestação de *sponsio tertiae partis* e de *restipulatio tertiae partis*, *sponsiones* destinadas a evitar a litigância temerária[412]. Com efeito, em caso de decadência nesta *actio*, que se caracterizava por não requerer a especificação da causa do dever de prestar na fórmula – o que lhe conferia largo campo de aplicação[413] – a quantia prometida (a *sponsio* e a *restipulatio*, no valor de um terço da quantia certa ou da coisa certa, cuja prestação era exigida[414]) devia

[410] A *actio* é caracterizada por lhe ser aposta a condição de as partes voltarem à presença do pretor decorrido um prazo de 30 dias. Só então e caso entretanto não tivesse ocorrido cumprimento voluntário, seriam as partes remetidas para um *iudex*. A origem deste prazo e desta *actio* é dada a conhecer por KASER/HACKL, Das römische Zivilprozessrecht, § 16.I. Sendo originariamente instituída para a devolução de quantias mutuadas e atendendo a que, regra geral, o mutuário pertencia a classes de baixos rendimentos, conferia-se-lhe este prazo especial para que, antes de se ver confrontado com uma decisão condenatória, que abriria a via da *legis actio per manus iniectionem*, pudesse encontrar uma forma de realizar a prestação.

[411] TALAMANCA, Processo Civile (dir. rom.), p. 19.

[412] KASER/HACKL, Das römische Zivilprozessrecht, § 16.I.

[413] Segundo KASER/HACKL, Das römische Zivilprozessrecht, § 16.I, a dispensa de invocação da causa na fórmula da *legis actio per condictionem* representou um enorme avanço na estrutura do pensamento dos juristas, que passa a admitir uma *actio* abstracta. Qualificando a *legis actio per condictionem* como uma acção especial, mas abstracta, CORDOPATRI, L'abuso del processo, p. 65; TALAMANCA, Processo Civile (dir. rom.), p. 20 e nota 128.

[414] Segundo Gai 4, 19, esta *legis actio* é introduzida pela *lex Silia*, para a *certa pecunia*, e pela *lex Calpurnia*, para as *certae res*.

ser entregue pela parte vencida à parte vencedora, assim se distinguindo substancialmente a *sponsio* do *sacramentum*: este revertia para o erário.

189. Na sua construção mais arcaica e actualmente conhecida, o sistema de *legis actiones* reconduzia à figura da *infitatio* a reacção à temeridade da parte passiva na *legis actio per manus iniectionem*[415]. A *manus iniectio* podia ainda ser pura ou não consoante na fórmula se suprimisse ou não a referência ao caso julgado (*pro iudicato*), bem como consoante se conferisse ao demandado ou somente a um terceiro, o *vindex*, a legitimidade para proceder ao *manus depellere* do credor com assunção da responsabilidade processual do devedor. Esta diversidade acompanha o já referido alargamento de pretensões exequendas[416]. Esta *legis actio* não era destinada a declarar a existência de um direito, mas a obter a satisfação efectiva de um dever de prestar, fundado em responsabilidade pessoal[417], regra geral, já reconhecido[418] por sentença[419] e devidamente liquidado[420]. Constituía um procedimento autónomo na medida em que a decisão não era imediatamente exequível através do *iudex*, uma vez

[415] Assentando todo o direito romano arcaico na ideia de *manus*, enquanto símbolo de poder ou de autoridade e representado pela mão – vejam-se, já adiante no texto, os gestos fundamentais da *actio in manu iniectionem*, entre eles a imposição da mãe do autor sobre a cabeça do réu e do subsequente gesto de *manus depellere* por este e dos significados jurídicos destes gestos –, M. Ortolan, Explicacion histórica de las Instituciones del Emperador Justiniano, p. 92.

[416] Assim, Cordopatri, L'abuso del processo, p. 61 e segs., na sequência de Gai 4, 23 e 24. A indicação de um *vindex* e a ulterior *manus depellere* representavam uma clara oposição à existência do dever de prestar (assim, Artur Montenegro, Lições de Direito Romano, p. 186). Porém, porque a responsabilidade do *vindex* seria sempre equivalente à responsabilidade do devedor demandado, não haverá diferenças a registar no esquema de reacção à *manus iniectio* pelo que este aspecto não será aprofundado.

[417] Responsabilidade pessoal usada, aqui, no sentido de contraposta à responsabilidade *in rem*.

[418] XII T 3.1.: "Aeris confessi rebusque iure iudicatis XXX dies iusti sunt. *Post deinde* manus iniectio esto" (itálico nosso). Registe-se a similitude do prazo conferido ao devedor condenado antes de a *manus iniectio* ser admissível e o da *legis actio per condictionem*. Kaser/Hackl, Das römische Zivilprozessrecht, § 20.I.2.

[419] XII T 3.3. Kaser/Hackl, Das römische Zivilprozessrecht, § 20.I.3. Em certas circunstâncias, a responsabilidade pessoal era reconhecida, não por sentença do *iudex*, mas *in iure*, perante o pretor. Kaser/Hackl, Das römische Zivilprozessrecht, § 20.II.3.

[420] A liquidação ocorria através de *arbitrium litis aestimandae*.

que este, não tendo qualquer função pública, era destituído de poderes de autoridade[421].

Na sua evolução, a *legis actio per manum iniectionem* é admitida sem *iudicatum* ou *confessio*, mas somente nos casos tipificados[422]: *legis actio per damnum ex iniuria datum*, fundada na *lex Aquilia*[423], *actio ex testamento*, decorrente da *lex Furia testamentaria*[424], datada de aproximadamente 220 a.C., e *actio depensi*, fundada na *lex Furia de sponsu*, aplicável em Itália e datada do séc. III[425]. Numa terminologia actualizada mas não rigorosa, veja-se que a evolução da *legis actio per manum iniectionem* não é representada por uma diversificação dos títulos, mas antes por uma diversificação das pretensões exequendas.

A *legis actio per manum iniectionem*, que na sua forma originária determinava a constituição de uma nova instância/procedimento[426], colocava o demandado perante uma difícil alternativa[427]: ou reconhecia a prestação e era "executado" *in simplum agendo in confitentem*, ou se opunha à *manus iniectio* e era executado *in duplum*. A *infitiatio*, oposição ou resistência improcedente, determinava, deste modo, uma litiscrescência: a resistência improcedente implicava que *lis crescit*, neste caso, *in duplum*.

[421] WACH, Handbuch des Deutschen Civilprozessrechts, § 3.II.3a).

[422] Gai 4, 23: "Sed aliae leges [in multis causis] ex quibusdam causis [si] constituerunt quasdam actiones per manus iniectionem, sed puram, id est, non pro iudicato, velut lex Furia testamentaria adversus eum qui legatorum nomine mortisve causa plus M assibus cepisset, cume a lege non esse exceptus, ut ei capere liceret; item lex Marcia adversus faenatores, ut, si usuras exegissent, de his reddendis per manus iniectionem cum eis ageretur."

[423] *Cfr.* Gai 3, 210 e segs..

[424] Gai 4, 23.

[425] Gai 3, 121 e seg..

[426] WACH, Handbuch, § 3.II.3.a., atribui a constituição de uma nova instância e a não continuação da instância anterior, à circunstância de a decisão, porque proferida pelo *iudex*, ser destituída de autoridade.

[427] CORDOPATRI, L'abuso del processo, p. 77, se bem que se refira já ao período do processo formular, profere uma afirmação pertinente para a oposição do demandado na *legis actio per manus iniectionem*. Segundo este autor, ao devedor demandado se concedia evidentemente "*una stringente alternativa*".

III. A LIDE MALICIOSA NA CODIFICAÇÃO NACIONAL

1. DAS ORDENAÇÕES AO CÓDIGO DE PROCESSO CIVIL DE 1876

190. Uma análise que apenas considerasse as grandes compilações ou códigos poderia determinar a errada convicção de que, entre a entrada em vigor das Ordenações Filipinas e a ulterior entrada em vigor do Código de Processo Civil de 1876, o sistema processual se mantivera relativamente inalterado. Porém, e conforme escreve CASTRO MENDES, "[n]a época liberal, as Ordenações, continuando em vigor como base, sofreram as profundas alterações"[428], decorrentes, sucessivamente, da Reforma Judiciária, da Nova Reforma Judiciária e da Novíssima Reforma Judiciária. Aliás, é curioso observar como diplomas que, nominalmente, seriam destinados a reflectir a organização judiciária, são verdadeiras leis sobre ritos e actos processuais.

Assim, antes de perquirirmos como foi a responsabilidade processual regulada nos diversos Códigos de Processo Civil, teremos de analisar os diferentes diplomas de reforma das estruturas judiciais, afinal conformadores do regime adjectivo constante das Ordenações. Se bem que esta matéria pudesse ter sido analisada aquando da apresentação dos esquemas de reacção à lide maliciosa decorrentes das Ordenações, *maxime*, das Ordenações Filipinas, entendemos apresentá-la enquanto antecedente imediato da primeira codificação. Com efeito, apesar da alegada vigência das Ordenações aquando da publicação das sucessivas Reformas, acabavam por ser estas, enquanto diplomas que descreviam os ritos processuais gerais, a regular as matérias do processo. As Ordenações, se podiam ter vigência em outros domínios, estavam claramente ultrapassadas na área do processo: este era regulado pelas leis de organização judiciária, anteriores ao Código de 1876. E estas, naquilo que nos apresentam, estão muito mais próximas desta

---

[428] Manual de Processo Civil, p. 108.

codificação do que das Ordenações. No *interim* e durante o período das invasões napoleónicas, foi traduzido para português o *Code de Procédure*[429]. Este, pelas razões que se conhecem, jamais teve vigência.

1.1. A Reforma Judiciária

191. Em 16 de Maio de 1832 era publicado o Decreto n.º 24, conhecido como a *Reforma Judiciária* e devido a Mouzinho da Silveira. Este diploma, tal como aqueles que se lhe seguirão, regula, numa primeira parte, a organização judiciária, desenhando-se as novas estruturas judiciais e respectiva hierarquia, sendo por ele criado o Supremo Tribunal de Justiça. Nas segunda e terceira partes tratam-se, respectivamente, os processos cível e criminal[430].

Entre as regras que nos interessa chamar à colação, encontra-se o artigo 65.º, § 1. Este previa a prestação de juramento pelo réu que alegadamente necessitasse de instruir a sua defesa com documentos que houvesse que mandar vir de fora. Também nos embargos de terceiro se previa a prestação de juramento de calúnia. Porém, e segundo dispunha o artigo 160.º, este juramento seria somente necessário se o embargante pretendesse provocar a suspensão da execução.

1.2. A Nova Reforma Judiciária

192. Abrangendo tanto o processo civil, como o processo criminal, a Nova Reforma Judiciária, introduzida quanto às disposições aplicáveis ao processo civil por Decreto de 1837, revela uma alteração quanto à matéria da responsabilidade processual. Esta vai verificar-se no título de imputação dos efeitos da litigância de má fé, como nas suas consequências. O diploma, destinado, segundo o Decreto de 29 de Novembro de 1936, a tomar as medidas imediatas que a Justiça (já) então reclamava (diminuição da distância entre os Povos e os Juízes, encurtamento do tempo dos pleitos e dissolver a

---

[429] Espinosa Gomes da Silva, História do Direito Português, Nota XX.

[430] Não é possível vislumbrar que razão terá determinado Castro Mendes a escrever, no seu Manual de processo civil, na p. 108, nota 1, que "os artigos 40.º a 293.º [do Decreto n.º 24, de 16 de Maio de 1832, continham] o processo civil comercial".

confusão da legislação relativa à ordem do processo), acaba, assim, por nos interessar directamente.

193. Quanto ao título de imputação dos deveres cuja violação originará a qualificação do comportamento da parte sucumbente como de litigância de má fé, se bem que continuasse em vigor o regime geral do juramento de calúnia, constante do Título XLIII do Livro III, a Nova Reforma, ao traduzir o que efectivamente se praticava, acaba por alterar o paradigma do juramento de calúnia: este deixa de ser geral para passar a especial. Na verdade, ao invés de ser prestado em toda e qualquer causa civil, ordinária ou sumária, passa a sê-lo tão-só nas situações tipificadas na lei.

Entre as regras relevantes para o presente trabalho, refira-se o artigo 82.º da segunda parte da NRJ. Se o réu, que tinha o ónus de deduzir toda a sua defesa na contestação, tivesse de a fundar integral ou parcialmente em título "que lhe [fosse] necessário mandar vir de fora, assim o [devia] declarar na contraditoriedade em uma nota ao artigo, ou artigos, que [entendia] provar com o dito documento, fazendo do mesmo, e de todas as circunstâncias que lhe [fossem] relativas, uma breve exposição na referida nota. O Juiz *deferindo-lhe juramento de calúnia,* [poderia] conceder-lhe um prazo [...]. E o *réu que [pedisse] esse prazo maliciosamente* e [decaísse] da demanda, ou por não apresentar o título ou por este não fazer a bem de sua justiça, *[pagaria] o dobro da multa que deveria pagar pela perda da demanda*" (itálico nosso).

Também o artigo 282.º da segunda parte da NRJ, integrado na matéria dos embargos de terceiro, previa a prestação de juramento de calúnia. Esta regra dispunha que a prestação deste juramento por aquele que embargasse de terceiro tivesse eficácia suspensiva dos embargos sobre a execução. Quer isto dizer que os embargos não repercutiriam qualquer efeito directo lesivo para o exequente enquanto o embargante não jurasse de calúnia.

Já na terceira parte da NRJ se encontrava a imposição de prestação de juramento de calúnia pelo quereloso perante o juiz, sob pena de nulidade da querela.

194. Previa, também, a NRJ, no seu artigo 623.º, o regime aplicável ao executado que, com dolo ou fraude da execução, houvesse escondido, alienado ou tornado inexequíveis os seus bens, tornando impossível, por ausência de património, a realização coactiva da prestação. Neste caso, e para além de incorrer em pena privativa de liberdade pelo tempo máximo de um ano, veria o executado quaisquer bens seus que fossem ulteriormente descobertos atingidos na execução[431].

195. Quanto às multas e no que directamente nos interessa, dispõe o artigo 411.º da segunda parte da NRJ que "em todas as acções ordinárias, sumárias, cíveis ou crimes civilmente intentadas e nos Embargos de terceiro, o litigante que decair da demanda será condenado a favor da Fazenda Nacional em multa de cinco por cento, contados sobre o valor da coisa demandada: não excedendo a multa a quantia de 500$000 réis".

Esta multa, como vimos acontecer com a dízima de Chancelaria, não dependia de uma actuação maliciosa da parte, mas simplesmente da sucumbência. Se o respectivo valor não excedesse 5$000 réis, seria aquela paga pela parte vencedora no momento em que fizesse extrair a sentença, sendo este montante integrado na conta de custas a suportar pela parte vencida.

196. Segundo o artigo 21.º da 3.ª parte da Reforma, o querelоso que não fosse o Ministério Público, prestaria sempre juramento de calúnia perante o juiz no acto de recebimento da querela. A falta de prestação deste juramento implicava a nulidade do acto[432]. Os efeitos da querela infundada e dolosamente deduzida encontravam-se nos artigos 222.º e 298.º: se o querelado não fosse pronunciado e o júri concluísse ter havido dolo na querela, dava àquele acção de perdas e danos sob pena de, não lhe sendo ressalvada esta acção, ele a não poder propor[433].

1.3. A Novíssima Reforma Judiciária

197. A entrada em vigor da Novíssima Reforma Judiciária vem continuar a alteração anteriormente operada pela Nova Reforma Judiciária quanto à configuração do juramento de calúnia. Assim, o juramento de calúnia

---

431 Sobre este regime, CORREIA TELLES, Manual de processo civil, §§ 442 e 443; *ibidem*, 4.ª, §§ 442 e 443.

432 NAZARETH, Elementos do processo criminal, 2.ª, § 96; *ibidem*, 3.ª, § 96; *ibidem*, 4.ª, § 97.

433 NAZARETH, Elementos do processo criminal, 2.ª, §§ 200 e 268; *ibidem*, 3.ª, §§ 200 e 268; *ibidem*, 4.ª, §§ 203 e 271.

continua a ser especial apesar da vigência das Ordenações, não sendo prestado em toda e qualquer causa civil, ordinária ou sumária, mas somente nas situações tipificadas na lei.

Eram estas as arroladas nos artigos 261.º, 636.º e 874.º da NssimaRJ.

A primeira destas regras respeitava ao réu. Sendo a regra então vigente quanto à apresentação de documentos a de deverem estes acompanhar o libelo e a contraditoriedade (*cfr.* artigos 257.º e 261.º da NssimaRJ), verifica-se uma diferença entre as posições do autor e do réu que pode ser explicada pelo facto de um poder programar o tempo de exercício do direito de acção, devendo o outro sujeitar-se àquele exercício. Esta diversidade de posições implicava que fosse possível ao juiz deferir prazo ao réu para que ele juntasse documentos em momento ulterior à apresentação da contrariedade, deferindo-lhe prazo para o efeito, que não poderia ultrapassar os quatro meses. Esta extensão não poderia ser então considerada excessiva uma vez que os documentos a juntar pelo réu deveriam "vir de fora." No entanto, a concessão deste prazo ao réu era contemporânea da prestação, por ele, de juramento de calúnia. Se viesse a concluir-se ter o réu requerido a prorrogação do prazo *maliciosamente*, seria condenado em *multa dobrada* caso não juntasse o documento ou se, juntando-o, se verificasse "ele não fazer a bem de sua justiça".

O artigo 636.º impunha a prestação de juramento de calúnia àquele que pretendesse deduzir embargos de terceiro. Sendo estes admissíveis quando aquele que tivesse a posse efectiva da coisa penhorada ou a entregar ao exequente não houvesse *sido ouvido nem convencido na causa principal* (*cfr.* artigo 635.º da Nssima RJ), deveria ser pedida licença ao juiz para a respectiva formação (*cfr.* artigo 636.º da Nssima RJ). Concedida a licença, a execução seria suspensa, *jurando o embargante de calúnia.*

O artigo 874.º, seguindo o regime do artigo 21.º da terceira parte da NRJ, previa a prestação de juramento de calúnia pelo querelоso, ou seja, por aquele que, nos termos do artigo 864.º da NssimaRF apresentava "declaração de qualquer crime [...] em juízo conjuntamente com o requerimento." Este juramento, do qual estava isento o Ministério Público, era prestado "perante o juiz no acto de recebimento da querela", sob pena de nulidade.

Em matéria de multas, manteve-se o regime que vinha do artigo 411.º da NRF, passando a prever o artigo 828.º que "em todas as acções ordinárias, sumárias, cíveis ou crimes civilmente intentadas e nos Embargos de terceiro, o litigante que decair da demanda será condenado a favor da Fazenda Nacional em multa de cinco por cento, contados sobre o valor da coisa demandada: não excedendo a multa a quantia de quinhentos mil réis".

Esta multa continua a não depender de uma actuação maliciosa da parte, mas simplesmente da sucumbência, não sendo, deste modo, pena pecuniária ou civil especificamente aplicável ao litigante de má fé.

Diverso é o regime quanto à imposição de multa ao advogado. Com efeito, previa o artigo 751.º da NssimaRJ que seria condenado em multa no valor de 6$000 réis o advogado que assinasse petição de agravo[434] frívola, contrária a direito expresso ou destinada a retardar o andamento do processo. Pressupõe-se, assim, uma violação dos deveres deontológicos que impendem sobre o advogado para que ele possa ser condenado em multa.

2. O CÓDIGO DE 1876

2.1. O projecto de Código de Processo Civil: o aperfeiçoamento da reacção à lide maliciosa ou dolosa

198. A história que envolve o surgimento de um primeiro código de processo civil é de tal modo curiosa e, hoje em dia, tão pouco relatada que vale a pena recordá-la. Reconhecida a desactualização das Ordenações nos mais variados domínios da nossa legislação, entre os quais avultavam os do direito civil e do processo civil, bem como a insuficiência dos diplomas reguladores da Organização Judiciária (que acabavam por ultrapassar claramente estes limites, sendo quase integralmente dedicados à ordem do processo) para regerem um processo que, então, pudesse ser considerado moderno, pronunciaram-se as Cortes de 1822 pela necessidade urgente de elaboração de um diploma totalmente novo. Este deveria ter duas partes: uma primeira dedicada ao direito civil, integrando o Código Civil propriamente dito, e uma segunda, destinada ao processo respectivo.

Dando execução a esta determinação, através de Lei de 16 de Setembro de 1822[435] estabeleceu-se uma gratificação, relativamente significativa, a favor de quem apresentasse um projecto de Código Civil que incluísse a

[434] Se esta petição não fosse assinada por advogado, não seria aceite pelo guarda-mor. *Cfr.* artigo 747.º da NssimaRJ.

[435] Repertório, entrada: Código, n.º 260 (p. 50)

matéria do processo. Como nenhum projecto foi apresentado, por Carta de Lei de 25 de Abril de 1835 volta a fixar-se nova gratificação destinada àquele mesmo objectivo. Porém, uma vez mais, nenhum projecto foi apresentado. Posteriormente, por Decreto de 10 de Dezembro de 1845, é instituída uma comissão, cuja função é a de elaborar um Código de Processo Civil, distinguindo-se, claramente, este diploma do futuro Código Civil. Apesar de integrada por juristas de reconhecido mérito, porque não apresentasse qualquer projecto, a comissão vem a ser liberada do encargo, sendo deste incumbido, por decreto de 19 de Janeiro de 1865, o juiz da Relação de Lisboa, Conselheiro António Maria Branco. Neste momento, prevalece, ainda, outra ideia: a de se criar um sistema adjectivo totalmente novo, afastando-se a possibilidade de se "tornar a fazer outra Reforma mais nova do que a Reforminha que era por si mesma mais nova do que a novíssima"[436]. Por razões de saúde, também António Maria Branco não apresenta qualquer projecto ao Ministro, vindo a ser exonerado. Nova comissão se constitui por Decreto de 31 de Dezembro de 1867. Esta não recebeu quaisquer instruções específicas quanto ao modelo que poderia seguir, sendo-lhe possível proceder, quer à elaboração de um diploma totalmente novo, quer à reformulação da Novíssima Reforma Judiciária.

Curiosamente, e enquanto se constituíam as diversas comissões, um jurista trabalhava, isolado, na elaboração de um projecto de Código de Processo Civil: era Alexandre de Seabra. Concluída a sua tarefa, Alexandre de Seabra oferece o projecto ao então Ministro da Justiça, José Luciano de Castro. Aproveitando esta circunstância, Luciano de Castro não apenas dissolve a comissão constituída em 31 de Dezembro de 1867, como imediatamente constitui nova comissão, em 28 de Novembro de 1869. Esta recebeu uma incumbência muito específica: examinar e rever o projecto de Código de Processo Civil de Alexandre de Seabra.

199. Além da comissão de revisão do projecto de Alexandre de Seabra, datado de 1869, foram ainda convidadas a dar parecer sobre este projecto a Faculdade de Direito da Universidade de Coimbra, que nomeou uma comissão integrada por Serpa Pimentel, Paes Júnior e Fernandes Vaz, e a

[436] Gazeta da Associação dos Advogados de Lisboa. O projecto do Codigo do Processo Civil. Estudos criticos sobre os trabalhos da 2.ª revisão do projecto na commissão do governo, 1.º Anno (anno judicial 1873-1874), p. 205 [Alves de Sá].

Associação dos Advogados de Lisboa. Ambas as instituições se pronunciaram, cada uma através de um veículo privilegiado (a Faculdade de Direito, através da *Revista de Legislação e de Jurisprudência*; a Associação, através da *Gazeta*), respondendo ALEXANDRE DE SEABRA na revista *O Direito*.

Na sua primeira formação, a comissão integrava, entre outros membros, o Autor do projecto. Na sequência de observações feitas durante a primeira revisão, ALEXANDRE DE SEABRA, entretanto já excluído da comissão de revisão, vem a submeter dois novos projectos ao respectivo Presidente, estando um datado de Junho de 1872 e, o segundo, de 10 de Setembro do mesmo ano. Este segundo projecto é antecedido de uma carta dirigida por ALEXANDRE DE SEABRA ao Presidente da Comissão da qual resulta, com evidência, o seu desagrado pela sua exclusão da comissão de revisão de um projecto que, afinal, era seu. Mais tarde, e como primeira nota das suas respostas às observações da *Revista de Legislação e de Jurisprudência* reitera este desagrado, deixando claro que lhe tem sido vedado o acesso às reuniões da comissão revisora[437].

Resta avançar o último dado: ALEXANDRE DE SEABRA era genro de JOSÉ LUCIANO DE CASTRO. Fica a pergunta quanto ao que poderia ter sido o sistema processual civil português caso não houvesse esta relação de parentesco.

200. A fim de compreendermos a enorme evolução que representou o sistema de reacção à lide maliciosa ou dolosa no CPC1876 por comparação com aquele que conhecemos nas Ordenações Filipinas e nas sucessivas reformas judiciárias que as complementavam, teremos de partir das diversas disposições que, nos projectos apresentados por ALEXANDRE DE SEABRA ao então Ministro da Justiça, LUCIANO DE CASTRO e ao Presidente da Comissão de Revisão do Código, tinham ligação ou regulavam directamente esta matéria. Mas mais: o primeiro dos três projectos de SEABRA é fundamental no debate que pode travar-se quanto à natureza das custas ou da vulgarmente designada responsabilidade processual simples.

201. Na parte que para nós releva, a sistemática da primeira versão do projecto era a seguinte: o artigo 46.º regia a matéria das custas; o artigo 50.º previa a condenação em multa do litigante de má fé; o artigo 51.º impunha

[437] Resposta às observações publicadas na Revista de Legislação e Jurisprudência acerca do projecto do código de processo civil, O Direito, 5.º ano, p. 129.

a condenação em indemnização da parte que litigara de má fé; o artigo 52.º previa a condenação da parte vencida no pagamento de uma percentagem do valor da causa.

Naquilo que directamente nos interessa, dispunham estes preceitos do projecto:

"Artigo 46.º

A sentença que pozer termo á causa, ou a qualquer dos seus incidentes, declarará precisamente a parte das custas que o auctor ou réu tem de pagar.

§ 1.º O pagamento das custas deve regular-se principalmente em attenção à boa ou má fé com que os interessados litigarem com respeito a cada uma das partes da causa por fórma que, vencendo mesmo o objecto principal d'ella, póde a parte vencedora ser condemnada em custas".

"Artigo 50.º

Se o juiz entender que alguma das partes litigou com má fé em todo ou em parte, deve na sua sentença condemna-la na multa de 10 por cento para a fazenda publica, regulada pelo valor da causa da parte respectiva, não podendo, porém, exceder a 500$000 réis".

"Artigo 51.º

Na espécie do artigo antecedente o juiz condemnará a parte vencida a pagar á outra uma indemnisação por ella arbitrada, a qual não poderá exceder o dobro das custas do respectivo processo, a cuja importância ficará reduzida quando a taxa tenha sido superior".

"Artigo 52.º

Em todas as causas civis pagará a parte vencedora meio por cento do que vencer, e a parte vencida igual percentagem com relação á parte em que for vencida.

§ 1.º Estas quantias são applicadas para as despezas feitas com o expediente, asseio e mobília dos tribunaes de primeira instancia, [...]".

202. Do sistema apresentado, devem registar-se as seguintes particularidades.

Em primeiro lugar, as custas dependiam da boa ou má fé da parte, nada se dispondo quanto à ligação entre a constituição da obrigação do seu pagamento e o decaimento na acção. Quer isto dizer que, à luz do projecto, a valoração da conduta da parte repercutia efeitos, entre outros, no plano das custas. A obrigação de as pagar, porque não prescindia de um juízo relativo ao comportamento do sujeito processual, tinha uma natureza subjectiva.

Nos debates travados na Comissão de Revisão em torno deste preceito, foram levantadas objecções quanto ao princípio nele acolhido, todas elas pressupondo uma ligação entre a obrigação de pagamento das custas e a sucumbência. Com efeito, dizia-se que se inferia do artigo 46.º poder ser condenada em custas a parte vencedora desde que se concluísse que litigara de má fé. Se bem que, neste momento, pudesse ter-se novamente discutido o tão antigo princípio da imputação das custas à parte vencida que, não obstante a sucumbência, litigou com justa causa[438], bem como suscitado o debate em torno da distinção entre a má fé instrumental e a má fé substancial, o Autor do projecto veio responder às questões suscitadas, alegando que apenas pretendera prever regras relativas à obrigação de pagamento de custas em caso de sucumbência parcial. Deste debate veio a resultar uma nova redacção do artigo 46.º, § 1.º, que passou a dispor:

> "Artigo 46.º
>
> [...]
>
> § 1.º As custas serão pagas pela parte vencida na proporção em que o for. E sendo diversos os pedidos, se fará separação das custas respectivas a cada um d'elles para o effeito da mesma condemnação".

Por seu turno, os artigos 50.º[439] e 51.º previam, respectivamente, a condenação do litigante de má fé em multa (10% do valor da causa, restaurando

---

[438] Entre nós e levantando imediatamente este problema perante o projecto, Revista de Legislação e de Jurisprudência, O projecto do Codigo do Processo Civil. Observações sobre os projectos de Codigo do processo civil portuguez, apresentados pelo sr. Alexandre de Seabra e pela respectiva Comissão revisora, 6.º Ano, p. 593. Sobre os fundamentos da imposição da obrigação de pagamento das custas à parte vencida e depois da análise da relevante Constituição de Zenão, *vide*, para o direito intermédio, as indicações de Chiovenda, La condanna nelle spese giudiziali, n.º 111 e segs.; Zani, La mala fede nel processo civile, p. 41, nota 5. Com grande desenvolvimento, Cordopatri, L'abuso del processo, I, p. 237 e segs..

[439] O artigo 50.º foi aprovado sem qualquer alteração na 1.ª Comissão Revisora. Cr. Acta n.º 7 (sessão de 3 de Janeiro de 1870, presidida por Ferreira Lima), Actas da Comissão Revisora do Código do Processo Civil, 1.ª revisão, p. 31.

a dízima) e indemnização. Se bem que a lei seja ainda extremamente omissa quanto ao que seja exactamente esta indemnização, certo é que se abandona a condenação da parte que litigou de má fé no pagamento à outra de um múltiplo do valor das custas (dobro ou triplo, conforme dispunham as Ordenações)[440]. Se não é ainda possível asseverar que este quantitativo não tenha natureza punitiva, tomando como ponto de referência, não os danos sofridos, mas o desvalor da conduta da parte, ele já não se mostra tão ostensivo quanto sucedia nas Ordenações. Por fim, impunha o artigo 52.º o pagamento de uma percentagem do valor da causa por ambas as partes.

203. Retomando os seus trabalhos em 1872, na sessão de 6 de Agosto a Comissão retoma os artigos 46.º, 50.º e 51.º que, por renumeração, surgem, respectivamente, como os artigos 59.º, 63.º e 64.º[441] e que mantém inalterados quanto ao respectivo conteúdo. Somente o 52.º do projecto que, com a segunda revisão, vem a ser o artigo 65.º, é modificado. Se, no projecto de Alexandre de Seabra, ambas as partes deveriam pagar a quantia de meio por cento do valor da causa, nesta segunda revisão só a parte vencida é condenada a pagar 1% do valor da causa.

204. Apesar do relativo consenso da Comissão quer quanto ao regime da condenação em custas[442], quer quanto ao da aplicação de multas, no terceiro projecto da Comissão de Revisão as duas matérias surgem sistematicamente segregadas (a cada uma delas corresponde uma secção no Capítulo VI).

---

[440] Chamando a atenção para este aspecto, Alves de Sá, Commentario ao Código do Processo Civil Portuguez, 2.º volume, p. 331.

[441] O artigo 64.º, que corresponde ao artigo 51.º, para além de obter nova redacção, passa a prever, na sequência das observações da Comissão, que a indemnização não se confunde com as custas. Esta precisão, dificilmente compreensível à luz dos quadros actuais, tinha a maior pertinência quando se recorda que nas Ordenações, antecedente directo do Código, à malícia correspondia a condenação da parte em custas dobradas ou triplicadas.

[442] Retomando uma discussão que podia ser travada em face do regime das Ordenações que graduava a obrigação de pagamento das custas em função da existência ou inexistência de justa causa para litigar e em crítica à imposição da obrigação de pagamento integral das custas pela parte vencida, veja-se a *Revista de Legislação e de Jurisprudência*, O projecto do Codigo do Processo Civil. Observações sobre os projectos de Codigo do processo civil portuguez, apresentados pelo sr. Alexandre de Seabra e pela respectiva Comissão revisora, 6.º Ano, pp. 593 e segs..

Se, em sede de custas, se mantêm inalteradas as regras que vinham da segunda revisão, em matéria de multas a terceira revisão refunde os anteriores artigos 63.º e 65.º, passando o regime geral da multa a constar de um novo artigo 107.º. Este prescreve:

> "Artigo 107.º
>
> Em todas as acções cíveis, de qualquer natureza, a sentença que condemnar no pedido ou absolver d'elle, no todo ou em parte, imporá á parte vencida uma multa de 5 por cento do valor em que decair.
>
> § 1.º Se o juiz entender que a parte vencida litigou com má fé, a multa será de 10 por cento, e assim o declarará expressamente na sentença.
>
> § 2.º [...].
>
> § 3.º Qualquer que seja o valor do pedido ou da condemnação, a multa não poderá exceder a 500$000 réis, excepto havendo má fé, mas n'este caso não poderá exceder a 1000$000 réis.
>
> § 4.º [...]".

A má fé, para além de determinar um agravamento da multa, desencadeava, ainda e conforme se previa desde o projecto inicial, a obrigação de indemnizar. Este efeito era consagrado no artigo 115.º do terceiro projecto da Comissão.

205. Com ligeiras alterações de redacção e com renumeração dos preceitos, o regime que a Comissão gizou na terceira revisão manteve-se até ao projecto definitivo[443]. Apresentado o projecto definitivo da Comissão às Cortes, em Fevereiro de 1875, a Comissão de Legislação da Câmara dos Deputados não introduziu alterações de fundo ao quadro que vinha proposto[444].

Somente a Comissão de Legislação da Câmara dos Pares altera o sistema de multas que a Câmara dos Deputados deixara incólume[445]. Afirmando que a condenação em multa da parte que não litiga de má fé é destituída

[443] *Cfr.* Actas da Comissão Revisora do Código do Processo Civil, últimas revisões, projecto definitivo e emendas, Quarto projecto da Comissão, p. 290; Quinto projecto da Comissão, p. 350; Projecto definitivo, p. 386.

[444] Actas da Comissão Revisora do Código do Processo Civil, últimas revisões, projecto definitivo e emendas, p. 440 e segs..

[445] Alves de Sá, Commentario ao Código do Processo Civil Portuguez, 2.º volume, p. 331.

de todo e qualquer fundamento jurídico[446], a Câmara dos Pares propõe, nas alterações feitas ao projecto de Código de Processo Civil, que toma por base o projecto votado na Câmara dos Deputados, a eliminação das multas, salvo contra os litigantes de má fé[447]. Esta proposta é acolhida, sendo consagrada no que será o artigo 121.º CPC1876. Já nesse sentido se pronunciara o autor do projecto originário. Na sua intervenção *Pontos mais importantes das minhas divergências com a comissão revisora do Codigo do processo civil*, ALEXANDRE DE SEABRA escreveria: "[n]o artigo 128.º a comissão propõe o antigo systema de multas, devendo sempre pagal-as o litigante que decair [...]. Eu propunha no artigo 60.º do projecto definitivo que só as pagassem os litigantes, que os tribunais intendessem que litigavam de má fé. Estou ainda pela minha doutrina. O estudo da nossa legislação e a fluctuação mesmo das decisões dos tribunais mostra que muitas vezes podem ambos os litigantes estar de boa fé. Nesses casos a multa é uma iniquidade. O desfalque da fazendo publica é pequeno; e grande mesmo que fosse, natend-o natendível numa questão desta natureza"[448].

2.2. O sistema do Código de Processo Civil de 1876

206. Em matéria de responsabilidade processual agravada, o Código de 1876 vem romper com o Direito escrito que tinha acolhimento, por último, nas Ordenações Filipinas. No entanto, ele é, de algum modo, uma continuação daquele que era o regime decorrente da NssimaRJ, com as alterações que vimos decorrerem dos debates que levaram à aprovação do diploma.

Com efeito, é com a entrada em vigor do Código de 1876 que, conforme salienta DIAS FERREIRA, se suprime o juramento geral de calúnia"[449]. Se bem

---

[446] Na representação dirigida aos Pares do Reino, p. 307, a Associação dos Advogados escreveria que "[c]onsideradas como imposto, as multas judiciaes não tem justificação alguma, não póde haver imposto onde não há materia collectavel e é absurdo lançal-o sobre uma perda em logar de o fazer recair sobre um bem".

[447] Actas da Comissão Revisora do Código do Processo Civil, últimas revisões, projecto definitivo e emendas, p. 453 e segs..

[448] RLJ 7.º ano, p. 585.

[449] Novíssima Reforma Judiciária anotada, *sub* artigo 874. Quanto à sua abolição no Brasil, FABIO MILMAN, Improbidade processual, p. 6.

que na prática se não aplicasse já[450] o regime que figura no Título XLIII do Livro III das Ordenações Filipinas, certo é que, segundo o direito escrito, só com a primeira codificação processual se suprime a figura do juramento geral de calúnia.

Em simultâneo com a supressão deste juramento, cria-se um regime especial, aplicável à parte que, sendo sucumbente, litigou de má fé. As regras relevantes nesta matéria constam dos artigos 121.º, 122.º e 126.º. Os artigos 123.º e seguintes previam o regime da multa.

207. Dispunha o artigo 121.º:

"Artigo 121.º

Quando o juiz entender que a parte vencida litigou com má fé, impor-lhe-há na sentença a mulcta de 10 por cento do valor em que decair.

§ 1.º Qualquer que seja o valor do pedido ou da condemnação, a mulcta não poderá exceder a 1000$000 réis/reis.

§ 2.º Os compartes na causa pagarão uma só mulcta, repartida entre elles na proporção da sua parte, e se algum for isento de mulcta, caducará a parte respectiva".

A matéria da condenação em multa por litigância de má fé na execução era expressamente prevista no artigo 122.º, que dispunha:

"Artigo 122.º

Em processo de execução só terá logar a condenação em mulcta, nos termos do artigo 121.º:

1.º Nos embargos de executado;

2.º Nos embargos de terceiro.

§ 1.º O exequente que decair nos embargos de terceiro não pagará mulcta.

§ 2.º A estas mulctas é applicável o mais que fica disposto no artigo antecedente."

---

[450] Segundo Correia Telles, fazia-se tão pouco uso do juramento de calúnia que "mais parece jurarem os litigantes *de calumnia committenda, quam citanda*". Na *Doutrina das acções*, § 235, nota 3 a expressão surge com uma gralha que é suprimida na 5.ª edição, § 235, nota 1. Acerca do desuso do juramento de calúnia em geral, no séc. XVIII, Zani, La mala fede nel processo civile, n.º 20.

Adiante, dizia o artigo 126.º:

> "Artigo 126.º
>
> Nos casos dos artigos 121 e 122 o juiz condemnará tambem a parte vencida a pagar á outra uma indemnisação que elle arbitrará em quantia certa.
>
> § 1.º A indemnisação nunca poderá exceder o dobro das custas, e ficará reduzida a esta importancia quando pela conta final se conhecer que era maior a quantia arbitrada.
>
> § 2.º N'essa indemnisação não se comprehendem as custas do processo."

208. Os traços característicos do regime constante do CPC1876 podem ser assim sumariados.

A litigância de má fé desencadeia dois efeitos: a condenação da parte em multa e em indemnização à parte contrária.

Tanto a multa, quanto a indemnização só são devidas pela parte sucumbente.

A parte sucumbente só é condenada em multa e indemnização se tiver agido de má fé.

Como a imposição de multa não é efeito automático nem da sucumbência, nem do mero exercício do direito de acção, o seu pagamento só pode ser exigido se a parte foi nele condenada na sentença[451].

A parte que age de má fé, mas que obtém ganho de causa, não incorre na multa prevista no artigo 121.º, pelo que não releva no regime geral a má fé instrumental.

A multa volta a ser no montante de 10% do valor da causa em que a parte decai, se bem que esta percentagem seja ulteriormente elevada para 25%[452].

A indemnização é limitada no seu montante, não podendo exceder o dobro do valor das custas.

A quantia arbitrada a título de indemnização, se toma por referência o valor das custas, não as engloba.

209. A alteração do regime anterior, que ligava a imposição de multa (a dízima) simplesmente à sucumbência, prescindindo de uma valoração

---

[451] ALVES DE SÁ, Commentario ao Código do Processo Civil Portuguez, 2.º volume, p. 336.

[452] *Cfr.* artigo 22.º do Decreto n.º 3968, de 22 de Março de 1918.

do comportamento do agente, era considerada como injusta pela doutrina. Dias Ferreira, ao explicar o novo regime da condenação da parte em multa, confrontando-o com o regime anteriormente vigente, o da NssimaRJ, escreveria: "[o] projecto primitivo não reconhecia multa para o litigante de boa fé, e nas suas primeiras revisões vingou esta doutrina. Mas a comissão revisora no seu último projecto consignou as disposições de direito velho, conservando multa para os litigantes de boa fé, princípio mantido na câmara dos srs. deputados, em rasão da attitude do governo, que não queria prescindir da receita das multas, pois que nem a comissão revisora, nem a comissão de legislação da câmara dos deputados, perfilhava a doutrina odiosa de imposição da multa aos litigantes de boa fé"[453]. Mais tarde, também Alberto dos Reis assacará a alteração do regime respeitante à multa às posições hostis que a doutrina assumia quanto à condenação do litigante de boa fé[454].

Na verdade, se a sucumbência poderia fazer presumir a temeridade da lide, a parte podia perder a causa por múltiplas razões. Deste modo, se a dízima fosse qualificada como uma multa ou pena civil, ao invés de ser aproximada de uma taxa de justiça, como acima propusemos, dificilmente poderia esta ser explicada sem que se aferisse da censurabilidade do comportamento da parte. Conforme escrevia Nazareth, "[o] fundamento desta pena (a dízima) deve ser a má fé do litigante; porém, nem sempre do facto da condenação se pode deduzir ou presumir a má fé ou a injustiça da pretensão. O vencimento ou a perda da demanda depende às vezes de bem pouco; [...]. *Tem razão, mas falta-lhe justiça*, é um rifão que se verifica muitas vezes, e que explica como uma parte, tendo justa causa de litigar, é excluída da sua acção pelo rigor do direito e das suas fórmulas. Nestas circunstâncias é uma injustiça cruel agravar ainda a sorte do vencido, impondo-lhe uma multa"[455]. A multa deverá ser apenas imposta ao litigante vencido e doloso.

210. Uma outra característica do instituto da litigância de má fé em articulação com a aplicação de multa ao sucumbente consiste na total ausência de indicação legal do que deva entender-se por tal *litigância de*

[453] Código de Processo Civil annotado, I, *sub* artigos 121.º a 124.º, p. 204.

[454] Código de Processo Civil anotado, II, *sub* artigo 465.º, p. 257.

[455] Elementos do processo civil, 4.ª, § 320, p. 352 e seg..

má fé[456], incumbindo, em primeira linha, à jurisprudência proceder à sua concretização[457]. Esta, atendendo às "tão graves consequências"[458] que este tipo de litigância desencadeia, já que "lança sobre o bom nome e reputação da parte um labeo, que tanto a affecta moral e materialmente"[459], toma, de imediato, uma atitude extremamente cautelosa. Decide que, com excepção do regime expressamente previsto para o vencimento da parte em acção de anulação do caso julgado (*cfr.* artigo 150.º CPC1876), a sua má fé no litígio não pode ser presumida, antes tendo de resultar inequivocamente dos autos[460]. Segundo Alves de Sá, "[o] código, querendo fugir á difficuldade de qualificar na lei os casos em que havia má fé, cahiu no extremo opposto, armando os juízes com uma arma terrível. Desde que não é imposto, mas pena, a mulcta judicial tem por incidência um facto interno, quasi nunca apreciável. O que me parece, no meio de tudo isto, é que a reforma d'esta parte da nossa legislação ficou em meio"[461].

Na evolução posterior veremos que o legislador, para além de dissociar[462] a má fé da sucumbência, vem tipificar comportamentos que serão considerados reprováveis. Num momento intermédio, vamos encontrar o Decreto n.º 4096, de 14 de Abril de 1918, cujo artigo 17.º dispunha:

> "Artigo 17.º
>
> Para os efeitos do artigo 22.º do decreto n.º 3968 serão sempre considerados litigantes de má fé aqueles que levantarem incidentes visivelmente destinados a demorar o andamento das causas e a entorpecer a acção da justiça".

Para além de tipificar uma conduta que consubstancia a litigância de má fé, a lei constrói um tipo que não sendo, em absoluto, objectivo (a parte não

---

456 Amaral Barata, Parecer, p. 523.

457 Através de acórdão de 20 de Março de 1907, o Supremo decidiu que litiga de má fé a parte que pede aquilo que já recebeu.

458 A expressão é de Sousa e Mello, na RTr, I, p. 100.

459 Barbosa de Magalhães, Litigar de má fé, p. 402.

460 Acórdãos da Relação de Lisboa, de 4 de Maio de 1895 (Andrade) e de 3 de Maio de 1899 (Tavares). Dias Ferreira, Código de Processo Civil anotado, *sub* artigos 121.º a 124.º, p. 205.

461 Commentario ao Código do Processo Civil Portuguez, 2.º volume, p. 335.

462 A expressão *dissociação* é usada por Alberto dos Reis, Código de Processo Civil anotado, II, *sub* artigo 465.º, p. 255.

é qualificada como litigante de má fé se o seu comportamento determinar objectivamente o retardamento da lide), também não é absolutamente subjectivista (a parte não é apenas considerada como um litigante de má fé se for possível demonstrar que o seu comportamento foi efectivamente destinado a demorar o andamento da causa). O tipo basta-se com um elemento subjectivo (comportamento finalisticamente dirigido a demorar o andamento da causa), que se preenche através de um juízo de elevada verosimilhança (comportamento visivelmente destinado a demorar o andamento da causa, mesmo que não seja possível demonstrar que, em concreto, o comportamento teve essa finalidade).

Este tipo veio a ser integrado no Estatuto Judiciário, podendo ser encontrado a propósito das competências do Procurador Geral da República (*cfr.* artigo 228.º do EJ) e dos Procuradores da República (*cfr.* artigo 241.º, § 2 do EJ).

211. Um dos traços dogmaticamente mais estimulantes do regime constante do CPC1876 respeita à indemnização, prevista no artigo 126.º. Acerca desta, a lei quase nada diz. Se bem que o artigo 126.º, n.º 1 determine que a indemnização é limitada pelo valor das custas (não pode exceder o respectivo dobro), não se diz se ela deve reflectir os danos efectivamente provocados pela má fé da parte ou se, ao invés, é estritamente punitiva, sendo arbitrada até ao limite máximo, não em função de danos concretamente causados, mas como sanção de um comportamento reprovável da parte vencida[463].

É curioso verificar como não há, sequer, alusão a qualquer um destes pontos, nem nas anotações de Dias Ferreira ao Código de Processo Civil, nem no Commentario ao Codigo do Processo Civil Portuguez, de Alves de Sá. Depois de apresentar, de modo algo completo, a evolução do regime da multa, quanto à indemnização Dias Ferreira limita-se a dizer que ela é arbitrada em quantia certa e que seguirá os trâmites da execução por custas[464]. O mesmo sucede com Carvalho Pessoa que, em anotação ao artigo 126.º,

---

463 Pedro de Albuquerque, Responsabilidade processual por litigância de má fé, abuso de direito e responsabilidade civil em virtude de actos praticados no processo, p. 40, pronunciando-se no sentido de não haver uma ligação directa entre a indemnização arbitrada e quaisquer danos sofridos pela parte beneficiária dessa indemnização.

464 Código de Processo Civil annotado, *sub* artigos 121.º a 124.º, p. 207.

somente nos dá a indicação de que a indemnização não segue o regime fixado no artigo 988.º, respeitante à reforma da decisão, apenas aplicável a custas e multas, mas sim o estatuído nos artigos 971.º a 973.º do mesmo Código.

212. Os dois últimos aspectos para os quais cumpre chamar a atenção antes de continuarmos a acompanhar a evolução da responsabilidade processual agravada respeitam ao título da responsabilidade e aos efeitos da má fé.

O que se refere ao título da responsabilidade da parte foi já referido no início deste ponto: apesar da supressão do juramento, a lei imputa efeitos negativos à parte que litigou de modo censurável. Quer isto dizer que o fundamento último da responsabilidade não reside no juramento, ou seja, a responsabilidade da parte que, sendo sucumbente, é condenada no pagamento de multa não decorre da violação de um acto de autonomia (o próprio juramento), mas da violação de uma situação jurídica que lhe é heteronomamente imposta.

213. Com todas as suas eventuais deficiências/insuficiências, o regime de responsabilidade por litigância de má fé no Código de 1876 pode ser considerado como um dos mais desenvolvidos do seu tempo. Não é seguramente por acaso que Zani, depois de analisar os diversos sistemas, que divide entre aqueles que prevêem especificamente a incriminação da lide maliciosa, bem como os efeitos decorrentes deste tipo de ilícito, e os que não criam nenhum regime especial, afirma que o Código português é digno de nota[465]. Talvez que, a este respeito bem como no que se refere à generalidade das soluções do projecto de Seabra[466], não possa dar-se razão a Alves de Sá, quando escreve que "[o] novo código, que porventura chegara a ser lei, [...], tem tido uma elaboração summamente imperfeita, a qual, se nos permitem mesmo sermos francos e nos perdoam pela franqueza, ficará sem

465 La mala fede nel processo civile, p. 65.

466 A título de mera curiosidade recorde-se que Seabra defendia já, contra a opinião da Revista de Legislação e de Jurisprudência, que, no juízo arbitral, deveria ser conferida às partes a faculdade de escolherem as regras aplicáveis ao processo. E com uma visão muito lúcida, rebatia a aparente relevância da distinção entre regras de direito público e regras de direito privado, sustentando que dela nada se pode inferir para a questão que visava resolver.

nome que se lhe dê para a classificar, e por isso o que sabemos dizer d'elle é que está muito longe de ser ao menos uma compilação conveniente pratica, quanto mais um codigo procedido de uma elaboração verdadeiramente scientifica"[467].

3. O CÓDIGO DE PROCESSO CIVIL DE 1939: A GRANDE VIRAGEM

214. No Código de Processo Civil de 1939, o sistema de responsabilidade processual é, todo ele, muito desenvolvido, registando a litigância de má fé uma clara evolução.

A regra central, que "procurou definir esta figura [a litigância de má fé] ou tipo de litigante, de modo a fornecer aos tribunais critérios de orientação, tanto quanto possível seguros e que permitam decisões uniformes"[468] e que convive com regras especiais relativas à condenação da parte como litigante de má fé (*cfr.*, *v.g.*, artigos 113.º, 133.º, 370.º, 495.º), passa a ser o artigo 465.º, que dispunha:

> "Artigo 465.º
>
> (Responsabilidade no caso de má fé no litígio. Definição de má fé)
>
> Tendo a parte litigado de má fé será condenada em multa e numa indemnização à parte contrária, se esta a pedir.
>
> Deve considerar-se litigante de má fé não só o que tiver deduzido pretensão ou oposição cuja falta de fundamento não podia razoavelmente desconhecer, como também o que tiver conscientemente alterado a verdade dos factos ou omitido factos essenciais e o que tiver feito do processo ou dos meios processuais um uso manifestamente reprovável, com o fim de conseguir um objectivo ilegal ou de entorpecer a acção da justiça ou de impedir a descoberta da verdade.
>
> § único. A parte vencedora pode ser condenada como litgante de má fé, mesmo na causa principal, quando tenha procedido com dolo instrumental".

---

[467] Gazeta da Associação dos Advogados de Lisboa. O projecto do Codigo do Processo Civil. Estudos criticos sobre os trabalhos da 2.ª revisão do projecto na commissão do governo, 1.º Anno, p. 493.

[468] Alberto dos Reis, Código de Processo Civil, 1940, *sub* artigo 465.º, p. 327.

215. Para além do tipo central[469], havia, ainda, que tomar em atenção tipos periféricos[470].

Assim sucedia, *v.g.*, com o disposto no artigo 1152.º[471] que dispunha, na sequência de legislação anterior, que denegada a declaração de falência ou revogada a sentença que a declarara, verificar-se-ia necessariamente e no âmbito do processo de falência, se o requerente agira de má fé. Caso assim tivesse sido, seria condenado em multa e indemnização nos termos da litigância de má fé, ressalvada a responsabilidade criminal. Esta regra, para além de impor a conhecimento necessário da questão da má fé do requerente no litígio, impunha esse conhecimento no próprio processo de falência, sujeitando, em nosso entender, a constituição do dever de indemnizar todas as perdas e danos decorrentes de comportamento processual aos parâmetros do artigo 465.º CPC1939[472].

---

[469] A consagração expressa de um regime de responsabilidade por comportamento processual ilícito torna de difícil compreensão a afirmação de Pajardi, La responsabilità per le spese e i danni del processo, p. 433, segundo a qual a legislação portuguesa, particularmente singular, adequa-se ao direito germânico. Se esta afirmação ainda se pode adequar ao que sucede com a responsabilidade pelos custos processuais típicos, submetidos, tanto na legislação alemã como na legislação portuguesa, ao princípio da sucumbência sem mais indagações, mal se pode explicar face à comummente designada responsabilidade processual agravada uma vez que, neste particular, não há qualquer ponto de contacto formal entre os dois sistemas. Isto porque, enquanto o legislador alemão não consagrou qualquer regime especial de responsabilidade por comportamento processual ilícito, o legislador português na sequência do que era a sua tradição histórica, fizera constar da legislação em vigor aquando da publicação da obra de Pajardi, um regime especial de responsabilidade por comportamento processual ilícito.

[470] Barbosa de Magalhães, Processo civil e comercial, p. 344 e seg., onde se referem as diversas regras que ou instituem presunções de má fé no litígio ou prevêem situações peculiares de má fé no litígio.

[471] Sobre este preceito e seu alcance, nomeadamente no que respeita à sua articulação com a culpa *in agendo*, Menezes Cordeiro, Litigância de má fé, abuso do direito de acção e culpa *in agendo*, n.º 55.III., onde o Autor conclui, na esteira de Cunha Gonçalves (Comentário ao Código Comercial, 3.º. volume, p. 494, onde o Autor defende que as perdas e danos são indemnizáveis se se verificar preenchido o artigo 2561.º), que ao lado da indemnização devida ao abrigo do então artigo 465.º, haveria sempre que aplicar os princípios da responsabilidade civil [2014 (reimp. 2016), n.º 78.IV].

[472] Neste sentido, Revista dos Tribunais [Responsabilidade *civil* do requerente de falência; itálico nosso], p. 306 e segs., que entendia não ser admissível a invocação das regras gerais relativas à responsabilidade civil quando a lei do processo fazia depender o dever de indemnizar de requisitos especiais.

Situação semelhante se verificava com a responsabilidade por propositura de acção de perdas e danos contra juiz ou magistrado do Ministério Público quando aquela fosse considerada inadmissível, constante do artigo 1092.º CPC1939 e cuja eficácia dificilmente se descortina atendendo à respectiva sobreposição com o tipo geral[473].

Igualmente se pode chamar à colação o tipo de falsidade de documento, constante do artigo 365.º e seguintes (*vide*, em especial, o artigo 370.º) e que, segundo o Supremo Tribunal de Justiça, "não está sujeito ao condicionalismo exigido pelo n.º 2 do artigo 465 [...], nem à prova do dolo instrumental", uma vez que aquela disposição "considera já de per si dolosa e alteradora da verdade dos factos a simples dedução judicial do incidente de falsidade que culmina com a improcedência"[474].

Entre as regras que dão relevância à conduta censurável da parte e que, regra geral, não é referida neste contexto, encontra-se o artigo 346.º, § 2, CPC1939. Esta regra, que ainda hoje encontra lugar paralelo no artigo 341.º, al. b) e que não constava do CPC1876, restringe a vinculação do assistente ao caso julgado formado sobre a decisão proferida em acção que opôs o assistido à contraparte. Assim sucede, segundo a regra, quando o assistente não tenha podido socorrer-se de meios de prova ou de alegações que teriam tido influência decisiva na decisão final (leia-se, entretanto desfavorável ou mais desfavorável para o assistido do que seria caso houvessem sido apresentados os documentos ou produzidas as alegações) e o assistido delas se não haja socorrido intencionalmente ou com negligência grave. A justiça da restrição é imediatamente compreensível: se a decisão for desfavorável ao assistido, caso vincule o assistente, a este será igualmente desfavorável no que respeita aos pressupostos de facto e de direito da sua própria vinculação. Este efeito, perfeitamente comportável quando a parte principal tudo fez para obter ou para evitar uma decisão desfavorável – quer porque deduziu todas as linhas de fundamentação da pretensão, quer porque se socorreu de todos os meios de prova que determinariam um juízo favorável quanto aos factos que lhe aproveitam, não é aceitável se a parte assistida prejudicou, intencionalmente ou com negligência grosseira, a parte acessória. Nesta situação em que a má fé da parte principal, que se comporta como se agisse com "malícia ou desleixo

---

473 Acórdão do Supremo Tribunal de Justiça, de 22 de Outubro de 1948 (Raul Duque).

474 Acórdão do Supremo Tribunal de Justiça, de 8 de Junho de 1973 (João Moura) (CPC1961).

imperdoável"[475], atinge, não a contraparte, mas a parte acessória, esta poderá prevalecer-se da censurabilidade da conduta do assistido caso este tenha agido com dolo (intencionalmente) ou com negligência grave. O desnível face ao elemento subjectivo do artigo 465.º é evidente: este apenas permite que seja qualificada como de má fé a conduta dolosa pelo que, somente neste caso, pode a contraparte prevalecer-se da censurabilidade da conduta daquela que litiga com má fé para transferir os danos sofridos para a sua esfera. No caso previsto no artigo 346.º o mecanismo de tutela adequado não seria a concessão de um direito a indemnização à parte acessória. Esta, a sofrer alguma desvantagem na sequência da conduta da parte principal, retira-a da decisão e da sua vinculação nos termos gerais do corpo do então vigente artigo 346.º CPC1939. Bloquear os prejuízos que a parte acessória possa sofrer em função de uma intervenção dolosa ou gravemente negligente da parte principal não passa pela concessão àquela de uma qualquer indemnização mas pela sua desvinculação dos efeitos da decisão, cujo conteúdo acabou por ser determinado pela atitude censurável da parte assistida.

216. Aquando da consagração do regime da litigância de má fé, o legislador terá confessadamente tomado em atenção, essencialmente, dois sistemas estrangeiros: o italiano e o brasileiro. Este aspecto é muito relevante na compreensão do novo sistema na medida em que, por assim ter sido, o legislador material nos dá índices claros quanto às soluções que quis acolher e quanto àquelas que, depois de ponderadas, rejeitou.

217. O primeiro aspecto muito relevante do novo regime da má fé processual e para o qual já antes se chamou a atenção quando se analisou o sistema da dízima/multa decorre da opção do legislador de a dissociar da sucumbência: tanto a parte vencida como a parte vencedora podem ser condenadas por litigância de má fé. Foi uma opção ponderada, da qual se deve induzir nomeadamente a autonomia da condenação em multa em relação à questão de fundo[476], uma vez que do projecto que antecedeu o CPC1939 resultava, ainda, que só a parte vencida podia ser condenada como litigante de má fé[477].

---

[475] Alberto dos Reis, Código de Processo Civil anotado, vol. I, *sub* artigo 346.º, p. 482.

[476] Acórdão do Supremo Tribunal de Justiça, de 6 de Junho de 1958 (Lopes Cardoso), voto de vencido do juiz conselheiro Eduardo Coimbra.

[477] Alberto dos Reis, Código de Processo Civil anotado, II, *sub* artigo 465.º, pp. 270 e 271, onde se relatam as discussões travadas na Comissão Revisora.

Estamos perante a clássica distinção entre a má fé substancial[478] ou material[479] e a má fé instrumental, havendo, ainda, quem[480] naquela distinga o dolo substancial directo (dedução de pretensão ou de defesa cuja falta de fundamentação a parte não podia desrazoavelmente desconhecer) do dolo substancial indirecto (alteração consciente da verdade dos factos ou omissão de factos relevantes). No entanto, esta distinção não deve ser lida como pressupondo uma qualquer ligação entre a primeira e a sucumbência e uma dissociação entre a segunda e a mesma sucumbência[481]. Se, pela natureza dos comportamentos que são qualificados como comportamentos substancialmente maliciosos[482], a parte que litiga de má fé sucumbe, certo é que ela vem a ser penalizada, não porque perca a causa, mas antes porque viola de modo altamente censurável os deveres processuais que sobre ela impendem. E o mesmo sucede com a má fé instrumental: o desvalor que leva à penalização do comportamento da parte não reside na sucumbência, mas sim na violação de deveres processuais.

---

478 Alberto dos Reis, Código de Processo Civil anotado, II, *sub* artigo 465.º, p. 263.

479 Castro Mendes, Manual de Processo Civil, 65.IV.A).

480 Furtado dos Santos, A punição dos litigantes de má fé no direito pátrio, IV. Na jurisprudência, Acórdão do Supremo Tribunal de Justiça, de 1 de Maio de 1953 (Raul Duque).

481 Acórdão do Supremo Tribunal de Justiça, de 8 de Novembro de 1949 (A. Bártolo), onde se decide que não pode ser condenada como litigante de má fé por dolo substancial a parte que desiste da instância, mas que esta desistência não impede a respectiva condenação por dolo instrumental.

482 Aqueles que se traduzem na dedução de pretensão ou de oposição manifestamente infundada, que são seguramente casos em que, sendo a pretensão única, a parte decairá. Já pode não ser assim se o objecto for múltiplo e se, neste caso, a relação entre objectos não for de prejudicialidade, reportando-se a má fé ao primeiro deles. O mesmo se diga da oposição. Se bem que Alberto dos Reis, Código de Processo Civil anotado, II, *sub* artigo 465.º, p. 264, considere haver, igualmente, má fé substancial e sucumbência quando a parte altera a verdade dos factos, diremos que esta ligação não é inelutável, dependendo de uma análise casuística da relevância dos factos alterados. Isto porque o artigo 465.º não estabelece uma relação directa entre os factos alterados e a causa de pedir, sendo certo que também esta pode ser múltipla. Com outros exemplos, mas igualmente crítico quanto à necessária recondução dos casos em que a parte altera a verdade dos factos a má fé substancial, Manuel de Andrade, Noções elementares de processo civil, 172, p. 368, nota 1.
Esta matéria deverá ser retomada mais adiante quando tentarmos fixar os contornos do actual artigo 456.º [542.º] do CPC.

Semelhante leitura do artigo 465.º CPC1939 encontra apoio na posição de Alberto dos Reis, que a deixa muito claramente enunciada quando descreve o tipo *dedução de pretensão ou de oposição infundada*. Em lugar que analisaremos já a seguir, Alberto dos Reis afirma que esta modalidade de litigância de má fé se apresenta como o reverso da violação do dever de probidade, que é identificado com o dever de boa fé processual[483].

Esta observação não permite, porém, tirar imediatamente uma qualquer ilação quanto aos bens jurídicos que podem ser violados através de uma conduta processual maliciosa. A parte pode, com um comportamento processual malicioso, violar, não apenas deveres adjectivos, mas bens de outra natureza. Saber se os danos provocados nestes bens são indemnizáveis e em que termos o são, é já uma questão de uma outra ordem. Tudo dependerá do regime que a lei descrever para a indemnização.

218. Em segundo lugar e no que tange aos estados subjectivos relevantes, diz-nos Alberto dos Reis que, ao invés do sistema italiano que, no artigo 96 c.p.c.it., permite a condenação em indemnização à parte contrária daquele que, tendo ficado vencido, agiu ou resistiu com dolo/má fé ou culpa grave, ou CPCbr39, que permite a condenação em indemnização da parte que intenta a acção com erro grosseiro, o sistema nacional apenas quis condenar "a lide dolosa ou maliciosa"[484].

Independentemente do acerto de semelhante opção, o que nos interessa aqui registar é que, afinal, alguns dos tipos previstos no segundo parágrafo do artigo 465.º seriam, na sua enunciação, compatíveis com comportamentos negligentes[485].

219. Analisemos detidamente a norma concretizadora, constante do segundo parágrafo do artigo 465.º, assinalando algumas das decisões que

---

483 Furtado dos Santos, A punição dos litigantes de má fé no direito pátrio, II.

484 Código de Processo Civil anotado, II, *sub* artigo 465.º, p. 262. Manuel de Andrade, Noções elementares de processo civil, 172, p. 358; Castro Mendes, Manual de Processo Civil, 65.IV.A).

485 Acentuando que, não obstante a descrição dos comportamentos que indiciavam má fé, era a doutrina que, reforçada pelo uso do conceito de má fé instrumental pelo artigo 465.º, § único, exigia a existência de dolo, Pedro de Albuquerque, Responsabilidade processual por litigância de má fé, abuso de direito e responsabilidade civil em virtude de actos praticados no processo, p. 43.

sobre ela foram recaindo e que, como acima dissemos, regra geral cruzam diversos tipos, a fim de identificarmos os estados subjectivos considerados relevantes.

Relembre-se este parágrafo:

> "Deve considerar-se litigante de má fé não só o que tiver deduzido pretensão ou oposição cuja falta de fundamento *não podia razoavelmente desconhecer*[486], como também o que *tiver conscientemente* alterado a verdade dos factos[487] ou omitido

---

[486] Acórdão do Tribunal da Relação do Porto, de 15 de Março de 1944 (Melo e Freitas), onde se decide a não condenação da parte por litigância de má fé uma vez que quando a procedência da acção depende da interpretação de normas jurídicas e da sua repercussão sobre a validade do contrato, dificilmente se dirá que a parte sabe deduzir pretensão cuja falta de fundamentação não pode razoavelmente desconhecer; Acórdão do Supremo Tribunal de Justiça, de 2 de Julho de 1948 (Raul Duque); Acórdão do Supremo Tribunal de Justiça, de 24 de Junho de 1949 (Almeida Ribeiro), onde se decide não condenar como litigante de má fé a parte que, apesar de sucumbente e de ter defendido uma posição ousada, tem a seu favor um voto de vencido; Acórdão do Supremo Tribunal de Justiça, de 27 de Julho de 1954 (A. Bártolo), onde o Supremo sublinha um aspecto muito relevante do instituto da litigância de má fé: a necessidade de o comportamento da parte ser valorado de modo contextualizado pelo que aquilo que poderia, numa análise isolada, considerar-se como dedução de pretensão cuja falta de fundamento a parte não podia desrazoavelmente desconhecer, em concreto, seria devido a um normal esquecimento ou irreflexão; Acórdão do Supremo Tribunal de Justiça, de 23 de Janeiro de 1959 (Lopes Cardoso); Acórdão do Supremo Tribunal de Justiça, de 13 de Fevereiro de 1959 (Lopes Cardoso), acórdão em que o Supremo revogou a condenação por litigância de má fé, vinda das instâncias, por considerar que não basta concluir pela falta de fundamentação da pretensão, devendo ter ficado provado que a parte não podia razoavelmente desconhecer essa falta de fundamento; Acórdão do Supremo Tribunal de Justiça, de 24 de Fevereiro de 1959 (S. Figueirinhas), onde se enuncia uma asserção que, ainda hoje, se encontra na jurisprudência, segundo a qual a parte não pode ser condenada por litigância de má fé por haver defendido em duas instâncias uma tese que não fez vencimento e que é ousada; em sentido inverso, Acórdão do Supremo Tribunal de Justiça, de 26 de Abril de 1978 (Costa Soares) (CPC1961), onde se decide a condenação da parte por litigância de má fé uma vez que interpôs recursos sucessivos com fundamento em posição que fora julgada improcedente desde o saneador. *Cfr.*, ainda, Acórdão do Supremo Tribunal de Justiça, de 22 de Abril de 1959 (Agostinho Fontes).

[487] Acórdão do Supremo Tribunal de Justiça, de 7 de Janeiro de 1949 (Almeida Ribeiro), decisão em que o Supremo considera a alteração de factos instrumental à acção de entorpecimento da justiça; Acórdão do Supremo Tribunal de Justiça, de 11 de Fevereiro de 1950 (Utra Machado), em que se condena por litigância de má fé o réu que, de "forma vincada e imprudente", "se atreve a negar uma dívida," cuja existência se provou nos autos;

factos essenciais[488] e o que tiver feito do processo ou dos meios processuais um uso manifestamente reprovável[489], *com o fim* de conseguir um objectivo ilegal ou de entorpecer a acção da justiça[490] ou de impedir a descoberta da verdade" (itálicos nossos).

Se alguns tipos são compatíveis com um comportamento negligente, somente a equiparação da má fé ao dolo, feita pelo legislador no primeiro

---

Acórdão do Supremo Tribunal de Justiça, de 28 de Abril de 1950 (ROBERTO MARTINS); Acórdão do Supremo Tribunal de Justiça, de 19 de Fevereiro de 1957 (BALTASAR PEREIRA), onde se distingue a dúvida legítima quanto à qualificação de um estado com a alteração consciente de factos relevantes para a decisão da causa; Acórdão do Supremo Tribunal de Justiça, de 18 de Maio de 1965 (ALBUQUERQUE ROCHA) (CPC1961); Acórdão do Supremo Tribunal de Justiça, de 4 de Janeiro de 1974 (JOÃO MOURA) (CPC1961); Acórdão do Supremo Tribunal de Justiça, de 21 de Fevereiro de 1978 (OLIVEIRA CARVALHO) (CPC1961), onde se afirma que a negação de factos pessoais, que vêm a ser dados como provados, constitui litigância de má fé.

488 Acórdão do Supremo Tribunal de Justiça, de 25 de Abril de 1958 (CARLOS SAAVEDRA).

489 Acórdão do Supremo Tribunal de Justiça, de 28 de Maio de 1948 (ARTUR A. RIBEIRO), se bem que a situação subjacente à decisão devesse, do nosso ponto de vista, ser reconduzida, inicialmente, ao primeiro comportamento típico, já que o Supremo sustenta que o recorrente deduz pretensão, em sede de recurso, cuja falta de fundamento não podia razoavelmente desconhecer pois que se opunha a doutrina fixada em assento; Acórdão do Supremo Tribunal de Justiça, de 2 de Julho de 1948 (RAUL DUQUE); Acórdão do Supremo Tribunal de Justiça, de 30 de Novembro de 1948 (A. BÁRTOLO); Acórdão do Supremo Tribunal de Justiça, de 14 de Novembro de 1958 (LOPES CARDOSO), decisão em que o tribunal retira a má fé dos representantes do litigante quanto à utilização de determinado meio processual (recurso) do facto de haver sido aqueles quem, pugnando pela incompetência do tribunal, perante ele instauraram a acção, bem como da circunstância de virem arguir de nula uma desistência que "eles mesmos, resolveram, fizeram e implicitamente pediram fosse julgada válida." Exactamente com a mesma questão da competência/incompetência e com decisão equivalente, Acórdão do Supremo Tribunal de Justiça, de 4 de Maio de 1973 (JOÃO MOURA) (CPC1961); Acórdão do Supremo Tribunal de Justiça, de 18 de Abril de 1969 (LUDOVICO DA COSTA) (CPC1961).

490 Acórdão do Supremo Tribunal de Justiça, de 1 de Julho de 1949 (ROCHA FERREIRA); Acórdão do Supremo Tribunal de Justiça, de 11 de Maio de 1954 (ALMEIDA RIBEIRO), onde não se julgou verificada a má fé do litigante que deduzira uma extensa reclamação não fundamentada contra a especificação e o questionário. Acórdão do Supremo Tribunal de Justiça, de 30 de Novembro de 1978 (COSTA SOARES) (CPC1961), em que se condena o litigante por má fé, sendo a dedução de pretensão manifestamente infundada em sede de recurso instrumental do intuito de entorpecimento da justiça.

parágrafo do artigo 465.º, nos permite concluir que somente o dolo releva. De fora, fica toda a modalidade de negligência, entre ela se contando o designado *erro grosseiro*.

Na verdade, quando se estabelece que age de má fé aquele que não pode razoavelmente desconhecer a falta de fundamentação da pretensão ou da oposição, não se impõe, para que haja condenação por litigância de má fé, nem que o agente desconheça, nem que o agente pudesse desconhecer tal falta de fundamentação. A ponderação não é psicológica, mas ética (não é o que o agente conhece mas o que ele não pode deixar de conhecer). O tipo pode ser preenchido por um agente que actue com negligência.

No entanto, esta interpretação é afastada pela doutrina. Ao explicar as razões que determinaram o legislador a penalizar somente o comportamento doloso, Alberto dos Reis escreve que, se o erro grosseiro daquele que deduz uma pretensão ou uma oposição não fundamentada é compatível com a lide temerária (a parte "não empregou a diligência, que devia empregar, para desfazer o seu erro"[491]), a expressão deve ter o sentido *consciência de não ter razão*[492]. E prossegue: "[n]ão basta, pois, o erro grosseiro ou a culpa grave; é necessário que as circunstâncias induzam o tribunal a concluir que o litigante deduziu pretensão ou oposição *conscientemente* infundada"[493]. É evidente que, com esta estrutura subjectiva, o tipo dificilmente pode ser preenchido já que não basta que o tribunal fique convencido de que a parte não podia razoavelmente desconhecer a sua falta de razão, devendo, antes, dar como assente que a parte sabia não ter razão.

220. Não obstante, e apesar de ser ter pretendido que o tipo do artigo 465.º fosse psicológico e não ético, é possível encontrar decisões em que o tribunal dá como assente a má fé da parte sem que haja sido feita a demonstração de que ela sabia não ter razão, bastando-se com a razoabilidade desse conhecimento. Assim sucedeu com o acórdão do S.T.J., de 12 de Fevereiro de 1960, onde se afirma, expressamente, que "[t]udo quanto ficou

---

[491] Código de Processo Civil anotado, II, *sub* artigo 465.º, p. 263.

[492] Código de Processo Civil anotado, II, *sub* artigo 465.º, p. 263.

[493] Código de Processo Civil anotado, II, *sub* artigo 465.º, p. 263. *Cfr.*, na jurisprudência, acórdão do Supremo Tribunal de Justiça, de 27 de Junho de 1952 (Artur Ribeiro), onde se sustenta a não condenação da parte como litigante de má fé mesmo perante a "lide errada, por mais ousada que seja, desde que quem a faz está íntima e honestamente convencido da razão e da verdade que lhe assistem".

exposto conduz directamente à certeza de que o executado suscitou questão manifestamente improcedente, dado que *devia perfeitamente saber*[494] que não tinha razão ao arguir a apontada contradição entre a causa de pedir e o pedido: *dolo substancial*". Veja-se que o Supremo Tribunal de Justiça não sustenta, nem poderia sustentar por falta de matéria de facto, que a parte sabia que não tinha razão. Ao invés, basta-se com o facto de ser presumível que a parte soubesse; equipara a presunção de conhecimento ao conhecimento efectivo.

221. Ainda a propósito da dedução de pretensão ou de oposição infundada, ALBERTO DOS REIS afirma que a penalização desta conduta surge como reverso do dever de probidade, consagrado no então artigo 264.º CPC1939[495] e coincidente com o dever de actuar de boa fé[496]. Quer isto dizer que a parte viola um dever processual que sobre ela impende. Este aspecto é muito relevante na medida em que o fundamento da litigância de má fé não se reconduz à sucumbência, mas à violação de deveres processuais. Se a sucumbência é regra quando a parte deduz pretensão ou oposição infundada, a sua conduta é censurável, não porque ela sucumba, mas porque ela sucumbe por haver violado o dever adjectivo de probidade: o de não formular, conscientemente, pedidos injustos, o de não articular factos contrários à verdade e o de não requerer diligências meramente dilatórias.

A situação é já diversa, de um ponto de vista da enunciação, quanto à alteração de factos e quanto ao uso reprovável dos meios processuais ou do processo. Neste caso, exige-se que a parte actue os meios processuais de modo manifestamente reprovável e com um fim ilícito, naquele, que a parte haja alterado conscientemente a verdade dos factos. O comportamento da parte é, atendendo ao parágrafo primeiro do artigo 465.º, doloso ou malicioso.

Porém, a lei parece impor a demonstração da finalidade do agente para que ele possa ser condenado como litigante de má fé. Quer isto dizer que, ao fazer depender a condenação da apreciação do fim concreto do agente, não se basta a lei com a possibilidade objectiva e abstracta de a respectiva conduta atingir os escopos indicados no artigo 465.º; é preciso que o uso de meios processuais seja instrumental para o alcançar de uma dessas finalidades e que a finalidade alcançada seja querida pelo agente.

---

[494] Itálico nosso.

[495] Código de Processo Civil anotado, II, *sub* artigo 465.º, p. 263; Comentário ao Código de Processo Civil, vol. 3.º, pp. 4 e 5.

[496] Comentário ao Código de Processo Civil, vol. 3.º, p. 5.

No entanto, e possivelmente atendendo, uma vez mais, à impossibilidade de preenchimento do elemento subjectivo do tipo (como demonstrar que a concreta finalidade do agente foi a de entorpecer a acção da justiça, conseguir um objectivo ilegal ou impedir a descoberta da verdade?), o Supremo Tribunal de Justiça acaba por inferir a finalidade do comportamento da parte a que aquela pode eventualmente presidir[497]. Certo é, porém, que a lei não se basta com este juízo de inferência da finalidade a partir de uma potencialidade abstracta, exigindo a sua demonstração.

222. Também quanto aos respectivos efeitos, a legislação nacional se afastou daquelas em que confessadamente se terá inspirado. Isto porque, ao invés do sistema italiano, admite a dedução de um pedido indemnizatório em cumulação com a aplicação de uma multa. Atendendo à diversidade de beneficiários e de finalidades de uma e de outra, pode compreender-se a opção da nossa lei.

A multa, assumindo-se como uma pena civil, justifica-se pela necessidade de sancionar uma conduta que atenta contra o sistema de Justiça[498]: este é posto em acção em circunstâncias em que se não justifica o exercício da função jurisdicional. Preside-lhe escopo punitivo, revertendo os montantes pagos para as entidades designadas por lei[499]. Porque a multa não visa beneficiar a parte contrária, mas reprimir o uso abusivo de meios que o Estado coloca à disposição das partes, justifica-se a intervenção oficiosa do tribunal: "a condenação em multa pode e deve ter lugar *ex officio*"[500].

---

[497] Acórdão do Supremo Tribunal de Justiça, de 19 de Fevereiro de 1960 (Sousa Monteiro), onde se lê que "era tão nítida a coerência da decisão [...] com os respectivos fundamentos que a pretensa contradição entre estes e aquela *só podia* ter sido invocada [...] num propósito de retardar o seguimento da execução" (itálico nosso).

[498] Acórdão do Supremo Tribunal de Justiça, de 9 de Março de 1956 (Beça de Aragão), onde se lê que o dolo, previsto no artigo 465.º CPC1939, "pode atingir não apenas a parte contrária, como pode atingir terceiros e o próprio Tribunal, que é vítima de tal dolo, sendo induzido em erro, para chegar a uma decisão contra direito. Por isso mesmo o artigo 465.º determina que, verificado o dolo, o litigante responsável seja condenado em multa; ora se o dolo respeitar somente à parte contrária, lá está cominada nesse preceito a indemnização, não tendo lugar a sanção de multa".

[499] Alberto dos Reis, Código de Processo Civil anotado, II, *sub* artigo 465.º, p. 268 e seg..

[500] Alberto dos Reis, Código de Processo Civil anotado, II, *sub* artigo 465.º, p. 267.

223. A indemnização tinha o seu regime traçado, tanto no artigo 465.º (legitimidade e disponibilidade objectiva), quanto no artigo 466.º (conteúdo da indemnização). Do artigo 465.º decorria, claramente, que a parte que litigara de má fé apenas seria condenada em indemnização se a parte prejudicada com a sua conduta dolosa o pedisse[501]. Ao impor a dedução de pedido indemnizatório pela parte lesada, o Código submete, também, a responsabilidade decorrente da provocação de danos por comportamento processual doloso ao princípio geral do dispositivo, afastando-se de outras soluções que então lhe eram contemporâneas. Entre estas, avulta o sistema italiano que, no artigo 96, prevê a liquidação oficiosa de indemnização em benefício da parte lesada com o comportamento doloso ou gravemente culposo da outra parte.

224. Quanto ao seu conteúdo, a indemnização podia cobrir:

- As despesas, nelas incluídos os honorários dos mandatários ou técnicos, em que a parte contrária incorrera por causa da má fé;
- Os restantes prejuízos sofridos pela parte contrária.

Segundo o artigo 466.º CPC1939, o dano indemnizável podia variar: as despesas em que a parte incorreu podem ser consideradas *danos indemnizáveis*. Mas podem, igualmente, ser considerados danos indemnizáveis os prejuízos sofridos pela parte. De acordo com Alberto dos Reis, no primeiro caso, falar-se-á de uma indemnização limitada, simples ou de primeiro grau; no segundo, de uma indemnização plena, agravada ou de segundo grau[502].

225. O regime legal fixado pelo artigo 466.º é pouco claro: se a indemnização prevista pelos artigos 465.º e 466.º é uma indemnização verdadeira e própria, não deverão ser indemnizados todos os prejuízos que são provocados pela conduta lesiva? Não consistia a obrigação de indemnizar na restituição do lesado ao estado anterior à lesão e na satisfação das perdas e danos que lhe hajam sido causados (*cfr.* artigo 2364.º do CC1867)?

Maior é a estranheza se se atentar ao que se dispõe no segundo parágrafo do artigo 466.º: "[o] juiz *optará* pela indemnização que julgar *mais adequada à conduta da parte vencida* [...]" (itálico nosso).

---

[501] Acórdão do Supremo Tribunal de Justiça, de 19 de Fevereiro de 1957 (Baltasar Pereira).

[502] Alberto dos Reis, Código de Processo Civil anotado, II, *sub* artigo 466.º, p. 276 e seg..

De acordo com o artigo 466.º, o *dano indemnizável* depende, assim, directamente da valoração da conduta da parte que agiu com má fé. Se bem que a lei nada diga quanto à relação a estabelecer entre essa conduta e o dano indemnizável, parecendo a indemnização fixada na al. b) do artigo 466.º mais abrangente do que aquela que pode ser arbitrada ao abrigo da al. a) do mesmo preceito legal desde que aquela não exclua esta[503], o sistema indica que a um mais intenso desvalor corresponde uma maior amplitude do dever de indemnizar. E incumbe ao juiz, feita essa valoração, optar por uma ou por outra indemnização. Sendo o dolo graduável[504], "pode ter revestido feição sumamente escandalosa e revoltante"[505], justificando-se que a parte seja condenada a reparar todos os danos sofridos pela outra parte. Ao invés, se o comportamento doloso se manifestou "em termos menos irritantes e graves, quase a roçar a culpa lata"[506], deve o juiz fixar como conteúdo da indemnização as despesas a que a má fé obrigou a parte.

A variação do *dano indemnizável* em função do maior ou menor desvalor do comportamento da parte atribui a esta situação jurídica uma natureza híbrida: se é certo que só pode ser indemnizado o que a parte efectivamente sofreu como despesa ou como prejuízo, aqui se manifestando a natureza compensatória do dever de indemnizar, certo é, também, que o dano indemnizável varia em função de um maior ou menor desvalor da conduta da parte, fazendo este traço de regime avultar a natureza punitiva da indemnização. A dependência do dano indemnizável da conduta do agente caracteriza, ainda hoje, o regime da responsabilidade por comportamento processual ilícito. Por esta razão, retomá-lo-emos adiante. Porém, registe-se, desde já, que esta dependência da indemnização da conduta do autor da lesão não é uma singularidade do dever de indemnizar decorrente de conduta processual desvaliosa. É possível surpreender consideração semelhante no artigo 494.º do CC.

---

503 Se bem que a regra não seja clara, a interpretação que dela é feita e que vem a resultar na redacção da disposição paralela no CPC1961, apontam no sentido de a indemnização dos prejuízos não afastar a compensação pelas despesas. Assim, Alberto dos Reis, Código de Processo Civil anotado, II, *sub* artigo 466.º, p. 276. Acórdão do Supremo Tribunal de Justiça, de 19 de Fevereiro de 1960 (Lopes Cardoso), ainda assim com dois votos de vencido no sentido da alternatividade dos danos indemnizáveis.

504 Alberto dos Reis, Código de Processo Civil anotado, 1940, *sub* artigo 466.º.

505 Alberto dos Reis, Código de Processo Civil anotado, II, *sub* artigo 466.º, p. 278.

506 Alberto dos Reis, Código de Processo Civil anotado, II, *sub* artigo 466.º, p. 278.

226. Por último, refiram-se, ainda, duas relevantes disposições do regime da responsabilidade processual por comportamento ilícito, insertas no CPC1939. Aludimos aos artigos 467.º e 468.º. O primeiro prescreve a imputação do dever de indemnizar ao representante quando a parte é um incapaz ou uma pessoa colectiva[507]. O segundo, que suscitou acesa polémica no seio da Comissão revisora[508], prevê os efeitos da imputação da acção dolosa ao mandatário da parte[509]. Se um e outro divergem quanto aos limites da intervenção do magistrado[510], um e outro se aproximam na medida em que visam atingir, não o autor do acto ou aquele a quem ele é juridicamente imputado, mas o agente.

227. Sabemos, agora, que tanto a parte como o seu mandatário (este, através da ordem profissional competente) poderão ser condenados em multa por litigância de má fé. O regime a que esta condenação se submete permite concluir, no nosso sistema, que o bem jurídico protegido nesta condenação é o próprio sistema de Justiça através do concreto tribunal perante o qual ocorreu o comportamento censurável. Este enfoque, perfeitamente vincado nos sistemas anglo-saxónicos, que olham a litigância de má fé como crime de *contempt of the court*, tem no regime da multa o seu reflexo.

Ora, um dos aspectos a analisar quando se verifica que um dos efeitos da má fé da parte e do seu mandatário é, nos termos do artigo 465.º CPC1939, a respectiva condenação em multa é o da delimitação deste tipo face ao previsto no artigo 155.º CPC1939.

Com efeito, previa esta disposição, num tipo enunciado com enorme realismo face àquela que é a comunidade processual típica, que "[o]s advogados e solicitadores que, por escrito ou oralmente, se afastarem do respeito devido às instituições vigentes, às leis ou ao tribunal serão advertidos com urbanidade pelo presidente, que poderá, além disso, mandar riscar

---

[507] Acórdão do Supremo Tribunal de Justiça, de 14 de Novembro de 1958 (Lopes Cardoso), decisão em que são condenados nos efeitos da má fé, não as partes (Câmara Municipal e Junta de Freguesia), mas os respectivos vereadores e vogais.

[508] É célebre a afirmação de Sá Carneiro, pelo próprio relatada na RTr ano 62, p. 197, que teria de abandonar a advocacia se o artigo 609.º do projecto fosse aprovado tal qual estava. O artigo 609.º foi efectivamente aprovado, vindo a corresponder ao artigo 468.º CPC1939.

[509] Acórdão do Supremo Tribunal de Justiça, de 12 de Novembro de 1948 (Rocha Ferreira).

[510] Acórdão do Supremo Tribunal de Justiça, de 27 de Outubro de 1964 (Albuquerque Rocha).

quaisquer expressões ofensivas ou retirar-lhes a palavra [...]. Se o advogado não acatar a decisão que lhe retira a palavra, pode o tribunal fazê-lo sair da sala do tribunal [...]"[511]. Destes factos deverá o juiz dar conhecimento à Ordem dos Advogados, de modo a que esta possa exercer a sua competência disciplinar.

Se o abuso for cometido, não por advogado, mas pela parte ou por outra pessoa, pode, ainda, o juiz condená-las em multa.

O que distinguirá os campos de aplicação dos artigos 155.º e 465.º CPC1939 são os deveres jurídicos violados: se a aplicação do artigo 155.º pressupõe a violação do dever de correcção ou, na sua actual denominação, o dever de recíproca correcção, o artigo 465.º pressuporá a violação de outros deveres. E, quanto ao campo de aplicação do artigo 155.º, ALBERTO DOS REIS fornece-nos uma pista muitíssimo relevante no que tange à tutela de bens jurídicos, que se não confundem com situações processuais da parte contrária, e que são violados através de comportamento que ocorre no processo. Ao explicar as razões pelas quais entendeu confinar o regime jurídico do artigo 155.º à tutela das instituições vigentes, das leis e do tribunal, excluindo os litigantes, os peritos, as testemunhas ou outras entidades, ALBERTO DOS REIS, partindo da premissa de que não podendo pôr-se no mesmo plano a ofensa a instituições ou ao tribunal e a ofensa a particulares, afirma que se "[u]m advogado ofende o seu adversário, ou uma testemunha ou outra pessoa, uma de duas: a) Ou a ofensa reveste uma forma tão escandalosa e agressiva que o próprio decôro do tribunal foi atingido; b) Ou a ofensa não representa falta de consideração pelo tribunal e unicamente falta de consideração pelo ofendido. [...] no 2.º caso não deve funcionar [o artigo 155.º]. Mas se a ofensa contiver matéria difamatória ou injuriosa, fica livre ao ofendido o uso da acção penal"[512].

---

[511] Acerca da conformidade constitucional do artigo 155.º CPC1939/61, *cfr.* acórdão do Supremo Tribunal de Justiça, de 20 de Outubro de 1977 (RODRIGUES BASTOS), que revela, se bem que sem jamais o afirmar, como as concepções e os momentos políticos determinam o exsurgir de questões que, se bem que já existentes, não eram suscitadas. O Supremo sustenta a conformidade constitucional do artigo 155.º durante a vigência da Constituição de 1933, cujo artigo 8.º § 2.º permitia que leis especiais viessem regular o exercício da liberdade de expressão. No entanto, ao pronunciar-se sobre aqueles preceitos em 1977, o Supremo Tribunal de Justiça, escudando-se no artigo 37.º da CRP76, conclui pela respectiva desconformidade constitucional.

[512] Comentário ao Código de Processo Civil, 2.º, *sub* artigo 155.º, p. 122.

Adiante deverá retomar-se este problema, ainda hoje subsistente perante a vigência simultânea dos artigos 456.º [542.º] e 266.º-B [9.º] do CPC.

228. Quanto ao regime concretamente aplicável à condenação da parte como litigante de má fé, um aspecto nos interessa particularmente: em que momento deve ser conhecida a má fé do litigante?

A resposta a esta interrogação não era directamente dada pelo legislador. No entanto, um ponto do sistema nos permite concluir que se pretendia que a condenação ocorresse até à sentença ou, dito de modo ainda mais correcto, que essa condenação fosse proferida no processo em que a má fé se revelou, tendo que ter-se em conta que a apreciação do comportamento do agente envolve matéria de facto e de direito[513].

Dispunha o artigo 466.º, § 1, que, não havendo elementos que permitissem fixar, logo na sentença, a importância da indemnização, deveria o juiz, através de um procedimento de liquidação intra-processual extremamente simples, arbitrá-la, ouvidas as partes. Com isto se evitava que a parte beneficiária da indemnização houvesse de deduzir incidente de liquidação em eventual futura acção executiva.

O § 1 do artigo 466.º refere a impossibilidade de fixação do valor da indemnização. Mas o que o artigo 466.º não refere é a impossibilidade de conhecer da existência do dever de indemnizar. Conforme escrevia Alberto dos Reis, "[a] apreciação da má fé e a condenação em multa e indemnização não pode o juiz relegá-las para depois da sentença; é nesta que há-de decidir se o litigante procedeu de má fé; é aí que, em caso afirmativo, há-de condená-lo [...]; o que pode e deve deixar para depois da sentença é a fixação

[513] Quanto à limitação dos poderes de conhecimento de matéria de facto pelo Supremo, necessária à condenação, em concreto, de uma parte cujo comportamento, em abstracto, preenche o tipo do artigo 456.º, *cfr.* acórdão do Supremo Tribunal de Justiça, de 8 de Novembro de 1949 (A. Bártolo); acórdão do Supremo Tribunal de Justiça, de 22 de Novembro de 1955 (Manuel Malgueiro); acórdão do Supremo Tribunal de Justiça, de 31 de Maio de 1963 (Lopes Cardoso), onde se lê que a afirmação, feita pelas instâncias, de que a parte deduziu pretensão cuja falta de fundamento não pode desrazoavelmente desconhecer e que fez uso reprovável dos meios processuais são conclusões de direito, não podendo o Supremo, na ausência de matéria de facto que as fundamente, sindicá-las; acórdão do Supremo Tribunal de Justiça, de 28 de Junho de 1963, voto de vencido (Bravo Serra) (CPC1961); acórdão do Supremo Tribunal de Justiça, de 5 de Abril de 1979 (Abel de Campos) (CPC1961).

do quantitativo da indemnização [...]"[514]. Desta posição se infere que deve ser o juiz da acção a determinar a existência de má fé do litigante.

229. Curiosamente, anos mais tarde, ALBERTO DOS REIS pronunciou-se na secção de jurisprudência, na parte dedicada à jurisprudência crítica sobre o processo civil, da Revista de Legislação e de Jurisprudência, sobre uma questão que pode parecer diversa daquela que analisamos, mas que com ela tem pontos de contacto.

ALBERTO DOS REIS parte de um acórdão do Supremo Tribunal de Justiça, de 27 de Junho de 1952[515], que apreciou a seguinte questão: tem a Relação o poder de condenar o recorrente como litigante de má fé se esta condenação se baseia, não nos factos ocorridos no procedimento de recurso em segunda instância, mas no procedimento em primeira instância, sendo certo que o juiz *a quo* se não pronunciou sobre esta matéria? O Supremo Tribunal de Justiça limitou-se a confirmar o acórdão da Relação que condenara a parte por litigância de má fé na primeira instância. ALBERTO DOS REIS critica o supremo Tribunal, não porque discorde da decisão, mas porque, tendo havido divergência quanto à questão posta, "o acórdão não contém uma palavra no sentido de justificar a legalidade da condenação"[516]. Na sua anotação crítica, ALBERTO DOS REIS confronta-se, então, com o voto de vencido de um dos juízes conselheiros. E acaba por nos dizer que "[s]e ao juiz de 1.ª instância era dado fazer tal apreciação (a da ma fé do litigante), [...], tenho como certo que também à Relação era lícito fazer o mesmo". A leitura desta passagem, tomada isoladamente, parece permitir uma conclusão: o tribunal superior pode condenar a parte como litigante de má fé com fundamento apenas em factos ocorridos na primeira instância já que se tal condenação podia ser decretada pelo tribunal *a quo* também o poderá ser pelo tribunal *ad quem*. Se

---

514 Código de Processo Civil anotado, II, *sub* artigo 466.º, p. 281. Em sentido idêntico, RLJ, n.º 79, pp. 55 e segs. e p. 59.

515 BMJ 31, 369-372. Este acórdão tem um voto de vencido (ABREU COUTINHO), onde se lê, perante a condenação, pela Relação, da parte como litigante de má fé por comportamentos ocorridos perante a primeira instância, que "era ao juiz de direito que competia apreciar a actuação da ora agravante na primeira instância e que, não tendo ele verificado existir aí litigância de má fé e não havendo sido interposto a esse respeito qualquer recurso, não podia a Relação apreciar aquela actuação e com base nela condenar a agravante como litigante de má fé".

516 A má fé no litígio, p. 330.

for este o sentido da posição do Autor, diremos: *quod erat demonstrandum*! Com efeito, este era exactamente o problema que o juiz vencido havia suscitado no seu voto e acerca do qual ALBERTO DOS REIS critica o Supremo Tribunal de Justiça por, acerca dele, haver silenciado. ALBERTO DOS REIS não apresenta qualquer razão substancial como fundamento da sua posição, limitando-se a dizer que "o juiz de direito *podia*, e *devia*, condenar em multa a requerente como litigante de má fé; portanto a Relação, proferindo essa condenação, fez o que o tribunal de 1.ª instância devia ter feito"[517].

Se esta passagem induz a concluir que ALBERTO DOS REIS admite a condenação da parte, pelo tribunal superior, por comportamentos ocorridos perante a primeira instância, uma passagem antecedente levanta alguma ambiguidade. Com efeito, o Autor afirmara que "[o] recurso pode ser a sequência duma série de actos, tentativas e manobras reprováveis, destinadas a entorpecer a acção da justiça. Quando isso suceda, parece-nos claro que o tribunal superior pode tomar em consideração o procedimento malicioso do recorrente, anterior à interposição do recurso, para o efeito de chegar a esta conclusão [...]"[518].

A situação que ALBERTO DOS REIS toma, neste momento, por referência parece distinta daquela de que partiu: agora a apreciação de condutas ocorridas em primeira instância é relevante para que seja possível, numa ponderação integrada do comportamento da parte, concluir se ela agiu com má fé. Nesta hipótese, também a interposição (e, possivelmente, a alegação) do recurso se apresenta como reprovável; mas, esta reprovação, depende de uma consideração de comportamentos pretéritos da parte. Ora, as afirmações de ALBERTO DOS REIS primeiramente citadas parecem ampliar os poderes do tribunal superior para lá destes limites: o tribunal *ad quem* poderá, não apenas ponderar globalmente o comportamento da parte para concluir que os actos perante si praticados merecem a censura adveniente da sua qualificação como comportamentos de má fé, mas também somente e apenas o comportamento da parte perante o tribunal *a quo* para concluir por uma condenação que àquele competia ter proferido.

Contudo, o verdadeiro problema, que acaba por ficar sem solução por ausente fundamentação, traduzia-se em saber se se não deve ter por

[517] A má fé no litígio, p. 331; itálicos no texto. Identicamente, PINHEIRO FARINHA, Código de Processo Civil anotado, *sub* artigo 456, n.º 4.

[518] A má fé no litígio, p. 331.

prejudicada a apreciação da má fé da parte, por comportamentos ocorridos perante tribunal diverso daquele que sobre ela se pretende pronunciar. ALBERTO DOS REIS dirá que não uma vez que admite que o tribunal superior faça aquilo que o tribunal inferior deveria ter feito e não fez. Que razões o determinam a esta solução, é aspecto para o qual não encontramos sequer pistas nesta sua intervenção. Adiante retomaremos esta matéria.

230. Se ponderarmos a posição de ALBERTO DOS REIS no que respeita à determinação do momento em que deve ser conhecida a má fé da parte em toda a sua extensão, pensamos poder dizer que a evolução representada pela *Má fé no litígio* ainda é susceptível de harmonização com a sua orientação anterior: se bem que o tribunal superior possa, desde que o faça no âmbito do recurso, conhecer da má fé com que o litigante litigou na primeira instância, condenando-o por tal comportamento no processo de recurso, não se diz que esta condenação possa ocorrer em processo independente daquele em que tal má fé se verificou. Quer isto dizer que, podendo haver uma substituição do tribunal hierarquicamente superior ao tribunal hierarquicamente inferior na apreciação (oficiosa) da má fé, daqui se não infere que tal apreciação possa ser realizada em processo independente.

Na linha da posição de ALBERTO DOS REIS, encontra-se a decisão proferida pelo 4.º Juízo Cível de Lisboa, em 30 de Novembro de 1960, segundo a qual "quem pretender uma indemnização por má fé em alguma das modalidades a que se referem as alíneas a) e b) daquele art. 466.º do Cód. de Proc. Civil, terá de pedi-la no próprio processo de que lhe nasce esse direito e só nesse processo, até à respectiva decisão final, sob o risco de o mesmo direito se lhe extinguir por não ser exercido como competia"[519].

As razões avançadas pelo juiz de primeira instância são várias.

Em primeiro lugar, recorre ao argumento que fora avançado por ALBERTO DOS REIS: não é possível sequer relegar a liquidação da indemnização em que a parte é condenada para a fase da execução da sentença. Em segundo lugar, cabendo ao julgador, de acordo com o regime legal, determinar a indemnização que considera mais adequada, só o juiz perante o qual a conduta de má fé ocorre pode, com base nos factos que percepciona, optar por uma ou por outra indemnização, não restando margem para a respectiva apreciação noutro processo. Deste modo, "o direito à indemnização por

---

[519] Indemnização por má fé, *Scientia Iuridica* tomo X, p. 475.

má fé em pendência processual é, [...], um direito cujo exercício depende do próprio processo em que a má fé se constata, acha-se condicionado pelos trâmites processuais de que emerge e com eles se extingue." Sendo o direito à indemnização um direito substantivo, emergente de um ilícito processual, o seu exercício acha-se condicionado ao procedimento em que esse ilícito ocorreu. Porque o direito a indemnização havia sido pedido em acção autónoma, decidiu o tribunal absolver o réu do pedido por verificação da excepção peremptória impeditiva.

231. Em momento ulterior, coube ao Supremo Tribunal de Justiça, em acórdão de 21 de Janeiro de 1964 (Albuquerque Rocha), afirmar que "se nem isso a lei consente [relegar a liquidação da indemnização devida a má fé para a execução de sentença], como poderia ela admitir – ainda que não houvesse os obstáculos já apontados da unidade e exclusividade de um só processo para cada direito – que a omissão do pedido, a que se condiciona a indemnização, permitisse uma nova acção, e esta do processo comum, preterindo o processo especial apropriado e para esse fim estabelecido?"

Curiosamente, e se bem que com uma argumentação que visa demonstrar o contrário, o Supremo Tribunal de Justiça, em acórdão de 22 de Junho de 1965 (Albuquerque Rocha), vem a tomar posição inversa àquela que acolhera em 1964.

Na situação submetida à sua apreciação em 1965, o tribunal sustenta que aquilo que a caracteriza, por oposição àquela que fora decidida em 1964, é que, enquanto nesta, foi verificado nos autos que a parte litigou de má fé, naquela tal verificação não foi feita. Perante semelhante delimitação objectiva, o Supremo Tribunal de Justiça conclui que o tribunal só estará impedido de conhecer de um pedido indemnizatório deduzido em acção autónoma se e quando foi conhecida a má fé num outro processo e a decisão proferida foi condenatória. Ao invés, se o tribunal se não pronunciou pela má fé do litigante, ou seja, se proferiu uma decisão absolutória, esta pronúncia não impede que, num novo processo, seja rediscutida esta questão.

O Supremo Tribunal de Justiça acolhe uma delimitação objectiva do caso julgado *eventum litis*, à semelhança do que se defendia ao abrigo dos artigos 153.º e 154.º do CPP29, regras que considera aplicáveis por força da natureza da má fé processual. Segundo o Supremo Tribunal de Justiça, "ainda que proferida em processo cível, a condenação por má fé é uma condenação penal. Ela implica – necessariamente – a aplicação de uma multa – uma pena

– acrescida da indemnização quando esta for pedida." Porque assim é, "[...] a absolvição não vai para além de "simples presunção legal de inexistência dos factos que constituem a infracção, ou de que os arguidos a não praticaram, conforme o que se tenha julgado, presunção que pode ser ilidida por prova em contrário".

232. Antes destes dois arestos, o Supremo Tribunal de Justiça havia declarado, em acórdão de 4 de Maio de 1962 (Lopes Cardoso), que o tribunal superior está inibido de condenar a parte no processo de recurso devido a requerimento apresentado em 1.ª instância se o tribunal *a quo* não declarou verificada a má fé do litigante.

Independentemente dos argumentos que podem extrair-se da natureza da multa, a questão que pode ser suscitada perante a construção do Supremo Tribunal de Justiça respeita ao momento da prática dos actos, dos quais se pode inferir a má fé da parte. Com efeito, e ao invés do que sucede em procedimento criminal, os factos em que deverá fundar-se a apreciação da conduta do agente/parte processual são contemporâneos do próprio processo e ocorrem, não para além dele mas nele. O juiz, numa analogia com os órgãos de polícia criminal, não deverá buscar indícios fora do procedimento. Ao invés, são os factos que compõem o procedimento, que permitirão uma qualificação. Esta radical diferença entre a valoração da conduta do agente que actua, em processo, com má fé e a do agente que pratica um facto típico e punível fora do processo mostra como não serão transponíveis para o tipo do artigo 465.º CPC1939 as considerações feitas acerca dos artigos 153.º e 154.º do CPP então vigente.

Acresce que, na decisão em apreço, o Supremo Tribunal de Justiça generaliza uma afirmação de Alberto dos Reis, destinada a explicar um ponto específico do sistema. Na verdade, e ao invés do que parece transparecer no aresto, Alberto dos Reis limita os casos em que, em embargo de obra nova, a parte (dono da obra) pode, em oposição, deduzir pedido indemnizatório submetido ao regime geral da responsabilidade civil, ou seja, os casos em que a parte pode fundar o pedido indemnizatório não apenas em actuação dolosa, mas também em actuação (gravemente) culposa do requerente. Estes são apenas aqueles a que o artigo 425.º CPC1939 fazia alusão[520]. Quanto aos demais, se o embargo vier a ser julgado infundado,

---

[520] A figura do processo cautelar, p. 89.

transcrevendo ALBERTO DOS REIS, "[p]ara estes casos não há, nos processos cautelares, disposições privativas. Por isso a indemnização de perdas e danos só poderá ter por base o preceito geral do artigo 465.º. O requerente poderá ser condenado na indemnização se houver litigado de má fé no processo cautelar, nos precisos termos do artigo citado"[521].

Por outro lado, o Supremo Tribunal de Justiça infere da submissão do dever de indemnizar aos parâmetros gerais da responsabilidade civil a dedutibilidade do pedido indemnizatório em acção autónoma, conclusão que não pode estribar-se directamente nas premissas de que parte.

233. Ainda no que respeita ao conhecimento do comportamento do agente, deve ter-se em atenção que a má fé pode resultar absolutamente manifesta de uma simples intervenção, sendo que, em outros casos, só uma análise integrada do comportamento do agente permite chegar à conclusão de que age com dolo (ou, actualmente, com negligência grave)[522]. Este aspecto, se bem que sem o enfoque que acabámos de lhe dar, resulta claro nomeadamente do acórdão do Supremo Tribunal de Justiça, de 12 de Novembro de 1957 (MÁRIO CARDOSO), decisão em que o tribunal conclui pela má fé da parte. Funda-se na circunstância de esta ter conseguido, através de sucessivos recursos e reclamações, cuja falta de fundamentação não podia razoavelmente desconhecer, "demorar o andamento do processo e a execução do julgado em primeira instância [...] por mais já de quatro anos". A má fé, no caso relevada na intenção de entorpecer a acção da justiça e de protelar a exequibilidade da decisão, se não resulta evidente da interposição

[521] A figura do processo cautelar, p. 89 e seg..

[522] Acórdão do Supremo Tribunal de Justiça, de 25 de Outubro de 1960 (AGOSTINHO FONTES), onde se escreve que "a condenação do réu em multa e indemnização, como litigante de má fé, é corolário necessário do seu comportamento no processo, desde o seu início [...]". Acórdão do Supremo Tribunal de Justiça, de 24 de Outubro de 1961 (BRAVO SERRA), onde a análise integrada do comportamento é relevante para afastar a qualificação do seu comportamento como doloso no que respeita à utilização de meios processuais. Em acórdão de 13 de Outubro de 1977 (OCTÁVIO GARCIA), o Supremo, sem fundamentação do caso concreto, condena a parte como litigante de má fé por apresentação de recurso contrário a lei. Uma razão parece justificar esta decisão: a descrição do comportamento da parte, revelado por anteriores condutas, que haviam ficado sem sanção nos autos. *Cfr.*, ainda, acórdão do Supremo Tribunal de Justiça, de 9 de Outubro de 1979 (FERREIRA DA COSTA), onde se condena o recorrente por litigância de má fé uma vez que "a revista [...] culmina o fracasso de uma teimosia sempre mal sucedida nas instâncias". *Cfr.* AMARAL BARATA, Parecer, p. 523.

do primeiro recurso, torna-se manifesta com a sucessão de impugnações infundadas de que a parte lança mão. A análise integrada do comportamento do agente é extremamente relevante para a respectiva qualificação já que, em caso de dúvida e conforme vimos era já posição da doutrina em face do Código de 1876, não pode o tribunal optar pela censura da parte, proferindo uma condenação[523]. Porque "[a] má-fé constitui desvio das normas correctas de conduta processual; carece [...] de se revelar ostensivamente. Não basta a suspeita [...]"[524].

234. Um último aspecto relevante para a compreensão do campo de acção do instituto da litigância de má fé foi decidido pelo Supremo Tribunal de Justiça, em acórdão de 18 de Maio de 1956 (Baltasar Pereira). Discutia-se, no recurso interposto para este Tribunal, a possibilidade de ser verificada a má fé da parte que, alegadamente, instaure uma acção, não apenas para exercer uma faculdade substantiva que a lei lhe confere (no caso, o despejo de um prédio), mas para atingir um fim reprovável (intimidar os ocupantes do prédio e compeli-los a aceitarem "injustas exigências"). Entendeu o Supremo Tribunal de Justiça que a alegação não era procedente uma vez que a concretização do artigo 465.º, ao sancionar o uso reprovável de meios processuais pela parte para atingir um objectivo ilegal, toma por referência "o objectivo imediato e relevante de uma acção", sendo este "inferido do pedido". Deste modo, se, para além do objectivo imediato, que tem cobertura legal, a parte visa atingir uma finalidade reprovável, esta sua colocação não é relevante para a sua condenação como litigante de má fé já que este fim não é atendido.

235. Em matéria de providências cautelares e não obstante o desenvolvimento que o tipo central da responsabilidade por comportamento processual atinge no Código de Processo Civil de 39 por comparação com o regime antecedente, não continha este diploma um regime geral de responsabilidade do requerente de providências cautelares. Ao invés, era possível encontrar regimes particulares de responsabilidade, especificamente aplicáveis aos requerentes dos diversos tipos de providências previstas; o que os aproximava

---

[523] Acórdão do Supremo Tribunal de Justiça, de 12 de Maio de 1961 (Lopes Cardoso); acórdão do Supremo Tribunal de Justiça, de 11 de Julho de 1978 (Aquilino Ribeiro).

[524] Amaral Barata, Parecer, p. 522.

era a estrutura dos diversos tipos de procedimentos, bem como os meios de defesa dedutíveis pelo requerido.

O sistema de responsabilidade do requerente de providência cautelar apresenta-se como disperso e pouco coerente. A ausência de um tipo central, a sobreposição aparente de tipos, o casuísmo e as remissões dificultam a descoberta de um princípio ordenador das diversas soluções.

Numa primeira aproximação, é possível identificar providências que contêm regras relativas à responsabilidade do requerente da providência e outras em que tais regimes estão ausentes. Por outro lado, em alguns casos, *v.g.* no arresto, criam-se regimes especiais de responsabilidade que não esgotam o universo de hipóteses que podem ser equacionadas por referência ao tipo geral da litigância de má fé. E mesmo nas hipóteses cobertas por esses regimes, as soluções parecem variar na dependência do meio através do qual se conclui pela censurabilidade do comportamento do requerente.

236. Entre as regras relevantes em sede de responsabilidade do requerente da providência achava-se o artigo 411.º. Sob a epígrafe "Garantias a prestar pelo requerente", sujeitava a efectivação de arresto à assinatura de "têrmo de responsabilidade por perdas e danos, se afinal for julgada insubsistente a providência, por ter havido da sua [do requerente] parte, intencionalmente, ocultação da verdade ou asserção contrária a ela". O antecedente imediato deste regime foi o artigo 366.º do Código de 1876, segundo o qual "o arresto não poderá ser ordenado sem que o requerente assigne termo de responsabilidade por perdas e damnos, se a final for julgado improcedente e nullo o arresto, por ter havido da sua parte occultação da verdade ou asserção contrária a ela." A exequibilidade prática da responsabilidade eventual do requerente perante o arrestado podia ser acautelada através da imposição ao arrestante, pelo juiz (e, nesta fase, apenas por este, já que o arresto não é uma providência contraditória), da prestação de caução: "a caução destina-se a afastar o perigo da *excessiva celeridade* do processo de arresto, isto é, a precaver o arrestado contra os prejuízos que lhe pode acarretar a precipitação e rapidez com que o tribunal tem de actuar no decretamento do arresto"[525].

As questões inerentes à responsabilidade específica do requerente de arresto não terminavam, porém, no artigo 411.º. Com efeito, a propósito da defesa por embargos, ou seja, a propósito do meio de defesa que, ao invés

[525] Alberto dos Reis, A figura do processo cautelar, p. 67.

do agravo, não era dirigido "particularmente ao acto do juiz", antes visando "directamente o acto do requerente"[526], conferia o artigo 415.º ao embargante o direito a ser indemnizado por perdas e danos quando alegasse e provasse que "o arrestante e as testemunhas faltaram conscientemente à verdade." Avulta, aqui, novamente a ligação estabelecida pelo artigo 411.º entre a manipulação da matéria de facto em que se fundou a decisão de procedência da providência e a sua ulterior revogação por procedência dos embargos: estes destinam-se, efectivamente, à demonstração, pelo embargante, "que os fundamentos alegados pelo requerente não correspondem à verdade"[527].

237. Como se articulava esta disposição com o artigo 411.º?

Vimos que este último impunha ao arrestante que assinasse termo de responsabilidade, destinado a impor-lhe a obrigação de indemnizar o arrestado caso aquele tivesse ocultado ou deturpado intencionalmente a verdade e a providência decretada viesse a ser julgada insubsistente. Prevê, agora, o artigo 415.º que o arrestado tinha direito a ser indemnizado quando o arrestante e as testemunhas houvessem faltado conscientemente à verdade. Há uma sobreposição clara entre as duas regras, no que toca à responsabilidade do requerente/arrestante. Em ambos os casos, responde porquanto manipulou a matéria de facto intencionalmente. O campo de intervenção dos dois normativos é, no entanto, diverso: enquanto que o artigo 411.º se pode aplicar independentemente do meio através do qual é demonstrada a manipulação intencional da matéria de facto, o artigo 415.º pressupõe que seja através dos embargos que se chega a semelhante juízo. Perante a sobreposição parcial dos artigos 411.º e 415.º no que respeita ao arrestante, a *ratio* desta regra será a de estender o dever de indemnizar às testemunhas. Porque se cria um regime autónomo para o dever de indemnizar danos provocados por um comportamento intraprocessual da parte ou de terceiro, estaremos perante um regime especial de responsabilidade por intervenção processual inadmissível. Somente quando o requerido se opunha à providência, atingindo, não o acto do requerente, mas o despacho ordenatório, agravando, seria, de acordo com Alberto dos Reis, a sua responsabilidade aferida pelo tipo geral, o então vigente artigo 465.º[528].

---

[526] Alberto dos Reis, A figura do processo cautelar, p. 87.

[527] Alberto dos Reis, A figura do processo cautelar, p. 87.

[528] A figura do processo cautelar, p. 89.

Em suma, e se bem que o texto do artigo 411.º não imponha esta conclusão, certo é que para Alberto dos Reis a responsabilidade do requerente de arresto variava consoante o tipo de meio que escolhesse para pôr em causa o decretamento da medida. Se escolhesse os embargos, a sua responsabilidade aferir-se-ia pelo tipo especial, se agravasse do despacho ordenatório, o dever de indemnizar os danos causados à contraparte surgiria se se concretizasse o tipo central. Não obstante a diferente natureza dos dois meios de oposição, dificilmente se consegue compreender como o mesmo comportamento merece diversas reacções, estando estas na dependência da escolha da forma de oposição pelo requerido: ao invés de tomar o comportamento do agente, causador de danos, como ponto de referência para a imposição do dever de indemnizar, a lei faz depender os pressupostos de constituição deste dever de uma opção instrumental do lesado.

238. O regime de responsabilidade do requerente do arresto convivia com o tipo geral de responsabilidade por comportamento processual inadmissível. Como já se disse, este constava do artigo 465.º, que cominava a litigância de má fé com multa, dela fazendo ainda decorrer o dever de indemnizar a parte contrária no reembolso das despesas a que a má fé a obrigara ou na satisfação dos restantes prejuízos. *A má fé*, normalmente aliada pela doutrina à intervenção estritamente dolosa da parte, *podia, afinal, consistir, no Código de 39, na dedução de pretensão ou de oposição que a parte não podia razoavelmente desconhecer*, apontando-se, deste modo, para *a censura do comportamento do sujeito processual que actuasse o direito de acção, quer na modalidade de ataque, quer na modalidade de defesa, com negligência*. Quanto à dedução da matéria de facto relevante, dispunha, ainda, o mesmo artigo 465.º que a parte litigava de má fé se tivesse alterado *conscientemente* a verdade dos factos ou omitido factos essenciais. Como acima vimos, só mesmo a necessidade de interpretar o segundo parágrafo do artigo 465.º enquanto norma concretizadora do seu primeiro parágrafo, bem como a equiparação da má fé ao dolo permitem justificar aquela asserção.

Ora, os tipos dos artigos 411.º e 415.º deverão ser valorados por confronto com o tipo central. O que se verifica quanto à responsabilidade do requerente do arresto é que esta pressupunha a respectiva insubsistência, aliada a uma ocultação intencional dos factos ou à dedução intencional de uma asserção contrária àquela verdade: "não basta que se mostre *infundado* ou *sem causa* o arresto, como nas leis austríaca, germânica e italiana (Código de 65);

não basta mesmo que o requerente possa ser acusado de falta de *prudência* normal (Código italiano actual) ou de erro grosseiro (Código brasileiro); é indispensável que tenha procedido com *dolo* ou *malícia*. Quer dizer, nem responsabilidade *objectiva*, nem responsabilidade subjectiva baseada na simples culpa: só responsabilidade subjectiva proveniente de *dolo* ou *má fé*"[529].

A insubsistência pressupõe, num primeiro momento, o decretamento da providência, no caso, o decretamento do arresto, e, num segundo momento, a revogação do decretado. Se assim é, ou seja, se a providência vem a ser revogada, a pretensão, aparentemente fundada (tanto que determinou a decisão judicial de procedência), vem a verificar-se, na sequência da oposição do requerido, infundada. Poderia pensar-se que, neste caso, e se se concluísse que o requerente do arresto não podia razoavelmente desconhecer a falta de fundamento da pretensão, se desencadearia, de imediato, a responsabilidade por litigância de má fé. Mesmo que assim fosse, certo é que o artigo 411.º não liga a constituição do dever de indemnizar perdas e danos do requerente do arresto a este comportamento, mas à ocultação intencional dos factos ou à dedução intencional de uma asserção contrária àquela verdade. Assim, enquanto a primeira parte do artigo 465.º toma a pretensão como referente, o artigo 411.º elege a matéria de facto relevante como pedra de toque. Se confrontarmos os comportamentos tipificados no artigo 411.º com aqueles que encontramos descritos no artigo 465.º podemos concluir que, quer no que respeita à ocultação da verdade de factos essenciais, quer no que é atinente à alteração da verdade, não existe consonância entre as duas previsões. Isto porque *enquanto o artigo 411.º refere a intencionalidade do comportamento do requerente do arresto quando este altera os factos ou os oculta, o artigo 465.º basta-se com a consciência dessa alteração ou dessa ocultação*. Num caso, o agente sabe e quer a alteração; no outro, ele sabe e conforma-se com essa alteração.

239. Associemos a conclusão a que acabámos de chegar com a questão de saber se o requerente do arresto podia, em paralelo com a condenação prevista no artigo 411.º, ser condenado como litigante de má fé na medida em que não podia desconhecer que a sua pretensão não tinha fundamento. Vimos que o tipo padrão permitia a condenação da parte se esta actuasse com negligência grosseira aquando da dedução da pretensão ou da defesa. Pergunte-se: pode a parte alterar a verdade dos factos intencionalmente

[529] Alberto dos Reis, A figura do processo cautelar, p. 88.

e razoavelmente desconhecer a falta de fundamento da sua pretensão? Perguntar-se-á, de imediato: a parte altera intencionalmente os factos com que motivação? Altera-os intencionalmente para atingir que objectivo? Só uma resposta parece razoável: a parte altera os factos ou omite factos relevantes porque sabe que se não proceder deste modo não obterá uma decisão favorável. Ou seja, se relatar os factos tal como eles se apresentam, não terá ganho de causa. Quer isto dizer que os factos, tal como se verificam, não permitem a dedução do efeito pretendido pelo agente. Logo, os factos, tal como verificados, não permitem fundar a pretensão. Se assim é, a pretensão, perante uma descrição correcta dos factos, não tem fundamento.

Pode a parte que altera ou omite factos intencionalmente desconhecer que a sua pretensão não tem fundamento? Ontologicamente, dir-se-á que a resposta positiva é possível. Mas não podemos esquecer-nos em que contexto a pergunta é lançada: a parte não está a relatar uma história sem uma finalidade. Em processo, a história é relatada para que, com fundamento nela, se requeira a produção de um efeito. Por esta razão e atendendo à ligação directa que se estabelece entre os dois elementos que compõem o objecto do processo, diremos que a resposta é claramente negativa: em processo, a parte altera ou omite os factos essenciais exactamente para escamotear a falta de fundamento de facto da sua pretensão ou para lhe dar uma fundamentação que ela não tem.

240. Se as conclusões anteriores estiverem correctas, a verificação dos elementos do tipo do artigo 411.º automaticamente determina o preenchimento de parte da previsão do artigo 465.º. Que relação existe agora entre estas duas normas? Por qual delas se aferia a responsabilidade do requerente do arresto? Diremos que, em caso de sobreposição, pelo artigo 411.º já que se tratava de regra especial.

Este primeiro patamar conclusivo deixa, ainda, em aberto uma outra questão, que já enfrentámos a propósito da relação que se estabelece entre os artigos 819.º e 456.º. Pergunta-se: e se o comportamento do requerente do arresto se não enquadrasse na previsão do artigo 411.º, mas fosse susceptível de censura ao abrigo do artigo 465.º, podia este tipo central e geral ser aplicado? Prejudicava o tipo especial a actuação do tipo geral fora das zonas de sobreposição das duas regras?

Não retiraremos qualquer efeito imediato da resolução deste problema em termos aprofundados para o nosso trabalho atendendo às alterações entretanto ocorridas no subsistema de responsabilidade por requerimento de providências cautelares. Deixe-se, no entanto, registado que perante a restrição dos comportamentos que desencadeiam a responsabilidade específica do requerente de arresto, claramente operada pelo artigo 411.º por contraposição ao tipo central, dificilmente se pode justificar a aplicação deste último quando o comportamento não esteja coberto por aquela regra. A lei terá afastado o esquema geral de responsabilidade, penalizando o requerente somente nos casos previstos no artigo 411.º. Se assim não fosse, e uma vez que a previsão do artigo 465.º é mais ampla do que a do artigo 411.º, não teria esta regra qualquer justificação e autonomia.

Estando prejudicada a aplicação ao requerente do arresto do regime geral de responsabilidade, constante do artigo 465.º CPC1939, cumpriria saber se estaria igualmente prejudicada a aplicação da multa, enquanto cominação típica do comportamento processual inadmissível. Esta questão não será aqui resolvida pois, continuando a ser pertinente no regime actual, à luz deste deverá então ser equacionada.

241. Ainda no que concerne ao arresto, Alberto dos Reis pronunciou-se expressamente acerca do meio através do qual deve ser deduzido o pedido indemnizatório na sequência de arresto decretado e ulteriormente declarado insubsistente[530]. Depois de afirmar que o fundamento do pedido indemnizatório é a má fé ou o dolo, traduzido na ocultação intencional da verdade ou na dedução de afirmação conscientemente contrária à verdade, Alberto dos Reis pergunta qual o meio próprio para a dedução do pedido de indemnização à luz do CPC1939. Se a lei permite que o pedido possa ser deduzido nos embargos, questiona o Autor: "poderá o pedido formular-se também por outra via?"[531] Alberto dos Reis dá-nos a seguinte resposta: o arrestado pode pedir a indemnização tanto na acção principal, como em acção autónoma. Mas, para que o pedido indemnizatório do arrestado seja admissível se deduzido em acção (autónoma) de processo comum, parece fazer-se uma exigência: que "lhe não seja possível fazer uso dos embargos ou da reconvenção na acção principal"[532].

---

[530] Código de Processo Civil anotado, II, *sub* artigos 414.º e 415.º, n.º 7.

[531] Código de Processo Civil anotado, II, *sub* artigos 414.º e 415.º, p. 48.

[532] Código de Processo Civil anotado, II, *sub* artigos 414.º e 415.º, p. 49.

242. Regime aparentemente semelhante, mas bem diverso do do arresto, dispunha o Código de 39 para o embargo de obra nova[533]. O artigo 424.º é, no contexto do CPC1939, relativamente inovador. Com efeito, o CPC1967 não previa a assinatura de qualquer termo de responsabilidade por perdas e danos enquanto condição de realização do embargo de obra nova; este termo era, ao invés, exigido para a imposição de selos quando, havendo-se procedido a inventário ou arrolamento de bens, houvesse receio de extravio (*cfr.* artigo 676.º §1.º CPC1876). O termo destinava-se a responsabilizar o requerente pelos danos causados por aquela imposição caso ele houvesse ocultado a verdade ou proferido asserção a ela contrária.

Previa o artigo 424.º que "não se ordenará nem ratificará o embargo sem que o requerente assine têrmo/termo de responsabilidade por perdas e danos". Em anotação ao artigo 424.º, Alberto dos Reis afirmava que se exigia termo de responsabilidade ao embargante particular "para lhe fazer sentir a gravidade do seu acto, para o advertir solenemente de que terá de indemnizar o embargado se o seu requerimento for *temerário*, ou melhor, *doloso*"[534].

Por seu turno, o artigo 425.º, § 1.º, mandava aplicar "à dedução e processo dos embargos" o disposto no artigo 415.º. Este era o normativo que previa a condenação do arrestante e das testemunhas, que tivessem procedido de má fé, na indemnização por perdas e danos que parecesse razoável, desde que o embargante alegasse e provasse que aqueles haviam faltado conscientemente à verdade.

243. A questão que imediatamente avulta é a seguinte: quando o artigo 425.º remete para o disposto no artigo 415.º, ao dispor que se aplicam as regras respeitantes à dedução e processo de embargos, estende-se esta remissão ao regime de responsabilidade, especialmente previsto no artigo 415.º? Ou pretende-se somente uma remissão para os termos e procedimento dos embargos a deduzir no arresto? Se o embargante de obra nova manipula intencionalmente os factos, responde nos termos do artigo 415.º pelos danos provocados ao dono da obra?

A resposta a esta interrogação pode resultar de um outro ponto do sistema. Com efeito, havia uma previsão específica em matéria de responsabilidade no embargo de obra nova, em torno da qual se discutiu, na doutrina e na

---

533 Alberto dos Reis, A figura do processo cautelar, p. 88.

534 Código de Processo Civil anotado, volume II, p. 80. Itálicos no texto.

jurisprudência, a natureza da responsabilidade do requerente. A compreensão deste ponto do sistema depende de se ter em atenção o que Alberto dos Reis afirmara quanto à identificação da norma relevante em sede de responsabilidade do arrestante; recorde-se que esta dependia directamente do meio de defesa de que o requerido se socorresse para se opor à medida ordenada e realizada.

244. Regressemos ao embargo de obra nova, relativamente ao qual Alberto dos Reis logo nos adverte que, em matéria de responsabilidade do requerente da providência, "o regime é bastante diferente"[535] daquele que tem vigência tanto em sede de arresto, como na do arrolamento (e imposição de selos). E a razão crucial desta diversidade reside exactamente nos fundamentos dos meios de defesa de que o dono da obra pode lançar mão. Isto porque, se "ao embargo de obra nova pode também o dono da obra opor embargos, [...], o papel deste meio de oposição é muito mais limitado"[536].

Tomando os aspectos antecedentes em consideração, vejamos o que dispunha a lei em matéria de responsabilidade do requerente de embargo perante o dono da obra.

Segundo o artigo 425.º, a dedução de oposição ao embargo de obra nova por meio de embargos, cabia em dois núcleos de hipóteses:

- Ser a providência requerida relativamente a obras do Estado ou das autarquias locais (artigo 422.º, aplicável *ex vi* artigo 425.º, § 2);
- Ser o embargo ou, no caso de embargo extrajudicial, a sua ratificação, requeridos passado o prazo legal.

Nestes dois tipos de situações, os únicos em que era admissível a dedução de embargos como meio de oposição ao embargo de obra nova, conferia o artigo 425.º, § 3 ao dono da obra o direito a ser indemnizado pelos prejuízos que lhe houvessem sido causados pela suspensão da obra. Ora, porque esta regra, ao invés do que sucedia tanto com o artigo 411.º, como com o artigo 415.º, ambos do CPC1939, não fazia depender a responsabilidade do requerente da valoração da sua conduta, discutia-se se tal responsabilidade seria puramente objectiva ou não. Este aspecto, dividiu doutrina e jurisprudência.

[535] A figura do processo cautelar, p. 88.

[536] Alberto dos Reis, A figura do processo cautelar., p. 89.

Em acórdão de 7 de Maio de 1968 (Carvalho Júnior), e já sob a égide do CPC1961, o Supremo Tribunal de Justiça pronunciou-se pela necessidade, mesmo em sede de embargo de obra nova e não obstante a natureza lacónica da regra legal paralela ao artigo 425.º, de fazer depender a concretização da responsabilidade do requerente de embargo de obra nova de uma apreciação da sua conduta. E, concluiu, a responsabilidade do requerente de embargo de obra nova não deveria fundar-se em pressupostos diversos da do requerente de arresto. Por esta razão, tal como a responsabilidade do arrestante, também a responsabilidade do embargante de obra nova seria uma responsabilidade subjectiva.

Inversamente, a doutrina tendia a assumir posição contrária. Apesar de reconhecer a gravidade da situação, por confronto com outras regras que previam a responsabilidade por danos provocados em procedimento cautelar, Alberto dos Reis pronunciava-se no sentido de a responsabilidade do embargante ser objectiva[537]. Esta fundar-se-ia na mera ilegalidade, prescindindo do dolo ou da má fé do embargante. No entanto, como aquela ilegalidade seria manifesta (dedução de embargo fora de prazo), nela estaria necessariamente implicada uma negligência grave do requerente[538].

245. Por seu turno, o artigo 430.º e com as excepções constantes dos seus n.os 1 e 2, sujeitava a realização de imposição de selos ou de arrolamento da assinatura de termo de responsabilidade por perdas e danos pelo requerente. Em simetria com o que dispunha o artigo 425.º, § 1, conferia o artigo 435.º ao possuidor ou detentor dos bens, relativamente aos quais houvesse ocorrido imposição de selos ou arrolamento, a faculdade alternativa de agravar do despacho ordenatório da providência ou de a esta opor embargos, desde que não houvesse estado presente à realização da diligência. De acordo com

---

[537] A figura do processo cautelar., p. 88 e seg.. Subscrevendo esta posição, acórdão do Supremo Tribunal de Justiça, de 7 de Maio de 1968 (Carvalho Júnior).

[538] Pronunciando-se já na vigência do (artigo 417.º, n.º 4, do CPC1961/67, Vaz Serra toma uma posição que, indo ao encontro do pressuposto da solução acolhida pelo Supremo (necessidade de tratar identicamente requerente de arresto e requerente de embargo de obra nova), se afasta tanto da posição de Alberto dos Reis (diversidade de tratamento dos requerentes dos dois tipos de providências), como da do Supremo Tribunal de Justiça (na medida em que Vaz Serra vai aproximar a responsabilidade do requerente de embargo da responsabilidade do arrestante, sendo esta, no entanto, aferida pelo tipo do artigo 621.º do CC e não pelo do artigo 417.º, n.º 4, CPC1961). RLJ ano 102, p. 176.

Alberto dos Reis, e retomando o que já dissera quanto ao arresto, se o requerido embargasse e se demonstrasse, nesses embargos, que o requerente estivera de má fé – "isto é, que conhecesse perfeitamente a falsidade do que alegava ou [se] houvesse maliciosamente ocultado certos factos relevantes"[539] – ser-lhe-ia devida indemnização nos termos do artigo 415.º. Ao invés, se o requerido se limitasse a agravar do despacho ordenatório da providência ou se viesse demonstrar a má fé do requerente do arrolamento no processo principal, o requerente responderia nos termos gerais da litigância de má fé.

4. O CÓDIGO DE PROCESSO CIVIL DE 1961

4.1. Pontos de aproximação entre o CPC1939 e o CPC1961 e a desconsideração das propostas de Vaz Serra

246. Independentemente da divergência quanto à qualificação do resultado da reforma processual operada pelo Decreto-Lei n.º 44129, de 28 de Dezembro de 1961 – um novo Código? Uma nova redacção do Código de 39?[540] –, certo é que o Código de 1961 manteve praticamente inalterada a maioria dos regimes que vinham do Código de 39. Atendendo ao tipo de críticas que, incidindo sobre o Código de 39, determinaram a sua elaboração, é natural que assim haja sido.

A quase coincidência entre os textos dos Códigos de 39 e de 61 é verificável no que respeita ao tipo central de responsabilidade por comportamento processual. Com as referências que adiante se farão, os artigos 465.º e 456.º, por um lado, e os respeitantes à indemnização, por outro, são praticamente iguais.

Este aspecto é muitíssimo importante pelo seu significado quanto às opções do legislador em matéria de responsabilidade por comportamento processual. Se o sistema se mantém constante, é forte a presunção de que o legislador não vislumbrou razão para alterar as valorações feitas em 39. Como vimos, discutiu-se, então, que estados subjectivos poderiam justificar a constituição do dever de indemnizar (ou, mais genericamente ainda, a cominação do comportamento da parte em multa por verificação

[539] A figura do processo cautelar, p. 88.

[540] Manuel de Andrade, Noções elementares de processo civil, n.º 11-A; Castro Mendes, Manual de Processo Civil, 53.II; Varela/Bezerra/Nora, Manual de Processo Civil, n.º 10.

de litigância de má fé)[541]. E, como vimos, foram ponderadas as diversas opções, sendo rejeitada uma construção do tipo que abrangesse no tipo incriminador os comportamentos negligentes. O brocardo *culpa lata dolo aequiparatur*, atribuído a uma interpolação[542], não poderia valer em matéria de responsabilidade por comportamento processual uma vez que o legislador ponderou essa equiparação e afastou-a expressamente[543]. Neste ponto do sistema e atendendo aos trabalhos preparatórios, é inequívoca a intenção do legislador de não equiparar dolo e culpa grave. Ora, como escreve VAZ SERRA, "[d]e um modo geral, pode dizer-se que, se para haver um facto ilícito, a lei exige o dolo, não basta a culpa lata [...]. Aquele é mais grave do que esta e, portanto, não é esta suficiente, em tais casos, para se haver o facto como ilícito"[544].

247. A conclusão antecedente sai reforçada se se atender à circunstância de, aquando da elaboração do Código de 61, estar disponível o estudo de VAZ SERRA sobre o abuso de direito, instituto que o Autor, não obstante a sua relevância em outras sedes[545], considerava essencialmente no plano da responsabilidade civil[546]. Neste estudo o Autor tomara posição acerca da aplicação da cláusula geral do abuso do direito aos comportamentos processuais, pronunciando-se, *ex professo*, sobre os contornos desta cláusula quando aplicada ao *direito de estar em juízo*[547]. VAZ SERRA parte da sua construção de base quanto ao abuso de direito. Esta parece apontar no sentido de o direito exercido em ruptura dos seus limites internos ou para fim diverso daquele que justifica a sua atribuição corresponder a um exercício sem direito ou com falta de direito[548]. No articulado apresentado e não obstante a

---

[541] ALBERTO DOS REIS, Código de Processo Civil anotado, II, p. 261 e segs..

[542] PINTO MONTEIRO, Cláusulas de limitação e de exclusão de responsabilidade civil, p. 234.

[543] Já assim, PAULA COSTA E SILVA, A liquidação da massa insolvente, p. 730 e seg..

[544] Culpa do devedor ou do agente, p. 57.

[545] Abuso do direito (em matéria de responsabilidade civil), p. 252.

[546] Descrevendo as vicissitudes sistemáticas do articulado que VAZ SERRA relacionava com a responsabilidade civil e que veio a integrar as disposições gerais relativas ao exercício e à tutela dos direitos, CUNHA DE SÁ, Abuso do direito, n.º 17.

[547] Abuso do direito (em matéria de responsabilidade civil), p. 268 e segs.. A expressão *direito de estar em juízo* surge logo na p. 268.

[548] A posição de VAZ SERRA é, por nós, referida no texto em sentido dubitativo já que, na p. 257, se lê que "se são [os direitos] exercidos para fins diferentes desses [em vista dos

epígrafe do artigo 1.º ser "Abuso do direito. Acto intencionalmente causador de danos, contrário aos bons costumes," o texto do seu n.º 1 manifesta uma proximidade ao texto do § 826 BGB. Por considerar que "no caso do abuso de direito, a responsabilidade civil não depende da ofensa a direitos alheios[549] ou da ilicitude do acto, mas sim da contrariedade aos bons costumes"[550] (*gute Sitten*), VAZ SERRA proporá o seguinte articulado:

> "Artigo 1.º – Abuso do direito. Acto intencionalmente causador de danos, contrário aos bons costumes
>
> 1. Aquele que, intencionalmente, ainda que a pretexto de um direito especial[551], causa danos a outrem por factos manifestamente contrários à consciência jurídica dominante na colectividade social, é obrigado a repará-los.
>
> [...]
>
> 5. Na apreciação dos actos, para os fins do presente artigo, deve ter-se em conta, quanto a cada um deles, o conjunto das circunstâncias respectivas, em especial o estado de espírito do autor do acto, a natureza do fim a atingir com ele e a idoneidade do meio utilizado. Se o agente ignorava sem culpa as concepções da consciência social dominante, ou se ignorava os factos de que a contrariedade a essas concepções deriva, não responde nos termos do presente artigo. Cabe-lhe a prova da ignorância e da falta dela.
>
> [...]
>
> 8. Os actos, de que trata este artigo, consideram-se antijurídicos, com as consequências que daí resultam. Não pode exigir-se a remoção do acto, se o seu autor puder realizá-lo para um fim legítimo".

---

quais a lei os atribui], não pode dizer-se que se trata de verdadeiro exercício de um direito, mas de falta de direito." Logo em seguida, na p. 258, escreve VAZ SERRA que "[q]uanto aos actos praticados em condições diferentes, haverá abuso quando o direito é utilizado para fins diversos daqueles para que a lei o concedeu." Abuso do direito (em matéria de responsabilidade civil), *loc. cit.*.

549 Recorde-se a restrição do campo de aplicação do § 823 BGB à violação dos bens jurídicos expressamente enumerados, não obstante o alargamento que a expressão *sonstige Rechte* permite, e a sua possível contraposição ao § 826, que assentará o dever de indemnizar necessariamente numa intervenção dolosa e contrária aos bons costumes.

550 Abuso do direito (em matéria de responsabilidade civil), p. 316.

551 Por contraposição àquele que causa danos a outrem no exercício de uma liberdade geral.

248. O abuso do direito surge como tipo estritamente objectivo no artigo 3º. Segundo o n.º 1 deste preceito, haverá abuso quando seja praticado um acto que ofenda clamorosamente a consciência jurídica dominante na colectividade social, mesmo que à prática do acto não presida a intencionalidade de provocação de danos. Neste caso, o acto, apesar de abusivo, apenas desencadeará o dever de indemnizar se estiverem verificados os pressupostos de que depende a constituição deste dever, a saber, a presença de um elemento subjectivo na ilicitude ou, se assim se preferir, se se verificar a culpa do autor do acto. Também o exercício disfuncional é considerado abusivo (artigo 3.º, n.º 2), estando, ainda, prevista a excepção de aquisição ou exercício de um direito, contrários à boa fé (*cfr.* artigo 8.º). No denso artigo 8.º surge, ainda, a tutela da confiança, traduzida na qualificação do *venire*, aferido através de parâmetros estritamente objectivos, como abusivo.

249. Quanto ao direito de acção ou direito de estar em juízo, o Autor começa por proclamar a relevância do instituto. Porém, mais importante do que referir este aspecto, é tomar em consideração a circunstância de o Autor estar a propor um novo regime, destinado a regular os efeitos dos comportamentos que, no Código de 39, eram sancionados com multa e determinavam a constituição do dever de indemnizar por verificação de litigância de má fé.

Partindo da simetria entre os comportamentos que considera constituírem abuso de direito de estar em juízo e aqueles que o sistema qualificava como consubstanciando hipóteses de litigância de má fé, Vaz Serra movimenta-se em duas direcções: em primeiro lugar, entende deverem ser cominados com os efeitos até então imputados à litigância de má fé, tanto comportamentos dolosos, como comportamentos negligentes. Em segundo, e porque não há especialidades que devam ser consideradas em sede de dever de indemnizar, o Autor propõe a supressão do regime constante do artigo 466.º CPC1939, afirmando que a sua doutrina "não parece de reproduzir, pois afigura-se deverem ser aqui aplicáveis as regras gerais sobre indemnização"[552].

Vaz Serra conclui o seu estudo propondo, entre outros articulados, que deverão concorrer para a regulação integral do abuso de direito, um que respeita à matéria da "indemnização no caso de dedução judicial de pretensão ou oposição infundada". Este virá a ser suprimido de futuras

---

[552] Abuso do direito (em matéria de responsabilidade civil), p. 273.

versões[553]. Propõe, também, no artigo 5.º, um regime de reparação de danos provocados por dedução de queixa, denúncia ou acusação criminal quando o autor, de má fé ou culposamente, tenha feito imputações inexactas ou, sendo estas exactas, haja apresentado uma versão inexacta dos factos de modo a que estes parecem indiciar o preenchimento de um tipo de crime. O projecto de Vaz Serra prevê, ainda, a responsabilidade por danos provocados por falso testemunho doloso ou culposo, bem como a indemnização por condenação penal e detenção reveladas injustificadas.

250. Dispunha o artigo 4.º do projecto de Vaz Serra:

"Artigo 4.º – Indemnização no caso de dedução judicial de pretensão ou oposição infundada.

1. Aquele que em juízo deduz pretensão ou oposição, conhecendo a falta de fundamento delas *ou ignorando-a por não ter usado da diligência exigível*, é obrigado a indemnizar à parte contrária os danos que assim lhe causar. *Na apreciação dessa negligência, deve ter-se em conta a natural propensão para acreditar na existência do próprio direito*. Se forem várias as partes obrigadas a indemnização, responde cada uma delas em proporção do respectivo interesse na causa e da contribuição para o dano.

2. O dever de indemnização tem lugar também quando o litigante, dolosa ou *culposamente*, empregar meios ilegais, fraudulentos ou vexatórios, fizer alegações ou usar de publicidade prejudicial à reputação da outra parte, alterar a verdade dos factos, omitir factos essenciais, fizer do processo ou dos meios processuais um uso reprovável a fim de conseguir um objectivo ilegal, entorpecer a acção da justiça ou impedir a descoberta da verdade. *Na apreciação da culpa, deve fazer-se o desconto justificado pela natural paixão da luta judiciária*. O vencedor pode ser condenado em indemnização, nos termos deste parágrafo.

3. *A indemnização é fixada nos termos gerais. Se a parte for uma pessoa colectiva ou um incapaz, a responsabilidade dela pelos actos do seu representante rege-se pelas normas gerais sobre responsabilidade daquela pelos actos ilícitos deste*, independentemente da responsabilidade pessoal do mesmo representante.

4. Quando o mandatário judicial tenha tido responsabilidade pessoal e directa nos actos referidos neste artigo, pode ser-lhe exigida indemnização. Na

[553] Menezes Cordeiro, Tratado, I, IV, n.º 119.III [V, 2017 (reimp. 2021), pp. 291 e 292]; Cunha de Sá, Abuso de direito, n.º 17.

apreciação da sua culpa, deve fazer o tribunal o desconto referido na 2.ª parte do § 2.º.

5. *No caso de execução antes de a sentença passar em julgado, deve o exequente reparar o dano causado, com a execução, à outra parte, se o recurso for provido.* Se a execução for movida depois de se saber que está ou vai ser interposto recurso extraordinário, em condições de poder dizer-se que o exequente age a seu risco, é aplicável a mesma solução" (itálicos nossos).

251. O articulado de Vaz Serra denota significativas diferenças e semelhanças face àquele que regia a litigância de má fé. Como já acima se disse, o aspecto mais relevante desta proposta reside na circunstância de o Autor reconduzir ao abuso do direito de estar em juízo, para além de outros, todos os comportamentos que o legislador considerava constituírem litigância de má fé. Verifica-se, deste modo, uma forte presunção de que, no pensamento de Vaz Serra, aquilo que o legislador vinha chamando de litigância de má fé e aquilo que o Autor entende ser abuso do direito de estar em juízo são realidades jurídicas que se sobrepõem. E esta sobreposição era possível porquanto o abuso de direito era, segundo Vaz Serra, de base subjectiva e surgia enquanto causa de deveres de indemnizar por facto ilícito. O abuso do direito não se desvinculava de uma análise de elementos subjectivos, o comportamento da parte, para a fazer incorrer no dever de indemnizar, devia ser qualificado por dolo ou por negligência. No momento em que a cláusula geral do abuso do direito perde esta base[554], prescindindo da análise da colocação de fins do agente ou do seu estado psicológico e passando a ser totalmente objectivada, avulta a necessidade de questionar se litigância de má fé e abuso de direito continuam a sobrepor-se.

O traço que Vaz Serra suprime da regulação material dos efeitos do abuso do direito de acção respeita à multa, imposta à parte oficiosamente pelo tribunal. É natural esta opção atendendo aos bens jurídicos que estão em causa na intervenção desta pena civil.

252. Entre as diferenças mais significativas entre o regime do Código e a proposta de Vaz Serra, registe-se a extensão do abuso às hipóteses de comissão negligente. No entanto, é de notar que, na apreciação desta

[554] Acerca das diversas redacções que o actual artigo 334.º do CC foi sofrendo ao longo das revisões ministeriais, *cfr.* Cunha de Sá, Abuso de direito, n.º 17.

negligência, Vaz Serra avança com um critério diverso daquele que propõe para a aferição deste elemento do tipo na responsabilidade civil: na *apreciação dessa negligência, deve ter-se em conta a natural propensão para acreditar na existência do próprio direito* e *deve fazer-se o desconto justificado pela natural paixão da luta judiciária.*

253. Um exercício que deve ser feito envolve o confronto dos comportamentos que Vaz Serra considera abusivos com aqueles que o então vigente artigo 465.º CPC1939 qualificava como traduzindo litigância de má fé. Analisaremos somente a descrição do comportamento típico, sem consideração do elemento subjectivo. Quanto a este, sabemos já que, enquanto o legislador, em 39, afastara a comissão de qualquer dos ilícitos enunciados no artigo 465.º com negligência, Vaz Serra entendia que o dever de indemnizar danos decorrentes de comportamento processual haveria de constituir-se quer perante factos dolosos, quer em face de factos negligentes.

O CPC1939 qualificava como consubstanciando actuações de má fé a dedução de pretensão ou de oposição, cuja falta de fundamento a parte não podia razoavelmente desconhecer. Vaz Serra diria ser comportamento apto a determinar a constituição do dever de indemnizar a dedução de pretensão ou de oposição, quando a parte conhecesse a respectiva falta de fundamento ou quando ignorasse esta por não usar da diligência exigível. Os comportamentos são, neste caso, simétricos, uma vez que, conforme já acima se referiu, o tipo do artigo 465.º, ao exigir, não o conhecimento efectivo, mas a razoabilidade desse conhecimento, seria compatível com a comissão por negligência. Só o enquadramento de toda a litigância de má fé entre os tipos dolosos pela doutrina implicava leitura restritiva deste preceito legal.

254. Em segundo lugar, considerava o CPC1939 que litigava de má fé aquele que alterasse a verdade dos factos ou omitisse factos essenciais. Por seu turno, Vaz Serra propunha que o dever de indemnizar se constituísse se o litigante alterasse a verdade dos factos ou omitisse factos essenciais.

Ao abrigo do artigo 465.º, litigava, ainda, de má fé aquela que fizesse do processo ou dos meios processuais um uso manifestamente reprovável, com o fim de conseguir um objectivo ilegal ou de entorpecer a acção da justiça ou de impedir a descoberta da verdade. Vaz Serra considerava, em absoluta sinonímia, que um litigante haveria de indemnizar ao outro os danos que lhe provocasse caso fizesse do processo ou dos meios processuais um uso reprovável com o fim de conseguir um objectivo ilegal, entorpecer a acção da justiça ou impedir a descoberta da verdade.

Os comportamentos que VAZ SERRA entende deverem, igualmente, dar lugar a indemnização (por os considerar abusivos) e que não tinham previsão no artigo 465.º são os que surgem logo no início do articulado proposto no artigo 4.º, n.º 2: o emprego de meios ilegais, fraudulentos ou vexatórios, bem como a apresentação de alegações ou de publicidade prejudicial à reputação da outra parte.

255. A circunstância de VAZ SERRA propor a sujeição da responsabilidade decorrente da comissão de algum dos ilícitos previstos no seu proposto artigo 4.º e que, como vimos, coincidem, em larga medida, com os comportamentos tipificados no artigo 465.º CPC1939, indicia que, segundo o Autor, a responsabilidade, tal como regulada pelo artigo 466.º CPC1939, se afastaria daquele regime. E, efectivamente, há um traço distintivo aparente que não pode deixar de se acentuar. Como vimos, o artigo 466.º CPC1939, que era aquele que se encontrava vigente quando VAZ SERRA elabora o seu estudo, conferia ao juiz a faculdade de optar pela indemnização que lhe parecesse mais conveniente. Esta opção reflectia-se nos danos indemnizáveis e dependia da ponderação da conduta da parte vencida. Ora, no regime geral da responsabilidade civil, o juiz não gozaria desta margem de discricionariedade. Na verdade, o Código Civil de 1867 não conhecia regra equivalente àquela que vamos encontrar no artigo 494.º no Código de 66, dispondo, no seu artigo 2361.º que "[t]odo aquelle, que viola ou offende os direitos de outrem, constitue-se na obrigação de indemnizar o lesado, por todos os prejuízos que lhe causa".

256. Sopesando os elementos que acabam de se coligir o que pode pensar-se quanto à opção do legislador, feita em 61, de se afastar da proposta de VAZ SERRA?

Diremos que o legislador terá tomado uma opção clara aquando da reforma do CPC1939 com a consequente publicação do novo Código em 61: confrontado com a possibilidade de equiparar os pressupostos da obrigação de indemnizar decorrente da violação de quaisquer bens jurídicos através de comportamento processual, o legislador afastou essa equiparação. Tendo presente o regime da responsabilidade civil decorrente do preenchimento do tipo central do direito material, não quis o legislador que todo o comportamento processual culposo desencadeasse o dever de indemnizar: somente o comportamento processual doloso teria esta virtualidade.

A opção pode considerar-se criticável de um ponto de vista valorativo, não obstante serem discerníveis razões que justificam esta quebra – meramente parcial – do sistema, traduzida em os comportamentos processuais somente desencadearem o dever de indemnizar quando as posições jurídicas sejam actuadas, então, apenas com dolo. No entanto, porque aquela corresponde a uma escolha ponderada do legislador aquando da regulação da responsabilidade por comportamento processual, o recurso a outros institutos ou cláusulas gerais do sistema, que permitam desencadear relativamente a comportamentos meramente negligentes efeitos similares àqueles que resultam do regime da litigância de má fé, envolverá uma derrogação de uma valoração operada pela própria lei.

257. A conclusão antecedente deve ser lida com o exacto alcance que aqui se lhe confere: o facto de o legislador não ter aceite que a responsabilidade por actuação processual se constituísse quando o comportamento da parte fosse meramente negligente não implica que outras cláusulas gerais do sistema não possam ser accionadas relativamente a este tipo de actuações. Porém, desta aplicação não poderá resultar como efeito a constituição de deveres de indemnizar com fundamento em facto ilícito na sequência de comportamentos processuais que a lei considera lícitos. Entre estas cláusulas gerais, estará a do abuso de direito. Porque esta não tem base subjectiva, haverá que ponderar em que medida joga com os dados do sistema adjectivo. Antecipando o que mais adiante se dirá, veremos que o próprio sistema adjectivo conhece mecanismos que ou impedem a produção dos efeitos de actos abusivos ou penalizam de tal modo o seu autor que este tipo de intervenção não é apetecível. Avulta, aqui, uma das características do processo, concebido como acto complexo destinado à prática de um acto terminal de heteronomia: se cada intervenção das partes desencadeia efeitos, se os actos das partes não são juridicamente irrelevantes, entre a sua prática e a produção dos efeitos aos quais efectivamente se destinam tais actos são mediados por uma intervenção judicial. Esta tem um primeiro objectivo: verificar se o que é requerido é ou não admissível. E, neste primeiro crivo, encontramos um mecanismo repressor de actividades processuais abusivas, mecanismo que é desconhecido das relações privadas intersubjectivas.

Se bem que, também aí, a "solução mais óbvia, no caso de abuso [seja] a de cessar a actuação questionada"[555], esta cessação não tende a evitar os efeitos da conduta abusiva. O processo tem, neste poder geral de direcção do processo, uma arma poderosíssima contra o abuso das situações jurídicas adjectivas.

258. Por fim, saliente-se, já neste ponto, que VAZ SERRA se ocupa, ainda, no seu articulado de uma grande questão que adiante teremos de retomar: aquela que respeita à prevalência da justiça sobre a segurança representada pelo caso julgado.

No artigo 2.º, n.º 2, apresenta, entre as aplicações da cláusula do abuso do direito, o seguinte articulado:

> "2. A obtenção astuciosa de sentença ou outras decisões judiciais injustas, mediante actos antijurídicos[556] ou afirmações conhecidamente falsas, constitui também abuso de direito, nos aludidos termos".

Esta regra responde a uma preocupação manifestada por MANUEL DE ANDRADE[557]: a da necessidade de encontrar uma resposta para os casos em que a parte obtém astuciosamente uma decisão, cuja utilização no confronto da contraparte consubstancia acto claramente contrário aos valores fundamentais do sistema. As preocupações de VAZ SERRA, tal como as que haviam sido de MANUEL DE ANDRADE, são preocupações de ordem substancial. Se bem que não seja possível negar que a estabilidade das decisões traduz, igualmente, um valor fundamental do sistema – a segurança –, não será esta segurança um valor absoluto e, adaptando uma expressão de MENEZES CORDEIRO, destituído de uma materialidade inerente. Teremos de retomar esta questão mais adiante. Mas fica, desde já, a nota da possível abrangência do abuso do direito tal como proposto por VAZ SERRA. Lamentavelmente, também esta zona regulativa em que o abuso – e através dele, a boa fé – deveria operar veio a ser desconsiderada no plano do direito positivo.

---

[555] MENEZES CORDEIRO, Tratado, I, IV, n.º 118.III (p. 256) [V, 2017 (reimp. 2021), p. 288].

[556] Recorde-se que, nos termos do artigo 1.º, n.º 8, os actos descritos neste preceito eram considerados antijurídicos.

[557] Noções elementares de processo civil, 1949, n.º 281.

4.2. Pontos de divergência entre os CPC1939 e CPC1961

259. Não obstante a grande similitude entre os Códigos de 39 e de 61, há algumas alterações a registar.

Em primeiro lugar, e no que respeita às condutas típicas, a lei passou a estabelecer que litiga de má fé, não aquele que deduz pretensão ou defesa cuja falta de fundamento não podia razoavelmente desconhecer, mas aquele que deduz pretensão ou defesa cuja falta de fundamento não ignorava. Enquanto que, no CPC1939, o tipo dependia de um juízo de verosimilhança quanto ao conhecimento da falta de fundamento da pretensão ou da defesa, com o CPC1961, o tipo pressupõe a demonstração da ausência de ignorância: exige-se que o agente não ignorasse a falta de fundamento da pretensão ou da defesa, não se bastando a lei com a exigibilidade do conhecimento quanto a essa falta de fundamento. Com esta alteração, restringe-se necessariamente o âmbito do tipo e dificultam-se tremendamente os problemas de prova associados à demonstração dos seus pressupostos, restringindo-se, consequentemente, as hipóteses em que é constituída a obrigação de indemnizar. No entanto, e na sua concretização jurisprudencial, não se percebe qualquer variação[558].

[558] Acórdão do Supremo Tribunal de Justiça, de 2 de Julho de 1965 (Torres Paulo); acórdão do Supremo Tribunal de Justiça, de 21 de Junho de 1968 (Oliveira Carvalho). No acórdão do Supremo Tribunal de Justiça, de 7 de Julho de 1970 (Albuquerque Rocha), o Supremo concluiu que estando a posição dos recorrentes apoiada em diversas opiniões, nomeadamente numa que é expressa em parecer que acompanha o recurso, não pode dizer-se que recorreram com fins meramente dilatórios ou na convicção plena da improcedência do recurso. Acórdão do Supremo Tribunal de Justiça, de 15 de Outubro de 1974 (Eduardo Correia Guedes), onde se sustenta que, perante a divergência doutrinária existente em torno da questão que constitui o objecto do processo não é "de afirmar que [o recorrente] estivesse convencido da falta de fundamento da pretensão de ver declarado o recorrido parte ilegítima." Acórdão do Supremo Tribunal de Justiça, de 26 de Abril de 1978 (Costa Soares), onde se condena o réu em acção de investigação oficiosa de paternidade por litigância de má fé uma vez que interpôs sucessivos recursos com fundamento em uma posição que, desde o saneador, fora julgada improcedente. Acórdão do Supremo Tribunal de Justiça, de 5 de Abril de 1979 (Abel de Campos), onde se condena a parte por dedução de defesa cuja falta de fundamentação não ignorava, tendo inclusivamente procedido à alteração dos factos para aquele efeito. Em sentido idêntico, acórdão do Supremo Tribunal de Justiça, de 9 de Outubro de 1979 (Ferreira da Costa).

Em segundo lugar, veio a lei clarificar, com a nova redacção dada à al. b) do artigo 457.º, n.º 1, que a condenação da parte na indemnização dos prejuízos sofridos pela parte contrária é cumulável com a compensação/reembolso das despesas em que esta incorreu em virtude da má fé daquela.

260. Quanto ao mais, o tipo geral da responsabilidade por comportamento processual inadmissível manteve-se inalterado[559]. Inalterado se manteve,

---

[559] Acórdão do Supremo Tribunal de Justiça, de 17 de Novembro de 1972 (Oliveira Carvalho), onde se sustenta que só a lide essencialmente dolosa, e não a lide temerária, justifica a condenação como litigante de má fé. Em sentido idêntico, acórdão do Supremo Tribunal de Justiça, de 13 de Janeiro de 1979 (Oliveira Carvalho). No acórdão do Supremo Tribunal de Justiça, de 28 de Outubro de 1975 (Rodrigues Bastos), o Supremo afasta como constituindo conduta dolosa a atitude da parte que revela uma discordância na interpretação e na aplicação da lei aos factos. No mesmo sentido, acórdão do Supremo Tribunal de Justiça, de 10 de Abril de 1980 (Aquilino Ribeiro). Em sentido diferente e sem fundamentação que permita acompanhar o *iter* decisório, o Supremo condenou, em 13 de Outubro de 1977 (Octávio Garcia), a parte como litigante de má fé uma vez que esta fizera uso de recurso contra a lei, não podendo dizer-se ser a sua conduta meramente temerária. Acórdão do Supremo Tribunal de Justiça, de 21 de Fevereiro de 1978 (Oliveira Carvalho), onde se sustenta que a negação de factos pessoais, que vieram a provar-se, constitui litigância de má fé. No mesmo sentido, acórdãos do Supremo Tribunal de Justiça de 21 de Novembro de 1979 (Corte Real) e de 22 de Janeiro de 1981 (Mário de Brito) e acórdãos do Tribunal da Relação de Coimbra de 16 de Janeiro de 1979 (Soares Tomé) e de 24 de Janeiro de 1979 (Gama Vieira). Em sentido inverso, acórdão do Supremo Tribunal de Justiça de 14 de Novembro de 1978 (Aquilino Ribeiro), onde se lê que a negação da prática de adultério, que veio a provar-se nos autos, não determina a condenação por litigância de má fé se dos autos decorre que, apesar da negação, não visou a parte impedir a descoberta da verdade. À mesma conclusão se chegou em acórdão, de 28 de Junho de 1984 (Campos Costa), no qual o Supremo afirmou que não deve ser condenada como litigante da má fé a parte que, nos articulados, se limite a impugnar factos que, vindo a ser dados como provados e não obstante serem pessoais, devam considerar-se torpes (no caso concreto, a impugnação pelo réu, em acção de divórcio, de factos de que resulta a violação do dever de fidelidade (adultério com a irmã do seu cônjuge mulher). Este aresto que, de acordo com o seu próprio texto, terá como antecedente remoto o acórdão do Tribunal da Relação de Coimbra de 5 de Junho de 1951 (Perestrelo Botelheiro), tem um voto de vencido que nos parece apresentar devidamente a articulação entre o dever de litigar de boa fé e a licitude da não admissão de factos torpes ou criminosos. Segundo Lima Cluny, "[s]e [os] réus têm relutância em confessá-los [factos criminosos ou torpes ainda que verdadeiros], basta não impugnar. O que se não justifica é a negação ostensiva contra a verdade." No mesmo sentido, já em anotação ao acórdão da Relação de Coimbra, a Revista de Direito e de Estudos Sociais, depois de estabelecer uma clara distinção entre a confissão espontânea de factos torpes ou criminosos e a proibição de

também, o regime de efectivação desta responsabilidade, havendo a registar a opinião de Castro Mendes, expressa logo em 63, quanto ao meio através do qual deve ser deduzido o pedido indemnizatório[560]. Em comentário a uma decisão proferida em tribunal de 1.ª instância, na qual o magistrado decidiu que a indemnização por litigância de má fé deve ser pedida no processo em que a má fé se manifesta, Castro Mendes, infelizmente sem aduzir razões para esta sua afirmação, escreve ter muitas dúvidas quanto a tal solução.

4.3. A responsabilidade do requerente de providência cautelar

261. Diferentemente do que sucede com o tipo central de responsabilidade processual, o Código de 1961 traz uma alteração significativa em matéria da responsabilidade do requerente de providências cautelares.

Continua a prever-se uma responsabilidade específica do requerente do arresto no artigo 404.º, n.º 1, se bem que se deixe de lado a necessidade de assinatura de termo de responsabilidade. O dever de indemnizar é constituído por violação do dever jurídico que impende sobre a parte de, conscientemente, não articular factos contrários à verdade (*cfr.* artigo 264.º, n.º 2 CPC1961); a responsabilidade prescinde de um acto de autodeterminação de actuação honesta, nascendo mal estejam verificados os pressupostos referidos na lei[561]. A cobertura das perdas e danos sofridos pelo requerido, com a decretação de um arresto ulteriormente declarado insubsistente, dependia, como já vinha do direito anterior, de uma conduta altamente censurável do requerente: a intencional ocultação ou deturpação da verdade. Do mesmo modo e na sequência do que dispunha o artigo 415.º CPC1939, previa o artigo 407.º, n.º 3 a responsabilidade do requerente do arresto e das testemunhas quando, sendo deduzidos embargos, viesse a verificar-se que uns e/ou outras haviam faltado conscientemente à verdade.

262. Com a entrada em vigor do novo Código Civil foi possível questionar a preclusão destes tipos de responsabilidade do requerente de arresto.

---

provocação de tal confissão, através de depoimento de parte, concluía que nenhum preceito legal concedia às partes o direito de mentirem.

560 Manual de processo civil, p. 153, nota 1.

561 Lopes Cardoso, Código de Processo Civil anotado, *sub* artigo 404.º.

Isto porque o artigo 621.º do CC passou a imputar ao credor/arrestante a responsabilidade pelos danos causados ao arrestado sempre que, não tendo aquele agido com a prudência normal, o arresto fosse julgado injustificado ou viesse a caducar. A regra, cuja inserção no Código Civil foi justificada com a sua natureza substantiva[562], ao invés dos tipos do Código de Processo Civil, não pressupunha uma conduta dolosa do arrestante, bastando-se com uma conduta culposa/negligente[563]: este seria responsável pelos danos provocados pela decretação da providência se, numa solução semelhante àquela que constava do sistema processual civil italiano (*cfr.* artigo 96 c.p.c.it), não houvesse procurado informar-se acerca da real situação[564]. VAZ SERRA explica esta nova configuração da responsabilidade do arrestante, ponderando os diversos interesses em jogo de um modo que diremos transponível para aquela que deve ser a equação de qualquer sistema de responsabilidade por comportamento processual. Se não pareceria justo que o arrestante pudesse responder pelos danos provocados por um arresto ulteriormente declarado injustificado se agiu com a prudência normal, uma vez que toda a decisão judicial é contingente, também não será justo que seja o arrestado a suportar os prejuízos sofridos salvo se se provar que o arrestante agiu com dolo ou, mais especificamente ainda, que ele manipulou a matéria de facto em que se fundou a decisão de procedência[565]. A lei escolheu, segundo VAZ SERRA, um meio-termo: nem exige o dolo nem se contenta com a falta de fundamento do arresto para logo impor um dever de indemnizar ao arrestante[566]. Aceitando os termos gerais da responsabilidade civil por actuação própria, o sistema responsabiliza quem, podendo evitar um dano, caso actue com a normal prudência, não o faz.

Mesmo que se entendesse que o artigo 621.º do CC revogara os regimes constantes dos artigos 404.º e 407.º, n.º 4 CPC1961 naquilo que se referia à responsabilidade do arrestante, a entrada em vigor do Decreto-Lei n.º 47690, de 11 de Maio de 1967, volta a inverter os dados do problema. Com efeito, e não obstante ter suprimido o termo de responsabilidade do requerente do arresto, este diploma continua a prever a responsabilidade do arrestante

[562] VAZ SERRA, Realização coactiva da prestação, p. 21.

[563] PIRES DE LIMA/ANTUNES VARELA, Código Civil anotado, volume I, *sub* artigo 621.º, n.º 1.

[564] VAZ SERRA, Realização coactiva da prestação, p. 45.

[565] Realização coactiva da prestação, p. 45.

[566] R.L.J. ano 102, p. 175.

(e das testemunhas) quando um e/ou outras hajam faltado conscientemente à verdade (*cfr.* artigo 406.º, n.º 4 CPC1967). A questão que imediatamente se suscita respeita à eventual revogação do tipo de responsabilidade do requerente de arresto, tal como delineado no artigo 621.º do CC, pelo tipo constante do antigo artigo 407.º, n.º 4 CPC1961, mas renovado no artigo 406.º, n.º 4 CPC1967. Veremos que posições foram sendo tomadas pela doutrina e pela jurisprudência acerca desta questão quando analisarmos a matéria da responsabilidade do requerente do arresto no CPC1967.

263. Seguindo, de algum modo, a tradição do Código de 39, previa especialmente o Código de 61 a responsabilidade do requerente de embargo de obra nova no artigo 416.º. Porém, e ao invés de criar um regime próprio, remetia a lei nesta disposição para o regime de responsabilidade do requerente de arresto. Passou, assim, a ser claro que a responsabilidade do requerente de embargo de obra nova era, não apenas uma responsabilidade subjectiva, como dependia da adopção, pelo requerente, de uma conduta altamente reprovável: a ocultação ou deturpação intencional da verdade. Não obstante, a responsabilidade do requerente de embargo de obra do Estado ou das autarquias locais, bem como do requerente que houvesse requerido o embargo fora do prazo legalmente fixado para o efeito, era prevista em disposição especial, o artigo 417.º, n.º 4. Em consonância com o que já previa o artigo 425.º, § 3, CPC1939, dispunha o artigo 417.º, n.º 4, CPC1961 simplesmente que, nestes casos, podia o dono da obra requerer que lhe fosse arbitrada indemnização pelos danos causados com a suspensão da obra.

264. Se, até aqui, o Código de 61 aparentemente pouco trazia de novo, é em sede de regime geral das providências cautelares que se dá a grande alteração. Com efeito, passou a prever o artigo 399.º, n.º 4 que às providências cautelares não especificadas seria aplicável o disposto no artigo 404.º, ou seja, o regime de responsabilidade do requerente do arresto. Assim, se é verdade que o regime regra de responsabilidade passa a ser, nuns casos por remissão, noutros por aplicação directa, aquele que se prevê para o arresto, talvez seja rigoroso demais afirmar que o CPC1961 não continha "um preceito **geral** relativo à responsabilidade civil do requerente de providência cautelar"[567].

---

[567] Lebre de Freitas/Montalvão Machado/Rui Pinto, Código de Processo Civil anotado, 2.º volume, *sub* artigo 390.º, n.º 1 (p. 58). Sublinhado no texto [Rui Pinto, Código de Processo Civil Anotado, volume I, *sub* artigo 374.º]

Em paralelo com esta modificação, continuava a prever-se, no artigo 456.º, a condenação da parte em multa e indemnização à parte contrária com fundamento em litigância de má fé sempre que ela alterasse conscientemente a verdade dos factos ou omitisse factos essenciais.

Verifica-se, uma vez mais, neste aspecto e como vimos suceder já na legislação antecedente, um desvio acentuado entre o elemento subjectivo de um dos comportamentos do tipo central e o elemento subjectivo de idêntico comportamento tal como descrito no tipo especial. Se, pelo tipo central, a parte responde pelos prejuízos causados se alterar conscientemente a verdade ou omitir, também conscientemente, factos essenciais, segundo o tipo especial a parte somente responde se alterar intencionalmente a verdade. Como dissemos já, é evidente que quando a parte altera conscientemente a verdade o faz porque sabe que se apresentar os factos tal como verificados terá poucas hipóteses de obter procedência. A alteração serve uma finalidade, está finalmente dirigida a um resultado. Mas a carga valorativa do comportamento do agente é diversa quando ele age intencional ou conscientemente. Quando a parte age intencionalmente, ela age com dolo directo, destinando a sua conduta à obtenção exacta de um certo resultado. Ao invés, a parte que actua conscientemente, não tem de agir de modo necessariamente doloso, podendo agir com negligência consciente.

265. A segunda conclusão pode considerar-se prejudicada atendendo à circunstância de o tipo geral da litigância de má fé pressupor, aparentemente, um comportamento doloso. No entanto, já acima, a propósito de outro dos elementos do tipo geral, referimos que a descrição deste elemento era compatível com uma actuação negligente; assim sucedia quando se dispunha, no CPC1939, que actuava de má fé a parte que não podia razoavelmente desconhecer que a pretensão ou oposição que deduzira não tinha fundamento. O mesmo se verifica, agora, com a actuação consciente, categoria compatível com a negligência. Porém, dir-se-á que o conceito de má fé, único que inicialmente qualificava o elemento subjectivo do tipo da litigância de má fé, equivalia historicamente ao dolo pelo que não seria possível uma valoração do comportamento do agente que estivesse fora desta categoria.

266. A questão colocada, à qual teremos de regressar pois releva na concretização dos elementos do tipo central de responsabilidade por comportamento processual, ficará, aqui, apenas aflorada. O que agora interessa sublinhar é que, em 1961, se assiste a uma ampliação do regime especial de responsabilidade pelo requerimento de providências cautelares. Se, até então, ao lado do tipo central vigoravam regimes especiais aplicáveis, primeiro ao arresto e à imposição de selos e, posteriormente, ao arresto e ao embargo de obra nova, com a entrada em vigor do CPC1961 o tipo central entrou em relação de concurso[568] com um tipo especial, aplicável ao requerente de arresto, de embargo de obra nova e de providência cautelar não especificada. E este tipo especial pressupunha, para que a responsabilidade do requerente fosse desencadeada, que a providência fosse declarada insubsistente por ter havido, da parte daquele, uma ocultação intencional ou uma deturpação também intencional da verdade.

Antes de prosseguirmos a análise da evolução da responsabilidade do requerente de providências cautelares, chame-se, já, a atenção para uma alteração significativa ocorrida no tipo central. Enquanto se mantinha a exigência da intencionalidade da deturpação da verdade no tipo especial e a consciência da alteração da verdade no tipo central, este muda o elemento subjectivo do primeiro tipo objectivo, passando a dispor que litiga de má fé, não aquele que *não pode razoavelmente desconhecer* que a pretensão ou a oposição não têm fundamento, mas aquele que *não ignorava* que a pretensão ou a oposição não tinham fundamento.

5. A REFORMA DE 67: O DECRETO-LEI N.º 47690, DE 11 DE MAIO DE 1967

267. Com a publicação do Decreto-Lei n.º 47690, de 11 de Maio de 1967, continuando a manter-se inalterado o tipo geral da responsabilidade por comportamento processual inadmissível, procede-se a nova alteração em matéria de responsabilidade do requerente de providência cautelar.

Por um lado, a matéria da responsabilidade do requerente de providência cautelar passa a integrar as disposições gerais aplicáveis a esta forma de tutela, deixando, assim, de estar prevista em sede de providências cautelares especificadas. Desta alteração sistemática resulta, inequivocamente, que se trata de um tipo de responsabilidade aplicável a toda a tutela cautelar. Esta aplicação só é prejudicada se e quando prevaleça um tipo específico.

[568] Sobre os diversos tipos de relações de concurso de regras e de tipos, Oliveira Ascensão, Introdução, n.º 309 e segs.; Günther Jacobs, Strafrecht, § 31.

Para além da reintegração sistemática da matéria, a responsabilidade do requerente de providência cautelar, deixando de ser modelada sobre a responsabilidade do requerente do arresto, passa a estar condicionada ao juízo de injustificabilidade da providência ou à respectiva caducidade. Para além da existência de danos provocados na esfera do requerido, passa a exigir-se, quanto ao elemento subjectivo, somente que o requerente não tenha agido com a prudência normal. Este critério só é afastado no caso dos alimentos provisórios uma vez que, neste tipo de providência, o requerente apenas responde quando tenha havido má fé.

268. Não obstante a previsão de um regime geral, com ele continuam a coexistir regimes especiais de responsabilidade para determinadas providências especificadas. Assim sucede quanto ao arresto, estendendo-se inclusivamente e na senda do que vinha já do direito anterior a responsabilidade pelos danos causados ao requerido/embargante, que haja impugnado os fundamentos do arresto, não apenas ao arrestante mas também às testemunhas que hajam faltado conscientemente à verdade (*cfr.* artigo 406.º, n.º 4, CPC1967). Deixa, assim, de se associar o dever de indemnizar à deturpação ou ocultação intencional da verdade para o submeter à consciência da alteração da verdade, que a parte final do artigo 406.º, n.º 4 liga à má fé.

Conforme acima se anunciou, a entrada em vigor do Decreto-Lei n.º 47690 fez renascer o problema que, com a entrada em vigor do Código Civil, se colocara na relação inversa, quanto aos tipos em vigor em matéria de responsabilidade do requerente do arresto. Uma vez que o novo diploma reiterara a anterior solução relativa à responsabilidade do requerente de arresto, continuando a prever que este apenas respondia se houvesse agido dolosamente, cumpria perguntar se se haveria revogado a tão recente regra, constante do artigo 621 CC, que impunha o dever de indemnizar ao requerente quando este houvesse agido sem a prudência normal.

269. Em acórdão de 30 de Novembro de 1994, o Supremo Tribunal de Justiça veio tomar posição sobre esta questão. Apoiando-se na anotação de Vaz Serra ao acórdão do mesmo tribunal de 7 de Maio de 1968 (Carvalho Júnior)[569], lê-se na decisão de 30 de Novembro de 1994 (José Martins da Costa) que se deverá seguramente a lapso do legislador o ter mimetizado a

[569] R.L.J. ano 102, p. 175 e seg..

solução vigente antes da alteração introduzida ao regime de responsabilidade do requerente de arresto com a entrada em vigor do Código Civil[570]. Continua o superior Tribunal, citando Vaz Serra[571], que não foi intenção do legislador, aquando da publicação do Decreto-Lei n.º 47690, revogar o artigo 621 CC pelo que será esta a regra à luz da qual se deve concretizar a responsabilidade do requerente do arresto. Independentemente da bondade do resultado, diremos que esta posição violenta diversos princípios metodológicos no que se refere à sucessão de leis no tempo. Nem mesmo a natureza do regime (a matéria da responsabilidade do requerente de providência cautelar ou, mais ampla mas correctamente ainda, a matéria da responsabilidade decorrente de comportamento processual terá sempre natureza substantiva, seja qual for o diploma em que se encontre prevista) pode justificar que se aceite, sem mais, que o legislador se enganou ao regular, num diploma adjectivo ulterior, uma questão recentemente regida por um diploma substantivo. O aplicador pode não concordar com a solução vigente. Mas aqui terá de submeter-se à valoração (bem ou mal) feita pelo legislador.

270. O regime especial de responsabilidade vigente em sede de arresto era mandado aplicar ao arresto repressivo (*cfr.* artigo 407.º, n.º 2 CPC1967).

Mais duvidosa era, em face do texto da lei, a aplicação deste regime no âmbito das providências cautelares não especificadas e do arrolamento.

Quanto às providências cautelares não especificadas, dispunha o artigo 401.º, n.º 2 que "o requerido pode agravar do despacho que deferir a providência, ou opor embargos a esta, nos termos aplicáveis dos artigos 405.º e 406.º." Paralelamente, previa o artigo 427.º, n.º 1 CPC1967 que "só depois de lhe ser notificado o despacho que ordene o arrolamento é lícito ao possuidor ou detentor dos bens recorrer dele ou embargar o arrolamento decretado, nos termos aplicáveis dos artigos 405.º e 406.º."

Cumpria determinar se a remissão para os artigos 405.º e 406.º visava, somente, uma aplicação, em sede de providências cautelares não especificadas

570 Lê-se no aresto que "deve considerar-se que o legislador de 1967 incorreu no manifesto lapso de falta de adaptação da lei processual à nova lei civil, tendo-se limitado a reproduzir no citado artigo 406/ 4, o que constava da lei anterior, em lugar de proceder aí à aplicação da nova regra substantiva; não houve assim "intenção de revogar" o citado artigo 621.º [CC]". BMJ 441, p. 243.

571 R.L.J. ano 102, p. 176.

e de arrolamento, dos meios e termos de oposição previstos para o arresto, se esta remissão implicava uma aplicação integral de todo o regime constante dos artigos 405.º e 406.º, nomeadamente do que se previa em matéria de responsabilidade. Esta, em rigor, não respeita já aos termos em que o requerido pode embargar ou agravar mas aos efeitos da procedência da sua oposição.

Para além da deslocação da sede geral da responsabilidade pelo requerimento de providências cautelares para as disposições gerais aplicáveis a esta forma de tutela, rearrumação que aponta no sentido de ser este o tipo central quando esteja em causa a composição provisória, um dado complementar tem de ser aqui ponderado. Com efeito, excluía o artigo 422.º, n.º 3 o Ministério Público, enquanto requerente do arrolamento, do regime central de responsabilidade do requerente de providência cautelar, constante do artigo 387.º, n.º 1. Dado que permite afirmar uma submissão do requerente do arrolamento ao regime geral de responsabilidade vigente em matéria cautelar e não ao regime do artigo 406.º, n.º 4 CPC1967.

271. Curiosa e de algum modo simétrica era a situação quanto ao embargo de obra nova. Talvez para firmar a ruptura com a submissão do requerente deste tipo de providência ao regime de responsabilidade previsto para o arrestante, veio o artigo 416.º, n.º 1 prever que "ao embargo de obra nova requerido pelo Estado ou por outras pessoas colectivas públicas não é aplicável o disposto no artigo 387.º". Não obstante esta aparente exclusão privativa do Estado e das pessoas colectivas públicas do regime geral de responsabilidade então vigente em matéria cautelar, vinha o artigo 417.º 3 declarar o artigo 406.º aplicável *in totum* à dedução e processo de embargos. Mas, aqui, o texto, apesar de amplo demais, permitia uma restrição imediata uma vez que o legislador se referia expressamente ao procedimento regulado no artigo 407.º. Estava, deste modo, afastada, pelo menos de uma aplicação automática, a norma resultante do artigo 406.º, n.º 4 CPC1967.

272. Em suma, com a reforma operada em 1967, o Código de Processo Civil, continuando a ter um tipo central de responsabilidade por litigância de má fé e um tipo especial de responsabilidade aplicável em sede de composição provisória, previa, ainda, uma especial responsabilidade do requerente do arresto.

273. Um aspecto que não pode perder-se de vista quando se analisa a reforma operada em 1967 é o de que, até 95/96, se afirmava genericamente que o tipo geral de litigância de má fé pressupunha o dolo do agente. A negligência, mesmo que grave, seria irrelevante. Não obstante termos já referido que alguns dos comportamentos descritos no tipo central eram compatíveis com comportamentos negligentes, certo é que a doutrina e a jurisprudência concretizavam tais comportamentos por referência à má fé, conceito identificado com a actuação dolosa do agente.

Este dado permite-nos compreender a relativa violência (mas não arbitrariedade) de um regime como aquele que encontrávamos no artigo 387.º, n.º 1 CPC1967, que se limitava a exigir uma actuação desviada da prudência normal. Os comportamentos que, provocando danos, poderiam desencadear o dever de indemnizar, ao abrigo do artigo 387.º, n.º 1 CPC1967, eram, quanto ao elemento subjectivo, idênticos àqueles que fariam desencadear semelhante dever ao abrigo do artigo 483.º do CC.

6. A REFORMA DE 95/96: OS DECRETOS-LEI N.ºS 329-A/95, DE 12 DE DEZEMBRO E 180/96, DE 25 DE SETEMBRO

274. Apesar de ter sofrido diversas alterações, o sistema processual manteve-se intocado no que respeita à matéria da responsabilidade processual por acto ilícito até à entrada em vigor da reforma de 95/96. Mesmo a reforma mais profunda, aquela que foi introduzida pelo Decreto-Lei n.º 242/85, de 9 de Julho, nada mudou neste domínio.

Porém, através dos Decretos-Lei n.ºs 329-A/95, de 12 de Dezembro e 180/96, de 25 de Setembro, alterou-se significativamente o tipo central de responsabilidade processual por comportamento ilícito.

A dimensão da reforma operada pelos diplomas acima referidos transcende largamente a mera análise do tipo central da responsabilidade por comportamento processual ilícito se bem que nele tenha ingente repercussão. Na verdade, tratou-se de uma reforma que mudou o paradigma de processo de conhecimento até então vigente. Dotando-o de um conjunto de princípios estruturantes, entre os quais têm, para nós, especial relevância os princípios da cooperação e da boa fé processual, o legislador deu uma claríssima prevalência à substância sobre a forma (*cfr.* artigo 288.º, n.º 3), reforçando os poderes-deveres do juiz (deveres assistenciais; cfr, *v.g.*, artigos 3.º-A, 264.º, n.º 3, 265.º, 266.º, 508.º) e conferindo flexibilidade a um acto-complexo/ /procedimento que, por natureza, é elástico (*cfr.* artigo 265.º-A).

Por outro lado, a mudança de paradigma do próprio sistema de responsabilidade por comportamento processual ilícito não se confinou às modificações introduzidas no tipo geral. Nesta matéria, desenhou-se um tipo especial, mas geral, de responsabilidade no âmbito das providências cautelares. Este tipo concorre, ainda, com dois tipos especiais no âmbito da composição provisória.

275. Fixando-nos, agora, nas alterações sofridas pelo tipo geral de responsabilidade por comportamento processual ilícito, refira-se que elas foram consideradas de tal modo relevantes para o equilíbrio da reforma que o legislador para elas chama expressamente a atenção no preâmbulo do Decreto-Lei n.º 329-A/95.

A primeira que deve ser registada respeita ao alargamento do elemento subjectivo do tipo. Se, até então, a parte apenas era responsável se houvesse agido com dolo, com a reforma, a responsabilidade da parte expande-se aos casos em que agiu com negligência grave.

Uma outra alteração muito significativa ocorre na descrição dos comportamentos típicos.

Conforme acima se registou, a lei passou a considerar, com a versão de 61, que constituía litigância de má fé a dedução de pretensão ou de defesa cuja falta de fundamento a parte não ignorava. Dissemos, então, que o tipo pressupunha o preenchimento de um elemento psicológico: o conhecimento, pela parte, da sua não razão.

Com o Decreto-Lei n.º 329-A/95, este tipo volta a ser ético: deixa de se exigir que a parte conheça a falta de fundamento da sua pretensão ou da defesa para passar a exigir-se somente que a parte não possa ignorar a sua falta de razão. Retoma-se, deste modo, o tipo do CPC1939, onde a lei incriminava a conduta daquele que não pudesse razoavelmente desconhecer a falta de fundamento da acção ou da oposição.

276. Ainda no que se refere aos comportamentos típicos, a lei, até 95/96, apenas considerava como litigando de má fé aquele que alterasse conscientemente a verdade dos factos. Com a reforma e porque se admite, agora, a comissão com negligência, suprime-se a referência à consciência na alteração da exposição da matéria de facto, quer porque se apresenta versão dos factos relevantes diversa da verdade, quer porque se omitem factos essenciais ou relevantes para a decisão da causa. O dever de verdade e de exaustão, cuja consagração entre nós era isenta de dúvidas perante o tipo que vinha já desde o Código de 39, sai reforçado com a reforma de 95/96. A sua violação, não apenas dolosa, como também negligente, faz incorrer o agente em responsabilidade processual por comportamento inadmissível.

277. Uma das alterações mais profundas da reforma operada pelos Decretos-Lei n.os 329-A/95 e 180/96 consistiu na consagração expressa do dever de cooperação. Neste são encabeçadas, não apenas as partes, mas também o decisor (*cfr.* artigo 266.º, n.º 1 [7.º], onde se dispõe que os magistrados, as partes e seus mandatários devem cooperar entre si). Ao estender a obrigação de cooperar ao tribunal, o legislador transformou radicalmente o papel do juiz: este não mais pode assistir passivamente à lide, devendo cooperar com as partes e impor a estas a cooperação necessária à justa e eficaz composição do litígio. Pela adequada actuação do princípio da cooperação passaria, em larga medida, o sucesso da reforma.

278. Na análise das decisões judiciais que procederam à concretização dos tipos previstos no artigo 456.º [542.º] deve ainda ponderar-se que, se bem que tais tipos se mantenham, no essencial, idênticos antes e depois da reforma de 95/96, é possível detectar divergências muito significativas entre eles. Tais diferenças apontam claramente no sentido da ampliação da intervenção da litigância de má fé, que abrange agora também tipos negligentes.

Assim, enquanto o anterior artigo 456.º, nº 2 [542.º, n.º 2] dispunha que se dizia litigar de má fé "o que tiver deduzido pretensão ou oposição cuja falta de conhecimento *não ignorava*" (itálico nosso), na actual redacção da alínea a) do artigo 456.º, n.º 2 lê-se que se diz litigante de má fé quem "tiver deduzido pretensão ou oposição cuja falta de fundamento *não devia ignorar*" (itálico nosso). O tipo deixa de ser psicológico, passando a ser ético: não releva o que o agente sabe mas antes aquilo que ele deveria saber.

Por outro lado, enquanto litigava de má fé quem tivesse "*conscientemente* alterado a verdade dos factos ou omitido factos *essenciais*" (itálico nosso), litiga, actualmente, de má fé quem "tiver, [*caindo o advérbio conscientemente*], alterado a verdade dos factos ou omitido *factos relevantes para a decisão da causa*" (itálico nosso).

Acresce que, relativamente ao tipo previsto na parte final do anterior artigo 456.º, n.º 2, se alargam os casos de dolo específico no uso manifestamente reprovável dos meios processuais: diz-se que litiga com má fé quem fizer do processo ou dos meios processuais um uso manifestamente reprovável com o fim de "*protelar, sem fundamento sério, o trânsito em julgado da decisão*" (itálico nosso).

A última divergência entre os tipos da litigância de má fé antes e depois da reforma de 1995/96 prende-se com a consagração expressa, no actual artigo 266.º, do princípio da cooperação[572], norma muitíssimo mais ampla do que a que resultava do artigo 265.º[573]. Reforçando os vectores da reforma operada no sistema processual em 95/96[574], entre os quais avulta o acentuar da cooperação entre todos os operadores[575] enquanto instrumento propiciador da prevalência do mérito sobre a forma, veio a lei a qualificar como litigante de má fé aquele que tiver praticado omissão grave do dever de cooperação.

Por fim, refira-se que, antes da reforma de 95/96, a lei dispunha, expressamente, no artigo 264.º, n.º 2, que as partes tinham "o dever de, conscientemente, não formular pedidos ilegais, não articular factos contrários à verdade nem requerer diligências meramente dilatórias". As condutas integradoras do dever de colaboração deixaram de estar enunciadas no preceito paralelo ao artigo 265.º, passando a dispor-se, no artigo 266.º-A [8.º], através do recurso à cláusula geral da boa fé, que sobre as partes impende o dever de boa fé processual.

279. Para além da profunda alteração sofrida pelo tipo central da litigância de má fé, a reforma operada no Código em 95/96 veio, ainda, uniformizar o regime de responsabilidade processual nas providências cautelares. Se bem

572 Sobre o princípio da cooperação e seus limites, PAULA COSTA E SILVA, Acto e processo, n.º 24.3.3.

573 Dispunha o artigo 265.º, sob a epígrafe "Dever de colaboração", que "[a]s partes e os seus representantes são obrigados a comparecer sempre que para isso forem notificados e a prestar os esclarecimentos que, nos termos da lei, lhes forem pedidos." Este dever encontra-se actualmente previsto no artigo 266.º, n.º 3 [7.º, n.º 3], sendo uma das concretizações do princípio da cooperação.

574 Sobre as linhas de força da reforma, TEIXEIRA DE SOUSA, Estudos sobre o novo processo civil, p. 24 e segs..

575 TEIXEIRA DE SOUSA, Estudos sobre o novo processo civil, p. 58 e segs..

que, neste domínio, o artigo 390.º[576] [374.º[577]]apresente, ao lado de algumas diferenças, fortes traços de sobreposição com o anteriormente vigente artigo 387.º, n.º 1, a evolução mais acentuada ocorre na supressão dos tipos especiais (*v.g.*, responsabilidade do arrestante e do embargante de obra nova).

Um confronto dos tipos de responsabilidade do requerente de providência cautelar nas versões imediatamente anterior e posterior à reforma de 95/96 permite identificar as seguintes semelhanças:

- O requerente de providência é responsável se a providência caducar ou for julgada injustificada;
- A responsabilidade do requerente pressupõe que, ao requerer a providência, ele não tenha agido com a prudência normal;
- São indemnizáveis todos os danos causados pelo requerente ao requerido.

Quanto a divergências, registe-se, em primeiro lugar, que a reforma de 95/96 veio especificar que os danos indemnizáveis pelo requerente ao requerido são aqueles que aquele culposamente causou a este. Por outro, clarifica-se que o requerente só é responsável pelos danos causados com uma providência que vem a ser considerada injustificada ou a caducar se estes dois efeitos lhe forem imputáveis.

---

[576] "Artigo 390.º
(Responsabilidade do requerente)
1 – Se a providência for considerada injustificada ou vier a caducar por facto imputável ao requerente, responde este pelos danos culposamente causados ao requerido, quando não tenha agido com a prudência normal, não lhe sendo permitido requerer nova providência, com objecto idêntico, como dependência da mesma causa.
2 – Sempre que o julgue conveniente em face das circunstâncias, pode o juiz, mesmo sem audiência do requerido, tornar a concessão da providência dependente da prestação de caução adequada pelo requerente"

[577] "Artigo 374.º
(Responsabilidade do requerente)
1 – Se a providência for considerada injustificada ou vier a caducar por facto imputável ao requerente, responde este pelos danos culposamente causados ao requerido, quando não tenha agido com a prudência normal.
2 – Sempre que o julgue conveniente em face das circunstâncias, pode o juiz, mesmo sem audiência do requerido, tornar a concessão da providência dependente da prestação de caução adequada pelo requerente."

280. Ao estabelecerem o confronto entre o novo artigo 390.º e o anterior artigo 387.º, n.º 1, Lebre de Freitas/Montalvão Machado/Rui Pinto entendem que os dois aditamentos, sendo desnecessários, visam tornar ostensivo o nexo de causalidade entre a falta de prudência do requerente e a caducidade da providência ou o seu ilegal decretamento[578]. Lopes do Rego exprimira posição próxima desta ao afirmar que, apesar da sua correspondência com o anterior artigo 387.º, n.º 1, o novo artigo 390.º, n.º 1 vem acentuar que "a responsabilidade do requerente pressupõe que a improcedência ou caducidade da providência sejam consequência de "facto imputável ao requerente""[579].

Já no que respeita ao confronto da responsabilidade do requerente de providência com a responsabilidade por litigância de má fé, dir-se-á que os dois tipos se aproximaram no que tange ao respectivo elemento subjectivo. No entanto, tal sucede, não por interferência no tipo da responsabilidade, mas antes por extensão da responsabilidade do litigante de má fé ao comportamento gravemente negligente. Ainda assim, o requerente de providência cautelar continua a ter uma responsabilidade mais alargada do que o litigante de má fé já que enquanto aquele responde se agiu com negligência, este apenas responde se agiu com negligência grave. Ou é possível encontrar um fundamento para este desnível dos sistemas de responsabilidade por comportamento processual ou a solução legal surgirá como injustificada ou mesmo como arbitrária.

Por um lado, se confrontarmos o tipo do artigo 390.º [374.º] com o do artigo 483.º continuaremos a encontrar larga coincidência entre a responsabilidade civil por comportamento processual ilícito, e a responsabilidade civil por comportamento extra-processual ilícito. Porque assim é, parece que as duas únicas razões para a consagração expressa, no Código de Processo Civil, de um regime como aquele que encontramos no artigo 390.º, residem, por um lado, na necessidade de apartar a responsabilidade do requerente de providência do tipo geral do artigo 456, clarificando que, neste caso, o agente responde por todos os danos culposamente causados ao requerido e não apenas pelos danos a este causados com dolo ou com negligência grave. Por outro lado, pode

[578] Código de Processo Civil anotado, 2.º volume, *sub* artigo 390.º, n.º 1 (p. 59) [Rui Pinto, Código de Processo Civil Anotado, volume I, *sub* artigo 374.º]

[579] Comentários ao Código de Processo Civil, I, *sub* artigo 390.º, n.º 1 [Rui Pinto, Código de Processo Civil Anotado, volume I, *sub* artigo 374.º]

compreender-se a previsão do artigo 390.º se se atender à circunstância de o legislador ter tipificado as situações em que o agente é responsável: quando a providência caduque ou venha a ser julgada injustificada.

7. A REFORMA DE 2003: O DECRETO-LEI N.º 38/2003, DE 8 DE MARÇO

281. Em Março de 2003 foi publicado o Decreto-Lei n.º 38/2003, essencialmente destinado a reformar o processo de execução[580]. E, com este diploma, foi posto em vigor um regime especial de responsabilidade do exequente, cujo tipo largamente se sobrepõe ao da responsabilidade do requerente de providência cautelar. Referimo-nos ao artigo 819.º[581].

Independentemente de a generalidade do artigo 819.º ser mais aparente do que real, aspecto ao qual adiante se voltará, relembre-se que este tipo convive, ainda, com outros tipos periféricos de responsabilidade emergente de actos praticados ou de omissões verificadas na execução. Assim ocorre nas hipóteses cobertas pelo artigo 864.º, n.º 6 e 864.º, n.º 11 [786.º, n.º 6].

---

[580] Sobre a extensão das alterações introduzidas pelo Decreto-Lei n.º 38/2003, Paula Costa e Silva, A reforma da acção executiva, 1.ª, n.os 22 e 23 (3.ª, n.os 22 e 23).

[581] "Artigo 819.º
(Responsabilidade do exequente)
Procedendo a oposição à execução sem que tenha tido lugar a citação prévia do executado, o exequente responde pelos danos a este culposamente causados e incorre em multa correspondente a 10% do valor da execução, ou da parte dela que tenha sido objecto de oposição, mas não inferior a 10 UC nem superior ao dobro do máximo da taxa de justiça, quando não tenha agido com a prudência normal, sem prejuízo da responsabilidade criminal em que possa também incorrer."
O artigo 819.º não encontra correspondência directa no CPC2013. Este dispõe, porém, no artigo 858.º, sob a epígrafe "sanções do exequente", o seguinte: "[s]e a oposição à execução vier a proceder, o exequente, sem prejuízo da eventual responsabilidade criminal, responde pelos danos culposamente causados ao executado, se não tiver atuado com a prudência normal, e incorre em multa correspondente a 10 % do valor da execução, ou da parte dela que tenha sido objeto de oposição, mas não inferior a 10 UC, nem superior ao dobro do máximo da taxa de justiça." E, no artigo 727.º, n.º 4: "[q]uando a citação prévia do executado tenha sido dispensada, é aplicável, com as necessárias adaptações, o regime estabelecido nos artigos 856.º e 858.º.".

8. O DECRETO-LEI N.º 34/2008, DE 26 DE FEVEREIRO: A TAXA SANCIONATÓRIA EXCEPCIONAL

282. Em Fevereiro de 2008, dando sequência ao "plano de moralização e racionalização do recurso aos tribunais iniciado com a revisão de 2003"[582], o legislador veio, através da publicação do Decreto-Lei n.º 34/2008, alterar significativamente o regime das custas processuais.

No momento em que escrevemos, o diploma está já envolto em alguma instabilidade. Segundo comunicado do Conselho de Ministros, de 31 de Julho de 2008, a entrada em vigor do novo regime foi alterada. Segundo o artigo 26.º do Decreto-Lei n.º 34/2008, este diploma entraria em vigor no dia 1 de Setembro de 2008, aplicando-se, naquilo que nos vai interessar directamente, o artigo 447.º-B aos processos pendentes nesta data. De acordo com o comunicado do Conselho de Ministros, a data de entrada em vigor do Decreto-Lei n.º 34/2008 será adiada para o dia 5 de Janeiro de 2009. A excepção a esta alteração é consubstanciada pelas regras relativas à tramitação electrónica dos processos.

As razões avançadas no comunicado do Conselho de Ministros para a dilação da data de entrada em vigor do Decreto-Lei n.º 34/2008 permitem concluir que nada será modificado no regime, tal como já publicado. Com efeito, o Conselho de Ministros explica que a dilação temporal da entrada em vigor do novo regime é apenas justificada com a necessidade de preparar recursos humanos e técnicos. Não é a necessidade de reponderar soluções ou de afinar a redacção das normas que fundamenta tal dilação. Se assim é, poderá partir-se da presunção que o Decreto-Lei n.º 34/2008 entrará em vigor no dia 5 de Janeiro, mas sem qualquer alteração das regras do texto legal, tal como publicado em 26 de Fevereiro.

Porém, em 28 de Agosto de 2008 foi publicado o Decreto-Lei n.º 181/2008. Para além de adiar a data de entrada em vigor do Decreto-Lei n.º 34/2008, de 26 de Fevereiro, de Setembro de 2008 para 5 de Janeiro de 2009, afinal não resistou o legislador, introduzindo alterações no texto das normas constantes do Decreto-Lei n.º 34/2008. Nenhuma delas colide com os aspectos que relevam directamente no contexto da presente investigação. Mas nada se pode garantir quanto à estabilidade do diploma até ao dia 5 de Janeiro[583].

---

[582] Preâmbulo de Decreto-Lei n.º 34/2008, de 26 de Fevereiro, D.R., 1.ª, n.º 40, p. 1261.

[583] Os parágrafos precedentes, actuais ao tempo da 1.ª edição desta monografia, não foram objecto de alterações por ocasião desta republicação.

Sendo a matéria das custas processuais, regra geral, pouco grata à Ciência do Direito, aspecto para o qual ERICH FECHNER chamou a atenção, é da maior relevância já que pode determinar uma verdadeira compressão inadmissível, por razões económicas, do direito de acção[584]. Num sistema em que não há dados disponíveis acerca do custo de um processo, tudo quanto nesta sede se diga quanto à respectiva razoabilidade, pouco mais será do que o exprimir de puras intuições.

Segundo as declarações do próprio legislador, estas funcionam, muito claramente, como um dos elementos que, sendo manipulável, pode servir o objectivo de controlar o recurso aos sistemas formais de Justiça. Esta conclusão resulta, para nós, muito clara do regime constante do novo artigo 447.º-D do CPC1961 [533.º]. Segundo este preceito, o recurso aos tribunais onera o autor com o pagamento das suas custas de parte, seja qual for o desfecho da acção, desde que o litígio pudesse ter sido resolvido por estruturas de resolução alternativa de litígios (artigo 447.º-D, n.º 4 do CPC1961 [533.º, n.º 4]). Quer isto dizer que, mesmo que o autor obtenha ganho de causa, ver-se-á penalizado na medida em que não pode obter compensação da parte vencida – leia-se, do réu – pelas taxas de justiça, encargos efectivamente suportados, remunerações pagas ao agente de execução e despesas por este efectuadas, honorários do mandatário e despesas por este efectuadas.

É solução que, invertendo a regra geral constante do artigo 446.º, n.º 1 do CPC1961 [527.º, n.ºs 1 e 2] segundo a qual se entende dar causa às custas a parte vencida –, se encontra em linha com o que se dispunha já no artigo 9.º, n.º 3 do RPE[585].

Segundo este preceito, o réu que, na sequência de notificação dirigida pelo autor, recusasse a apresentação conjunta de petição, perderia direito a ser compensado pelas custas de parte, caso vencesse a acção, sendo fixada a procuradoria legal no máximo, se decaísse[586]. Com a regra introduzida pelo novo artigo 447.º-D [533.º, n.º 4] toma o legislador posição quanto a um problema que confina com aquele que vem dividindo doutrina e jurisprudência dos tribunais superiores na Alemanha. Referimo-nos à qualificação da mediação pré-contenciosa, mas intraprocessual, cuja natureza

---

584 Kostenrisiko und Rechtswegsperre – Steht der Rechtsweg offen?, p. 352.

585 Regime processual experimental que foi, entretanto, revogado pela Lei n.º 41/2013, de 26 de Junho, que aprovou o CPC2013.

586 Sobre esta solução e o desnível através dela criado entre autor e réu, PAULA COSTA E SILVA, A Ordem do Juízo de D. João III e o regime processual experimental, n.º 9.

jurídica – Verdadeira condição de admissibilidade da acção, assente na necessidade de racionalização máxima da intervenção do magistrado judicial? Via preferencial de resolução dos conflitos que, ao invés de visar a racionalização das intervenções do magistrado, se justifica pelas suas potencialidades únicas? – é tão debatida[587].

283. Porque as regras fundamentais em matéria de custas constam, para o processo civil, do Código de Processo Civil, o Decreto-Lei n.º 34/2008, para além de aprovar um novo Regulamento das Custas Processuais (artigo 18.º e Anexo III do diploma), introduz alterações muito significativas no regime constantes dos artigos 446.º e seguintes do CPC1961. Tais alterações implicam, não apenas uma actualização dos regimes já vigentes, como a criação de novos regimes. De entre as regras que este diploma veio consagrar, assume particular relevância, no contexto da nossa investigação, o que passa a dispor o novo artigo 447-B.º CPC1961 [531.º[588]] (*cfr.* artigo 3.º do Decreto--Lei n.º 34/2008).

Diz esta disposição legal:

> "Artigo 447.º-B
>
> Taxa sancionatória excepcional
>
> Por decisão fundamentada do juiz, e em *casos excepcionais*, pode ser aplicada uma *taxa sancionatória* aos requerimentos, recursos, reclamações, pedidos de rectificação, reforma ou de esclarecimento quando estes, sendo considerados *manifestamente improcedentes*:
>
> a) Sejam *resultado exclusivo* da *falta de prudência* ou *diligência* da parte, *não visem discutir o mérito da causa* e se *revelem meramente dilatórios*; ou
>
> b) Visando discutir também o mérito da causa, *sejam manifestamente improcedentes por força da existência de jurisprudência em sentido contrário* e *resultem exclusivamente da falta de diligência e prudência* da parte".

---

[587] Sobre esta matéria, Paula Costa e Silva, *De minimis non curat praetor.* O acesso ao sistema judicial e os meios alternativos de resolução de controvérsias: alternatividade efectiva e complementaridade, p. n.º 2.

[588] Nos termos do qual "[p]or decisão fundamentada do juiz, pode ser excecionalmente aplicada uma taxa sancionatória quando a ação, oposição, requerimento, recurso, reclamação ou incidente seja manifestamente improcedente e a parte não tenha agido com a prudência ou diligência devida."

O ponto que deve reter-se na compreensão deste novo artigo 447.º-B [531.º] e da sua integração ou confluência na conformação de um sistema de responsabilidade processual por comportamento inadmissível é o seguinte: à criação de uma taxa sancionatória excepcional não correspondeu qualquer interferência do legislador nas regras que disciplinam a litigância de má fé. Este regime manteve-se intocado.

Por outro lado, observe-se que o legislador integrou este novo artigo 447.º-B entre as disposições relativas às custas (regras especiais, enunciadas na secção II do capítulo VII) e não entre aquelas que respeitam às multas e indemnizações (expostas na secção III do capítulo VII)[589].

284. Analisado o Regulamento das Custas Judiciais aprovado pelo Decreto-Lei n.º 34/2008, verifica-se que a taxa sancionatória excepcional será fixada, pelo juiz, entre 2 UC e 15 UC (*cfr.* artigo 10.º do RCP [ainda com as alterações introduzidas pela Lei n.º 9/2022, de 11 de Janeiro]). Ao invés, as multas poderão ser fixadas entre 0,5 UC e 5 UC (*cfr.* artigo 27.º, n.º 1 do RCP). Em casos excepcionalmente graves, poderão tais multas atingir as 10 UC (*cfr.* artigo 27.º, n.º 2). Quer isto dizer que a multa aplicada quando a parte litiga de má fé jamais pode atingir valores tão elevados quanto a taxa sancionatória excepcional[590]. Esta discrepância apenas poderá considerar-se adequada se os comportamentos que determinam a aplicação da multa tiverem gravidade reduzida face àqueles que determinam a aplicação da taxa sancionatória excepcional, podendo esta gravidade ser aferida quer por referência aos elementos subjectivos dos diferentes tipos, quer por referência aos bens jurídicos tutelados num caso e no outro. Inversamente será bem difícil justificar a desproporção entre os limites da taxa *sancionatória* excepcional e os da multa se ambas se destinarem a sancionar comportamentos com idêntica danosidade e idêntico desvalor ético.

Ora, entre as regras para nós directamente relevantes e que, de algum modo, concorrem para a resposta à interrogação deixada em aberto, conta-se

---

[589] Também o actual 531.º do CPC2013 está integrado entre as disposições relativas às custas – regras especiais, enunciadas no capítulo II do título VI ("das custas, multas e indemnização") e não entre aquelas que respeitam às multas e indemnizações (expostas no capítulo III do referido título VI).

[590] Com a entrada em vigor da Lei n.º 7/2012, de 13 de Fevereiro, o n.º 3 do artigo 27.º do Regulamento das Custas Processuais passou a dispor que "[n]os casos de condenação por litigância de má fé a multa é fixada entre 2 UC e 100 UC.".

o artigo 27.º, n.º 4 do RCP [artigo 27.º, n.º 5]. Dispõe esta regra que "a parte não pode ser simultaneamente condenada, pelo mesmo acto processual, em multa e em taxa sancionatória excepcional," numa clara indiciação de que taxa sancionatória especial e multa tutelam bens jurídicos equivalentes e visam reprimir comportamentos similares. Se assim é ou não, só de um confronto dos dois tipos pode resultar. Por ora, registe-se que, não obstante ser possível intuir a *ratio* do artigo 27.º, n.º 4 [27.º, n.º 5], este deixa por esclarecer se, em situação de concurso, a parte deve ser condenada na multa ou na taxa sancionatória excepcional. No entanto, perante as dificuldades de aplicação do regime da litigância de má fé[591], removidas do regime da taxa sancionatória

[591] Segundo o ac. RlLx, de 24 de Junho de 2008 (Abrantes Geraldes), a taxa sancionatória excepcional foi criada para situações como aquela que constituía o objecto do recurso e em que há dificuldades na aplicação das regras da litigância de má fé. Deve dizer-se que temos as mairores reservas na possível recondução de uma situação como aquela que se discutia no recurso ao regime do artigo 447.º-B do CPC1961, na versão introduzida pelo Decreto-Lei n.º 34/2008, desde logo porque não vemos onde possa encontrar-se o intuito dilatório do requerimento e, depois, do recurso. Mas, e naquilo que é mais relevante, supomos que a qualificação da conduta da parte como merecedora de uma intervenção punitiva tem subjacente o brocardo *de minimis non curat praetor*, cuja conformidade constitucional é muito mais do que duvidosa. Com efeito, no caso do recurso decidido pela Relação de Lisboa, a parte requerera a destituição do agente de execução por quebra da relação de confiança. Fundamenta esta quebra de confiança na circunstância de o agente de execução lhe ter exigido uma provisão superior em 22,90 euros àquela que a parte entendia devida. A Relação entende que o recurso é absolutamente incompreensível porque afirma estar em causa uma quantia irrisória: menos de 23 euros. No entanto, a questão não estava em quantificar o preço da confiança – a partir de que valor é justificada a perda de confiança da parte no agente de execução? – mas em ponderar se uma actuação como a do agente de execução é susceptível se minar a relação de confiança. O tribunal deixa-se impressionar pelo valor da quantia em discussão, menos de 23 euros, e logo conclui que, sendo este valor ridículo, a parte deveria ser condenada no pagamento de uma taxa sancionatória. Pode o tribunal nem sequer se ocupar da questão de fundo – a exigência pelo agente de execuão de valores superiores àqueles que a parte entende serem-lhe devidos é circunstância juridicamente atendível para fundar uma quebra de confiança e, assim, destituição do agente de execução – porque o valor nela implicado é, do seu ponto de vista, ridiculamente pequeno?
Quanto às dificuldades que o artigo 456.º [542.º] suscita e que o regime do artigo.º 447.º-B [531.º] permite remover, não sabemos exactamente quais sejam, uma vez que esta clarificação não é feita no acórdão. Porém, podemos suspeitar que se refiram à necessidade de exercício do contraditório antes da aplicação da multa já que esta é uma das razões pelas quais a magistatura tende a não aplicar este instituto. Com efeito, entendem os juízes que o facto de ter de se abrir novo debate contraditório sobre este novo objecto acaba por prejudicar a parte que se vê confrontada com a má fé da contraparte uma vez que se arrasta o termo do processo.

excepcional, e a amplitude mais generosa dos parâmetros desta, será ela provavelmente o tipo de frequência na repressão da *lide sem virtude*.

Para uma demarcação do campo de aplicação dos artigos 447.º-B [531.º] e 456.º [542.º] do CPC1961, na versão introduzida pelo Decreto-Lei n.º 34/2008, veja-se que, enquanto o artigo 447.º-B determina o pagamento de uma *taxa*, não obstante esta ser, já de acordo com o *nomen iuris* que recebeu, *sancionatória* (e excepcional), o artigo 456.º impõe o pagamento de uma *multa*.

Por outro lado, e na integração sistemática da taxa sancionatória excepcional e da multa, o legislador foi cauteloso. Com efeito, a taxa sancionatória excepcional é regulada no Capítulo II do Título II do Regulamento das Custas Processuais, ou seja, é regulada em sede de taxas de justiça, integrando, assim, as custas processuais (*cfr.* artigo 3.º, n.º 1 do RCP). Já as multas processuais estão previstas em secção autónoma[592]. Talvez se não erre se se avançar a hipótese de a sistematização do Regulamento das Custas Processuais visar incutir no aplicador do Direito a ideia de que taxa sancionatória e multa são realidades jurídicas bem distintas.

Como é evidente, as questões que esta nova figura suscita vão gravitar em torno da determinação da sua verdadeira natureza jurídica, restando saber em que medida estamos efectivamente perante uma taxa. A resposta a esta interrogação há-de decorrer do regime para ela fixado e do seu confronto com o conceito de taxa. Jamais do nome ou da integração sistemática que o legislador haja escolhido.

285. O que está em jogo não são meras palavras, mas sim conceitos. O que está obviamente em causa é determinar se, independentemente do nome dado à nova figura, nos encontramos perante uma verdadeira taxa, se perante uma sanção. E é a resposta a esta questão que fará toda a diferença no plano da conformidade constitucional do regime constante do artigo 447.º-B [531.º] do CPC1961.

Na verdade, a aplicação de sanções convoca um apertado esquema de garantias que a aplicação de uma taxa dispensa. Quem sabe se o legislador não radicou a sua opção de designar a realidade criada em 2008 como *taxa*

[592] Esta inserção sistemática mantém-se no RCP aprovado pelo Decreto-Lei n.º 34/2008, com as alterações que lhe foram introduzidas pela Lei n.º 9/2022, de 11 de Janeiro.

sancionatória, diminuindo-lhe a carga com o acrescento do adjectivo *excepcional*, exactamente nesta diferença de regimes. Talvez que confrontado com a relativa inoperância do esquema sancionatório aplicável à conduta da parte através da aplicação de multas, ao abrigo do artigo 456.º do CPC1961 [542.º], haja desejado criar um sistema reactivo expedito e de aplicação simples. Ou seja, teria o desejo de alcançar os efeitos que se atingem através da imposição do pagamento de multas sem a submissão desse pagamento às garantias que a aplicação de sanções implica. Seria, por exemplo, fundamental dispensar, entre outros, o contraditório prévio, garantia cuja observância, na aplicação de multas processuais por litigância de má fé, foi reiteradamente afirmado pelo Tribunal Constitucional[593]. No entanto, num Estado de Direito, esta sua tentativa será infrutífera quer se conclua que a taxa sancionatória excepcional, não obstante o nome, não é apenas uma taxa, mas somente uma pena civil ou um híbrido de pena civil com taxa, quer se conclua que afinal esta taxa sancionatória excepcional é uma verdadeira taxa. Na verdade, não obstante o incompreensível (?) silêncio a que a Lei Geral Tributária (Decreto-Lei n.º 398/98, de 17 de Dezembro) votou as taxas[594], nela se prevê a audição prévia do contribuinte na aplicação de um imposto. E a doutrina vem discutindo,

[593] Veja-se, a este propósito, recentemente, o acórdão n.º 30/2020 (Pedro Machete), a propósito do artigo 123.º, n.º 3 do CPC2013. Discutia-se, neste caso, saber se a decisão de condenação da parte como litigante de má fé pelo Presidente de um Tribunal da Relação quando julgue improcedente a suspeição que deduzira dispensa a audição prévia do recusante. O Tribunal Constitucional julgou "[...] inconstitucional, por violação do direito ao contraditório ínsito na garantia do processo equitativo prevista no artigo 20.º, n.º 4, da Constituição, a norma do artigo 123.º, n.º 3, do Código de Processo Civil segundo a qual a condenação por litigância de má fé e a multa aí previstas podem ser impostas à parte, sem que previamente lhe seja concedida a oportunidade de se pronunciar sobre tal sanção [...]". *Cfr.*, também, os acórdãos n.ºs 440/94, 103/95, 357/98, 289/2002 e 174/2018.

[594] Pronunciando-se no sentido de se verificar uma inconstitucionalidade por omissão uma vez que, relativamente a estas, se verifica uma total *inércia legislativa*, que "lança sérias dúvidas sobre a licitude das taxas e das contribuições parafiscais entretanto criadas," Gomes Canotilho/Vital Moreira, Constituição da República Portuguesa anotada, vol. I, *sub* artigo 103.º, n.º XV [4.ª ed., reimp. 2014]. Mais assertivamente, ainda, Jorge Miranda/ Rui Medeiros [Eduardo Paz Ferreira], Constituição Portuguesa anotada, tomo II, *sub* artigo 103.º, n.º IV. [Na anotação a este artigo, no volume II, 2.ª edição revista, editado pela Universidade Católica Editora, 2018, lê-se: "[a]s taxas caracterizam-se pelo sinalagma e na ausência de um regime geral que discipline os seus elementos essenciais e que permita verificar a sua constitucionalidade, esta deve então ser fiscalizada pelo princípio da cobertura

sempre com um pesado ónus de prova, é certo, que também a aplicação de taxas pode impor o respeito daquela garantia.

Registe-se, desde já, que a circunstância de o legislador ter dado à referida taxa a designação de *sancionatória* é indício de não se tratar de uma taxa, mas antes de uma multa ou coima. No mesmo sentido vai a declaração que consta do preâmbulo do Decreto-Lei n.º 34/2008. Ao justificar as taxas aplicáveis aos litigantes de massa[595] e a taxa sancionatória excepcional, o legislador afirma que o diploma prossegue o "plano de moralização e de racionalização do recurso aos tribunais." Quanto à taxa sancionatória excepcional diz, expressamente, que se criou "um *mecanismo de penalização* dos intervenientes processuais que, por motivos dilatórios, "bloqueiam" os tribunais com recursos e requerimentos manifestamente infundados". E, continua: "[p]ara estes casos, o juiz do processo poderá fixar uma taxa sancionatória especial, com carácter *penalizador* [...]." À expressão *sancionatória* do nome acrescem as duas referências ao carácter penalizador da taxa sancionatória excepcional.

Ora a taxa, tal como o imposto, não tem natureza sancionatória, devendo nela encontrar-se, mesmo que se aceitem os tributos com finalidades extrafiscais, uma finalidade de angariação de receita[596]. Se o que se prende com o aspecto sancionatório é expressamente afirmado para o imposto[597], discutindo-se somente se se trata de uma delimitação negativa decorrente

---

de custos, o qual constitui uma vertente do princípio da proporcionalidade" [Ana Paula Dourado e Paulo Marques].

595 A taxa de justiça agravada, prevista no artigo 447.º-A, n.º 6, do CPC1961 [530.º, n.º 6], na redacção introduzida pelo Decreto-Lei n.º 34/2008, procede ao agravamento em 50% do valor de referência. Esta taxa será aplicável às acções propostas por sociedades comerciais que, no ano anterior (àquele em que é proposta a nova acção?), tenham dado entrada em qualquer tribunal (e não no conjunto dos tribunais?) a 200 ou mais acções, procedimentos ou execuções. Acerca da sua conformidade constitucional, por confronto com o princípio da igualdade e com o direito de acesso à justiça serão seguramente suscitadas dúvidas. No entanto, como esta matéria não colide directamente com o tema da presente investigação não lhe serão feitas mais referências.

596 Sérgio Vasques, O Princípio da Equivalência como Critério de Igualdade Tributária, pp. 134 e segs..

597 Sousa Franco, Finanças Públicas e Direito Financeiro, p. 164; Casalta Nabais, O dever fundamental de pagar impostos. Contributo para a compreensão constitucional do estado fiscal contemporâneo, p. 225-226; Braz Teixeira, Direito Fiscal I, 5.I e II.e).

da sua teleologia[598], se de uma característica do seu elemento objectivo[599], vale igualmente para a taxa. Assentando esta, ao invés do imposto, numa ideia de não unilateralidade primária – à taxa corresponderá sempre uma contrapartida, seja esta traduzida na prestação de um serviço, na utilização de bens de domínio público ou, ainda, na remoção de limites ao desenvolvimento de determinadas actividades pelos particulares[600] – a taxa é insensível ao estado subjectivo do contribuinte. Traduzindo a contrapartida de uma vantagem, ela não pode ser justificada ou graduada atendendo a elementos subjectivos, fundando-se em critérios estritamente objectivos. A taxa encontra a sua legitimação material na sua adequação ao custo e ao benefício[601]. Se dela estiver privada, será uma taxa ilegal ou, até mesmo, eventualmente inconstitucional[602] – inválida, segundo SÉRGIO VASQUES[603] – ou, quando se aceite a teoria da convolação, um imposto, nestes casos suscitando os problemas relacionados com a legitimidade formal para o respectivo lançamento.

286. Não se esquece que se aceita, numa aproximação não purista à figura do tributo[604], que pode presidir à criação de um imposto ou de uma taxa uma finalidade extrafiscal[605]. Esta pode coexistir com a da obtenção de receitas ou

598 CASALTA NABAIS, O dever fundamental de pagar impostos. Contributo para a compreensão constitucional do estado fiscal contemporâneo, p. 225, nota 106.

599 BRAZ TEIXEIRA, Direito Fiscal I, 5.II.

600 BRAZ TEIXEIRA, Direito Fiscal I, 6ª); ALBERTO XAVIER, Manual de Direito Fiscal, p. 48 e segs..

601 SÉRGIO VASQUES, O Princípio da Equivalência como Critério de Igualdade Tributária, p. 138 e segs..

602 Tendo o princípio da igualdade tributária assento constitucional e sendo os critérios da capacidade contributiva – quanto ao imposto – e da equivalência – quanto à taxa – os critérios concretizadores daquele princípio constitucional, a violação do critério da equivalência – assim como a violação do critério da capacidade contributiva – implica numa violação do princípio da igualdade. A inconstitucionalidade será directa e imediata já que está em causa a violação de um princípio com expressa previsão constitucional.

603 SÉRGIO VASQUES, O Princípio da Equivalência como Critério de Igualdade Tributária, p. 614 e 619.

604 SÉRGIO VASQUES, O Princípio da Equivalência como Critério de Igualdade Tributária, p. 135, nota 63.

605 Veja-se, *v.g.*, o que sucedia quanto aos direitos niveladores agrícolas que tinham por escopo, entre outros e conforme resulta com toda a clareza do artigo 10.º do Decreto-Lei n.º 525/85,

ser a finalidade exclusiva do tributo lançado, não obstante permitir a obtenção de receitas[606]. Nestes casos, o tributo visa conformar comportamentos[607], eventualmente dissuasor da procura de um serviço público[608]. No entanto, e como em qualquer outro tributo, também nas taxas será necessário encontrar uma finalidade de angariação de receitas, ainda que esta seja secundária. De entre os designados tributos de estrangulamento[609], cuja natureza tributária foi debatida e mesmo negada pelo Tribunal Constitucional a propósito de

---

de 31 de Dezembro, nivelar o preço de bens agrícolas, ainda então sujeitos a regimes de importação e de exportação, no espaço comunitário. Conforme se lê no acórdão do Tribunal Constitucional n.º 70/92 (Monteiro Diniz), os direitos niveladores agrícolas "visam, numa fase transitória, a protecção do mercado interno de carne de bovino e dos preços que nele se praticam por forma a que o respectivo sector produtivo nacional não sofra impactos e modificações súbitos, concedendo-se-lhe, assim, um determinado tempo para se alcançar uma adaptação ao sistema e às novas regras de mercado, tudo com vista à defesa dos próprios interesses da economia nacional". Em sentido idêntico, acórdão do Tribunal Constitucional n.º 194/92 (Ribeiro Mendes), onde se lê que os direitos niveladores eram imposições que visavam conseguir uma progressiva adaptação do mercado nacional de carne de bovino ao mercado comunitário.

Idênticas eram as finalidades dos diferenciais de preços relativos a sementes, cereais e farinhas, cobrados pela EPAC, cuja natureza tributária foi discutida e negada pelo Tribunal Constitucional, no acórdão n.º 7/84 (Mário Brito). *Cfr.*, acórdão do Tribunal Constitucional n.º 602/97 (Assunção Esteves).

[606] Nuno Sá Gomes, Notas sobre o problema da legitimidade e natureza da tributação das actividades ilícitas e dos impostos proibitivos, sancionatórios e confiscatórios, p. 27; Teixeira Ribeiro, Lições de Finanças Públicas, p. 259-260, concluindo o Autor que mesmo que a um tributo presida uma finalidade estritamente extrafiscal, ainda assim as receitas através deles obtidas serão, mais cedo ou mais tarde, aplicadas na cobertura de despesas do Estado. Esta precisão releva no plano da definição do imposto e da sua conformidade ao princípio da legalidade já que, de acordo com o artigo 103.º, n.º 1, da CRP, "[o] sistema fiscal visa a satisfação das necessidades financeiras do Estado." Em sentido idêntico, Gomes Canotilho/Vital Moreira, Constituição da República Portuguesa anotada, vol. I, *sub* artigo 103.º, n.º II [4.ª ed., reimp. 2014], mas com um alargamento substancial das finalidades do sistema fiscal que se subordinará à política económica.

[607] Casalta Nabais, O dever fundamental de pagar impostos. Contributo para a compreensão constitucional do estado fiscal contemporâneo, p. 266.

[608] Teixeira Ribeiro, Lições de Finanças Públicas, p. 256.

[609] Sérgio Vasques, O Princípio da Equivalência como Critério de Igualdade Tributária, p. 135, nota 63.

algumas figuras[610], surgem-nos como caso típico as taxas moderadoras[611]. Mas estas são devidas por todos quantos recorrem ao serviço, não sendo ponderado qualquer elemento subjectivo aquando da respectiva aplicação. Por outro lado, parece-nos absolutamente crucial a observância de critérios de legitimação material das taxas a que também presidam intuitos extrafiscais. Uma vez que tais taxas não assentam exclusivamente no critério da equivalência e porque indutoras de um desvio ao princípio da igualdade, impõem que seja realizada uma ponderação de valores de modo a que o desvio, em concreto introduzido, possa ser justificado não através de "*um qualquer fundamento racional* mas [...] [de] um fundamento com a *intensidade* ou *relevância* bastantes para o efeito"[612].

287. Com os dados antecedentes, voltemos à taxa sancionatória especial. A ser uma taxa conformadora porque dissuasora de comportamentos, à qual corresponderá ainda a natureza de taxa e não já a de sanção, dois aspectos devem confluir. Em primeiro lugar, deverá encontrar-se nesta taxa uma finalidade clara de angariação de receita para o Estado. Em segundo lugar, deverá a taxa sancionatória excepcional ser aplicada independentemente da ponderação da conduta do agente a todos os comportamentos que sejam objectivamente iguais. Ainda assim, e mesmo que possa considerar-se a taxa sancionatória excepcional como uma taxa conformadora de comportamentos, ela levantará problemas de conformidade constitucional. Isto porque, não sendo uma verdadeira taxa, não é possível estabelecer qualquer relação, por mais ténue que seja, entre o valor da prestação e o da contraprestação. Sê-lo-ia, em tese e por comparação com os demais casos de prestação de serviço similar sem agravamento de tributo com finalidades de ordenação de conduta, se estivessem disponíveis elementos que nos permitissem conhecer o valor efectivo e real do serviço prestado. Se esses dados existem, não nos foi possível localizá-los. Pelo que toda a relação entre os diversos tipos de taxas se estabelecerá, no campo dos custos da Justiça, entre parâmetros, cuja

610 *Cfr.* os já citados acórdãos n.os 7/84 (Mário Brito), 70/92 (Monteiro Diniz), 194/92 (Ribeiro Mendes) e 602/97 (Assunção Esteves).

611 Casalta Nabais, O dever fundamental de pagar impostos. Contributo para a compreensão constitucional do estado fiscal contemporâneo, p. 266 e segs..

612 Sérgio Vasques, O Princípio da Equivalência como Critério de Igualdade Tributária, p. 591.

ligação aos custos reais é impossível de escrutinar. De todo o modo, porque a taxa sancionatória especial assume a feição de um limite económico a um direito fundamental[613], deverá passar pelo apertado crivo do artigo 18.º, n.º 2 da CRP.

288. Vejamos, então, em que casos é devida a taxa sancionatória excepcional[614].

A lei começa por dizer que a taxa depende da apresentação de requerimentos, recursos, reclamações, pedidos de rectificação, reforma ou de esclarecimento. Parece inquestionável que ao pagamento exigido à parte começa por corresponder a utilização de um serviço público: o serviço de Justiça. Por isso é possível nele discernir, numa análise primária, uma contrapartida que o justifica[615]. O artigo 447.º-B [531.º], ao prever um pagamento, legitimado pelo impulso processual da parte, não traria qualquer problema.

Nem mesmo a circunstância de este pagamento ser apenas devido quando o acto de impulso é julgado manifestamente improcedente invalida o resultado anterior[616]. A parte não se limita a apresentar uma postulação, permanecendo o serviço de justiça em inacção: este tem de agir, decidindo. Na verdade, não obstante a improcedência, este juízo contém-se num acto judicial.

---

613 Casalta Nabais, O dever fundamental de pagar impostos. Contributo para a compreensão constitucional do estado fiscal contemporâneo, p. 267 e seg..

614 Recorde-se o texto do artigo 447.º-B do CPC1961: "Por decisão fundamentada do juiz, e em casos excepcionais, pode ser aplicada uma taxa sancionatória aos requerimentos, recursos, reclamações, pedidos de rectificação, reforma ou de esclarecimento quando estes, sendo considerados manifestamente improcedentes:

a) Sejam resultado exclusivo da falta de prudência ou diligência da parte, não visem discutir o mérito da causa e se revelem meramente dilatórios; ou

b) Visando discutir também o mérito da causa, sejam manifestamente improcedentes por força da inexistência de jurisprudência em sentido contrário e resultem exclusivamente da falta de diligência e prudência da parte.".

Já nos termos do artigo 531.º do CPC2013, "[p]or decisão fundamentada do juiz, pode ser excecionalmente aplicada uma taxa sancionatória quando a ação, oposição, requerimento, recurso, reclamação ou incidente seja manifestamente improcedente e a parte não tenha agido com a prudência ou diligência devida.".

615 Casalta Nabais, O dever fundamental de pagar impostos. Contributo para a compreensão constitucional do estado fiscal contemporâneo, pp. 223 e segs. e 260 e segs..

616 No sentido do texto, Casalta Nabais, O dever fundamental de pagar impostos. Contributo para a compreensão constitucional do estado fiscal contemporâneo, p. 261.

Também o facto de a lei fazer depender a aplicação da taxa da circunstância de o acto se revelar meramente dilatório, pode ainda dizer-se critério que não depende da avaliação do estado subjectivo do agente. No entanto, porque a taxa apenas é devida se o acto se revelar dilatório, nela se vislumbra já uma natureza ou intuito sancionatório. Nestes casos, a parte pratica um acto postulativo, movimentando-se a coberto de uma faculdade legal. Mas o acto praticado é disfuncional: aparentemente através dele a parte quer persuadir o tribunal a dar-lhe razão, praticando um acto novo, revendo ou revogando um acto pretérito, aclarando-o. Contudo, e face à situação concreta, é possível concluir que, por baixo desta aparente vontade postulativa, o que a parte efectivamente quer é retardar o termo do processo. A sua acção é abusiva e, como tal, é reprimida. O acto não é simplesmente rejeitado. À rejeição, acresce o pagamento de uma taxa. Os fins de angariação de tributo perante os elementos de que depende a aplicação da taxa começam a esbater-se.

Pode dizer-se igualmente objectiva a hipótese em que, através do acto postulativo, a parte discute o mérito da causa, visando provocar uma decisão inversa à que foi proferida, mas em sentido ainda não subscrito pela jurisprudência (alínea b) do artigo 447.º-B do CPC1961). Adiante teremos de voltar a estas regras, deixando, para essa altura, as críticas que esta previsão pode suscitar por assentar num pressuposto indesejável (o da impossibilidade de inflexão da jurisprudência por impulso das partes processuais).

289. As dificuldades surgem, porém, quando se faz depender a aplicação da taxa sancionatória da falta de prudência ou de diligência da parte (alínea a) do artigo 447.º-B do CPC1961). Isto porque a taxa não vem a ser aplicada a todos os requerimentos, recursos, reclamações, pedidos de rectificação, reforma ou de esclarecimento manifestamente improcedentes, que sejam dilatórios ou que visem provocar decisão em sentido em que ainda não exista jurisprudência. Ou seja, a taxa não visa conformar condutas, genérica e objectivamente. A sua aplicação depende, antes, da ponderação do estado subjectivo da parte: a taxa só é devida se o acto praticado for resultado exclusivo da falta de prudência ou de diligência da parte.

Ora, é neste ponto que a taxa se aproxima muito claramente de uma sanção. O seu pagamento é devido, não porque o acto de impulso seja objectivamente inadmissível, mas porque a conduta da parte merece censura: ela não agiu com a diligência e prudência normal, ou seja, ela agiu negligentemente[617]. A angariação de tributo cede, aqui, com toda a evidência. Esta finalidade é absolutamente marginal[618].

Este elemento afasta a possibilidade de a designada taxa sancionatória ser considerada uma verdadeira taxa, aproximando-a, inequivocamente, da categoria das sanções ou penas civis. Neste contexto, relembre-se o já referido artigo 27.º, n.º 4, do RCP [27.º, n.º 5], que impunha a proibição de condenação da parte, pelo mesmo acto processual, em multa e em taxa sancionatória excepcional. A sobreposição de finalidades de uma e de outra intervenção estão implícitas no estabelecimento de uma relação de concurso aparente entre as duas normas: ambas cobrem as mesmas situações e visam atingir fins idênticos.

290. Há, ainda, dois outros aspectos extremamente curiosos em torno de toda a matéria das taxas de justiça e que influenciam indirectamente a discussão que aqui se trava.

Vários índices são cruciais para a qualificação de uma determinada realidade como tributo e para a determinação da conformidade constitucional do seu regime.

Sendo o tributo em causa uma taxa, pergunta-se: como se justifica o método de tributação, o valor e a base de incidência da taxa? Onde estão os elementos que permitam escrutinar a proporcionalidade entre a vantagem e a taxa? Atendendo à natureza do tributo em causa, prevê-se uma revisão periódica das taxas, revisão que tomará em linha de conta os diversos factores que podem influenciar a taxa, como sejam, *v.g.*, as flutuações do lado da oferta e do lado da procura do serviço público de Justiça?

---

[617] Neste sentido, *cfr.*, a título meramente exemplificativo, os acórdãos do Supremo Tribunal de Justiça de 12 de Maio de 2016 (Abrantes Geraldes), de 18 de Dezembro de 2019 (Manuel Augusto de Matos), de 22 de Fevereiro de 2022 (Luís Espírito Santo) e de 10 de Março de 2022 (Adelaide Magalhães Sequeira). Do Tribunal da Relação de Lisboa, a título meramente exemplificativo, *cfr.* os acórdãos de 11 de Setembro de 2019 (João Lee Ferreira) e de 21 de Janeiro de 2020 (Cristina Coelho). Na jurisprudência do Tribunal da Relação do Porto, *cfr.*, exemplificativamente, decisão de 3 de Novembro de 2010 (Melo Lima), de 25 de Janeiro de 2017 [Maria Luísa Arantes], de 14 de Julho de 2020 (Williiam Themudo Gilman).

[618] A este propósito, veja-se o acórdão do Supremo Tribunal de Justiça, de 18 de Dezembro de 2019 (Manuel Augusto de Matos), expressamente afastando a natureza tributária da taxa sancionatória excepcional.

291. É evidente que as questões deixadas em aberto atingem todas as taxas de justiça pelo que atingirão também a taxa sancionatória excepcional caso se queira defender que de uma verdadeira taxa se trata. Neste caso, perguntar-se-á: onde está a fundamentação para o seu valor?

Recorde-se, aqui, que o Estado fez publicar dois diplomas fundamentais em matéria de taxas e que, de duas uma: ou se aplicam somente às taxas neles previstas, ou reflectem os princípios gerais vigentes quanto a estes tributos.

Referimo-nos, por um lado, ao Regime das taxas locais (Lei n.º 53.º-E/2006, 29 de Dezembro) e, por outro, ao Regime dos emolumentos dos Registos e do Notariado (Decreto-Lei n.º 322-A/2001, de 14 de Dezembro).

Nos termos do seu artigo 8.º, as autarquias têm o dever de fundamentação das taxas que aplicam. Segundo o disposto na al. c) do n.º 2 deste artigo 8.º[619], o regulamento que crie taxas municipais deve conter, obrigatoriamente e sob pena de nulidade, "[a] fundamentação económico-financeira relativa ao valor das taxas, designadamente os custos directos e indirectos, os encargos financeiros, amortizações e futuros investimentos realizados ou a realizar pela autarquia local". Exactamente porque a taxa há-de reflectir uma proporcionalidade entre o seu valor e o da vantagem auferida por quem a paga. Com este diploma, o legislador veio exigir da administração local aquilo que não exige à administração central. Não deixa de ser um paradoxo curioso, tanto de um ponto de vista da filosofia e da ciência política, quanto sociológico. Isto porque se desconhece a concreta fundamentação das taxas de justiça, em geral. Para discutir o problema da proporcionalidade das taxas de justiça, onde pode o aplicador encontrar os dados empíricos que permitam saber qual o custo de um processo? É certo que as taxas de justiça são verdadeiras taxas e não impostos – não obstante a designação que em tempos mereceram –, já que na base do seu pagamento se encontra a prestação de um serviço ou a utilização de um serviço público.

292. Adquirido que o utilizador da Justiça é beneficiário da prestação de um serviço, razoável será exigir-lhe o pagamento de um qualquer valor pelo serviço prestado. No entanto, e para que se possa dizer observado o princípio da proporcionalidade na fixação das taxas de justiça não basta concluir que aquele que recorre a tribunal aufere de uma vantagem. É necessário encontrar

[619] A al. c) do n.º 2 do artigo 8.º permanece idêntica depois da entrada em vigor da Lei n.º 117/2009, de 29 de Dezembro, posterior à 1.ª publicação desta Monografia.

critérios que permitam quantificar o que custa conceder essa vantagem a quem recorre a tribunal. Se assim não for possível proceder, aquilo que aparentemente é uma taxa poderá integrar a categoria do imposto selectivo.

Supomos que relativamente a nenhuma taxa de justiça se consegue encontrar a base objectiva que permita aferir da sua harmonização com o princípio da proporcionalidade. Na construção de PAWLOWSKY, as custas de um processo deverão ser tão altas que o seu pagamento surja como razoável ou adequado, nunca devendo ser tão elevadas que o seu pagamento implique uma decadência social (*sozialer Abstieg*) do sucumbente[620]. Supomos que a concretização desta ideia não pode prescindir de um primeiro patamar: o da determinação do custo real de um qualquer processo. Só assim se saberá se a taxa aplicada tem ou não alguma relação com o valor do serviço prestado. Esta é, no fundo, a conclusão que pode extrair-se da jurisprudência do Tribunal Constitucional: se este entendeu não se conformarem algumas taxas de justiça com o princípio da proporcionalidade, porque estas surgem como exorbitantes em relação ao serviço que é prestado[621], já não pôde declarar, assertivamente, o que seriam, do seu ponto de vista, taxas adequadas. E não pôde fazê-lo pela simples razão de que lhe faltam todos os elementos estatísticos relevantes para a formulação deste juízo. Sendo a taxa sancionatória excepcional uma alegada taxa de justiça, também relativamente a ela faltam quaisquer dados que permitam encontrar a sua justificação. Sendo uma taxa, foge ao controlo de legalidade por falta de elementos que permitam aferir a sua proporcionalidade.

293. A conclusão a que acaba de chegar-se aponta no sentido de a taxa sancionatória excepcional, não obstante a sua qualificação como taxa, ser uma verdadeira pena civil, reactiva a um comportamento objectivamente inadmissível e subjectivamente censurável. A taxa sancionatória excepcional mais não é do que uma multa, mais concretamente ainda, a taxa sancionatória excepcional é uma multa que visa sancionar comportamentos que são já parcialmente sancionados com multa por verificação de litigância de má fé. Vale aqui tudo quanto o Tribunal Constitucional, no célebre acórdão n.º 440/94 (MONTEIRO DINIS), afirmava quanto à condenação da parte por litigância de má fé:

---

[620] Zur Funktion der Prozeßkosten, p. 199.

[621] *Cfr.* os acórdãos n.º 227/07 (PAULO MOTA PINTO) e 255/07 (BRAVO SERRA).

"Seja qual for a natureza que se atribua à sanção imposta aos litigantes condenados por má fé, o certo é que tal condenação representa, não só uma oneração pecuniária com determinada expressão económica mais ou menos significativa, mas constitui também, ou ao menos na generalidade dos casos pode constituir, uma forte lesão moral susceptível de afectar gravemente a dignidade pessoal e profissional daquele que a sofreu".

Por esta razão, para que a sua aplicação não suscite problemas de conformidade constitucional, deverá ser submetida ao esquema de garantias de que a Constituição faz depender a aplicação de sanções. Entre elas, a garantia do contraditório ou, na sua refracção negativa, a proibição da indefesa. Com efeito, e citando, uma vez mais o acórdão n.º 440/94 (Monteiro Dinis), "assim sendo [tendo a litigância de má fé os efeitos que tem], parece justificar-se plenamente no âmbito de disposição material daquele preceito, que aos interessados no juízo de censura ali previsto seja assegurado o exercício da contradição perante o tribunal onde litigam", para se concluir num sentido, desde então, unanimemente afirmado:

"Definido assim o conteúdo genérico do direito fundamental de acesso aos tribunais, que leva implicada a proibição da indefesa, tem-se por seguro que o regime instituído nas normas do artigo 456.º, n.os 1 e 2 do Código de Processo Civil, quando interpretadas no sentido de a condenação em multa por litigância de má fé não pressupor a prévia audição do interessado em termos de este poder alegar o que tiver por conveniente, sobre uma anunciada e previsível condenação, padecerá de inconstitucionalidade, por ofensa daquele princípio constitucional.

Com efeito, semelhante interpretação priva por completo o interessado de poder apresentar perante o tribunal qualquer tipo de defesa, acabando por ser confrontado com uma decisão condenatória cujos fundamentos de facto e de direito não teve oportunidade de contraditar".

294. Dir-se-á ou que a garantia do contraditório não tem de ser respeitada uma vez que a lei institui uma nova taxa de justiça ao invés de criar uma multa, ou que, seja qual for a natureza da taxa sancionatória excepcional, a proibição da indefesa não se verifica.

Porém, nenhuma das linhas permitirá dissipar os problemas que se antecipam.

Com efeito, não é pelo facto de o legislador chamar taxa ao que substancialmente é uma sanção repressiva que consegue contornar as garantias que, enquanto legislador constituinte, ele próprio aceitou respeitar[622]. O que vincula o aplicador do Direito e vale para efeitos de qualificação é o regime, não o nome. Inverter esta regra metodológica básica permitiria, desde logo, que o próprio legislador, através da manipulação de conceitos, atingisse, com a taxa, resultados pelo menos semelhantes – pois veremos que são até bem mais gravosos – àqueles que atinge com a multa sem que o sujeito que se vê confrontado com a obrigação de pagamento da sanção pecuniária beneficie das garantias que a Constituição lhe confere.

Neste contexto, lembre-se a conclusão de NUNO SÁ GOMES quando analisa os impostos sancionatórios[623]:

> "[...] consideramos ilegítima a tributação sancionatória como a que vem sendo analisada[624], pois esta não só exorbita claramente dos fundamentos da soberania fiscal que não pode radicar na própria ilicitude dos actos humanos, mas sim na capacidade contributiva, como ainda atenta contra os direitos, liberdades e garantias na medida em que estabelece uma sanção punitiva automática, não jurisdicionalizada, independente da culpa [...] pelo que considero que lhe devem ser aplicáveis os princípios gerais do direito sancionatório, e não os do direito fiscal [...]".

295. Quanto ao contraditório, dir-se-á estar este assegurado atendendo ao regime instituído no artigo 27.º, n.º 5 [27.º, n.º 6] do RCP. Segundo este preceito legal, da decisão que condene a parte em multa, penalidade ou taxa sancionatória excepcional caberá recurso. O contraditório não seria prévio, mas ulterior.

Antes de analisarmos este ponto, note-se a curiosa integração sistemática da matéria regulada. Na verdade, e depois de prever a taxa sancionatória

---

[622] Quanto à irrelevância da qualificação como taxa de tributos que assumem, atendendo ao respectivo regime, a natureza de verdadeiros impostos, *v.g.* com a finalidade de os subtrair ao princípio da legalidade, JORGE MIRANDA/RUI MEDEIROS [EDUARDO PAZ FERREIRA], Constituição Portuguesa anotada, vol. II, *sub* artigo 103, n.º IV (*cfr.* nota 578).

[623] Notas sobre o problema da legitimidade e natureza da tributação das actividades ilícitas e dos impostos proibitivos, sancionatórios e confiscatórios, p. 34.

[624] Em causa estava a análise dos artigos 40.º do Orçamento de Estado para 1982 e 3.º do Decreto-Lei n.º 375/74, de 20 de Agosto e do Decreto-Lei n.º 152/82, de 3 de Maio.

excepcional na secção dedicada às taxas e não naquela que rege a matéria das multas e penalidades, é a propósito das multas e penalidades que se explicita ter a parte condenada em taxa sancionatória excepcional a faculdade de recorrer. A regulação conjunta de taxa sancionatória, multas e penalidades é substancialmente justificada. Como dissemos, a taxa sancionatória é, de facto, uma pena civil e não uma taxa. Mas é estranho que o legislador, que quer fazer passar a ideia de que taxa sancionatória e multa são realidades distintas, acabe por as integrar sistematicamente, no que respeita à recorribilidade da decisão que as aplica, num único preceito. Mais curioso, ainda, é registar que ou não se admite recurso autónomo da decisão que aplica a taxa sancionatória excepcional ou não se prevê prazo para a respectiva interposição: o artigo 27.º, n.º 5 limita-se a prever o prazo de interposição de recurso autónomo de decisão que haja aplicado multa ou penalidade[625].

296. Regressemos ao contraditório. Supomos que será provável que venha a defender-se a conformidade constitucional do regime da taxa sancionatória com o argumento de que, não obstante a ausência de contraditório prévio, haverá contraditório ulterior. Mas esta linha de argumentação não procederá.

Lembre-se, novamente, a jurisprudência constitucional nesta matéria. Continuando a transcrever o acórdão n.º 440/94 (Monteiro Dinis), ali se lê que "mostra-se possível e adequada uma interpretação de conformidade constitucional daquelas normas, em termos de condicionar o juízo de condenação ali previsto à prévia notificação do litigante suspeitado de má fé processual, concedendo-lhe um prazo para nos autos responder o que tiver por conveniente".

A este juízo subjaz um princípio fundamental do processo, mais, um dos corolários da ideia de processo equitativo. O juiz constitucional, numa decisão certeira, não se limita a dizer que à parte tem de ser conferido contraditório. Vai muito mais longe, apontando ao legislador ordinário que do comando constitucional decorre que à parte deve ser conferido contraditório prévio. A justificação é evidente: a postulação não tem a mesma força persuasiva

[625] O n.º 6 do artigo 27.º, desde a entrada em vigor do Decreto-Lei n.º 52/2011, de 13 de Abril, dispõe o seguinte: "[d]a condenação em multa, penalidade ou taxa sancionatória excepcional fora dos casos legalmente admissíveis cabe sempre recurso, o qual, quando deduzido autonomamente, é apresentado nos 15 dias após a notificação do despacho que condenou a parte em multa, penalidade ou taxa.".

se exercida antes ou depois da emissão de um juízo. Por isso, a nossa lei claramente afirma, no artigo 3.º, n.º 2, do CPC1961 [identicamente, o artigo 3.º, n.º 2, do CPC2013], que "só nos casos excepcionais previstos na lei se podem tomar providências contra determinada pessoa sem que esta seja previamente ouvida". Seguramente que se encontrarão os tais casos excepcionais em que a lei admite que sejam tomadas providências contra a pessoa antes de ela ser ouvida. Mas é também evidente que as razões substanciais que os justificam (como sucede com determinadas providências cautelares típicas e, nas atípicas, sempre que a audição da parte contrária possa pôr em risco a própria providência, bem como nas execuções em que o contraditório prévio possa frustrar a satisfação do crédito do exequente) não estão presentes quando se pensa nos motivos que podem determinar a dispensa de contraditório prévio na punição do comportamento da parte que se considera objectivamente inadmissível e subjectivamente censurável.

Por outro lado, e mesmo que se aceitasse a simetria entre contraditório prévio e ulterior, veja-se que a lei não prevê que o recurso da decisão que condene a parte em taxa sancionatória possa ter por objecto a sanção concretamente aplicada. A lei apenas permite que a parte recorra – o mesmo é dizer, o recurso somente será admissível – se a taxa foi aplicada fora dos casos em que a sua aplicação é legalmente admissível. A parte pode impugnar a legalidade da decisão por referência ao tipo abstracto. Se, porém, a parte se conformar com a recondução do seu comportamento ao tipo abstracto, mas não se conformar com a sanção concretamente aplicada, não deverá recorrer já que o recurso não é admissível.

297. Não sendo procedentes as observações anteriores e cabendo, ainda, a taxa sancionatória excepcional na categoria dos tributos e não na das penas ou sanções[626], dir-se-á que cai por terra quanto se afirma relativamente à garantia do contraditório.

---

[626] Veja-se, em sentido divergente, o acórdão do Supremo Tribunal de Justiça, de 4 de Janeiro de 2017 (Rosa Tching), processo 149/05.3PULSB.L1-B.S1, no qual se decidiu que "[...] não se vê que a decisão de condenação no pagamento desta taxa de justiça-sanção, com vista à moralização da atividade processual, seja suscetível de afetar a posição jurídica do visado, pelo que entendemos não impender, no caso dos autos, sobre o Sr. Juiz Desembargador o dever de, antes de proferir a decisão de condenação do arguido/recorrente em 4 (quatro) Uc de taxa de justiça sancionatória excecional, proporcionar o contraditório [...].". Em sentido diverso, veja-se o acórdão do Tribunal da Relação de Lisboa, de 19 de Dezembro de 2017

No entanto e conforme já acima se notou, a doutrina vem defendendo que a garantia de participação ou da audição prévia dos interessados, expressamente prevista no artigo 60.º da Lei Geral Tributária a propósito da aplicação de impostos, vale de modo equivalente quando em causa estejam situações que envolvam a aplicação de taxas[627].

298. Para além da tentativa de subtrair a aplicação da sanção prevista no artigo 447.º-B [531.º] ao esquema de garantias que rodeia a aplicação de multas processuais, um aspecto particularmente criticável relativo à taxa sancionatória excepcional respeita aos seus valores exactamente no confronto daqueles que parametrizam a multa aplicável quando a parte litigue de má fé.

Sabemos já que ao pedido e à defesa manifestamente infundados, que a parte deduza com dolo ou com negligência grave, vai corresponder a aplicação de uma multa ou pena civil, a fixar pelo juiz entre 0,5 UC e 5 UC (*cfr.* artigo 27.º, n.º 1, do RCP) ou, em casos excepcionalmente graves, 10 UC (*cfr.* artigo 27.º, n.º 2)[628]. Na mesma sanção incorre a parte que, também com dolo ou negligência grave, faça um uso reprovável dos meios processuais, com o fim de entorpecer a acção da justiça ou de protelar o trânsito em julgado da decisão, ou seja, a parte que, com intuito dilatório, exerça de modo abusivo faculdades processuais.

Já a taxa sancionatória excepcional será fixada pelo juiz entre 2 UC e 15 UC (*cfr.* artigo 10.º do RCP)[629]. Temos como resultado, no que aos valores

(Rijo Ferreira), processo 699/17.9T8SRT-A.L1-1: "O presente recurso afigura-se-nos como um dos casos em que a parte não agiu com a prudência ou diligência devidas na medida em que o recurso se afigura parcialmente (na parte atinente à ilegitimidade, à prescrição e à junção de documentos) baseado, conforme o acima exposto, na ausência de fundamentos e sem qualquer suporte nas posições jurisprudenciais ou doutrinárias ou nos conceitos ou princípios, e por isso nessa parte manifestamente infundado; estando, assim, preenchidos os pressupostos legais para a aplicação de taxa sancionatória excepcional. Tratando-se, porém, de uma sanção importa, antes da sua aplicação que se ofereça à parte possibilidade de defesa.".

[627] No sentido da insuficiência do princípio da participação, traduzido numa mera audição dos particulares/contribuintes antes de a Administração tributária tomar qualquer uma das suas principais decisões, para garantir uma democracia participada, Diogo Leite de Campos, As três fases de princípios fundamentantes do Direito Tributário, n.º 15 (p. 71).

[628] Recorde-se que o artigo 27.º, n.º 3, do RCP dispõe, desde a entrada em vigor da Lei n.º 7/2012, de 13 de Fevereiro, que "[n]os casos de condenação por litigância de má fé a multa é fixada entre 2 UC e 100 UC.".

[629] *Cfr.* a redacção do artigo 531.º do CPC2013 e n.º 3 do artigo 27.º do RCP.

de ambas as penalizações respeita, que mesmo a multa a aplicar em casos excepcionalmente graves tem um limite máximo que fica muito aquém do limite máximo correspondente à taxa sancionatória excepcional. Pergunta-se: atendendo a que os elementos objectivos dos tipos que determinam a aplicação de multa por litigância de má fé e de taxa sancionatória excepcional são equivalentes, como se justifica que a taxa sancionatória tenha um valor diferente do da multa? Esta dúvida é agudizada quando se atende aos elementos subjectivos dos dois tipos. Com efeito, enquanto que a aplicação de multa por litigância de má fé pressupõe um comportamento fortemente censurável do agente – ele age ou com dolo ou com culpa grave –, a aplicação da taxa sancionatória excepcional pressupõe um comportamento simplesmente censurável ou negligente. Verifica-se, assim, que no actual esquema reactivo ao abuso do processo, a um menor desvalor ético do comportamento corresponde uma sanção mais grave. Independentemente desta absoluta incongruência sistemática, dificilmente se pode concluir pela proporcionalidade substancial entre o valor da taxa e o comportamento do agente.

299. Por fim, a propósito do regime da multa, refira-se que o Regulamento das Custas Processuais prescreve que o seu montante tomará em consideração "os reflexos da violação da lei na regular tramitação do processo e na correcta decisão da causa, a situação económica do agente e a repercussão da condenação no património deste" (*cfr.* artigo 27.º, n.º 3, [27.º, n.º 4] do RCP). Estes critérios, a que o juiz deve atender quando fixa a multa – ou outra penalidade –, não são aparentemente extensivos à taxa sancionatória excepcional, tanto porque uns deles são incompatíveis com o conceito técnico-jurídico de taxa[630], como porque a lei, que refere a taxa sancionatória excepcional logo nos n.os 4 e 5 do artigo 27.º [27.º, n.º 5 e n.º 6], contrapondo-a tanto às multas, quanto às penalidades, a omite no n.º 3 [27.º, n.º 4] do mesmo preceito legal. Levando em conta que a taxa sancionatória excepcional tem

630 Assim sucede com os índices *situação económica do agente* e *repercussão da condenação no património deste*. Casalta Nabais, O dever fundamental de pagar impostos. Contributo para a compreensão constitucional do estado fiscal contemporâneo, p. 259-260, 263-265. Em sentido idêntico, generalizadamente para os tributos com finalidade extrafiscal, Gomes Canotilho/ Vital Moreira, Constituição da República Portuguesa anotada, vol. I, *sub* artigo 103, n.º IV [4.ª ed., reimp. 2014].

como limites mínimo e máximo, respectivamente, as 2 UC e as 15 UC, haveria que encontrar os critérios que determinassem a decisão do juiz no regime legal desta figura. Porém, e não obstante ser possível identificar um impulso processual justificativo do pagamento da taxa sancionatória, não dá a lei parâmetros ao decisor para que ele possa justificar a concreta taxa aplicada. Os diversos elementos de que depende a aplicação da taxa não são susceptíveis de graduação, pois ou se consideram verificados ou não.

300. Não obstante as diversas fragilidades que o regime constante do artigo 447.º-B CPC1961 [531.º] apresenta, ele concorre para a conformação do regime aplicável aos comportamentos processuais inadmissíveis. Por esta razão, deverá ser analisado com maior detalhe a partir desta perspectiva.

9. PONTO DE CHEGADA E DE PARTIDA

301. Vimos que o nosso sistema sempre conheceu regimes destinados a reprimir e a sancionar o exercício reprovável do direito de acção. E vimos, também, que este tipo de conduta desencadeou efeitos semelhantes ao longo do tempo: a condenação da parte que agiu de modo censurável numa determinada quantia.

Contudo, tanto no plano das condutas susceptíveis de reprovação, como no da natureza da quantia a pagar pelo litigante de má fé à contraparte, verifica-se uma clara evolução do sistema processual de responsabilidade. Enquanto que, durante séculos, apenas as condutas dolosas ou maliciosas eram susceptíveis de reprovação, no termo da sua evolução a responsabilidade por danos provocados por comportamento processual inadmissível é desencadeada por condutas negligentes.

302. Outro aspecto muito relevante, e que decorreu de uma análise das diversas fontes que se foram sucedendo no tempo, respeita ao sentido que foi dado ao termo *má fé*. Estando em causa necessariamente uma noção subjectiva, ao longo do tempo, as expressões *má fé*, *calúnia*, *malícia* e *dolo* foram usadas na fundamentação da responsabilidade (penal ou civil) do litigante malicioso como sinónimos. O litigante malicioso é, historicamente, o litigante que sabe que não tem razão e que, não obstante o conhecimento desta circunstância, intervém processualmente quer deduzindo uma pretensão que sabe não lhe assistir ou uma defesa que sabe ser destituída de fundamento. Em simetria com o que sucedia nas fontes substantivas, usando as expressões *má fé* e *dolo* como sinónimos, não se distinguia a natureza mais ou menos agnóstica da primeira, consoante se entenda que os diversos pontos do sistema a acolhem numa concepção psicológica (desconhecer) ou ética (desconhecer devendo conhecer ou sendo indesculpável o desconhecimento por exigibilidade do conhecimento), da natureza necessariamente valorativa da segunda (censurabilidade da conduta do agente a quem era exigível que actuasse de modo diverso, desvalor ou reprovação que, numa concepção normativa de culpa, o Direito comina face a certos comportamentos assacados aos seus autores). Verifica-se inclusivamente que, a partir de 1939, a lei que, até então, incriminava a conduta da parte que agia de má fé, sem especificar o que deveria entender-se por semelhante valoração, passa a submeter a verificação do tipo da actuação de má fé ao comportamento doloso da parte processual. Sucede, mesmo, que no fim da evolução do sistema de responsabilidade por actuação processual a lei refere que litiga de *má fé* aquele que, com *dolo* ou com *negligência grave*, adopta um dos comportamentos por ela tipificados.

303. Ainda no que respeita à estrutura do tipo central da litigância de má fé, a partir de 1939 este evoluiu no sentido de uma tipificação de comportamentos que concretizam a cláusula geral de actuação de má fé.

Já quanto aos efeitos da actuação de má fé, *maxime* no que se refere à natureza da quantia a pagar pela parte que age de má fé à contraparte, verifica-se inicialmente que esta quantia era arbitrada como um misto de compensação (por custas processuais e pessoais) e de pena (arbitramento de duplo ou de triplo das custas consoante a má fé da parte e não por referência ao dano concretamente sofrido). Este sistema mudou radicalmente com o Código de 1939. Este passa a prever a multa, que tem clara natureza punitiva e que reverte para o Estado. Ao lado desta multa, prevê a lei a compensação de todos os custos e despesas processuais. Qualquer despesa com o processo será indemnizada à parte que sofreu com a conduta de má fé da sua contraparte. A natureza desta compensação é ressarcitória. Mas a lei foi mais longe e passou a dispor que a parte teria, ainda, direito, a ser indemnizada por todos os prejuízos que a má fé da contraparte lhe houvesse, directa ou indirectamente, provocado. Perde-se, assim, e de modo absolutamente inequívoco, qualquer traço punitivo que pudesse estar associado à indemnização. Lembre-se que, claramente nas Ordenações Filipinas, com maiores dúvidas no Código de

1876, a indemnização paga à contraparte tinha natureza idêntica à da multa/dízima: ela era punitiva. Esta linha quebra-se definitivamente com o CPC1939 que, aproximando-se do regime substantivo da indemnização, atribui a esta figura natureza ressarcitória.

304. Quanto aos danos indemnizáveis, por ora, os dados apontam num duplo sentido. Em primeiro lugar, no da integração dos chamados *danos extrínsecos* nos danos indemnizáveis. Em segundo lugar, não obstante os poderes do tribunal quanto ao arbitramento da indemnização que lhe parece ajustada, verifica-se a existência de uma relação entre os danos sofridos e o quantitativo da indemnização.

Por outro lado, no plano das normas, assistiu-se, primeiro, a um tratamento unitário das matérias, ao qual se seguiu uma especialização por grandes temas e, dentro de alguns destes, por procedimentos. No termo da evolução, encontram-se três grandes sistemas de responsabilidade: o tipo central, constante do artigo 456.º [542.º], o tipo específico em matéria cautelar[631], o tipo específico em sede de execução sem citação prévia[632] e o tipo específico em sede de execução para entrega de imóvel arrendado[633]. Estes três sistemas convivem, ainda, com tipos periféricos, nomeadamente aquele que respeita à responsabilidade do requerente de insolvência[634].

É a análise destes conjuntos normativos que nos ocupará na parte seguinte.

305. Antes, porém, cumpre juntar mais dois núcleos de elementos. Em primeiro lugar, tentemos compreender como reagem os sistemas jurídicos estrangeiros aos problemas que aqui nos ocupam. Não se fará, tal como se indicou na Introdução, um persurso exaustivo por diversos sistemas. Ao invés, limitar-nos-emos a referir aqueles que simbolizam paradigmas da grande opção que, em matéria de responsabilidade processual, se coloca ao legislador – construir um sistema próprio ou remeter para o sistema geral de responsabilidade por facto ilícito – ou que contêm soluções inovadoras, como veremos ser o caso do sistema processual civil brasileiro.

---

631 *Cfr.* VII.2..

632 *Cfr.* VII.1.3. e indicações aí dadas quanto ao artigo 819.º CPC1961 e sua passagem para o CPC2013.

633 *Cfr.* VII.1.4..

634 VII.3..

Em segundo lugar, faremos um bosquejo pela jurisprudência mais relevante em sede de litigância de má fé. Com os elementos recolhidos a partir da intensa aplicação que o instituto da responsabilidade processual vem determinando estaremos em condições de analisar o tipo de ilícito no tipo central.

IV. MODELOS DE RESPONSABILIDADE

1. SISTEMAS COM TIPOS PRÓPRIOS

1.1. Responsabilidade agravada da parte submetida a regras próprias: o sistema italiano

306. Um dos sistemas que conhece regras próprias para a reacção a comportamentos processuais desconformes e subjectivamente reprováveis é o sistema italiano.

Tendo como antecedente próximo um sistema com pulverização de regras respeitantes à responsabilidade processual, entre as quais avultava como tipo central, aplicável ao processo declarativo, o artigo 370 do Código de Processo Civil de 1865, o actual Código prevê, no seu artigo 96, aquela que vem sendo designada por responsabilidade agravada da parte. Esta regra não vive, porém, isolada no sistema de responsabilidade por custos provocados pelo processo. Antecedendo-a, prevê o Código italiano, no seu artigo 91, a regra geral quanto à responsabilidade pelas despesas ou custos do processo: estas ficam a cargo da parte sucumbente. Porém, permite o artigo 92 do mesmo diploma uma exoneração dessa responsabilidade quando as despesas em que incorreu a parte vencedora se apresentem ao juiz como excessivas ou supérfluas, bem como se se verificarem *altri giusti motivi*[635].

[635] Conforme já explicitado (nota 86), esta expressão foi substituída, em 2009, por "gravi ed eccezionali ragioni", tendo esta última sido, igualmente, afastada, em 11 de Novembro de 2014, data em que foi adoptada a seguinte redação do artigo 92, *comma* 2, c.p.c.it.: "[s]e vi è soccombenza reciproca ovvero nel caso di assoluta novità della questione trattata o mutamento della giurisprudenza rispetto alle questioni ontempto, il giudice può ontempto fo spese tra le parti, parzialmente o per intero.". Na anterior redacção do preceito, "[s]e vi è soccombenza reciproca o concorrono altre gravi ed eccezionali ragioni, ontempto fo indicate nella motivazione, il giudice può compensare, parzialmente o per intero, le spese tra le parti.".

Segundo Pawlowsky[636], a possibilidade de, no sistema italiano, serem ponderados motivos justificados da parte com o objectivo de esta ser isentada da obrigação de pagamento das custas, encontra o seu fundamento numa das finalidades do processo. Se bem que ele seja um meio de tutela de um interesse individual, ele é, também, um meio de criação e de desenvolvimento do Direito. Este desiderato só pode ser alcançado se se conferir ao cidadão a possibilidade de participar nesta tarefa quando tutela o seu interesse individual, permitindo-se-lhe que sustente, sem riscos que transcendam a improcedência, novas construções que, ao especialista, não surjam como totalmente desrazoáveis. Curiosamente, o legislador nacional terá entendido ser esta função do processo e, em última instância, da jurisprudência perfeitamente evitável. Adiante teremos de retomar este ponto. Por ora, um breve apelo a dados recolhidos na evolução das fontes: o artigo 447.º-B do CPC1961 [531.º] revela o desagrado da lei pela dedução de pretensões contrárias à jurisprudência fixada, obviamente, antes da sua dedução[637]. De duas, uma: ou a lei não diz aquilo que terá querido dizer ou teremos uma jurisprudência rigidificada a partir da entrada em vigor deste regime legal. Veremos abaixo que deverá ser o intérprete a encontrar a saída razoável para uma inadequada formulação da lei[638].

Sempre que o juiz declarar compensadas as despesas realizadas por cada uma das partes, não se transfere o ónus do seu pagamento para a parte vencida.

A possibilidade de declarar compensadas despesas em que incorreu a parte vencedora quando a parte vencida esteja acompanhada de um *giusto motivo*, determina uma atenuação da regra *victus victori* em termos não previstos, pelo menos com tamanha abrangência, no ordenaemento nacional. Se o direito português contém esquemas alternativos ao da cláusula geral do *giusto motivo* do ordenamento italiano é questão que somente pode ser respondida depois de se conhecerem as diversas previsões do ordenamento nacional. Aqui, haverá que ponderar a intersecção do pressuposto *interesse processual*, o que se fará adiante quando se analisarem os diversos esquemas reactivos ao uso abusivo dos meios processuais.

---

636 Zur Funktion der Prozeßkosten, p. 199.

637 Sobre as alterações ao artigo 447.º-B do CPC1961 introduzidas pelo CPC2013, *cfr.* ponto 298, nota 604.

638 *Infra* VIII.3.

307. Sob a epígrafe *responsabilidade agravada*, o sistema processual civil italiano relaciona a responsabilidade por danos provocados à parte com dolo ou culpa grave à sucumbência. Deste modo, só o sucumbente poderá, numa interpretação literal do preceito, incorrer em responsabilidade processual por danos. A intervenção sobre o comportamento doloso ou gravemente culposo não é autónoma nem independente dos resultados da causa, ao invés do que sucede no ordenamento nacional.

Depois de dispor que, em regra, a parte responde pelos danos à outra provocados quando actua com má fé ou culpa grave, vem o artigo 96, *comma* 2, c.p.c.it.[639] prever uma série de situações em que a parte é já responsavável perante a outra pelos danos que lhe haja provocado se agiu sem a prudência normal. Assim sucede quando a parte vê declarada a inexistência do seu direito quando havia, previamente, requerido o decretamento de uma medida cautelar, transcrito uma acção ou incrito uma hipoteca judicial ou recorrido à execução.

Concretizando o que deva entender-se por esta prudência normal, afirmou a Corte de Cassação que o requerente "age sem a normal prudência, quer isto dizer, sem a adequada valoração crítica da possibilidade de o direito alegado em juízo efectivamente exista e possa ser favoravelmente acertado/reconhecido"[640]. Por outro lado, e no que se refere aos pontos de referência de concretização do conceito de prudência normal, decidiu a Cassação que estando em causa a aferição da previsibilidade de um sucesso ou insucesso da lide, juízo que toda a parte faz antes da pronúncia judicial, deve a parte ponderar o fundamento do direito que lhe confere uma certa faculdade de actuação"[641]. Com estes dois pressupostos, afirma a Cassação, em decisão de 22 de Agosto de 1997, que a natureza dúbia ou duvidosa do direito que se faz

---

[639] Em 2009, foi aditado um *comma* 3 a este artigo, segundo o qual: "[i]n ogni caso, quando pronuncia sulle spese ai sensi dell'articolo 91, il giudice, anche d'ufficio, può altresì condannare la parte soccombente al pagamento, a favore della controparte, di uma somma equitativamente determinata".

[640] Cas. de 10.10.1996, onde se lê: "senza la normale prudenza, cioè senza adeqguadta valutazione critica circa la possibilità che il diritto fatto valere com la domanda effettivamente sussista e possa essere positivamente accertato".

[641] Cass. de 5.8.1983, onde se lê: "la normale prudenza sulla prevedibilità dell'esito definitivo della controvérsia in ordine al fondamento del diritto per il quale era conferita la facoltà di trascrizione della domanda giudiziale".

valer e a consequente previsibilidade da possível improcedência do pedido, não constituem pressupostos suficientes da responsabilidade da parte.

308. A interpretação do artigo 96 pela Cassação italiana vem sendo intensa, sendo múltiplos os problemas que esta regra vem suscitando.

O primeiro, que pode servir-nos de guia quando analisarmos as relações a estabelecer entre o nosso tipo processual geral de responsabilidade por acto processual ilícito – o artigo 456.º [542.º] do CPC – e o tipo substantivo geral de responsabilidade por facto ilícito – o artigo 483.º do CC –, respeita à relação existente entre os artigos 96 c.p.c.it e 2043 c.c.it.. A questão tem, num sistema e no outro, diferentes dimensões, conforme se verá já em seguida. No entanto, fica o registo da discussão travada em Itália.

Como dissemos acima, o artigo 96, *comma* 1, c.p.c.it. prevê a sucumbência. Por seu turno, o artigo 96, *comma* 2, c.p.c.it. prevê, literalmente, a responsabilidade da parte quando o seu direito vier a ser declarado inexistente e ela haja recorrido a um dos meios aí previstos. Aliando as duas previsões, a jurisprudência, se bem que não uniformemente, entendeu que, devendo ser indemnizados igualmente os danos provocados por uma parte à outra quando aquela errasse na forma ou no meio processual escolhido, não estariam tais danos absorvidos pelo artigo 96. Este estaria vocacionado para resolver os problemas de imputação quando se verificasse que o direito alegado pela parte não existia. O artigo 96 regularia a responsabilidade por lide injusta, ou seja, a responsabilidade por lide em que viesse a revelar-se inexistente o direito alegado. Por seu turno, a obrigação de indemnizar os danos provocados por lide irritual seria constituída ao abrigo do artigo 2043 c.c.it.[642]. A responsabilidade teria, assim, fontes diversas consoante se estivesse perante uma *lide injusta* ou perante uma *lide ilegítima*[643], ficando o recurso ao artigo 2043 c.c.it. destinado a cobrir aquelas hipóteses em que a parte, independentemente do resultado da causa, litigou em termos desconformes.

---

[642] Neste sentido, Cass. de 6.6.1957, onde o tribunal declara que a hipótese de procedimentos ilegítimos é estranha ao artigo 96 c.p.c.it.; Cass. de 15.3.1958. No entanto, a mesma Cassação, em decisão de 8.7.1957, afirmava que a responsabilidade por danos provocados por uma irritualidade da transcrição ilegítima da acção, era regulada pelo artigo 96, *comma* 2, c.p.c.it e não pelo artigo 2043 c.c.it.. Por sua vez e através de decisão de 15.5.1957, a *Corte d'Apello* de Nápoles concluía que a responsabilidade por danos provocados por uma irritualidade da transcrição ilegítima da acção não era regulada nem pelo artigo 96, *comma* 2, c.p.c.it, nem pelo artigo 2043 c.c.it, mas sim pelo artigo 96, *comma* 2, c.p.c.it..

[643] Sobre toda esta matéria, CORDOPATRI, L'abuso del processo, II, p. 580 e segs..

309. O fundamento desta posição da *Cassazione* pode ser encontrado em CHIOVENDA[644]. Ora, atendendo à diversidade dos elementos subjectivos dos tipos de ilícito configurados, respectivamente, pelos artigos 96 c.p.c.it (tal como no nosso sistema, dolo e culpa grave) e 2043 c.c.it. (dolo ou culpa), surge como estranho que possa justificar-se o dever de indemnizar quando o processo é irregular e a parte tenha agido com culpa simples, sendo que o dever de indemnizar apenas se constitui, quando o processo é injusto, se a parte agiu com culpa grave. Isto porque não se vislumbra a razão pela qual se possa considerar lícito, em certas circunstâncias, que a parte deduza uma pretensão que não tem (caso do processo injusto) ou que resista a uma pretensão que, contra ela, é muito legitimamente deduzida e que, nesses mesmos casos, se considere já ilícita a utilização de um procedimento ou meio errado[645]. O desvalor das intervenções deverá ser medido por idênticos critérios. Neste sentido ia, aliás, uma das críticas de CARNELUTTI à decisão da Cassação, de 1.12.1956. Discutia-se, no caso, a responsabilidade de um credor que requerera cautelarmente a apreensão de bens do devedor sem que, afinal, houvesse *periculum in mora*. E, com este fundamento, a apreensão vem a ser declarada ineficaz. A Cassação parte de uma interpretação literal do artigo 96 c.p.c.it. Ali não encontra a responsabilidade para situações como a descrita, mas somente para os casos em que a parte não tem o direito que visa acautelar. Perante esta verificação, o tribunal remete o apuramento da responsabilidade do credor *arrestante* para as regras gerais da responsabilidade por factos ilícitos. CARNELUTTI pergunta: o que pode justificar o desnível entre a responsabilidade do credor que afinal não tem direito e a responsabilidade do credor que, tendo efectivamente direito a uma prestação, não tem razão para crer que esta não venha a ser cumprida pelo devedor? Nada, responde. E continua: "[d]esde quando é que a interpretação literal exaure a tarefa do intérprete? Ora, quando da letra se ascende à *ratio legis* mostra-se imediatamente um argumento de bom senso a aconselhar, para não dizer a impor, aquela que tecnicamente se chama a interpretação extensiva do segundo parágrafo [do artigo 96] [...]"[646].

310. Actualmente, é posição constante da Cassação italiana que o tipo geral do artigo 2043 c.c.it. se encontra perante o artigo 96 c.p.c.it numa

---

644 La condanna nelle spese giudiziali, p. 330 e segs..

645 Neste sentido, EDUARDO GRASSO, Note sui danni da illecito processual, n.º 3.

646 Anotação a Cass. de 1.12.1956, p. 589-590.

relação de *genus/spes*, sendo que o carácter unitário da responsabilidade processual agravada preclude a possibilidade de invocar os princípios gerais da responsabilidade por facto ilícito, acerca da qual estatui o artigo 2043 c.c.it.[647]. Quer o facto danoso esteja associado a um vício meramente procedimental, quer a uma ausência de direito, todo o dano é indemnizável pelo artigo 96[648].

Seja qual for a relação a estabelecer entre os artigos 96 c.p.c.it e 2043 c.c.it., certo é que se reconhece que a responsabilidade processual visa intervir em hipóteses em que os actos praticados integram a "categoria dos factos ilícitos extracontratuais. [...]. [a] responsabilidade processual integra uma ilícita invasão da esfera jurídica de outrem. E assim provoca uma lesão injusta[649] de um direito subjectivo, vale dizer, um verdadeiro e próprio dano injusto"[650]. O direito subjectivo violado é o de não ser confrontado com "*turbative rotegea*"[651], direito que é tutelado em termos pouco fortes – porque

---

647 Cass. de 3.6.1983, onde o tribunal sustenta a impossibilidade de configurar a existência de um concurso, ainda que alternativo, entre a responsabilidade por facto ilícito, prevista e regulada pelo artigo 2043 c.c.it. e a responsabilidade por facto processual ilícito, prevista e regulada pelo artigo 96 c.p.c.it., uma vez que entre as duas regras existe uma relação de generalidade/especialidade; Cass. de 6.2.1984, decisão em que a Cassação afirma peremptoriamente que o artigo 96 compreende e exaure todas as hipóteses de responsabilidade processual agravada; Cass. de 1.2.1993, onde a Cassação declara que a responsabilidade agravada constante do artigo 96 c.p.c.it. fixa uma disciplina completa e integral para a responsabilidade ressarcitória por factos e comportamentos processuais da parte, exaurindo todas as hipóteses; Cass. De 7.5.1998, onde o tribunal afirma a impossibilidade de recorrer ao artigo 2043 c.c.it. para fundar a responsabilidade processual em princípios gerais da responsabilidade por facto ilícito uma vez que o artigo 96 exaure todas as hipóteses em que a parte deve ser considerada responsável pelos danos provocados à contraparte por actuação processual.

648 Referindo a incompletude da distinção lide injusta/lide irritual, que deixaria sem tutela os casos de dolo instrumental que, no sistema jurídico nacional, são absorvidos pelo artigo 456.º, n.º 2, al. d) [542.º, n.º 2, al. d)], Eduardo Grasso, Note sui danni da illecito processual, n.º 1, que, nos n.os 2 e segs., demonstra a premissa segundo a qual todo o dano processual é susceptível de ser indemnizado ao abrigo do artigo 96 c.p.c.it.. No mesmo sentido, Maria Pia Gasperini, Domanda cautelare e responsabilità aggravata ex artigo 96, *comma* 2, onde conclui pela relação de *genus/spes* entre os artigos 2043 c.c.it.e 96 c.p.c.it..

649 A expressão *lesão injusta* acompanha a expressão *dano injusto*, constante do artigo 2043 c.c.it..

650 Cordopatri, L'abuso del processo, II, p. 583.

651 Cordopatri, L'abuso del processo, II, p. 584.

a contraparte pode intervir na esfera do seu de modo a permitir um amplo exercício do direito de acção/de defesa[652].

311. Em estreita ligação com a determinação da fonte dos deveres de indemnizar está uma outra questão, também ela diversas vezes submetida à apreciação da Cassação e que interessa directamente ao nosso estudo. Respeita, ela, à fixação do juiz competente para conhecer do pedido de indemnização por danos provocados à parte através de comportamento típico ao abrigo do artigo 96 c.p.c.it..

Na sequência de uma decisão da Cassação, de 24.3.1904, que entende ser a competência para o conhecimento do pedido indemnizatório de danos provocados por lide temerária do juiz da acção, não podendo este pedido ser deduzido em acção autónoma, vem sendo este o entendimento sufragado pela Corte italiana. Apesar de algumas decisões em sentido contrário[653], entende a Cassação que a competência do juiz da acção tanto é exclusiva para a verificação do *obter debeatur*, como do *quantum debeatur*.[654] Esta competência pertence inclusivamente ao juiz de paz, que está vinculado aos critérios fixados no artigo 96 c.p.c.it. quanto à responsabilização das partes, ainda que decida de acordo com a equidade[655]. O mesmo sucede com o juiz administrativo que tem igualmente competência exclusiva para a decisão sobre a responsabilidade dos sujeitos processuais[656] e com o juiz do processo falimentar[657]. Neste caso, a circunstância de o processo não ser um processo de conhecimento, mas um procedimento *camerale* não afasta a aplicação do artigo 96 c.p.c.it..

Esta posição da Corte, que MONTANI faz ancorar na estrutura dos meios de reacção à lide temerária conhecidos do direito romano clássico[658], sofreu várias

[652] CORDOPATRI, L'abuso del processo, II, p. 585.

[653] Cass. de 8.7.1957.

[654] Cass. de 6.2.1984; Cass. de 1.2.1993. *Cfr.*, ainda, Trib. Roma, sent. de 31.3.1958 e Trib. Bergamo, sent. de 7.7.1957.

[655] Cass. de 20.1.1998; Cass. de 5.5.1999.

[656] Cass. de 25.1.1989.

[657] Cass. de 28.2.2000, invertendo a anterior posição da Cass. de 8.2.1990 que entendia não ser o artigo 96 aplicável ao processo falimentar.

[658] Anotação a Cass. de 24.3.1904, onde o Autor sustenta que a regra do *simultaneus processus* aplicada à dedução das pretensões indemnizatórias tem o seu embrião na estrutura do *calumniae iudicium* e do *contrarium iudicium* que deveriam ser deduzidos perante o juiz que

críticas da doutrina. Se bem que se sufrague a regra do *simultaneurotegeaus* para o apuramento e condenação por responsabilidade processual agravada, já que, no sistema italiano, existe uma ligação entre o vencimento e o apuramento da responsabilidade[659], afirmou-se, desde logo, que se o artigo 96 confere uma vantagem à parte lesada, não lhe impõe um ónus: se a parte quiser deduzir a sua pretensão em processo autónomo não deve ver esta possibilidade prejudicada[660]. Por outro lado, há procedimentos em que a própria estrutura impede a dedução do pedido indemnizatório perante o juiz da acção. Nestes casos, afirmar a sua competência exclusiva significaria prejudicar a possibilidade de actuação da pretensão indemnizatória[661]. Por fim, afirma-se que os artigos 96 c.p.c.it e 2043 c.c.it. trazem, não apenas um concurso de normas, mas um concurso sucessivo de acções[662]. Porque o campo de aplicação das duas regras é diverso, pressupondo, cada uma delas, diferentes tipos de ilícito, a parte pode socorrer-se tanto de uma como de outra regra para obter a indemnização dos danos que lhe foram provocados. Porque o recurso a juízo fundado em uma e outra regra é separado e autónomo do recurso fundado na outra, verifica-se que as pretensões dos artigos 96 c.p.c.it. e 2043 c.c.it. determinam um concurso de acções[663].

312. Por último refira-se que a jurisprudência italiana tem procedido à condenação da parte em responsabilidade processual agravada ao abrigo do artigo 96 sempre que ela sabe ou não pode ignorar que recorre a um meio processual inadmissível e já sucessivamente rejeitado em outros processos pelo tribunal[664], quando a parte usa um meio processual com fins manifestamente dilatórios[665] ou quando a parte recorre inutilmente a tribunal, podendo a acção ter sido evitada[666].

---

declarara a parte vencida. Remete-nos para Gai 4, 176, acentuando que da passagem *illi cum quo agitur* resulta tal regra.

659 Pioli, anotação a Cass. de 6.2.1984, coluna 1996.

660 Redenti, Diritto Processuale Civile, I, 193.

661 Pajardi, La responsabilità per le spese e i danni del processo, p. 359.

662 Riperi, Concorso di norme e concorso di azioni nella responsabilità per spese e danni nel processo civile, n.º 23.

663 Riperi, Concorso di norme e concorso di azioni nella responsabilità per spese e danni nel processo civile, n.º 22, p. 394 e segs..

664 Cass. de 19.2.2002.

665 Cass. de 6.4.1987.

666 Trib. Rimini, sent. de 21.8.2000.

Inversamente, afasta a Cassação a possibilidade de recurso ao artigo 96 para regular os efeitos de uma intervenção ilícita de um colaborador ou auxiliar do juiz[667], mas já não considera afastada a responsabilidade agravada da parte quando um funcionário judicial tenha actuado em seu benefício[668].

313. Os aspectos que acabam de se relatar apontam no sentido da verificação de uma diversidade bem vincada entre os sistemas italiano e português. Este, porque permite a repressão do comportamento ilícito da parte com independência da ligação entre o mérito e a decisão de fundo, pode, numa análise *prima facie*, prescindir do tipo geral de responsabilidade por facto ilícito de modo a que sejam cobertas situações que, no sistema italiano, só pelo tipo da responsabilidade aquiliana permitem uma intervenção.

Mas regista-se já uma aproximação entre os dois sistemas: o tipo central é um tipo de ilícito doloso ou gravemente negligente, prevendo-se tipos meramente culposos no contexto das medidas cautelares e da execução.

1.2. *Wasted costs orders* e sanções disciplinares: os sistemas de *common law*

314. A análise da litigância de má fé ou do abuso do procedimento nos sistemas processuais anglo-saxónicos é extremamente rica de um ponto de vista dogmático, permitindo-nos compreender os desenvolvimentos que esta matéria vem registando nos sistemas continentais.

Com efeito, desconhece o sistema processual norte-americano uma noção geral de abuso de procedimento ou de litigância de má fé. No entanto, a ideia que qualquer um destes conceitos pode convocar integra esta ordem jurídica através da cláusula geral do *due process of law*[669].

Semelhante colocação dá-nos a chave para a compreensão de mais uma das linhas de evolução dos pontos de referência e dos meios de reacção aos comportamentos processuais abusivos. Na verdade, ela eleva (e sempre aí a colocou) a matéria da litigância de má fé ao plano das garantias constitucionais do procedimento.

---

[667] Cass. de 18.12.1987.

[668] Cass. de 1.12.1956.

[669] Hazzard, Jr., Abuse of procedural rights: regional reppoontempthe United States, p. 43.

Esta circunstância pode ser explicada, antes de mais, pela ausência de um tipo geral de abuso de processo, constante de legislação infra-constitucional, se bem que HAZZARD, JR. sustente que os diplomas reguladores do exercício da função jurisdicional concedam expressamente poderes ao juiz para reprimir as condutas processuais abusivas[670], nomeadamente quando estas assumem o tipo de *Contemp of Court*. De desenvolvimento jurisprudencial[671], a figura do *contempt* veio a ser regulada pelo *Contemp of Court Act*, de 1981, na sequência de uma decisão do Tribunal Europeu dos Direitos do Homem que declarou o direito inglês contrário à liberdade de expressão[672]. Abrangendo uma multiplicidade de tipos de ilícito[673], a lei confere meios aos tribunais que lhes permitem impedir qualquer forma de intromissão da realização da Justiça. Do preenchimento do tipo, cujo elemento subjectivo é *mens rea*[674], resulta a aplicação de penas[675].

315. Entre os meios de reacção a um comportamento processual desvalioso encontra-se a *action for malicious prosecution*. Se bem que esta acção pressuponha a dedução de uma acusação penal infundada[676], circunstância que a afasta do âmbito do presente trabalho, merece a pena referi-la atendendo ao facto de o elemento objectivo do tipo de *malicious prosecution* ser a dedução de acusação sem causa provável (*want of probable cause*). A aferição deste elemento é feita em concreto e segundo o prudente arbítrio do tribunal, sendo certo que a tendência para a expansão de deveres de conduta, judicialmente reconhecidos, vem comprimindo aquela margem de livre apreciação.

O padrão de referência para a concretização do tipo de *malicious prosecution* é a *negligence*, curando o tribunal de saber se qualquer pessoa, perante os factos arrolados, se teria convencido da autoria ou da probabilidade dessa autoria desde que usasse da diligência necessária. Não interessa, deste modo, a

[670] Abuse of procedural rights: regional reppoontempthe United States, p. 43.

[671] *Cfr.* C.J. MILLER, Comtempt of Court, 1.48.

[672] *Cfr.* C.J. MILLER, Comtempt of Court, 1.38 e *passim*.

[673] *Cfr.* C.J. MILLER, Comtempt of Court, 1.48 e segs..

[674] *Cfr.* C.J. MILLER, Comtempt of Court, 1.53. Este elemento subjectivo implica que o agente tenha a consciência de todos os elementos do tipo ou que a falta desse conhecimento seja devida a negligência grosseira; o desconhecimento deverá ser indesculpável.

[675] *Cfr.* C.J. MILLER, Comtempt of Court, 2.02.

[676] HOPT, Schadensersatz aus unberechtigter Verfahrenseinleitung, pp. 35 e segs..

convicção pessoal e concreta do denunciante quanto à fundamentação da sua acusação, mas sim aquela que seria a convicção do homem médio; o parâmetro é concretizado objectivamente. Mas há que determinar, em concreto, se o denunciante actuou levianamente, ou seja, se procurou ou não informar-se acerca da verdade dos factos que ulteriormente imputa ao réu[677].

Entre os desenvolvimentos jurisprudenciais mais curiosos verifica-se a possibilidade de imputação de *malicious prosecution* ao denunciante que, arrolando factos, dos quais objectivamente decorre a autoria ou a provável autoria do réu, sabe não ser o réu responsável por eles[678]. Afinal, este é o tipo mais perigoso da litigância maliciosa: aquele em que a parte consegue construir uma história absolutamente verosímil, tão verosímil que é altísima a probabilidade de o tribunal, acreditando na história, decidir de acordo com ela.

Ao invés, não assiste ao réu que poderia, atendendo à ausência de *probable cause* no momento da denúncia, pedir indemnização por *malicious prosecution* direito a pedi-la se vier a verificar-se que, afinal, ele é condenado pelo crime que lhe foi *maliciously* imputado.

Em segundo lugar, depende ainda a concretização do tipo de *malicious prosecution* dos motivos que determinaram o denunciante. Para que ele possa ser responsável pelos prejuízos causados ao réu mostra-se necessário que ele tenha agido maliciosamente.

Uma das insuficiências apontadas à *action for malicious prosecution* reside na circunstância de ela não permitir a indemnização dos custos em que a parte vencedora incorreu na acção que, sem qualquer causa, contra ela foi instaurada, restando-lhe recorrer a uma acção autónoma, fundada no tipo de *trespass*[679].

316. Atendendo à circunstância de a *action for malicious prosecution* se fundar na preexistência de uma acção penal, não pode ela responder

[677] Quanto aos meios de que o denunciante se deve socorrer sob pena de incorrer em *malicious prosecution*, Hopt, Schadensersatz aus unberechtigter Verfahrenseinleitung, p. 36 e segs..

[678] Hopt, Schadensersatz aus unberechtigter Verfahrenseinleitung, p. 41.

[679] Neste sentido, Neil Andrews, Abuse of process in english civil litigation, p. 76; em sentido ligeiramente diverso, afirmando que "at the conclusion of failed proceedings the defendant may be entitled to damages from the plaintiontempthe tort of malicious prosecution, although such relief is rare", Richard Fentiman, Abuse of procedural rights: the position of english law, p. 60.

directamente aos casos em que a malícia sucede numa acção civil. A estes casos respondem ou responderam os sistemas de *common law*, se bem que em termos dissemelhantes, através da previsão de um *tort* de *wrongful civil proceeding*.

Em Inglaterra a figura surge no séc. XIII, sendo destinada a responsabilizar a parte que deduziu, de má fé e sem fundamento, um pedido cível contra outra, pelos danos provocados e pelas custas do processo. Porém, na sua evolução, o *tort* de *wrongful civil proceeding* vem a ser posto em causa quanto ao seu fundamento uma vez que se sustentava que a expressa previsão da *action for malicious prosecution* significava que somente este tipo de ilícito poderia desencadear a obrigação de indemnizar por *lide temerária*. Por esta razão, não prevê actualmente o sistema inglês qualquer cláusula geral de responsabilidade por exercício desvalioso de situações jurídicas processuais através de meios cíveis, aceitando somente esta causa de imputação de danos em circunstâncias extremamente restritas. Um dos casos é o da dedução infundada de pedido de insolvência atendendo aos gravíssimos prejuízos que semelhante pretensão pode desencadear[680].

De acordo com Hopt, também o direito norte-americano terá começado por entender a *action for civil proceeding* como inadmissível[681]. Em evolução subsequente, vem a admitir-se uma *action for civil proceeding* quando estejam em causa quase-delitos, bem como quando seja instaurada, de má fé, uma segunda acção sobre objecto já apreciado. Mais recentemente vem a jurisprudência alargando o âmbito de aplicação daquela acção, de modo a que esta seja admissível sempre que a parte a instaura de má fé e sem qualquer fundamento: os tribunais não devem, segundo esta jurisprudência, transformar-se em veículos ou instrumentos de gente sem escrúpulos.

Os pressupostos da *action for civil proceeding* são semelhantes aos da *action for malicious prosecution*, circunstância facilmente explicável atendendo ao facto de a primeira ter surgido como expansão da segunda[682]. Assim, o primeiro pressuposto da *action for civil proceeding* é o de que haja sido instaurada uma acção ou que tenha sido deduzida uma defesa. A concretização do tipo depende, ainda, de tanto a acção, como a defesa terem sido julgadas

---

680 Hopt, Schadensersatz aus unberechtigter Verfahrenseinleitung, p. 48.

681 Schadensersatz aus unberechtigter Verfahrenseinleitung, p. 48-49, com indicação de múltiplas decisões.

682 Hopt, Schadensersatz aus unberechtigter Verfahrenseinleitung, p. 52.

improcedentes. Em terceiro lugar, e tal como na paralela *action for malicious prosecution*, também na *action for civil proceeding* deve a improcedência da acção ou da defesa relacionar-se com a *want of probable cause*. Em quarto lugar, a actuação da parte sucumbente há-de ter sido determinada por razões exógenas à finalidade própria do direito de acção. Por fim, o comportamento da parte vencida deverá ter causado um prejuízo à parte vencedora.

317. Se bem que estes meios estejam ao alcance da parte que se viu confrontada com uma actuação processual desleal, certo é que a respectiva eficácia tende a ser considerada diminuta no combate ao abuso de processo. Na verdade, estamos perante meios repressivos, que não impedem que o abuso haja sido efectivamente cometido e os seus efeitos verificados[683].

318. O último tipo que importa aqui referir e que é destinado a dissuadir e a reprimir o uso indevido do processo é a *action for abuse of process*[684]. Nestas hipóteses, a parte que recorre a tribunal, recorre formalmente bem ou de modo aparentemente não censurável. Porém, os motivos que a determinam são estranhos à atribuição do direito de acção[/de defesa][685]. Assim sucede, *v.g.*, se a parte, que tem formalmente direito a executar a parte contrária, o faz apenas para lhe extorquir um valor superior ao da dívida exequenda ou se o faz para que ela lhe conceda benefícios de outra ordem. A patologia está, nestes casos, no móbil do exercício do direito de acção: o meio processual é utilizado, se bem que de modo aparentemente correcto, para que a parte alcance finalidades exógenas ao direito de demandar, razão pela qual esta forma de actuação é também conhecida, enquanto tipo, como uma *extortion under colour of process*. Nestes casos, o tribunal deve declarar *staying of the process* uma vez que a sua continuação consubstanciaria *an affront to the public conscience*[686].

319. Por fim, refira-se o desenvolvimento, mais incrementado no Direito norte-americano do que no Direito inglês, da figura do *prima facie tort*.

---

683 Neil Andrews, Abuse of process in english civil litigation, p. 99, que estende esta crítica a todos os meios suscpetíveis de actuação ao abrigo de um princípio de *tort*.

684 Hopt, Schadensersatz aus unberechtigter Verfahrenseinleitung, pp. 58 e segs..

685 Neil Andrews, Abuse of process in english civil litigation, p. 77.

686 C.J. Miller, Contempt of Court, 7.10.

Tipo geral destinado à reparação do dano ilícito dolosomente causado, o *prima facie tort* pressupõe uma acção ou omissão voluntária, finalmente destinada a provocar danos ou que, independentemente desta finalidade, o lesante soubesse que os provocaria, um nexo de causalidade entre o acto ou a omissão e os danos efectivamente sofridos e a ausência de causa de justificação da conduta do lesante.

320. A evolução relativamente recente do sistema inglês veio, porém, a erigir o *striking out*/rejeição da acção no meio privilegiado de combate à litigância de má fé ou abusiva[687]. Com efeito, após Abril de 1999, o regime processual passou a prever, de modo não inovador[688], mas com grande abrangência, o *strike out* entre os poderes de gestão processual/*management* do tribunal (*CPR Part* 3: The Court's Case Management Powers).

Na verdade, se bem que o poder de rejeição de uma acção ou de uma defesa integrasse já os poderes de gestão processual dos tribunais em momento anterior à entrada em vigor das regras de 1998 (*cfr.* RSC Ord 18, r 19, disponível em www.justcite.com), certo é que a magistratura fazia um uso extremamente cauteloso deste poder[689]. Considerada como uma medida draconiana, conforme se lê, *v.g.*, em *Hines v. Birkbeck College* (disponível em www.vlex.co.uk), a rejeição depende de a acção ser ostensivamente frívola ou vexatória ou, como se sustenta em *Mc Donald's Corp. v. Steel and another* (disponível em www.casemine.com) e em *Mc Manus and others v. Beckham* (disponível em www.5rb.com), quando a situação seja absolutamente clara e óbvia.

Ao abrigo da regra 3.4(2) das *Civil Procedure Rules*[690], o tribunal pode rejeitar um *statement of case*/requerimento sempre que (a) o requerimento não revele fundamentos/razões razoáveis para a propositura da acção ou para a defesa deduzida; (b) o requerimento constitua um abuso do procedimento ou possa, de alguma outra forma, obstruir a justa composição do litígio; (c)

---

[687] Neil Andrews, Abuse of process in english civil litigation, p. 79 e segs.; Richard Fentiman, Abuse of procedural rights: the positiontemthe english law, p. 59.

[688] Neil Andrews, Abuse of process in english civil litigation, p. 80.

[689] Neil Andrews, Abuse of process in english civil litigation, p. 80.

[690] O diploma sofreu diversas alterações desde a data de publicação da presente Monografia, que podem ser consultadas em www.legislation.gov.uk/changes/affected/uksi/1998/3132.

tenha ocorrido o incumprimento de uma regra, *practice direction*[691] ou injunção do tribunal. O esquema de reacção à litigância abusiva fica completo quando se atende à circunstância de as novas regras imporem que o *statement of case* seja acompanhado de um *statement of truth*/juramento (*cfr.* 22.1(1a) das *CPR*) e que a prestação de falsas declarações é considerada *Contempt of Court*, ilícito penal que sanciona o desrespeito do tribunal (*cfr.* 32.14. das *CPR*).

321. Há alguns anos chamámos a atenção, a propósito da matéria da interpretação e dos vícios dos actos postulativos, para a necessidade de se olhar de forma realista para o processo civil. Dissemos, então, que, de um ponto de vista sociológico, a comunidade processual típica não se estabelece entre as partes e o tribunal, mas sim entre os advogados das partes e o tribunal.

Este aspecto, que tende a ser esbatido, apesar da sua imensa relevância, nos sistemas de *civil law*, é uma das pedras de toque dos sistemas processuais pertencentes à família da *common law*. Neste contexto, deve ser relembrada a posição de Michele Taruffo, segundo a qual "os sistemas de civil law falam genericamente das partes sem distinguir o cliente do advogado e vice-versa", tendo "os sistemas de common law uma orientação muito diferente"[692].

E é exactamente esta pedra de toque que nos permite compreender dois dos mecanismos mais eficazes de dissuasão dos comportamentos processuais abusivos conhecidos: referimo-nos às sanções disciplinares e às *wasted cost orders*, do sistema inglês, e ao recente regime introduzido na *Rule* 11.c) das *Federal Rules of civil procedure*[693], pelo *Lawsuit Abuse Reduction Act*[694]. Tendo

---

[691] As *practice directions* são linhas de orientação geral, definidas pelo *Lord Chief Justice*, para a *Queen's Bench Division*, pelo *Mastontemthe Rolls*, para a *Civil Division* do *Court of Appeal*, pelo *Vice-Chanceller*, na sua qualidade de Vice-Presidente da *Chancery*, para a *Chancery Division*, e pelo *Lord Chanceller*, para os county courts. *Cfr.* Civil Procedure Handbook, p. 4; Jürgen Bunge, Zivilprozess und Zwangsvollstreckung in England und Schottland, p. 353.

[692] General report: abuse of procedural rights: comparative standards of procedural fairness, *in* AAVV, Abuse of procedural rights: comparative standards of procedural fairness p. 20.

[693] As *Federal Rules of civil procedure* sofreram, igualmente, diversas alterações desde 2008, ano de publicação da presente Monografia. A *Rule* 11.c) permanece, porém, inalterada desde Dezembro de 2007.

[694] Dando conta desta alteração, destinada a dissuadir a litigância fútil, tão potenciada num sistema em que o advogado estabelece *quota litis*, Dário Moura Vicente, Direito Comparado, vol. I, § 34.f) [5.ª edição revista e atualizada, 2022].

em conta que todas têm como aspecto comum o de aderirem à pessoa do advogado e não à da parroteratá-las-emos em conjunto.

Na sequência do que já então defendemos[695], os advogados são, regra geral, os agentes dos comportamentos que, por meio da técnica da representação, são imputados directamente às partes.

Sucede, porém, que a representação judiciária tem contornos absolutamente peculiares, estando o advogado sujeito a regras de conduta especificamente desenhadas para o exercício do patrocínio: estas conferem-lhe uma muito ampla margem de autonomia na condução dos aspectos técnicos do procedimento. Por outro lado, e recordando algumas das razões com que genericamente se justifica a representação judiciária, não é a parte, mas o seu advogado quem domina as *legis artis*. Se a parte dá os factos ao advogado, a este incumbe o respectivo tratamento jurídico e articulação processual.

322. Acompanhando Normand[696], os elementos antecedentes concorrem no sentido de se concluir que os comportamentos que podem consubstanciar abuso de processo têm como agente o mandatário e não a parte. E, com Neil Andrews, dir-se-á que "a protecção mais eficaz contra o abuso consiste em a litigância ser conduzida de modo leal e responsável por advogados altamente profissionais e experientes"[697].

Se assim é e adoptando-se uma visão absolutamente realista do processo[698], deverá escolher-se como destinatário principal do esquema sancionatório o mandatário e não a parte[699]. Este é o ponto de partida dos sistemas de *common law* que, de acordo com Michele Taruffo, "consideram o abuso de direitos

---

695 Paula Costa e Silva, Acto e processo, § 11.

696 Final report: two approaches to abuse of procedural rights, *in* AAVV, Abuse of procedural rights: comparative standards of procedural fairness, p. 246.

697 Abuse of process in english civil litigation, *in* AAVV, Abuse of procedural rights: comparative standards of procedural fairness, p. 96.

698 A expressão é de Michele Taruffo, General report: abuse of procedural rights: comparative standards of procedural fairness, *in* AAVV, Abuse of procedural rights: comparative standards of procedural fairness, p. 21, onde o autor afirma que "tais sistemas (os sistemas de *common law*) são mais realistas ao alocarem a responsabilidade pela maioria dos abusos de direitos processuais ao advogado e não à parte".

699 Assim Michele Taruffo, General report: abuse of procedural rights: comparative standards of procedural fairness, *in* AAVV, Abuse of procedural rights: comparative standards of procedural fairness, p. 21.

processuais primariamente como uma matéria respeitante à responsabilidade profissional e à ética do advogado: o abuso é essencialmente uma violação das obrigações profissionais do advogado no contexto da *law of lawyering*"[700]. Atendendo a que, no sistema norte-americano, as custas, imputadas à parte vencida, não integram o pagamento dos honorários da parte vencedora e considerando, igualmente, que o padrão de determinação dos honorários segue a regra da *quota litis*, os tribunais, confrontados com a impossibilidade de impor directamente à parte vencida o pagamento dos honorários do advogado (ou sociedade de advogados) da parte vencedora, acabam por lho imputar, empolando o valor dos pedidos, especialmente dos pedidos indemnizatórios por *punitive damages*[701].

323. É curioso registar que esta linha de pensamento, se bem que não directamente reflectida, acaba por influenciar inclusivamente muitarote-geaisncia nacional proferida em matéria de litigância de má fé. Os nossos tribunais, cônscios de que o responsável directo pelos comportamentos processuais abusivos é o advogado e não a parte, resistem a sancionar aquela. Isto porque é dado empírico o de que a sanção que verdadeiramente deveria funcionar, a saber, a sanção disciplinar, raramente actua. Seguindo MICHELE TARUFFO, pode dizer-se que "as ordens ou corporações, que deveriam aplicar tais sanções, frequentemente se inclinam no sentido da não punição efectiva da conduta dos advogados (não raras vezes assim sucedendo por causa de uma errada compreensão da solidariedade corporativa). Assim, deste ponto de vista, pode acontecer que as sanções disciplinares não sejam de todo aplicadas ou que sejam de tal modo lenientes que, no final, se mostrem ineficazes na prevenção e na repressão do abuso do processo"[702].

324. Excepção a este cenário parece consubstanciar o sistema inglês. Segundo FENTIMAN, "a ameaça de sanções disciplinares é um desincentivo

[700] Assim MICHELE TARUFFO, General report: abuse of procedural rights: comparative standards of procedural fairness, *in* AAVV, Abuse of procedural rights: comparative standards of procedural fairness, p. 20.

[701] Assim HOPT, Schadensersatz aus unberechtigter Verfahrenseinleitung, p. 28-29, em especial nota 4 da p. 29.

[702] General report: abuse of procedural rights: comparative standards of procedural fairness, *in* AAVV, Abuse of procedural rights: comparative standards of procedural fairness, p. 26.

mais eficaz ao abuso do processo do que poderia imaginar-se, talvez devido à natureza coesa da classe jurídica inglesa e aos prevalecentes elevados padrões de ética professional"[703].

325. De acordo com a *section* 51 do *Supreme Court Act*[704], de 1981, na versão da *section* 4 do *Courts and Legal Services Act*, de 1990[705], e da *Rule* 48.7 das *CPR*, o tribunal pode decretar uma *wasted costs order* directamente contra o mandatário[706].

Segundo esta regra, através desta *order* pode o tribunal impor ao advogado o custeio de despesas em que tenha incorrido quer a parte por si representada, quer a parte contrária e que sejam devidas a comportamentos, activos ou omissivos, inadequados, desrazoáveis ou negligentes do mandatário (*cfr. Rule* 53.4(1) do *Supreme Court Act*) Pode, ainda, o advogado ser impedido de reclamar o pagamento dos honorários que ele considera serem-lhe devidos[707].

A *wasted cost order*, que pode ser requerida pelas partes ou oficiosamente decretada pelo tribunal (*Rule* 53.2 e 3 do *Supreme Court Act*), pressuporá, necessariamente, um comportamento inadequado, desrazoável ou negligente

[703] Abuse of procedural rights: the position of english law, *in* AAVV Abuse of procedural rights: comparative standards of procedural fairness, p. 56-57. Em sentido equivalente, Neil Andrews, Abuse of process in English civil litigation, *in* AAVV Abuse of procedural rights: comparative standards of procedural fairness, p. 73; Michele Taruffo, General report: abuse of procedural rights: comparative standards of procedural fairness, *in* AAVV Abuse of procedural rights: comparative standards of procedural fairness, p. 27-28.

[704] As disposições constantes do *Supreme Court Act* de 1981 incorporam, hoje, o *Senior Courts Act*, de 1981.

[705] Naquilo que agora nos interessa não há a considerar as alterações introduzidas pelo *Access to Justice Act*, de 1999.

[706] A *section* 51(6) dispõe, em 2022, o seguinte: "[...] the court may disallow, or (as the case may be) order the legal or other representative concerned to meet, the whole of any wasted costs or such part of them as may be determined in accordance with rules of court.". E, nos termos da *section* 51(7), são "[...] "wasted costs" [...] any costs incurred by a party (a) as a result of any improper, unreasonable or negligent act or omission on the part of any legal or other representative or any employee of such a representative; or (b) which, in the light of any such act or omission occurring after they were incurred, the court considers it is unreasonable to expect that party to pay.".

[707] Neil Andrews, Abuse of process in english civil litigation, *in* AAVV Abuse of procedural rights: comparative standards of procedural fairness, p. 84 e segs.; Richard Fentiman, Abuse of procedural rights: the position of english law, *in* AAVV Abuse of procedural rights: comparative standards of procedural fairness, p. 59.

do mandatário e a causação de custos inúteis à parte. No entanto, a ordem só deve ser emanada se, ponderadas todas as circunstâncias do caso, se concluir ser justa a compensação, pelo representante, de todas ou de parte das despesas em que incorreu o representado ou a parte contrária.

326. Um dos aspectos do regime das *wasted cost orders* que maior polémica suscitou respeita à imposição da obrigação de compensação de custos quando o comportamento do mandatário é meramente negligente. Numa decisão famosa do final dos anos sessenta do século passado (*Rondel v. Worsley* [1969]), o *Court of Appeal* afirmava ainda a ausência/*immunity* de responsabilidade dos advogados/*advocates* quando tivesse havido mera negligência na condução do processo. O fundamento principal desta asserção já não era mais o da falta de um contrato entre *barrister* e parte, mas sim o da existência de razões de política geral justificativas daquela exclusão.

Mais tarde, o mesmo tribunal (*Arthur J. S. Hall and Co. V. Simons/AP*; *Barrat v. Ansell and others*; *Harris v. Scholfield Roberts and Hill* (*conjoined appeals*), [2000]), na sequência do que dispõe o *Supreme Court Act*[708], em harmonia com as *Civil Procedure Rules*, viria a inverter aquela decisão, sustentando que as razões de política geral, que justificavam a imunidade do advogado a uma responsabilidade fundada em negligência, deixaram de estar presentes. Por outro lado, sustentou-se nesta decisão que a opinião pública teria grande dificuldade em compreender um regime exclusivamente aplicável aos operadores judiciários, que os eximia de responsabilidade em circunstâncias idênticas àquelas em que outros sujeitos teriam obrigação de indemnizar.

Outro aspecto a ter em consideração é, na "alegação" de *Sir Thomas Bingham*, o de que "somente quando, após realização de todas as ponderações, o comportamento do advogado na condução de um processo se apresenta como absolutamente injustificável que a emissão de uma *wasted cost order* contra ele surge como adequada"[709].

327. Hazzard, Jr.[710] sublinha uma especificidade do sistema norte-americano, que se revela particularmente relevante no que concerne à

[708] *Cfr.* nota 689.

[709] *Ridehalf v. Horsefield* [1994].

[710] Abuse of rights: a summary view of the common law systems, p. 39.

repressão do abuso processual: a regra de que cada uma das partes suporta, independentemente da sucumbência, a obrigação de pagar os próprios custos processuais, incluindo as despesas de patrocínio. Quer isto dizer que, não vigorando na ordem jurídica norte-americana, a regra *victus victori*, não é possível a reposição das quantias pagas pela parte vencedora à parte vencida em situações de mera sucumbência. No entanto, a imposição do pagamento das custas suportadas pela parte contrária à parte que litigou, abusando de situações jurídicas processuais, já é exequível.

Do que antecede, pode tirar-se uma ilação, acompanhando HAZZARD, JR: a repressão (e prevenção) do abuso do processo através da alteração da regra de distribuição dos custos processuais tem grande importância em sistemas que não acolham a regra *victus victori*. Nos demais sistemas, em que aquela regra esteja em vigor, o abuso só poderá ser combatido através da imposição de multas ou de custas adicionais à parte que litiga de má fé. Sucede, porém, que estas multas e custas adicionais não atingirão, seguramente, a mesma ordem de grandeza dos custos processuais, especialmente se nestes se incluírem as despesas de procuradoria. Pelo que, nestes sistemas e independentemente de qualquer valoração que se venha a fazer acerca da razoabilidade de uma regra de pagamento das custas que se desliga da sucumbência, certo é que neles se anula uma das mais eficazes armas de combate à litigância abusiva, nomeadamente, quando esta se traduz na propositura de acções totalmente destituídas de fundamento.

1.3. A antecipação da tutela e a litigância de má fé: o sistema brasileiro

328. O sistema jurídico brasileiro deve ser destacado porque conhece dois meios de reacção a comportamentos processuais desconformes. Usemos, por ora, esta expressão descomprometida.

Por um lado, prevê uma série de deveres processuais que vinculam as partes e, por outro, regula a litigância de má fé.

A este sistema de responsabilidade acresce um regime absolutamente peculiar. No seu artigo 273,º, inciso II, o Código de Processo Civil brasileiro de 1973[711] [artigo 311.º, inciso II] veio consagrar uma antecipação de tutela desde que fique caracterizado o abuso do direito de defesa ou o manifesto

[711] Revogado pela Lei n.º 13105/2015, de 16 de Março.

propósito protelatório do réu. Traduzindo a antecipação da tutela "a possibilidade de o juiz antecipar os efeitos do procedimento definitivo e não o próprio procedimento"[712], temos, assim, como resultado do abuso do direito de defesa a concessão ao juiz do poder de proferimento de decisão sobre o mérito da acção assim que seja analisada a contestação do réu. Curiosamente, e não obstante a natureza inovatória da medida, a lei dispõe que o exercício deste poder depende de impulso da parte, numa equiparação ao impulso relativo à tutela obtida sem antecipação: o processo civil, apesar das diversas cláusulas que visam conferir maiores poderes ao juiz, ordenados à rápida e justa composição do litígio, não consegue libertar-se dos constrangimentos de um princípio do dispositivo pensado à luz de uma matriz actualmente em crise. Encontramos situação paralela no nosso sistema: as regras dos artigos 264.º, n.º 3 [5.º, n.º 2, al. b)] e 265.º, n.º 2 [6.º, n.º 2], no que aos incidentes de intervenção de terceiros respeita, limitam o princípio da cooperação em homenagem à disponibilidade privada, traduzida na liberdade de conformação objectiva e subjectiva da instância. Todos estes aspectos deverão ser reponderados num sistema que impõe ao juiz concorrer para a justa composição de um litígio. Se é certo que a boa técnica recomenda que se proceda gradualmente às reformas de um sistema, se é certo que a alteração do paradigma de juiz vigente antes e depois da reforma de 1995/96 é evidente, supomos que haverá que continuar este percurso, perguntando se, actualmente, tem sentido continuar a entender que o litígio, uma rotegeanado nas suas coordenadas centrais pelas partes, é assunto exclusivo destas.

329. Apenas uma breve referência à litigância de má fé, que apresenta traços de regime similares àqueles que esta figura recebe no ordenamento nacional. Depois de, o artigo 14.º CPCbr73 [77.º], impor uma série de deveres processuais às partes e a todos aqueles que, de algum modo, intervierem no processo, aqui se integrando os advogados, o artigo 17.º [80.º] descreve comportamentos que determinam a qualificação da actuação da parte ou interveniente como litigante de má fé. Os aspectos que nos importa salientar são os seguintes. Em primeiro lugar, a descrição típica prescinde, para a qualificação da conduta da parte, de qualquer elemento subjectivo. Somente a circunstância de esta conduta ser qualificada como litigância de má fé permite

[712] Bruschi, A tutela antecipada e a postura do juiz diante do pedido liminar – A possibilidade de sua concessão antes da citação do réu visando maior efetividade ao processo, p. 426.

inferir que a parte deve actuar culposamente. O artigo 16.º [79.º] prevê que a parte ou o interveniente que litigam de má fé respondem por perdas e danos. Até este ponto, a solução acolhida pela lei processual civil brasileira parece equivaler àquela que encontramos no direito interno. Sucede, e este é o segundo aspecto a acentuar, que o artigo 18.º [81.º] prevê um limite máximo para a indemnização[713]. Este é fixado numa percentagem calculada sobre o valor da causa: a indemnização não pode exceder 20% deste valor. Este aspecto não é crucial para a qualificação da indemnização prevista pelo artigo 16.º CPCbr73 como uma verdadeira indemnização já que ela não toma por referência o dano – mas sim o valor da causa –, não atendendo, deste modo, ao dano efectivamente causado.

330. Passemos ao regime mais interessante porque mais inovador: a tutela antecipada, provocada pelo exercício abusivo do direito de defesa. Dispõe o artigo 273.º, inciso II, do CPCbr73 [311.º, inciso II]:

> "Art. 273. O juiz poderá, a requerimento da parte, antecipar, total ou parcialmente, os efeitos da tutela pretendida no pedido inicial, desde que, existindo prova inequívoca, se convença da verosimilhança da alegação e:
>
> [...]
>
> II – fique caracterizado o abuso de direito de defesa ou o manifesto propósito protelatório do réu".

No inciso I do mesmo artigo, a lei dipõe que é susceptível de deferimento o pedido de antecipação da tutela se, havendo prova inequívoca, o juiz se convencer da verosimilhança da alegação e houver fundado receio de dano irreparável ou de difícil reparação[714].

---

[713] O artigo 81.º (*caput*) do NCPCbr não refere um limite máximo geral para a indemnização. Dispõe o seguinte: "[d]e ofício ou a requerimento, o juiz condenará o litigante de má-fé a pagar multa, que deverá ser superior a um por cento e inferior a dez por cento do valor corrigido da causa, a indenizar a parte contrária pelos prejuízos que esta sofreu e a arcar com os honorários advocatícios e com todas as despesas que efetuou." Já o artigo 81.º, § 2.º, estatui: "[q]uando o valor da causa for irrisório ou inestimável, a multa poderá ser fixada em até 10 (dez) vezes o valor do salário-mínimo.". Finalmente, nos termos do artigo 81.º, § 3.º, "[o] valor da indenização será fixado pelo juiz ou, caso não seja possível mensurá-lo, liquidado por arbitramento ou pelo procedimento comum, nos próprios autos.".

[714] Nos termos do artigo 311.º, *caput*, NCPCbr, "[a] tutela da evidência será concedida, independentemente da demonstração de perigo de dano ou de risco ao resultado útil do

Uma das questões debatidas em torno da figura da antecipação da tutela, técnica de inversão dos inconvenientes inelutáveis do tempo processual, redunda na sua delimitação face à tutela cautelar, também ela conhecida no ordenamento brasileiro (*cfr.* artigos 796.º e seguintes CPCbr73 [artigo 294.º, § único]). O nó górdio está nos requisitos de admissibilidade de uma e de outra: tanto a antecipação, quanto a tutela cautelar serão deferidas se houver receio de provocação de um dano de difícil reparação. Poderá perguntar-se se a tutela cautelar antecipatória não terá sido, toda ela, absorvida pela tutela antecipada, uma vez que esta permite ao juiz proferir uma decisão antes da instrução e do julgamento. Numa análise *prima facie*, a tutela cautelar estaria actualmente circunscrita a uma tutela conservativa.

Não é, porém, este aspecto da tutela antecipada que aqui nos interessa. Somente foi relevante chamar a atenção para a circunstância de, no seu *caput*, o artigo 273.º CPCbr73 fazer depender a antecipação do convencimento do juiz quanto à verosimilhança da alegação e quanto à existência de um fundado receio de dano irreparável ou de difícil reparação.

331. No que ao abuso do direito de defesa respeita, o sistema processual brasileiro decorrente do CPCbr73 submete-o ao regime legal da antecipação. Perante o abuso do direito de defesa ou o intuito meramente protelatório do réu, o juiz profere uma decisão de mérito favorável à pretensão da autora, que esta pode imediatamente executar, aparentemente antes de qualquer instrução ou julgamento da causa. Aliás, mal se compreende que a tutela conferida ao autor pela regra do artigo 273.º, inciso II, do CPCbr73 [311.º, inciso II] seja considerada, a par daquela que recebe nos casos referidos no inciso I do mesmo artigo, como uma antecipação de tutela. Isto porque, enquanto neste caso, não obstante a verosimilhança – e não a certeza, supomos, ao invés do que reiteradamente afirma MARINONI[715] –, a decisão provisória proferida sobre a pretensão do autor há-de ser sujeita aos resultados da instrução e julgamento, nas hipóteses cobertas pelo artigo 273.º, inciso II, as razões que o réu apresenta na contestação não têm eficácia paralisadora ou destrutiva da pretensão deduzida pelo autor. A solução, cuja natureza é muito discutida na doutrina brasileira – sanção contra uma atitude

processo, quando [...] ficar caracterizado o abuso do direito de defesa ou o manifesto propósito protelatório da parte.".

[715] Abuso de defesa e parte incontroversa da demanda, *passim*.

ilícita do réu, relacionada com a litigância de má fé ou regra simplesmente destinada à efectividade do processo[716] – não se confina ao proferimento de um juízo de inadmissibilidade do acto ou com o *strike out*. Pressupõe um juízo de mérito sobre a contestação que o tribunal considera traduzir ou abuso de direito de defesa ou intuito meramente dilatório. Perante esta conclusão, proferirá decisão de mérito favorável ao autor. Por esta razão surpreende-se na solução legal uma forma de antecipação da tutela, espécie a integrar ainda na tutela de urgência[717].

Supomos que esta posição, absolutamente pertinente perante o tipo do inciso I, se compatibiliza com dificuldade com os casos de abuso de defesa. Na verdade, aqui a antecipação no sentido em que algo acontece antes do tempo devido – *in casu*, o proferimento de uma decisão de mérito sobre a pretensão deduzida pelo autor antes da instrução e do julgamento – somente se pode compreender se se interpretar este inciso no sentido de a decisão acerca da natureza da defesa do réu não ser definitiva, permitindo que, em fase ulterior e quanto à chamada defesa de mérito indirecta[718], o réu venha a demonstrar que, afinal, a sua contestação não traduz abuso de defesa. Nesta situação, a decisão antecipatória poderá ser revogada ou modificada[719].

2. A AUSÊNCIA DE TIPOS PRÓPRIOS: O SISTEMA GERMÂNICO

332. A compreensão das soluções que vão sendo encontradas pela jurisprudência e pela doutrina alemãsrotegeeria de exercício patológico do direito de acção passa pela identificação de dois dos traços característicos deste sistema que relevam directamente para o nosso tema.

Em primeiro lugar, não dispõe a ordem jurídica alemã, nem de uma cláusula geral que imponha às partes um comportamento correcto ou

---

716 Luís Cerqueira, Antecipação dos efeitos da tutela por abuso de direito ou manifesto propósito protelatório, p. 1555; Luiz Guilherme Marinoni, Antecipação da tutela, n.º 5.3.1. [Tutela de urgência e tutela da evidência, Parte III, *passim*].

717 Theodoro Júnior, Tutela antecipativa. Evolução. Visão comparatista. Direito brasileiro e direito europeu, 133.

718 Neste sentido, Luiz Guilherme Marinoni, Antecipação da tutela, n.º 5.3.2. [Tutela de urgência e tutela da evidência, Parte III, n.º 2].

719 Luiz Guilherme Marinoni, Antecipação da tutela, n.º 5.3.2. [Tutela de urgência e tutela da evidência, Parte III, p. 330].

conforme à boa fé[720], nem de um tipo especial de responsabilidade por actuação processual[721]. Na ZPO é somente possível localizar regras relativas à responsabilidade quer da parte que requer execução fundada em decisão provisória (*cfr.* § 717), quer daquela que requer um *Arrest* ou uma *Einstweilige Verfügung* (*cfr.* § 945).

Outra disposição, aliás de consagração recente[722], respeita à responsabilidade do perito que emite um laudo pericial errado, quer com dolo, quer com negligência grosseira. Segundo o §ª839a BGB, o perito *nomeado pelo tribunal* é responsável pelos danos provocados a uma parte por uma decisão que se funde no laudo pericial.

Quer isto dizer que não é possível encontrar, neste sistema, regras com conteúdo equivalente àquele que resulta dos artigos 88 (Dovere do lealtà e di probità) e 96 (Responsabilità aggravata) c.p.c.it. ou 266.º-A CPC1961 [8.º] (Dever de boa fé processual)[723] e 456.º [542.º] (Responsabilidade no caso de má fé – Noção de má fé) CPC1961.

333. A ordem jurídica alemã limita-se a prever, no § 138 ZPO – e somente após a reforma de 1933 –, um dever de verdade das partes quanto às afirmações de facto, não quanto às alegações de direito[724]. Desta cláusula geral, cuja aplicação jurisprudencial acaba por ser reservada para as situações em que a parte falta dolosamente à verdade[725] porque dela se extrai um verdadeiro dever processual[726] – o de a parte ter de expor os

---

[720] Rosenberg/Schwab/Gottwald, Zivilprozeßrecht, § 2.IV.

[721] Hopt, Schadensersatz aus unberechtigter Verfahrenseinleitung, p. 195, escreve que as prescrições ZPO deixam intocada a questão da responsabilidade por demanda injustificada.

[722] A previsão expressa da responsabilidade do perito resulta do Zweiter Gesetz zur Änderung schadensersatzrechtlicher Vorschriften, de 19 de Julho de 2002 que, de acordo com o artigo 229 § 8 do EGBGB, apenas se aplica aos factos danosos ocorridos após 31 de Julho de 2002.

[723] Curiosamente, também em 1996 foi publicado um novo Código de Processo Civil no Japão, cuja entrada em vigor ocorreu em 1998, e que vem consagrar, expressamente, os princípios da boa fé a da confiança enquanto parâmetros do comportamento das partes processuais. *Cfr.* Jasuhei Taniguchi, Abuse of procedural rights:ontemptese perspective, p. 218 e nota 7.

[724] Rosenberg/Schwab/Gottwald, Zivilprozeßrecht, § 65, Rd. 56.

[725] Jürgen Blomeyer, Schadensersatzansprüche des im Prozeß Erlegenen wegen Fehlverhaltens Dritter, p. 46; Burkhard Hess, Abuse of Procedure in Germany and Austria, *in* AAVV Abuse of procedural rights: comparative standards of procedural fairness, p. 166.

[726] Münchener Kommentar/ZPO (Wagner), § 138, Rd 1.

factos segundo aquilo que é sua convicção quanto à respectiva ocorrência com uma correspondente proibição de mentir[727]-, retira-se um comando: o de que as partes estão obrigadas a litigar de modo correcto/*fair*[728]. HOPT afirma peremptoriamente que o comportamento processual das partes está sujeito aos limites da boa fé[729]. Contra este entendimento não vale invocar a posição de GOLDSCHMIDT, que teria alegadamente afirmado que todo o comportamento processual é ausente de juízo moral/*moralinfrei*. Na verdade, e como aqui se diz em outro lugar, o que este autor escreve é que *numa perspectiva processual/procedimental*, os actos são ausentes de juízo moral (sublinhado nosso)[730]. E é exactamente a colocação nesta perspectiva que permite compreender que GOLDSCHMIDT não pretende, nesta sede, tomar qualquer posição quanto ao problema que agora nos ocupa: o dos parâmetros ético-jurídicos do comportamento da parte adjectiva.

334. É essencialmente na sequência da consagração do que se sustenta que os problemas atinentes à lealdade do comportamento/*Redlichkeit des Verhalten* não são desconhecidos ou ignorados da ordem jurídica alemã. Porém, e salvo o que desse dever se infere, com ele não coexiste uma cláusula geral, que imponha genericamente a lealdade do comportamento aos sujeitos processuais. O que, ao invés, pode ser encontrado no sistema alemão são manifestações tópicas de reacção a comportamentos processuais considerados abusivos, sendo esta qualificação aqui voluntariamente usada de modo impreciso. Entre estas merecem expressa referência os §§ 717, II, ZPO, que constitui o exequente na obrigação de indemnizar o executado pelos prejuízos a este causados com a execução[731] provisória de decisão não transitada em

[727] Münchener Kommentar/ZPO (WAGNER), § 138, Rd 2; ROSENBERG/SCHWAB/GOTTWALD, Zivilprozeßrecht, § 65, Rd 63.

[728] Münchener Kommentar/ZPO (WAGNER), § 138, Rd 1.

[729] Schadensersatz aus unberechtigter Verfahrenseinleitung, p. 175.

[730] Der Prozess als Rechtslage, p. 292.

[731] Segundo o BGH, o dano deverá resultar do processo de execução e não de uma sujeição voluntária do executado à decisão que lhe impõe a realização de uma qualquer prestação. Discutia-se, em concreto, a indemnizabilidade de danos decorrentes de uma abstenção do executado do exercício da sua actividade, ordenada por decisão ulteriormente revogada. O BGH entendeu não haver lugar a indemnização ao abrigo do § 717 ZPO uma vez que o exequente não praticara os actos liminares que permitem o recurso à execução para abstenção

julgado, caso esta venha a ser revogada ou modificada[732], 765a ZPO, que permite ao tribunal suspender, total, parcial e provisoriamente, ou negar a execuçrotegea*oder teilweise aufheben, untersagen oder einstweilen einstellen*) se as medidas a tomar, após ponderação aprofundada das necessidades de tutela do credor, representarem uma severidade circunstancial incompatível com os bons costumes, 580 ZPO, que faculta a *Restitutionsklage*, destruidora da *res iudicata*, sempre que hajam ocorrido graves irregularidades ou mesmo ilícitos penais no procedimento, determinantes do conteúdo da decisão, 91 ZPO, que delimita a obrigação de restituição das despesas realizadas pela parte vencida à parte vencedora àquelas que são justificadas/*zweckentsprechend*, 93 ZPO, que impõe o pagamento das custas ao autor se o réu não deu causa à propositura da acção e confessa imediatamente o pedido, 114 ZPO, nos termos do qual a parte não terá direito a apoio judiciário/Prozeßkostenhilfe se a acção ou a defesa forem maliciosas/*mutwillig*, e 21[3] GKG, que permitirá um agravamento das custas quando a decisão absolutória ou a desistência do pedido ou de uma pretensão/*Zurücknahme eines Antrags* se fundarem em desconhecimento culposo da relação de facto ou de direito.

Ainda como forma de reacção a comportamentos processuais inúteis invoca-se o pressuposto processual interesse[733].

Ao lado destes meios, que visam mesmo prevenir a ocorrência de um dano[734], Hopt lembra o tipo penal da difamação/*unberechtigte Anzeige* que tem

---

de conduta, pelo que os danos sofridos pelo executado teriam somente como causa a sua submissão voluntária à decisão que lhe ordenara a abstenção. *Cfr.* decisão de 22.6.1976.

[732] Sobre a evolução histórica do regime de responsabilidade na execução e seu sentido actual, Henckel, Prozessrecht und materielles Recht, p. 248 e segs.; Pecher, Die Schadensersatzansprüche aus ungerechtfertigter Vollstreckung; Rosenberg/Gaul/Schilken, Zwangsvollstreckung, 11.ª, § 15.

Um dos aspectos mais interessantes na evolução deste instituto decorre da alteração do § 655, II, ZPO, na versão anterior a 1989, uma vez que, até esta data, apenas se previa a obrigação de restituição de quanto o credor houvesse obtido em função da execução de uma decisão, que viesse a ser revogada; os problemas inerentes à obrigação de indemnizar eram remetidos para o direito civil. Sobre este ponto, Pecher, Die Schadensersatzansprüche aus ungerechtfertigter Vollstreckung, p. 29 e segs..

[733] Burkhard Hess, Abuse of Procedure in Germany and Austria, *in* AAVV Abuse of procedural rights: comparative standards of procedural fairness, p. 156 e segs.; Hopt, Schadensersatz aus unberechtigter Verfahrenseinleitung, p. 204 e *passim*; Rosenberg/Schwab/Gottwald, Zivilprozeßrecht, § 65.VII.4.

[734] Schadensersatz aus unberechtigter Verfahrenseinleitung, p. 177.

a finalidade de reagir/impedir os comportamentos processuais censuráveis mais graves. Aliás, e ainda segundo o mesmo autor, esta forte e expressiva reacção penal poderá justificar a ausência de uma sistematização suficiente da intervenção civil para as situações de abuso processual.

335. Sucede, porém, que na percepção geral, os meios identificados não são suficientes para impeder ou ressarcir danos sofridos através de comportamentos processuais desleais, mostrando-se o Direito processual civil incapaz de resolver todas estas situações[735].

Para enfrentar esta circunstância e para além de um cada vez maior reforço das garantias constitucionais do direito de acção/direito de acesso aos tribunais[736], recorre maioritariamente a doutrina alemã aos tipos gerais dos §§ 226, 242, 823 e 826, todos BGB. No que agora particularmente nos interessa, registe-se que, na ausência de um tipo geral de ressarcimento de danos com fundamento em acto processual ilícito integrado no sistema de regras de direito processual civil, recorrem jurisprudência e doutrina ao instituto geral da responsabilidade civil. Mas, neste recurso, surge uma primeira dificuldade[737] associada à estrutura do tipo do § 823 BGB: a ausência de uma cláusula geral de indemnização por danos ilícita e culposamente causados a terceiros[738]. Daqui resulta a necessidade de identificação do

---

[735] Hopt, Schadensersatz aus unberechtigter Verfahrenseinleitung, p. 177; Münchener Kommentar/BGB, Bd. 5, § 826 (Wagner), Rdn. 127.

[736] Burkhard Hess, Abuse of Procedure in Germany and Austria, *in* AAVV, Abuse of procedural rights: comparative standards of procedural fairness, p. 177-178.

[737] Abstemo-nos de retomar aqui uma outra alegada dificuldade no recurso a regras integradas em diplomas de direito material para fazer face a lacunas de direito processual: o da autonomia entre os dois sectores da ordem jurídica. Sobre este aspecto nos pronunciámos já em Acto e processo, tendo aí sustentado opinião que mantemos: o argumento da autonomia, se pode ser compreendido para uma fase de afirmação do direito processual que, como qualquer ramo dogmaticamente mais jovem, visa sublinhar essencialmente as suas diferenças (e não as suas semelhanças) face ao direito privado, autojustificando-se, não tem actualmente qualquer conteúdo. Para além da unidade da ordem jurídica, cumprirá sempre ao aplicador procurar nesse sistema, qualquer que seja a localização de uma regra, aquela que mais forte analogia apresenta com a questão para a qual se busca a solução. Seguramente que deverá tomar em conta as especificidades do caso; mas este é o normal procedimento de aplicação do Direito que se, por vezes, apresenta menor complexidade, em outras a apresentará em maior escala.

[738] Hopt, Schadensersatz aus unberechtigter Verfahrenseinleitung, p. 225.

bem jurídico violado através da conduta processual desconforme de modo a determinar-se se algum ou alguns dos bens jurídicos directamente protegidos por aquela norma pode ou podem ser violados através daquela conduta.

336. Na impossibilidade ou nas hipóteses de não identificação de um dos bens jurídicos enumerados no § 823, sustenta-se, ainda, o apelo ao § 826 BGB. Sempre que o comportamento processual da parte se dirija a provocar um dano à contraparte, está a parte a usar o processo para atingir uma finalidade que a este é estranha: a estrutura processual destina-se à obtenção, com a máxima brevidade e a maior eficácia possível, de uma solução para um conflito de interesses ou litígio e não à provocação de danos colaterais, no sentido de efeitos não abrangidos ou abrangíveis pela decisão, na esfera da parte[739]. "O abuso do processo com a finalidade de lesar outrem causa a este um dano de modo doloso e contrário aos bons costumes. A ilicitude do comportamento é aqui constituída pelas características do § 826"[740]. Porém, sendo o tipo previsto no § 826 um tipo doloso, ficarão por indemnizar quaisquer danos provocados na esfera da contraparte se o comportamento da parte for meramente negligente.

337. O recurso ao tipo geral do § 823 BGB, para além de significar uma autonomia da pretensão indemnizatória fundada em comportamento adjectivo ilícito face às regras relativas a custas processuais (no que implicará uma diferença dos custos que podem ser imputados ao conceito de dano[741]), tem uma série de efeitos na relação estabelecida entre a decisão sobre custas, a decisão sobre o objecto processual primário e a decisão a proferir em eventual acção de indemnização. Na verdade, porque os objectos de todas estas decisões são diferentes, entre elas não se geram situações de conflito/desarmonia/anulação recíproca.

Nesta construção, o aspecto mais problemático decorre da possibilidade de, através de uma acção de indemnização ulterior à decisão transitada em julgado, se porem em causa os respectivos resultados: basta que, na acção de

---

[739] Henckel, Prozessrecht und materielles Recht, p. 301.

[740] Henckel, Prozessrecht und materielles Recht, p. 301.

[741] Hopt, Schadensersatz aus unberechtigter Verfahrenseinleitung, p. 199, ao sublinhar que a pretensão indemnizatória material não se restringe aos custos processuais necessários (*notwendige Kosten im Sinne des § 91.I.1 ZPO*).

indemnização, seja necessário demonstrar que a anterior decisão prejudicou a parte ilegitimamente, pretendendo esta, exactamente através da segunda acção, fazer repercutir os custos de tal prejuízo sobre a parte vencedora na primeira acção. Esta eventualidade põe em crise a estabilidade necessária dos efeitos práticos de uma decisão transitada em julgado, que somente em casos (cada vez menos) excepcionais de injustiça incomportável do resultado podem ser paralisados. No entanto, há que compreender que a circunstância de, na acção de indemnização ulterior, se terem de apreciar factos que, uma vez julgados, fundaram a decisão pretérita, faz perigar a coordenação de actos de heterocomposição: se bem que estes tenham formalmente efeitos distintos, não pode perder-se de vista que acaba por se sindicar, indirectamente, na acção posterior a decisão anteriormente proferida.

Esta circunstância determina a doutrina a sustentar a inviabilidade de, através de acção de indemnização, se anularem os efeitos de decisão anteriormente transitada em julgado[742]. Mesmo que desconforme, porque decorrente de uma errada aplicação das valorações do sistema processual, a decisão é vinculante.

---

[742] BLOMEYER, Schadensersatzansprücontem im Prozeß Erlegenen wegen Fehlverhaltens Dritter, p. 50 e nota 143; HENCKEL, Prozessrecht und materielles Recht, p. 294, onde o Autor afirma que a decisão, mesmo que mal proferida porque o tribunal aplicou erradamente o ordenamento processual, não rejeitando actos considerados inadmissíveis, uma vez transitada em julgado não pode ser neutralizada através da propositura de acção de indemnização. O único meio de a pôr em crise será, caso se verifique algum fundamento específico, a *Wiederaufnahme*.

V. A LITIGÂNCIA DE MÁ FÉ NA JURISPRUDÊNCIA NACIONAL

1. A LITIGÂNCIA DE MÁ FÉ NA JURISPRUDÊNCIA DO TRIBUNAL CONSTITUCIONAL

338. São dois os domínios que nos interessam quando analisamos a jurisprudência do Tribunal Constitucional em matéria da responsabilidade processual.

Por um lado, devem ser tomadas em consideração as decisões em que o Tribunal Constitucional se pronunciou sobre a conformidade constitucional do regime da litigância de má fé, constante do Código de Processo Civil. Por outro, relevam os arestos em que o Tribunal Constitucional procedeu à cominação da conduta dos sujeitos processuais com multa por litigância de má fé no recurso de constitucionalidade.

1.1. A litigância de má fé e a fiscalização concreta de constitucionalidade

339. De entre as questões de constitucionalidade do regime da litigância de má fé, tal como constante do Código de Processo Civil, na versão vigente em 1994, com as quais o Tribunal Constitucional foi confrontado, encontra-se a da conformidade desse regime, *maxime* do disposto no artigo 456.º, n.º 1 [542.º, n.º 1], quando este fosse interpretado no sentido de permitir a *condenação da parte em multa sem prévia audiência ou contraditório.* Sobre este aspecto do regime recaiu o acórdão n.º 440/94 (Monteiro Diniz) que, em conclusão, decidiu "b) não julgar inconstitucionais as normas do artigo 456.º, n.ºs 1 e 2 do Código de Processo Civil, na parte relativa à condenação em multa por litigância de má fé, desde que interpretadas no sentido de tal condenação estar condicionada pela prévia audição dos interessados sobre tal matéria."

Esta jurisprudência manteve-se, desde então, sendo contestada, também desde então, pelos juízes de tribunais superiores. Com efeito, sujeitar a aplicação de uma multa por um comportamento que o juiz entende reprovável a contraditório é factor que não contribui para reforçar o papel do juiz[743].

Próximos do acórdão n.º 440/94 são os acórdãos n.os 103/95 (MESSIAS BENTO), 357/98 (GUILHERME FONSECA) e 289/02 (ARTUR MAURÍCIO), cujo objecto foi também integrado pela questão da inconstitucionalidade do regime da litigância de má fé se neste se entender compreendido o poder de aplicação de multa à parte sem prévio contraditório. Retomando a doutrina dos acórdãos n.os 440/94 (MONTEIRO DINIZ) e 103/95 (MESSIAS BENTO), o Tribunal Constitucional reiterou que o princípio do contraditório está "bem presente e bem explicitado no artigo 3.º, n.os 2 e 3, do Código de Processo Civil" (*cfr.* acórdão n.º 357/98 (GUILHERME FONSECA)) e que "[se] reconhece que a norma extraída do artigo 456.º n.os 1 e 2 CPC, tal como interpretada no acórdão impugnado (a condenação como litigante de má fé não exige a prévia notificação da parte para se pronunciar viola o direito de acesso aos tribunais [...] e o princípio do Estado de Direito democrático [...]".

340. Algo diversa é a situação relatada no acórdão n.º 156/2003 (PAULO MOTA PINTO). Perante uma alegada violação do princípio do contraditório, o Tribunal Constitucional concluiu que esta se não verificara já que à parte fora facultada, em audiência de discussão e julgamento, a possibilidade de se opor ao pedido de condenação como litigante de má fé então contra ela deduzido. Neste caso, porque a parte pôde pronunciar-se sobre o pedido e porque o poder jurisdicional ainda se não encontrava esgotado, concluiu o Tribunal Constitucional que não estaria em causa a violação da proibição de indefesa, sendo a interpretação dada pelas instâncias ao artigo 456.º [542.º] conforme à Constituição.

Infelizmente, não foi discutido neste recurso aquele que se apresentava como o problema mais promissor para o âmbito da presente investigação. Na verdade, a condenação da parte como litigante de má fé sobreveio à apresentação de um requerimento de conteúdo equivalente a outro que já havia sido apresentado e indeferido no mesmo processo, o que

---

743 Neste sentido e, por último, Parecer do Conselho Superior da Magistratura sobre o Anteprojecto do regime de recursos em processo civil (aprovado na sessão plenária de 10 de Janeiro de 2006), Reforma dos recursos em processo civil. Trabalhos preparatórios, Ministério da Justiça [DGPJ], Almedina, Coimbra 2008, p. 217-228 (n.º 8, p. 227).

poderia ter desencadeado, desde logo, uma intervenção do tribunal sobre o comportamento da parte. No julgamento do recurso pela Relação do Porto, que manteve a decisão do tribunal *a quo*, pode ler-se que "se justifica a condenação [da parte] como litigante de má fé. O facto de eventualmente outros juízes, incluindo os que integravam o tribunal colectivo, terem admitido noutros processos a transcrição parcial de depoimentos, não modifica as coisas, uma vez que tais decisões só têm valor dentro dos processos em que foram proferidas [...] sendo certo que o precedente mais recente tinha ocorrido nos próprios autos e era de sentido contrário".

341. Ainda em matéria de configuração do direito de defesa, em sentido amplo, pronunciou-se o Tribunal Constitucional acerca da conformidade constitucional do artigo 456.º, n.º 3 CPC1961 [542.º, n.º 3] se interpretado com o sentido de *ser admissível o proferimento de decisão irrecorrível*, apesar de condenatória da parte por litigância de má fé. Apelando a jurisprudência anterior, veio o Tribunal Constitucional, no acórdão n.º 52/99 (Messias Bento), reiterar que "nada tem de chocante o facto de [um tribunal, no caso, o próprio Tribunal Constitucional] intervir simultaneamente 'em 1.ª e última instância', isto é, sem possibilidade de recurso"[744].

Ainda em sentido semelhante se pronunciou o Tribunal Constitucional, em acórdão de 8 de Junho de 2005 (Gil Galvão). Discutia-se a conformidade da norma constante do artigo 24.º do ETAF, se interpretada no sentido de não admitir recurso para o pleno da Secção de Contencioso Administrativo do Supremo Tribunal Administrativo da decisão proferida por uma das suas subsecções. Não obstante o artigo 456.º, n.º 3 CPC1961 [542.º, n.º 3], o Tribunal Constitucional pronunciou-se no sentido da conformidade daquela regra.

342. No acórdão n.º 453/02 (Tavares da Costa) conheceu o Tribunal Constitucional da questão do *duplo grau de jurisdição em ligação com a condenação por litigância de má fé, pelo tribunal ad quem, de um sujeito distinto daquele que havia sido condenado pelo tribunal a quo*.

Este problema apresenta semelhanças com aqueloutro que ocupou o Tribunal Constitucional no acórdão n.º 52/99 (Messias Bento), já relatado.

---

[744] Seguindo a doutrina deste aresto, *vide* acórdão n.º 302/05, de 8 de Junho de 2005 (Gil Galvão).

Porém, os caminhos percorridos e as decisões alcançadas pelo Tribunal não se identificam.

Assim, e enquanto no acórdão n.º 52/99 (Messias Bento) o Tribunal Constitucional declarou, como se disse acima, não ser chocante considerar-se irrecorrível a decisão condenatória da parte se esta condenação proveio do órgão de topo da hierarquia judicial (isto apesar de o artigo 456.º, n.º 3 CPC1961 [542.º, n.º 3] prever a recorribilidade, em um grau, da decisão condenatória da parte como litigante de má fé), no acórdão n.º 453/02 (Tavares da Costa), apesar da flagrante oposição entre os vectores substanciais subjacentes ao artigo 456.º, n.º 3 CPC1961 [542.º, n.º 3] e a interpretação formal que dele foi feita pelas instâncias – desde que a decisão condenatória haja sido recorrida está assegurado o recurso em um grau independentemente da identidade ou disparidade das partes condenadas pelos tribunais *a quo* e *ad quem* e, consequentemente, da parte com legitimidade para recorrer das decisões proferidas por aqueles tribunais –, o Tribunal Constitucional fez uma inflexão e "julgou inconstitucional, por violação do princípio da igualdade, consagrado no n.º 1 do artigo 13.º da Constituição da República, a interpretação da norma do n.º 3 do artigo 456 do Código de Processo Civil, segundo a qual, por se entender estar em causa a actuação processual da mesma parte no processo, não se garante o direito ao recurso do representante pessoalmente condenado por já ter sido interposto recurso pela sociedade representada."

343. Diversa e com maior relevância para o nosso objectivo é a questão decidida pelo acórdão n.º 227/97 (Ribeiro Mendes). A situação levada ao Tribunal Constitucional pode ser resumida nos seguintes termos: em determinado processo foi discutida a possibilidade de interpretação ampla do artigo 112.º, n.º 7, do CPP1929, segundo o qual "o juiz não pode declarar-se voluntariamente suspeito, mas podem o Ministério Público, a parte acusadora ou o arguido, logo que seja admitido a intervir no processo, recusá-lo como tal [...] se houver graves motivos de inimizade entre o juiz e o ofendido, a parte acusadora ou o arguido." No caso concreto, a inimizade, a existir, não oporia o juiz à parte, mas sim ao seu mandatário. Esta inimizade foi suscitada nos autos pelo advogado da parte que, com fundamento nela, deduziu o pedido de recusa de juiz. Na sequência deste requerimento foi a parte condenada como litigante de má fé, sendo feita participação do respectivo mandatário, para efeitos de apuramento de responsabilidade disciplinar, ao órgão profissional competente: na verdade, o mandatário litigara contra lei expressa. A questão da litigância de má fé veio a ser conhecida pelo Tribunal Constitucional na medida em que a condenação da parte e a participação do seu mandatário suporiam a atribuição de um sentido restrito ao artigo 112.º, n.º 7, do CPP29. Se interpretado neste sentido, e segundo alegação da parte durante o procedimento, o preceito seria inconstitucional.

Se, para o nosso contexto, não releva a interpretação do artigo 112.º, n.º 7, do CPP29, feita pelo Tribunal Constitucional, relevam já as observações deste Tribunal atinentes aos *contornos da má fé processual em ligação com os limites do direito de defesa*. Subscrevendo a posição vinda do Tribunal Superior de Justiça de Macau, o Tribunal Constitucional sustenta que uma lide pode ser temerária por ir contra a jurisprudência, mas que "seria perigoso considerar abusivo o que não é conforme à jurisprudência", tanto mais que boa parte da doutrina não sufragava "a taxatividade dos arts. 104 a 112 do Código de Processo Penal". Daí a conclusão de que "[...] não resultava dos autos provado que a parte (e o seu advogado) [agira] com dolo, ou seja, com a consciência de não ter razão".

344. Outra das questões de constitucionalidade já conhecidas pelo Tribunal Constitucional respeita à *articulação do regime da litigância de má fé com os artigos 18.º e 37.º da CRP*. Neste contexto, teve o Tribunal Constitucional de se pronunciar acerca da constitucionalidade de um regime que reprime certas condutas processuais, quando a Constituição prevê, no seu artigo 37.º, que "todos têm o direito de exprimir e divulgar livremente o seu pensamento" e que "o exercício deste[s] direito[s] não pode ser impedido ou limitado por qualquer tipo ou forma de censura". Referimo-nos ao acórdão n.º 581/98 (Sousa e Brito).

Estabelecendo um paralelismo com o regime constante dos artigos 154.º e 155.º do CPC1961[745] e estribando-se nos acórdãos que sobre a conformidade

[745] A redacção dos artigos 154.º e 155.º, nas passagens relevantes, era a seguinte:
"Artigo 154.º
1. Os mandatários judiciais que, por escrito ou oralmente, se afastem do respeito devido às instituições vigentes, às leis ou ao tribunal, serão advertidos com urbanidade pelo presidente, que pode, além disso, mandar riscar quaisquer expressões ofensivas ou retirar-lhes a palavra, tudo sem prejuízo do disposto na legislação penal. Se o infractor não acatar a decisão que lhe retira a palavra, pode o presidente fazê-lo sair da sala do tribunal ou do local em que o acto se realiza.

constitucional destes se pronunciaram[746], o Tribunal Constitucional entendeu não ser inconstitucional o artigo 456.º do CPC1961 [542.º], interpretado no sentido de constituir uma limitação ao direito de expressão e divulgação do pensamento. Ao invés, "a possibilidade de condenação em multa por litigância de má fé não só não consubstancia qualquer forma de censura à liberdade de expressão (não é esse, inequivocamente, o sentido do disposto no artigo 456.º do CPC1961), e, por isso, não viola o disposto no artigo 37.º n.º 2 da Constituição, como surge como uma medida razoável, adequada e eficaz de garantir aqueles outros valores também constitucionalmente protegidos, não violando igualmente, por isso, o disposto no artigo 18.º da Lei Fundamental". Curiosamente, não obstante este entendimento do Tribunal Constitucional, o legislador alterou a redacção do artigo 154.º, n.º 1, do CPC1961, dele suprimindo o poder do tribunal de mandar riscar expressões ofensivas.

345. Quanto ao dever de recíproca correcção, deve ser, aqui, recordado que o regime do artigo 155.º do CPC1961 permitia que ao advogado fosse retirada a palavra pelo juiz. Na jurisprudência, o Supremo Tribunal de Justiça, através de acórdão de 20 de Outubro de 1977 (Rodrigues Bastos), concluía pela inconstitucionalidade deste regime à luz da CRP76. No entanto, entendia o Supremo Tribunal de Justiça que, se não podia ser retirada a palavra ao advogado, a não aplicação da solução constante do artigo 155.º não poderia conduzir à impunidade do agente que atentara contra as instituições vigentes, a lei e o tribunal. Porém, avançava que tais violações deveriam ser reprimidas através dos meios gerais e não através do regime do artigo 155.º. Em sentido idêntico concluiu a Relação do Porto, através de acórdão de 15 de Junho de 1978, afirmando que, perante o disposto no artigo 37.º da CRP, não podem as leis ordinárias condicionar o exercício da liberdade de expressão.

346. Um aspecto referido pelo Tribunal Constitucional no acórdão n.º 389/99 concerne à *(des)necessidade da prova da falsidade dos factos alegados*

[...]

Artigo 155.º

1. Nos processos pendentes nos tribunais superiores só por acórdão se pode mandar riscar o que estiver escrito ou aplicar a pena de multa.

[...]."

[746] Acórdãos n.ºs 81/84 (Messias Bento), 11/85, (Cardoso da Costa) e 185/85, (Magalhães Godinho).

pela parte para efeito da respectiva condenação como litigante de má fé[747]. Porém, e porque a apreciação do Tribunal ocorreu no âmbito de um recurso de fiscalização concreta de constitucionalidade, este limitou-se a concluir que, no caso em apreço, as instâncias deram como provado que a parte (na situação *sub judice*, o autor) tinha conhecimento de que os factos que alegara eram contrários à verdade. Assim, ao dar como assente que os factos não haviam ocorrido e que a parte sabia desta não verificação, não haviam procedido as instâncias a uma interpretação do artigo 456.º, n.º 1, do CPC1961 contrária à Constituição na medida em que não fora dispensada a prova da falsidade dos factos.

347. Outra das questões de constitucionalidade suscitadas em torno do regime da litigância de má fé respeita à *imputação subjectiva nos casos em que a parte é um incapaz, uma pessoa colectiva ou uma sociedade*. Por acórdão de 22 de Fevereiro de 1995[748], o Tribunal Constitucional considerou que a circunstância de, nestes casos, haver uma substituição da responsabilidade da parte por uma responsabilidade do seu *representante* não resulta em qualquer desconformidade constitucional deste regime na medida em que "a decisão de ir a juízo, a conduta e a estratégia processual adoptadas são da responsabilidade dos órgãos da pessoa colectiva", tendo "a condenação [...] dos gerentes das sociedades [...] uma óbvia base ética" e assentando "na ideia de culpa, num juízo de censura de um comportamento".

1.2. A litigância de má fé no Tribunal Constitucional

348. Outro aspecto da jurisprudência do Tribunal Constitucional que nos interessava considerar respeitava à aplicação, por este tribunal, do regime da litigância de má fé no âmbito de recursos de fiscalização concreta de constitucionalidade.

Verifica-se, desde cedo, que o Tribunal Constitucional lançou mão do regime constante dos artigos 456.º e seguintes do CPC1961 para reagir à litigância abusiva.

[747] Quanto à possibilidade de o tribunal de recurso se limitar, no julgamento da impugnação, a aderir aos fundamentos da condenação proferida pelo tribunal *a quo*, *cfr.* acórdão n.º 582/04 (Fernanda Palma).

[748] Acórdão n.º 103/95 (Messias Bento).

Assim sucedeu nos seguintes casos:

- Acórdão n.º 138/85 (Magalhães Godinho): o recorrente foi condenado como litigante de má fé na medida em que *invocou fundamentos constantes da Lei n.º 28/82 que nenhuma aplicação poderiam ter no caso concreto*; sendo que os actos reveladores da má fé revestem natureza técnico-jurídica (requerimento de interposição do recurso), o tribunal, *imputando a má fé ao mandatário*, decidiu dar conhecimento destes factos ao conselho distrital competente;
- Acórdão n.º 152/85 (Vital Moreira): o recorrente, apesar de ter desistido do recurso, foi condenado como litigante de má fé uma vez que *invocou*, nas alegações, *decisões totalmente irrelevantes para o julgamento do recurso* por si interposto, nada tendo dito quando foi confrontado com esta circunstância;
- Acórdão n.º 218/86 (Vital Moreira): a parte que "*visa manifestamente perturbar o andamento do processo, insistindo com reclamações e recursos em teses já recusadas pelos tribunais de maneira exaustiva*" e que *litiga "de uma forma pouco séria, merecedora de reprovação"*, deve ser condenada como litigante de má fé; assim sucede quando *a parte "sabendo que não existe nenhuma decisão que tenha aplicado normas inconstitucionais ou deixado de aplicar normas com fundamento em inconstitucionalidade", recorre para o Tribunal Constitucional*;
- Acórdão n.º 234/86 (Nunes de Almeida): *litiga de má fé a parte que litiga "de forma evidente contra lei expressa"*, entendendo-se que assim acontece se a *parte funda o recurso em preceitos absolutamente irrelevantes no caso concreto*;
- Acórdão n.º 259/86 (Cardoso da Costa): faz *uso manifestamente reprovável dos meios processuais* a parte que, não tendo reagido atempadamente contra o despacho saneador, visa *opor-se ao respectivo trânsito em julgado através do recurso a meios que não podem impedir tal efeito da decisão*;
- Acórdão n.º 456/87 (Monteiro Dinis): litiga de má fé a parte que, notificada para proceder à substituição de mandatário por o advogado subscritor do recurso haver sido suspenso pela Ordem dos Advogados, deduz sucessivas reclamações e recursos contra esta decisão, suscitando inclusivamente o controlo de constitucionalidade destes despachos; porque, neste caso, *os factos dos quais resulta a má fé são claramente imputáveis ao mandatário judicial, deve operar o regime do artigo 459 CPC1961*;
- Acórdão n.º 353/89 (Cardoso da Costa): se *a parte vem reclamar da não admissão de um recurso que, ela própria, declarou, nos autos, não ter interposto, faz uso manifestamente reprovável dos meios processuais*, justificando-se a sua condenação como litigante de má fé;

- Acórdão n.º 333/90 (Nunes de Almeida): "a questão da condenação por litigância de má fé está, essencialmente, em saber a partir de que momento é que a parte passou a *actuar de má fé, isto é, a litigar sabendo que não tinha razão ou sem ponderar com prudência as suas pretensas razões, praticando uma conduta ilícita*." Na situação do acórdão, o recorrente foi condenado como litigante de má fé em 3 UC na medida em que a sua conduta (apresentação de múltiplos requerimentos de anulação e de aclaração de decisões proferidas no processo e no recurso de constitucionalidade) foi considerada particularmente censurável já que visaria apenas *protelar a execução de decisão condenatória*;
- Acórdão n.º 255/93 (Tavares da Costa): o requerente que *deturpa factos, profere afirmações falsas, infundadas e indemonstradas*, não imputa ao acórdão do Tribunal Constitucional, "com um mínimo de seriedade, qualquer vício relevante, *utilizando o expediente processual da arguição de "nulidade-inexistência jurídica" com intuitos manifestamente dilatórios*, deve ser condenado como litigante de má fé;
- Acórdão n.º 559/97 (Tavares da Costa): se a parte *reitera pretensão sem qualquer fundamento*, poderá ser condenada como litigante de má fé;
- Acórdão n.º 548/00 (Bravo Serra): o oponente que *suscita a suspeição de juiz em múltiplos processos* com o *único objectivo de impossibilitar os diversos juízes do Tribunal Constitucional de intervirem nos processos* em que é parte, *faz um uso manifestamente reprovável dos meios processuais*, devendo ser condenado como litigante de má fé;
- Acórdão n.º 215/03 (Bravo Serra): a recorrente que, convidada a indicar a peça em que suscitou a questão de inconstitucionalidade perante o tribunal *a quo*, nada diz e que interpõe intempestivamente o recurso de constitucionalidade, deve ser condenada como litigante de má fé *se estes comportamentos, conjugados com uma análise dos autos, permitem inferir que se vem limitando a recorrer a expedientes processuais dilatórios*;
- Acórdão n.º 388/04 (Paulo Mota Pinto): "a reclamante fez [...] um *uso manifestamente reprovável das reclamações de nulidade e dos pedidos de aclaração*, [provocando a prolação de seis decisões apenas pelo Tribunal Constitucional], para manifestar a sua discordância com o decidido, sendo que *a existência de dolo ou negligência grave*, como pressuposto da litigância de má fé, é uma conclusão que o Tribunal pode e deve extrair a partir da sua apreciação da conduta processual da litigante, tal como resulta e se concretizou nestes autos, não sendo exigível uma produção de prova especificamente destinada a comprovar esse elemento subjectivo. E não obstante as declarações da reclamante em

sentido contrário, é evidente que, com o pedido de aclaração que deu origem ao presente aresto, ela não pode, sem dolo ou negligência grave, ter visado mais do que um uso claramente reprovável dos pedidos de aclaração para manifestar discordâncias com a (suficiência da) fundamentação de anteriores decisões – uso reprovável, esse, no qual persistiu, apesar de alertada por este Tribunal para a sua possível qualificação."

349. Ao invés, o Tribunal Constitucional entendeu não haver litigância de má fé:

- Acórdão n.º 349/89 (MÁRIO DE BRITO): *se não resulta suficientemente caracterizado o dolo*, o que sucede *se a parte utiliza os meios processuais com torpeza e "sem grande técnica processual e [...] sem grandes conhecimentos científicos"*;
- Acórdão n.º 61/90 (MESSIAS BENTO): *quando não seja seguro que a parte agiu tendo consciência de que a pretensão que deduzira não tinha qualquer fundamento*, não podendo ter-se por segura tal consciência *se*, apesar do indeferimento de determinada pretensão em dado processo, por cujo deferimento a parte pugnou até ao Tribunal Constitucional, *idêntica pretensão, formulada em outro processo pela mesma parte e contra a mesma contraparte, foi julgada procedente*;
- Acórdão n.º 442/91 (ALVES CORREIA): se a parte defende, veementemente, as suas posições, *mesmo que sustente teses controvertidas ou sem grande solidez ou consistência interpretativa das disposições legais*; por esta razão, se a parte entende que todo um diploma é inconstitucional e apesar da pouca solidez da sua posição – a de, nestes casos, não ter de indicar, no recurso de constitucionalidade, as normas reputadas de inconstitucionais –, não pode dizer-se que a parte litigue contra lei expressa de modo doloso;
- Acórdão n.º 129/92 (MESSIAS BENTO): "o facto de *a tese de inconstitucionalidade, sustentada pelo recorrente, se revelar infundada não é, por si, bastante para concluir que esta deduziu pretensão cuja falta de fundamento não ignorava ou que fez do processo um uso manifestamente reprovável*";
- Acórdão n.º 200/94 (BRAVO SERRA): se a *parte sustenta teses controvertidas na doutrina e procede a uma interpretação especiosa de regras de direito, ainda que litigue ousadamente, não litiga necessariamente de má fé*;
- Acórdão n.º 1104/96 (SOUSA BRITO): *se o recorrente induz um processado totalmente anómalo, porque tal atitude tanto pode dever-se a inépcia, como a utilização reprovável dos meios processuais*; não existindo elementos no processo que

permitam dar por existente o dolo instrumental da parte, não pode esta ser condenada como litigante de má fé;

- Acórdão n.º 363/98 (Fernanda Palma): *quando, apesar do comportamento da parte no recurso, seja "admissível que tal desarticulação se deva apenas a um lapso manifesto na análise das peças processuais;"*
- Acórdão n.º 567/99 (Helena Brito): "embora seja *patente uma finalidade dilatória*", *porque não pode reconhecer-se,* até ao momento do julgamento do recurso, "*que exista, por parte da reclamante, "um uso manifestamente reprovável" de meios, cuja falta de fundamento não ignora, com o "fim de entorpecer a acção da justiça*";
- Acórdão n.º 456/00 (Fernanda Palma): se a parte, ao requerer a reforma de acórdão, *revela deficiente técnica interpretativa, desde que do seu comportamento não resulte inequivocamente que está procedendo a uma utilização abusiva do processo;*
- Acórdão n.º 86/01 (Nunes de Almeida): se a recorrente *não logra "ordenar uma forma de discurso coerente para fundamentar a impugnação da decisão"* e se *limita a esgotar os meios processuais disponíveis, da forma que lhe pareceu correcta;*
- Acórdão n.º 22/05 (Benjamim Rodrigues): apesar de os recorrentes terem *provocado seis decisões do Tribunal Constitucional sobre uma mesma questão e num único processo,* não se considera que litiguem de má fé uma vez que pode admitir-se que "*não se atinja uma actuação processual motivada apenas pelo fim de entorpecer a acção da justiça*";
- Acórdão n.º 275/05 (Fernanda Palma): *apesar de a "reclamação [ser] manifestamente improcedente, a [respectiva] dedução, com os fundamentos apresentados, pode ainda ser imputada a uma deficiente compreensão dos mecanismos do processo de fiscalização concreta de constitucionalidade* que, em face dos elementos dos autos, não é enquadrável na noção de litigância de má fé".

350. Um aspecto extremamente curioso que foi já objecto de apreciação pelo Tribunal Constitucional respeita a saber se pode o tribunal ordenar, oficiosamente, a realização de diligências das quais resulte eventualmente provada a má fé do litigante no recurso de constitucionalidade. Segundo este Tribunal – acórdão n.º 604/95 (Nunes de Almeida) –, para que a parte seja condenada como litigante de má fé é necessário que constem do processo os factos que permitem tal juízo. Não se concedendo ao tribunal poderes para ordenar a realização de diligências com vista ao apuramento desses factos, nem no regime próprio deste instituto, nem na lei reguladora da tramitação do recurso de constitucionalidade, o seu exercício deve ter-se por excluído. A conclusão, que já em si seria estranha se o seu ponto de referência fosse a construção da base de facto em que poderia fundamentar-se a decisão, mais estranha ainda se torna sendo, como parece o caso, o seu ponto de referência a instrução. Mesmo que o tribunal não tenha poderes inquisitórios, seguramente terá poderes instrutórios, pelo que lhe será sempre lícito ordenar a realização de diligências relevantes para prova dos factos de que, podendo conhecer, permitam ajuizar da má fé da parte.

Por outro lado, decidiu igualmente o Tribunal Constitucional que, para a condenação da parte como litigante de má fé, apenas se pode ter em conta a actuação processual do litigante e não "o que está por detrás" da utilização do meio processual.

2. A LITIGÂNCIA DE MÁ FÉ NOS TRIBUNAIS JUDICIAIS

2.1. O objecto da análise

351. Por várias ordens de razões, bem mais complexa é a tarefa de analisar a jurisprudência dos tribunais judiciais superiores em matéria de litigância de má fé.

Em primeiro lugar, porque essa jurisprudência é, neste tema, inabarcável.

Em segundo lugar, porque tanto interessam, para o nosso objectivo, as decisões que conheceram da questão da litigância de má fé, quanto aquelas que, não a conhecendo, podiam ou deviam dela ter conhecido. E, dentro daquelas, tanto nos interessam as decisões que, conhecendo da questão, procederam à condenação da parte, quanto aquelas que a não condenam, quer podendo tê-la condenado na instância que procede ao julgamento desta matéria, quer por revogação de decisão condenatória proferida por instância inferior. Só uma pesquisa com esta amplitude permitiria saber exactamente que aplicação se vem fazendo do regime da litigância de má fé.

352. Perante a impossibilidade de analisar toda a jurisprudência, houve que adoptar critérios de razoabilidade e de praticabilidade na pesquisa.

Em primeiro lugar, foram compulsadas as decisões em que o tribunal, *a quo* ou *ad quem*, se pronunciou sobre o comportamento processual da parte para efeito da respectiva condenação ou não condenação enquanto litigante de má fé.

Em segundo lugar, serão aqui reportadas essencialmente decisões proferidas pelo Supremo Tribunal de Justiça; somente em alguns aspectos particulares, nomeadamente quanto a questões das quais se não encontrou eco em decisões do Supremo Tribunal de Justiça, serão referidos arestos das Relações nos quais tais questões ressurjam.

Em terceiro lugar, e atendendo ao momento crucial da mutação do sistema processual em sede de litigância de má fé, serão tendencialmente referidas decisões proferidas entre 1990 e a actualidade.

2.2. Os dados empíricos relativos à condenação por litigância de má fé: algumas observações

353. Da análise da jurisprudência dos tribunais judiciais a que se procedeu podem extrair-se as seguintes tendências[749].

Em primeiro lugar, regista-se uma maior frequência de condenações por litigância de má fé na primeira instância do que nas instâncias superiores.

Em segundo lugar, verifica-se uma maior benevolência dos tribunais superiores na avaliação e qualificação do comportamento das partes do que aquela com que tais comportamentos são valorados na primeira instância.

Em terceiro lugar, a benevolência na aferição da conduta das partes é tendencialmente mais acentuada no Supremo Tribunal de Justiça do que nas Relações.

Em quarto lugar, regista-se uma tendência crescente no sentido do proferimento de condenações por litigância de má fé. Esta tendência já se verificava antes da reforma de 95/96. Em acórdão da Relação de Lisboa, de 18 de Dezembro de 2002 (Arlindo Rocha), afirma-se que "[a] frequência de actuações manifestamente reprováveis levou a que a mais recente jurisprudência, *ainda no domínio da lei anterior,* começasse a adoptar um critério de aferição de condutas menos exigente do que aquele que era tradicionalmente seguido". Esta tendência é acentuada em virtude da alteração legislativa que alarga o tipo de ilícito da litigância de má fé aos comportamentos gravemente negligentes.

---

[749] Foram consultadas as decisões disponíveis no BMJ, na base de dados do Ministério da Justiça (www.dgsi.pt), bem como na CJ.

Em quinto lugar, observa-se grande flutuação quer na recondução do comportamento das partes aos tipos previstos no artigo 456.º, n.º 2 [542.º, n.º 2], quer na tomada de posição quanto a concretos aspectos do regime da litigância de má fé.

2.3. O instituto da litigância de má fé nas decisões dos tribunais judiciais superiores

354. Os tribunais superiores tiveram já que pronunciar-se sobre múltiplos dos aspectos do instituto da litigância de má fé que interessam directamente ao presente trabalho. Vamos vê-los sistematicamente. Retenhamos, porém, alguns dados prévios.

Quanto à concretização dos tipos previstos no actual artigo 456.º, n.º 2, als. a) a d) [542.º, n.º 2, als. a) a d)], há que chamar desde já a atenção para a circunstância de as decisões anteriores à entrada em vigor da reforma de 95/96 do CPC1961 suporem tipos dolosos. Somente os arestos posteriores àquela reforma partem, já, de tipos dolosos a par de tipos negligentes.

Por outro lado, e recaindo a nossa análise essencialmente em decisões proferidas por tribunais superiores, há que atender a que o regime jurídico aplicável à valoração da conduta da parte é aquele que estava em vigor quando tal conduta ocorreu. Esta circunstância determina que acórdãos muito posteriores à entrada em vigor da reforma de 95/96 do CPC1961 continuem a ter de aferir da verificação (ou não verificação) de litigância de má fé por referência ao regime pretérito. Só assim não sucederia se a conduta merecedora de censura acontecesse após a entrada em vigor daquele regime, podendo acontecer que, num mesmo processo, devessem ser aplicados regimes distintos. Para tanto bastaria que uma primeira conduta, merecedora de censura, tivesse ocorrido antes da entrada em vigor do novo regime, acontecendo segunda conduta, igualmente merecedora de censura, já após a entrada em vigor de tal regime. Este concurso real poderia verificar-se numa mesma instância ou em instâncias diversas, considerando que o regime decorrente da reforma de 95/96 se aplicará caso a instância em que a má fé se revelou tenha tido início após a entrada em vigor daquele regime. Neste sentido se pronunciou o Supremo Tribunal de Justiça em acórdão de 6 de Junho de 2002 (Ferreira Girão).

Sobre os elementos de todos e cada um destes tipos haverá que tomar posição em outro lugar[750]. Por ora, vejamos como têm sido concretizados pelos nossos tribunais.

2.4. Os delicados contornos da litigância de má fé

355. Em acórdão do Supremo Tribunal de Justiça, de 15 de Outubro de 2002 (Ferreira Ramos), lê-se que quando nos movimentamos em matéria da condenação por litigância de má fé "nos movemos numa matéria melindrosa – a lide processual arrasta um afrontamento/conflito de interesses, pouco propício a uma ponderação serena e objectiva das intervenções processuais, obnubilando o todo processual e deixando "ver" apenas a "verdade" do "seu" caso – em que a censura se há-de basear na ofensa de valores éticos, exigindo o n.º 2 do artigo 456.º CPC o dolo ou negligência grave".

Por seu turno, se a litigância de má fé corresponde à "necessidade de moralizar a lide" (acórdãos do Supremo Tribunal de Justiça, de 5 de Dezembro de 2002 e de 21 de Janeiro de 2003 (ambos relatados por Pinto Monteiro), de 2 de Outubro de 2003 (Araújo de Barros) e de 10 de Maio de 2005 (Pinto Monteiro)), necessidade de tal modo acentuada que o legislador se sentiu compelido a alargar o tipo geral aos comportamentos negligentes e, com isto, à lide temerária, certo é que "não se pode esquecer que a condenação por litigância de má fé não representa tão só uma sanção pecuniária [...], tendo implicações deontológicas e sociológicas" (acórdãos do Supremo Tribunal de Justiça, de 5 de Dezembro de 2002, de 21 de Janeiro de 2003 e de 10 de Maio de 2005 (todos relatados por Pinto Monteiro)).

Aos delicados problemas já enunciados nas transcrições anteriores, acresce outro, de grande monta: a litigância de má fé deve ser apreciada tendo em vista uma não limitação nem do direito de defesa do particular (*cfr.* acórdãos do Supremo Tribunal de Justiça, de 26 de Junho de 2001 (Pinto Monteiro), de 9 de Janeiro de 2003 (Araújo de Barros), de 21 de Janeiro de 2003 (Pinto Monteiro) e de 12 de Junho de 2003 (Santos Bernardino)), nem do exercício da advocacia (ac. Do Supremo Tribunal de Justiça, de 4 de Fevereiro de 2003 (Ferreira Ramos)), supondo ela "um juízo de censura incidente num comportamento adoptado, contrário à ideia de um processo

---

[750] *Cfr. infra* VI.2.

justo e leal" (*cfr.* acórdão o Supremo Tribunal de Justiça, de 23 de Setembro de 2003 (Santos Bernardino)).

É aflorada nestas últimas decisões uma das questões mais relevantes e melindrosas da litigância de má fé. Ela respeita aos limites de exercício das situações jurídicas processuais, *maxime* aos limites do direito de acção e do direito de defesa. A ela teremos de voltar. Por ora fica a chamada para o facto de ser no contexto desta difícil relação que a jurisprudência vem apreciando a conduta dos sujeitos processuais a fim de decidir da eventual má fé.

Mas sublinhe-se, novamente, a circunstância de, na sua evolução, a responsabilidade pelo pagamento das despesas do processo ter chegado a ser associada exclusivamente à temeridade da lide. Para além de quanto se relatará acerca da evolução da *iusta* ou *probabilis causa litigandi*, veja-se que se, porventura, o direito alegado fosse controverso, porque seria o autor a carecer de uma clarificação para poder exercer esta situação jurídica ou para a tornar incontestável, deveria ser ele a suportar as custas do pleito mesmo que obtivesse vencimento de causa. O réu será tão-só onerado com o pagamento de tais despesas se o direito do autor fosse inequívoco. Neste caso, o réu suportaria os encargos do e com o processo uma vez que resistira à posição jurídica do autor também ele sem *iusta* ou *probabilis causa*[751]. O comportamento do réu, porque injustificado face à clareza da posição jurídica do autor, seria sancionado, recaindo sobre ele o dever de suportar as custas do processo.

Vive, assim, a responsabilidade por acto processual na difícil tensão entre os parâmetros de licitude das intervenções processuais, *maxime*, do exercício do direito de acção em todas as suas vertentes, e a rejeição da possibilidade de a ausência de defesa, activa ou passiva, se dever ao temor da condenação no pagamento das despesas do processo. Diremos, com Guido da Suzzarra, que tal temor *non debet quis ius suum indiscussum relinquere*[752]. O direito à defesa das próprias razões, acautelado pela figura da *iusta* ou *probabilis causa*

[751] Assim Hennemann, Zweiter Beitrag zur Rechts-Theorie über die Erstattung der Processkosten, p. 111, em passagem transcrita por Cordopatri, L'abuso nel processo, onde se lê: "der Sieger muss in dem Falle, wo der Unterliegende *in bona fides* war, die Nicht-Evidenz seines am Ende freilich klar gewordenen Rechtes als Ursache der Verwendlung anklagen: dieser Nicht-Evidenz wegen hat er die Kosten verwenden muessen: sie entschuldight den Unterliegenden und lasst dem Sieger die Kosten zur Last."

[752] De ordine iudciorum, transcrito por Cordopatri, L'abuso nel processo, I, p. 294.

litigandi enquanto causa de exclusão da responsabilidade pelo pagamento dos custos da acção, dar-nos-á o limite ou a fronteira da responsabilidade por actuação processual ilícita. CORDOPATRI dá nota de que legislador de Direito Comum, longe de prescrever a regra *victus victori*, dispõe a condenação da parte no pagamento das despesas feitas por causa do processo pela parte contrária somente quando a sucumbência não seja acompanhada de uma *iusta causa litigandi*. A responsabilidade processual é ligada ao uso abusivo de meios adjectivos, valendo a regra *non enim ratione victoriae debentur expensae litis victori, sed ob temeritatem victi*. Por outro lado, a obrigação de pagamento das despesas funda-se, na relação entre as partes, *non ob debitum, sed ob litem temere susceptam*[753]. Entre as *iustae causae litigandi* contam-se, com interesse directo para nós, a *fama* (opinião comum ou geral acerca da parte, *v.g.* ter fama de *vir probus*), a ambiguidade da lei, as posições discordantes na *opinio*, os *paeiudicia*, a mútua sucumbência, o pagamento tempestivo e espontâneo do débito[754]. Vamos encontrar estas linhas fundamentais no nosso direito interno.

356. A difícil relação entre o direito de acção e a litigância de má fé agudiza-se quando perspectivamos os efeitos deontológicos/disciplinares e os alegados efeitos sociológicos que esta desencadeia. Estes assentam na real eficácia de sanções sociais. Aqueles pressupõem corpos profissionais de classe motivados para a repressão da litigiosidade espúria e malévola, porque conscientes da corrosão que este modo de exercício do patrocínio provoca em toda a classe. Na verdade, e independentemente de quaisquer dados, para nós irrelevantes, respeitantes ao modo de funcionamento do órgão competente para, perante a informação prevista no artigo 459.º [545.º], apreciar o comportamento do mandatário judicial da parte, o EOA dispõe, no artigo 110.º [115.º, n.º 1], que comete infracção disciplinar o advogado que violar, dolosa ou culposamente, os deveres que lhe são impostos. Sendo imposto ao advogado, naquilo que neste contexto nos interessa, os deveres de probidade, de não litigar contra o Direito, de não usar de expedientes ou meios ilegais, nem promover diligências reconhecidamente dilatórias, inúteis ou prejudiciais à descoberta da verdade, verifica-se que a incursão pela má fé processual desencadeará acção disciplinar.

---

753 L'abuso del processo, I, p. 354.

754 CORDOPATRI, L'abuso del processo, I, p. 357-358.

Perante tais circunstâncias são compreensíveis as cautelas de que os tribunais rodeiam as condenações por litigância de má fé, cautelas que avultarão da análise de decisões concretizadoras dos tipos previstos no artigo 456.º, n.º 2 [542.º, n.º 2]. E bem se compreende que o Supremo Tribunal de Justiça sustente que a condenação como litigante de má fé não pode ser mera decorrência do insucesso da oposição, *tendo que basear-se num convencimento assente em dados irrefutáveis* (*cfr.* acórdãos do Supremo Tribunal de Justiça, de 19 de Setembro de 2002 (Quirino Soares) e de 9 de Janeiro de 2003 (Araújo de Barros)).

2.5. Os elementos da valoração

357. Um dos aspectos mais relevantes na concretização dos tipos previstos no artigo 456.º, n.º 2 [542.º, n.º 2] encerra-se no facto de o tribunal, a fim de conhecer da má fé do litigante, atender, não a actos processuais isolados, mas à integralidade do comportamento da parte. É da análise da totalidade da intervenção do sujeito processual que decorre a possibilidade de exercer censura sobre essa intervenção já que ela permitirá ao julgador formar uma imagem mais nítida daquela que pode ser a colocação de fins do sujeito processual.

Esta conclusão resulta patente quando em causa está, por exemplo, a aplicação do artigo 456.º, n.º 2, al. d) [542.º, n.º 2, al. d)]. Saber se a parte fez um uso manifestamente reprovável dos meios processuais ou do processo depende, em larga medida, de uma análise dos diversos meios processuais de que ela lançou mão. Da respectiva apreciação, *v.g.* da ponderação das razões substanciais por ela avançadas nos diversos actos que vai praticando, poderão resultar manifestas as finalidades com que os actos se vão sucedendo no processo. A título meramente exemplificativo do que acaba de se relatar, pode ver-se o acórdão de 18 de Dezembro de 2002 (Duarte Soares). Neste aresto, o tribunal inferiu a má fé do litigante de um conjunto de comportamentos. Concluiu que a conduta processual da parte era censurável a partir de dois complexos de elementos: por um lado, a parte interpusera um recurso em que requeria a anulação de uma decisão mas em que limitava a fundamentação à invocação de lapsos de escrita. Se este dado, por si só, poderia ser entendido como princípio de prova de uma conduta de má fé, acrescido das dificuldades que a parte criara à sua citação permitiu um juízo de certeza quanto à censurabilidade da sua conduta.

358. Outro aspecto igualmente relevante, respeita aos actos dos quais pode o tribunal inferir a má fé da parte. É doutrina constante dos tribunais superiores que a condenação da parte como litigante de má fé só pode ser fundada em comportamentos processuais e não em comportamentos extraprocessuais. Em acórdão da Relação de Lisboa, de 15 de Fevereiro de 2007 (MANUELA GOMES), o tribunal veio revogar a decisão proferida pela primeira instância já que esta condenara aquele que fora o legal representante da parte por violação grave do dever de cooperação, mas numa fase que a Relação não considerou relevante. Deste modo, apesar de os comportamentos extraprocessuais do representante da parte terem sido altamente censuráveis, repercutindo efeitos sobre o processo, eles não poderão fundar a sua condenação por litigância de má fé. São as intervenções processuais que, a reunirem as qualidades previstas na lei, determinam a condenação da parte por litigância de má fé. Se com a sua actuação a parte houver provocado danos na esfera da contraparte será condenada na respectiva indemnização. Esta deverá ser deduzida na acção em que ocorreram os comportamentos de má fé (acórdãos da Relação do Porto, de 4 de Março de 1993 (EMERICO SOARES), da Relação de Évora, de 26 de Abril de 1994 (PAIVA CARVALHO) e da Relação de Lisboa, de 23 de Junho de 2005 (URBANO DIAS)).

Esta corrente jurisprudencial inviabiliza a condenação do sujeito processual por referência a comportamentos contraditórios, se esta contradição se verificar entre comportamentos extra e intraprocessuais. Nestas situações, a censurabilidade pressupõe um juízo comparativo entre comportamentos adoptados fora e dentro do processo, sendo que é dessa comparação que pode decorrer a desconformidade da actuação do sujeito/parte. Se se pretende dar tão só relevância a comportamentos intraprocessuais, cindindo-se a realidade, tais situações não serão, apesar da respectiva censurabilidade, passíveis de cominação com litigância de má fé.

2.6. Os elementos dos tipos de ilícito do artigo 456.º [542.º]

2.6.1. O dolo e a negligência

359. Conforme acima se referiu, uma das alterações da reforma de 95/96 ao CPC1961 traduziu-se em ampliar os tipos do actual artigo 456.º [542.º], de modo a que a litigância de má fé se estendesse para além dos comportamentos dolosos, vindo a absorver comportamentos negligentes. As razões desta inflexão legal são expressamente enunciadas pelo legislador: a degradação dos níveis éticos no exercício do direito de acção.

Nem toda a negligência releva. À litigância de má fé apenas interessa a negligência grave. O decisor é confrontado com mais um problema intrincado, decorrente da necessidade de concretização deste conceito indeterminado (acentuando este aspecto, acórdão do Supremo Tribunal de Justiça, de 21 de Janeiro de 2003 (PINTO MONTEIRO)[755]). Esta dificuldade acresce àquelas que resultam dos delicados limites e efeitos da litigância de má fé.

360. Regra geral, a concretização do elemento subjectivo do tipo dilui-se na concretização dos comportamentos da parte, reveladores de má fé. Se do conjunto dos resultados processuais se infere, por exemplo, que ela não podia ignorar (mesmo que ignorasse) que deduzira uma pretensão sem fundamento, está concretizada a sua má fé, fundada em comportamento processual negligente reprovável[756].

Quanto à concretização do dolo, ele revela-se numa intencionalidade da parte, quer na dedução de pretensão ou oposição infundada, quer na alteração ou omissão de factos, quer na violação do dever de cooperação, quer, por fim, na utilização maliciosa ou abusiva do processo ou dos meios processuais com vista a conseguir um objectivo ilegal ou de entorpecer a acção da justiça. Assim e consoante os tipos, age dolosamente a parte que sabe que não tem razão quando deduz determinada pretensão ou oposição, a parte que sabe que procede a uma descrição dos factos essenciais não coincidente com a realidade, a parte que viola intencionalmente o dever de cooperação bem como a parte que sabe estar a fazer um uso reprovável, porque disfuncional, dos meios processuais ou do processo. De acordo com o Supremo Tribunal de Justiça, a lide é dolosa quando a parte viola intencionalmente o dever de probidade (ac. de 7 de Dezembro de 1995 (FERREIRA DA SILVA)), quando a

---

[755] *Cfr.* o acórdão do Supremo Tribunal de Justiça, de 12 de Novembro de 2020 (MARIA DO ROSÁRIO MORGADO), em que, diante das alíneas do n.º 2 do artigo 542.º CPC2013, se afirma que "[e]m qualquer dessas situações nos encontramos perante uma intenção maliciosa ou uma negligência de tal modo grave ou grosseira que, aproximando-a da atuação dolosa, justifica um elevado grau de reprovação e idêntica reação punitiva.".

[756] Neste sentido, o acórdão do Supremo Tribunal de Justiça de 15 de Fevereiro de 2022 (MARIA JOÃO VAZ TOMÉ) e, em sentido próximo, o acórdão do mesmo Tribunal de 18 de Fevereiro de 2015 (SILVA SALAZAR).

parte (um Banco) alega ter confundido a limitação da garantia para eximir-se à obrigação de pagamento de juros (ac. de 30 de Janeiro de 2003 (Oliveira Barros)), quando nega factos pessoais que vêm a ser dados como provados ou quando faz uma utilização maliciosa dos meios processuais (acórdãos de 6 de Junho de 1990 (Cura Mariano) e de 3 de Outubro de 2002 (Ferreira Girão)), nomeadamente porque vai, através de sucessivos recursos, juntando ao processo documentos mandados desentranhar (ac. de 17 de Dezembro de 2002 (Ponce Leão)) ou porque requer, perante lapsos de escrita manifestamente evidentes, a anulação da decisão ao invés de requerer a sua simples rectificação (ac. de 18 de Dezembro de 2002 (Duarte Soares)), a parte que tem consciência da sua falta de razão ao postular como postula (ac. de 17 de Novembro de 1972 (Oliveira Carvalho)). Também litigam com dolo, com especial intensidade, as partes que, conluiadas, alteram os factos de modo a que a decisão venha a ser proferida em sentido prejudicial a terceiro (ac. da Rl Lx, de 23 de Fevereiro de 1995 (Eduardo Baptista)).

361. Já a negligência grave pressupõe que a parte haja actuado sem um mínimo de cautelas (ac. do Supremo Tribunal de Justiça, de 6 de Dezembro de 2001 (Afonso de Melo)), sem qualquer espécie de ponderação (ac. Rl Lx, de 15 de Novembro de 2000 (Ferreira Marques)), com omissão do dever de diligência exigível a qualquer pessoa que intenta uma acção (ac. da Rl Lx, de 23 de Março de 1999 (Seara Paixão), decisão onde se pode ler que "[t]odas as pessoas têm o direito de acção [...]. Porém, a propositura de uma acção judicial é um acto sério, que normalmente acarreta prejuízos e incómodos para os demandados"). Uma imprudência grosseira na actuação da parte (*cfr.* ac. do Supremo Tribunal de Justiça, de 6 de Dezembro de 2001 (Afonso de Melo)), um comportamento que possa ser qualificado como audacioso (*cfr.* ac. do Supremo Tribunal de Justiça, de 9 de Fevereiro de 1993 (Sousa Macedo) ou marcadamente temerário (ac. Do Supremo Tribunal de Justiça, de 26 de Fevereiro de 2002 (Afonso de Melo)) atingem o patamar da negligência grave, merecedora de censura. Ao invés, não deverá ser qualificado como gravemente negligente o comportamento da parte que revele simples leviandade ou imprudência (acórdãos do Supremo Tribunal de Justiça, de 6 de Junho de 1990 (Cura Mariano) e de 8 de Fevereiro de 1995 (Dias Simão)), aquele que possa ser justificado com erro grosseiro (acórdãos do Supremo Tribunal de Justiça, de 8 de Fevereiro de 1995 (Dias Simão) e de 24 de Fevereiro de 2005 (Ferreira Girão)); em sentido contrário, sustentando que o comportamento da parte, devido a erro grosseiro, integra já a negligência grave, uma vez que, se ela tivesse usado de um "mínimo de diligência", ter-se-ia dado conta da falta de razão da sua conduta, acórdão do Supremo Tribunal de Justiça, de 6 de Dezembro de 2001 (AFONSO DE MELO). Curiosamente, em acórdão do Supremo Tribunal de Justiça, de 14 de Fevereiro de 2002 (FERREIRA DE ALMEIDA), foi decidido não condenar a parte como litigante de má fé, revogando-se a decisão do tribunal *a quo*, uma vez que a culpa, ainda que muito grave, não bastaria para a condenação da parte como litigante de má fé.

362. Quanto ao tipo previsto na al. a) do artigo 456.º, n.º 2 [542.º, n.º 2, al. a)], têm os tribunais superiores entendido que não integra o conceito de litigância de má fé por dedução de pretensão ou de defesa infundada:

- O simples facto de a parte ter decaído na lide (*cfr.* acórdãos do Supremo Tribunal de Justiça, de 5 de Junho de 2001 (SILVA PAIXÃO), 4 de Fevereiro (FERREIRA RAMOS) e 27 de Novembro (QUIRINO SOARES) de 2003 e da Relação do Porto, de 26 de Janeiro de 2000 (MOREIRA ALVES));
- A prevalência de uma das teses em confronto (*cfr.* acórdãos do Supremo Tribunal de Justiça, de 19 de Setembro (QUIRINO SOARES) e 5 de Dezembro de 2002 (PINTO MONTEIRO) e de 13 de Julho de 2004 (LUÍS FONSECA));
- A falta de razão a não ser quando se demonstre que a parte tinha consciência dessa circunstância (*cfr.* acórdãos do Supremo Tribunal de Justiça, de 12 de Fevereiro de 2004 (BETTENCOURT DE FARIA));
- A simples persistência da parte em litigar, mesmo que somente para continuar a defender teses rejeitadas pelas instâncias, apesar de tal forma de litigância poder considerar-se temerária (*cfr.* acórdãos do Supremo Tribunal de Justiça, de 26 de Fevereiro de 1985 (FREDERICO BAPTISTA), de 28 de Outubro de 1993 (FIGUEIREDO DE SOUSA), 8 de Fevereiro de 1995 (DIAS SIMÃO), 9 de Dezembro de 1999 (PAIS DE SOUSA), 26 de Setembro (DINIZ ANTUNES) e 16 de Dezembro de 2001 (AFONSO DE MELO), 28 de Fevereiro (BARROS CALDEIRA), 19 de Setembro (FERREIRA DE ALMEIDA) e 1 de Outubro de 2002 (AFONSO DE MELO) e 12 de Junho de 2003 (SANTOS BERNARDINO) e ac. Rl Cb, 19 de Maio de 1998 (SERRA BATISTA));
- A insistência dos réus no pedido de procedência das excepções de litispendência e caso julgado a partir da contestação, se indica teimosia, não permite inferir que litigassem sabendo que não tinham razão, inferência que

é tanto menos legítima quanto é certo que o seu posicionamento foi sempre sóbrio, não sendo as alegações agressivas ou reveladoras de contumácia (Supremo Tribunal de Justiça, de 7 de Fevereiro de 1991 (Baltasar Coelho));

- O facto de a via de êxito da contestação/reconvenção ser estreita, se a pretensão dos réus "não era um escândalo jurídico" (ac. do Supremo Tribunal de Justiça, de 27 de Novembro de 2003 (Quirino Soares), através do qual o Supremo procedeu à revogação da condenação proferida na primeira instância e mantida na Relação);
- A "ousadia de uma construção jurídica, julgada manifestamente errada", se não resulta claro que "o autor a apresentou como cortina de fumo da inanidade da sua posição processual" (Supremo Tribunal de Justiça, de 29 de Maio de 2002 (Araújo de Barros));
- A "sustentação de posições jurídicas porventura desconformes com a correcta interpretação da lei" desde logo porque "não há um claro limite, no que concerne à interpretação da lei e à sua aplicação aos factos, entre o que é razoável e o que é absolutamente inverosímil ou desrazoável, *inter alia* porque [...] a certeza jurídica é meramente tendencial" (*cfr.* ac. do Supremo Tribunal de Justiça, de 4 de Dezembro de 2003 (Salvador da Costa); em sentido idêntico, *cfr.* acórdãos do Supremo Tribunal de Justiça, de 27 de Novembro de 2003 (Salvador da Costa), de 27 de Janeiro (Alves Velho), de 15 de Abril (Salvador da Costa), 13 de Julho (Luís Fonseca) e 25 de Novembro (Salvador da Costa) de 2004 e de 10 de Fevereiro de 2005 (Luís Fonseca));
- A adopção de condutas parciais quanto à substância do litígio (acórdãos do Supremo Tribunal de Justiça, de 19 de Setembro de 2002 (Ferreira de Almeida) e de 12 de Fevereiro de 2004 (Bettencourt de Faria)).

363. Concretizando e aplicando o tipo previsto na al. a) do artigo 456.º, n.º 2 [542.º, n.º 2], pode indicar-se, entre outros, o acórdão do Supremo Tribunal de Justiça, de 30 de Abril de 2003 (Araújo de Barros), cuja peculiaridade reside em o *tribunal ter procedido a uma claríssima concretização do tipo da dedução de pretensão, cuja falta de fundamento a parte não podia ignorar, por referência à pessoa do autor*, vindo a condená-lo como litigante de má fé. Tratou-se alegadamente de acção instaurada para tutela da personalidade, sendo que o autor era advogado. Depois de o pedido ter sido julgado improcedente na primeira instância e de esta decisão ter sido mantida em julgamento de recurso, afirma o Supremo, no âmbito da revista, que "sendo o autor ilustre advogado deveria saber que a pretensão deduzida na acção carecia de fundamento jurídico, mais traduzindo um acto de desforço. [...] *Falta de fundamento que, se aceitável da parte de qualquer comum cidadão, se não pode nem deve desculpar em titulares de profissões que se enquadram no amplo conceito de operadores judiciários*" (itálico nosso)[757].

Este aresto, bem como o acórdão do Supremo Tribunal de Justiça, de 10 de Maio de 2005 (Pinto Monteiro), suscitam uma questão muito curiosa, que deverá ser ponderada. Resulta destas duas decisões que foi entendido que a *parte litigava de má fé porque, atendendo às suas particulares qualificações, não podia desconhecer que a pretensão carecia de fundamento*. Mas, pergunta-se: nas demais situações em que esteve em causa a aplicação do artigo 456.º, n.º 2, al. a) [542.º, n.º 2, al. a)], a parte litigou por ela ou através de advogado? O tipo foi preenchido por recurso à qualidade da parte? Dir-se-ia ser evidente que o tipo deveria ser preenchido por recurso à qualidade da parte e não à do seu mandatário judicial uma vez que este é um mero representante. Quer isto dizer que, não sendo a parte um advogado, haveria que perguntar se, para o homem ou cidadão comum, recorrendo à expressão do acórdão de 30 de Abril de 2003, a pretensão surge como fundamentada ou não. Só que este raciocínio deixa de lado as peculiaridades do patrocínio judiciário, *maxime* quando ele é obrigatório (atendendo às razões dessa obrigatoriedade)[758]. Em toda esta matéria haverá, seguramente, um problema de risco e de imputação de comportamentos do agente ao autor, que tem de ser enfrentado.

Esta colocação avulta, de algum modo, em acórdão do Supremo, de 2 de Outubro de 2003 (Araújo de Barros). Estando em causa a reapreciação da condenação da parte como litigante de má fé, entendeu o Supremo que esta se não verificava, em concreto, na medida em que dos autos não decorria ter a parte "uma evidente e manifesta intenção de deduzir pretensão conhecidamente infundada", mas, tão só, ter partido de "uma errada suposição." Lê-se no acórdão que "o operador judiciário que representa a parte pode estar animado das melhores intenções mas claudicar no seu ponto

[757] Próximo do acórdão em referência no que respeita a uma clara concretização do tipo por referência à pessoa do autor, pode ver-se, também, o ac. de 10 de Maio de 2005 (Pinto Monteiro), sendo que, neste caso, a parte veio a ser condenada como litigante de má fé por preenchimento do tipo previsto no actual artigo 456.º, n.º 2, al. d) [542.º, n.º 2, al. d)]

[758] Sobre estas razões, Paula Costa e Silva, Acto e processo, § 11.

de vista, *não se afigurando que a ampliação do conceito de litigância maliciosa vá ao ponto de penalizar a parte por uma concepção jurídica menos acertada do advogado, que não previu que com a orientação sustentada não podia obter a procedência da pretensão deduzida*" (itálico nosso).

2.6.2. A alteração ou omissão de factos

364. O objecto primordial da aplicação isolada da al. b) do artigo 456.º, n.º 2 [542.º, n.º 2] é constituído pelos *factos pessoais (ou de conhecimento pessoal) da parte, cuja verificação se vem a dar como provada.*

Sobre esta questão a jurisprudência do Supremo Tribunal de Justiça encontra-se dividida, se bem que o tipo de frequência seja o da condenação da parte que assim actua como litigante de má fé. Neste sentido, podem ver-se, a título meramente exemplificativo, os acórdãos de 8 de Março de 1994 (Carlos Caldas), 12 de Março de 1998 (Figueiredo de Sousa), 24 de Janeiro de 2002 (Afonso de Melo), 23 de Setembro (Santos Bernardino), de 27 de Novembro (Quirino Soares) e de 18 de Dezembro (Bettencourt de Faria) de 2003, de 13 de Maio (Quirino Soares), de 1 de Julho (Ferreira Girão), de 7 de Outubro (Maria Laura Leonardo), de 16 de Dezembro (Luís Fonseca) de 2004, de 13 de Janeiro (Araújo de Barros), de 15 de Fevereiro (Sousa Peixoto), de 24 de Fevereiro (Ferreira Girão) e de 9 de Junho (Bettencourt de Faria), todos de 2005. Também concluindo pela má fé da parte que nega conhecer factos pessoais, cuja verificação vem a ser provada no processo, podem ver-se os acórdãos da Relação de Coimbra, de 5 de Março de 1991 (Silva Graça), de 14 de Janeiro de 1997 (Ferreira Barros) e de 17 de Setembro de 1998 (Fernandes da Silva), da Relação de Évora, de 16 de Janeiro de 1997 (Mário Pereira), da Relação de Lisboa, de 26 de Setembro de 1996 (Silva Pereira) e da Relação do Porto, de 26 de Setembro de 1994 (Guimarães Dias), de 20 de Fevereiro de 1995 (Antero Ribeiro), de 2 de Maio de 1996 (Sousa Peixoto) e de 16 de Fevereiro de 1998 (Gonçalves Ferreira).

Em acórdão de 18 de Fevereiro de 2003 (Bettencourt de Faria), o Supremo Tribunal de Justiça chega mesmo a afirmar que, sendo dado como provado um facto pessoal das partes, que estas negaram, não podem as mesmas eximir-se à condenação como litigantes de má fé, alegando que se exprimiram mal. No entanto, esta posição é mitigada em muitas outras decisões. Com uma posição mais restritiva quanto à inferência directa da litigância de má fé a partir da negação de factos pessoais, que vêm a ser provados, podem ver-se os acórdãos de 3 de Maio de 2001 (Azambuja da Fonseca), de 5 de Dezembro (Pinto Monteiro) e de 12 de Dezembro (Pinto Monteiro) de 2002, de 21 de Janeiro (Pinto Monteiro) e de 11 de Dezembro (Quirino Soares) de 2003 e de 24 de Fevereiro de 2005 (Araújo de Barros). O fundamento invocado para se operar uma restrição da condenação do comportamento da parte como litigante de má fé é o direito de defesa. Segundo os arestos acabados de referenciar, não basta que se venham a provar factos pessoais que hajam sido negados para que a parte seja imediatamente condenada como litigante de má fé. O fundamento desta posição do Supremo entronca na concepção do direito de acção. De acordo com o tribunal, considerar que litiga necessariamente de má fé a parte que nega factos pessoais que se vêm a provar importaria numa restrição ao direito de defesa.

365. Ainda quanto à negação/alteração de factos em relação com o direito de defesa, entendeu o Supremo Tribunal de Justiça que a litigância de má fé não pode implicar uma restrição do legítimo direito de as partes discutirem e interpretarem livremente os factos. Pelo que não basta para que a parte seja imediatamente considerada como litigante de má fé uma qualquer divergência entre os factos, tal como descritos pela parte e tal como vêm ulteriormente a ser dados como provados e qualificados pelo tribunal. Neste sentido podem ver-se os acórdãos de 9 de Julho de 1998 (Figueiredo de Sousa), de 27 de Fevereiro de 2003 (Ferreira Girão) e de 5 de Maio de 2005 (Araújo de Barros). Isto porque, conforme se lê no acórdão de 30 de Junho de 1998 (Machado Soares), subjacente à falta de prova dos factos, tal como alegados, pode estar "uma convicção mal formada". Ainda nesta linha, decidiu a Relação de Lisboa, através de acórdão de 18 de Junho de 1998 (Marcos Rodrigues), que ocorrendo a negação de factos pessoais, não pode, imediatamente e perante a respectiva prova no processo, concluir-se pela má fé da parte, devendo proceder-se a uma análise necessariamente casuística. Isto porque a negação pode dever-se a erro desculpável da parte. No caso concreto que originou o aresto em citação, o erro era desculpável uma vez que se discutia nos autos um contrato que, atendendo à dimensão estrutural da parte (uma grande sociedade), podia ter sido confundido com outro. Fica a saber-se que, de acordo com o ponto de vista da Relação de

Lisboa, o risco da verificação de lapsos em virtude da dimensão da parte não corre necessariamente por conta dela.

366. Para além da censurabilidade do comportamento da parte que nega factos pessoais, que vêm a dar-se como provados, tem também o Supremo condenado a conduta processual da parte que, independentemente da natureza dos factos, faz valer em tribunal uma versão dos acontecimentos que se prova não ter qualquer correspondência com a realidade. Nesta sede, é interessante a situação analisada no acórdão de 23 de Fevereiro de 2005 (Fernandes Cadilha). Estava-se perante um caso de simulação processual (dissimulação da existência de uma relação laboral entre autor e réu, destinada a afastar a aplicação da lei portuguesa e a evitar o cumprimento de obrigações fiscais e contributivas), oficiosamente detectada pelo tribunal. Este, para além de ter impedido o objectivo das partes, ao abrigo do actual artigo 665.º [612.º], veio a condená-las como litigantes de má fé por terem apresentado uma versão da realidade absolutamente dissonante dessa mesma realidade.

Também neste sentido decidiu a Relação de Lisboa, em acórdão de 4 de Junho de 2002 (Moreira Camilo), que litiga de má fé quem alegue factos não coincidentes com a realidade, conhecendo a falsidade da versão que apresenta ao tribunal. Neste sentido, também, o acórdão da Relação de Coimbra, de 8 de Dezembro de 1994 (Silva Graça), nos termos do qual litiga de má fé a parte que apresenta uma falsa representação da realidade ao tribunal, nomeadamente porque afirma circular, aquando do acidente dos autos, em determinado sentido, vindo a provar-se que circulava no sentido oposto.

367. Um aspecto que fica, regra geral, diluído nas decisões em que o Supremo Tribunal de Justiça se pronuncia acerca da litigância de má fé por alteração ou negação de factos pessoais, que vêm, depois e respectivamente, a dar-se como provados em sentido inverso ou simplesmente a dar-se como provados, respeita à ligação entre esses factos e a decisão da causa. Com efeito, e conforme resulta do artigo 456.º, n.º 2, al. b) [542.º, n.º 2, al. b)], para que a parte incorra em litigância de má fé é necessário que altere a verdade de factos essenciais ou relevantes para a decisão da causa. Quer isto dizer que o comportamento da parte, sendo censurável em si, não é censurável ao abrigo do instituto da litigância de má fé porque ela mente ou omite factos[759]. Ao invés, o seu comportamento é censurável se puder influenciar a decisão por determinação da decisão de facto. O tipo do artigo 456.º, n.º 2, al. b) [542.º, n.º 2, al. b)] é um tipo de resultado, mesmo que tão só tentado. Porém, esta ligação entre os factos negados ou alterados e a decisão é, regra geral, pressuposta sem ser abertamente referida. Neste sentido pode ser compulsado o acórdão do Supremo Tribunal de Justiça, de 30 de Setembro de 2004 (Araújo de Barros), segundo o qual tendo sido requerido "um arresto com base num crédito inexistente [já que este fora compensado em anterior acção], [...], facto que, obviamente, a requerente bem conhecia, uma vez que foi parte na acção onde o mesmo [...] foi discutido e objecto de decisão. O comportamento da requerente é profundamente censurável".

Esta ligação necessária entre os factos negados ou alterados e a decisão é, no entanto, explicitada em acórdão do Supremo Tribunal de Justiça, de 18 de Março de 2004 (Salvador da Costa). No caso decidendo, foi instaurada acção de indemnização com fundamento na prática de ilícito causador de danos contra o Município da Ourém. Na contestação, o réu negou ter provocado danos aos autores, rejeitando, ainda, a verificação de factos alegados na réplica (articulado em que os autores procederam à ampliação da causa de pedir). Os factos alegados pelos autores na réplica e que foram negados pelo réu vieram a ser provados nos autos. O Supremo Tribunal de Justiça começou por considerar que ao negar a provocação de danos, o réu não negara factos mas que, quanto muito, negara a verificação de efeitos de factos. Mais afirmou aquele tribunal, quanto aos factos negados, que se bem que se tratasse de circunstâncias que a parte "através dos seus representantes, por via de informação dos seus agentes, podia conhecer", "*não foi a negação [...] determinante para a decisão da causa*" (itálico nosso).

Já na jurisprudência das Relações é corrente o acentuar da relevância necessária dos factos alterados ou omitidos para a decisão da causa. Assim, em acórdão da Relação de Coimbra, de 17 de Setembro de 1998 (Fernandes da Silva), refere-se que a má fé se reporta aos casos em que a parte "declaradamente, conscientemente, assumidamente *omite factos relevantes para a decisão da causa.*" Em acórdão da Relação do Porto, de 16 de Fevereiro de 1998 (Gonçalves Ferreira), lê-se que "*alterar a verdade dos factos [que constituem o núcleo da matéria da qual dependia a sorte da acção]* é querer que não se

[759] Neste sentido, a título meramente exemplificativo, o acórdão do Tribunal da Relação de Lisboa de 18 de Janeiro de 2011 (Luís Lameiras).

faça justiça", devendo ser condenada como litigante de má fé a parte que *não presta, ao tribunal, informação leal e completa sobre um facto essencial*. Em acórdão da Relação de Lisboa, de 17 de Fevereiro de 2005 (Salazar Casanova), afirma-se que a parte que *omite factos importantes para a decisão da causa* e que, com base nessa omissão, deduz pretensão cuja falta de fundamento não pode ignorar, litiga de má fé[760].

2.6.3. *A interacção entre os tipos de alteração/negação de factos e a dedução de pretensão ou de oposição infundadas*

368. Quanto aos tipos de *dedução de pretensão ou de oposição, cuja falta de fundamento a parte não ignorava ou não devia ignorar e da alteração ou omissão de factos essenciais/relevantes* verifica-se que, regra geral, tais tipos são aplicados em regime de cumulação. Isto porque a parte tende a alterar ou a omitir factos para, partindo da realidade tal como por ela apresentada, deduzir pretensão ou oposição infundada. Muito explícitos neste sentido são os acórdãos do Supremo Tribunal de Justiça, de 16 de Janeiro de 2003 (Abílio Vasconcelos) e de 17 de Março de 2005 (Luís Fonseca), nos quais o tribunal sustentou que litiga de má fé a parte (ou o seu representante) que *altera conscientemente a verdade dos factos, sabendo que só desta forma a sua pretensão pode ter sucesso*.

Mas, neste contexto, podem também referir-se os seguintes arestos do mesmo tribunal:

[760] *Cfr.*, a título meramente exemplificativo o acórdão do Tribunal da Relação de Lisboa de 18 de Janeiro de 2011 (Luís Lameiras) ("[...] o comportamento da parte, sendo censurável em si, não será censurável ao abrigo do instituto da litigância de má fé, apenas porque ela mente; sê-lo-á tão-só se puder influenciar a decisão por determinação da decisão de facto. Em suma, e do nosso ponto de vista, o que é importante é a susceptibilidade de o facto em questão poder, ou não, condicionar o conhecimento do mérito; se ele for perfeitamente alheio à decisão que interesse proferir, então não poderá haver má fé"), do Tribunal da Relação de Guimarães de 10 de Setembro de 2013 (António Figueiredo de Almeida) ("[f]ace à existência de uma contradição entre o alegado pela parte e a matéria de facto que se prova, a litigância de má-fé apenas não se verificará se não se provar a existência de dolo ou negligência grave ou se tal contradição não resultar da alteração da verdade dos factos ou da omissão dos factos relevantes para a decisão da causa"), do Tribunal da Relação de Coimbra de 14 de Junho de 2016 (Barateiro Martins).

- Acórdão de 6 de Maio de 1993 (Araújo Ribeiro): ocorre litigância de má fé se as instâncias dão como provado que a parte sabia exactamente qual a extensão dos poderes que conferira ao seu representante, bem como que autorizara expressamente um concreto negócio, pretendendo a parte invalidá-lo com fundamento em falta de autorização;
- Acórdão de 9 de Outubro de 1996 (Ramiro Vidigal): deve ser condenado como litigante de má fé o cônjuge marido que, a fim de sustentar que determinada dívida é do casal, alega resultar tal dívida de contrato celebrado com sociedade, que se veio a provar ser totalmente alheia aos factos dos autos;
- Acórdão de 14 de Outubro de 1997 (Fernandes Magalhães): deve improceder a acção fundada em incumprimento de contrato, devendo a parte ser condenada como litigante de má fé, se do seu comportamento resulta que ela se desinteressou completamente do negócio, facto que ela omitiu;
- Acórdão de 24 de Outubro de 2002 (Silva Salazar): litiga de má fé o autor que, tendo-se comprometido perante o réu, a proceder a determinado pagamento, omite este facto na acção para vir a exigir este pagamento do réu, deduzindo uma pretensão cuja falta de fundamento não ignorava;
- Acórdão de 27 de Fevereiro de 2003 (Luís Fonseca): se a ré nega, na contestação, terem sido realizados trabalhos a mais e se vem a provar-se que tais trabalhos foram realizados e a solicitação da ré, ela litiga de má fé porque altera factos pessoais a fim de deduzir oposição cuja falta de fundamento não pode ignorar;
- Acórdão de 13 de Setembro de 2003 (Santos Bernardino): litiga com má fé intensa a parte que sustentou determinada interpretação da declaração negocial, por si emitida, ao longo de diversas peças de diferentes processos instaurados anteriormente e que, na fase executiva, sustenta um sentido diverso para essa mesma declaração a fim de evitar pagar a quantia reclamada;
- Acórdão de 16 de Outubro de 2003 (Salvador da Costa): litiga de má fé a parte que nega ter aposto uma assinatura num título, que se vem a provar ser sua, a fim de deduzir oposição com fundamento em falsidade;
- Acórdão de 23 de Setembro de 2004 (Araújo Barros): litiga de má fé a parte que faz ingressar em juízo acção de indemnização por alegadamente ter sofridos danos em virtude de comportamento da parte contrária, mas que "omite que as lesões por si sofridas o foram já depois de o condutor causador do acidente ter sido levado para o hospital"; neste caso, *a parte desvirtuou malévola e intencionalmente a verdade dos factos a fim de deduzir pretensão cuja falta de fundamento não ignorava*;

- Acórdão de 30 de Setembro de 2004 (Ferreira de Almeida): litiga de má fé a parte que afirma que determinado pagamento fora destinado a solver a dívida reclamada quando se provou que sabia que tal pagamento se destinava a liquidar outra dívida;
- Acórdão de 30 de Setembro de 2004 (Araújo Barros): litiga de má fé a parte que *requer arresto com base num crédito inexistente, facto que, de acordo com a prova realizada, ela bem conhece*;
- Acórdão de 13 de Janeiro de 2005 (Araújo Barros): litiga de má fé a parte que executa quantia constante de título que sabia ter-lhe sido já paga e que, em contestação aos embargos de executado, reitera a falta de pagamento.

Em sentido idêntico, sustentou a Relação de Évora, em acórdão de 18 de Fevereiro de 1993 (Óscar Catrola), que litiga de má fé a parte que alega ter efectuado o pagamento reclamado nos autos, quando não o efectuou (alteração da verdade dos factos relevantes), para deduzir na acção a excepção peremptória extintiva de pagamento (dedução de oposição cuja falta de fundamento a parte não ignorava). Neste caso, e ao invés do que foi decidido pela Relação de Lisboa, através do já referido acórdão de 18 de Junho de 1998 (Marcos Rodrigues), decidiu, ainda, a Relação de Évora que "a parte não se limpa desta sua conduta pelo facto de vir alegar que se confundira e que o pagamento dizia respeito a outra "acção"". A mesma Relação veio, através de acórdão de 20 de Junho de 2006 (Maria do Rosário Morgado) decidir que "[d]eve ser condenado como litigante de má fé (artigo 456.º, n.º 2, alíneas a) e b) [...]) o requerente de providência cautelar de restituição provisória da posse, que alega que foi violentamente esbulhado da detenção do local arrendado, omitindo, todavia, que a privação da coisa decorreu de execução da sentença (transitada em julgado) que decretou o despejo".

369. Quanto ao tipo *violação grave do dever de cooperação*, a respectiva concretização, quando conducente à condenação da parte por litigância de má, surge, regra geral, associada à lesão do dever de boa fé ou do dever de probidade. Neste sentido, lê-se em acórdão do Supremo Tribunal de Justiça, de 10 de Outubro de 2002 (Ferreira de Almeida), que a litigância de má fé constitui a mais grave violação dos deveres de boa fé ou de probidade processual, sendo o dever de probidade "reflexo e corolário do princípio da cooperação" (ac. de 15 de Outubro de 2002 (Ferreira Ramos)). Nos termos de acórdão de 16 de Junho de 2003, a violação dos princípios da cooperação e da boa fé "representa e traduz a litigância de má fé". Com doutrina idêntica, podem, ainda, encontrar-se, na jurisprudência mais recente, os acórdãos do mesmo tribunal de 23 de Setembro (SANTOS BERNARDINO) e de 13 de Novembro (SANTOS BERNARDINO) de 2003, de 27 de Maio (LUÍS FONSECA) e de 30 de Setembro (ARAÚJO BARROS) de 2004 e de 29 de Janeiro de 2008 (SANTOS BERNARDINO).

370. Os tipos das als. a), b) e c) do artigo 456.º, n.º 2 [542.º, n.º 2] são directamente relacionados pelo Supremo Tribunal de Justiça com *deveres de probidade, de boa fé e de cooperação*. Assim sucede nas seguintes situações:

- Acórdão de 7 de Dezembro de 1995 (FERREIRA DA SILVA): na lide dolosa, há violação intencional do dever de probidade;
- Acórdão de 11 de Junho de 2002 (ARAÚJO DE BARROS): não viola o dever de probidade a parte que intercala nas alegações passos da decisão recorrida para deles retirar o sentido que mais lhe convém; esta conduta não constitui alteração do texto da decisão nem pode visar enganar o tribunal superior porque a parte não poderia pensar que o julgador não lê todo o processo;
- Acórdão de 13 de Novembro de 2003 (SANTOS BERNARDINO): viola o dever de probidade e de boa fé a parte que sustentou, ao longo de diversos processos, determinado sentido para a sua declaração e que, num novo processo vem tentar prevalecer-se do sentido objectivo dessa mesma declaração para se eximir ao dever de pagar;
- Acórdão de 12 de Julho de 2005 (BETTENCOURT DE FARIA): a parte que "revela um indesculpável desmazelo relativamente à probidade alegatória, que *necessariamente integra o dever de cooperação*, [...], tem de ser sancionada por litigância de má fé".

371. Por último, vejamos como vem o Supremo Tribunal de Justiça concretizando o tipo da *al. d) do artigo 456.º, n.º 2 [542.º, n.º 2]*, que prevê uma responsabilidade processual *ad calumniosas dilatones evitandas*[761]. Porém, para a concretização desta responsabilidade somente o fim imediato do pedido interessa, nenhuma ilação se podendo retirar do fim mediato, mesmo que este seja reprovável, já que o primeiro encontra cobertura na lei (*cfr.* acórdão do Supremo Tribunal de Justiça, de 18 de Maio de 1956 (BALTASAR PEREIRA)).

[761] CORDOPATRI, L'abuso del processo, p. 317.

Entende o Supremo Tribunal de Justiça que faz um uso manifestamente reprovável dos meios processuais a parte que, *v. g.*, no recurso, não pretendeu "discutir com seriedade fosse o que fosse" perante o tribunal *ad quem* e se se limitou a instrumentalizar o processo "para obter os seus inconfessáveis propósitos" (*cfr.* acórdão de 27 de Novembro de 2003 (Salvador da Costa). Verificar-se-á, igualmente, um uso reprovável dos meios processuais se a parte, ao invés de requerer a mera rectificação da decisão, dela interpuser recurso para provocar aquela rectificação.

Ao invés, já não litiga de má fé a parte que lança mão de um expediente processual, que não esteja previsto para a situação concreta, nem aquela que desenvolve uma querela de cujo desfecho depende a determinação da melhor interpretação das regras sobre a admissibilidade de um recurso (acórdão do Supremo Tribunal de Justiça, de 18 de Setembro de 2003 (Ferreira de Almeida)). Também não litigará de má fé a parte que usa de inadequados meios processuais não com a finalidade, querida ou aceita, de entorpecer a acção da justiça, mas por ignorância ou dificuldades no domínio de noções ou conceitos, de figuras jurídicas ou técnicas. Tal como, nestes casos, se não pode dizer que litigue contra Direito, quando a falta e conhecimentos se refira a realidades substantivas, igualmente se não poderá sustentar que faz um uso reprovável dos meios processuais quando tal ausência de conhecimentos se repercute numa inadequada utilização de meios adjectivos. Em todas estas situações, a parte decai, pagando as custas, mas não deverá ser penalizada com uma condenação por litigância de má fé (*cfr.* os acórdãos do Supremo Tribunal de Justiça, de 2 de Fevereiro de 1993 (Amâncio Ferreira), de 28 de Janeiro de 1999 (Francisco Lourenço), de 22 de Maio de 2001 (Tomé de Carvalho), de 5 de Março (Faria Antunes) e de 8 de Outubro (Silva Salazar) de 2002 e de 2 de Outubro de 2003 (Araújo de Barros)).

372. No contexto do tipo previsto na alínea d) do artigo 456.º, n.º 2 [542.º, n.º 2] é ainda interessante registar o acórdão do Supremo Tribunal de Justiça, de 25 de Março de 2004 (Santos Bernardino). No caso decidendo questionava-se a condenação da parte por litigância de má fé devido ao recurso abusivo aos meios processuais (incidentes e arguição de nulidades). Decidiu o Supremo que "[e]stando em causa procedimentos processuais que a ré não domina e que estão na disponibilidade do seu mandatário, enquanto técnico de Direito, [...] [é] inquestionável a sua responsabilidade pessoal e directa".

2.7. Aspectos de regime

373. Vejamos, agora, alguns aspectos do regime da litigância de má fé que foram já objecto de pronúncia pelos tribunais superiores.

Quanto ao *modo de conhecimento da litigância de má fé*, encontramos dados aparentemente contraditórios.

Por um lado, sustenta a jurisprudência que o tribunal tem de pronunciar-se directamente sobre a má fé, independentemente de impulso da parte, já que se trata de questão de conhecimento oficioso. Neste sentido podem ser confrontados os acórdãos do Supremo Tribunal de Justiça, de 8 de Março de 1994 (Carlos Caldas) e de 6 de Junho de 2002 (Ferreira Girão), e o acórdão da Relação do Porto, de 3 de Junho de 1991 (Tomé de Carvalho). Mas quando se trata de saber se o tribunal *ad quem* pode conhecer da má fé do litigante na instância *a quo*, afirma o Supremo Tribunal de Justiça que se esta questão não tiver sido suscitada nas alegações de recurso não tem o tribunal de conhecer dela pois o objecto do recurso é delimitado nas conclusões.

No entanto, e em rigor, apenas haverá uma eventual contradição entre os dois pontos de vista se se estender a doutrina deste último aresto aos casos em que o tribunal *a quo* deixou de conhecer da questão e ela não foi suscitada, sob a forma de nulidade, nas alegações de um recurso que haja sido interposto. Este ponto de vista decorre do que se afirmou no acórdão da Relação de Lisboa, de 18 de Junho de 1998 (Marcos Rodrigues). A situação subjacente a esta decisão era curiosa na medida em que se questionava, entre outras coisas, a aplicabilidade da litigância de má fé à dedução de chamamento de terceiro à acção. Este aspecto não nos interessa agora. Aquilo que ora releva é a passagem do acórdão em que a Relação afirmou que "é óbvio que a questão paralela da legitimidade para solicitar a condenação do chamante em multa poderia também ser suscitada: a agravante, porém, não o fez e, a nosso ver, bem: é que o tema da litigância temerária constitui matéria de que o tribunal pode conhecer *ex officio*".

Em outro aresto, também peculiar (acórdão de 3 de Junho de 1991 (Tomé de Carvalho)), veio a Relação do Porto a manter a decisão da primeira instância, que procedera à condenação do autor como litigante de má fé, apesar de este haver desistido do pedido. Segundo a Relação do Porto, porque a questão da litigância de má fé é de conhecimento oficioso, deve o tribunal, se dispuser de dados, condenar o autor em multa mesmo que este desista do pedido. Em suma, porque a censurabilidade do comportamento do autor não é prejudicada pela desistência do pedido, deve a parte ser condenada se litigou de má fé[762-763].

A conclusão a que anteriormente chegámos não se manterá se, ao invés, houve pronúncia sobre a litigância de má fé e a parte interessada dela não recorreu (quer interpondo recurso autónomo desta decisão, quer integrando os fundamentos de recorribilidade desta decisão no objecto mais complexo do recurso). Neste caso, quer a condenação, quer a absolvição ou não a condenação, transitaram em julgado, estando vedada a respectiva apreciação pelo tribunal superior. Neste sentido decidiu o Supremo Tribunal de Justiça, em acórdão de 27 de Fevereiro de 2003 (Ferreira Girão).

374. O problema do conhecimento oficioso da má fé da parte leva, ainda, a mais uma interrogação. Se, porventura, o tribunal *a quo*, decidindo a causa, não se pronunciou sobre o comportamento da parte, poderá o tribunal superior

---

[762] A título de curiosidade e em ligação com a situação de facto decidida neste acórdão – a possibilidade de condenação por litigância de má fé da parte que desiste do pedido – veja-se a especulação de Lenel, Edictum perpetuum, IX, § 36-38 quanto à incompletude do texto deste edito tal como estabelecido por outros historiadores quanto à matéria *de calumniatoribus*. Segundo os autores que o precederam, o edito teria incluído somente a passagem de Ulpiano, reproduzida em D. 3, 6. Lenel refuta esta possibilidade, chamando a atenção para a existência necessária de outros editos sobre esta matéria, chamando a atenção para um outro texto de Ulpiano que permite inferir que a parte litiga *ex caluniandi causa* quando desiste da acção. A passagem em causa tem o seguinte texto: "Destitisse videtur nun qui destulit, sed qui liti renuntiavit in totum: desistere enim est de negotio abstinere, quod calumniandi animo instituerat."

[763] *Cfr.*, sobre este ponto, a título meramente exemplificativo. os acórdãos do Supremo Tribunal de Justiça, de 20 de Março de 2014 (Salazar Casanova), do Tribunal da Relação de Lisboa, de 21 de Novembro de 2013 (Ilídio Sacarrão Martins) ou do Tribunal da Relação de Coimbra, de 16 de Março de 2021 (Fonte Ramos). Veja-se, ainda, o acórdão do Tribunal da Relação de Lisboa, de 9 de Janeiro de 2020 (José Maria Sousa Pinto), tendo sido vencido João Vaz Gomes, acompanhando acórdão do Supremo Tribunal de Justiça de 8 de Novembro de 1949, nos qual se entendeu que "[...] só se pode condenar por litigância de má fé, quando a litigância dolosa for com dolo instrumental, porque a desistência do pedido impede que se conheça deste, e, portanto, impede que se averigúe se ele era conscientemente injusto (ilegal) para o efeito de se reconhecer a existência do dolo substancial. Para esta corrente, isto será assim quando se verifique a desistência do pedido, ou outra forma de extinção da instância antes de estar fixada a matéria de facto dada como provada. Se esta já se encontra fixada, o juiz tem de apreciar a existência ou inexistência da má fé, nos termos do art.º 456º, n.º 1 do Cód. Proc. Civil [...]".

apreciar esse comportamento? Será que nos encontramos, na litigância de má fé, perante uma hipótese em que, apesar de haver conhecimento oficioso de uma matéria (a má fé do litigante), este conhecimento se restringe à instância perante a qual a parte litigou de modo censurável? Estaremos perante uma matéria em que o conhecimento oficioso convive com a preclusão desse mesmo conhecimento quando o processo transita de uma instância para a outra?

A resposta a estas interrogações, que adiante se ensaiará e que, há pouco, nos levaram a afirmar a existência de uma eventual contradição entre julgados, tem a maior relevância na compreensão da relação que se estabelece entre a litigância de má fé e o exercício do poder jurisdicional pelos diversos tribunais.

Poderia pensar-se, numa análise *prima facie*, que o acórdão da Relação de Lisboa, de 30 de Junho de 2005 (Manuel Gonçalves), responderia a esta interrogação. Na verdade, suscitou-se a questão de saber se poderia o tribunal de primeira instância condenar a parte por litigância de má fé revelada nas alegações de recurso. Sendo estas entregues e analisadas pelo tribunal *a quo*, nos casos em que lhe seja lícito proceder à reparação da decisão recorrida (*cfr.* artigos 699.º, 668.º, n.º 4 e 669.º, n.º 3, para a apelação, e 744.º para o agravo, todos do CPC1961 antes da reforma operada no sistema dos recursos pelo Decreto-Lei n.º 303/2007, de 24 de Agosto, rectificado pela Declaração de Rectificação n.º 99/2007, de 23/10), pode este tribunal tomar conhecimento de que a parte adoptou um comportamento censurável nas alegações (*v.g.*, altera os factos, deduz ou reitera uma pretensão com absoluta falta de fundamento). Ora, de acordo com a citada decisão da Relação de Lisboa, não pode o tribunal *a quo* condenar a parte como litigante de má fé, sendo ao tribunal *ad quem*, ou seja, ao tribunal perante o qual ocorre o comportamento censurável, que cumpre tomar conhecimento desta questão.

Apesar da proximidade deste aresto ao problema que estávamos tratando, certo é que podem ser diferentes as razões pelas quais a Relação decidiu que a competência para a condenação da parte como litigante de má fé pertence ao tribunal *ad quem*. Pode assim ter decidido porque entendeu que a competência para o conhecimento da matéria é exclusiva da instância perante a qual ocorre a conduta censurável. Mas pode também justificar-se a resposta da Relação por uma outra via, a saber, a do esgotamento do poder jurisdicional da primeira instância. Apesar de a matéria da litigância de má fé ser de conhecimento oficioso, tal não significa que se não esgote o poder jurisdicional do tribunal *a quo*. Este apenas poderá exercer as competências que a lei expressamente prevê, suponham estas ou não uma reabertura desse mesmo poder jurisdicional por meio da interposição de recurso.

275. Caminho diverso foi percorrido em diversos arestos, que concluíram pela preclusão do conhecimento do pedido indemnizatório deduzido perante a instância superior depois de a parte ter sido condenada por litigância de má fé na instância inferior. Em acórdão de 8 de Março de 1994 (Carlos Caldas), o Supremo Tribunal de Justiça decidiu não poder conhecer do pedido indemnizatório, deduzido pela parte, uma vez que tal significaria conhecer de questão nova, conhecimento esse vedado ao tribunal de recurso. Fundamentação e decisão semelhantes podem ser encontradas no acórdão do mesmo tribunal, de 30 de Abril de 2003 (Araújo de Barros). Diversa é já a fundamentação do acórdão de 20 de Janeiro de 1999 (Francisco Lourenço). Neste aresto, sustentou o Supremo Tribunal de Justiça não poder conhecer da questão da indemnização por tal traduzir uma *reformatio in pejus*.

Mas, atendendo ao objecto concreto do recurso, as decisões anteriores podem ainda compreender-se se se tiver em atenção que a parte deduz um pedido novo (o pedido indemnizatório) perante o tribunal *ad quem*. E este limita-se a dizer que não pode conhecer este pedido. Não diz que não pode conhecer da litigância de má fé, sobre a qual houvera, aliás, pronúncia do tribunal inferior.

376. Bem mais centrados no problema deixado em aberto são os acórdãos do Supremo Tribunal de Justiça, de 28 de Fevereiro (Victor Mesquita) e de 6 de Junho (Ferreira Girão), ambos de 2002. Em ambos os arestos sustentou o tribunal superior que o conhecimento e a decisão que suponha a censurabilidade do comportamento da parte estão circunscritos à má fé revelada perante a instância de recurso. Fica, assim, a ideia de que o conhecimento da litigância de má fé, apesar de ser oficioso, fica prejudicado com a mudança do decisor. Quer isto dizer que não pode a instância superior conhecer de matéria que devia ter sido conhecida oficiosamente pela instância inferior[764]. Haverá que tentar descortinar, em outra passagem do presente estudo, que razões podem justificar semelhante entendimento.

[764] Veja-se, sobre este ponto, o acórdão do Supremo Tribunal de Justiça, de 8 de Fevereiro 2022 (Luís Espírito Santo), no qual se lê:

377. Quanto ao *contraditório*, verifica-se que os tribunais superiores tendem a considerá-lo indispensável, quer quando está em causa a pronúncia oficiosa, quer quando é a parte quem requer a condenação da parte contrária por litigância de má fé. Neste sentido podem ver-se os acórdãos do Supremo, um de 22 de Maio de 2001 (Tomé de Carvalho) e dois de 28 de Fevereiro de 2002 ((Garcia Marques) e (Barros Caldeira)).

Mas, como em todos os demais casos em que se questiona a aplicação do princípio do contraditório nas suas duas vertentes (no confronto da parte contrária e no confronto do tribunal), certo é que as situações de maior risco se verificam nas hipóteses de pronúncia oficiosa. Isto porque é nestes casos que a parte, caso não lhe seja conferido o direito de audição prévia, previsto no artigo 3.º, n.º 3, se vê efectivamente confrontada com uma decisão-surpresa. A situação subjacente ao aresto do Tribunal da Relação de Lisboa, de 5 de Maio de 2005 (Pereira Rodrigues) ilustra o que acaba de se dizer. A primeira instância, sem conferir contraditório às partes, condenou uma delas como litigante de má fé. Em recurso interposto da decisão, a parte suscitou a "desconformidade" da decisão por preterição do contraditório. A Relação,

" – A condenação em litigância de má fé de qualquer das partes pode/deve ter lugar nos tribunais superiores ainda que nenhuma das partes entenda recorrer da decisão de 1ª instância que optou pela não condenação a este título. Não faz assim sentido algum, do ponto de vista jurídico, invocar a pretensa formação de caso julgado nesta matéria. Nos termos do artigo 542.º do Código de Processo Civil, a apreciação da má fé de qualquer das partes pode/deve ter lugar oficiosamente, uma vez cumprido o indispensável contraditório, encontrando-se apenas a condenação em indemnização à parte contrária dependente do pedido do interessado com legitimidade para o efeito.

– A condenação em litigância de má fé é obviamente extensiva, nos mesmos moldes, a todos os tipos de processos, sem qualquer diferenciação ou ressalva, incluindo as providências cautelares, como acontece na situação sub judice.

– É completamente infundado e inverídico invocar que este Supremo Tribunal de Justiça "inovou", aproveitando factos novos para a condenação como litigante de má fé da recorrente; o que sucede é que este instituto, pela sua especial natureza, obriga a uma análise ampla e global de todo o comportamento processual das partes, daí retirando o Tribunal, com a liberdade de julgamento que lhe assiste, as inerentes ilações, como não podia deixar de ser.

– Salvaguardando o respeito devido às posições assumidas pelas diversas instâncias que se debruçaram sobre o comportamento processual da recorrente, o certo é que este Supremo Tribunal de Justiça não se encontrava de modo algum condicionado na valoração que lhe competia fazer da conduta processual da recorrente a qual, conforme sobejamente explicado no acórdão em causa, mereceu indubitavelmente o juízo de censura que lhe foi, em última instância, conferido."

dando-lhe razão, declarou nula a decisão recorrida, nos termos do actual artigo 668.º, n.º 1, al. d) [615.º, n.º 1, al. d)], considerando que o tribunal havia conhecido de uma questão de que não podia tomar conhecimento. No mesmo sentido fora já proferido acórdão pela mesma Relação, em 30 de Junho de 2006 (Manuel Gonçalves). Também nesta situação entendeu a Relação que a primeira instância, antes de condenar a parte como litigante de má fé, deveria ter-lhe facultado direito de audição prévia sob pena de violação do artigo 3.º, n.º 3 CPC.

378. Quanto à condenação por litigância de má fé em caso de *pluralidade subjectiva*, decidiu o Supremo Tribunal de Justiça, em acórdão de 19 de Janeiro de 2004 (Lopes Pinto), que a apreciação tem de ser feita individualmente, em relação a cada um dos litigantes, "não podendo derivar da condenação de um a dos demais que conjuntamente integram a parte". No mesmo sentido se afirmou no acórdão da Relação de Lisboa, de 17 de Fevereiro de 2005 (Salazar Casanova), que não podem imputar-se a um comparte os actos praticados por outro comparte (no caso, o cônjuge da autora) e dos quais resulta a má fé deste comparte.

379. Outro aspecto do regime da litigância de má fé já analisado pelos tribunais respeita ao cômputo do valor da multa que tiver sido aplicada e da indemnização que haja sido peticionada na determinação do *valor da causa*. Apesar de aparentemente secundário, este ponto não é irrelevante, pois da resposta pode, em concreto, depender a recorribilidade de uma decisão.

Sobre esta matéria decidiu-se no acórdão do Supremo, de 21 de Novembro de 2002 (Ferreira de Almeida), tendo o tribunal concluído que nem o valor da indemnização peticionada, nem o valor da multa se somam ao valor dos pedidos deduzidos na acção, uma vez que a multa e a indemnização não "podem ser entendidas como constituindo um verdadeiro pedido". Se se podem compreender as razões que determinaram semelhante entendimento quanto à multa, mais dificilmente se poderá subscrever a posição do Supremo Tribunal de Justiça no que respeita à indemnização.

380. Também quanto ao sentido do artigo 456.º, n.º 3 [542.º, n.º 3], que assegura a recorribilidade, em um grau, da decisão condenatória por litigância de má fé, independentemente da sucumbência e do valor da causa, já tiveram os tribunais de se pronunciar. A questão decidenda era diversa daquela que foi suscitada junto do Tribunal Constitucional, conforme acima se relatou (aí tratava-se de saber se era conforme à Constituição, perante a claríssima redacção do artigo 456.º, n.º 3, do CPC1961, a interpretação restritiva deste preceito nos casos em que a condenação fosse proferida pelo órgão de topo da hierarquia judicial). Aquilo que se visou saber, junto do Supremo Tribunal de Justiça, foi se os critérios gerais de recorribilidade das decisões, constantes do actual artigo 678.º, n.º 1 [629.º, n.º 1] do CPC, seriam tão só postergados num primeiro grau de recurso. O Supremo Tribunal de Justiça decidiu que assim seria, pelo que a recorribilidade ulterior da decisão para nova instância dependeria, entre outras condicionantes, do preenchimento dos critérios do valor da causa e da sucumbência (*cfr.* acórdão de 18 de Março de 2004 (Vítor Mesquita)).

Ainda em conexão com este problema, foi também decidido que a garantia de recurso, prevista no actual artigo 456.º, n.º 3 [542.º, n.º 3], tendo funcionado como contrapartida do alargamento do tipo da litigância de má fé à negligência, não teve a finalidade de restringir a recorribilidade da decisão a um grau, mas assegurar essa recorribilidade em um grau. Neste sentido pode ver-se o acórdão do Supremo Tribunal de Justiça, de 15 de Fevereiro de 2005 (Sousa Peixoto).

381. Também em matéria de recurso, pronunciou-se já o Supremo Tribunal de Justiça, antes da reforma operada no sistema dos recursos pelo Decreto-Lei n.º 303/2007, de 24 de Agosto, rectificado pela Declaração de Rectificação n.º 99/2007, de 23/10, quanto à admissibilidade de recurso do acórdão da Relação que haja conhecido, em via de recurso, da questão da condenação da parte como litigante de má fé. De acordo com o Supremo Tribunal de Justiça, em acórdãos proferidos em 3 de Março (Araújo de Barros) e em 29 de Junho de 2005 (Salvador da Costa), na medida em que a parte pretenda impugnar o acórdão da Relação que se haja pronunciado sobre a má fé do litigante, estará a invocar a *violação de lei de processo*. O que significa, para além de uma qualificação do regime da litigância de má fé como um regime adjectivo pelo simples facto de se encontrar inscrito em lei de processo, que a admissibilidade de recurso de segunda instância para o Supremo Tribunal de Justiça dependeria da admissibilidade, em concreto, de agravo de 2.ª da decisão condenatória da parte, ao abrigo do artigo 456.º CPC1961. Em suma, a recorribilidade dependeria, nos termos do artigo 722.º, n.º 1 CPC1961, da não verificação da dupla conforme, expressamente referida no artigo 754.º, n.º 2 daquela versão do Código de Processo Civil enquanto causa de exclusão do agravo de 2.ª.

Em sentido contrário à doutrina destes dois arestos, pode referir-se o acórdão do mesmo Supremo, de 1 de Julho de 2004 (Ferreira Girão). Lê-se nesta decisão que "o recurso de revista é o adequado para o Supremo Tribunal de Justiça conhecer apenas da questão da litigância de má fé, tendo em conta que está em causa um ilícito substantivo, um problema de responsabilidade civil."

382. Quanto à *legitimidade para recorrer de decisão que condenou a parte em multa* por litigância de má fé, decidiu a Relação de Lisboa que a contraparte não tem legitimidade para impugnar tal decisão uma vez que ela não tem qualquer interesse nessa mesma condenação (*cfr.* acórdão de 3 de Fevereiro de 1998 (Hélder Roque)).

383. Sendo a parte *um incapaz, uma pessoa colectiva ou uma sociedade*, decidiu o Supremo Tribunal de Justiça que, sendo pedida a condenação da parte (no caso, uma sociedade), não é legalmente admissível a condenação desta, mas tão só a do seu representante, que estivesse de má fé na causa (acórdão de 12 de Dezembro de 2002 (Silva Salazar)).

Por outro lado, afirmou igualmente o Supremo Tribunal de Justiça, em acórdão de 10 de Outubro de 2002 (Simões Freire), que se o sujeito condenado for o gerente da autora é àquele que tem de ser notificada a decisão pois que é ele a parte afectada pela condenação.

Por fim e em acção de declaração de falência, veio o Supremo Tribunal de Justiça a decidir que sendo a parte uma sociedade/pessoa colectiva "[é] o artigo 458 [...] que estabelece o âmbito subjectivo da obrigação de indemnizar os danos decorrentes da má fé processual [...], quer o pedido seja feito no próprio processo em que a má fé se produziu, quer o seja em processo autónomo" (*cfr.* acórdão de 13 de Maio de 2004 (Quirino Soares)).

384. Uma das matérias mais complexas da litigância de má fé respeita à *imputação de comportamentos, quer esta opere da parte para o mandatário, quer, inversamente, do mandatário para a parte.*

Já vimos que os tribunais, a propósito da concretização do tipo constante da alínea d) do artigo 456.º, n.º 2, inferem a existência de contribuição decisiva do mandatário na prática dos actos que revelam a má fé, uma vez que a parte não tem, regra geral, qualquer domínio sobre os meios processuais de que o mandatário lança mão.

Diferente é já a postura dos tribunais face à matéria de facto. Neste particular, e em acórdão datado de 30 de Junho de 2005 (SACARRÃO MARTINS), sustentou a Relação de Lisboa, ao proceder à condenação da parte por litigância de má fé, que aquela não pode alegar que a alteração dos factos (*in casu*, negação do conhecimento de um pacto de preenchimento de um título de crédito, que se provou ser dela conhecido) deve ser imputada ao mandatário para se eximir à condenação como litigante de má fé uma vez que o regime do artigo 38.º [46.º] a vincula pelas alegações de facto feitas pelo mandatário.

2.7.1. Litigância de má fé e abuso de direito

385. Da maior relevância no plano do presente estudo são as decisões que, questionando a aplicação de cominações à parte por litigância de má fé, se pronunciaram, por um lado, sobre a *articulação entre a má fé processual e o abuso de direito* e, por outro, sobre a *relação entre a responsabilidade processual e a responsabilidade civil*.

Quanto à relação entre um alegado abuso de direito de acção e a consequente condenação da parte como litigante de má fé deve, em primeiro lugar, referir-se o acórdão do Supremo Tribunal de Justiça, de 14 de Novembro de 2006 (SALRETA PEREIRA). Discutia-se neste aresto se poderia ser condenada como litigante de má fé a parte autora que viera invocar a nulidade de um contrato-promessa quando, ao seu abrigo e durante o tempo que mediara entre a sua celebração e a propositura da acção, fizera diversos pagamentos. Estabelecendo uma claríssima fronteira entre a situação substantiva, efectivamente exercida em abuso por verificação de *venire contra factum proprium*, e as situações processuais, o Supremo veio confirmar a improcedência da acção – com fundamento em exercício abusivo da posição jurídica substantiva –, mas absolveu a parte do pedido de condenação por litigância de má fé. A justificação desta sua decisão é assim enunciada: "[o] recurso da R. e a sua pretensão de ver condenado o A. como litigante de má fé não tem a mínima razão de ser. O A. invocou um direito, a nulidade de um contrato, que está consagrad[o] na lei. Não é o comportamento processual do A. que é censurável, pois limitou-se a arguir uma nulidade que decorre da lei. O seu comportamento no tempo [...] é que torna ilegítima a invocação da nulidade [...] pois criou na R. a convicção justificada que jamais o faria. A má fé destina-se a punir o comportamento processual censurável, que não existiu. O comportamento social e cívico incompatível com a invocação da nulidade já teve a sua censura, que foi a decisão de se considerar abusivo o exercício do direito e a improcedência da acção, não preenchendo as hipóteses previstas no artº 456.º do CPC".

Sem estabelecer uma nítida fronteira entre o abuso da posição substantiva e o abuso do processo, o Supremo Tribunal de Justiça veio, porém, apartar claramente os campos de aplicação das duas figuras, a do abuso do direito e a da litigância de má fé. Assim, em acórdão de 17 de Março de 1994 (Zeferino Faria), sustentou o Supremo Tribunal de Justiça que "a noção de abuso de direito situa-se apenas no âmbito dos direitos substantivos, sendo inaplicável quando somente está em causa a interpretação de certa disposição processual, caso em que só pode falar-se de dolo ou de má fé processual."

386. Esta posição volta a ser subscrita em acórdão do mesmo tribunal, de 16 de Dezembro de 2004 (Oliveira Barros). Afirma o Supremo que, "[e]ncurtando razões, afigura-se, bem assim, claro que não é o facto de julgar-se ocorrer abuso de direito, prevenido no artigo 334 do Código Civil que necessariamente impõe a condenação por litigância de má fé nos termos do artigo 456 do Código de Processo Civil."

Ainda em decisão de 11 de Outubro de 2005 (Salvador da Costa) disse o Supremo que "[a] excepção peremptória imprópria do abuso de direito, a que se reporta o artigo 334 do Código Civil, tem a ver com o exercício de direitos substantivos, mas não com o exercício de direitos processuais, cujo abuso é essencialmente previsto na alínea d) do n.º 2 do artigo 456.º"

387. Em sentido inverso, em acórdão de 19 de Setembro de 2002 (Ferreira de Almeida), o mesmo Supremo sustentou que o abuso de direito, expresso no artigo 334.º do CC, é um princípio geral, "aplicável *qua tale* no domínio do processo."

Em acórdão de 10 de Novembro de 1998 (Francisco Lourenço), afirmou o mesmo tribunal que haveria abuso de direito, na modalidade de *tu quoque*, se os requeridos em providência tiveram conhecimento do seu direito à indemnização, com trânsito em julgado, por eles facilmente cognoscível, da sentença homologatória da desistência da instância. Em resultado disso, deviam ter pedido o levantamento da providência para lhes ficar livre o caminho para o pedido de indemnização. Se não o fizeram, *sibi imputet*.

De modo idêntico, a Relação de Lisboa decidiu, através de acórdão de 15 de Setembro de 1992 (Santos Bernardino), no âmbito de um recurso interposto de uma decisão cautelar de suspensão de deliberação social, que "[a]bus[a] do direito de recorrer e, por isso, deve ser condenada como litigante de má fé, a parte que, na alegação de recurso, defende posição inteiramente coincidente com a da parte contrária". Paralelamente, afirmou a Relação do Porto, em acórdão de 19 de Maio de 1994 (Carlos Matias), que "o direito de acção é uma realidade essencialmente distinta do direito subjectivo (substantivo), que se pretende fazer reconhecer em juízo. Admitida a autonomia do direito de acção, não é difícil sustentar que também ele é susceptível de exercício abusivo dentro dos contornos da cláusula geral do artigo 334 do Código Civil. *A litigância de má fé é um afloramento do abuso de direito, admitindo-se que o mesmo seja aplicável a situações que não se integram nos limites restritivos dessa litigância, que pressupõe o dolo, não se bastando com a negligência grosseira.*" (itálico nosso).

Já em acórdão de 14 de Outubro de 1993 (Santos Bernardino), havia a Relação de Lisboa condenado o recorrente em multa por litigância de má fé, dizendo que "[e]ste comportamento (no caso, verdadeiro *venire contra factum proprium*) não pode deixar de ser censurado do ponto de vista em que demonstra [...] um verdadeiro abuso do direito de recorrer"[765].

2.7.2. *Responsabilidade civil versus responsabilidade processual*

388. Quanto à relação entre a responsabilidade processual e a responsabilidade civil, também é possível encontrar *obiter dicta* bem diversos.

Num relevante acórdão de 13 de Outubro de 1993 (Cardona Ferreira), sustentou o Supremo que a *responsabilidade processual é uma espécie do género*

---

[765] *Cfr.*, sobre este ponto, o acórdão do Tribunal da Relação de Lisboa de 13 de Julho de 2010 (Ilídio Sacarrão Martins) ("[a] responsabilidade civil pode ocorrer no âmbito da litigância de má fé ou a responsabilização do agente pode ser o epílogo normal daquele que abuse do direito de acção. Porém, independentemente da verificação de qualquer uma daquelas figuras, o exercício do direito de acção pode envolver responsabilidade civil nos termos gerais, no âmbito da denominada *culpa in agendo*") ou acórdão do Tribunal da Relação do Porto de 09 de Setembro de 2019 (Fernanda Almeida).

responsabilidade civil, implicando facto, ilicitude, imputação do facto ao lesante, dano e nexo de causalidade entre facto e dano. Assim, "se não for demonstrado que do facto (da parte) resultou dano [...] não existe responsabilidade processual civil daquela".

Para além de reconduzir a responsabilidade processual a um género da responsabilidade civil, vem este acórdão suscitar um problema de grande importância dogmática: o que deve entender-se abrangido pela responsabilidade processual? Existirá esta responsabilidade, independentemente da provocação de um dano indemnizável, na esfera da parte contrária? Haverá que distinguir a responsabilidade processual, restrita à reparação dos danos causados à contraparte, da pena civil, traduzida na aplicação de multa à parte que litiga de má fé?

Já em acórdão de 15 de Março de 2001 (Nascimento Costa), cuja doutrina é retomada em acórdão de 19 de Setembro de 2002 (Nascimento Costa) – veja-se que é o mesmo o relator das duas decisões –, afirmou o Supremo Tribunal de Justiça que a parte que actua contra o disposto no actual artigo 456.º "comete um ilícito civil, [o] que não implica que não deva ter-se em conta a especificidade deste ilícito, que resulta de procedimentos processuais. Ora, [...], há que não esquecer um vector fundamental: tem de conciliar-se a responsabilidade por lide temerária com o princípio de que a todos é lícito usar dos meios judiciais para fazer valer os seus supostos direitos. [...]. Pretendendo combater a chicana, pode cair-se na situação de os cidadãos passarem a recear recorrer aos tribunais por o eventual decaimento poder significar o uso da espada do artigo 456 do Código de Processo Civil."

Em aresto de 16 de Outubro de 2003 (Salvador da Costa), torna o Supremo Tribunal de Justiça a afirmar que "a responsabilidade do requerente do embargo de obra nova é uma particular situação de responsabilidade civil extracontratual".

Por último, em acórdão de 4 de Dezembro de 2003 (Salvador da Costa), lê-se que "[n]o plano do ilícito meramente processual em que se consubstancia a litigância de má fé [...]".

No entanto, o aresto mais relevante em matéria de relação entre responsabilidade civil e responsabilidade processual será o acórdão do Supremo Tribunal de Justiça, de 13 de Maio de 2004 (Salvador da Costa). Na situação *sub judice*, a parte sustentara no processo que a lesão e o correspondente direito à indemnização tinham assento em disposição de direito privado, a saber, no artigo 483.º do CC, e que limitar aquele direito da parte à má fé processual da parte contrária violaria os artigos 20.º, 26.º e 86.º da CRP. Mais alegou que o instituto da má fé processual não esgotaria o ressarcimento dos danos causados pela ofensa (no caso, a um direito de personalidade), em especial quando os danos extravasam o âmbito do processo.

Lê-se na decisão: "[n]as poucas vezes em que o Supremo Tribunal de Justiça tem sido convocado a emitir pronúncia sobre o tema do recurso [...], [p]revaleceu o entendimento de que é o artigo 458 do Código de Processo Civil que estabelece o âmbito subjectivo da obrigação de indemnizar os danos decorrentes da má fé processual quando a parte é uma sociedade. Este artigo e não as disposições correspondentes do direito privado material. Trata-se de um entendimento baseado [...] numa ideia de autonomia da responsabilidade processual relativamente à responsabilidade civil. Reconhecendo que não se encontram grandes razões para a diferença de regimes, i.e., para não aplicar aos casos de responsabilidade decorrente de má fé processual da parte que é sociedade o regime jurídico previsto na lei civil e comercial para a responsabilidade civil das sociedades e dos respectivos representantes, não menos certo é que também se não encontram argumentos para contrariar uma interpretação que o texto do artigo 458 serve como uma luva".

2.7.3. A indemnização

389. Em estreita ligação com os aspectos que antecederam, vejamos, então, como têm os tribunais superiores tratado a matéria da indemnização.

Entre os traços de regime menos polémicos, encontra-se a questão do impulso. Segundo o Supremo Tribunal de Justiça, a condenação em indemnização depende da espontânea iniciativa da parte (*cfr.* ac. de 6 de Junho de 2002 (Ferreira Girão)).

Dois pontos menos pacíficos mereceram também já a atenção dos tribunais superiores.

Em primeiro lugar, e no que à prescrição do direito à indemnização respeita, pronunciou-se directamente o Supremo Tribunal de Justiça, em acórdão de 10 de Novembro de 1998 (Francisco Lourenço). O contexto desta pronúncia não foi o do artigo 457.º [543.º], mas sim o do 387.º, n.º 1 [368.º, n.º 1]. Numa análise sistemática das disposições que regulam a matéria da responsabilidade por comportamento processual censurável haverá que determinar qual a relação entre aqueles dois preceitos. De todo o modo, diga-se desde já que o aresto em citação decidiu que o direito à indemnização, decorrente dos prejuízos causados por providência cautelar infundada, prescreve no prazo geral fixado pelo artigo 498.º do CC.

Em ligação com este aspecto e agora já no âmbito da indemnização por litigância de má fé, vimos que o Supremo Tribunal de Justiça, a propósito da delimitação subjectiva do dever de indemnizar em caso de a parte ser um incapaz, uma pessoa colectiva ou uma sociedade, afirmara que a indemnização poderá ser pedida ou não na acção em que a má fé se revela ou em acção autónoma. Em sentido idêntico, decidiu a Relação do Porto, em acórdão de 19 de Maio de 1994 (Carlos Matias). Neste aresto, a Relação do Porto critica anterior jurisprudência que entendera ter a indemnização por litigância de má fé de ser pedida no processo em que aquela litigância ocorre e não em processo autónomo. Sustenta a Relação do Porto que tal significaria que a simples inobservância de uma determinada tramitação processual desencadearia um efeito extintivo do direito subjectivo que o sujeito pretende fazer valer.

Mas o entendimento de que o pedido indemnizatório pode ser deduzido autonomamente não é pacífico. Neste sentido podem ver-se os acórdãos da Relação de Coimbra, de 23 de Fevereiro de 1994 (Santos Lourenço) e de 27 de Maio de 1997 (Francisco Lorenço)[766]. Como é evidente, se se entender que a indemnização deve ser pedida na acção em que a má fé se

[766] Veja-se, ainda, por exemplo, o acórdão do Tribunal da Relação de Lisboa de 26 de Junho de 2014 (Maria Teresa Albuquerque). Lê-se no acórdão que "[a] responsabilidade processual civil pode coexistir na mesma acção com a responsabilidade civil ou até com o abuso de direito", sendo que "[...] a responsabilidade civil que advenha do abuso de direito pode ser feita valer em processo autónomo, em que caberá ao autor alegar e provar os demais requisitos da responsabilidade civil, para lá da ilicitude." Porém, afirma, o Tribunal, "[n]ão é admissível que em acção autónoma se afira da litigância de má fé, o que desde logo advém da circunstância do art 457º/1, al c) dizer expressamente que o juiz fixará a indemnização «sempre» em quantia certa. A litigância de má fé tem de ser reconduzida à importância que o legislador lhe terá dado – a de um mero incidente. O que é suposto num processo, é que o tribunal se pronuncie sobre o pedido material formulado pelo autor, e pelo réu, caso este tenha reconvindo, sendo apenas incidentalmente que vai apreciar a conduta processual das partes envolvidas na lide, seja porque tal tenha sido suscitado pela outra parte, seja porque a gravidade da actuação de uma ou de ambas despoletou no julgador a necessidade de penalizar quem assim abusa do processo. O apuramento e a fixação das ocorrências materiais sobre que pretende assentar-se a existência de má fé é uma questão de facto que apenas o juiz que assistiu ao seu desenrolar pode valorar para decidir se efectivamente essas ocorrências traduzem ou não má fé.".

revela[767], dificilmente se pode compreender a chamada à colação do artigo 498.º do CC para a fixação do prazo de prescrição do direito à indemnização.

Este quadro ainda se torna mais complexo se atendermos ao que vem sendo decidido no que respeita ao momento da pronúncia judicial relativa ao montante da indemnização. O Supremo Tribunal de Justiça, por acórdão de 27 de Maio de 2003 (Oliveira Barros), veio negar a possibilidade de liquidação em execução de sentença da condenação da parte litigante de má fé em despesas e honorários[768], ficando em aberto a questão da admissibilidade da liquidação do pedido indemnizatório naquela fase. Não obstante, em acórdão de 30 de Setembro de 2004 (Araújo Barros) veio o Supremo Tribunal de Justiça decidir que "[n]ada na lei processual impede que o tribunal, na sequência da decisão em que qualificou o comportamento da parte como constitutivo da litigância de má fé, venha, logo após, [...], a fixar a indemnização a atribuir à parte contrária". Se desta decisão resulta a admissibilidade da pronúncia do tribunal, dela não decorre que o tribunal não possa pronunciar-se quanto ao montante da indemnização devida na fase executiva.

390. Outro ponto muito curioso em matéria de indemnização por litigância de má fé respeita ao *modo de fixação de quantitativo da indemnização*. Especialmente se se tiver em atenção o já referido acórdão do Supremo Tribunal de Justiça, de 13 de Outubro de 1993 (Cardona Ferreira). Relembre-se que neste aresto sustentara o Supremo que a *responsabilidade*

---

767 A propósito do confronto entre o abuso do direito de acção e a litigância de má fé, veja-se o acórdão do Supremo Tribunal de Justiça, de 24 de Maio de 2022 (Ferreira Lopes): "[t]ambém a jurisprudência vem reconhecendo que o abuso do direito de acção não se confunde com a litigância de má fé, podendo ser fonte da obrigação de indemnizar. [...] As razões que justificam que a litigância de má fé seja apreciada no próprio processo – ser o julgador da causa o mais habilitado a avaliar o comportamento processual das partes – não se verificam quando o que está em causa é saber se a propositura de uma acção representa um abuso do direito de acção, não a forma como a parte litigou numa acção anterior. [...] Conclui-se do exposto que a indemnização civil emergente de abuso de direito de acção pode ser pedida em acção autónoma.".

768 A decisão da qual resultou o recurso foi proferida antes da reforma do processo executivo, decorrente, fundamentalmente, da publicação do Decreto-Lei n.º 38/2003, de 8 de Março, pelo que a liquidação ainda teria lugar na própria execução e não como incidente póstumo na acção declarativa. Sobre esta alteração, *cfr.* Paula Costa e Silva, A reforma da acção executiva, 3.ª, n.º 6.3.2.

processual é uma espécie do género responsabilidade civil e que "se não for demonstrado que do facto (da parte) resultou dano [...] não existe responsabilidade processual civil daquela". Esta posição pode ainda ser abonada com o acórdão da Relação de Coimbra, de 5 de Março de 1991 (Silva Graça), segundo o qual "se após a prática do acto revelador da má fé a parte contrária nada teve de fazer nos autos não pode dizer-se que ela tenha sofrido algum prejuízo com a atitude do litigante de má fé pelo que em nada tem de ser indemnizada."

Destas duas decisões resulta muito claramente que a procedência do pedido de indemnização depende da superveniência de danos na esfera da parte contrária e da relação de causalidade entre esses danos e a actuação censurável da parte processual.

Muito próximos dos anteriores estão os acórdãos do Supremo Tribunal de Justiça, de 13 de Fevereiro de 1990 (Soares Tomé) e de 11 de Janeiro de 2005 (Lopes Pinto), sendo que estes vão ainda mais longe: fazem depender a procedência do pedido indemnizatório da identificação dos danos sofridos. No acórdão de 1990, decidiu o tribunal que a condenação da parte em indemnização à parte contrária depende "da alegação e da concretização dos prejuízos decorrentes da litigância de má fé." No aresto de 2005 conclui o Supremo Tribunal de Justiça, mantendo a decisão da Relação de não condenação da parte litigante de má fé em pagamento de indemnização, que "o réu em ponto algum da sua contestação identifica quais os prejuízos que a litigância de má fé do autor lhe causou e só estes poderiam ser atendidos".

Analisadas estas decisões forma-se a ideia de que, para os nossos tribunais superiores, a indemnização arbitrada ao abrigo do artigo 543.º [457.º] do CPC tem função restaurativa[769]. Nisto se contrapõe claramente à multa

---

[769] Na jurisprudência recente, *cfr.* os acórdãos do Tribunal da Relação do Porto, de 13 de Fevereiro de 2017 (Manuel Domingos Fernandes), decidindo-se que "[a] responsabilidade por litigância de má fé, está sempre associada à verificação de um puro ilícito processual razão pela qual os danos referidos pelo artigo 543.º só podem ser os resultados desse ilícito processual, não os resultantes da ofensa de posições jurídicas substantivas a que o litigante possa igualmente dar lugar com o seu comportamento, daí que a finalidade visada pela indemnização existente em sede de litigância de má fé não é, destarte, ressarcitória, como sucede com a responsabilidade civil mas sim meramente sancionatória e compensatória [...]" e de 6 de Fevereiro de 2020 (Fernando Baptista), em que se lê que "[a] indemnização em sede de litigância de má fé não é ressarcitória, como sucede com a responsabilidade civil,

que, equivalendo a uma pena civil, dispensa a provocação de um dano à contraparte. Enquanto aquela suporia a alegação e a demonstração dos prejuízos causados pelo acto ilícito (a litigância censurável ou de má fé), esta dispensaria qualquer resultado, tendo a natureza de sanção. Enquanto aquela visaria colocar a parte lesada na situação em que se encontraria caso não tivesse ocorrido o acto ilícito, esta teria a função de punir uma conduta desvaliosa.

391. Mas o quadro de referências acabado de descrever esfuma-se se analisarmos as decisões em que o tribunal arbitrou ou teve de pronunciar-se sobre indemnização já arbitrada.

Em primeiro lugar, cite-se o acórdão do Supremo Tribunal de Justiça, de 27 de Fevereiro de 2003 (Ferreira Girão). No caso concreto, tinha havido litigância de má fé bilateral. E, neste contexto, decidiu o Supremo que o facto de o autor ter litigado de má fé não prejudicava a sua faculdade de pedir a condenação da ré em indemnização por também ela ter litigado de má fé. E, continua o Supremo Tribunal de Justiça, "[c]om efeito, tal indemnização é também uma sanção imposta pela lei ao litigante de má fé".

Em decisão proferida pouco mais de um ano depois vem o mesmo Supremo sustentar, em acórdão de 24 de Junho de 2004 (Quirino Soares), que "[a] multa [por litigância de má fé] constitui uma sanção civil de natureza pública, cuja aplicação, no se e no quanto, escapa à fiscalização dos particulares. O mesmo se não diria, evidentemente, se a questão respeitasse à indemnização à parte contrária". Só não existirá contradição entre as duas decisões se se entender que, com este segundo aresto, é compatível uma posição segundo a qual a indemnização, não sendo uma sanção pública, será uma sanção privada.

392. Já quanto ao montante da indemnização, vão encontrar-se diversos arestos que, por sua vez, esbatem os nítidos contornos desta figura, acima assinalados.

Em acórdão da Relação do Porto, de 6 de Janeiro de 1994 (António Velho), lê-se no relatório que "ordenada a notificação das partes para se

---

mas meramente sancionatória e compensatória [...]", No mesmo sentido, *cfr.* os acórdãos do Tribunal da Relação de Guimarães, de 23 de Maio de 2019 (Eugénia Cunha), e do Tribunal da Relação de Lisboa, de 12 de Maio de 2022 (Carlos Castelo Branco).

pronunciarem sobre o montante da indemnização a fixar, o embargante indicou o montante global de 300 contos de despesas e honorários e o embargado nada disse. O Senhor Juiz fixou, então, em 150 contos a indemnização por lhe parecer razoável".

Por acórdão de 2 de Maio de 1996 (SOUSA PEIXOTO), proferido em via de recurso de decisão condenatória da parte por litigância de má fé, a mesma Relação do Porto afirmou que "o montante da indemnização não se mostra exagerado atento o valor da causa e os presumíveis honorários que os recorridos terão de suportar".

Em acórdão do Supremo Tribunal de Justiça, de 18 de Dezembro de 2003 (VITOR MESQUITA), encontra-se a seguinte decisão: "[...] o recorrente está a fazer do processo [...] um uso manifestamente reprovável [...], impondo-se a sua condenação, como litigante de má fé, em multa e indemnização à parte contrária, já que esta a pediu, reputando-se como adequada, ao caso dos autos, a multa de 10 UC e igual montante de indemnização a favor da recorrida".

No relatório do acórdão do Supremo Tribunal de Justiça, de 27 de Maio de 2004 (LUÍS FONSECA) encontra-se igualmente a seguinte descrição, que não mereceu qualquer espécie de censura: "[...] condenaram os réus contestantes a pagarem 250 Euros de multa e 500 Euros de indemnização a favor do autores, por litigarem de má fé". Do texto da decisão não constam dados que nos permitam concluir que foi feita prova no sentido de haver prejuízos no montante de 500 Euros. Aliás, os dados apontam em sentido inverso pois nenhuns factos são dados como provados relativamente a esta pretensão indemnizatória. Seja como for, estranha-se a simetria: a indemnização é igual ao dobro da multa.

Um dos arestos em que os aspectos relevantes na determinação do montante da indemnização surgem mais claramente enunciados é o acórdão do Supremo Tribunal de Justiça, de 30 de Setembro de 2004 (ARAÚJO BARROS). Lê-se nesta decisão: "[o]s montantes da condenação [...] têm de corresponder, por um lado, ao grau de culpa do litigante e à maior ou menor censurabilidade do comportamento que adoptou, acrescendo, no que concerne à indemnização, que ela deve corresponder ao reembolso das despesas a que a má fé do litigante tenha obrigado a parte contrária [...] e na satisfação dos restantes prejuízos sofridos [...] como consequência directa ou indirecta da má fé. Sendo que, na avaliação e graduação da culpa, atender-se-á à diligência do bom pai de família mas atendendo às circunstâncias do caso. [...]. É [...] pela intensidade da violação deste dever de probidade [...] que se há-de sancionar, através da aplicação da multa [...], a conduta do litigante de má fé. Ora, a multa [...] [correspondeu] a uma justa ponderação dos elementos em presença. E igual conclusão se extrai no que respeita a indemnização [...]. Na verdade, a quantia arbitrada (por contraposição à peticionada), reflecte o prudente arbítrio do tribunal recorrido, assente num critério de razoabilidade que teve em consideração, sobretudo, a natureza e a complexidade da causa, bem como a dimensão do comportamento processual indevido".

VI. A ILICITUDE NO TIPO CENTRAL

1. A METODOLOGIA DE ANÁLISE DO TIPO CENTRAL

393. Já por diversas vezes afirmámos que o artigo 456.º [542.º] denota uma diferença assinalável se confrontado com o artigo 483.º, n.º 1, do CC. O 483.º, n.º 1, do CC enuncia os pressupostos do dever de indemnizar sem descrever o comportamento que pode determinar a respectiva constituição e contendo uma cláusula de equiparação no que se refere ao elemento subjectivo da ilicitude: dolo e negligência relevam em plano de igualdade. A técnica do 483.º, n.º 1, do CC é uma técnica de qualificação: a lei limita-se a afirmar que o dever de indemnizar pressupõe um comportamento danoso, ilícito e culposo. O que significa que qualquer intervenção que reúna as características apontadas, desde que não intervenham causas de justificação ou de exculpação, fará incorrer o agente no dever de reparar os danos causados. O ilícito civil é um ilícito atípico[770].

Diferente é a técnica utilizada pelo legislador no artigo 456.º. Depois de dispor, no seu n.º 1, que quem litiga de má fé será condenado em multa e em indemnização à parte contrária se esta a pedir, o n.º 2 vem descrever uma série de comportamentos típicos, concretizadores da cláusula geral constante do n.º 1. Tal como em outros sistemas, entre eles, o brasileiro, "[n]ão há um conceito sintético, mas uma descrição analítica [das] [...] situações reputadas como configuradoras do abuso no exercício dos direitos e faculdades processuais"[771].

[770] MENEZES CORDEIRO, Direito das Obrigações, 2.º volume, n.º 310.I e 313.III, onde se faz expressa referência da submissão da responsabilidade civil delitual a um sistema de *numerus apertus*, que assenta no dano e em delitos indeterminados; PAULO SÁ CUNHA, Ilicitude, dolo, negligência e culpa em Direito Civil, p. 16 e segs.. NUNO PINTO DE OLIVEIRA, Sobre o conceito de ilicitude do artigo 483 do Código Civil, p. 524, qualifica o sistema português, que equipara ao sistema ao sistema alemão, como um sistema intermédio entre os sistemas de tipicidade e de atipicidade.

[771] HUMBERTO THEODORO JÚNIOR, Abuso de Direito Processual no Ordenamento Jurídico Brasileiro, in AAVV, Abuso de direitos processuais, p. 105.

O tipo central de responsabilidade civil por comportamento processual não se limita, assim, a qualificar uma qualquer conduta ilícita e dolosa como consubstanciando litigância de má fé sem descrever as condutas que merecem um juízo de ilicitude. Seguindo uma técnica similar à que é usada pelo legislador penal, a lei descreve os comportamentos típicos que poderão determinar, quer a condenação da parte em multa, quer a constituição do dever de indemnizar.

Por outro lado, o artigo 456.º [542.º] assenta a responsabilidade processual no conceito de má fé. Esta é depois concretizada na descrição de comportamentos típicos, que devem ser actuados pela parte com dolo ou com negligência grave. Primeiro registo: a má fé, que originariamente e no seu antecedente imediato ao que hoje encontramos em vigor, era associada ao conhecimento, pela parte, que não lhe assistia a pretensão que se arrogava ou que a sua resistência não tinha fundamento, passa a conviver com actuações típicas negligentes. Não só age de má fé aquele que *sabe* que não tem razão quando pede ou resiste – conceito puramente psicológico de má fé – como age, igualmente, de má fé aquele que não devia ignorar que não tem razão. A transmutação operada no conceito de má fé é evidente. Adaptando a construção de MENEZES CORDEIRO acerca da evolução do regime da impugnação pauliana e da relevância da expressa menção à negligência no anteprojecto VAZ SERRA[772], a entrada em jogo na má fé de descrições típicas que convivem com comportamentos negligentes significa uma clara eticização deste conceito. A litigância de má fé já não assenta em puros factos, mas em juízos normativos.

394. O aspecto que acaba de se salientar faz surgir, imediatamente, uma questão. Há descrições típicas que convivem com comissão dolosa e com comissão negligente. Aliás, encontrá-mo-las em anteriores redacções das regras equivalentes ao artigo 456.º [542.º]. Lembre-se o artigo 465.º do CPC1939 que dispunha dever considerar-se como litigante de má fé aquele que tivesse deduzido pretensão ou oposição cuja falta de fundamento *não podia razoavelmente desconhecer*. Não estava em causa o conhecimento pela parte da falta de fundamentação da sua pretensão ou da sua oposição. Já aqui a má fé decorrente da descrição típica não era psicológica, normativa.

---

[772] Da boa fé no Direito Civil, volume I, n.º 49.III (p. 495).

Ora, o que suscita estranheza é a razão pela qual o legislador vem autonomizar os elementos *dolo* e *negligência* das descrições típicas. Dir-se-á que se seguiu a técnica correcta. Porém, pode causar alguma perplexidade que os elementos subjectivos do tipo de ilícito tenham sido autonomizados no corpo do preceito que mantém descrições típicas que, pela sua formulação, absorvem já esses elementos. Veremos, porém, e no final da análise do tipo que a aparente duplicação de referências explícita e implícita aos elementos subjectivos do ilícito tem justificação.

395. Sucede que o artigo 456.º, n.º 2 [542.º, n.º 2] se refere, no seu corpo, ao dolo e à negligência grave, enquanto a cláusula geral do artigo 483.º, n.º 1, do CC se refere ao dolo e à mera culpa. Esta última vem a ser parametrizada, segundo o artigo 487.º, n.º 2, pela diligência de um bom pai de família, absorvendo, deste modo, a negligência simples e, por maioria de razão, a negligência grosseira. Verifica-se, então, que enquanto o tipo do artigo 483.º dá idêntica relevância ao dolo e à negligência, qualquer que seja a forma que esta apresente[773], para a qualificação de uma conduta da parte como uma litigância de má fé esta tem de ter agido com culpa grave.

396. Assinalando uma outra diferença entre os artigos 483.º, n.º 1, do CC e 456.º [542.º], verifica-se que enquanto aquele refere, analiticamente, a ilicitude e a culpa[774], o artigo 456.º [542.º] se limita a dispor que *age de má fé* quem, com *dolo* ou *negligência grave*, adoptar um dos comportamentos típicos.

Esta indistinção levou a doutrina a afirmar, antes da entrada em vigor do CC1966, que "o nosso Código de Processo Civil [...] estabelece sanções para as várias formas de exercício doloso do direito de acção," pelo que "[n]ão temos [...] que fazer mais do que invocar os princípios comuns segundo os quais o dolo e a culpa grave constituem ilícito"[775].

---

[773] Observando que, à face do Código Civil, a distinção entre dolo e negligência tem pouca relevância para efeitos de imputação delitual, MENEZES CORDEIRO, Direito das Obrigações, 2.º volume, n.º 332.II. MENEZES CORDEIRO, Da boa fé no Direito Civil, volume I, n.º 49.V (p. 498).

[774] Para uma análise exaustiva das razões que conduziram a esta distinção no direito da responsabilidade delitual, MENEZES CORDEIRO, Da responsabilidade civil dos administradores das sociedades comerciais, §§ 17 a 19, (§ 18).

[775] CECÍLIA RIBEIRO, Do dolo em geral e do dolo instrumental em especial no processo civil, p. 88.

Por outro lado, recorde-se a posição de JHERING a propósito da relevância da ilicitude objectiva e subjectiva no processo civil romano[776]. Pronunciando-se sobre algumas das figuras que visavam combater a lide temerária e dolosa, JHERING sustentava que o conceito de ilicitude se comportava de modo extremamente estranho nas fontes de direito. Isto porque nelas se não estabelecia qualquer distinção entre a parte que agira de modo objectivamente ilícito (no fundo, aquele que sucumbira sem actuar maliciosamente) e a parte que actuara com ilicitude subjectiva (ou seja, a parte que agira maliciosamente, contestando a pretensão da contraparte ou querendo vê-la contra ela reconhecida, sabendo não ter razão) para efeito de aplicação de sanções. Estas atingiam tanto a parte que litigara com *objektives Unrecht*, como a que litigara com *subjektives Unrecht*. A conclusão a extrair seria linear: a ilicitude processual desencadeava efeitos equivalentes quer a parte houvesse agido com ou sem culpa[777].

397. Supomos que a análise em torno dos elementos acima identificados permitirá a compreensão do instituto da responsabilidade por comportamento processual. Na tipicidade dar-se-á relevância a elementos objectivos e elementos subjectivos, com o que esta tomada de posição implica o afastamento de um conceito de acção causal por contraposição à acção final. Como é evidente, potenciam-se os problemas quando se considera que há um tipo de ilícito próprio nos tipos negligentes, nos quais também se conta com um elemento subjectivo[778]. Sendo absolutamente impossível levar, aqui, toda esta problemática até às suas últimas consequências (ou consequências finais), diremos que no tipo negligente a ilicitude não assenta, somente, no desvalor do resultado; ela depende, ainda e primacialmente,

---

[776] Das Schuldmoment im römischen Privatrecht, *in* Vermischte Schriften juristischen Inhalts, p. 168 e segs..

[777] Supomos que a evolução das fontes permite um resultado divergente daquele que é apresentado por JHERING e que o próprio Autor aceita quando refere, v.g. os pressupostos de procedência do *iudicium calumniae*. Deve, porém, ter-se em atenção que na sua origem a simples obrigação de compensação dos custos do processo dependia de uma sucumbência que só tardiamente se objectivizou e que nem em todos os sistemas jurídicos da actualidade se pode dizer estritamente ligada a uma sucumbência desligada de um juízo de censurabilidade.

[778] SELMA PEREIRA DE SANTANA, A negligência grosseira, III, com uma breve resenha das diferentes posições sobre o problema.

da violação de um concreto dever de cuidado[779], cujo cumprimento era exigível[780] ao sujeito[781].

A questão implícita nesta afirmação é vivamente debatida na doutrina. Discute-se se os deveres de cuidado devem ou não ser concretizados à luz de critérios individualizadores, podendo estes ter idêntica relevância, independentemente de as capacidades individuais do agente se situarem acima ou abaixo da média, ou relevar somente no tipo de ilícito quando a parte tenha conhecimentos superiores à média e que, em concreto, não pôs em prática, relevando no tipo de culpa quando a parte tenha conhecimentos inferiores à média.

Este problema assume relevância crucial quando se ultrapassa a estrita visão da regra e se observa a realidade. Isto porque a realidade não é aquela em que quem litiga é a parte, mas antes aquela em que quem litiga é um advogado, seja o patrocínio obrigatório ou não. Ora, se concretizarmos a negligência por referência a um leigo médio quando quem litiga é, afinal, um advogado, estaremos a baixar injustificadamente a fasquia da exigibilidade no cumprimento do dever de cuidado porque aferimos a sua concretização por referência a um autor quando deveríamos concretizá-la por referência a um agente.

A razão antecedente leva-nos a afirmar que deverá, em concreto, operar-se uma superação da parte, estabelecendo-se o padrão que a esta é exigível, quando litiga através de advogado, por referência ao advogado tipo ou padrão, salvo se o advogado, em concreto, tiver uma perícia reconhecidamente acima da média. Nesta hipótese, esta sua particular capacidade releva para a concretização da negligência, que se concretizará por referência a um sujeito que tem capacidades acima da média[782].

Recorde-se novamente o acórdão do Supremo Tribunal de Justiça, de 30 de Abril de 2003 (Araújo de Barros), cuja peculiaridade reside em o *tribunal ter procedido a uma claríssima concretização do tipo da dedução de pretensão,*

---

779 Ribeiro de Faria, O finalismo no direito civil [1993], p. 106, na explanação do pensamento de Welzel.

780 Quanto ao intuito de acentuação de uma modelação das condutas, traduzida pela exigibilidade no cumprimento do dever de cuidado, Ribeiro de Faria, O finalismo no direito civil [1993], p. 107.

781 Para uma resenha da discussão, Selma Pereira de Santana, A negligência grosseira, IV.

782 Figueiredo Dias, Direito Penal, I, 35.º capítulo, § 10 e segs. [3.ª edição, Gestlegal, 2019, 35.º capítulo, II., 2., § 10].

cuja falta de fundamento a parte não podia ignorar, por referência à pessoa do autor, vindo a condená-lo como litigante de má fé. Relembre-se que, nesta acção, o autor era advogado. Depois de o pedido ter sido julgado improcedente na primeira instância e de esta decisão ter sido mantida em julgamento de recurso, afirma o Supremo Tribunal de Justiça, no âmbito da revista, que "sendo o autor ilustre advogado deveria saber que a pretensão deduzida na acção carecia de fundamento jurídico, mais traduzindo um acto de desforço. [...] *Falta de fundamento que, se aceitável da parte de qualquer comum cidadão, se não pode nem deve desculpar em titulares de profissões que se enquadram no amplo conceito de operadores judiciários*".

398. A integração de elementos subjectivos no tipo de ilícito pode apontar para uma certa indistinção face à culpa. É nesta que, tradicionalmente, se valora a actuação do agente para se determinar se, atendendo à sua colocação ou ao modo como actua, merece a concreta sanção que a lei ordena para a sua conduta típica e ilícita. No entanto, e também numa importação da dogmática penal, os elementos subjectivos relevarão na tipicidade para que se determine se um comportamento, atendendo a estes elementos, se pode considerar típico. No momento da culpa dar-se-á, novamente, relevância a estes elementos, mas agora para a determinação do modo como influenciam o conteúdo concreto das situações jurídicas que a conduta típica e ilícita desencadeia, quer isto dizer, o tipo de culpa relevará na determinação do conteúdo concreto da obrigação de indemnizar.

Dir-se-á que esta metodologia é deslocada quando se atende, por exemplo, a um dos efeitos da litigância de má fé, a saber, à constituição da obrigação de indemnizar. Veremos, adiante, que talvez assim não seja. Não obstante o artigo 483.º, n.º 1 prescindir de uma tipicidade de condutas lesivas – é juridicamente boa ou relevante para o efeito da constituição da obrigação de indemnizar qualquer conduta danosa que seja ilícita e culposa –, há tipos substantivos especiais que apenas determinam a constituição do dever de indemnizar se o elemento subjectivo concorrer na conduta com certa conformação[783]. Por outro lado e embora a responsabilidade civil por facto ilícito – e, diga-se já, seja este um comportamento processual ou um comportamento não integrado num processo regido por regras de direito processual civil – pressuponha um

---

[783] Menezes Leitão, Direito das obrigações, 8.ª, vol. II, p. 262 [13.ª edição, 2021, pp. 253 e 254]; Pires de Lima/Antunes Varela, Código Civil anotado, II, sub artigo 798.º, n.º 2.

dano, nem sempre o dano efectivo coincide com o dano indemnizável. Se se confrontarem as regras que determinam o conteúdo concreto da obrigação de indemnizar, verificar-se-á que estas atendem à culpa na graduação do dano transferível do património do lesado para o património do lesante. O juízo de culpa releva na concretização da obrigação de indemnizar[784].

399. Consideradas as condutas objectivamente típicas, ver-se-á se a acção é ilícita, formal ou materialmente[785], se merece um juízo de desvalor objectivo[786]. Naquele sentido, a acção será considerada ilícita caso viole um dever de actuação ou de omissão prescritos na norma, ou seja, se desrespeitar a norma que estabelece um comportamento vinculado. Na medida em que, nesta noção, o ponto de referência da ilicitude é a relação da conduta com a norma[787] e não obstante as normas terem um conteúdo material (porque impõem comportamentos para tutela de bens jurídicos), estar-se-á perante um conceito formal de ilicitude.

Já se a noção de ilicitude assentar directamente no bem jurídico, dir-se-á que a acção é ilícita se lesar ou violar bens jurídicos protegidos pela norma. A perspectiva da ilicitude é material[788]. As duas perspectivas da ilicitude não são reciprocamente excludentes, antes relevando uma cadeia de sentido: a imposição de regras de conduta apenas se justifica porque, através da respectiva observância, se consegue a tutela de bens jurídicos[789]. Neste plano relevarão as causas que podem justificar a actuação que, não obstante ser típica, se possa considerar lícita.

---

[784] Ribeiro de Faria, O finalismo no direito civil [1994], p. 215.

[785] Acerca da distinção entre ilicitude formal e material, avançada por Liszt em 1903, e suas repercussões, *cfr.* Jescheck/Weigend, Lehrbuch des Strafrechts, § 24.I; Roxin, Allg. T., I, § 14.B, Rdn. 4 e segs..

[786] Ribeiro de Faria, O finalismo no direito civil [1993], p. 88 e [1994], pp. 198-199.

[787] A afirmação que se faz em texto pressupõe que ao juízo de ilicitude exista uma regra primária. Sucede que nem sempre a atribuição de uma indemnização pressupõe uma prévia ordenação de comportamentos a partir da descrição de um ilícito.

[788] Sobre a relevância prática da concepção material, compreendida como danosidade social e não apenas como contrariedade à norma e seu aproveitamento para a concepção de uma ilicitude gradativa influenciada pela gravidade da lesão por referência ao bem jurídico violado, Jescheck/Weigend, Lehrbuch des Strafrechts, § 22.III.c); Roxin, Allg. T., I, § 14.B, Rdn. 6 e segs..

[789] Sobre a prevalência do conceito formal no plano do direito posto e do conceito material no plano da criminologia na sequência de v. Liszt, Roxin, Allg. T., I, § 14.B, Rdn. 11.

400. Por fim, haverá que analisar o tipo de culpa. Uma vez que encontramos, no artigo 456.º [542.º], uma equiparação formal entre um tipo de ilícito doloso e um tipo de ilícito negligente, será no tipo de culpa que a radical diversidade da actuação do agente, por referência aos bens jurídicos que o sistema tutela, avultará[790].

Genericamente, será culposa a conduta que, sendo típica e ilícita, implicar uma necessidade de censura concreta do agente. O juízo de censurabilidade destinar-se-á a determinar se aquela concreta conduta é *pessoalmente censurável ao próprio agente*[791]. Se não ocorrerem causas de exculpação, o juízo de culpa repercutir-se-á sobre o conteúdo concreto, quer da multa, quer da obrigação de indemnizar, conforme resulta, neste caso, do artigo 494.º do CC.

2. O TIPO DE ILÍCITO

2.1. O abandono da cláusula geral da má fé e a descrição de comportamentos típicos

401. O artigo 456.º, n.º 1 [542.º, n.º 1] começa por prever que quem litiga de má fé é condenado em multa e em indemnização. Estes dois efeitos impõem imediatamente uma conclusão: a parte que litiga de má fé litiga de modo desvalioso.

Mas porque é desvaliosa a actuação da parte que litiga de má fé?

Responder a esta interrogação implica determinar o que deva entender-se por *litigar de má fé*. Que significado deverá ser conferido à expressão *má fé* no contexto específico do artigo 456.º, n.º 1 [542.º, n.º 1]? Significará que litiga de má fé a parte que postula sabendo que não tem razão, qualquer que seja a sua colocação de fins? Pressuporá a má fé, não apenas um estado de conhecimento da ausência de fundamento da pretensão, mas um dolo específico, uma actuação de parte dirigida a uma finalidade específica e reprovável, como

---

[790] Weitnauer, Aktuelle Fragen des Haftungsrechts, p. 586, na sequência da contraposição entre um ilícito objectivo e um ilícito subjectivo, proposta por JHERING e a que já se fez referência no texto e relembrando a imediata compreensão da diversidade entre actuações dolosas e negligentes, traduzida na pergunta de Creonte a Antígona.

[791] Ribeiro de Faria, O finalismo no direito civil [1993], p. 118 e [1994], p. 199.

seja a de provocar um prejuízo à contraparte através da provocação prévia de estado de erro no tribunal? Equivalerá a má fé ao dolo[792]?

Vimos que, originariamente, se considerava litigar de má fé ou maliciosamente a parte que sabia não ter razão, ou, por outras palavras, a parte que não tivesse justa causa de litigar. Do estado de conhecimento do agente de que actuava destituído de razão se inferia que a má fé pressupõe "um propósito desonesto de litigação"[793]: a parte pede aquilo a que sabe não ter direito, o réu contesta a obrigação que sabe ser devida. JHERING avança uma explicação para este conteúdo da cláusula geral, que terá consequência na delimitação da ilicitude e da culpa no âmbito processual. Segundo o Autor, aquele que contesta a pretensão do outro sabendo não ter razão age como se quisesse privá-lo daquilo que sabe ser seu. Vai ao ponto de afirmar, no estabelecimento de uma analogia, que quem contesta a pretensão do outro, sabendo não ter razão, pratica um furto através de um modo/meio legal[794].

Relembre-se o que se disse quanto à ligação entre a ausência de justa causa de litigar, a improcedência e a malícia. Se desta se podia presumir aquela, esta presunção era susceptível de ser contrariada. Com efeito, a parte podia decair e, ainda assim, porque gozava de uma série de presunções, não era tida por litigante maliciosa. Mas, recorde-se, igualmente, que se presumia que a parte sucumbente não tivera justa causa de litigar.

402. Num passo já antes referido, em 1939, o legislador decidiu fazer acompanhar a cláusula geral da má fé de uma tipicidade de comportamentos concretizadores, alguns dos quais constavam já de diplomas avulsos. Isto porque os tribunais revelavam grande resistência na condenação por litigância de má fé. Alegava-se que defluindo desta condenação (e não do comportamento da parte?) uma estigmatização do sujeito processual, os tribunais se inibiam de lançar mão do regime legal[795]. Assim, para que

---

[792] RIPERI, Concorso di norme e concorso di azioni nella responsabilità per spese e danni nel processo civile, p. 386.

[793] AMARAL BARATA, Parecer, p. 521.

[794] Das Schuldmoment im römischen Privatrecht, *in* Vermischte Schriften juristischen Inhalts, p. 169.

[795] Neste contexto, é muito interessante a análise empreendida por AMARAL BARATA, Parecer, n.º 7 e segs., na qual o Autor regista um desnível entre a actuação dos tribunais inferiores – mais avessos a condenar a parte e/ou o seu mandatário por litigância de má fé – e a dos tribunais superiores. Este desnível é, para AMARAL BARATA, causa de alguma perplexidade

estes se sentissem mais confortados com a intervenção punitiva, a lei veio tipificar os comportamentos que dispensavam a concretização da cláusula geral: verificado qualquer um deles, o juiz deveria condenar a parte que litigava de má fé em multa e em indemnização à parte contrária se esta a pedisse[796].

Na vigência do CPC1939, Cecília Ribeiro, numa noção muito compreensiva, diz-nos que a "má fé processual, em sentido jurídico, [...] é toda a actividade desonesta, cavilosa, proteladora (para cansar o adversário), unilateral ou bilateral, verificada no exercício do direito de acção, *quando desenvolvida com a intenção de prejudicar outrem*, quer ela respeite ao mérito da causa (lide caluniosa, fraudulenta, etc.), quer às medidas instrumentais, desde que seja ilícita, isto é, violadora das normas gerais e específicas da conduta processual, tendentes a criar as condições favoráveis a uma boa e justa decisão do pleito"[797]. A má fé não se identificaria com o dolo, já que aquela seria mais ampla do que este[798]. O que seria característico do dolo processual em sentido próprio seria a circunstância de ele *visar deformar o convencimento do tribunal, desviando a sentença da justiça*[799].

403. Supomos que actualmente o significado da cláusula geral constante do n.º 1 do artigo 456.º [542.º] do CPC apenas pode ser apreendido uma vez analisados os diversos tipos que a concretizam. Não obstante ela estar associada à necessidade de censura de um "comportamento inadequado à ideia de um processo justo e leal que constitui uma emanação do princípio do Estado de direito"[800], saber se a má fé pressupõe, apenas, um conhecimento

na medida em que os tribunais que estão em contacto directo com as partes, podendo "avaliar se existe dolo na actuação dos litigantes, designada e especialmente, o dolo substancial" são os tribunais de primeira instância (p. 523).

[796] Registando, não obstante a tipificação das condutas proibidas, a resistência dos tribunais na condenação das partes por litigância de má fé, decorrente da dificuldade de concretização dos tipos de ilícito, para o sistema brasileiro, Mendonça Lima, Abuso do direito de demandar, p. 61.

[797] Do dolo em geral e do dolo instrumental em especial no processo civil, p. 88.

[798] Do dolo em geral e do dolo instrumental em especial no processo civil, pp. 90 e segs.. Estabelecendo a relação exactamente inversa entre o dolo, que considera mais amplo, e a má fé, menos ampla, Barbosa de Magalhães, Processo civil e comercial, n.os 41-42, p. 340.

[799] Do dolo em geral e do dolo instrumental em especial no processo civil, p. 97.

[800] S.T.J., de 13 de Março de 2008 (Bernardino Soares).

de que se litiga sem razão, saber se a má fé sequer supõe esse conhecimento, saber se a má fé se basta com uma possibilidade de se saber que se litiga sem razão, se esta má fé requer um dolo específico de provocação de um prejuízo ou de produção de um outro resultado são questões que só podem dilucidar-se uma vez fixado o alcance dos diversos tipos de ilícito em que a má fé se concretiza. Essa análise pode revelar ou não um conteúdo unitário para a expressão *litigar de má fé*.

Ao proceder a uma tipificação das condutas que determinam a qualificação do comportamento adjectivo da parte como um comportamento de má fé, o sistema adjectivo nacional segue uma técnica similar àquela que veio a seguir o legislador brasileiro. Tal como o artigo 456.º, n.º 2 [542.º, n.º 2], também o artigo 17.º [80.º] do CPCbr tipifica uma série de condutas que concretizam a cláusula geral constante do artigo 16.º [79.º], nos termos da qual responde por perdas e danos aquele que pleitear de má fé. Técnica diversa é a da lei italiana. No artigo 96, *comma* 1, c.p.c.it., o legislador limita-se a prever o dever de indemnizar os danos causados à contraparte pela parte sucumbente que agiu ou resistiu com má fé ou culpa grave.

404. Não obstante os tipos previstos no artigo 456.º, n.º 2, [542.º, n.º 2] do CPC terem conformações bem diferenciadas entre si, é, por vezes, difícil discernir, com rigor, a fronteira que os separa. O recurso a conceitos indeterminados e a interligação entre os diversos comportamentos descritos nos vários tipos concorrem para esta situação[801].

Este aspecto é, aliás, muito evidente se se analisar a jurisprudência que recai sobre esta matéria: regra geral, a parte, quando é condenada por litigância de má, vê a sua actuação processual reconduzida a uma pluralidade de tipos. Paradigmático do que se diz é o acórdão do Supremo, de 24 de Outubro de 2006 (Paulo Sá). Esta circunstância é perfeitamente compreensível atendendo à relação típica que se verifica entre as actuações previstas nos diversos tipos. Pode dizer-se que a parte que altera ou omite factos relevantes o faz para ganhar a causa. Se assim acontece, é porque pretende que lhe seja reconhecida uma qualquer situação jurídica contra aquilo que é a realidade. Logo, deduz pretensão não fundamentada, pelo menos no que às razões de facto respeita. Porque assim actua, a parte faz um uso reprovável do processo

[801] Barbosa Moreira, A responsabilidade das partes por dano processual no direito brasileiro, p. 21.

ou dos meios processuais. Possivelmente será esta ligação entre os diversos tipos que concorre para a circunstância de, em muitas decisões, se transcrever o texto do artigo 456.º, n.º 2 [542.º, n.º 2], passando o tribunal à descrição do comportamento da parte para, a final e sem concretização de nenhum dos tipos de ilícito, afirmar que ela litigou com má fé. Assim sucede, por exemplo, com o acórdão do Supremo Tribunal de Justiça, de 20 de Setembro de 2007 (Maria dos Prazeres Pizarro Beleza). Através desta decisão o tribunal considerou ser censurável o comportamento da parte que nega factos essenciais de que tem necessariamente conhecimento, por serem factos pessoais. Todavia, não se reconduz o comportamento da parte a nenhum dos tipos referidos na disposição transcrita.

Outras vezes, a descrição parece apontar no sentido do preenchimento de um dos tipos, vindo, depois, o tribunal a reconduzir o comportamento da parte a tipo diferente. Assim sucede, por exemplo, no acórdão do Supremo Tribunal de Justiça, de 5 de Junho de 2007 (Fonseca Ramos). O tribunal entendeu que a parte, ao alegar como alegou, desvirtuou a verdade dos factos, visando um objectivo censurável. Situação idêntica ocorre com uma decisão da primeira instância e com o acórdão da Relação que sobre ela recaiu, relatado pelo Supremo, em acórdão de 12 de Setembro de 2007 (Maria Laura Leonardo). Segundo as instâncias recorridas, a parte litigara de má fé uma vez que alterara factos essenciais. Porém, a sua conduta não foi reconduzida ao tipo da al. b) do artigo 456.º, n.º 2 [542.º, n.º 2], mas ao tipo da al. a). Isto porque, como constitui seguramente o tipo de frequência, a parte, quando altera a verdade dos factos, não a altera sem um objectivo muito preciso: conseguir, com base na realidade que descreve, deduzir uma pretensão que sabe ser ausente de fundamento. O mesmo ocorrera na situação descrita no acórdão do Supremo Tribunal de Justiça, de 5 de Março de 2008: a Relação considerou verificado o ilícito da al. a) do actual artigo 456.º, n.º 2 [542.º, n.º 2] num caso em que a parte procedera a uma alteração da verdade dos factos.

405. Outra particularidade, ainda, que não pode perder-se de vista quando se analisa o artigo 456.º, n.º 2 respeita à sua evolução histórica. Não se esqueça, jamais, que apenas em 95/96 veio o legislador considerar ao lado de tipos de ilícito, que sempre foram dolosos, tipos negligentes. Consagrou-se a ilicitude daquela que Alberto dos Reis chamava a *lide temerária*, cujo fundamento era a actuação com culpa grave ou com erro grosseiro. Nestes casos, a parte "[f]oi para juízo sem tomar em consideração as razões ponderosas que comprometiam a sua pretensão"[802].

Tentemos, então, fixar os elementos dos diversos tipos.

2.2. A dedução dolosa ou gravemente negligente de pretensão ou de defesa cuja falta de fundamentação a parte não devia ignorar

406. Nos termos da al. a) do artigo 456.º, n.º 2 [542.º, n.º 2], litiga de má fé a parte que não devia ignorar que a pretensão ou a defesa que deduz não tinha fundamento. Quer isto dizer que a parte actuará ilicitamente se souber ou se devia saber que a sua pretensão, quer atendendo aos aspectos de facto, integradores da potencial causa de pedir, quer atendendo aos efeitos que deles são retirados, através da formulação de um pedido, não é compatível com aquilo que o sistema dita. Com origem localizável em Gaio[803] e com assento no sistema nacional nas diversas fases da sua evolução, identifica-se, através deste tipo, o dever da parte de indagar, antes de propor a acção, da fundamentação da sua pretensão[804].

Na evolução deste tipo, o conhecimento efectivo quanto à falta de fundamentação foi substituído pela exigibilidade desse conhecimento. É compreensível a razão da alteração. Pressupor, para a condenação da parte, que fosse dado como provado o facto de que esta sabia efectivamente que a pretensão ou a defesa apresentadas careciam de fundamento equivaleria a inviabilizar praticamente o funcionamento da regra. Seriam seguramente escassas as situações em que, através dos índices disponíveis, se pudesse inferir o conhecimento da parte quanto à falta de fundamento da pretensão ou da defesa. Ora, bastando-se a lei com a exigibilidade de conhecimento – e, com esta referência, fazendo apelo implícito a uma boa fé subjectiva porque dependente de um estado de conhecimento efectivo ou exigível do agente –, a prova do facto pode ser feita a partir de índices externos, construídos sobre a parte média. Mesmo que a parte alegue a sua boa fé, entendida esta em

---

[802] Código de Processo Civil anotado, vol. II, *sub* artigo 465.º, p. 262.

[803] D. 50, 17, 42, onde Gaio contrapõe as coisas que são desonrosas por natureza, como é o caso do furto e do adultério, àquelas que apenas o são segundo o costume de dado lugar, como sucede com a condenação em acção de tutela que pode ser pronunciada inclusivamente contra um homem honrado.

[804] Trutter, Bona fides im Civilprozesse, p. 9.

sentido subjectivo, litigará de má fé se, não obstante não conhecer a falta de fundamento da pretensão ou da defesa, lhe fosse exigível que a conhecesse[805].

407. A alteração do elemento do tipo respeitante ao conhecimento permite uma articulação entre os elementos subjectivos e objectivos. Se se prova que a parte sabia que a sua pretensão ou defesa careciam de fundamento e que, não obstante este conhecimento, as deduziu, a parte agirá dolosamente. A pretensão e a defesa são, em concreto, absolutamente injustificadas[806]. É o núcleo duro da litigância de má fé.

Não sendo possível realizar prova sobre o conhecimento efectivo da falta de fundamentação, estará afastada a possibilidade de concretização do tipo doloso. A parte, se lhe for exigível o conhecimento do facto *falta de fundamentação*, ao actuar como actuou, formulando uma pretensão ou apresentando uma defesa com falta de fundamento, terá agido negligentemente, posto que só é logicamente admissível o resultado – no nosso caso, a prática de um facto – se ela houver violado deveres de indagação e cuidado. A parte apenas deduziu a pretensão que não tem fundamento, não porque assim quis, sabendo que a situação era de falta de fundamentação, mas porque, ao não indagar se a sua pretensão era fundamentada, no plano do facto e do direito, acaba por praticar uma acção com aquelas características.

Esta segunda passagem, respeitante à violação de deveres de cuidado, é fundamental no tipo negligente, já que, não sendo a conduta intencional, haverá que indagar se impendia sobre a parte um dever legal de evitar um resultado e se, através da violação de tais deveres, a parte "criou um risco não permitido que se concretizou no resultado típico"[807]. Só neste caso o tipo estará preenchido ou, talvez ainda de modo mais preciso, somente se a parte viola os deveres de indagação devidos no caso concreto (perante o tipo concreto), o tipo negligente estará preenchido[808]. A parte pratica um acto

---

[805] *Cfr.*, neste sentido, o acórdão do Supremo Tribunal de Justiça, de 20 de Março de 2004 (Salazar Casanova) e o acórdão do Tribunal da Relação de Lisboa, de 16 de Dezembro de 2021 (Nelson Borges Carneiro).

[806] Para a interpretação equivalente do inciso IV do artigo 17.º CPCbr73 [77.º], Arruda Alvim, Resistência injustificada ao andamento do processo, p. 16.

[807] Figueiredo Dias, Direito Penal, I, 35.º capítulo, § 20, p. 876 [3.ª edição, Gestlegal, 2019, 35.º capítulo, II., 2.2.2., § 20, p. 1021].

[808] Figueiredo Dias, Direito Penal, I, 35.º capítulo, § 16 [3.ª edição, Gestlegal, 2019, 35.º capítulo, II., 2.2., § 16]

desconforme e provocador de um dano num bem juridicamente protegido porque, antes de agir, devia ter observado os deveres de indagação que sobre ela impendiam; o desconhecimento quanto à falta de fundamentação é-lhe imputável, sendo censurável[809]. É irrelevante se agiu prefigurando, mas não se conformando, com o facto de a pretensão ou a defesa carecerem de fundamento ou se nem sequer o prefigurou, uma vez que tenha violado os deveres de cuidado e de indagação que sobre ela impendiam. Quer isto dizer que, no contexto do artigo 456.º, n.º 2, al. a) [542.º, n.º 2, al. a)], releva tanto a negligência consciente, quanto a negligência inconsciente, já que os dois tipos de negligência, com os quais opera o direito penal, são conjugáveis com a negligência grosseira.

408. A concretização do grau de exigibilidade quanto ao conhecimento da falta de fundamento da pretensão ou da defesa é realizada pela graduação da negligência, constante do corpo do n.º 2, sob pena de desconformidade constitucional da norma enquanto regra sancionatória. Admitir a interpretação inversa seria admitir que o tipo pudesse alterar, ampliando, os elementos gerais do tipo de ilícito, entre os quais se conta a negligência grave, enunciada no corpo da regra de tipicidade. Deste modo, e não obstante a expressão do artigo 456.º, n.º 2, al. a) [542.º, n.º 2, al. a)] ser compatível com a negligência simples, para que a conduta da parte seja qualificada como conduta de má fé deverá ela ter agido com culpa grave ou negligência grosseira. Os elementos subjectivos da ilicitude, referidos no corpo do n.º 2 do artigo 456.º [542.º], têm, neste caso, a função de delimitar a actuação típica ilícita que poderia, na sua enunciação, ser preenchida com qualquer parâmetro de negligência. Só vale a negligência grosseira ou culpa lata.

Assim, para que a dedução de pretensão não fundamentada possa consubstanciar uma conduta típica de litigância de má fé a parte deverá ter actuado de modo particularmente negligente, ou seja, de um modo que permita sustentar estar-se perante "um **grau essencialmente aumentado ou intensificado** de negligência"[810]. Só porque a parte actua com *negligentia supina* é que ela se conduz e comporta como o faz. A generalidade das

---

[809] *Cfr.* o acórdão do Tribunal da Relação de Lisboa de 16 de Dezembro de 2021 (Nelson Borges Carneiro).

[810] Figueiredo Dias, Direito Penal, I, 36.º capítulo, § 17, p. 903. Sublinhado no texto [3.ª edição, Gestlegal, 2019, 36.º capítulo, IV., § 17, p. 1050].

pessoas[811] ou todas as pessoas[812], pertencentes à categoria social e intelectual da parte real, colocadas naquela situação em concreto, ter-se-iam abstido de litigar, uma vez que, cumprindo os seus deveres de indagação, teriam concluído não terem, quer a pretensão, quer a defesa, fundamento. Só um sujeito extraordinariamente desleixado[813] age como agiu a parte. No fundo, o que estará em causa é uma ligeireza particularmente grosseira quanto ao modo como a parte configura a sua pretensão ou defesa, omitindo, nesta sua actuação, os mais elementares deveres de cuidado e de indagação. A parte que actua com negligência grosseira viola de modo grosseiro os deveres de cuidado que são absolutamente básicos e que deveria ter cumprido antes de propor a acção ou de deduzir a sua defesa[814].

Neste contexto é relevante a concretização operada pelo Supremo Tribunal de Justiça, em acórdão de 30 de Abril de 2003 (Araújo de Barros). Confrontado com a dedução de uma determinada pretensão por um advogado, afirma o tribunal: "sendo o autor ilustre advogado deveria saber que a pretensão deduzida na acção carecia de fundamento jurídico [...]. Falta de fundamento que, se aceitável da parte de qualquer comum cidadão, se não pode, nem deve, desculpar em titulares de profissões – como a de advogado – que no fundo se enquadram no amplo conceito de operadores judiciários, colaboradores na administração da justiça e que, como tal, não devem ignorar as condições penosas com que os tribunais tentam levar a cabo a espinhosa missão de julgar." Não obstante este último segmento da decisão respeitar, já, ao tipo de culpa, uma vez que denota a especial censurabilidade, em concreto, da conduta do concreto agente, a primeira é relevante na compreensão do modo como a jurisprudência, e bem, vem concretizando a parte padrão, a partir da qual se estabelecerá o patamar da diligência devida pela parte concreta.

409. A última questão a merecer resposta em face do artigo 456.º, n.º 2, al. a) [542.º, n.º 2, al. a)] respeita à eventual exigência de um dolo específico

811 Menezes Leitão, Direito das Obrigações, 8.ª, I, p. 322 [16.º edição, 2022, pp. 309 a 316].

812 Cabral de Moncada, Lições de Direito Civil, II, p. 456, nota 2.

813 Manuel de Andrade, Teoria geral das obrigações, 1.ª, p. 337; 3.ª, 342.

814 Para a discussão quanto ao elemento relativamente ao qual a negligência grosseira releva directamente – se no tipo de ilícito, se no tipo de culpa, se em ambos – Figueiredo Dias, Direito Penal, I, 36.º capítulo, IV., §§ 17 e 18 [3.ª edição, Gestlegal, 2019, 36.º capítulo, IV., §§ 17-18], na sequência de Roxin, Allg. T., I, § 24, Rdn. 87.

da parte. Para que a conduta da parte seja típica exigir-se-á que, através dela, ela pretenda alcançar uma qualquer finalidade específica? É evidente que à postulação preside sempre uma finalidade típica: a parte quando pede alguma coisa, pretende provocar uma decisão favorável em seu benefício. A parte que se defende, pretende sempre evitar uma decisão desfavorável. Requerer-se-á a demonstração de que a parte que deduz uma pretensão sem fundamento queira obter uma decisão de procedência quando sabe que, não só não deveria ter provocado a intervenção do poder judicial, como ainda que, tendo-a provocado, a decisão deva ser de improcedência? Ou que a parte que se defende sem fundamento queira evitar a decisão de procedência, que é a decisão que ela não pode ignorar ser a devida?

O artigo 456.º, n.º 2, al. a) dá resposta negativa a estas interrogações. Se parece evidente que a parte que sabe deduzir uma pretensão sem fundamento pretende obter uma decisão que, não obstante a sua conformidade aparente, é patológica porque não coincidente com os dados da realidade, prescinde a lei de uma sindicância quanto aos fins do sujeito processual[815]. Se bem que, em última instância, "a conduta dolosa [se] destin[e] a surpreender a boa fé do tribunal [...] [procurando] além disso surpreender a boa fé da parte contrária"[816], o preenchimento do tipo de ilícito dispensa a aferição das finalidades do agente.

410. Se se compulsarem as decisões acima identificadas, verifica-se grande resistência da jurisprudência na recondução da actuação das partes a este tipo. As dificuldades na sua concretização são imensas, sendo curioso registar o facto de a alteração do elemento subjectivo do tipo não ter provocado uma inflexão significativa na jurisprudência. Veja-se, para além da jurisprudência acima relatada, o acórdão do Supremo Tribunal de Justiça de 13 de Fevereiro de 2007 (João Camilo), já prolatado após as alterações de 95/96. Porque não foi possível fazer prova concludente quanto à circunstância de a parte ter tido conhecimento de uma dada situação de facto, não lhe foi recriminada a dedução de pretensão que, caso conhecesse aquela situação, saberia ser carecida de fundamento.

Mesmo quando se avança com a hipótese de dedução de pretensão contra lei expressa, a concretização do tipo não será frequente. A sua verificação

---

[815] Barbosa Moreira, A responsabilidade das partes por dano processual no direito brasileiro, p. 22.

[816] Paulo Cunha, Simulação processual e anulação do caso julgado, p. 48.

pressupõe uma norma considerada inequívoca, relativamente à qual seja impensável a razoabilidade de interpretação diversa daquela que constitui *opinião comum dos Doutores* e da jurisprudência. Nem mesmo as regras relativas aos prazos contam com este grau de certeza quanto ao respectivo sentido; basta que o facto determinante do momento a partir do qual o prazo se conta seja de equívoca concretização. E por isso a jurisprudência é tão restritiva na recondução da conduta das partes processuais a este tipo de ilícito, especialmente se a sua actuação não é dolosa[817]. Conforme se lê no acórdão do Supremo Tribunal de Justiça, de 15 de Junho de 1993 (MARTINS DA COSTA), "[a] condenação por litigância de má fé importa uma actuação dolosa ou maliciosa que, em matéria de direito, raramente poderá ocorrer". Para além das decisões acima arroladas, podem, ainda, ser compulsados os acórdãos de 1 de Março de 2007 (SALVADOR DA COSTA) e de 11 de Outubro de 2007 (SALVADOR DA COSTA), nos termos dos quais a sustentação de posições jurídicas que não correspondem à boa interpretação da lei não constitui, por si só, litigância de má fé.

2.3. A alteração dolosa ou gravemente negligente da verdade dos factos e a omissão dolosa ou gravemente negligente de factos relevantes

411. O tipo da alínea b), que integra dois subtipos, ancora, directamente, na matéria de facto. Segundo a descrição típica, incorre em má fé a parte que tiver alterado a verdade dos factos[818] ou que haja omitido factos relevantes

---

[817] O problema não é específico do domínio processual, podendo ser analisado em termos bem mais abrangentes quando se pergunta se o erro de direito funciona como causa de exculpação. Sobre este ponto, MAYER-MALY, Rechtsirrtum und Rechtsunkenntnis als Problem des Privatrechts, pp. 133 e segs. (pp. 153 e segs.).
Se a parte não actua dolosamente, ou seja, se não deduz uma pretensão ou uma defesa sabendo que não tem razão, mas antes deduz uma pretensão ou uma defesa carecidas de fundamento, ao fazê-lo, actuará em erro. É certo que o erro decorre da violação de deveres de cuidado: só porque a parte não foi diligente, procurando esclarecer-se melhor, é que ela agiu processualmente como agiu. O erro é considerado injustificado, sendo a conduta da parte ilícita, se ela agiu com grave ou grosseira preterição de tais deveres.

[818] Acórdão do Tribunal da Relação de Guimarães de 5 de Janeiro de 2005 (ANTÓNIO MAGALHÃES), em que foi provada a existência de consentimento dado por um dos autores à ocupação que a ré fazia de uma determinada parcela de um prédio depois de, na petição, ambos os autores alegarem ser a ocupação ilegítima por falta de autorização; Acórdão do

para a decisão da causa[819]. Tanto actua ilicitamente a parte que altera os factos tal como ocorridos, como a que omite factos relevantes[820]. Mas enquanto que a parte que altera a verdade dos factos tanto merece censura se apresentar uma versão inverdadeira de factos essenciais ou de factos instrumentais, segundo o Supremo Tribunal de Justiça, a parte que omite factos apenas merece censura se essa omissão atingir factos relevantes, ou seja, factos principais[821]. Supomos que esta última posição deva ser atenuada: se os factos instrumentais forem determinantes para a indiciação de um facto principal, a sua omissão assumirá relevância directa na decisão.

A ilicitude associada à omissão há-de, ainda, ser entendida em articulação com outros pontos do sistema. Assim, a ilicitude pressupõe a omissão de factos que beneficiam a parte que os omite e que favorecem a parte contrária.

Este o critério que norteou o BGH, em decisão de 18.10.1995[822]. Discutia-se a admissibilidade do comportamento da parte – uma associação de defesa da concorrência – que, em procedimento em que fora deduzida uma pretensão no domínio da concorrência – proibição de publicação de determinado relatório elaborado sobre um produto de beleza fabricado pela ré, cuja natureza publicitária acabava por resultar manifesta –, pugnava pela ocultação dos factos relevantes para a verificação da sua legitimidade processual. As instâncias entenderam que, não obstante tratar-se de factos relevantes – da sua verificação tal como alegados pela autora, mas impugnados pela ré, decorre a admissibilidade da acção por preenchimento

Tribunal da Relação do Porto de 12 de Junho de 2008 (Ferreira da Costa), que condenou o autor como litigante de má fé uma vez que este alegara ter sofrido danos na sequência de um acidente de trabalho, vindo a provar-se que a lesão fora sofrida enquanto jogava futebol.

819 Acórdão do Tribunal da Relação de Lisboa de 24 de Abril de 2008 (Pereira Rodrigues), que condenou o autor por litigância de má fé uma vez que, depois de invocar que a ocupação que o réu fazia de determinado imóvel era ilegítima porque destituída de título, veio a provar-se, na sequência da contestação, que entre as partes havia sido celebrado um acordo que permitia aquela ocupação.

820 Operando uma distinção entre a dedução de factos que a parte sabe não serem verdadeiros – conduta ilícita por contrária ao dever de verdade – e a dedução incompleta dos factos relevantes – que não constitui conduta ilícita, mas que consubstancia uma actuação contrária à boa fé –, Trutter, Bona fides im Civilprozesse, p. 59.

821 Assim, acórdão do Supremo Tribunal de Justiça de 13 de Março de 2008 (Cardoso de Albuquerque).

822 BGHZ 131, 90-95.

dos pressupostos processuais, entre eles, a legitimidade –, a parte não só podia ocultá-los, como beneficiar deles, não estando em causa uma violação do *rechtliches Gehör*/contraditório.

O BGH, apoiando-se, tanto na sua anterior jurisprudência[823], como na jurisprudência do BVerfG[824], sustenta que só em situações extremas - *v.g.*, ocultação de factos integráveis em segredo de negócio –, pode a parte aproveitar-se dos efeitos para si benéficos de factos que ela mantém ocultos ao longo do processo e que prejudicam a contraparte.

412. A restrição acabada de operar poderia entender-se necessária já que seria um contra-senso supor que a parte pudesse se condenada por litigância de má fé por estar a alterar a verdade dos factos ou a omitir factos relevantes contra si mesma. No entanto, se bem que este argumento possa impressionar, não resiste se se tomar em atenção que entre os bens jurídicos tutelados pela norma está a Justiça. Em abstracto, a mentira contra si mesmo tanto desrespeita e desacredita o sistema de Justiça e a função judicial, como a mentira que prejudique outrem. Deste modo, a mentira contra si ou a omissão contra si poderia dizer-se englobada pelo tipo de ilícito do artigo 456.º, n.º 2, al. b) [542.º, n.º 2, al. b)].

Mas também esta conclusão não resiste. E assim é porquanto o sistema prevê intervenções assistenciais do juiz, destinadas a permitir que a parte supra as insuficiências, imprecisões na exposição ou concretização da matéria de facto (*cfr.* artigos 508.º, n.º 1, al. b) [590.º, n.º 2, al. b)] e n.º 3 [4], 508.º-A, n.º 1, al. c) [591.º, n.º 1, al. c)], 650.º, n.º 2, al. f))[825].

Dificilmente se encontraria a razoabilidade de uma solução que implicasse a concessão de poderes assistenciais ao juiz quando o comportamento da parte, que pudesse dar origem ao respectivo exercício, fosse um comportamento ilícito. Deste modo, apesar da amplitude do tipo objectivo do artigo 456.º,

---

823 Decições de 8.1.1985, BGHZ 93, 191-213 e de 15.4.1994, NJW 1994, 2899.

824 Decisão de 11.10.1994, através da qual o tribunal veio declarar contrária aos princípios do Estado de Direito que seja usada no processo uma prova – no caso, um laudo pericial – quando nem as partes, nem o tribunal tiveram acesso às informações de que partiu o perito para chegar às conclusões que apresentou.

825 Sobre os deveres assistenciais do juiz no suprimento de insuficiências e imprecisões na exposição da matéria de facto, Paula Costa e Silva, Saneamento e condensação no novo processo civil, II.2. e III.2.3.

n.º 2, al. b) [542.º, n.º 2, al. b)], haverá que entender que a ilicitude, também porque pressupõe um desvalor, ainda que objectivado, da conduta ou acção, pressupõe que a parte actue em seu benefício ao alterar a verdade dos factos ou ao omitir factos relevantes.

Uma vez mais a manipulação da matéria de facto é instrumental à dedução de uma pretensão ou de uma defesa que não são fundamentadas. A parte não altera a descrição dos factos da causa por alterar. Se actua dolosamente, altera-os intencionalmente pois pressuporá que, se assim não fizer, não obterá uma decisão favorável. A alteração é, deste modo, instrumental, da obtenção de uma decisão favorável à parte que assim actua, decisão que ou não lhe seria favorável ou não lhe seria tão favorável caso descrevesse correctamente os factos essenciais da causa, sejam estes principais ou instrumentais. Não obstante a existência de um nexo típico entre a alteração da matéria de facto e a intencionalidade do agente, a lei prescinde dele, desinteressando-se das finalidades últimas do agente. A ilicitude reside, desde logo, na actuação da parte, que viola os deveres de verdade e de boa fé processual[826]-[827].

413. É claro que há-de perguntar-se que contornos assume o dever de verdade. A parte que alega factos que não coincidem com a verdade estará necessariamente a litigar de má fé? Ou estará apenas a litigar de má fé a parte que sabe não serem verdadeiros os factos que alega ou que não pode ignorar que tais factos não são verdadeiros? Até onde vai o dever de verdade de modo a que a sua infracção possa ser considerada como litigância de má fé?

Responder a esta interrogação leva-nos tão longe quanto perguntar que função deve considerar-se assinada ao processo civil. Qual é a função do processo civil? Resolver um conflito de interesses após um processo de descoberta da verdade? Resolver um conflito de interesses depois de averiguado se a parte cumpriu todos os seus deveres acessórios no que à indrotegeda materia de facto respeita?

---

[826] Já antes da expressa consagração de um dever de boa fé processual, no artigo 266.º-A do CPC1961 [8.º], escrevia Alberto dos Reis: "As partes têm o dever de, *conscientemente*, não formular pedidos injustos, não articular factos contrários à verdade, não requerer diligências meramente dilatórias, numa palavra, têm o dever de proceder de *boa fé*". Código de Processo Civil anotado, vol. II, *sub* artigo 465.º, p. 263.

[827] *Cfr.* o acórdão do Supremo Tribunal de Justiça, de 8 de Outubro de 2019 (Maria João Vaz Tomé).

414. A questão que acabámos de colocar é veiculada por Blomeyer[828] quando o Autor toma posição acerca da construção de Hopt relativa à propositura de acções injustificadas/*unberechtigte Verfahrenseinleitung*. Prevendo o § 138, I, ZPO que as partes devem apresentar as suas declarações acerca da matéria de facto de modo completo e em consonância com a verdade, pugna Hopt por uma interpretação literal deste preceito, entendendo Blomeyer que ele tem de ser necessariamente interpretado restritivamente. O fundamento de cada uma destas posições reside nos deveres acessórios que se entende impenderem sobre as partes no que respeita à alegação da matéria de facto. E a conformação destes deveres acessórios depende, não apenas da visão que se tenha da função do processo, como ainda do equilíbrio que se pensa dever estabelecer-se entre os diversos interesses em presença[829].

Pergunta-se: quando a lei afirma que as partes devem apresentar as suas declarações relativas à matéria de facto de modo consentâneo com a verdade o que lhes impõe? Que elas apenas aleguem factos verdadeiros? Ou factos que elas crêem ser verdadeiros[830]? Se forem factos que elas crêem ser verdadeiros, crêem-nos verdadeiros com que fundamento? Por que expressamente os investigaram antes da propositura da acção? Por que suspeitam intimamente que são verdadeiros, sem qualquer indagação prévia? Por que tais factos são verosimilmente verdadeiros?

Blomeyer toma posição muito clara acerca desta interrogação[831]. Segundo o Autor, a função do processo traduz-se exactamente na descoberta da verdade, no exame, na decisão, acerca da correcção das alegações das partes. Entender o contrário seria confinar o processo à mera decisão sobre a questão de direito uma vez que a verdade dos factos se teria como pré-estabelecida. Mais: o autor deveria, antes da propositura da acção, desencadear uma espécie

[828] Schadensersatzansprüche des im Prozeß Erlegenen wegen Fehlverhaltens Dritter, p. 41.

[829] Acentuando, claramente, este vector, Henckel, Prozessrecht und materielles, Recht, pp. 304-305.

[830] Arriscamos afirmar que Teixeira de Sousa daria resposta positiva a esta interrogação, uma vez que o Autor sustenta, em Introdução ao processo civil, 2.ª, p. 72, que "[q]uanto ao dever de verdade, importa acrescentar que ele apenas implica que a parte tem a obrigação de apresentar os factos tal como, em sua opinião, eles ocorreram. Para aferir a boa fé da parte o que releva é, assim, uma verdade subjectiva, pois que só litiga de má fé a parte que alega o que não conhece ou que omite o que acontece."

[831] Schadensersatzansprüche des im Prozeß Erlegenen wegen Fehlverhaltens Dritter, p. 41.

de procedimento de indagação ou de investigação (*Ermittlungsverfahren*, no original), de modo a estabelecer a verdade dos factos que, ulteriormente, sustentariam a sua alegação. Porém, sobre o autor não impende semelhante dever de indagação pré-processual[832], sob pena de ele não poder fazer apreciar a sua visão subjectiva da verdade por um tribunal independente e no âmbito de um procedimento legalmente instituído[833]. A imposição do dever de indagação constituiria, de algum modo, uma limitação inadmissível do direito de acção. Esta linha argumentativa pressupõe a impossibilidade de imposição às partes de um dever pré-processual de descoberta da verdade, sempre restando perguntar se a verdade a que podemos aceder não é aquela que emerge de um processo, em que um discurso narrativo há-de ser comprovado[834].

415. O caminho seguido por Blomeyer estivera subjacente à decisão absolutória proferida pelo BGH, em 3 de Outubro de 1961, em acção de indemnização fundada em danos causados por dedução de pedido infundado de insolvência. Segundo este tribunal, o credor não está obrigado a indagar, com cuidado, antes de recorrer à via judicial, se esse recurso é justificado, nem mesmo a aquilatar os seus interesses com os do requerido[835]. Por esta razão, não pode entender-se ter o credor violado o direito do devedor sobre a sua empresa e actividade empresarial se aquele deduz negligentemente um pedido de declaração de insolvência contra este.

416. A construção de Blomeyer surge como crítica da posição anteriormente assumida por Hopt. Com efeito, Hopt, partindo de uma equiparação entre o autor de um processo cível e o Ministério Público, enquanto parte do procedimento criminal, acaba por sujeitar aquele aos apertados limites a que está submetido este na promoção da acção penal. Esta equiparação leva-o a

---

[832] Blomeyer, Schadensersatzansprüche des im Prozeß Erlegenen wegen Fehlverhaltens Dritter, p. 47.

[833] Henckel, Prozessrecht und materielles Recht, p. 298.

[834] Aprofundando esta linha de investigação, Aroso Linhares, Entre a reescrita pós-moderna da modernidade e o tratamento narrativo da diferença ou a prova como um exercício de passagem nos limites da juridicidade, pp. 565 e segs. e 751 e segs..

[835] No original, "der Gläubiger ist deshab nicht verpflichtet, zuvor mit Sorgfalt zu prüfen, ob er sich zur Ingangsetzung des Verfahrens für berechtigt halten darf, oder gar seine Interessen gegen die des Schuldners abzuwägen". *Loc. cit.*, p. 21.

sustentar, numa construção que foi, desde logo, criticada por excessiva[836], que sobre o autor (e, dir-se-á, necessariamente, sobre o réu, uma vez que também este pode alegar factos na acção) impende um amplo dever de indagação acerca dos factos que deduz sob pena de violação do § 138, I, ZPO.

417. Deve acentuar-se que HOPT avança para a sua construção acerca da responsabilidade fundada em pedido infundado partindo de situações muito críticas no que respeita aos efeitos colaterais da acção. Os casos que enuncia e para os quais propõe uma ampliação do dever de indemnizar de modo a abranger-se a litigância infundada negligente são aqueles em que a propositura da acção repercute danos muito significativos na esfera da parte demandada. Indiquem-se, a título meramente exemplificativo, os pedidos infundados ou injustificados de insolvência e os pedidos relativos a direitos industriais (*v.g.*, inibição de uso de sinais distintivos, inibição de produção e comercialização de produtos por alegada violação de patente).

Ora, o que é curioso verificar é que mesmo quem defende que a responsabilidade por actuação processual deve restringir-se aos comportamentos dolosos, negando um especial dever de indagação prévia, acaba por ampliar esta responsabilidade quando os interesses do demandado devam prevalecer sobre os interesses do demandante, impondo a este particulares deveres de cuidado.

Assim procede HENCKEL. Depois de afirmar peremptoriamente que a parte não tem qualquer dever de indagação quanto ao fundamento do seu pedido antes de dar início à acção e que apenas a utilização dolosa abusiva constitui ilícito susceptível de fundar um dever de indemnizar os danos provocados à contraparte[837], sustenta que se as estruturas processuais não absorverem todos os efeitos colaterais negativos do comportamento do sujeito

---

[836] BLOMEYER, Schadensersatzanspüche des im Prozeß Unterlegenen wegen Fehlverhaltens Dritter, pp. 41 e segs. (p. 43, onde critica igualmente a leitura de HENCKEL relativa ao § 138, I, ZPO); ESSER, Buchbesprechung zu Klaus Hopt, Schadensersatz aus unberechtigter Verfahrenseinleitung, pp. 348 e segs.; HENCKEL, Prozessrecht und materielles Recht, pp. 296 e segs. (pp. 298 e seg., onde rejeita a concepção de HOPT, segundo a qual o § 138.I é uma norma de protecção); WEITNAUER, Aktuelle Fragen des Haftungsrechts, p. 590; ZEISS, Buchbesprechung zu Klaus Hopt, Schadensersatz aus unberechtigter Verfahrenseinleitung, p. 198.

[837] Prozessrecht und materielles Recht, p. 303.

processual, haverá que fazer uma ponderação concreta dos bens jurídicos em presença. Esta ponderação é destinada a determinar qual dos bens jurídicos deve prevalecer, se o interesse da parte em recorrer aos tribunais para decidir uma questão, acerca de cujo fundamento não tem segurança, se o interesse da contraparte, que vê lesado um bem jurídico protegido. E conclui HENCKEL que os deveres de cuidado da parte que recorre aos tribunais são intensificados na proporção da lesão que esse recurso pode provocar à contraparte[838]. Isto porque o interesse da parte em submeter qualquer afirmação por si considerada verdadeira ao escrutínio do tribunal cede perante a necessidade de tutela da parte contrária[839]. Assim sucede, nomeadamente, quando os bens em confronto são, por um lado, o direito à decisão de um litígio, cuja fundamentação se não tem por segura, e, por outro, o direito à honra ou ao bom nome da parte contrária. Neste caso, a parte activa tem de indagar com cautela se os comportamentos que imputará à parte contrária podem ser considerados verdadeiros. Identicamente se resolve a ponderação caso ao interesse do autor se contraponha o direito à integridade física e mental da parte contrária. Também nesta hipótese se reforçam os deveres de cuidado do demandante.

418. Quanto ao dever de actuar segundo a boa fé, aqui concretizada no seu significado objectivo, não obstante a muita contestação e resistência que encontrava, essencialmente provinda de uma visão marcadamente conflitual do processo, foi expressamente afirmado pelo legislador português na reforma de 95/96. Assim se atalha uma longa discussão travada em ordenamentos que o não consagraram sob forma de lei.

Tendo sido, já, qualificado como "baluarte vivificante do ente *processo*"[840], concorre, também ele, para uma justa e eficaz composição do litígio, impõe o dever de boa fé às partes que litiguem com correcção e respeito pela contraparte. Isto implica que sobre elas impendam essencialmente proibições de agir[841], já que as imposições de comportamentos estão, regra geral, ligadas a outros deveres, *rectius*, ao dever de cooperação. Não obstante o conflito de

[838] Prozessrecht und materielles Recht, p. 303, onde se lê: "*Die Prüfungspflicht wächst in dem Maße, in dem der Gegner gefährdet wird*".

[839] Prozessrecht und materielles Recht, p. 304.

[840] LUSO SOARES, A Responsabilidade Processual Civil, p. 165.

[841] DÖLLE, Pflicht zur redlichen Prozessführung, p. 290 e nota 30.

interesses ser conatural ao processo contencioso, a solução nele obtida não pode resultar de uma luta desleal.

Se muitas práticas desleais são reprimidas através de meios diversos (nomeadamente, através da imposição de uma pluralidade de ónus às partes, como sejam todos aqueles que respeitam à dedução de matéria de impugnação ou de excepção dentro de determinados prazos, bem como de apresentação de meios de prova, sob pena de preclusão, permitindo-se que as partes partam de elementos estáveis no desenvolvimento da instância), outras só através da imposição de um dever de actuação de boa fé e da intervenção repressiva, em caso da sua violação, se podem aplacar. Aliás, este dever de boa fé permeará os diversos tipos de ilícito, constantes do artigo 456.º, n.º 2 [542.º, n.º 2].

Seja a violação dos deveres de probidade e de boa fá intencional, seja negligente, por violação dos deveres de cuidado que a parte deve colocar no apuramento dos factos relevantes da acção, ela será relevante à luz do tipo de ilícito da al. a). Quer isto dizer que a al. b) comporta um tipo de ilícito doloso e um tipo de ilícito negligente.

419. Para além de uma alteração ou omissão de facto relevantes no momento da propositura da acção, a jurisprudência tende a considerar incluída no tipo de ilícito a conduta da parte que, em recurso, estriba a sua posição em factualidade diversa daquela que foi considerada provada pelas instâncias e que é insusceptível de nova apreciação. Assim sucedeu no acórdão do Supremo Tribunal de Justiça, de 22 de Junho de 2006 (Ferreira Girão), no qual o tribunal condenou por litigância de má fé a parte que, "denotando o mais absoluto e inadmissível desprezo pelos elementares princípios processuais – *maxime*, o de não alterar a verdade factual que se encontra fixada no processo [...] – apresenta [...] o arrazoado conclusivo [...] em que, autisticamente e sem qualquer apoio probatório, insiste na sua verdade dos factos, fazendo letra morta de normas como a do n.º 4 do artigo 662 CPC [...] e a do n.º 3 do artigo 674 [...]"[842].

O que antecede era crucial para que se pudesse justificar que o tipo de ilícito descrito na al. b) do artigo 456.º, n.º 2 [542.º, n.º 2] tanto pode ser

[842] Em sentido idêntico, se bem que com uma maior indistinção quanto ao âmbito de aplicação dos tipos de ilícito constantes das als. a), b) e d) do artigo 456.º, n.º 2, *vide* acórdão do Supremo Tribunal de Justiça, de 24 de Outubro de 2006 (Paulo Sá).

cometido pelo autor, quanto pelo réu. Se, em primeira instância, a omissão de factos relevantes para a causa, que beneficie o próprio réu, deve ser vista em articulação com a dedução de excepções ou de reconvenção, em instância de recurso e aplicada a jurisprudência do Supremo Tribunal de Justiça, qualquer uma das partes pode, com a sua conduta, preencher o tipo do artigo 456.º, n.º 2, al. b) [542.º, n.º 2, al. b)].

420. Na redacção imediatamente anterior à reforma de 95/96, a alteração e a omissão de factos só consubstanciava litigância de má fé se a alterrotegeu a omisão de factos fossem *conscientes*. Esta expressão foi suprimida na descrição dos comportamentos típico da al. b) do artigo 456.º, n.º 2 [542.º, n.º 2]. Esta assenta, hoje em dia, integralmente em elementos objectivos. Estes hão-de ser, então, conjugados com os elementos subjectivos, dolo e negligência grave, de modo a que a conduta seja qualificada como ilícita. No caso da al. b), o corpo do artigo 456.º, n.º 2 [542.º, n.º 2] tem função qualificadora das condutas. A má fé consubstancia-se na alteração ou na omissão intencional de factos e ainda numa representação errada ou incompleta da realidade fundada numa grosseira indagação dessa mesma realidade[843].

2.4. A omissão grave, dolosa ou gravemente negligente, do dever de cooperação

421. A descrição da conduta tipicamente ilícita realizada na al. c) do artigo 456.º, n.º 2 [542.º, n.º 2, al. c)] é anómala. Em primeiro lugar, o ilícito, para além de ser comissível com dolo ou com negligência grosseira, ainda pressupõe a gravidade da omissão imputada à parte. A dupla qualificação aponta claramente para uma restrição do tipo: se a parte omite dolosa ou negligentemente uma conduta que era devida em cumprimento do dever de cooperação, a sua conduta não pode ser imediatamente qualificada como típica. Para que a sua actuação possa vir a ser qualificada como ilícita deverá a omissão ser grave.

Em segundo lugar, a descrição típica é de algum modo desarticulada ou excessivamente sincrética. Se sobre o sujeito impende um dever de agir, ao

[843] *Cfr.* o acórdão do Tribunal da Relação de Lisboa de 16 de Dezembro de 2021 (Nelson Borges Carneiro).

não agir, ele não omite esse dever: viola-o. A omissão da actuação devida determina, deste modo, a violação do dever de cooperação, não a sua omissão. O que o legislador terá porventura querido dizer é que se diz litigante de má fé aquele que viola, com dolo ou com negligência grave, o dever de cooperação.

Se esta conclusão estiver correcta, dir-se-á que o incumprimento do dever de cooperação apenas pode ser considerado ilícito se essa violação for grave.

422. Não obstante a relevância da qualificação de uma violação como grave, a lei não especifica qual o ponto de referência para a aferição dessa gravidade. A omissão é grave se a parte prejudica sobremaneira a parte contrária ao não cooperar com ela e com o tribunal? A violação é grave se a parte desrespeita, sem causa de justificação, a cooperação que dela é requerida, independentemente da gravidade da repercussão desta violação na situação da parte contrária?

A resposta a estas interrogações depende da conjugação dos diversos factores em presença. Se analisarmos o ponto de referência do dever de cooperação, a saber, o artigo 266.º [7.º], verificamos que nele se funcionaliza este dever à obtenção, com brevidade e eficácia, da justa composição do litígio. A cooperação é subjectivamente complexa: as partes (e seus mandatários) e o tribunal devem cooperar entre si. A cooperação está ordenada, como se disse, à justa composição do litígio. Ao impor uma qualquer conduta à parte, cuja cooperação é requerida, o juiz emitirá a sua injunção com este objectivo. Na ausência de cooperação, ou se obtém uma composição que ou não é justa ou não é tão justa quanto podia sê-lo; pode, também, suceder que se obtenha essa justa composição mas com menor grau de eficácia e num espaço de tempo mais alongado. Em todos estes casos, a parte que se vê confrontada com uma inércia da parte contrária, sairá lesada. Mas também o tribunal, que emite uma injunção, impondo a cooperação, verá a sua ordem desrespeitada. O artigo 456.º, n.º 2, al. c) [542.º, n.º 2, al. c)] cobre a violação dos diversos bens jurídicos em presença[844].

---

[844] Quanto à aplicação do regime da litigância de má fé quando a parte se recuse a colaborar com o tribunal e, assim, com a parte contrária, Lebre de Freitas/Montalvão Machado/Rui Pinto, Código de Processo Civil anotado, vol. 2.º, *sub* artigo 519, n.º 3 [Rui Pinto, Código de Processo Civil Anotado, volume I, *sub* artigo 417.º]

423. O novo tipo de ilícito, descrito na al. c) do artigo 456.º, n.º 2 [542.º, n.º 2], veio acompanhar a consagração expressa e muitíssimo intensificada – pela reforma de 95/96 – do dever de cooperação. Sendo um dos pilares fundamentais de um novo paradigma de processo civil[845], já em outro estudo nos pronunciámos sobre o conteúdo desta situação jurídica[846].

Aqui há que chamar a atenção para o facto de o dever de cooperação, ordenado, nos termos do artigo 266.º [7.º], à justa composição do litígio, com brevidade e eficácia, ser altamente complexo, tanto subjectiva, como objectivamente. O dever de cooperação justifica, por si só e atendendo à formulação do artigo 266.º, n.º 1 [7.º, n.º 1], o repúdio do sistema pelas actuações dilatórias uma vez que estas impedem a composição, com brevidade, do litígio.

Mas, naquilo que tem de núcleo duro, impõe este dever aos operadores judiciários uma atitude de cooperação, com inversão absoluta do paradigma do processo judicial enquanto luta entre privados. Se este podia ser visto como um assunto estritamente particular, deixa de o ser uma vez que é também dever do juiz cooperar com as partes para a composição da causa, com brevidade e eficácia. Por seu turno, as partes têm de cooperar entre si. Essa cooperação atenua, por vezes, o cumprimento, quer de deveres, quer de ónus que incidem sobre a parte, permitindo-lhe o exercício de faculdades ou o cabal cumprimento de ónus e deveres. Assim sucede, claramente, quanto à obtenção de meios de prova, sejam estes acessórios do exercício de faculdade ou de cumprimento de ónus processual, conforme estabelece o artigo 266.º, n.º 4 [7.º, n.º 4]. Se, *v.g.*, a parte precisa de determinado documento, que se encontra em poder da parte contrária ou de terceiro, para concretizar – e não apenas para provar – a sua pretensão, deverá impetrar junto do juiz para que este a auxilie a obter esse documento (artigos 574.º e 575.º do CC e 266.º, n.º 4 [7.º, n.º 4]).

No entanto, o tipo de frequência na aplicação do artigo 266.º, n.º 4 [7.º, n.º 4] será constituído pela cooperação do tribunal com a parte em sede probatória. Não obstante recair sobre ela a prova de determinado facto, se os meios que lhe permitem fazer essa prova se encontrarem em poder da parte contrária, será esta notificada para os apresentar (artigos 266.º, n.º 4 [7.º, n.º 4], 518.º, n.º 1 [417.º, n.º 1] e 528.º [429.º]).

---

845 Teixeira de Sousa, Estudos sobre o novo processo civil, pp. 62 e segs..

846 Acto e processo, n.º 24.3.

424. O tipo da al. c) tem a peculiaridade de a descrição assentar na violação de um dever processual. Não há que inferi-lo de outros pontos do sistema, como sucede, *v.g.*, nas alíneas a) e b), ordenadas à tutela dos deveres de boa fé e de probidade. Ora, se pode pensar-se na violação dolosa/intencional/consciente do dever de cooperação, bem mais difícil parece ser a configuração de hipóteses em que o tipo de ilícito seja preenchido negligentemente. Contudo, se se entender que a parte tem o dever de cooperar com a parte contrária de modo espontâneo, independentemente de uma intervenção judicial que lhe imponha a realização de determinada actividade, é já mais fácil conceber exemplos de incumprimento negligente deste dever.

2.5. O uso, doloso ou gravemente negligente (?), manifestamente reprovável do processo ou dos meios processuais, com o fim de conseguir um objectivo ilegal, impedir a descoberta da verdade, entorpecer a acção da justiça ou protelar, sem fundamento sério, o trânsito em julgado da decisão

425. O tipo da al. d) do artigo 456.º, n.º 2 [542.º, n.º 2] é altamente complexo, sendo construído em torno de elementos objectivos e subjectivos. Para que este tipo se tenha por preenchido é necessário que a parte tenha feito do processo ou dos meios processuais um uso, não apenas reprovável, mas manifestamente reprovável. Não obstante as críticas que a adjectivização possa merecer[847], supomos que a lei pretende acentuar que a conduta da parte apenas merece censura se o modo como exerce as diversas faculdades processuais for inequívoca ou claramente reprovável[848].

Ainda exige o tipo de ilícito do artigo 456.º, n.º 2, al. d) [542.º, n.º 2, al. d)] que o uso manifestamente reprovável que a parte faz do processo esteja ordenado à prossecução de qualquer uma das finalidades descritas e

---

847 Quanto à irrelevância da adjectivização do abuso como sendo manifesto, Oliveira Ascensão, O abuso do direito e o artigo 334.º do Código Civil: uma recepção transviada, n.º 3, p. 611; Menezes Cordeiro, Tratado, I, IV, n.º 112.II, avançando com várias explicações que podem ter concorrido para a redacção do artigo 334.º do CC neste ponto [V, 2017 (reimp. 2021), pp. 292 e ss.].

848 No mesmo sentido, o acórdão do Tribunal da Relação de Lisboa de 16 de Dezembro de 2021 (Nelson Borges Carneiro).

que são, também elas, eticamente desvaliosas: retardamento injustificado do processo ou do trânsito em julgado, entorpecimento da acção da justiça, obstaculização, no plano instrutório, da descoberta da verdade, obtenção de um objectivo ilegal[849].

426. A aproximação do 456.º, n.º 2, al. d) [542.º, n.º 2, al. d)] ao abuso do direito e à falta de interesse processual, parece intuitiva. A parte actua formalmente bem. No entanto, exerce as suas faculdades processuais disfuncionalmente, fazendo um uso reprovável do processo ou dos meios processuais. Um exemplo basta para ilustrar o que dizemos: a parte que invoca a excepção de preterição do tribunal arbitral para ulteriormente invocar a incompetência do tribunal arbitral deduz excepções previstas na lei[850]. Age formalmente bem. Mas a sua actuação revela comportamentos contraditórios, levados a cabo com uma única finalidade: impedir o proferimento de uma decisão. O artigo 456.º, n.º 2, al. d) seria a regra paralela à regra geral do artigo 334.º do CC já que, em ambas, o núcleo duro se encontra na disfuncionalidade da conduta[851]. Por outro lado, se a parte actua disfuncionalmente os meios processuais, o seu interesse processual na acção não está assegurado. Isto porque ela se socorre de um meio que serve finalidades diversas – tutela de uma determinada situação jurídica – daquelas que ela visa prosseguir: *v.g.*, prossecução de objectivos ilegais, como seja o exercício de coação inadmissível sobre a pessoa do réu, a chicana, a provocação de danos[852].

Poderia perguntar-se, imediatamente, porque se aproximaram os tipos da al. d) do artigo 456.º, n.º 2 e 334.º do CC. Na verdade, só nas hipóteses cobertas pelo artigo 334.º poderia falar-se num exercício disfuncional do direito de acção. Nos casos cobertos pelo artigo 542.º, n.º 2.º, al. d) [456.º, n.º 2, al. d)] não estaria em causa o exercício inadmissível de situações jurídicas processuais, mas antes o uso indevido do processo. Porém, não é evidente como possa fazer-se um uso – devido ou indevido – do processo sem

[849] Concretizando o conceito de objectivo ilegal, *cfr.*, Lebre de Freitas/Montalvão Machado/Rui Pinto, Código de Processo Civil anotado, *sub* artigo 456.º, n.º 3 (p. 196) [Rui Pinto, Código de Processo Civil Anotado, volume I, *sub* artigo 542.º (pp. 737 a 738].

[850] Menezes Cordeiro, Tratado, I, IV, n.º 126.II [V, 2017 (reimp. 2021), pp. 324 e 375].

[851] Menezes Cordeiro, Tratado, I, IV, n.º 149 [V, 2017 (reimp. 2021), p. 409].

[852] Exactamente neste sentido, BGH de 18.7.2002, BGHZ 151, 384-389.

ser através do exercício de situações jurídicas processuais. O processo, mesmo que aqui seja entendido como acto objectiva e subjectivamente complexo, integra a categoria dos factos jurídicos. Os diversos actos que o compõem e que concorrem para a prática do acto terminal – a decisão, *maxime*, a decisão de mérito – são o resultado ou efeito do exercício de situações processuais preexistentes.

Como pode haver (ab)uso do processo sem ser através do exercício de situações processuais? Supomos que não pode. O processo, conforme já dissemos em outro lugar, pertence à categoria dos factos. Enquanto estrutura, o processo é integrado por uma pluralidade de intervenções, ordenadas ao proferimento de uma decisão de mérito que se pretende, ao desenhar-se a estrutura, surja de modo justificado, garantindo a sua adequação à situação da vida, tal como valorada pelo sistema. Os diferentes actos que o acto complexo comporta surgem do exercício de situações jurídicas em que os sujeitos vão sendo encabeçados e que, do lado das partes, se reconduzem a uma macro--situação, o direito de acção, e do lado do tribunal, a outra macro-situação, o poder jurisdicional.

427. Regressemos à questão deixada em aberto. Será o artigo 456.º, n.º 2, al. d) [542.º, n.º 2, al. d)] a regra paralela ao artigo 334.º do CC?

Veremos que, se tanto uma regra quanto a outra visam reagir ao exercício disfuncional de situações jurídicas, os respectivos pressupostos são distintos. A base do artigo 334.º é objectiva, o tipo do artigo 456.º, n.º 2, al. d) é um tipo de ilícito, pressupondo uma actuação dolosa ou negligente da parte. Mas este desvio é perfeitamente compreensível quando se verifica que o artigo 456.º [542.º] não se limita a travar o exercício abusivo de situações processuais. Ele vai mais longe. Admitindo as diversas conformações que o acto abusivo alcança ao abrigo do tipo do artigo 334.º CC, prevê que, quando este abuso seja qualificado por um elemento subjectivo, incorra a parte em pena civil e seja desencadeado o dever de indemnizar a contraparte. Não se exclui nenhuma das manifestações ou dos grandes grupos de situações abusivas, na expressão de MENEZES CORDEIRO[853]. Aprofundaremos este ponto ulteriormente mas, para já, deixe-se enunciada a proposição a que retornaremos: o direito de acção judicial, como qualquer outra situação

[853] Tratado, I, IV, n.º 115.IV (p. 264) [V, 2017 (reimp. 2021), p. 296].

jurídica, é susceptível de ser exercida de modo abusivo[854]. Mas, para que este tipo de exercício determine a constituição de deveres de indemnizar e ainda que se considere o tipo do artigo 334.º do CC como um tipo delitual específico[855], exige-se, em simetria com a cláusula geral do artigo 483.º do CC, que a parte tenha agido de modo subjectivamente qualificado.

428. Na análise do tipo de ilícito do artigo 456.º, n.º 2, al. d) [542.º, n.º 2, al. d)] há, desde logo, que chamar a atenção para o seu segmento inicial. O comportamento da parte só pode vir a ser qualificado de ilícito se ele for reprovável. A reprovação de uma conduta está directamente relacionada com a sua censurabilidade. Quererá isto significar que a parte só pode actuar tipicamente se o modo como usa o processo merecer um juízo de especial censurabilidade.

Extremamente relevante para a compreensão destes elementos do tipo é o acórdão do Supremo Tribunal de Justiça, de 13 de Março de 2008 (Pires da Rosa). Proferida a decisão pela primeira instância, a parte veio contra ela arguir nulidades. Deduzidas estas em recurso, não se pronunciou o tribunal superior sobre este ponto. A parte interpõe novo recurso, invocando novamente as nulidades que havia invocado já, sendo condenada em multa, pela Relação, por litigância de má fé. Desta condenação veio a parte recorrer para o Supremo Tribunal de Justiça. O acórdão do supremo tribunal é notável. Exactamente porque opera uma clara distinção entre o uso do processo em termos que provocaram o seu inevitável retardamento e o uso reprovável do processo, que provocará, igualmente, este efeito. Segundo se lê no aresto, "[h]á claramente um arrastar do processo. Mas não pode imputar-se esse arrastar – ainda que beneficie a agravada/requerente [...] – a um uso reprovável do processo por parte desta". E o fundamento para esta conclusão reside na circunstância de as instâncias, ao terem procedido como procederam – ou seja, não conhecendo do pedido deduzido pela parte – lhe haverem imposto a utilização progressiva de meios processuais. No fundo, a actuação da parte, se bem que determine um arrastar do processo, não é reprovável já que ela se vê

[854] Menezes Leitão, Direito das Obrigações, 8.ª, I, p. 299, onde é expressamente referida a recondução do exercício abusivo de situações processuais, *maxime*, do direito de acção, ao artigo 334.º do CC [16.ª edição, 2022, pp. 293 e 294].

[855] Menezes Leitão, Direito das Obrigações, 8.ª, I, pp. 299 e segs. [16.ª edição, 2022, pp. 292 e segs.].

na contingência de interpor sucessivos recursos para acautelar a sua situação jurídica. Segundo o Supremo Tribunal de Justiça, neste caso "não espanta que a requerente repita em cada um dos seus requerimentos a razão última (que é a razão original) desses mesmos requerimentos", não podendo qualificar-se a sua conduta como ilícita. Em suma e conforme acima se disse, o tipo da alínea d) pressupõe, atendendo ao seu trecho inicial, que a parte faça um uso censurável dos meios processuais ou do processo pelo que a concretização deste ilícito depende da possibilidade de concretização deste juízo de culpa.

429. Mas a verificação deste elemento não é suficiente para o preenchimento do tipo. Este impõe uma intencionalidade específica ou, dito de outro modo, um dolo ou um elemento subjectivo específico[856]: a parte, ao usar o processo de modo reprovável, tem de ter querido atingir um dos fins concretamente indicados na regra. O seu comportamento, tal como pressuposto pelo tipo, é claramente um comportamento final: a parte instrumentaliza o processo ou os meios processuais para alcançar um fim, seja este o de atingir um objectivo ilegal[857], o de impedir a descoberta da verdade, o de entorpecer a acção da justiça ou o de protelar o trânsito em julgado da decisão. Curiosamente, e no que a esta última finalidade respeita, a lei clarifica que o protelamento, por si só, do trânsito em julgado, não constitui finalidade reprovável. Porque este protelamento pode resultar do exercício adequado de situações processuais que o determinam: pense-se, *v.g.*, na interposição de um recurso. Como é evidente, o acto de interposição de um recurso, praticado por exercício de uma faculdade processual conferida à parte que se encontre nas condições, abstracta e objectivamente, definidas por lei, não permite emitir qualquer juízo acerca das concretas finalidades da parte. Ora, sejam estas quais forem, dessa interposição resultará sempre um protelamento do trânsito em julgado. Porque assim é, só da análise integrada do comportamento da parte e da apreciação dos fundamentos do recurso pode resultar alguma conclusão quanto à hipótese de, ao recorrer, estar a parte a protelar, sem fundamento sério, o trânsito em julgado da decisão.

---

[856] Oliveira Ascensão, Direito Penal de Autor, 7.IV.

[857] Sobre a possível concretização do tipo penal de burla, por cometimento de burla processual, consistente na utilização manifestamente reprovável dos meios processuais, com o intuito de alcançar um objectivo ilegal, *cfr.* acórdão do Supremo Tribunal de Justiça, de 4 de Outubro de 2007, que adiante será retomado.

430. A al. d) tem de ser analisada com cautela de modo a que se ultrapassem as dificuldades que suscita.

Em primeiro lugar, regista-se que nela se exige que o agente/a parte tenha actuado com uma intencionalidade específica. Não se faz depender o preenchimento do tipo da mera verificação circunstancial de certos efeitos desencadeados pelo comportamento. O tipo não se basta, *v.g.*, com o facto de do uso manifestamente reprovável de meios resultar o entorpecimento da justiça ou o protelamento do trânsito em julgado. Nele se dispõe que a conduta da parte se dirija à produção destes efeitos. Esta conclusão resulta da descrição típica: a parte faz um uso manifestamente reprovável dos meios processuais *com o fim* de entorpecer a acção da justiça ou de protelar o trânsito em julgado da decisão. Se os pressupostos em que assentamos estiverem correctos, diremos que o tipo de ilícito da al. d) é um tipo doloso. Conforme se lê em acórdão do Supremo Tribunal de Justiça, "[e]mbora o proémio do n.º 2 [...] não exclua a abrangência de qualquer das situações previstas nas suas alíneas, a alínea d), com o conteúdo acima mencionado, dada a sua estrutura, certo é que pressupõe o dolo da parte"[858].

Ora, o que imediatamente cumpre saber é se este tipo convive com a sua comissão com negligência, mesmo que esta seja grave. Esta questão avulta na medida em que "[a] negligência não depende da finalidade, mas da violação de deveres de cuidado e é, portanto, um elemento inteiramente normativo. A finalidade – qualquer que seja o seu conteúdo – é indiferente e pode mesmo não existir"[859]. Se o tipo do artigo 456.º, n.º 2, al. d) [542.º, n.º 2, al. d)] pressupõe a finalidade do agente, dirigida à obtenção de um concreto resultado, por referência ao qual é dirigido o uso manifestamente reprovável do processo ou dos meios processuais, a descrição típica é inconciliável com uma actuação negligente[860]. A descrição típica opera uma restrição necessária dos elementos subjectivos do ilícito.

431. Em segundo lugar, cumpre perguntar, em face da al. d) do artigo 456.º, n.º 2, se a lei, ao qualificar o comportamento da parte como de litigância

---

[858] Acórdão de 1 de Março de 2007 (Salvador da Costa).

[859] Roxin, Contribuição para a crítica da teoria finalista da acção, in Problemas fundamentais de Direito Penal, p. 107.

[860] *Cfr.* o acórdão do Tribunal da Relação de Lisboa de 16 de Dezembro de 2021 (Nelson Borges Carneiro).

de má fé quando esta, através do uso manifestamente reprovável do processo, pretende obter um objectivo ilegal, não aproxima este tipo da cláusula geral do abuso do direito.

Esta dúvida surge, nomeadamente, a propósito dos actos processuais emulativos ou do exercício emulativo do direito de acção. Se se entender que são actos emulativos aqueles que visam vexar e prejudicar a contraparte, haverá que determinar se estes não estão já cobertos pelo comportamento típico[861], previsto na al. d) do artigo 456.º, n.º 2. Se estiverem, sendo entendimento maioritário o de que a cláusula geral do abuso de direito tem base objectiva, cumprirá saber se há espaço de aplicação para ambas as regras. Para o artigo 334.º CC se remeteriam todos os comportamentos que não pudessem ser travados através do artigo 456.º, n.º 2, al. d), que, ao invés daquela, é integrado por elementos objectivos e subjectivos. Se a parte fizesse um uso manifestamente reprovável do processo, mas sem que a esse uso presidisse qualquer umas das finalidades que devem ser abrangidas pelo dolo específico, a sua actuação, não consubstanciando litigância de má fé, porque poderia ser qualificada como abusiva, faria intervir o artigo 334.º do CC. A actuação da parte seria qualificada como ilegítima, havendo que determinar as consequências que esse abuso repercutiria. É evidente que a questão pode ser ampliada desde que se despoje o comportamento da parte, que rompe manifestamente com os limites do direito de acção, de qualquer elemento subjectivo dos vários que integram o tipo do artigo 456.º, n.º 2, al. d).

As diversas dificuldades implícitas nesta colocação apenas podem ser ultrapassadas se se fixarem os diversos elementos do tipo da al. d). Haverá, por isso, que saber quando se pode dizer que a parte apenas faz uso – ou seja, exerce – (d)as faculdades processuais que a lei lhe confere e quando transcende já, com a sua actuação, o plano da licitude no exercício de tais situações, fazendo delas um uso manifestamente reprovável.

432. O primeiro aspecto que cumpre elucidar respeita à relação existente entre os diversos tipos de ilícito do artigo 456.º, n.º 2 [542.º, n.º 2]. Com efeito, é intuitiva a afirmação de que a parte que deduz pretensão ou defesa cuja falta de fundamentação não podia razoavelmente ignorar faz um uso

---

[861] Respondendo de modo negativo, Barbosa de Magalhães, Processo civil e comercial, n.º 43, p. 350 e seg., onde o Autor reserva para o abuso do direito a repressão dos actos emulativos, traduzida numa decisão de improcedência do pedido.

reprovável do processo. Já acima dissemos que a jurisprudência tende a qualificar a conduta da parte como ilícita à luz dos tipos das alíneas a) e d) do artigo 456.º, n.º 2 [542.º, n.º 2]. Isto porque a parte que deduz pretensão cuja falta de fundamentação não devia ignorar faz obviamente um uso manifestamente reprovável do processo. Isto porque este tipo de uso se traduzirá necessariamente no exercício de faculdades processuais com finalidade diversa daquela à qual o seu reconhecimento está ordenado. Este serve à tutela heterónoma de uma situação material quando não seja possível obtê-la através de actos de autonomia. Se a parte promove o processo sabendo que não tem razão naquilo que peticiona – ou na defesa que apresenta –, ordena este meio a uma finalidade que lhe é estranha. O processo não serve para tutelar aquilo que se sabe – ou devia saber – não se ter, mas para tutelar aquilo que se tem ou que razoavelmente se julga ter. Quando a parte age sabendo que não tem razão, age de modo reprovável. E porque age lançando mão do meio que é o processo, faz deste um uso reprovável. O tipo de ilícito da al. a) parece, assim, não ter autonomia face ao tipo de ilícito da al. d).

Diremos, porém, que a ligação entre as als. a) e d) do artigo 456.º, n.º 2 não é fatal. Com efeito, somente a parte que conscientemente deduz pretensão infundada pode estar a usar/exercer mal o seu direito de acção, destinando o processo a outra finalidade que não a composição justa de um litígio. Se a parte actua com negligência, mesmo que esta deva ser grosseira para que intervenha a al. a), não estará a fazer um uso conscientemente reprovável dos meios processuais.

433. O que claramente distingue as hipóteses cobertas pelas als. a), por um lado, e d), por outro, do n.º 2 do artigo 456.º é, naquele caso, a irrelevância e, neste, a consideração, das finalidades da parte no exercício de situações jurídicas processuais para que o seu comportamento seja censurado.

Na al. a), a lei sanciona a parte que pratica um acto postulativo no processo. E a prática deste acto é susceptível de censura porque a parte sabe ou não podia ignorar que a postulação é destituída de fundamento. A parte pede ou defende-se sabendo ou devendo saber que não tem razão, quer quanto ao que pede, quer quanto ao que invoca em sua defesa. É provável que quando a parte sabe não ter razão prefigure que, através do seu comportamento, provocará uma decisão que, sendo-lhe favorável, será desfavorável à parte contrária. O mesmo raciocínio não se poderá já fazer quando a parte, não sabendo que não tem razão, não podia ignorar que a não tinha. Não obstante ser-lhe exigível que soubesse estar o acto postulativo privado de fundamento, porque ela pode desconhecer – ainda que indesculpavelmente – esta circunstância, não agirá consciente de que poderá provocar uma decisão que, sendo-lhe injustificadamente favorável, será injustificadamente desfavorável para a parte contrária. No entanto, o preenchimento do tipo legal do artigo 456.º, n.º 2, al. a) [542.º, n.º 2, al. a)] é insensível a este juízo de inferência quanto às finalidades da parte.

Diversa é a conformação do tipo previsto na al. d). Neste caso, o comportamento da parte traduz-se num uso manifestamente reprovável do processo ou dos meios processuais. Quer isto dizer que, analisado de *per si*, o comportamento da parte é incorrecto: o uso que faz do processo ou de meios processuais é reprovável, ou seja, é censurável. Porém, de acordo com a solução de direito positivo, a censurabilidade do uso que a parte faz do processo ou dos meios processuais só pode ser aferido em função das finalidades que a parte visa atingir. O comportamento da parte que merece censura é, para o tipo do artigo 456.º, n.º 2, al. d) [542.º, n.º 2, al. d)], um comportamento final: a forma de utilização do processo ou dos meios processuais – que é, em si, censurável – deverá ser instrumental às finalidades descritas na lei. Não basta que, objectivamente, o comportamento da parte tenha conseguido provocar um dos efeitos previstos na lei; é necessário que esse comportamento seja destinado à sua provocação.

434. Assente que, nos termos do 456.º, n.º 2, al. d), a parte visa, através de um mau uso do processo ou dos meios processuais, conseguir um objectivo ilegal, impedir a descoberta da verdade, entorpecer a acção da justiça ou protelar, sem fundamento sério, o trânsito em julgado da decisão, encontramo-nos no âmago dos actos abusivos. A lei dá relevância à (má) intenção da parte que, através da sua actuação disfuncional, provoca um retardamento no trânsito em julgado, quer atingir um objectivo ilegal, adiar a acção da justiça. Para alcançar as suas finalidades, a parte tem de praticar actos no processo que directamente prejudicam a parte contrária. A parte comporta-se de modo chicaneiro, praticando actos que não podem deixar de considerar-se emulativos[862].

---

[862] Oliveira Ascensão, O abuso do direito e o art. 334.º do Código Civil: uma recepção transviada, n.ºs 2, 9 e segs., chamando o Autor a atenção para a circunstância de que tendo sido "estendido em geral aos actos chicaneiros, em rigor já abrangidos no conceito inicial de

435. Avancemos mais um passo. O tipo de ilícito da alínea d) pressupõe que a parte faça um uso manifestamente reprovável do processo ou dos meios processuais.

Pergunta-se: pode alguma vez considerar-se que a parte pode fazer um uso sequer reprovável do processo ou dos meios processuais? O uso de meios que a lei põe ao dispor da parte pode alguma vez ser reprovável? Como pode sustentar-se que o processo, que "constitui o meio fundamental através do qual os conflitos de interesses encontram solução [...] seja simultaneamente uma actividade que causa dano injusto e que obrigue ao ressarcimento dos danos provocados"[863]?

A questão é lançada porquanto foi alvo de intenso debate na Alemanha.

436. O obstáculo à qualificação do comportamento processual postulativo como de abusivo é retirado do meio utilizado pela parte para deduzir a sua pretensão. Este argumento foi, por diversas vezes, sustentado pelo BGH em decisões proferidas sobre pedidos indemnizatórios, deduzidos na sequência da propositura de acções, que vieram a ser julgadas improcedentes[864].

Em decisão proferida em 7 de Março de 1957[865], sustentou o BGH que o facto de a parte deduzir uma pretensão, cuja procedibilidade sujeita a escrutínio judicial, não pode constituir *verbotene Eigenmacht*. Isto porque, nestas hipóteses e independentemente de qualquer juízo de mérito, a parte

---

actos emulativos, dá-se uma abertura para outros sectores, particularmente para o Direito Processual" (p. 624). Já, anteriormente, Cecília Ribeiro, Do dolo em geral e do dolo instrumental em especial no processo civil, n.º 4, p. 90, afirmara que "o abuso do direito de acção se reconduz à actividade emulatória, isto é, à actividade exercida dentro dos limites do direito subjectivo e, portanto, não ilícita sob esse aspecto, mas sem uma utilidade ou interesse próprio do agente, que apenas tem em vista vexar ou prejudicar o adversário." Em crítica à recondução do abuso ao exercício inútil danoso, que integra no desequilíbrio do exercício, Menezes Cordeiro, Tratado, I, IV, n.os 116 e 141.II [V, 2017 (reimp. 2021), § 39.º].

[863] Carlo Calvosa, La condanna ontempto fontoalimentonto dei Danni per responsabilità aggravata, p. 379, dando o Autor resposta negativa a esta interrogação. *Cfr. ob. cit.*, pp. 385 e segs., onde Calvosa funda a responsabilidade agravada ou por danos processuais na violação do artigo 88 c.p.c.it..

[864] Quanto à identidade de argumentação para a acção executiva, cuja utilização era considerada lícita e admissível uma vez que a parte estava munida de título executivo, que lhe confere direito à execução, *vide*, para o período anterior ao da alteração do § 717, II, ZPO, Pecher, Die Schadensersatzansprüche aus ungerechtfertigter Vollstreckung, pp. 35 e segs..

[865] BGHZ 20, pp. 169 e segs..

se limita a usar um meio que o Estado de Direito coloca à sua disposição para a decisão de conflitos que eclodem entre privados. A utilização deste meio jamais pode consubstanciar *verbotene Eigenmacht*, sendo exactamente o seu contrário.

437. Mas a causa próxima de um dos mais vivos pontos de discussão em matéria de responsabilidade processual foi uma decisão do BGH, proferida em acção de indemnização por danos provocados por requerimento infundado de falência[866].

A situação de que o tribunal partiu foi a seguinte. Num primeiro momento, eclode um conflito quanto ao pagamento de determinadas verbas entre duas empresas, cujas relações comerciais eram intensas. Após a reclamação, pela credora, de determinada soma, a devedora vem a proceder à liquidação parcelada dos valores em dívida, ficando, ainda assim, uma quantia por solver.

Depois de recorrer a diversos procedimentos de intimação para o cumprimento da obrigação, a credora, perante a inacção da devedora, requer a respectiva insolvência. Na fase liminar do procedimento, verifica-se que o património da devedora é muitíssimo superior ao valor da dívida reclamada (esta atingia o valor de 11235,74 DM, sendo aquele avaliado em 493661,18 DM). Por outro lado, a devedora cumpre, espontaneamente, parte da obrigação, opondo-se à exigibilidade do remanescente. Nesta sequência, a credora desiste do pedido de insolvência.

Ulteriormente, a requerida no processo de falência vem instaurar acção de indemnização contra a requerente naquele primeiro processo. Alega, entre outros fundamentos, que a requerente somente recorreu ao processo de insolvência por se tratar de um meio mais expedito do que os processos declarativo e executivo, aos quais deveria recorrer para obtenção do valor em dívida. Para além desta utilização disfuncional do procedimento de liquidação universal, de cuja propositura resultaram danos para a requerida, a requerente sabia ou não podia razoavelmente ignorar que os requisitos de admissibilidade daquele procedimento não estavam verificados.

A requerente, agora ré, contrapôs à agora autora, então requerida, que, perante o comportamento desta última, se limitara a recorrer a um meio processual que o sistema jurídico punha ao seu dispor, sendo, assim, impossível qualificar a sua conduta como ilícita.

---

[866] BGH de 3.10.1961, BGHZ 36, 18-24.

O supremo tribunal alemão concluiu, neste caso, que não seria devida qualquer indemnização à parte requerida no anterior processo de falência, uma vez que a então requerente, se bem que actuando negligentemente, se limitara a recorrer a um meio processual que a ordem jurídica prevê e regula.

438. A decisão do BGH foi alvo de duras críticas[867]. Mas, quanto a parte delas, hrotegeaistextualizá-la. Não obstante a afirmação genérica de que a parte não comete acto ilícito quando recorre a um meio que o sistema coloca à sua disposição, certo é que a decisão do BGH é muito mais abrangente na sua fundamentação. O Tribunal vem, afinal, a decidir contra a indemnização porque a pretensão da requerente, apesar de infundada, não foi deduzida de modo doloso, nem ofensivo dos bons costumes. Estava, assim, vedada a aplicação do § 826 BGB.

Mais entendeu o BGH que a parte que requer, com negligência, a insolvência de outra não pode ser corotegea indemnizá-la uma vez que o próprio procedimento de insolvência tem uma fase liminar, exactamente destinada à averiguação oficiosa dos pressupostos de admissibilidade da declaração do estado de falência.

439. Ainda segundo o BGH nesta mesma decisão, o credor não tem o dever de indagar com cuidado, antes de deduzir tal pedido, se ele é fundado ou não. Mais, não tem o credor de operar uma ponderação relativa entre os seus interesses e os interesses do seu devedor. Isto porque, sustenta o BGH, "a tutela do devedor, nomeadamente também através de uma ponderação de interesses, é assumida pelo próprio procedimento, sendo reflectida na sua conformação legal"[868].

A partir daqui, concorrem diversos pontos que determinam uma impossibilidade de imputação de responsabilidade à parte que lança mão de um meio por danos eventualmente causados à parte contrária em virtude da utilização de tal meio. Na verdade, a parte limita-se a recorrer a um instrumento que o

---

[867] *Inter alia*, Baur, Anmerkung zu BGH v. 3.10.1961, 95 e seg.; Henckel, Prozessrecht und materielles Recht, p. 292 e seg.; Hopt, Schadensersatz aus unberechtigte Verfahrenseinleitung, 236 e segss.; Weitnauer, Anmerkung zu BGH v. 24.10.1961, 489; Zeiss, Schadensersatzpflichten aus prozessualem Verhalten, 704.

[868] No original, "*der Schutz des Schuldners, gegebenenfalls auch durch Interessenabwägung, übernimmt vielmehr das Verfahren selbst nach Maßgabe seiner gesetzlichen Ausgestaltung.*" BGHZ 36, p. 21.

sistema coloca à sua disposição. Ora, é ao legislador que incumbe, aquando da conformação concreta de tal instrumento, construí-lo de modo a evitar a produção de danos para as partes nele implicadas.

Se é o legislador quem tem a obrigação de criar os esquemas de bloqueio da provocação de danos através da técnica de construção do meio processual, não pode ser imputada responsabilidade à parte que se limita a usar tal meio se, afinal, se verifica que ocorreu um dano na esfera da contraparte.

440. Contra esta posição do BGH se pronunciou grande parte da doutrina na Alemanha[869]. Nas assertivas palavras de Henckel, quando a parte exerce situações jurídicas processuais para criar estados *de facto* danosos (*tatsächliche Beeinträchtigungen*) para a contraparte (e não para provocar a constituição de situações ou estados processuais logicamente encadeados na sequência prevista legalmente), não pode afirmar-se a existência de uma cláusula geral de exclusão da ilicitude fundada na utilização de um meio legalmente previsto e posto à disposição do sujeito processual[870]. Afinal, a função protectiva das regras processuais não consegue impedir todos os danos causados à parte[871].

Lembre-se que, em todo este procedimento, a requerida no procedimento de insolvência veio alegar a disfuncionalização do procedimento. No fundo, afirma que a requerida utilizara um meio processual, não porque estivessem reunidos os respectivos pressupostos de admissibilidade, mas porque pretendia contornar a delonga que os meios adequados – primeiro, o processo de declaração, depois o processo de execução – para ela significaria. Está claramente em causa, nesta alegação, o uso abusivo de um meio processual.

441. A discussão, tal como travada no sistema alemão, tem de partir de uma premissa: este sistema desconhece um tipo de ilícito específico, equivalente àquele que encontramos no artigo 456.º, n.º 2, al. d) [542.º, n.º 2, al. d)]. A regra dele mais próxima neste sistema é o § 226 BGB, que

[869] Baur, Anmerkung zu BGH v. 3.10.1961, 95 e seg.; Henckel, Prozessrecht und materielles Recht, p. 292 e seg.; Hopt, Schadensersatz aus unberechtigte Verfahrenseinleitung, pp. 236 e segs.; Weitnauer, Anmerkung zu BGH v. 24.10.1961, 489; Zeiss, Schadensersatzpflichten aus prozessualem Verhalten, p. 704.

[870] Prozessrecht und materielles Recht, pp. 292-293.

[871] Henckel, Prozessrecht und materielles Recht, p. 293.

proíbe o exercício de posições jurídicas que só possa ter a finalidade – ainda que o agente a não tenha prefigurado – de provocar danos a outrem.

Contudo, não obstante a diversidade de regras de direito posto, devem ponderar-se, aqui, os termos do debate ocorrido na Alemanha uma vez que este apontava para a qualificação dos meios processuais como eventuais causas de justificação[872] para os comportamentos processuais aparentemente disfuncionais. Pelas razões que se exporão, esta posição não pode subscrever-se. Como se disse já acima, as situações processuais, como quaisquer outras situações jurídrotegeaissecptíveis de uso abusivo.

442. Antes, porém, refira-se que, mais tarde, o BGH teve de voltar à matéria do abuso dos meios adjectivos[873]. O problema veio a colocar-se em acção em que se discutia a indemnizabilidade de danos provocados a uma parte, através de execução de dívida já extinta. No caso, o BGH, embora aliviando a veemência da afirmação da sua anterior decisão e seguindo já de perto a formulação de uma decisão de 21.3.1972[874], veio a concluir pela improcedência desta acção uma vez que o exequente, porque desconhecia a existência do pagamento – este fora comunicado pelo executado a uma secretária do advogado do exequente que se esquecera de transmitir este facto –, se comportara de acordo com as regras processuais aplicáveis, não merecendo a sua conduta qualquer censura. Estribando-se em decisão do seu GSZ[875], o BGH concluiu que, não obstante a inexistência da dívida, não poderia o exequente que, desconhecendo este facto, actuara o meio processual adequado, ser condenado a indemnizar o executado pelos prejuízos que este sofrera com a execução.

A tendência registada neste segundo aresto do BGH é seguida ainda em nova decisão[876] e vem a ser temperada pela necessidade de sindicar as razões que determinam o autor a recorrer a tribunal[877]. Naquele caso, o tribunal reconheceu a utilização abusiva de uma acção de impugnação de deliberação

---

[872] Exactamente com esta expressão, HÄSEMEYER, Schadenhaftung im Zivilrechtsstreit, 2.1.b.aa).

[873] Decisão de 13.3.1979.

[874] Neste aresto, o BGH sustenta que o recurso a um meio judicial é, em princípio, admitido e lícito ou conforme ao sistema/*grundsätzlich erlaubt und rechtsmässig.*

[875] Decisão de 4.3.1957.

[876] Decisão de 22.3.1989.

[877] Decisão de 18.7.2002.

social, cujo único objectivo se traduzia em permitir que a autora obtivesse, em troca da desistência, uma avultada quantia da sociedade ré. Neste, o tribunal chama a atenção para a circunstância de a afirmação de que o processo serve como causa de justificação, proferida na decisão de 3.10.1961, ter como limite a actuação dolosa e contrária aos bons costumes.

A jurisprudência alemã permite extrair a seguinte conclusão: se se verificar que a parte visa, com o processo, a chicana ou a prossecução de objectivos ilegais, apesar de o meio por ela utilizado poder considerar-se formalmente adequado, porque as finalidades que, através dele, se querem alcançar são eticamente reprováveis e estranhas aos fins que o justificam, considera-se que a parte não tem interesse em agir, estando a sua acção votada ao insucesso.

2.6. Agnosticismo do processo civil: causa de justificação da ilicitude?

443. Será possível afirmar que o processo constitui, em si, uma causa de justificação da ilicitude?

Num artigo sobre a obrigação de indemnizar por danos provocados por comportamento processual, escrevendo num sistema jurídico que não prevê um regime equivalente ao da nossa litigância de má fé, Zeiss, partindo da premissa de que qualquer pretensão indemnizatória, seja a sua origem contratual ou aquiliana, pressupõe não apenas a culpa, mas a ilicitude da actuação, lança a seguinte questão: pode a intervenção processual da parte ser considerada ilícita[878]? Neste contexto, avança com a posição negativa de alguma doutrina, que subscreveria uma visão do processo que diríamos agnóstica: os valores da licitude/ilicitude ser-lhe-iam desconhecidos. Parte das considerações de Zeiss haviam sido já avançadas por Niese[879], se bem que numa versão menos radical.

Não obstante a autoridade de Zeiss, temos as maiores reservas em seguir a análise que faz das posições dos diversos autores que vai indicando como defendendo semelhante concepção. Isto porque, se confrontarmos directamente as fontes a que Zeiss recorre, verificaremos que o contexto em que tais autores se pronunciam é bem diverso daquele em que Zeiss se está

---

[878] Schadensersatzpflichten aus prozessualem Verhalten, III. Cfr, ainda, Die arglistige Prozeßpartei, C.I..

[879] Die doppelfunktionelle Prozeßhandlungen, pp. 64 e segs..

a movimentar. Enquanto este Autor procura saber se os actos processuais são susceptíveis de um juízo de licitude/ilicitude para o efeito de desencadearem ou não a constituição de deveres de indemnizar, a doutrina que supostamente nega a relevância da categoria de licitude/ilicitude no processo preocupa-se com um outro aspecto: o da produção de efeitos pelos actos processuais, sejam estes válidos ou inválidos. O mistério da produção de efeitos pelas actuações processuais, mesmo que inválidas, somente o é quando não se considera a sua natureza plural, conforme tentámos demonstrar em outro lugar. E a produção de efeitos está directamente relacionada com a circunstância de, para este específico efeito, a lei apenas se preocupar com a existência de um acto enquanto dado da realidade. No entanto, e em plena construção da dogmática própria do direito processual, numa clara atitude autonomista face ao direito substantivo, aquele visou estribar todas as divergências e empalidecer as semelhanças. Os autores consultados por Zeiss integram-se neste movimento, constituindo a descoberta das diferenças entre os actos processuais e os actos não processuais, *maxime*, entre os actos de um processo e os negócios jurídicos regulados exclusivamente por regras de direito substantivo uma das suas principais preocupações.

444. Só com o pressuposto antecedente podemos compreender que, de acordo com Zeiss, entre os cultores de um processo agnóstico estivesse Goldschmidt.

Zeiss funda a sua afirmação numa passagem da obra de Goldschmidt, na qual o Autor efectivamente escreve que o processo, tal como a guerra e a política é amoral[880], sendo-lhe o juízo de licitude estranho[881].

Zeiss estriba, ainda, a sua opinião quanto ao pensamento de Goldschmidt, numa passagem em que este Autor se refere aos efeitos decorrentes do não preenchimento de ónus processuais. Neste contexto, Goldschmidt sustenta que a ilicitude é estranha ao processo na medida em que, não existindo verdadeiros deveres processuais – mas somente ónus – porque aqueles não existem, não podem ser incumpridos. A culpa no processo é uma culpa contra si mesmo já que, sendo o processo estruturado em torno da figura do *ónus*, ao não o preencher, a parte prejudica-se a si mesma[882]. Não haverá,

[880] Der Prozeß als Rechtslage, p. 292.

[881] Der Prozeß als Rechtslage, p. 292.

[882] Der Prozeß als Rechtslage, p. 353.

deste modo, nem delitos processuais (*Prozeßdelikte*) nem sanções processuais (*Prozeßstrafen*)[883].

445. A tentativa de acompanhar integralmente o pensamento de GOLDSCHMIDT apresenta enormes dificuldades[884]. Supomos, no entanto, que as afirmações feitas por ZEISS apenas podem compreender-se se deixar de se atender à razão do discurso de GOLDSCHMIDT, no fundo, se as passagens transcritas forem descontextualizadas.

Tentemos avançar os pontos da construção que nos parecem cruciais para que se percebam as afirmações de GOLDSCHMIDT.

O Autor desfere uma crítica certeira contra a concepção do processo enquanto relação triangular – conforme escrevemos em outro lugar e não obstante a disseminação da descrição do processo como uma relação dinâmica, o processo, enquanto facto, jamais poderá ser qualificado como relação, sendo tão contraditório falar de uma relação dinâmica quanto de um facto estático; quando muito poderão identificar-se situações jurídicas relativas no processo – e procede à sua própria construção.

Segundo GOLDSCHMIDT, o processo, se descrito com base numa perspectiva ou método processual (*prozessuale Betrachtungsweise*), é uma sucessão de estados. O que caracteriza a posição das partes, ainda de acordo com esta *prozessuale Betrachtungsweise*, são as expectativas que vão criando em função da probabilidade de a decisão lhes ser (des)favorável face aos diversos estados em que o processo se vai encontrando. E as expectativas vão sendo criadas em função das concretas actuações, umas destinadas a influenciar decisivamente o juiz, outras cuja finalidade não é a de exercer esta influência.

446. Esta sinopse do pensamento de GOLDSCHMIDT – e partindo do princípio que conseguimos acompanhar adequadamente as suas construções

---

883 Der Prozeß als Rechtslage, p. 354.

884 Apenas nos permitimos partir do princípio que as dificuldades de compreensão do pensamento de GOLDSCHMIDT são generalizadas atendendo às observações que, da sua obra, são feitas por diversos Autores. Para além das recensões e críticas já por nós assinaladas em Acto e processo. O dogma da irrelevância da vontade na interpretação e nos vícios do acto postulativo, encontrámos, por último, a recensão de ADOLF MERKL, na qual o Autor revela a penosidade do acompanhamento de um pensamento que é descrito num texto denso, cheio de neologismos (o que, efectivamente, é estranho perante uma língua com a precisão cirúrgica e a riqueza gramatical da língua alemã), permanentemente entrecortado por notas divididas em sub-notas, por vezes contraditório.

– permite-nos compreender porque é que este Autor é considerado como um defensor de um processo estritamente técnico e cujos actos não são permeados pelas categorias da licitude ou da ilicitude.

Na verdade, estas categorias nada relevam no preciso contexto em que o Autor se movimenta. Se o que quer compreender é a posição das partes por referência ao conteúdo provável da decisão – e não se esqueça que, para Goldschmidt, o caso julgado é o fim do processo ou de um processo que se fecha e vive sobre si mesmo – as categorias que podem aliar-se a uma apreciação da conformidade ou da desconformidade das actuações das partes com o sistema jurídico não lhe interessam. Na avaliação das intervenções da parte somente lhe interessa saber se os actos praticados são eficazes – ou não – no sentido em que, decorrendo do exercício de faculdades processuais, permitem – ou não – fazer aumentar as probabilidades de proferimento de uma decisão a esta favorável. E é exclusivamente sob este ponto de vista que supomos afastar Goldschmidt a relevância da categoria da (i)licitude do processo.

447. O mesmo acontece com as observações relacionadas com os deveres processuais em ligação com a ilicitude que deveria resultar, num sistema que os conhecesse, do respectivo incumprimento. Supomos não ser, efectivamente, possível, manter a afirmação de que sobre as partes não impendem deveres processuais. Impendem, seguramente, como em outro lugar afirmámos. Mas estes deveres são, uma vez mais, irrelevantes no contexto em que Goldschmidt trabalha os actos processuais.

O Autor ordena a sua análise à compreensão do processo enquanto sucessão de estados e, a este propósito, observa a situação jurídica que a parte tipicamente exerce e os actos que tipicamente pratica para ir provocando essa sucessão. Pensemos num momento processual específico: o momento da defesa do réu. Supomos não poder pôr-se em causa que o réu tem o *direito* de contestar; se este não for assegurado, verificar-se-á uma nulidade processual. Por outro lado, ao contestar, o réu tem o *dever* de agir de boa fé. A provocação de um novo estado processual não depende da apresentação necessária de contestação: se o réu não contestar, o processo continuará, entrando o réu em revelia.

Mas, e aqui entra em acção a *prozessuale Betrachtungsweise* de Goldschmidt, o réu tem o ónus de contestar se quiser provocar um estado que lhe aumente as expectativas de, através da sua actuação postulativa, influenciar o decisor a seu favor. Se contestar, de um ponto de vista da criação de uma nova expectativa de haver influenciado o decisor a seu favor, a parte verá o seu acto ajuizado de eficaz ou de ineficaz, consoante aquele objectivo haja sido atingido ou não. É com este particular enquadramento que GOLDSCHMIDT sustenta a inexistência da categoria da ilicitude, relacionada com a posição da parte.

448. Em suma, não é possível afirmar, sem mais, que GOLDSCHMIDT bane a categoria da ilicitude do processo. Aliás, deve dizer-se que o próprio Autor não considera as actuações processuais das partes insusceptíveis de um juízo de (i)licitude.

Com efeito, escreve que "da circunstância de os direitos processuais não estarem relacionados com um poder decorre que não excluem a ilicitude [...] só assim se explicando que o exercício de faculdades processuais possa consubstanciar uma actuação ilícita"[885]. Em nota[886], afirma, mesmo, que a actuação da parte é susceptível de ser considerada chicaneira segundo o disposto no § 226 BGB. E, mais adiante, fará uma das distinções mais relevantes quando se analisa o problema do abuso do processo. Segundo GOLDSCHMIDT, concluir que uma actuação processual é abusiva não permite afirmar, sem mais, que a postulação da parte seja infundada[887]. Mais adiante dirá que, ao invés de HELLWIG, que considera uma acção chicaneira inadmissível, esta deve ser considerada infundada[888]. Não só conhece, como comina com a improcedência a acção abusiva. Dificilmente se pode sustentar que, para o Autor, o processo seja considerado ausente de *moral*. A chave de descodificação do seu pensamento está em determinar, a cada passo, qual o ponto de referência das diversas observações que vai fazendo.

449. O mesmo sucede com HELLWIG que, não sendo directamente referido por ZEISS, é referido por NIESE, a cuja obra ZEISS recorre. HELLWIG afirma que o processo desconheceria a categoria da ilicitude enquanto valoração possível para os actos das partes[889]. Exactamente porque estes, quer

---

885 Der Prozeß als Rechtslage, p. 291.

886 Der Prozeß als Rechtslage, p. 291, nota 1507.

887 Der Prozeß als Rechtslage, p. 291, nota 1507.

888 Der Prozeß als Rechtslage, p. 298, onde o Autor afirma que uma pretensão chicaneira é infundada, independentemente de qualquer consideração acerca da sua (i)licitude e p. 477, nota 2526.

889 Prozeßhandlung und Rechtsgeschäft, p. 51.

sejam conformes quer sejam contrários ao Direito e ao invés do que sucede com os negócios jurídicos, produzem efeitos.

Porém, dificilmente se poderá sustentar que HELLWIG entende o processo e as intervenções das partes como realidades agnósticas. Na verdade, todo o § 154 do seu *System* é dedicado à análise da relevância da malícia no processo, bem como à matéria das actuações contrárias aos bons costumes e à chicana, sendo o § 155 dedicado às sanções processuais. Se bem que conclua que as regras de direito material, pensadas para o negócio jurídico, não sejam directamente aplicáveis aos actos processuais, esta inaplicabilidade não respeita aos fundamentos das reacções do sistema, mas antes às suas consequências. Assim se, *v.g.*, um negócio jurídico contrário à lei for considerado nulo, o acto processual que seja igualmente contrário à lei e com fundamento equivalente àquele não será considerado nulo, mas carente de fundamentação. Quer isto dizer que, de um ponto de vista das intervenções das partes no processo, se estas podem padecer dos males de que sofrem os negócios jurídicos submetidos ao direito material, os sintomas e a profilaxia da enfermidade serão, num e noutro caso, diversos.

450. Por último, e no que se refere a NIESE, Autor referido por ZEISS, tenha-se desde logo em atenção o título da obra da qual este último extrai o agnosticismo daquele: *Doppelfunktionelle Prozeßhandlungen*. O que preocupa NIESE são as intervenções processuais de duplo efeito, ou seja, as intervenções processuais que têm eficácia substantiva e eficácia adjectrotegeis uma vez nos situamos no plano dos efeitos provocados por actos que são, esmagadoramente, observados como actos jurídicos simples.

Também NIESE nega a existência de verdadeiros deveres processuais. Segundo este Autor, se bem que a parte tenha o dever de se comportar de modo honesto, se infringir este dever, nomeadamente tentando protelar o processo, a sua actuação adjectiva será rejeitada, pelo que será inconsequente para a parte contrária. A esta circunstância acresce o facto de a violação do dever de *honeste procedere* implicar consequências para a parte que age ilicitamente mas apenas no plano material, a saber, no da obrigação de suportar as custas.

Tal como vimos suceder, quer com HELLWIG, quer com GOLDSCHMIDT, também NIESE tem um enfoque dos actos adjectivos a que é estranha a matéria que nos ocupa.

451. Como ja acima deixámos dito, a problemática que ocupou os Autores acabados de referir não interessa à matéria da licitude ou da ilicitude das condutas processuais. Não é este o tema que os ocupa. O que pretendem compreender é o modo próprio de produção de efeitos por actuações prorotege. Por esta razão, a sua invocação em abono de uma visão agnóstica do processo, parece-nos deslocada, porque pressupõe a desfocagem do ponto de referência dos seus fundamentos.

452. Numa outra visão, o processo, enquanto realidade puramente técnica, seria incompatível com um juízo de ilicitude, sendo os comportamentos das partes que exercem situações jurídicas processuais igualmente insusceptíveis de um juízo de censurabilidade. Qualquer que fosse o modo como as partes litigassem, quaisquer que fossem as suas intenções ao litigarem, nada disto teria relevância alguma já que as partes se limitariam a lançar mão de um instrumento posto à sua disposição pelo sistema jurídico. O processo, porque é um meio legalmente regulado, funcionaria como uma verdadeira causa de justificação.

Primeira observação: a ser verdadeira esta afirmação, ela seria tão válida se afirmada para o contexto processual, como para fora dele. Teria, no final, morrido a cláusula geral do abuso do direito. Ora, o simples recurso ao processo, enquanto meio de exercício de situações jurídicas legalmente previsto e posto à disposição das partes, não justificaria, por si só, toda e qualquer intervenção. Ao invés do que chegou a ser defendido, inclusivamente pelo BGH nas já acima referidas decisões de de 7.3.1956 e de 3.10.1961, o processo não é, em si, uma causa de justificação para os comportamentos das partes[890]. Conforme sustentava Jhering, a circunstância de a ilicitude vir mascarada sob as formas de um processo legal não exclui o delito[891].

A afirmação não limitada de que o recurso a um meio ou espécie processual, organizado e regulamentado pelo Estado, não pode consubstanciar uma agressão ilícita à esfera protegida da contraparte apesar de esta sofrer

---

[890] No mesmo sentido, Pedro de Albuquerque, Responsabilidade processual por litigância de má fé, abuso de direito e responsabilidade civil em virtude de actos praticados no processo, p. 133; Menezes Cordeiro, Litigância de má fé, abuso do direito de acção e *culpa in agendo*, p. 144 [2014 (reimp. 2016), n.º 65.I].

[891] Das Schuldmoment im römischen Privatrecht, *in* Vermischte Schriften juristischen Inhalts, pp. 168-169.

desvantagens (*Nachteile*, na expressão não comprometida do BGH[892]), quando a acção seja julgada improcedente, foi, desde sempre, alvo de críticas[893].

A primeira crítica assentou na inflexão injustificada que esta decisão do BGH terá representado[894]. Com efeito, o RG desde sempre reconheceu o direito da parte a ser indemnizada pelos prejuízos derivados de acções que atingissem a empresa, implicando a cessação da sua actividade. A estas hipóteses, o RG aplicava o § 823, I, BGB[895]. Conforme já acima se sublinhara, nestes casos tem inclusivamente plena justificação que a parte responda pelos prejuízos causados se agiu com negligência, uma vez que se trata de acções que podem ter por efeito directo o encerramento de uma empresa; são acções particularmente perigosas, sendo exigível um especial dever de cuidado da parte requerente.

453. Aceitar um agnosticismo do processo implica aceitar um agnosticismo das situações jurídicas processuais. Ora, os meios processuais estão globalmente ordenados aos fins do processo, encontrando a sua justificação nestes fins. Rompendo o seu exercício com as funções para as quais a lei as atribui, as situações processuais são exercidas em abuso. Se a parte provoca danos na contraparte com uma acção que vem a ser julgada improcedente,

---

892 BGH de 3 de Outubro de 1961, BGHZ 36, pp. 20-21.

893 Baur, Anmerkung zu BGH v. 3.10.1961, p. 95; Herbert Fenn, Schadenshaftung aus unberechtigter Klage oder Rechtfertigungsgrund der Inanspruchnahme eines gesetzlich und geregelten Verfahrens?, p. 360; Hopt, Schadensersatz aus unberechtigter Verfahrenseinleitung, pp. 236 e segs.; Weitnauer, Schadensersatz aus unberechtigter Verfahrenseinleitung, pp. 449 e seg..

894 Herbert Fenn, Schadenshaftung aus unberechtigter Klage oder Rechtfertigungsgrund der Inanspruchnahme eines gesetzlich und geregelten Verfahrens?, pp. 354 e segs..

895 Esta aplicação, originariamente discutida a propósito de ilícitos ocorridos fora de contexto processual, restringia-se aos casos em que a empresa era atingida de modo a ser posta em causa a sua sobrevivência, mas já não quando ocorria a mera perda de uma oportunidade de negócio (*cfr.* BGH de 9.12. 1958, com indicações sobre a evolução da jurisprudência em sede de ingerência no direito à empresa/*Recht am eingerichteten und ausgeübter Gewerbebetrieb*). Este resultado que, perante a tipicidade de bens jurídicos protegidos pelo § 823 BGB, implicou reconduzir esta situação jurídica à categoria do *sonstiges Recht*, foi transposto para o campo processual, entendendo-se haver violação do direito à empresa sempre que o resultado da acção implicasse a sua desestruturação e encerramento de actividade. Herbert Fenn, Schadenshaftung aus unberechtigter Klage oder Rechtfertigungsgrund der Inanspruchnahme eines gesetzlich und geregelten Verfahrens?, p. 354.

tendo agido ilicitamente, deve ser corotegea indemnizá-la. Neste caso, o recurso ao processo não foi neutro, mas ilícito[896]. A aferição da ilicitude do comportamento da parte que exerce abusivamente situações processuais é crucial, pois ela não pode inferir-se da improcedência[897].

Porém, no traçar dos limites do exercício legítimo do direito de acção, bem como na valoração da conduta das partes, sempre se tomaram em consideração as peculiaridades daquela situação jurídica, como se disse, ordenada a remover estados de dúvida em ambiente de conflito. Como afirma TILMANN, se é certo que o recurso a um meio legalmente previsto não exclui, automaticamente, a ilicitude desse recurso, certo é, também, que as garantias constitucionais que rodeiam o direito de acção – no caso, invocando os artigos 5, 20.III e 103.I GG – exigem que se conceda uma larga margem de actuação ao demandante[898].

Nesta sequência, afirma que as condutas que poderão, no caso da lesão da honra ou da imagem, provocar danos indemnizáveis, deverão ser condutas qualificadas subjectivamente por dolo eventual, sendo insuficiente uma actuação com negligência grosseira[899].

454. Esta última asserção de TILMANN deve levar-nos a reflectir quando se delimitam as esferas de licitude e de ilicitude na actuação processual.

Supomos não poder dever-se ao acaso a circunstância de os diversos ordenamentos, que concebem regimes particulares de responsabilidade por actuação processual, consagrarem soluções idênticas àquela que pode ser encontrada no artigo 456.º, n.º 1 [artigo 542.º, n.º 1] no que respeita ao elemento subjectivo do tipo de ilícito.

Assim sucede com o Código italiano que, no seu artigo 96, prevê a indemnizabilidade de danos provocados através de condutas processuais

---

[896] BAUR, Anmerkung zu BGH v. 3.10.1961, p. 95; HERBERT FENN, Schadenshaftung aus unberechtigter Klage oder Rechtfertigungsgrund der Inanspruchnahme eines gesetzlich und geregelten Verfahrens?, p. 360; HOPT, Schadensersatz aus unberechtigter Verfahrenseinleitung, p. 197.

[897] HERBERT FENN, Schadenshaftung aus unberechtigter Klage oder Rechtfertigungsgrund der Inanspruchnahme eines gesetzlich und geregelten Verfahrens?, p. 365; HOPT, Schadensersatz aus unberechtigter Verfahrenseinleitung, pp. 227-232.

[898] Das Haftungsrisiko der Verbräucherverbände, p. 1915.

[899] Das Haftungsrisiko der Verbräucherverbände, p. 1916.

dolosas ou gravemente culposas[900]. Solução idêntica é acolhida pelo legislador brasileiro que, no artigo 16.º CPCbr [79.º], prevê a responsabilidade por perdas e danos daquele que litigar de má fé. Não obstante a relativa vacuidade do regime legal constante do artigo 32.º, n.º 1 CPCfr[901], que prevê, para além da condenação em multa, a responsabilidade da parte que aja judicialmente de forma dilatória ou abusiva pelos prejuízos causados, a jurisprudência é altamente restritiva, entendendo que só poderá falar-se em abuso de processo se o acto da parte for malicioso, de má fé ou se se verificar um erro de tal modo grave na sua conduta que aquele é equiparado a uma intervenção dolosa[902].

Idêntico é o panorama no sistema jurídico alemão. Apesar de a lei não prever pressupostos específicos para a constituição do dever de indemnizar danos causados por comportamento processual e com excepção das posições extremas que negam qualquer possibilidade de fazer decorrer deveres de indemnizar de comportamentos processuais, a doutrina e a jurisprudência procedem a uma aplicação dos §§ 823 e 826 BGB, entendendo que os deveres de indemnizar somente poderão ser desencadeados quando a conduta lesiva da parte for dolosa ou gravemente negligente (esta última hipótese somente nas situações recondutíveis ao § 823 já que o § 826 apenas determina a constituição do dever de indemnizar por actuações contrárias aos bons costumes quando estas sejam dolosas). Segundo a doutrina intermédia, o critério determinante para a imputação de danos a condutas negligentes, regra geral excluídos do dever de indemnizar[903], é semelhante àquele que

---

900 Sobre os desvios a esta regra, adiante referidos, quando haja requerimento de falência, Guido Tedeschi, Il giudizio di opposizione alla sentenza dichiarativa di alimento, pp. 98 e segs..

901 Este artigo foi alterado por Décret de 11 de Maio de 2017, mas apenas no que diz respeito ao valor máximo da amende civile que pode ser aplicada à parte, que passou de 3.000 para 10.000 euros.

902 Gérard Couchez, Procédure civile, 14.ª, n.º 150 [*17e édition*, com Xavier Lagarde, 2014].

903 Walter Zeiss, Schadensersatzpflichten aus prozessualem Verhalten, n.º I, onde se chama a atenção para a necessidade de encontrar um justo termo entre a não indemnizabilidade de danos, alguns porque provocados através do processo, e a indemnizabilidade de todos os danos em termos equivalentes àqueles que têm vigência no direito civil. A razão de ser desta necessidade de ponderação especial entronca na impossibilidade de a parte se poder sentir amedrontada quando pondera recorrer a tribunal para a tutela de situações jurídicas não inequívocas. Segundo Cordopatri, L'abuso del processo, vol. I, p. 294, esta necessidade de ponderar adequadamente o elemento subjectivo da responsabilidade por custos processuais terá sido uma das principais preocupações *v.g.* dos glosadores que transmitiam a preocupação

o nosso sistema acolhe e que ainda confirmaremos: somente perante meios processuais especialmente perigosos se justifica que sobre a parte activa impendam deveres de cuidado agravados. Sabendo que pode causar um profundo mal ou mesmo a extinção da contraparte (*v.g.* se, sendo esta uma pessoa colectiva, for requerida a sua insolvência), deve a parte agir com particular cautela, sendo razoável que se lhe imputem os danos sofridos pela contraparte se agiu com ligeireza.

455. Do que antecede, uma ilação se pode retirar: nem o processo é destituído de moral[904], nem os comportamentos processuais das partes são insusceptíveis de um juízo de licitude/ilicitude por razões derivadas da natureza do processo. Ao invés, e conforme salientam inclusivamente os autores que, supostamente, perfilham visões agnósticas do processo, os comportamentos das partes, como quaisquer comportamentos humanos, são passíveis de juízos de conformidade ou de desconformidade com a ordem jurídica globalmente considerada. E o processo não deve ser encarado como pura técnica mas como "instrumento ético voltado a pacificar a justiça"[905].

Não se infira desta observação que a valoração das actuações processuais das partes como lícitas ou ilícitas assenta no postulado da relevância positiva da unidade da ordem jurídica quando, como sucede, *v.g.*, com o sistema germânico, a lei não apresenta uma resposta inequívoca a esta questão, devendo ela ser trabalhada a partir da identificação de deveres adjectivos, cujos referentes sejam as partes. A valoração decorrerá, antes de mais, das ponderações peculiares que o legislador realize a propósito dos diversos patamares de relevância das intervenções humanas. Esta tarefa pode ser mais ou menos complexa, dependendo dos níveis de pesquisa que é necessário percorrer. No nosso sistema, a questão é de resposta relativamente directa: atendendo à expressa consagração de uma pluralidade de deveres processuais, bem como à qualificação de certos modos de litigar como de litigância de má fé, com a cominação de tais comportamentos com multa, não pode duvidar-se

---

constante de a condenação nas despesas do processo poder funcionar como um travão ou freio à tutela do direito.

[904] Assim, Zeiss, Schadensersatzpflichten aus prozessualem Verhalten, III.1; Zeiss, Die arglistige Prozeßpartei, C.I., p. 34.

[905] Ada Pellegrini Grinover, Ética, abuso do processo e resistência às ordens judiciárias: *Contempt of Court*, p. 219.

que os actos adjectivos sejam susceptíveis de juízos de conformidade/desconformidade com o sistema jurídico.

456. Poder-se-á afirmar que o juízo de desconformidade de que são passíveis os comportamentos processuais se traduz na respectiva ilicitude? Acima caracterizámos a ilicitude como uma contrariedade a regras de conduta ou como uma lesão a bens jurídicos protegidos.

Quer se observem as condutas descritas no artigo 456.º, n.º 2 [542.º, n.º 2] por um dos prismas, quer se observem pelo outro, chegar-se-á sempre à conclusão de que estamos perante condutas ilícitas. Com efeito, em todos os casos a parte viola regras de conduta que a lei adjectiva sobre ela faz impender. Actuando tipicamente, a parte viola os deveres de boa fé, de probidade, de lealdade e de cooperação, quer isto dizer, a parte actua ilicitamente.

Porém, não teria sentido impor deveres de actuação à parte se, através deles, se não protegessem bens jurídicos. Ora, se se tomar como ponto de referência da ilicitude o bem jurídico protegido pela norma de proibição, também em todos os casos referidos no artigo 456.º ela se verifica. Com efeito, sempre que a parte litiga de algum dos modos descritos no artigo 456.º, lesa imediatamente o bem jurídico Justiça. Esta primeira observação é da maior relevância pois permite-nos identificar o bem jurídico que justifica o delineamento de um regime especificamente derotege a protegê-lo, *v.g.*, no que respeita à repressão e ao sancionamento oficioso da conduta da parte.

Por outro lado, é também possível afirmar que há bens jurídicos da contraparte que são directamente protegidos pelo regime da litigância de má fé. Esta conclusão resulta inequivocamente da concessão, a esta, de um direito a ser indemnizada sempre que a conduta ilícita atinja bens jurídicos protegidos. Como nos termos do artigo 543.º, n.º 1 [457.º, n.º 1] a parte lesada tem direito a repercutir sobre a lesante os prejuízos que esta lhe haja, directa ou indirectamente, causado com a sua conduta, diremos, numa segunda conclusão, que adiante deverá ser aprofundada[906], que o comportamento típico da parte também é ilícito na medida em que lesa bens jurídicos da contraparte, protegidos por regras que impõem determinados deveres de conduta.

---

[906] *Infra* VIII.6.

Deste modo, não poderá dizer-se que o recurso ao processo seja sempre juridicamente lícito. Esta conclusão, que parece resultar já em linha directa do tipo do artigo 456.º, n.º 2, al. d) [542.º, n.º 2, al. d)], sai reforçada.

2.7. O objectivo ilegal da parte e a burla processual: o tipo penal de burla

457. Finalizaremos a análise do tipo de ilícito do artigo 456.º [542.º] com a enunciação de uma das questões que mereceram, em data relativamente recente, uma relevantíssima resposta do Supremo Tribunal de Justiça. Em traços sintéticos, resume-se no seguinte: pode a parte que pratica uma burla processual ser acusada pelo crime de burla, previsto e punido pelo artigo 217.º do CP?

Este é um primeiro aspecto que demonstra a relevância da decisão. Mas, naquilo que directamente nos interessa, há que determinar se a parte que obtém uma decisão, praticando uma burla processual, age de má fé nos termos do artigo 456.º [542.º]. Em segundo lugar, o acórdão do Supremo Tribunal de Justiça é da maior relevância já que, a partir dele, cumpre perguntar se pode manter-se na ordem jurídica uma decisão transitada em julgado que, supervenientemente, se demonstra ter sido obtida por burla processual. Este segundo aspecto será tomado em consideração quando nos detivermos na matéria da ruptura das decisões com os princípios fundamentais da Justiça[907].

458. Através de acórdão pioneiro e que claramente acolhe as evoluções que a concepção do processo civil e, *maxime*, do direito de acção, vem sofrendo, o Supremo Tribunal de Justiça debateu a possibilidade de a burla processual ser reconduzida ao ilícito penal da burla.

No caso decidendo, a parte obtivera uma decisão, por indução em erro do tribunal, em acção de execução específica de contrato-promessa de compra e venda de bens imóveis e móveis. Para obter a decisão, a então autora fabricara o contrato-promessa, que juntou aos autos. Através deste contrato, a putativa promitente vendedora teria prometido vender à putativa promitente compradora a totalidade do seu património. É este contrato que é executado e que leva ao encabeçamento da então autora em todos os bens, objecto do

[907] *Infra* X.

contrato-promessa. O lesado directo pela sentença de procedência da acção de execução específica foi o Estado, uma vez que a promitente vendedora morrera sem deixar herdeiros legitimários ou legítimos.

Na acção penal veio a verificar-se, não só a falsidade do contrato-promessa, como a da demais prova produzida nos autos e que fora determinante para a decisão de procedência. Não obstante a integral verificação do tipo de ilícito do artigo 217.º do CP, a Relação do Porto concluiria pela sua não aplicação, fundando-se, essencialmente, em argumentos de ordem histórica. Sustentara, no acórdão recorrido, que o legislador tipificara diversos tipos de burla. Ora, continua, sendo a possível incriminação da burla processual problema antigo e conhecido do legislador, deveria inferir-se da ausência de expressa previsão deste tipo o seu apartamento do tipo penal.

No recurso para o Supremo Tribunal de Justiça, o Ministério Público contraria o sentido deste acórdão, pugnando pela recondução da conduta da parte ao tipo do artigo 217.º do CP. Refere, entre outras linhas argumentativas, que o direito de acção tem limites, que este direito é susceptível de exercício abusivo, que o abuso do direito de acção é uma emanação do princípio da boa fé, que o caso julgado formado sobre uma decisão judicial não preclude a possibilidade de o ilícito processual, não identificado pelo juiz da acção, ser perseguido, que a interposição do juiz não prejudica o nexo de causalidade entre o comportamento ilícito da parte e o dano.

O Supremo Tribunal de Justiça, não obstante ponderar os argumentos da Relação e se bem que não percorra os argumentos avançados pelo Ministério Público, veio a considerar aplicável o tipo do artigo 217.º do CP quando a conduta da parte deva ser qualificada como uma burla processual. Para tanto, basta que nela concorram os diversos elementos daquele tipo.

A decisão do Supremo Tribunal de Justiça é muitíssimo relevante sob vários aspectos. Alguns deles foram já focados. Outros, sê-lo-ão, ainda, quando analisarmos o regime aplicável à repressão da conduta processual ilícita. Só resta lamentar que um dos pontos mais difíceis desta decisão – o dos efeitos da repressão do ilícito penal sobre uma decisão transitada em julgado, que pressupõe a actuação ilícita – não haja sido aprofundado. Na sua promoção, o Ministério Público suscitara esta questão.

No que agora nos interessa, retira-se da decisão a susceptibilidade de uma conduta de má fé – no caso verificavam-se os tipos das als. a), b) e d) do artigo 456.º, n.º 2 [542.º, n.º 2] – desencadear, para além dos efeitos previstos no artigo 456.º, n.º 1 [542.º, n.º 1], a condenação da parte por burla penal.

3. O NOVO ELEMENTO DE PONDERAÇÃO: O ARTIGO 447.º-B [531.º] DO CPC1961 [908]

459. Um novo dado tem de ser equacionado quando se discute o ilícito processual. Referimo-nos ao disposto no artigo 447.º-B CPC1961 [531.º]. E aquilo que teremos de saber é se este regime, ao sancionar com o pagamento de uma taxa de justiça altamente agravada determinados comportamentos processuais, permite afirmar a existência de um novo tipo de ilícito, ordenado à repressão de condutas que possam lesar bens jurídicos públicos e privados.

460. A questão surge porque o legislador, talvez pelas razões inconfessadas já acima aludidas, aparta – nominal e sistematicamente – a intervenção sobre os comportamentos descritos no referido artigo 447.º-B [531.º] do regime da litigância de má fé. Se a sua opção houvesse sido inversa, teria sido impossível iludir a existência de uma intervenção sancionatória, com o que esta qualificação implica, nomeadamente no plano da proibição da indefesa. Mas os problemas inerentes à constituição de um dever de indemnizar danos provocados na esfera da parte contrária estariam afastados. A solução legal seria inequívoca: as condutas seriam ilícitas, desencadeando a sua comissão a constituição de deveres de indemnizar. O artigo 456.º do CPC1961[909] [542.º] teria sido reformulado, alargando-se o seu âmbito de aplicação às condutas tipificadas no artigo 447.º-B [531.º] e alterando-se o nível de censurabilidade do agente.

No entanto, não foi esta a opção do legislador. Quis segregar a taxa sancionatória excepcional do regime da litigância de má fé[910].

461. Abrem-se duas novas zonas problemáticas com esta sua intervenção, para além de quanto já acima se disse.

A primeira, verdadeiramente impressionante, a total ausência de critérios que permitam ao julgador compreender quando deve considerar uma situação

---

[908] Como *supra* já referido, o artigo 447.º-B foi aditado ao CPC1961 pelo Decreto-Lei n.º 34/2008, de 26 de Fevereiro, correspondendo, ainda que com alterações, ao artigo 531.º do actual CPC. O texto reflecte, porém, as considerações que a estatuição do pretérito artigo 447.º-B do CPC1961 nos suscitava à data da publicação da 1.ª edição desta Monografia.

[909] Actual artigo 542.º CPC, com idêntico teor.

[910] Opção esta que, aliás, o legislador de 2013 manteve.

excepcional em termos que importem a aplicação da taxa sancionatória excepcional. Prevendo uma penalização que, repita-se, pode ser aplicada quando a parte actue com negligência simples e cujos parâmetros são mais elevados do que aqueles que se aplicam à parte que litiga de má fé, ou seja, possivelmente com dolo, o legislador descreve vagamente comportamentos típicos mas não diz, em lado algum, quando é que a taxa pode ser aplicada. Seja qual for a perspectiva de análise da regra, jamais se conseguirá chegar a uma resposta a esta interrogação. Porque parece evidente que não possa concluir-se que uma situação é excepcional porque se verifica algum dos comportamentos típicos sob pena de todos os casos típicos serem excepcionais. Bastará que a parte requeira a aclaração de uma sentença que o tribunal indefere porque, do seu ponto de vista, entende que nada há a aclarar para que a parte seja imediatamente condenada no pagamento da taxa excepcional? Ou que a parte peça a reforma da sentença que, uma vez mais, o tribunal indefere, para que ela seja condenada?

Em face do texto do artigo 447.º-B CPC1961, não sabemos. A lei não enuncia sequer os critérios de que depende a consideração da conduta da parte, não apenas como típica, mas ainda como justificadora da aplicação da taxa.

462. A segunda zona problemática, que nos interessa, agora, directamente, pode ser traduzida por uma pergunta: verificado um dos comportamentos descritos no artigo 447.º-B do CPC1961, se este provocar danos na esfera da contraparte pode esta ser por eles indemnizada?

Já acima demos conta de que os comportamentos previstos no artigo 447.º-B do CPC1961 e que determinavam a aplicação da – por lei assim designada – taxa sancionatória excepcional são, de um ponto de vista objectivo, parcialmente coincidentes com aqueles a que a mesma lei dá relevância no artigo 456.º do CPC1961. Vimos, também, que a lei proíbe a aplicação, a um mesmo acto processual (postulativo), de taxa sancionatória excepcional e de multa (*cfr.* artigo 27.º, n.º 4, [27.º, n.º 5] do RCP): tendo ambas natureza sancionatória só uma lhe pode ser aplicada.

O que distinguia claramente o tipo de ilícito do artigo 456.º do CPC1961 nas situações em que se verifica coincidência objectiva daquele que veio a ser, posteriormente, consagrado no artigo 447.º-B do CPC1961 era o elemento subjectivo. Enquanto o artigo 456.º subordina a condenação da parte em multa a uma especial censurabilidade, intervindo quando as condutas ou omissões típicas são dolosas ou gravemente negligentes, o artigo 447.º-B faz depender a aplicação da taxa sancionatória excepcional da *falta de prudência ou diligência da parte.*

463. O artigo 447.º-B do CPC1961, preocupado em afastar o quanto possível qualquer ligação que possa estabelecer-se entre ele e o regime da litigância de má fé, é omisso quanto aos efeitos da ilicitude do comportamento da parte no confronto da parte contrária se esta sofrer danos. Nem uma palavra acerca da possibilidade de condenação da parte em indemnização à parte contrária se, com a sua actuação, lhe provocar danos.

É evidente que a questão que imediatamente avulta é a seguinte: a circunstância de a lei prever que os comportamentos tipificados no artigo 447.º-B do CPC1961 são ilícitos – sob pena de ser incompreensível a intervenção sancionatória – permite, em face do seu silêncio, a indemnização de danos que a parte contrária haja sofrido em virtude de tais condutas?

464. Se bem se atentar, os problemas que a doutrina visava resolver, complementando o sistema especial de responsabilidade por comportamento processual, previsto no Código de Processo Civil, por recurso ao sistema geral de responsabilidade por acto ilícito, poderão dizer-se agora simplificados. Isto porque o legislador passa a valorar negativamente os comportamentos típicos, objectivamente descritos no artigo 447.º-B, n.º 1, alíneas a) e b), do CPC1961, bastando que estes tenham sido praticados com negligência simples. O próprio sistema de responsabilidade por comportamento processual permite, a partir deste momento, identificar uma ilicitude que pressupõe apenas a negligência simples, sendo possível questionar, perante esta valoração, a transferibilidade dos danos do património do lesado para o património do lesante. O artigo 447.º-B do CPC1961 estabelece uma simetria com o que se verifica à luz do tipo central do direito civil, já que dele decorre uma identidade de pressupostos de constituição do dever de indemnizar.

Se a conclusão a que anteriormente chegámos quanto à impossibilidade de cobrir danos causados por comportamento processual através do recurso ao tipo central do direito privado se mantém, há que reavaliar, em face do artigo 447.º-B do CPC1961 quais são os danos indemnizáveis. Mas, reitere-se, esta reponderação é necessária porque o legislador fez uma nova opção na valoração dos comportamentos processuais. E só porque estes passam a ser considerados como ilícitos se cometidos com negligência é que poderemos equacionar a indemnizabilidade de danos derivados de comportamentos que, sendo objectivamente típicos, atinjam este grau de censurabilidade.

465. Acima concluímos que, face aos seus pressupostos, o regime do artigo 447.º-B do CPC1961 [531.º] tem natureza sancionatória clara. A lei declara que os comportamentos descritos são desvaliosos, intervindo repressivamente: a parte que actua de modo típico paga uma taxa de justiça excepcional, cujos parâmetros são inclusivamente mais gravosos do que aqueles que são aplicados quando ela litiga de má fé[911].

Mas, de acordo com a perspectiva explicitada pelo legislador, o desvalor destes comportamentos apenas se afirma no confronto com um bem jurídico público, a saber, o bem Justiça ou serviço de Justiça. Desinteressando-se, por completo, da repercussão deste acto que, de um ponto de vista da administração da justiça, é desvalioso, a lei não revela a protecção, através do artigo 447.º-B do CPC1961, de interesses individuais. A análise dos comportamentos típicos impõe esta ilação: a parte apresenta um requerimento, um recurso, uma reclamação, um pedido de rectificação, reforma ou esclarecimento e a pretensão deduzida através de qualquer um destes meios apresenta-se como manifestamente improcedente. Estes actos, de duas, uma:

- Ou não visam discutir o mérito da causa;
- Ou visam discutir o mérito da causa.

Se através de qualquer um daqueles actos a parte deduz uma pretensão manifestamente improcedente sem ter a finalidade de discutir o mérito da causa, para que lhe seja aplicada a taxa sancionatória excepcional, requer-se que se revele que a parte, ao praticar o acto, tem intuitos meramente dilatórios. Nestas hipóteses, estamos em cheio no tipo da al. d) do artigo 456.º, n.º 2, do CPC1961: a parte faz um uso manifestamente reprovável dos meios processuais, quer porque entorpece a acção da justiça, quer porque, através do que requer e atendendo à natureza dos actos que pratica – com excepção da referência aos requerimentos – visa protelar, sem fundamento sério, o trânsito em julgado da decisão.

---

911 Situação esta que se alterou, em 2012, por força das alterações introduzidas pela Lei n.º 7/2012, de 13 de Fevereiro, no RCP – *cfr.*, em concreto, actual versão do artigo 27.º, n.º 3.

466. Aparentemente, se através dos actos enumerados no corpo do artigo 447.º-B do CPC1961 [531.º] a parte deduz uma pretensão manifestamente improcedente, sendo este juízo o resultado da existência de jurisprudência em sentido contrário ao da pretensão deduzida, visando discutir o mérito da causa, será a parte igualmente condenada em taxa sancionatória excepcional. Supomos terem de ser aqui excluídos os requerimentos e os pedidos de rectificação ou de esclarecimento, mas já não os pedidos de reforma atendendo à abrangência do artigo 669.º, n.º 2, als. a) e b), do CPC1961, sendo o tipo claramente pensado para os recursos.

Este tipo é de razoabilidade altamente questionável. Nele se dispõe que o juízo de manifesta improcedência resulta tão-só de confronto entre a pretensão deduzida e a jurisprudência que a antecede. Recorda esta previsão uma das sentenças do Eclesiástico, relativa à Prudência: "Não litigues contra um juiz/porque decidirão a favor dele"[912].

E veja-se que a lei nem sequer impõe que a pretensão seja contrária a jurisprudência dominante, pacífica, uniformizada. Diz-se simplesmente que a pretensão é manifestamente improcedente se existir jurisprudência em sentido contrário. O que deixará em grande dificuldade a parte que, sobre a mesma questão, se veja confrontada com decisões diversas em matérias em que a uniformização não ocorreu. Alegue o que alegar, sempre se poderá dizer que deduziu uma pretensão havendo jurisprudência em sentido contrário. Dir-se-á que a lei requer um intérprete inteligente, aquele que vai concluir que a manifesta improcedência não resulta somente de um confronto entre toda e qualquer decisão e a pretensão. E que a aplicação de uma sanção tão gravosa quanto a taxa sancionatória excepcional requer, não apenas que haja jurisprudência em sentido inverso ao da pretensão, mas que a pretensão, só por si, deva ser qualificada como manifestamente improcedente. Isto porque entender que está errada a parte quando alega contra a jurisprudência, não só é conclusão inadmissível num sistema que não conhece o precedente – e, mesmo que o conhecesse, não o associaria a toda e qualquer decisão de todo e qualquer tribunal – como é conclusão absolutamente indesejável de um ponto de vista da evolução da própria jurisprudência. Se não podem, aparentemente, as partes alegar, em recurso, contra jurisprudência fixada – e, com esta adjectivização, somos bem mais rigorosos do que a lei, assim sendo bondosos na sua interpretação –, os tribunais operarão a evolução jurisprudencial

912 Ecl. 8, 14.

sozinhos? Estarão as partes inibidas de contribuir para a evolução do direito, impulsionando, com novas concepções, assentes numa Ciência em constante progresso? Relembrem-se, aqui, as afirmações de Pawlowsky: as partes devem contribuir para a *Rechtsfortbildung*.

467. Se analisarmos os comportamentos típicos podemos duvidar que aqueles que justificam a imposição de uma taxa sancionatória excepcional à parte dificilmente possam provocar, na contraparte, outro tipo de dano que não os danos processuais típicos, ou seja, as despesas com a prática de acto de contraditório, ainda que este seja somente destinado a invocar a improcedência manifesta da pretensão da parte. A maioria das intervenções típicas tem como alvo o acto judicial *sentença*: pedidos de aclaração, rectificação, reforma. Em face destes comportamentos, dificilmente se concebem situações em que possam ser lesados bens jurídicos como, *inter alia*, a honra, o nome, o património. Por esta razão diremos que a norma não está ordenada à tutela destes bens ou, dito de outra forma, os bens tutelados através da proibição não são bens jurídicos da contraparte porque os comportamentos típicos que convocam a aplicação da sanção não têm apetência para os lesar.

A própria integração sistemática do artigo 447.º-B do CPC1961 [531.º] e a tentativa de o apartar, por completo, do instituto da litigância de má fé, concorre para esta conclusão. A lei previu os comportamentos que, sendo ilícitos e danosos, desencadeiam o dever de indemnizar. E fê-lo no artigo 456.º [542.º] do CPC. Assim, se o artigo 447.º-B veio criar novos tipos de comportamentos processuais ilícitos, os bens jurídicos a cuja tutela ela está ordenada são bens jurídicos públicos.

468. Mas não se poderá inferir da qualificação dos comportamentos referidos no artigo 447.º-B do CPC1961 [531.º] como desconformes e na medida em que a descrição típica dá relevância a um elemento subjectivo que, do preenchimento deste tipo, decorre um ilícito gerador de responsabilidade civil?

A primeira interrogação, perante a tipicidade do referido artigo 447.º-B, será a seguinte: então e que comportamento típico pode levar à lesão de bens jurídicos da contraparte para que sequer se questione a possibilidade de se constituir um dever de indemnizar? Não resulta do artigo 447.º-B do CPC1961 que os comportamentos típicos são dirigidos a provocar uma intervenção sobre a sentença?

Assim seria caso o artigo 447.º-B do CPC1961 não tivesse previsto ainda como comportamento típico o requerimento. Mas na medida em que a lei estende a intervenção sancionatória a este tipo de actuação, abre-se um grande dique uma vez que neste termo cabe toda a postulação[913]. Se assim é, porque qualquer acto de postulação é típico se lhe acrescerem as circunstâncias descritas nas als. a) e b) do artigo 447.º-B do CPC1961, pode perguntar-se se, sendo ele qualificado pelo artigo 447.º-B como desconforme, não pode determinar a constituição de deveres de indemnizar.

Isto porque, se o artigo 456.º do CPC1961 funda a responsabilidade em ilícitos dolosos e gravemente negligentes, o artigo 447.º-B do CPC1961 funda a responsabilidade em ilícitos simplesmente negligentes. Valora negativamente estas condutas, considerando-as contrárias ao sistema. Mais uma vez se verifica a peculiaridade registada a propósito do artigo 456.º do CPC1961[914]: a parte que se coloca nas condições previstas por esta regra, age formalmente bem, age a coberto do direito de acção. No entanto, o modo como exerce esta situação jurídica é abusivo. Ela postula em termos manifestamente infundados, excedendo, assim, manifestamente os limites do seu direito. Mas a norma não determina uma intervenção repressiva se se verificar somente a desconformidade objectiva da conduta do sujeito processual[915]. Para que à parte seja aplicada a taxa sancionatória excepcional deverá o abuso ser determinado por uma actuação negligente da parte. Na formulação inversa, do preceito resulta que, se esta tivesse agido com diligência, ter-se-ia necessariamente abstido de praticar o acto.

469. Se, com a sua actuação processual típica a parte provoca danos na contraparte, estes deveriam ter-se por indemnizáveis. Se é certo que quando a parte pede a aclaração, a reforma ou a rectificação de uma decisão não pratica um acto apto a gerar outros danos na esfera da contraparte, que não os danos

---

[913] No CPC2013, o artigo 531.º refere-se a "acção, oposição, requerimento, recurso, reclamação ou incidente".

[914] E, bem assim, do actual artigo 542.º do CPC.

[915] E, por esta razão, não basta o abuso objectivamente considerado para que seja constituído o dever de indemnizar. Para que este se constitua deverão estar, em concreto, presentes os pressupostos de que depende aquele dever. Nas situações que vimos analisando, aqueles que o artigo 447.º-B do CPC1961 descreve e que se reconduzem à ilicitude e à culpa/negligência simples, aos quais haverá necessariamente de acrescentar-se o dano. *Cfr.* OLIVEIRA ASCENSÃO, O abuso do direito e o art. 334.º do Código Civil: uma recepção transviada, n.º 7.

processuais típicos, o mesmo já não pode dizer-se com tanta assertividade quando a parte apresenta um qualquer requerimento. Se, no requerimento apresentado, a parte profere afirmações altamente lesivas da honra da contraparte, não deverão os danos por ela causados ser indemnizados?

A resposta afirmativa parece-nos intuitiva. Valeriam aqui os princípios gerais relativos à transferência do dano sofrido para a esfera do lesante. A ausência de expressa previsão legal no sentido da constituição de um dever de indemnizar não colidiria com este resultado. Não estaria em causa a atribuição de relevância positiva ao princípio da unidade da ordem jurídica[916], estaria sim a aplicação directa do disposto no artigo 447.º-B CPC1961 [31.º], com as suas valorações próprias. O dever de indemnizar deveria ter-se por constituído sempre que, agindo a parte com culpa, através de uma conduta sua, considerada ilícita pelo sistema, ela provocasse danos em bens jurídicos protegidos. O artigo 447.º-B seria visto como uma norma de protecção[917] cuja relevância não residiria na criação *ex novo* de uma protecção para bens já protegidos pelo artigo 483.º. A novidade do artigo 447.º-B também não estaria na ampliação do círculo de pessoas obrigadas à reparação de danos caso sejam violados os deveres de actuação impostos pela norma. A novidade do artigo 447.º-B CPC1961 estaria antes na ampliação ou alargamento do tipo do ilícito do artigo 456.º CPC1961 e, como tal, numa ampliação da tutela que é conferida a todos os bens jurídicos protegidos pelo artigo 483.º, n.º 1, do CC quando estes são atingidos através de condutas processuais típicas.

470. Supomos, porém, não ser esta a melhor solução. O artigo 447.º-B CPC1961 [531.º] tem uma função manifesta: afastar dos tribunais aquela que, do ponto de vista do legislador, é uma litigância inútil. É evidente que este ponto de vista, considerando a tipicidade do artigo 447.º-B, é altamente criticável. Como já dissemos, é difícil compreender que a parte se veja confrontada com a necessidade de pagamento de uma taxa excepcional, cujos valores, repita-se, são mais elevados do que aqueles em que pode ser condenada se litigar de má fé[918], porque defende posição jurídica diversa da

---

[916] Figueiredo Dias, Direito Penal. Parte geral, I, 14.º capítulo, § 8 e segs. [3.ª edição, Gestlegal, 2019, 14.º capítulo, I., 2., §§ 7-10].

[917] Por todos, Sinde Monteiro, Responsabilidade por conselhos, recomendações ou informações, pp. 237 e segs..

[918] *Cfr.* actual artigo 27.º, n.º 3 RCP.

jursiprudência que, para mais e segundo o tipo, não tem de ser uniforme. No entanto, e independentemente da razoabilidade do que, para o legislador, possa ser a litigiosidade inútil, certo é que o artigo 447.º-B CPC1961 está ordenado à tutela do sistema de justiça. O bem jurídico protegido com este regime não se confunde com bens jurídicos da contraparte. As regras que visam protegê-los de comportamentos processuais ilícitos contêm-se nos artigos 456.º e 457.º, ambos do CPC1961. O artigo 447.º-B CPC1961 está claramente ordenado à tutela de um interesse público pelo que fazer dele decorrer um direito a indemnização de um particular parece inadmissível[919]. É difícil identificar nesta regra a tutela de um interesse particular, ao qual se estenda uma protecção querida pelo legislador[920].

471. Afastada a possibilidade de ancorar um dever de indemnizar no tipo do artigo 447.º-B CPC1961 [531.º], há que enfrentar um último problema. Ela resulta da tensão e da tentação representada pelos artigos 447.º-B e 456.º [542.º] do CPC1961.

Vimos, acima, que a lei impede que à parte sejam cumulativamente aplicadas as sanções correspondentes à litigância de má e ao exercício manifestamente abusivo de faculdades processuais, através dos comportamentos típicos, descritos no artigo 447.º-B CPC1961. Por uma mesma conduta, o tribunal deverá ajuizar se à parte deve ser aplicada a multa, por qualificação do seu comportamento como uma conduta de má fé, se a taxa sancionatória excepcional.

A tentação da qualificação da conduta da parte como abusiva por preenchimento do tipo do artigo 447.º-B CPC1961 será enorme enquanto se não concluir estar-se perante efeito que, por assumir a natureza de uma sanção, depende de contraditório. Isto mesmo resulta do acórdão da Relação de Lisboa, de 24 de Junho de 2008 (Abrantes Geraldes): o regime do artigo 447.º-B foi criado para as situações em que é difícil aplicar o regime da litigância de má fé.

[919] Quanto à impossibilidade de derivar de regras destinadas a proteger directamente o interesse público um direito a indemnização de interesses particulares, Menezes Leitão, Direito das Obrigações, 8.ª, I, p. 296-297 [16.ª edição, 2022, pp. 286 a 292].

[920] Enunciando este critério de identificação, Ribeiro de Faria, Direito das Obrigações, vol. I, n.º 35.2.2 [2020 (reimp. 2021), § 38.2].

Nestas situações, como fica a parte contrária se sofreu danos não reconduzíveis aos danos processuais típicos? O que sucede se ela requer a condenação da contraparte em indemnização por litigância de má fé e o tribunal vem a declarar verificado o tipo de artigo 447.º-B CPC1961?

Supomos que fica incólume, ou seja, que fica exactamente na mesma posição em que ficaria caso o tribunal tivesse optado pela qualificação da conduta da contraparte como uma litigância de má fé. Diremos que se quanto à tutela do bem jurídico *sistema de Justiça* o tribunal pode optar entre a aplicação da multa ou da taxa, não pode o tribunal deixar de conhecer do pedido indemnizatório deduzido pela parte, tendo de pronunciar-se sobre o preenchimento dos pressupostos do dever de indemnizar.

4. LITIGÂNCIA DE MÁ FÉ: EFEITO DA VIOLAÇÃO DE DEVERES PROCESSUAIS

472. Analisado o artigo 456.º [542.º] do CPC enquanto norma-padrão da litigância de má fé, sabemos já em que circunstâncias pode a parte ser condenada por litigância abusiva. Vimos que havia uma independência entre o sentido da decisão de mérito e a condenação por lide temerária. Quer isto dizer que a condenação prevista no artigo 456.º do CPC, se bem que, na maioria dos casos, implique um juízo de mérito de improcedência relativamente à postulação considerada abusiva (quer porque não fundamentada, quer porque expressamente contrária a solução expressa da lei, quer ainda porque sustentada em factos não verdadeiros), nem sempre o pressupõe

Se assim é, o preenchimento do tipo de ilícito do artigo 456.º tomará uma outra realidade por referência que não o juízo de mérito proferido sobre a pretensão.

473. Onde se ancora a condenação por litigância de má fé?

Já acima avançámos uma resposta: quando actua tipicamente, a parte viola os deveres de boa fé, de probidade, de lealdade e de cooperação. A litigância de má fé é a manifestação típica da violação de deveres processuais através de comportamento processual. Nas palavras de TEIXEIRA DE SOUSA, "[a]s partes têm um dever de litigância de boa fé", sendo este "um dever complexo que se desdobra nos deveres de não formular pedidos ilegais, de não articular factos contrários à verdade, de não violar o dever de cooperação e ainda de não requerer diligências meramente dilatórias"[921].

474. Mas a qualificação da violação do dever processual como consubstanciando uma situação de litigância de má fé, se bem que signifique uma apreciação desvaliosa da conduta da parte, não desencadeia automaticamente um dever de indemnizar. Este é um dos aspectos mais ricos do esquema de intervenção da nossa lei quando os comportamentos são abusivos: o sistema é bifronte.

Na verdade, o agente pode e deve ser censurado porque, encontrando-se em determinado estado subjectivo, viola um dever que sobre ele impende. Mas esta censura é independente de qualquer apreciação da repercussão da sua conduta sobre a esfera da parte contrária. O sistema intervém repressivamente, impondo ao agente uma pena civil.

Porém, se a violação do dever, que sobre a parte impende, provocar um dano na esfera da parte contrária, este dano é indemnizável. Seja ele um dano processual típico, ou seja, um dano recondutível às diversas categorias enunciadas no artigo 543.º, n.º 1, al. a) [457.º, n.º 1, al. a)], seja ele um dano provocado em outros bens juridicamente protegidos, como resulta do artigo 543.º, n.º 1, al. b) [457.º, n.º 1, al. b)]. A litigância de má fé garante, deste modo, uma neutralização dos prejuízos sofridos em função de um comportamento processual ilícito.

À litigância de má fé preside, assim, no nosso sistema, uma dupla função: ela visa sancionar comportamentos processuais ilícitos e reparar os prejuízos causados à parte processual por causa daquele ilícito.

475. A circunstância de a litigância de má fé ancorar na violação de deveres processuais previstos pela ordem jurídica não é, aliás, uma conclusão que só recentemente se possa extrair dos dados do sistema. Lembre-se que já no domínio das Ordenações Filipinas e perante o desuso do juramento de calúnia resultado idêntico se impunha.

---

921 Introdução ao processo civil, 2.ª, p. 72.

5. OS BENS JURÍDICOS TUTELADOS PELO ARTIGO 456.º [542.º]: O *CONTEMPT OF COURT*

476. Já há pouco afirmámos que a parte que litiga de má fé viola deveres de actuação. Mais dissemos que, através deste tipo de conduta, pode a parte atingir bens jurídicos diversos. Será mesmo assim? O ilícito estabelecido em torno da violação dos deveres processuais está ordenado à tutela de que bens? Que bem ou bens jurídicos são tutelados quando se impõe à parte que litigue de boa fé?

Um dos efeitos da má fé é a condenação da parte em multa. Este efeito depende da violação do dever de litigar de boa fé. O ilícito verifica-se independentemente de a actuação da parte ter determinado a violação de bens jurídicos da contraparte. O tipo não requer a verificação deste resultado para que a parte seja condenada em multa. Se ele, porventura, vier a verificar-se, para além da multa, será a parte condenada em indemnização à parte contrária. A indemnização cobrirá os danos que, com a conduta de má fé, lhe hajam sido infligidos. Se assim é, a condenação em multa, dependente do preenchimento do tipo de ilícito, é claramente punitiva[922] e está ordenada à tutela de um bem que não pode ser identificado com a esfera da contraparte[923].

Que bem jurídico se considerará lesado quando a parte litiga de má fé de modo a que se justifique que lhe seja imposta, por intervenção oficiosa do tribunal, uma pena civil?

Por detrás do artigo 456.º [542.º] e da repressão da litigância de má fé estarão interesses de ordem pública. Estes explicam a intervenção oficiosa do tribunal. Estes interesses confundem-se com o bem jurídico tutelado através da imposição de uma multa, que não reflecte qualquer equação entre actuação e danos. Que bem jurídico pode ser este?

A resposta mais cabal a esta interrogação pode ser encontrada no sistema inglês: quando a parte age de má fé verifica-se o tipo de ilícito de *contempt*

---

922 Qualificando diferentemente a multa aplicada ao abrigo do artigo 14.º CPCbr73 [77.º, §2] como uma multa de cunho administrativo, Paula Sarno Braga, A aplicação a terceiros da multa administrativa do parágrafo único do art. 14 CPC: aspectos polémicos, p. 761. Porém, em estudo do mesmo ano [O parágrafo único do art. 14 CPC e a multa punitiva imputada aos Infratores do Dever Processual Previsto no inciso V: *Contempt of Court* à Brasileira], a Autora caracterizará a multa como punitiva.

923 Pinheiro Rodrigues, Indenização na litigância de má-fé, n.º 7.

court no sentido em que a parte que litiga de má fé interfere de um modo não admissível com a boa administração da Justiça[924]. Quer isto dizer que, entre os bens jurídicos primariamente tutelados por regras semelhantes à do artigo 456.º está a própria Justiça e os órgãos de soberania que a realizam, *scilicet*, os tribunais[925]. Regra geral, para que a sua conduta atinja o seu objectivo final, a parte terá de instrumentalizar o processo e o tribunal, que tentará enganar ou no qual intentará provocar um erróneo convencimento[926]. Mas, atentos os tipos de ilícito do artigo 456.º, n.º 2 [542.º, n.º 2], temos de ir mais longe: quando a parte litiga de má fé desrespeita o tribunal, actuando processualmente de modo reprovável. Ou porque não coopera com este órgão, nos termos devidos, para a realização da justiça, ou porque visa criar neste uma falsa representação da realidade[927], provocando uma decisão contrária àquela que é justificada pela situação da vida ou porque, tenha ou não razão[928], se socorre do tribunal para, com a colaboração deste, atingir um objectivo ilegal, ou porque instrumentaliza os meios escassos para protelar a definitividade da solução ditada. A parte que litiga de má fé tende a "ofender um tribunal na administração da justiça ou a diminuir sua autoridade ou dignidade"[929]. A litigância de má fé "repercute na própria credibilidade da atividade jurisdicional"[930-931].

---

[924] C.J. Miller, *Contempt of Court*, 1.01.

[925] Humberto Theodoro Júnior, Abuso de Direito Processual no Ordenamento Jurídico Brasileiro, in AAVV, Abuso de direitos processuais, pp. 115 e 128.

[926] Stefano Costa, Il dolo processuale in tema civile e penale, pp. 10 e segs. e 41; Zani, La mala fede nel processo civile, p. 87. Também Albanese, Il dolo processuale, pp. 4 e segs. e 35 e segs., se bem que o Autor acentue que o comportamento desleal da parte, que age com dolo, visa induzir a contraparte à prática de um acto dispositivo que lhe seja prejudicial ou a impedir que esta se defenda adequadamente.

[927] Próximo, Mendonça Lima, O princípio da probidade no Código de processo civil brasileiro, n.º 38, p. 27.

[928] Se a causa, em si, pode ser justa e fundada, o comportamento da parte será, ainda assim, ilícito se ela recorrer a manobras fraudulentas. Albanese, Il dolo processuale, p. 6.

[929] Ada Pellegrini Grinover, Ética, abuso do processo e resistência às ordens judiciárias: *Contempt of Court*, p. 222. Em sentido idêntico, Paula Sarno Braga, O parágrafo único do art. 14 CPC e a multa punitiva imputada aos Infratores do Dever Processual Previsto no inciso V: *Contempt of Court* à Brasileira p. 78.

[930] Nuñes Padilla, Litigância de má fé no CPC reformado, n.º 1, p. 101.

[931] *Cfr.*, neste sentido, desenvolvidamente, o acórdão do Tribunal da Relação de Lisboa, de 5 de Novembro de 2020 (Jorge Leal).

VII. A ILICITUDE NOS TIPOS ESPECIAIS

1. A RESPONSABILIDADE DO EXEQUENTE

1.1. As medidas de agressão e a abstracção da acção executiva

477. Porventura uma das colisões mais melindrosas de situações jurídicas fundamentais a resolver pelo legislador envolve o exercício do direito à satisfação efectiva de dever de prestar titulado. E esta colisão atinge o cume da delicadeza quando, de um lado, se encontra a pretensão à recuperação do gozo pleno de um imóvel e, do outro, a pretensão à manutenção de uma ocupação desse mesmo imóvel fundada em arrendamento. Será através da delimitação do acesso à execução e da conformação específica desta estrutura processual altamente formal[932], porque objectiva e subjectivamente delimitada por um título, que a lei definirá, de entre as situações em conflito, qual prevalece e em que termos prevalece.

A lei deverá dar resposta a duas questões centrais. Em primeiro lugar, é crucial que a lei defina que tipo de título deve representar o dever de prestar alegadamente violado para que a acção executiva seja admissível. Em segundo lugar, deve a lei definir quais as condições que o título tem que reunir para que o dever de prestar representado possa ser coercivamente satisfeito.

---

[932] Da circunstância de a execução ser uma estrutura altamente formal, destinada à rápida satisfação de uma situação jurídica titulada e alegadamente existente e incumprida, retira Gaul, Ungerechtfertigte Zwangsvollstreckung und materielle Ausgleichsansprüche, p. 340, a conclusão de que os resultados através dela obtidos devem ser valorados à luz de bitolas de direito substantivo.

1.2. Os tipos especiais de responsabilidade do exequente: a responsabilidade do exequente em execução sem citação prévia e a responsabilidade do exequente em execução para entrega de coisa imóvel arrendada fundada em título extrajudicial

478. Entre as regras que impõem a indemnização dos danos culposamente causados à parte por comportamentos processuais específicos identificámos os artigos 819.º e 930.º-E, ambos do CPC1961[933].

O artigo 819.º do CPC1961 é preceito introduzido no Código de Processo Civil pelo Decreto-Lei n.º 38/2003, de 8 de Março, que operou a reforma do processo de execução. O artigo 819.º veio conferir um direito de indemnização ao executado em termos simétricos àqueles em que o artigo 390.º, n.º 1 do CPC1961 [374.º], introduzido na reforma de 95/96, veio conferir ao requerido em providência cautelar injustificada. Para além da responsabilidade pelos danos causados à contraparte, será ainda o exequente condenado ao pagamento de uma multa, cujo valor é graduável dentro dos parâmetros estabelecidos no artigo 819.º do CPC1961. Encontramos, assim, no regime específico da execução um esquema de reacção a comportamentos processuais idêntico ao que encontrámos no artigo 456.º, n.º 1 do CPC1961: a cumulação da condenação em multa com o pagamento de indemnização. Mas nota-se imediatamente uma diferença entre os dois tipos: enquanto o ilícito do tipo central pressupõe o dolo ou a negligência grosseira, o tipo de ilícito do artigo 819.º do CPC1961 pressupõe somente a negligência da parte activa.

Identicamente prevê o artigo 930.º-E do CPC1961 [866.º], introduzido no Código de Processo Civil pela Lei n.º 6/2006, de 27 de Fevereiro, que o exequente responde pelos danos culposamente causados ao executado e incorre em multa se, fundando-se a execução em título extrajudicial, proceder a oposição à execução.

Analisemos brevemente cada um destes tipos para podermos recortar os respectivos âmbitos de aplicação, tentando identificar as razões que determinam a criação destes regimes especiais de responsabilidade.

---

[933] Os artigos 819.º e 930.º-E do CPC1961 correspondem, respectivamente, aos artigos 858.º e 866.º do CPC2013. Verifica-se total coincidência entre os artigos 930.º-E e 866.º no CPC1961 e no CPC2013. Já o artigo 819.º corresponderá, com alterações, aos artigos 858.º e 727.º, n.º 4, do CPC2013.

1.3. O artigo 819.º do CPC1961 [858.º e 727.º, n.º 4] e a responsabilidade do exequente em execução para pagamento de quantia certa sem citação prévia

479. A obrigação de indemnizar do exequente ao abrigo do disposto no artigo 819.º[934] do CPC1961 depende da verificação cumulativa dos seguintes pressupostos[935]:

a) Ter a penhora precedido a citação do executado;
b) Ter o executado deduzido oposição à execução;
c) Ter sido a oposição julgada procedente;
d) Ter a execução causado prejuízos ao executado;
e) Terem os prejuízos sido causados culposamente;
f) Não ter o exequente agido com a prudência normal.

Logo numa primeira leitura do artigo 819.º do CPC1961, o que imediatamente avulta perante o tipo de ilícito nele descrito, se confrontado com o tipo de ilícito do artigo 456.º do CPC1961 [542.º], é que aquele tem um elemento subjectivo próximo do que se encontra no artigo 483.º, n.º 1, do CC e diverso daquele que constava do artigo 456.º do CPC1961 [542.º]. Enquanto os artigos 483.º, n.º 1, do CC e 819.º do CPC1961 consideram ilícita a actuação culposa ou, dito de outro modo, a actuação justificada com uma falta de diligência do lesante, o artigo 456.º do CPC1961 [542.º] faz depender a ilicitude de uma actuação com *negligentia supina*.

A aproximação do regime da responsabilidade na execução ao regime da responsabilidade por actuação extra-processual poderia justificar-se imediatamente com a periculosidade da execução, fundada, entre outros factores, na circunstância de a execução ser um processo eminentemente abstracto. A transferência de competência para a prática de actos de execução para órgãos que não têm competência, nem para decidir acerca da fundamentação da pretensão, nem para dirimirem conflitos quanto à titularidade dos bens a apreender e apreendidos, impõe aquela abstracção[936].

---

[934] *Cfr.*, com alterações, os artigos 858.º e 727.º, n.º 4, do CPC 2013.

[935] *Cfr.* o acórdão do Tribunal da Relação de Lisboa, de 12 de Maio de 2022 (Jorge Leal).

[936] Referindo-se à natureza essencialmente formal da execução e evidenciando que ela decorre da transferência de competências para agentes que não exercem a função jurisdicional, Gaul, Die Haftung aus dem Vollstreckungszugriff, p. 4.

Sabendo o exequente que a execução é um procedimento de elevado risco no que respeita à possibilidade de lesão de bens juridicamente protegidos do executado, teria deveres de cautela e de diligência agravados por referência à parte em procedimento que não implica a agressão de um património. E estes deveres seriam absolutamente justificados na medida em que o exequente sabe que a execução é um esquema formal em que aquele que vai proceder a actos de agressão patrimonial não tem competência para sindicar a fundamentação da pretensão. E porque assim é, e porque o exequente ou tem consciência de que assim é ou, se a não tem, deveria ter, deve agir com elevados padrões de diligência de modo a não determinar a prática de actos de agressão patrimonial que venham a considerar-se injustificados.

Curiosamente, o regime que encontramos consagrado na nossa lei não permite estas ilações. Na verdade, somente nas execuções sem citação prévia do executado o tipo de ilícito se aproxima do tipo de ilícito do artigo 483.º, n.º 1. Quanto às demais estruturas executivas, a lei silencia.

1.3.1. A penhora prévia

480. O artigo 819.º do CPC1961 faz depender a constituição do dever de o exequente indemnizar os danos causados ao executado da circunstância de estes lhe haverem sido culposamente causados e do facto de o exequente não ter agido com a diligência devida. No entanto, *aquele regime não é aplicável a toda a estrutura executiva; é-o, apenas, à execução em que a penhora preceda a citação.*

Pergunta-se: o que justifica que se delineie um tipo especial de ilícito para as execuções em que a penhora preceda a citação do executado? Como se comporta a responsabilidade do exequente nas execuções em que há citação prévia do executado?

O que determinou o legislador, na reforma de 2003, a considerar não dever circunscrever a obrigação de indemnizar aos casos em que o exequente agiu com dolo ou com negligência grave? O que justifica a intervenção punitiva da conduta do agente, através da imposição de uma multa, quando ele age com negligência simples? Porque merece o agente censura, em execução sem citação prévia declarada ilegal por procedência da oposição, em termos idênticos aos de qualquer lesante, respondendo pelos danos causados "nos termos gerais da responsabilidade civil"?[937]

Supomos que o que poderá ter impressionado o legislador, levando-o a encontrar um regime de responsabilidade autónomo para a execução, em que é dispensada a citação prévia do executado, terá sido a aparente especial perigosidade deste meio por confronto com a execução em que a citação antecede a penhora. E, para aqueles casos, o legislador aproxima a constituição do dever de indemnizar por danos causados ao executado do tipo do artigo 483.º do CC, afastando-o do tipo do artigo 456.º do CPC1961 [542.º].

Na verdade, a diversidade entre o tipo geral da responsabilidade processual, desenhado pelo artigo 456.º do CPC1961 [542.º], e o tipo especial de responsabilidade do exequente em execução sem citação prévia, modelado pelo artigo 819.º do CPC1961, reside no tipo subjectivo. Como vimos, enquanto que o agente, que não actua em execução sem citação prévia, apenas responderá se tiver actuado com dolo ou com negligência grave, o agente que actua em execução sem citação prévia, declarada ilegal por procedência da oposição, responde quer actue com dolo, quer actue com negligência, grave ou leve.

481. O que leva o legislador a estender a responsabilidade do exequente, que instaura execução em que é dispensada a citação prévia do executado, aos casos em que aquele age com negligência leve? O que determina o legislador a impor particulares deveres de cuidado ao exequente, que exerce o seu direito de acção, desencadeando uma execução com base num título executivo, nas hipóteses em que o executado não é previamente citado?

Avançamos a hipótese de a circunstância que terá impelido a um alargamento da tipicidade da conduta do agente aos casos de actuação com negligência simples ser a peculiar estrutura da execução, com o perigo específico que ela comporta: perante um procedimento em que o exequente sabe que o executado apenas se pode defender após a realização da penhora, deverá agir com maior prudência. A dispensa de citação prévia aumenta os riscos da execução[938]. Esta, apesar de poder revelar-se injustificada, impôs

---

[937] Lebre de Freitas/Ribeiro Mendes, Código de Processo Civil Anotado, vol. 3.º, n.º 2 *sub* artigo 819.º.

[938] Alertando para os perigos de uma execução sem intervenção liminar e sem citação prévia e para a necessidade de ponderar os efeitos negativos de uma legislação assente em estatísticas,

uma restrição ao executado, cujos bens foram objecto de penhora: os actos de oneração ou de disposição dos bens penhorados são inoponíveis à execução. E, contra esta restrição infundada, nada pôde o executado, uma vez que somente com a concretização da penhora sabe da pendência da execução, podendo, então, a ela opor-se. Justifica-se uma "extensão da "zona de protecção" do executado"[939].

482. A necessidade de extensão da zona de protecção do executado é ancorada na especial tutela que a estrutura executiva, sem citação prévia, confere ao exequente: não obstante ele não poder escolher entre estruturas – o exequente que tenha dúvidas quanto à admissibilidade ou à fundamentação da pretensão executiva não pode suscitar a intervenção prévia da contraparte ou do tribunal –, dependendo a aplicação de cada uma das tipologias de execução de opções fechadas do legislador, certo é que o exequente se vê altamente favorecido com a realização imediata da penhora. Na verdade, a sua garantia é imediatamente constituída pela penhora.

A circunstância de o credor exequente não ter opção quanto à estrutura da execução – ele não pode requerer que numa execução, em que a lei dispensa a citação prévia, que é concedida em seu benefício, este benefício lhe seja coarctado, procedendo-se à imediata citação do executado – faz pensar na diversidade dos sistemas de responsabilidade por execução. Se se confrontar o sistema alemão, vai verificar-se que a lei cria uma responsabilidade especialmente gravosa para o credor exequente que executa uma sentença pendente de recurso. Caso esta seja alterada ou revogada, o exequente responde, independentemente de culpa, pelos danos provocados. A sua responsabilidade depende, assim, do facto objectivo da supressão ou da alteração do título executivo. Este sistema é justificado à luz da liberdade do credor: ele pode optar entre executar de imediato ou executar apenas quando a decisão houver transitado em julgado[940]. A sua especial responsabilidade

---

exortando o então Ministro da Justiça a recordar que a execução não deve, somente, ponderar os interesses do exequente, por mais respeitáveis que sejam, mas também os direitos do executado, Lebre de Freitas, Os paradigmas da acção executiva, in Estudos sobre direito civil e processo civil, vol. II, p. 733.

[939] Catarina Pires Cordeiro, A responsabilidade do exequente na nova acção executiva, p. 19.

[940] Götz, Zivilrechtliche Ersatzansprüche bei schädingender Rechtsverfolgung, p. 119-120; Konzen, Rechtsverhältnisse zwischen Prozessparteien, pp. 164 e segs..

é fundada na sua opção: se escolher colher os benefícios de uma execução provisória, colherá as desvantagens de uma revogação da decisão. Se é certo que o nosso sistema não institui uma responsabilidade do exequente independente de culpa, certo é, também, que não lhe confere a faculdade de escolha entre diversas estruturas de execução.

483. Mas mais um dado pode ser avançado para justificar a opção legal. Sendo consagrada, no artigo 812.º-B, n.º 1, do CPC1961[941], a regra da coincidência entre a dispensa de citação prévia e a dispensa de despacho liminar[942], o exequente sabe (ou não pode ignorar) que a penhora será, em princípio[943], realizada sem que seja efectuado qualquer controlo judicial prévio quer sobre a pretensão exequenda, quer sobre o título, quer, ainda, sobre a admissibilidade da execução. Quer isto significar que, porque nos casos abrangidos pelo referido artigo 812.º-B/1, "*o ataque ao património do devedor [será realizado] sem aviso e sem controlo judicial directo e necessário*" (itálico no texto)[944], impende sobre o exequente um especial dever de cuidado quando, na estrutura processual concretamente aplicável, a ausência de citação prévia coincidir com a ausência de intervenção liminar. Nestas hipóteses, não poderá exercer inconsequentemente o seu direito de acção, que implicará a imediata agressão do património do executado, sem agir com uma diligência agravada.

O artigo 819.º do CPC1961, ao limitar-se a prever a responsabilidade do exequente nas situações em que, na execução, não tenha havido citação prévia, será potencialmente aplicável quer tenha havido, quer não tenha

---

[941] Disposição esta que veio a ser revogada pelo Decreto-Lei n.º 226/08, de 20 de Novembro.

[942] Identificando esta regra de coincidência, Paula Costa e Silva, A reforma da acção executiva, 1.ª, n.º 11.3 (p. 54); *id.*, A reforma da acção executiva, 3.ª, n.º 11.3.1. Assim, também, Rui Pinto, A acção executiva depois da reforma, pp. 67 e segs..

[943] Dizemos que esta ausência de intervenção judicial liminar se verificava apenas como regra quando fosse dispensada a citação prévia, uma vez que era possível desencadear tal intervenção apesar da ausência de citação prévia do executado. Lebre de Freitas, A acção executiva depois da reforma, 4.ª, p. 163 [em A Ação Executiva – À luz do Código de Processo Civil de 2013, 7.ª Edição, Gestlegal, 2017, o Autor suprime este trecho]; Rui Pinto, A acção executiva depois da reforma, pp. 68 e segs.; Teixeira de Sousa, A reforma da acção executiva, pp. 112 e segs..

[944] Rui Pinto, A acção executiva depois da reforma, p. 63.

havido, intervenção judicial liminar[945]. É evidente que os dois tipos de casos são distintos porquanto, no primeiro grupo, a intervenção do agente de execução será precedida de uma intervenção judicial. Ora, para que a segunda intervenção venha a ocorrer é necessário que o juiz ou não se tenha apercebido da ilicitude da conduta do exequente ou que, dela se tendo apercebido, actue também ele ilicitamente, mandando seguir uma execução que deveria ter indeferido liminarmente.

484. À vantagem da imediata constituição da garantia real, à qual o exequente não pode renunciar, corresponde a imputação de uma desvantagem: a elevação do seu patamar de responsabilidade. Antes da intervenção do executado e do juiz, procede-se à penhora de bens.

485. Ao afastar a constituição do dever de indemnizar danos provocados por comportamento processual do exequente em execução sem citação prévia do tipo central, o legislador partiu de uma verificação: a especial periculosidade de uma execução que, podendo fundar-se em título extrajudicial, dispensa o controlo liminar da admissibilidade da execução, da fiabilidade do título[946], da provável existência da dívida exequenda.

Mais parece ter pressuposto um dado: o de a capacidade de interferência do lesado com a fonte de perigo ser realmente diversa nas execuções com e sem citação prévia[947]. Este o aspecto que pode justificar um alargamento do elemento subjectivo do tipo de ilícito no artigo 819.º do CPC1961, por contraposição a todos os demais casos em que, em qualquer outra estrutura

[945] Maria Olinda Garcia, A responsabilidade do exequente e de outros intervenientes processuais, II.2.E.

[946] Lebre de Freitas escrevia, antes da reforma de 2003, que, baseando-se a execução em título extrajudicial, não poderia cortar-se o cordão umbilical entre o tribunal e a execução. Afirmando que não poderia aceitar-se que o agente de execução partisse para uma penhora *com uma folha de papel assinada pelo devedor [ou] com uma livrança por ele subscrita, quando uma ou outra podem ter sido assinadas em branco e abusivamente preechidas,* conclui: "O controlo judicial inicial da execução não é dispensável, não devendo ela ter lugar sem prévio *despacho liminar*". Os paradigmas da acção executiva, *in* Estudos sobre direito civil e processo civil, vol. II, p. 726.

[947] Assim, Gonçalves Sampaio, A acção executiva e a problemática das execuções injustas, p. 491, onde o Autor expressamente afirma que em execução com citação prévia não cabe a aplicação do artigo 819.º do CPC1961 porquanto o executado teve a "oportunidade de se defender e evitar a penhora".

processual, o exequente possa provocar danos ao executado com o seu comportamento e que, intuitivamente, diremos que apenas desencadeiam deveres de indemnizar se se verificar o ilícito do artigo 456.º do CPC1961 [542.º].

Ora, esta premissa não explicitada tem de ser verificada, o que faremos já em seguida.

1.3.2. A relevância da estrutura da execução na responsabilidade do exequente: os efeitos da oposição

486. Vimos que *a constituição do dever de indemnizar segundo o artigo 819.º do CPC1961 pressupõe a ausência de citação prévia do executado.* O facto de o executado não poder defender-se numa fase inicial da execução, a que acresce a ausência de controlo judicial liminar, pode justificar a responsabilização de um exequente que exerce o seu direito de acção com negligência leve[948]. Resta saber se a defesa liminar do executado poderia efectivamente impedir a realização ou prática do ou dos actos processuais causadores do dano.

487. Que acto pode causar dano ao executado e determinar a obrigação de indemnizar, delimitada de acordo com os parâmetros do artigo 819.º do CPC1961?

O artigo 819.º nada diz quanto a esta matéria, limitando-se a dispor acerca da responsabilidade do exequente quando a oposição seja julgada procedente, sendo a citação antecedida de penhora. Parece pressupor-se que o executado pode ter sofrido um dano porque a execução é infundada. Mas nada se dispõe quanto ao comportamento que pode provocar o dano.

Supomos que, no tipo de frequência, o acto que directamente pode provocar um dano ao executado é a penhora[949]. Só esta vai implicar uma relativa desvalorização do seu património, uma vez que, não obstante a validade dos actos de disposição ou de oneração dos bens penhorados, estes são inoponíveis à execução. A penhora provoca uma privação de uso e a perda de oportunidades que, sendo injustificadas, devem ser ressarcidas. Por

---

[948] Lebre de Freitas, A acção executiva, 4.ª, p. 204 [em A Ação Executiva – À luz do Código de Processo Civil de 2013, 7.ª Edição, Gestlegal, 2017, o Autor suprime este trecho].

[949] Paula Costa e Silva, A reforma da acção executiva, 3.ª, p. 74 e seg..

outro lado, só neste núcleo de hipóteses se justifica, numa análise *prima facie*, o regime do artigo 819.º do CPC1961, pois só nele é que a ordem entre a penhora e a citação, actos de sequência que o legislador integrará na estrutura processual em função da hierarquização de interesses a que procede, pode ter alguma relevância.

488. Neste sentido se tem pronunciado a doutrina. Esta tende a afirmar que o acto que poderia provocar danos ao executado, indemnizáveis ao abrigo do regime específico do artigo 819.º do CPC1961, seria a penhora.

Segundo Lebre de Freitas e Ribeiro Mendes, "[...] o exequente só responde nos termos do artigo 819.º, **quando a penhora é efectuada**"[950]. Mais adiante, sustentam que "em caso [...] em que o agente da execução [...] recuse fazer a penhora" pode ocorrer a "condenação do exequente por **litigância de má fé**, mas não a responsabilidade civil nos termos gerais [...] por a penhora não chegar a ter lugar"[951].

Em sentido idêntico parece pronunciar-se Teixeira de Sousa. Ao analisar a responsabilidade do exequente, escreve o Autor que "sempre que o executado não deva ser previamente citado e, por isso, não possa evitar a penhora, o exequente torna-se responsável pelos danos causados ao executado por uma execução inadmissível ou infundada"[952].

Ainda neste sentido se pronuncia Catarina Pires Cordeiro, ao escrever que "a lesão da esfera patrimonial do executado é materializada pela agressão da penhora"[953].

489. A adequação da escolha do acto de penhora como o acto lesivo da posição do executado parece intuitiva. No entanto, há que ponderar que se, no tipo de frequência, os danos provocados resultarão da relativa desvalorização imediata dos bens, objecto de agressão, certo é, também, que os bens jurídicos

---

[950] Código de Processo Civil Anotado, vol. 3.º, n.º 2 *sub* artigo 819.º [Lebre de Freitas/ Ribeiro Mendes/Isabel Alexandre, Código de Processo Civil Anotado, volume 3.º, Almedina, Coimbra, 2022, *sub* artigo 858.º]. O sublinhado consta do texto.

[951] Código de Processo Civil Anotado, vol. 3.º, n.º 2 *sub* artigo 819.º [Lebre de Freitas/ Ribeiro Mendes/Isabel Alexandre, Código de Processo Civil Anotado, volume 3.º, Almedina, Coimbra, 2022, *sub* artigo 858.º]. O sublinhado consta do texto.

[952] A reforma da acção executiva, p. 31.

[953] A responsabilidade do exequente na nova acção executiva, p. 20.

do executado, atingidos numa execução sem citação prévia, que vem a revelar-se injustificada, podem ter natureza estritamente pessoal, sendo lesados independentemente da penhora. Dir-se-á, também intuitivamente, que os danos provocados em tais bens devem ser indemnizados. Resta, no entanto, saber qual o título à luz do qual será aferido o eventual desvalor da conduta do exequente.

Deverá, ainda neste caso, aplicar-se o regime previsto no artigo 819.º do CPC1961? Deve a responsabilidade do exequente reconduzir-se, nestas hipóteses, aos tipos de litigância de má fé?

Conforme já se sublinhou, a resposta a esta interrogação não é inconsequente, dado que o artigo 456.º do CPC1961 faz depender a qualificação da conduta da parte como ilícita de um elemento subjectivo mais restrito do que aquele que resulta do artigo 819.º do CPC1961. Enquanto que, neste caso, o exequente responde pelos danos causados ao executado, quer tenha agido com dolo, quer actue com culpa grave ou leve, naquela hipótese, o exequente só responderá se tiver agido com dolo ou com culpa grave.

490. Surge como estranha uma conclusão que pressuponha a distinção da natureza do bem jurídico atingido para a determinação do dano indemnizável em função de um e de outro tipo de responsabilidade. Contudo, nesta aproximação há um dado que aponta no sentido da resposta que julgamos correcta: o que importa saber, na aplicação do artigo 819.º do CPC1961, é qual a relevância da estrutura da execução em que é provocado o dano. E, ao fazermos referência à estrutura da execução, temos de atender à relação que a lei estabelece entre a citação e a penhora. Só nas situações em que a específica sequência destes dois actos permita justificar a peculiaridade da responsabilidade do exequente é que tem razão substancial a aplicação de um regime de responsabilidade que assenta em particulares deveres de cautela da parte activa. Se os bens jurídicos do executado são lesados em execução sem citação prévia, mas se esta lesão se verifica com total independência da interconexão entre a citação e a penhora, deve ser afastada a solução contida no artigo 819.º do CPC1961, aferindo-se a ilicitude da conduta da parte pelo tipo central.

491. Foquemos a nossa atenção no tipo de frequência: aquele em que o dano resulta da agressão injustificada da esfera patrimonial do executado através da penhora.

Se o acto adequado à causação do dano na esfera do executado é a penhora porque não o disse o legislador expressamente no artigo 819.º do CPC1961, referindo-se difusamente a danos provocados pela execução?

Diremos que por duas ordens de razões.

Em primeiro lugar, a lei terá preferido omitir a especificação dos actos lesivos, não só para prevenir danos provocados por actos diversos da penhora, como talvez, também, para não ter de enfrentar, directamente, as questões de imputação que tal formulação implicaria. Com efeito, não pode perder-se de vista que entre a actuação do exequente e a provocação do dano através da penhora existe a interposição necessária de um terceiro: o agente de execução. É este quem tem competência funcional para a realização dos actos que determinam a desvalorização económica dos bens do executado. Segundo a solução inequívoca da lei, a parte requerente é responsável pelos danos, não obstante estes serem directamente causados por actos cuja realização é da competência funcional de terceiro. Esta questão, apesar de algumas tentativas de simplificação, suscita vivo debate, nomeadamente na Alemanha[954]. A posição dominante[955], tomando em consideração a natureza extremamente formal da execução, conclui no sentido da responsabilidade exclusiva do exequente sempre que os órgãos parajudicais actuem segundo as regras que disciplinam a respectiva intervenção[956]. Apesar da interposição de uma actuação lícita – no nosso caso, a do agente da execução, que não tem nem pode ter a função de controlar a fundamentação da pretensão executiva[957] – esta tem, na sua génese, uma actuação ilícita, pelo que vem a revelar-se lesiva. Mas esta lesão somente ocorre porquanto o exequente determina os órgãos da execução à prática dos actos que a concretizam. Surge, aqui, um problema clássico do direito delitual: o da imputação à parte que actua ilicitamente dos danos imediatamente provocados por uma conduta de terceiro.

Ao perguntar-se pela responsabilidade do exequente, há que tomar em consideração por que razão o facto é, em concreto, lesivo. Não pode

---

[954] Sobre este debate, Gaul, Die Haftung aus dem Vollstreckungszugriff, II, acentuando as dificuldades dogmáticas de imputação de um dano ao exequente quando a actuação dos órgãos parajudiciais é conforme ao Direito.

[955] Henckel, Prozessrecht und materielles Recht, p. 241 e segs.; Rosenberg/Gaul/Schilken, Zwangsvollstreckung, § 7.I.

[956] Rosenberg/Gaul/Schilken, Zwangsvollstreckungsrecht, § 7.II, com múltiplas referências.

[957] Gaul, Die Haftung aus dem Vollstreckungszugriff, I.

ignorar-se, neste contexto, que, com a reforma da acção executiva, de Março de 2003, perdeu o exequente a faculdade de nomeação de bens à penhora. É o agente de execução quem, cumprindo deveres funcionais, selecciona, no património do executado, os bens objecto de agressão. A segregação submete-se aos princípios da proporcionalidade e da adequação, constantes, respectivamente, dos artigos 821.º, n.º 3 [735.º, n.º 3] e 834.º, n.º 1, [751.º, n.º 1 e n.º 2] do CPC1961. Ora, para que possa imputar-se um dano exclusivamente ao exequente, verificando-se a intervenção necessária de um terceiro, que actua sujeito a um autónomo esquema de deveres, será necessário concluir que ao dano não subjaz um concurso de causas: a actuação ilícita e culposa do exequente que, *v.g.*, requer a execução de um crédito que foi extinto, e a actuação ilícita e culposa do agente de execução que, por hipótese, penhora bens de valor muito superior ao da quantia exequenda[958]. O concurso de causas não eliminará a responsabilidade do exequente. Mas esta vai concorrer com a responsabilidade do agente de execução.

492. Apontando a solução do artigo 819.º do CPC1961 para uma responsabilidade aferida por um tipo especial e pressupondo este tipo uma interligação entre a citação e a penhora, haverá que determinar por que tipo deve ser aferida a responsabilidade do exequente quando este provoque danos ao executado com a simples propositura da acção executiva. Neste caso, a lesão prescinde da penhora, se bem que esta, ocorrendo, possa provocar danos autónomos. Em tese, se o dano é provocado em execução sem citação prévia, poderia dizer-se aplicável o regime de responsabilidade constante daquele artigo 819.º.

No entanto, semelhante solução ignoraria o nexo estabelecido pelo legislador entre a influência exercitável através do exercício de contraditório pelo executado e a realização da penhora. Se bem que, formalmente, possa uma situação como a descrita caber na previsão do artigo 819.º do CPC1961, valorativamente ela deve ser afastada deste tipo e reconduzida ao tipo geral do artigo 456.º do CPC1961 [542.º].

493. Do que antecede decorre uma ilação: a razoabilidade da solução legal constante do artigo 819.º do CPC1961 depende, ainda, da demonstração da relevância da estrutura da execução para a criação de um particular regime

---

[958] Rosenberg/Gaul/Schilken, Zwangsvollstreckungsrecht, § 7.I.

de responsabilidade do executado. Fazê-lo pressupõe que se atenda aos elementos do tipo do artigo 819.º, que podem concorrer para justificar aquela solução.

O artigo 819.º do CPC1961 restringe o seu campo de aplicação às execuções em que não tenha havido citação prévia do executado e em que o comportamento censurável tenha provindo do exequente. Ele nada nos diz quanto à responsabilidade do executado, nem nada prevê quanto à responsabilidade, seja do exequente, seja do executado, em acções executivas com citação prévia[959]. Quer isto dizer que o regime particular de responsabilidade do exequente depende da estrutura concreta da execução: esta responsabilidade apenas se justifica quando o executado não haja sido previamente citado.

Ora, o que distingue a execução com citação prévia daquela em que não houve citação prévia é a sequência de actos que precedem a chamada do executado à execução. Enquanto que, na execução com citação prévia, antes deste acto, poderão integrar a sequência, enquanto actos processuais principais, o requerimento inicial e, eventualmente, o despacho liminar, ordenador daquela citação, na execução sem citação prévia, antes da intervenção do executado na acção o seu *iter* integrará já o requerimento inicial, eventualmente um despacho liminar e a penhora. Deste modo, o que distingue necessariamente as duas tramitações – execução com citação prévia e execução sem citação prévia – é o momento da integração da penhora na sequência processual.

Ao restringir o seu campo de aplicação às execuções sem citação prévia, o artigo 819.º do CPC1961 pressupõe uma conformação particular do procedimento, a saber, a respectiva integração por penhora, que antecede a citação. Sendo este o único acto processual que aparta os dois tipos de tramitação da execução para pagamento de quantia certa na sua fase liminar, será este o único que pode justificar um regime de responsabilidade do exequente, que não é aplicável quando a penhora sucede a citação.

---

[959] Nos termos do artigo 858.º do CPC2013, "[s]e a oposição à execução vier a proceder, o exequente, sem prejuízo da eventual responsabilidade criminal, responde pelos danos culposamente causados ao executado, se não tiver atuado com a prudência normal, e incorre em multa correspondente a 10 % do valor da execução, ou da parte dela que tenha sido objeto de oposição, mas não inferior a 10 UC, nem superior ao dobro do máximo da taxa de justiça.".

494. Se o acto lesivo que explica a particular responsabilidade do exequente é a penhora, haverá que perguntar, agora, como pode a oposição, consoante o momento em que é deduzida, influenciar o *processo causal*. Na verdade, só se o executado puder impedir a realização deste acto, em execução com citação prévia, é que pode explicar-se que, perante a sua incapacidade para o evitar, em execução sem citação prévia, esteja o exequente sujeito a particulares deveres de cuidado. Isto porque, ao sustentar-se que o dever de indemnizar depende de não ter ocorrido citação prévia do executado e de a defesa por este apresentada ter sido julgada procedente, pressupõe-se que, com a sua defesa, teria o executado forma de paralisar a realização da penhora: a defesa poderia levar à não realização de actos aptos a provocarem-lhe danos.

A condição antecedente pressupõe, por sua vez, que a defesa que é julgada procedente, sendo o executado citado após a realização da penhora, seria igualmente julgada procedente, sendo ele citado e podendo, consequentemente, defender-se antes de realizada a penhora. Mas o que subjaz àquela condição é o facto de se pressupor que a decisão de procedência seria proferida antes de ser possível a realização da penhora.

Porém, para que este efeito se produzisse, seria necessário que a realização da penhora aguardasse pelo julgamento da oposição, caso o executado houvesse sido citado previamente.

Se assim é, o que haverá que ver são os efeitos que a dedução da defesa tem sobre a prática de actos executivos ulteriores, *maxime*, que efeitos tem a dedução de oposição à execução sobre a realização da penhora a fim de se determinar se aquela condição efectivamente se verifica.

495. Os efeitos do recebimento da oposição à execução são regulados pelo artigo 818.º, n.º 1 e 2, do CPC1961 [733.º, n.º 1[960]]. Destas disposições decorrem as seguintes regras gerais:

- Se a citação é prévia, a dedução de oposição à execução não tem efeito suspensivo;
- Se não há citação prévia, a dedução de oposição suspende a execução.

Os interesses subjacentes a esta opção legal são imediatamente apreensíveis. Destinando-se a execução à satisfação efectiva de um direito a uma

[960] Ainda que com diferenças significativas.

prestação, cruzam-se neste tipo de procedimento dois direitos fundamentais: o direito do exequente a uma tutela jurisdicional efectiva[961], instrumental ao seu direito de crédito, e o direito do executado à sua propriedade. Sendo verificada a existência do direito à prestação, será este necessariamente satisfeito à custa do património do executado.

Do que antecede dir-se-ia avultar, enquanto vector de conformação da instância executiva, a necessidade de construir uma sequência que implicasse o reconhecimento efectivo e definitivo do direito de crédito, uma subsequente apreensão de bens integrados no património do devedor e, por fim, a respectiva venda (ou entrega directa) para que, com o produto de tal venda, fosse finalmente satisfeito o direito do credor. Se fosse esta a sequência de actos, somente perante a demonstração inimpugnável do direito de crédito se agrediria o património do devedor na medida estritamente necessária à satisfação daquela situação jurídica.

496. Se bem que um *iter* como o acabado de descrever tendesse a anular os problemas da execução injustificada[962], certo é que ele daria prevalência absoluta à certeza da obrigação à custa de uma desprotecção desproporcionada do credor. Com efeito, o credor, cujo direito de crédito somente se pode considerar satisfeito caso obtenha a prestação, vê esta satisfação perigar se o devedor puder desfazer-se, válida e eficazmente, do seu património até à obtenção da certeza da existência daquela prestação.

---

[961] Gomes Canotilho/Vital Moreira, Constituição da República Portuguesa anotada, vol. I, *sub* artigo 20.º, IV [4.ª edição, reimp. 2014]; Jorge Miranda/Rui Medeiros [Rui Medeiros], Constituição da República Portuguesa anotada, Tomo I, *sub* artigo 20.º, XIII [volume II, 2.ª edição revista, 2018, XXII], se bem que os Autores em referência afirmem o direito a uma tutela efectiva em ligação com a execução de decisões judiciais.

[962] Como é evidente, nenhum sistema processual pode anular, por completo, os problemas da execução injusta uma vez que a verificação da existência da pretensão creditícia dependerá da verdade que for alcançada dentro do processo. Ora, o direito de crédito não existe porque é judicialmente reconhecido, mas porque o direito substantivo o atribui ao sujeito. Assim como o direito de crédito somente tem uma causa se o direito material a reconhecer. Sobre este ponto, cuja análise nos levaria muito para além dos limites do presente estudo, direccionado para a compreensão do tipo central da responsabilidade processual, Pecher, Die Schadensersatzansprüche aus ungerechtfertigter Vollstreckung, pp. 18 e segs..

É à luz da ponderação dos interesses contraditórios de exequente e executado, subjacentes à execução, que podem compreender-se as diversas opções legais em sede de processo executivo que, quer na sua estruturação concreta, quer nos tipos de títulos que admite como bons, nada têm de neutro.

497. No momento em que escrevemos, o factor que determina decisivamente a estrutura da execução na sua fase liminar é o tipo de título que lhe subjaz. Esta conclusão resulta, para nós, evidente face ao que se dispõe no artigo 812.º-A do CPC1961[963] [550.º, n.º 2]. O significado último desta regra sobre a estruturação da execução na sua fase liminar só pode ser compreendido quando conjugado com o artigo 812.º-B, n.º 1 do CPC1961[964] [727.º]. A fiabilidade do título e o impacto da execução no património do devedor norteiam a solução do legislador quando ele se confronta, ao gizar o procedimento, com um conflito entre *favor creditoris* e *favor debitoris*.

A prevalência do interesse do devedor impõe que o seu património só seja atingido após uma apreciação liminar da existência e da exigibilidade da obrigação exequenda, bem como da regularidade da instância. Este interesse sairá reforçado se o seu património só puder ser agredido depois de deduzida e apreciada a sua defesa.

Inversamente, o credor tem interesse em que a apreensão do património do devedor ocorra o mais rapidamente possível, pelo que a respectiva tutela aponta no sentido de uma dispensa de intervenção judicial liminar, bem como de uma citação do devedor. À entrega do requerimento deve, no interesse do exequente, segui-se imediatamente a realização da penhora. A intervenção liminar deve ser evitada para impedir uma delonga na realização da penhora, inevitável perante a necessidade de prática de mais um acto processual. A citação deverá ser dispensada, não apenas para se suprimir os tempos de localização e citação efectiva do executado, como ainda para permitir, nos casos em que a execução se funde em título extrajudicial, que ele seja surpreendido pela apreensão.

É do cruzamento destes dois interesses antitéticos que resulta a opção do legislador de, em determinados casos, dispensar a citação prévia e a intervenção judicial liminar, impondo tal intervenção judicial e citação prévia

[963] Disposição esta que veio a ser revogada pelo Decreto-Lei n.º 226/08, de 20 de Novembro.

[964] Igualmente revogado pelo Decreto-Lei referido na nota anterior.

em outros[965]. Umas estruturas executivas reforçam o *favor creditoris*, outras, o *favor debitoris*.

Quanto maior for o grau de fiabilidade do título que representa a obrigação exequenda, mais acentuada é a prevalência dos interesses do credor sobre os interesses do devedor[966]. Ora, essa prevalência dos interesses do credor, se não chega ao ponto de se traduzir na admissibilidade do pagamento, sem contrapartidas, antes de finda a discussão relativa à existência ou inexistência da obrigação exequenda[967], pode implicar (e implica) a possibilidade de a penhora dos bens integrados no património do devedor ocorrer antes mesmo de este saber que contra ele pende uma execução. Reitere-se que só assim sucede quando o título ofereça as garantias entendidas suficientes quanto à existência da obrigação exequenda ou quando, apesar da menor fiabilidade desse título, o impacto da execução sobre o património do devedor não possa considerar-se grave[968]. São os casos de dispensa de citação prévia, em que a penhora precede a citação do executado.

---

[965] Note-se que, no texto, apenas nos referimos à regra geral de coincidência entre dispensa de liminar e de citação prévia e às razões que a norteiam. Não pode, porém, ignorar-se que pode ocorrer intervenção liminar sem citação prévia e que pode verificar-se a citação prévia sem liminar. Os riscos inerentes à citação prévia justificam a primeira solução, podendo encontrar-se na racionalização das intervenções judiciais a mais sólida razão para o segundo tipo de casos. Sobre as situações em que não vigora a regra da coincidência entre dispensa de liminar e dispensa de citação, *cfr.* Rui Pinto, A acção executiva depois da reforma, pp. 67 e segs.; Teixeira de Sousa, A reforma da acção executiva, pp. 116 e segs..

[966] Sobre este aspecto de interligação entre o tipo de título e a tramitação da execução, *cfr.* Paula Costa e Silva, A reforma da acção executiva, 3.ª, § 10.

[967] *Cfr.* artigo 818.º, n.º 4 CPC1961 [733.º, n.º 4 CPC], que faz depender o pagamento ao exequente ou a qualquer outro credor, na pendência da execução, da prestação de caução.

[968] Em sentido coincidente com o texto, Rui Pinto, A acção executiva depois da reforma, p. 64, referindo o Autor que os casos em que há dispensa de liminar, ao abrigo do artigo 812.º-A.º, n.º 1 CPC1961 [550.º, n.º 2] podem ser arrumados em dois grupos, em função dos critérios da segurança jurídica qualificada do título e da ausência de gravidade social da execução em função do seu montante e expressão patrimonial. Diremos que se é correcta a identificação dos dois critérios, deverá dizer-se que a respectiva aplicação é gradativa. Com efeito, se quanto às decisões, judiciais ou arbitrais, e aos requerimentos de injunção haverá dispensa de liminar e, consequentemente, de citação prévia nos casos não abrangidos por outras disposições, que imponham tal citação (*v.g.* o artigo 812.º, n.º 7, al. a) CPC1961), seja qual for o impacto da execução, nos títulos extrajudiciais releva já este impacto. Porém, e em função da natureza do título extrajudicial (documento autêntico ou particular), a dispensa de liminar e de citação prévia depende, atendendo à fiabilidade de cada um destes tipos de

Inversamente, sempre que o título não ofereça elevada fiabilidade e a execução possa representar um sério impacto para o devedor, não se dispensa a sua citação prévia. Nestas hipóteses, o executado é citado para a execução antes de ser admissível a realização da penhora.

498. Com os elementos antecedentes, voltemos aos efeitos da dedução de oposição à execução. Queremos verificar se, por detrás da especial responsabilidade do exequente, pode ser surpreendida a real possibilidade do executado de paralisar a realização da penhora em execução com citação prévia.

Como dissemos, se houver citação prévia, o executado deduz a sua defesa antes da realização da penhora, não tendo a dedução desta oposição efeito suspensivo da execução. Quer isto dizer que a penhora pode ser concretizada na pendência da tramitação da oposição. Inversamente, se não houver citação prévia, o executado deduz a sua oposição já depois de concretizada a penhora, suspendendo a dedução desta oposição a execução.

Porque se suspende a execução caso seja deduzida oposição à execução depois de realizada a penhora? Porque a penhora, ao tornar ineficazes, relativamente à execução (*cfr.* artigo 819.º do CC), os actos que podem fazer perigar a satisfação do interesse primário do credor, protege suficientemente o credor: se ele não obtém o imediato pagamento, sabe que poderá vir a obtê-lo à custa de certos bens. A execução pode suspender-se até à discussão relativa à existência da obrigação exequenda sem risco, que não o eventualmente decorrente de uma desvalorização dos bens penhorados, para o credor.

Ao invés, se a oposição for deduzida antes de realizada a penhora, a execução não é suspensa com a apresentação da defesa do executado. Deste modo, permite-se que o interesse do exequente na imunização contra os efeitos de actos de diminuição da sua garantia, a saber, o património do devedor, não seja irremediavelmente atingido.

499. Vimos que, nos termos do artigo 819.º do CPC1961, a responsabilidade do exequente dependia de terem sido infligidos danos ao executado em execução sem citação prévia. A razão de ser deste regime residia na

---

títulos, do impacto da execução, que pode ser maior no caso dos documentos autênticos e particulares com intervenção notarial do que no dos documentos particulares simples.

impossibilidade de, em execução sem a sua citação prévia, não poder o executado defender-se antes de bens integrados no seu património serem penhorados.

Ora, pode perguntar-se se esta fundamentação é verdadeiramente procedente atendendo ao facto de a dedução de oposição, em acção executiva sem citação prévia, não ter efeito suspensivo da execução. Quer isto dizer que, mesmo que o executado se oponha, a execução continuará, ou seja, mesmo que o executado se defenda a penhora será realizada. Se a oposição não tem efeito suspensivo da execução, dir-se-á que a dedução de oposição não interrompe o processo causal, que é apto a provocar danos ao executado.

Se é verdade o que se afirmou até aqui, certo é, também, que falta ponderar mais um elemento, que consubstancia o meio através do qual o executado, que é previamente citado, pode interromper o processo causal, impedindo a prática do acto, que lhe provocará danos. Com efeito, dispõe o artigo 818.º, n.º 1 do CPC1961 que se a regra é a de que, em execução com citação prévia, não tem o recebimento da oposição efeito suspensivo, pode o executado obter[969] a suspensão da execução se prestar caução[970].

Ora, é possivelmente esta faculdade que assiste ao executado em execução com citação prévia, que não lhe é conferida quando ele é citado apenas aquando ou após a realização da penhora (*cfr.* artigo 864.º, n.º 2, do CPC1961 [856.º, n.º 2]), que permite compreender a relevância da sua citação prévia em ligação com o regime particular de responsabilidade do exequente. Porque, não havendo citação prévia, não tem o executado, nem sequer à custa de um esforço financeiro, a possibilidade de prestar caução antes da realização da penhora (se bem que possa requerer, ao abrigo do novo artigo 834.º, n.º 6, do CPC1961 [856.º, n.º 5], que veio eliminar as dúvidas existentes em momento anterior à reforma, a substituição da penhora por caução).

500. Mas veja-se, em conclusão, que não é propriamente a apresentação da oposição que determina a interrupção do processo causal, que pode levar à prática do acto lesivo do património do devedor. O que pode permite

---

[969] Sobre a alteração do regime legal, que deixou de prever que o efeito suspensivo é requerido, passando a entender-se que tal suspensão deve ser judicialmente determinada quando o executado preste caução, LEBRE DE FREITAS/RIBEIRO MENDES, Código de Processo Civil Anotado, vol. 3.º, n.º 2 *sub* artigo 818.º.

[970] De igual modo, o artigo 733.º, n.º 1, al. a) do CPC2013.

tal interrupção, com abstenção da realização da penhora, é a prestação de caução.

Surge, aqui, nova questão: a prestação de caução representa um esforço financeiro para o executado. Ele consegue evitar a penhora, porque é previamente citado e se prestar caução. Mas apenas o consegue com custos, os custos inerentes à prestação de caução.

Supondo-se que a execução é infundada, são estes custos ressarcíveis?

A resposta a esta interrogação dependerá da possibilidade da recondução do comportamento concreto do exequente a qualquer um dos tipos de ilícito constantes do artigo 456.º, n.º 2, do CPC1961 [542.º, n.º 2]. Neste caso, os custos inerentes à prestação de caução pelo executado, que pretende suspender a execução e impedir a realização da penhora, não serão indemnizáveis ao abrigo do regime do artigo 819.º do CPC1961, já que, na hipótese *sub iudice*, o executado foi previamente citado. Mas sê-lo-ão enquanto danos processuais típicos ao abrigo do disposto no artigo 457.º do CPC1961.

1.3.3. A relação entre o artigo 456.º e o artigo 819.º do CPC1961

501. Os dados antecedentes levam a uma conclusão: em execução sem citação prévia, em que haja sido realizada a penhora, o exequente, mesmo que tenha agido com negligência leve, responde pelos danos causados ao executado. Constrói-se um tipo de responsabilidade, que pressupõe um procedimento com uma estrutura específica e em que a execução, por procedência da oposição, é considerada infundada.

Que relação se estabelece entre este tipo específico e o tipo geral do artigo 456.º do CPC1961 [542.º]?

Lebre de Freitas e Ribeiro Mendes pronunciam-se claramente no sentido de uma diversidade de pressupostos entre a obrigação de indemnizar fundada em litigância de má fé e a obrigação de indemnizar decorrente do artigo 819.º do CPC1961[971]. Afirma Lebre de Freitas que a responsabilidade

[971] Lebre de Freitas, A acção executiva, 4.ª, p. 204 [em A Ação Executiva – À luz do Código de Processo Civil de 2013, 7.ª Edição, Gestlegal, 2017, o Autor suprime este trecho]; Lebre de Freitas/Ribeiro Mendes, Código de Processo Civil Anotado, vol. 3.º, n.º 1 *sub* artigo 819.º Código de Processo Civil Anotado, vol. 3.º, n.º 2 *sub* artigo 819.º [Lebre de Freitas/Ribeiro Mendes/Isabel Alexandre, Código de Processo Civil Anotado, volume 3.º, Almedina, Coimbra, 2022, *sub* artigo 858.º].

do artigo 819.º se acha "liberta dos requisitos da má fé processual"[972], sustentando o mesmo Autor, conjuntamente com RIBEIRO MENDES, que "a actuação geradora da responsabilidade do exequente, tida com dolo ou culpa, ainda que leve [...], não se confunde com a actuação como litigante de má fé, sancionada nos termos do artigo 456.º, divergindo os requisitos de uma e outra em que o âmbito da ilicitude é mais largo na previsão sancionatória da litigância de má fé, enquanto o da culpa é mais largo na previsão do [artigo 819.º do CPC1961]"[973].

Se bem interpretamos as passagens acima transcritas, diremos que, para LEBRE DE FREITAS e RIBEIRO MENDES, há mais comportamentos que podem desencadear responsabilidade por litigância de má fé do que aqueles que permitem fundar uma responsabilidade do exequente ao abrigo do tipo específico do artigo 819.º do CPC1961.

No entanto, porque o elemento subjectivo do tipo de ilícito do artigo 819.º é mais abrangente do que o do artigo 456.º (aquele aceita como boas todas as modalidades de negligência, sendo que este restringe o elemento subjectivo do tipo à negligência grave), há comportamentos do exequente em execução sem citação prévia que serão considerados ilícitos quando o não seriam em qualquer outra estrutura processual (com salvaguarda das providências cautelares).

502. A contraposição dos artigos 456.º [542.º] e 819.º do CPC1961 a que procedem LEBRE DE FREITAS e RIBEIRO MENDES impõe uma conclusão: em caso de sobreposição de elementos objectivos do tipo de ilícito, o comportamento da parte em acção executiva sem citação prévia é já apto a determinar a constituição do dever de indemnizar quando ainda o não seria nas outras estruturas processuais.

A conclusão, que merece adesão, encontra a sua justificação abstracta na periculosidade específica da acção executiva em que o executado não intervém antes da realização da penhora. Enquanto o artigo 456.º do CPC1961 não limita o seu campo de aplicação a nenhuma conformação específica do *iter* processual, o artigo 819.º do CPC1961 submete a responsabilidade do exequente aos parâmetros gerais da responsabilidade civil somente quando o comportamento ilícito e censurável do exequente haja ocorrido em execução sem citação prévia do executado.

---

972 A acção executiva, 4.ª, p. 204 (*cfr.* nota anterior).

973 Código de Processo Civil Anotado, vol. 3.º, n.º 1 *sub* artigo 819.º, p. 331.

503. Lebre de Freitas e Ribeiro Mendes afirmam, ainda, que o tipo de ilícito do artigo 456.º do CPC1961 [542.º] é mais amplo do que o do artigo 819.º do CPC1961. Resulta desta afirmação que o artigo 456.º qualifica mais comportamentos como ilícitos do que o artigo 819.º.

Se assim é, cumpre perguntar: se o tipo de ilícito do artigo 456.º do CPC1961 é mais amplo do que o tipo do artigo 819.º do CPC1961, pode o artigo 456.º ser aplicado para fundar uma responsabilidade do exequente se for possível identificar, na execução sem citação prévia, algum dos comportamentos considerados ilícitos por aquela disposição? Ou será, ao invés, que o artigo 819.º do CPC1961 esgota, apesar da sua aparente menor abrangência no que ao tipo de ilícito respeita, os comportamentos que, em execução sem citação prévia, podem ser considerados inadmissíveis? Será possível identificar, na execução sem citação prévia, comportamentos sancionados pelo artigo 456.º que não sejam abrangidos pelo artigo 819.º?

504. A dificuldade de dar resposta imediata às questões antecedentes resulta, em primeira linha, da diversidade das estruturas das normas.

Se contrapusermos o artigo 456.º, n.º 2 ao artigo 819.º do CPC1961 veremos que, afinal, dificilmente se pode afirmar que aquele tem um tipo de ilícito mais abrangente do que este. E isto porque são diversos os pontos de referência de que parte a lei em cada uma das duas disposições.

O artigo 456.º do CPC1961 tipifica os comportamentos que são considerados contrários ao sistema, independentemente do resultado que sobre estes comportamentos se obtenha através de uma intervenção da contraparte. Inversamente, o artigo 819.º do CPC1961 não tipifica comportamento algum do exequente. Somente o elemento *procedência da oposição* permite ao intérprete inferir que o acto que pode ser apto a determinar a constituição do dever de indemnizar os danos provocados ao executado haja sido o de propositura da acção executiva, cuja estrutura prevê a ausência de citação prévia. Enquanto que o artigo 456.º escolhe directamente como ponto de referência da ilicitude o comportamento da parte, o artigo 819.º remete indirectamente para esse comportamento: saberemos que o comportamento do exequente é desvalioso atendendo ao juízo que sobre ele é realizado a partir da decisão proferida sobre a oposição.

Quer isto dizer que em acção executiva sem citação prévia, o exequente que veja a oposição do executado ser julgada procedente, deverá indemnizá-lo pelos danos que lhe hajam sido provocados com a penhora, ainda que haja deduzido uma pretensão executiva com culpa leve. O elemento subjectivo do ilícito será, no cruzamento do comportamento objectivamente típico, descrito na al. a) do artigo 456.º, n.º 2, do CPC1961 com o artigo 819.º do mesmo diploma, aquele que esta última regra prevê. O exequente será condenado a indemnizar os danos provocados ao executado através da dedução culposa – e não somente gravemente culposa – de pretensão infundada.

505. Pergunte-se, ainda: como proceder se o comportamento do exequente for, por um lado, tipificado pelo artigo 456.º do CPC1961 [542.º] e, por outro, ocorrer em execução sem citação prévia, em que a penhora não seja realizada ou em execução com citação prévia?

Lebre de Freitas e Ribeiro Mendes respondem a estas interrogações[974]. Depois de terem sustentado que a responsabilidade do exequente não se confunde com a actuação como litigante de má fé, dizem-nos que, em determinadas circunstâncias, pode o comportamento do exequente determinar a sua condenação como litigante de má fé. Assim sucede se o exequente deturpar os factos em que baseia a liquidação da obrigação exequenda não liquidável por simples cálculo aritmético ou se, em execução sem citação prévia, o agente da execução, perante dedução de pretensão executiva manifestamente improcedente, recusar a realização da penhora.

O fundamento para a não submissão da primeira hipótese ao regime do artigo 819.º do CPC1961 reside no facto de o executado ser previamente citado para a execução (*cfr.* artigos 805.º, n.º 4 [716.º, n.º 4]e 812.º, n.º 7, n.º b)[975], ambos do CPC1961), podendo, assim, opor-se à execução antes da realização da penhora[976].

No segundo caso, o exequente não responderá nos termos do artigo 819.º do CPC1961 porque o acto que pode causar-lhe danos, a saber, a penhora, não foi concretizado[977]. Mas actua de modo claramente ilícito, sendo o seu comportamento, apesar de inconsequente de um ponto de vista da provocação de danos, susceptível de censura: será condenado em multa.

---

974 Código de Processo Civil Anotado, vol. 3.º, n.º 1 e 2 *sub* artigo 819.

975 Revogado pelo Decreto-Lei, n.º 226/08, de 20 de Novembro.

976 Lebre de Freitas/Ribeiro Mendes, Código de Processo Civil Anotado, vol. 3.º, n.º 2 *sub* artigo 819.º [Lebre de Freitas/Ribeiro Mendes/Isabel Alexandre, Código de Processo Civil Anotado, volume 3.º, Almedina, Coimbra, 2022, *sub* artigo 858.º].

977 Lebre de Freitas/Ribeiro Mendes, Código de Processo Civil Anotado, vol. 3.º, n.º 2 *sub* artigo 819.

Observe-se, no entanto, que, neste segundo caso, para que a conduta do exequente seja apta a determinar a sua condenação em multa, não basta que o elemento subjectivo do tipo de ilícito seja aquele que se encontra previsto no artigo 819.º do CPC1961. É necessário, ao invés, que o exequente tenha agido de modo típico, sendo esta tipicidade aferida pelo artigo 456.º do CPC1961, e que o elemento subjectivo do tipo de ilícito seja aquele que o mesmo artigo 456.º pressupõe: a actuação típica deve ser dolosa ou gravemente negligente.

506. O artigo 819.º do CPC1961 não esgota, obviamente, a matéria da responsabilidade da parte na execução. Tanto porque ele, ao restringir o seu campo de aplicação, às execuções sem citação prévia, não cobre todos os tipos de situação em que o comportamento do exequente merece censura, como porque deixa por regular toda a matéria da responsabilidade do executado.

Lembremos que um dos tipos de comportamento expressamente censurados pelo artigo 456.º, n.º 2 do CPC1961 [542.º, n.º 2] consiste na dedução de oposição, cuja falta de fundamento a parte não devia ignorar. Na execução, o executado deduz uma oposição. Ora, a sua conduta não pode deixar de considerar-se ilícita se esta oposição carecer de fundamento, desde que se demonstre que o executado sabia que assim era ou que lhe seria exigível que o soubesse. Será igualmente ilícita a actuação de um executado que altere factos relevantes na sua oposição, agindo com dolo ou com negligência grave. Nenhuma razão permite justificar um regime regra de irresponsabilidade do executado por comportamentos processuais, modelada pelo artigo 456.º do CPC1961.

507. De quanto antecede, diremos decorrerem as seguintes conclusões:

- A responsabilidade prevista no artigo 819.º do CPC1961 é específica das execuções em que não há citação prévia do executado;
- Esta responsabilidade tem como ponto de referência subjectivo o exequente pelo que estamos perante um tipo próprio;
- O exequente responde se agiu culposamente, quer isto dizer, se agiu dolosa ou negligentemente;
- O fundamento da responsabilidade não pode ser reconduzido à execução de um título instável uma vez que a execução de títulos estáveis ocorre em execução sem citação prévia, não sendo, neste caso,

afastada a responsabilidade do exequente, que actuou com negligência simples;

- Acresce que a oposição pode ser julgada procedente com fundamento totalmente alheio à natureza estável ou instável do título, *maxime* à existência ou inexistência da própria obrigação exequenda.

1.3.4. A procedência da oposição

508. Até aqui temos afirmado, sem qualquer precisão ou rigor, que o regime do artigo 819.º do CPC1961 [858.º e 727.º, n.º 4] se justifica quando a execução é infundada. Mas, afinal, não é isto que diz a nossa lei. O termo *execução infundada* foi pedido emprestado à lei alemã e, até este momento, utilizado com grande imprecisão. E foi-lhe pedido emprestado exactamente porque ali se trava, por razões que têm, inicialmente, que ver com a evolução histórica do regime de responsabilidade do exequente, a discussão que, não obstante a aparente unidade de regime do artigo 819.º do CPC1961, perante ele tem de ser travada. O enquadramento em que a doutrina se movimenta, num sistema e no outro, será seguramente diverso: enquanto que no sistema germânico se discute a amplitude da responsabilidade do exequente em face do § 717, II, ZPO, destinado a regular esta matéria perante execuções fundadas em títulos provisórios (sentenças pendentes de recurso), no nosso sistema o problema poderá ser colocado perante execuções sem citação prévia que, sendo fundadas em títulos provisórios ou em títulos perante os quais esta distinção não tem pertinência, vêm a ser extintas por procedência da oposição.

Qualquer fundamento de oposição é bom para desencadear a responsabilidade prevista no artigo 819.º do CPC1961?[978] Esta a última questão que, em sede de responsabilidade do exequente, nos ocupará.

509. A nossa lei faz depender a responsabilidade do exequente de uma decisão de *procedência da oposição à execução*.

O que deve entender-se integrado neste termo? Todos os casos em que haja procedência da oposição? A procedência fundada numa razão que

[978] Enunciando a necessidade de distinção entre tipos de oposição, Catarina Pires Cordeiro, A responsabilidade do exequente na nova acção executiva, p. 21.

atinja o dever de prestar, ou seja, que atinja a obrigação exequenda? Uma procedência que resulte da falta, insuficiência ou inexequibilidade do título?

Deixem-se algumas perguntas e imediatamente se compreenderá o que vai implícito no que acaba de se dizer.

Em execução sem citação prévia, é realizada a penhora. Posteriormente, é deduzida oposição com fundamento em falta de exequibilidade do título. A oposição é julgada procedente. Se tiverem sido causados culposamente danos ao executado, deverão estes ser indemnizados nos termos do artigo 819.º do CPC1961?

Em execução sem citação prévia, é realizada a penhora. Posteriormente, é deduzida oposição com fundamento em falta de competência material do tribunal da execução. A oposição é julgada procedente. Se tiverem sido causados culposamente danos ao executado, deverão estes ser indemnizados ao abrigo do artigo 819.º do CPC1961?

Em execução sem citação prévia, o exequente executa, com base em título de que é portador, uma dívida prescrita. É realizada a penhora de bens. Ulteriormente, o executado deduz oposição com fundamento em excepção material de prescrição. A execução provocou danos ao executado. São estes indemnizáveis nos termos do artigo 819.º do CPC1961?

Em execução sem citação prévia, é realizada a penhora. O executado não deduz oposição à execução. Sendo o processo concluso ao juiz – o que não tem necessariamente de acontecer já que a intervenção do magistrado na execução foi considerada dispensável –, este verifica a presença de uma excepção de conhecimento oficioso. A execução é julgada extinta. O executado, independentemente de não ter deduzido oposição, considera que a execução lhe provocou danos. Pode ser indemnizado nos termos do artigo 819.º do CPC1961?

Em execução sem citação prévia, é realizada a penhora. O executado não deduz oposição à execução. O tribunal, tomando contacto com o processo, verifica que ocorre uma causa de inadmissibilidade da execução. Profere decisão, declarando extinta a acção. Pode o executado ser indemnizado pelos prejuízos que a execução lhe haja causado não obstante não ter havido decisão de procedência da oposição?

Em execução sem citação prévia, é realizada a penhora. O executado deduz oposição à execução com um determinado fundamento. O tribunal julga improcedente a oposição mas verifica que ocorre uma causa de inadmissibilidade da execução. Profere decisão, declarando extinta a acção, não obstante a improcedência da oposição. Pode o executado ser indemnizado pelos prejuízos que a execução lhe haja causado, não obstante não ter havido decisão de procedência da oposição?

510. As questões que acabamos de colocar não obtêm resposta directa no artigo 819.º do CPC1961, salvo se se pretender que sempre que a lei não distingue, o intérprete não deve distinguir. Se no artigo 819.º do CPC1961 se lê *procedência da oposição à execução*, toda a decisão de procedência deve caber neste termo, independentemente da natureza do fundamento deduzido pelo executado. Inversamente, se, no mesmo artigo 819.º do CPC1961, se lê *procedência da oposição à execução*, nenhuma situação em que não haja procedência da oposição pode determinar a aplicação daquele artigo 819.º. A falta de acerto metodológico das proposições em que se fundam as conclusões acabadas de enunciar está, há muito, adquirida para a Ciência do Direito.

511. Quando se prevê, entre os elementos do tipo, a procedência da oposição à execução, bastar-se-á o tipo com a procedência de um qualquer tipo de oposição?

Quando se prevê, entre os elementos do tipo, a procedência da oposição à execução, bastar-se-á o tipo com a extinção da execução decretada com um potencial fundamento de oposição que, sendo de conhecimento oficioso, tanto pode ser invocado pelo executado como conhecido pelo tribunal? Depende o artigo 819.º do CPC1961 da verificação de uma causa que possa desencadear, sobre a execução, efeitos equivalentes àqueles que a oposição pode desencadear ou, para além da verificação desse fundamento, ainda de uma atitude do executado?

512. A primeira interrogação vai no sentido de se saber se o dever de indemnizar depende de a execução ser infundada materialmente. A alternativa consiste em admitir que o dever de indemnizar se constitui mesmo que a procedência da oposição haja sido provocada pela inadmissibilidade da execução.

Apesar da sua aparente clareza, o artigo 819.º do CPC1961 vai suscitar tantos problemas quantos são suscitados pelo § 717, II, ZPO. Em momento anterior à unificação, num só regime, da responsabilidade do exequente que executa uma decisão não definitiva, que vem a ser alterada ou revogada[979], operava-se uma distinção entre a obrigação de restituição e a obrigação de indemnizar. O exequente – mas somente o exequente ao abrigo do tipo do § 717 ZPO e não eventuais terceiros que, com a sua conduta processual, hajam causado danos às partes na execução[980] – deveria restituir ao executado tudo quanto houvesse recebido na pendência da execução se a decisão viesse a ser revogada ou alterada. Esta obrigação de restituir, cuja natureza material ou meramente adjectiva era discutida, surgia automaticamente: operada uma alteração ou uma revogação do título, nascia a obrigação de restituir. Não haveria, neste caso, que indagar se o exequente agira ou não com culpa, não se considerando sequer o seu comportamento de dar impulso à execução como ilícito[981]. Com efeito, o exequente limitara-se a exercer uma faculdade que a lei lhe conferia, a saber, a de executar uma decisão não definitiva. Ao lado desta obrigação de restituir, admitia-se a existência de um dever de indemnizar, surgindo este sempre que o comportamento do exequente, que procedera à execução de um título judicial não definitivo, apresentasse todos os elementos que, nos termos gerais, determina a constituição daquele dever. Assim, se a execução viesse a ser julgada inadmissível por alteração ou revogação da decisão provisoriamente executada, de duas uma: ou o comportamento do exequente se poderia dizer doloso, caso em que deveria reparar todos os danos provocados ao executado com a execução, ou o seu comportamento não fora doloso, sendo a decisão alterada ou revogada, nomeadamente com fundamento em causas adjectivas, situação em que responderia perante o executado dentro dos parâmetros do enriquecimento sem causa[982].

---

979 Já de acordo com a decisão do RG, de 14.11.1883, RGZ 11, 415-420, o facto de o exequente, não obstante correr o risco da execução provisória, fundar a sua actuação numa decisão judicial, afasta a possibilidade de consideração do seu comportamento como ilícito.

980 BGH de 23.5.1985, BGHZ 95, 10-22, onde se discutiu a responsabilidade de um terceiro por depreciação do valor dos bens penhorados – madeira – uma vez que aquele, opondo-se à penhora com fundamento em direito com ela incompatível, requereu e obteve a suspensão provisória da venda. O BGH conclui que, para hipóteses equivalentes, não prevê o sistema processual regras especiais destinadas à indemnização do dano.

981 BGH de 23.5.1985, BGHZ 95, 10-22 (p. 13).

982 Para uma distinção entre o âmbito de aplicação dos n.os II e III do § 717, dos quais resulta uma contracção do conteúdo da obrigação de indemnizar quando a execução provisória se funda em decisão de segunda instância por referência ao conteúdo daquela obrigação quando a execução provisória é de uma sentença de primeira instância, *cfr.* BGH de 25.10.1977,

Neste segundo núcleo de casos, a ausência de causa para a atribuição patrimonial ocorrida, impõe a restituição[983] uma vez que, e atendendo à dualidade do instituto no sistema alemão, não existe qualquer prestação, mas um acto de ingerência[984] injustificado – o que não significa que seja ilícito – na esfera do executado. O § 717.II, não obstante a sua integração sistemática, porque regula, ao lado dos §§ 916 (*Arrest*)[985] e 935 e 940 (*Einstweilige Verfügung*), aspectos relacionados com pretensões indemnizatórias, tem natureza substantiva, devendo o exacto conteúdo daquelas pretensões ser concretizado por apelo às regras BGB[986]. Sendo, segundo jurisprudência do BGH[987], o fundamento da responsabilidade prevista no § 717 ZPO o risco – uma vez que a actuação da parte que executa uma decisão provisória é lícita porque expressamente admitida por lei –, os danos por ela cobertos são somente aqueles que directamente derivam desta conduta lícita[988]. Desta precisão extrai o BGH uma delimitação do dano indemnizável: só devem

[983] MENEZES LEITÃO, O enriquecimento sem causa no direito civil, I.III.2.2.

[984] JÚLIO GOMES, O conceito de enriquecimento, o enriquecimento forçado e os vários paradigmas do enriquecimento sem causa, n.º 181.

[985] Especificamente sobre a aplicação do § 945 ZPO ao *Arrest* quando a parte requerida tem ganho de causa no processo principal, LÖWER, Der Anspruch des im Hauptprozeß obsiegenden Arrestbeklagten auf Erstattung der Kosten des Widerspruchverfahrens, p. 232 e segs..

[986] GÖTZ, Zivilrechtliche Ersatzansprüche bei schädingender Rechtsverfolgung, p. 117.

[987] BGH de 5.10.1982, BGHZ 85, p. 113.

[988] Próximo da posição do BGH, GAUL, Die Haftung aus dem Vollstreckungszugriff, V. No n.º VI, o Autor toma posição e rejeita as construções que entendem fundar-se a responsabilidade do credor, prevista no § 717.II, em ligações especiais/*Sonderbeziehungen*, afastando, também, no n.º VII, a possibilidade de a relação processual constituída na execução se equiparar a uma relação especial de direito privado, que permitiria equiparar a responsabilidade por execução provisória de decisão a uma responsabilidade contratual. Esta perspectiva, que GAUL imputa a LÜKE, Betrachtungen zum Prozeßrechtsverhältnis, p. 427 e segs., supomos não reflectir, com exactidão, a construção deste Autor. Com efeito, LÜKE interroga-se acerca das potencialidades do conceito de relação processual, nomeadamente no campo da execução. Um dos aspectos relevantes é o da possível ancoragem dos deveres processuais nessa relação, decorrendo a responsabilidade processual da respectiva violação. LÜKE conclui que, não obstante a relação particularmente estreita que, na execução, se cria entre as partes, é ainda mais problemático defender, neste plano, a existência de uma *vertragsähnliche Haftung*, fundada numa *Sonderverbindung* (p. 453).
Em sentido diverso ao do BGH, BÖTTICHER, Prozeßrecht und Materielles Recht, p. 9; HENCKEL, Prozeßrecht und Materielles Recht, pp. 248 e segs. (p. 250, onde Henckel rejeita

ser compensados os prejuízos absolutamente inevitáveis e que resultaram da execução de uma pretensão que se verifica, por último, não existir. No entanto, o próprio tipo, porque pressupõe uma actuação lícita da parte que executa uma decisão provisória, não exclui a responsabilidade civil do requerente, cuja conduta integra uma das cláusulas de responsabilidade por facto ilícito. Neste caso, o dano indemnizável, não toma por referência o § 717, mas as regras concretamente aplicáveis do BGB.

513. Não obstante a alteração da previsão legal relativa à responsabilidade do exequente e a aparente submissão das duas pretensões anteriormente identificadas a um mesmo regime[989], continua a sustentar-se a necessidade de distinguir os pressupostos a que uma e outra estão sujeitas. Com efeito, se bem que o § 717, II, ZPO tenha passado a referir-se genericamente à obrigação de o exequente reparar os danos provocados ao executado com a execução de uma decisão não definitiva e ulteriormente revogada ou alterada, jurisprudência[990] e doutrina admitem que, sob uma aparente unificação, haja que distinguir uma obrigação de restituição e uma obrigação de indemnizar, sujeitando aquela a pressupostos estritamente objectivos e esta aos critérios gerais. Se esta indemnização ocorre ao abrigo dos §§ 823 e 826 BGB, que supõem a ilicitude e a censurabilidade da conduta, se se reconduz a uma responsabilidade estritamente objectiva, inerente ao risco de execução de um título ainda instável, é aspecto acerca do qual não há qualquer consenso[991]. Certo é que, inerente ao regime do § 717, II, ZPO se entende estar a falta de fundamentação da pretensão executiva, ou seja, a injustiça absoluta da

---

que a concessão de uma determinada faculdade processual possa funcionar como causa de justificação de uma intervenção do credor no património do devedor).

[989] Acerca da evolução normativa do § 717, Carsten Lindemann, Die Haftung des Gläubigers für die ungerechtfertigte Einleitung eines gerichtlichen Verfahrens, p. 54 e segs..

[990] Operando esta distinção, o BGH, em decisão de 15 de Novembro de 1962, BGHZ 38, p. 237-241 (241), onde se lê que a obrigação de reparar danos, constante do § 717 ZPO, é, quanto ao seu quantitativo, um mero espelho da pretensão de pagamento do exequente/credor. Mais se afirma que as considerações tecidas a propósito do dever de reposição não relevam se estiver em causa a indemnização de um outro dano, sendo que este deve ser mensurado pelas regras gerais.

[991] Acerca do fundamento da imputação do dever de indemnizar ao exequente, após ter concluído pela autonomia da pretensão decorrente do § 717.II, *cfr.* Pecher, Die Schadensersatzansprüche aus ungerechtfertigter Vollstreckung cit., § 4.2.

agressão patrimonial. Neste sentido pode invocar-se, *v.g.*, a decisão do BGH, de 3.7.1997[992]. Entre os diversos pontos que estiveram em causa, um deles respeitava à extinção da pretensão indemnizatória do executado quando, apesar da revogação da sentença provisoriamente executada, o exequente viesse a obter uma nova decisão. Segundo o BGH, a extinção da pretensão indemnizatória dependeria, não do mero proferimento desta nova decisão, mas do seu trânsito em julgado.

Veja-se que, subjacente a este aspecto, o BGH acaba por reconhecer que a indemnização de danos sofridos pelo executado somente se justifica quando a pretensão executiva se revela infundada. Se esta, não obstante os vícios que puseram em causa a sua accionabilidade, vem a mostrar-se fundada, então o executado deve sofrer os diversos efeitos decorrentes do incumprimento da obrigação exequenda, entre eles, o de ver agredido o seu património numa primeira acção que vem ser julgada inadmissível por extinção superveniente do título executivo.

514. O artigo 819.º do CPC1961 procede a opção diversa daquela que consta do § 717 ZPO: aquele faz depender a responsabilidade do exequente da verificação de um elemento subjectivo. Este juízo decorre da circunstância de a lei afirmar expressamente que o exequente responde pelos danos *culposamente* causados ao executado; a responsabilidade não é objectiva uma vez que depende da verificação da culpa do agente/exequente. O que significa que o exequente não responde porque a oposição é julgada procedente, mas porque o juízo de procedência da oposição surge integrado numa sequência em que o acto primário da parte é susceptível de um juízo de censurabilidade. Quer isto dizer que a colocação de fins do exequente não é irrelevante para a constituição do dever de indemnizar: este não se constitui imediatamente e como efeito directo da procedência da oposição, antes dependendo de uma ponderação do comportamento do exequente quando ele dá impulso à execução. E o que haverá que verificar é se esse comportamento, que redunda na realização de uma penhora, é censurável. Não é, assim, o mero risco de execução de um título instável que vem a desencadear o dever de indemnizar. Aliás, a procedência da oposição pode, como vimos, deixar o título intocado. Basta que seja julgada procedente uma excepção dilatória insuprível. Se, também neste caso, a oposição é julgada procedente, a este

---

[992] BGHZ 136, 199-211.

juízo de inadmissibilidade da acção executiva é totalmente alheia a natureza instável do título, não podendo afirmar-se que o exequente deve indemnizar o executado porque executou um título ainda não definitivo.

515. O segundo núcleo de problemas respeita já à natureza dos fundamentos da oposição. Deve ser indemnizado ao abrigo do artigo 819.º do CPC1961 o executado que, sem que seja emitido qualquer juízo acerca da fundamentação da pretensão exequenda, veja a oposição ser julgada procedente com fundamento numa causa de inadmissibilidade?

A doutrina que se pronunciou sobre o artigo 819.º do CPC1961 dá-nos algumas indicações.

Teixeira de Sousa sustenta que "[s]empre que seja requerida e tenha seguimento uma execução que, posteriormente, se mostra que é *inadmissível* ou *infundada*, são indevidamente causados prejuízos ao executado. Para acautelar a posição do executado nas hipóteses de execução *inadmissível* ou *injustificada*, o novo artigo 819.º dispõe que, se o executado não tiver sido citado antes da penhora e se a oposição à execução vier a proceder, o exequente, além de incorrer numa multa, fica responsável pelos danos culposamente causados ao executado"[993]. Seja qual for o fundamento da oposição, o dever de indemnizar danos e a intervenção punitiva representada pela aplicação da multa são possíveis ao abrigo do artigo 819.º do CPC1961.

Se bem que não tomem posição expressa acerca dos desvalores que fundamentam a procedência da oposição à execução, Lebre de Freitas e Ribeiro Mendes, reconduzindo a responsabilidade do exequente aos termos gerais da responsabilidade civil[994] – sem concretização de tipo –, avançam uma pluralidade de exemplos em que esta parte incorre em responsabilidade pelos danos provocados ao executado[995]. Se compulsarmos estes exemplos, verificaremos que nenhum respeita à inadmissibilidade da execução. Poderia ser uma pista no sentido da restrição do campo do artigo 819.º do CPC1961 aos casos de procedência da oposição com fundamentos substantivos. No entanto, é uma pista demasiado ténue para que se possa assacar semelhante posição aos Autores citados.

---

[993] A reforma da acção executiva, p. 30. Itálicos nossos.

[994] Código de Processo Civil anotado, vol. 3.º, *sub* artigo 819.º, n.º 2.

[995] Código de Processo Civil anotado, vol. 3.º, *sub* artigo 819.º, n.º 2.

516. Que razão fundamenta a particular responsabilidade do exequente, prevista no artigo 819.º do CPC1961?

Já o dissemos: a especial periculosidade do meio a que tem de submeter o exercício da pretensão exequenda. Uma vez que a lei não só lhe permite como lhe impõe[996] que, verificada a preexistência de determinados tipos de títulos, constantes de catálogo legal, a penhora anteceda a citação, não pode o exequente, se bem que não tenha qualquer controlo sobre a sequência processual, ignorar que o executado nada pode contra a realização da penhora. Conforme se lê no acórdão do Supremo Tribunal de Justiça, de 16 de Outubro de 2003 (Salvador da Costa), a responsabilidade do requerente de providência cautelar é "uma particular situação de responsabilidade civil extracontratual, cujos pressupostos constam nos artigos 483.º, n.º 1 e 563.º do CC derivada de uma conduta processual do requerente do procedimento cautelar que, prevalecendo-se do seu carácter urgente e sumária cognição, não tenha procurado informar-se da efectiva existência do seu direito substantivo com o cuidado de uma pessoa normalmente diligente".

E como poderia o executado evitar a realização da penhora, ou seja, como poderia o executado impedir a prática do acto directamente causador do dano?

Alegando, de forma procedente, que a penhora não poderia ocorrer na concreta execução instaurada.

E em que hipóteses pode o executado alegar, de forma procedente, que a penhora não pode ocorrer numa dada execução?

Naquelas em que venha a demonstrar que, nem a execução, nem o título, nem a obrigação exequenda justificam a agressão do seu património no concreto processo em que ela é realizada.

Este *iter* aponta o sentido que deve ser imputado ao artigo 819.º do CPC1961 no que respeita à procedência da oposição: ali cabem todos os fundamentos de oposição à execução que vem a ser ajuizada procedente.

---

[996] Esta circunstância mostra, claramente e ao invés do que se vem afirmando como se de verdade absoluta se tratasse, que não são apenas os interesses do exequente, mas também interesses de racionalização dos meios judiciais, que estão subjacentes à solução contida nos artigos 812.º-A e 812.º-B do CPC1961 [ambos revogados pelo Decreto-Lei n.º 226/08, de 20 de Novembro]. Se assim fosse, teria ele a disponibilidade de suscitar ou dispensar a intervenção judicial liminar, sendo então totalmente justificada a responsabilidade que acompanhasse o risco que o exequente escolhera e aceitara correr. Mas o exequente não tem esta faculdade; submete-se a uma estrutura rígida e ordenada pela lei.

Quer se conclua que a acção é inadmissível, quer se afira da respectiva falta de fundamentação/justificação, o executado deve ser indemnizado pelos danos sofridos já que, independentemente da existência do dever de prestar, o seu património não podia ser agredido nas condições em que foi.

517. Terceiro núcleo de questões. Para que o executado tenha direito a ser indemnizado deve ter havido intervenção sua no processo ou deverá entender-se constituída a pretensão indemnizatória se, em execução sem citação prévia, o juiz vier a declarar a instância extinta por verificação de um fundamento de conhecimento oficioso que, enquanto tal, poderia ter sido deduzido pelo executado na oposição à execução?

Primeiro ponto: mesmo que não tenha existido qualquer intervenção do executado, concluir-se-á intuitivamente que deve ser aplicada uma multa ao exequente. Em simetria com o que ocorre no artigo 456.º, n.º 1, do CPC1961, a multa tem carácter claramente repressivo ou punitivo de uma conduta que é desvaliosa: o exequente, provoque ou não danos ao executado, age ilicitamente ao pôr em marcha, com culpa, uma execução que não pode ignorar ser inviável.

Mas esta multa, que intuitivamente e por simetria com o artigo 456.º do CPC1961 se diria ser aplicável, é aplicada com fundamento em que regra?

Já acima colocámos esta interrogação, implicada no tipo do artigo 819.º do CPC1961. Como vimos, esta regra, ao invés de tomar como ponto de referência do juízo de ilicitude a conduta do exequente, pressupõe que a este juízo se chegue a partir da conduta do executado. Ora, se o executado nada faz, não obstante a inadmissibilidade ou a falta de fundamentação da execução, não está verificada a previsão do artigo 819.º do CPC1961.

Esta conclusão, aparentemente admitida pelo artigo 819.º, surge como absurda. Na verdade, a cominação da conduta da parte com multa depende exclusivamente da possibilidade da respectiva qualificação como uma conduta ilícita e censurável. A multa, tendo carácter sancionatório, não pressupõe qualquer relação entre o resultado da intervenção de um terceiro – no caso, o executado – e a conduta do agente – o exequente. A conduta deste pode não ser suficiente para desencadear um dever de indemnizar – basta que, não obstante a sua verificação, dela não tenham resultado danos para o executado –, nada impedindo que ela não seja boa para desencadear a aplicação de uma sanção, destinada a proteger o bem jurídico que já acima identificámos: a própria Justiça.

Esta precisão é relevante na medida em que permite que, apesar da ausência da intervenção do executado em execução sem citação prévia, a conduta do exequente possa ser sancionada com multa.

518. E pode a conduta do exequente determinar a constituição de um dever de indemnizar se o executado não deduziu oposição à execução e, ainda assim, a acção veio a ser julgada inadmissível ou destituída de fundamento?

A resposta parece, também aqui, ter de ser positiva. A constituição do dever de indemnizar não depende, uma vez mais, do concurso de uma intervenção do lesado/executado, mas do preenchimento, pelo lesante/exequente dos pressupostos da responsabilidade civil.

519. Se as conclusões anteriores estiverem correctas, uma ilação pode ser tirada: o segmento da previsão do artigo 819.º do CPC1961 *procedência da oposição à execução* acaba por não ter relevância para a produção dos efeitos que o comportamento processual ilícito e culposo tipicamente desencadeia: a condenação da parte em multa e em indemnização por danos causados com a sua conduta. Aquele elemento apenas nos permite compreender que a conduta do exequente deve ser considerada ilícita porque a execução foi julgada inadmissível ou infundada.

1.3.5. Conclusão

520. A previsão do artigo 819.º do CPC1961 [858.º e 727.º, n.º 4] – altamente complexa não obstante a sua aparente simplicidade – permite obviamente a análise de um conjunto de problemas que aqui deixámos de lado. Fizemo-lo porquanto o nosso objecto de investigação não é a responsabilidade do exequente em execução sem citação prévia, mas o tipo central do artigo 456.º do CPC1961[542.º]. Conforme acima se sublinhou, os tipos especiais e periféricos interessam-nos na medida em que nos permitam compreender a racionalidade do sistema de responsabilidade por comportamento processual ilícito e culposo.

Ora, o resultado que conseguimos apurar através da análise do artigo 819.º do CPC1961 é que este tipo, ao alargar o elemento subjectivo do juízo de ilicitude a todas as modalidades de culpa que, por referência ao tipo do artigo 483.º, n.º 1, do CC, fundam o dever de indemnizar, se afasta do artigo 456.º do CPC1961 [542.º]. Ao radicarmos a razão desta ampliação do elemento subjectivo do tipo de ilícito do tipo central na especial periculosidade do meio processual para a contraparte, podemos concluir que o sistema adjectivo de responsabilidade civil por comportamento processual ilícito e culposo é dotado de racionalidade: sempre que o meio processual oferece particulares riscos de lesão, a lei impõem agravados deveres de cuidado e de diligência à parte que obtém tutela através de tais meios.

1.4. A responsabilidade do exequente em execução para entrega de imóvel arrendado

521. Em Fevereiro de 2006, foi publicado um novo regime jurídico relativo ao arrendamento urbano. Este trouxe consigo algumas alterações fundamentais em matéria de cessação do contrato e de execução que há que tomar em consideração para que possam compreender-se as razões do especial regime de responsabilidade do exequente.

Entre as alterações que directamente interessam à presente investigação, uma é particularmente relevante: a que respeita aos títulos que podem fundar a execução para a entrega forçada do imóvel pelo arrendatário. Até à entrada em vigor da Lei n.º 6/2006, de 27 de Fevereiro, esta entrega coerciva fundava-se necessariamente em título judicial já que devia ser precedida de decisão judicial. Com a reforma de 2006, a via judicial deixa de ser universalmente prevista para a cessação da situação jurídica do arrendamento.

522. Em todos os casos não cobertos pelo artigo 14.º, n.º 1, da Lei 6.º/2006, o locador pode requerer a entrega do imóvel arrendado sem necessidade de obtenção prévia de sentença rdinatória do despejo. Não obstante a entrega ser precedida de citação (*cfr.* artigo 928.º do CPC1961 [859.º]), e apesar da eficácia suspensiva da oposição fundada em título extrajudicial (*cfr.* artigo 930.º-B, n.º 1, al. a), do CPC1961[997]), numa passagem cuja aplicação não se vislumbra, prevê a lei, no artigo 930.º-E do CPC1961 [866.º], a responsabilidade do exequente, tomando esta por parâmetro, quanto ao elemento subjectivo do tipo, o artigo 483.º do CC: o exequente responde pelos danos culposamente causados ao executado.

---

[997] Lei n.º 31/2012, de 14 de Agosto.

Uma vez que a execução se encontra suspensa, os danos a que a lei se refere não podem ser as despesas em que o executado haja incorrido com o seu realojamento. Os danos talvez possam ser as despesas que o executado haja entretanto realizado, tendo em vista a possibilidade do seu despejo imediato já que a lei – por vezes tão prolixa, outras parecendo esquecer o mais relevante – não prevê a existência de um prazo certo e razoável para a entrega voluntária ou para a realização coerciva dessa entrega depois da decisão de inadmissibilidade ou de improcedência da oposição.

Outro aspecto também não expressamente regulado respeita à tutela do subarrendatário que, perante a execução para entrega, incorre em despesas, vindo a oposição à execução, deduzida pelo executado, a ser julgada procedente.

523. Não nos alongaremos mais sobre esta situação especial de responsabilidade. O que nos interessa acentuar são as razões que podem determinar um nivelamento do elemento subjectivo do tipo pelo artigo 483.º do CC, numa réplica dos artigos 819.º do CPC1961 e, como veremos já a seguir, 390.º do CPC1961 [374.º], com prejuízo da situação de responsabilidade regida pelo artigo 456.º do CPC1961 [542.º]. Supomos, uma vez mais, que é a especial periculosidade do meio – execução –, aliada aos seus potenciais efeitos – entrega de imóvel arrendado e fundada num título extrajudicial que não oferece as mesmas garantias de um título judicial quanto à existência da faculdade do locador de obter a desocupação forçada do imóvel. A contrapartida da dispensa do locador de um recurso prévio à via judicial, compensatória dos riscos que uma execução imediata de um título extrajudicial pode implicar, é o agravamento da sua responsabilidade. Veremos que aplicação virá a ser dada a um preceito que, pressupondo a ocorrência de danos culposamente provocados pelo exequente ao executado, convive com um modelo de execução com citação prévia e em que a oposição tem efeito suspensivo da execução.

2. O REGIME DE RESPONSABILIDADE NAS PROVIDÊNCIAS CAUTELARES

524. Um dos domínios que sempre mereceu particular atenção do legislador no contexto da responsabilidade processual foi o das providências cautelares. Vimos, já, que passos foram percorridos até a lei ter vindo consagrar, na reforma de 1995/96, um tipo geral de responsabilidade do requerente de toda e qualquer providência[998]. Este consta do artigo 390.º [374.º].

Haverá, agora, que confrontar o tipo do artigo 390.º [374.º] com o tipo central. Interessam-nos essencialmente os pontos de contacto e de divergência entre eles, bem como a identificação das razões que podem justificar estes últimos. Não se deve perder de vista que o nosso objectivo, na análise do regime de responsabilidade do requerente de providência cautelar, é bem delimitado: tentamos compreender a racionalidade subjacente a um sistema normativamente complexo de responsabilidade por comportamento processual. Não escolhemos por objecto de investigação a responsabilidade do requerente de providência.

2.1. O tipo do artigo 390.º [374.º]

525. Segundo o artigo 390.º [374.º] do CPC, o requerente de providência que caduque por facto que lhe seja imputável ou que, depois de decretada, seja julgada injustificada[999], responde pelos danos provocados ao requerido se não tiver agido com a prudência normal. Em ambas as situações a providência somente caduca ou pode ser julgada injustificada se foi previamente decretada. Quer isto dizer que, não obstante a interposição necessária entre o requerente e a provocação do dano – esta depende uma vez mais da intervenção do magistrado –, é ao requerente que é imputado o dano se ele agiu sem a prudência normal.

---

[998] Para além do que já acima se referiu, Lebre de Freitas/Montalvão Machado/Rui Pinto, Código de Processo Civil anotado, vol. 2.º, *sub* artigo 390.º, n.º 1 [Rui Pinto, Código de Processo Civil Anotado, volume I, *sub* artigo 374.º]

[999] A leitura que fazemos do artigo 374.º [390.º] diverge daquela que é proposta por Lebre de Freitas/Montalvão Machado/Rui Pinto, Código de Processo Civil anotado, vol. 2.º, *sub* artigo 390.º, n.º 2 CPC1961 [Pinto, Rui. Código de Processo Civil Anotado, volume I, Almedina, Coimbra, 2018, *sub* artigo 374.º]. Aí se afirma que a imputabilidade do facto ao requerente tanto respeita à caducidade quanto à falta de justificação da providência. Não nos parece, porém, que possa afirmar-se que uma providência é considerada injustificada por facto imputável ao requerente. A providência será injustificada se houver sido decretada não obstante não o dever ter sido porque destituída de fundamento. O que pode ser imputado ao requerente é a dedução de uma pretensão cautelar, destituída de fundamento, não a decisão através da qual a providência é considerada injustificada.

526. Numa análise *prima facie* do artigo 390.º [374.º].registam-se duas diferenças imediatas face ao artigo 456.º, n.º 2 [542.º, n.º 2].

Em primeiro lugar, há uma diferença no elemento subjectivo do tipo. Enquanto o artigo 456.º [542.º] exige, como pressuposto da condenação da parte em multa e em eventual indemnização, que ela tenha agido com dolo ou com negligência grave, o artigo 374.º, n.º 1 [390.º, n.º 1] basta-se, para fazer desencadear o dever de indemnizar, com uma actuação que se desvie do parâmetro da *prudência normal*. Ao invés do que decidiu a Relação em Lisboa, em acórdão de 22 de Fevereiro de 2006, supomos que a prudência normal, referida pela lei no artigo 390.º, não deve ser concretizada por referência ao artigo 456.º [542.º]. Bem diversamente, a prudência normal equivale à culpa leve ou mera culpa, parâmetro que deve ser concretizado por referência ao artigo 487.º, n.º 2 CC.

Se o requerente não agiu com a prudência normal e a providência decretada caduca ou vem a ser considerada injustificada, o requerente responde pelos danos provocados ao requerido.

É evidente que a dúvida implícita nesta afirmação é a seguinte: quando se diz que o requerente não agiu com a prudência normal, qual o ponto de referência desta avaliação? Ele agiu, até ao decretamento da providência, com toda a diligência. Porém, não actua com a diligência devida de modo a evitar a caducidade da providência. Está preenchido o tipo? Ou será que a falta de prudência respeita à actuação do requerente na providência (deduziu uma pretensão cautelar que sabia ser destituída de fundamento ou cuja falta de fundamento não poderia ignorar caso houvesse sido diligente na determinação da sua fundamentação), sendo que a sua responsabilidade se constitui se, ulteriormente, se vier a verificar que afinal a providência é injustificada ou se esta vier a caducar por facto que lhe é imputável?

527. Registando a segunda diferença entre os artigos 456.º [542.º] e 390.º [374.º], enquanto aquele tipifica uma série de ilícitos objectivos, que ancora no comportamento da parte, o artigo 390.º [374.º] faz depender a responsabilidade do requerente da providência da respectiva caducidade ou injustificação. Não se percebe qual o ponto de referência do tipo de ilícito. Isto porque a constituição do dever de indemnizar depende da verificação das vicissitudes que a lei tipifica e que transcendem o comportamento da parte: o requerente responde somente se a providência caducar ou se esta vier a ser considerada injustificada. Mas, nestes casos, só se constituirá o dever de indemnizar se o requerente não agiu com a prudência normal e a providência foi considerada injustificada ou se veio a caducar por facto que lhe seja imputável. Sabemos, conforme sustenta o Supremo Tribunal de Justiça, em acórdão de 10 de Novembro de 1998 (Francisco Lourenço), que "a comprovação judicial da caducidade da providência é um pressuposto indispensável para o requerido poder exercer o direito de indemnização, por responsabilidade civil (subjectiva), previsto no artigo 387/1", mas desconhecemos o ponto de referência da ilicitude: não preenchimento do ónus de propositura da acção principal?

528. Não obstante as dificuldades que a caducidade suscita, até aqui os dados permitem uma primeira inferência: o tipo do artigo 390.º [374.º] apresenta-se como mais próximo dos artigos 483.º, n.º 1 e 487.º, n.º 2, do CC do que do tipo do artigo 456.º [542.º].

A proximidade do tipo do artigo 390.º ao do artigo 483.º do CC determinou já a doutrina a entender aquele regime específico de responsabilidade como um verdadeiro caso de culpa *in agendo*[1000], que se afastaria do tipo geral de responsabilidade processual, constante do artigo 456.º do CPC. Pedro de Albuquerque escreve que "[n]estes termos, não se pode duvidar de que afinal o artigo 390º do Código de Processo Civil, longe de constituir uma excepção, mais não é afinal que uma mera concretização e reafirmação da aplicação ao processo das regras gerais da responsabilidade civil contidas nos artigos 483 e 798 do Código Civil"[1001].

Ora, aquilo que nos interessa compreender são as razões que podem justificar a opção legal de sujeição do requerente de uma providência cautelar ao dever de indemnizar em circunstâncias diversas daquelas em que tal dever se constitui ao abrigo do tipo central e a respectiva aproximação, quanto ao elemento subjectivo, do critério de censurabilidade descrito no artigo 487.º, n.º 2, do CC.

Não temos dúvidas de que a responsabilidade que resulta de um comportamento processual ilícito é uma responsabilidade civil. Mas esta conclusão

---

[1000] Menezes Cordeiro, Litigância de má fé, n.º 46.III [2014 (reimp. 2016), n.º 69.I]; Pedro de Albuquerque, Responsabilidade processual por litigância de má fé, abuso de direito e responsabilidade civil em virtude de actos praticados no processo, p. 137.

[1001] Responsabilidade processual por litigância de má fé, abuso de direito e responsabilidade civil em virtude de actos praticados no processo, p. 137.

não implica que se aceite, sem mais, que o tipo que dimensiona essa responsabilidade civil por comportamento processual seja o do artigo 483.º do CC. A expressa existência de regras de responsabilidade, fundada em comportamento processual ilícito, cujo elemento subjectivo se aproxima daquele que o artigo 483.º, n.º 1, do CC pressupõe, não significa que, para todo e qualquer comportamento processual, o dever de indemnizar se constitua por verificação dos pressupostos enunciados nesta norma. E afirmar que, se assim não for, implica uma inadmissível quebra ou desarmonia do sistema, pressupõe que se demonstre que não há razões que justifiquem soluções que, relativamente a estruturas processuais particulares, se afastem do tipo central, aproximando-se do tipo do artigo 483.º.

É em busca delas que agora teremos de ir para compreendermos, a final, se existe ou não racionalidade no sistema de responsabilidade por comportamento processual.

2.2. Os fundamentos da ampliação do elemento subjectivo do tipo

529. Porque se imporão ao requerente de uma providência cautelar deveres de conduta simétricos àqueles que resultam da conjugação dos artigos 483.º, n.º 1 e 487.º do CC? Porque se lhe exige uma particular cautela, bastando-se a lei, para fazer desencadear a obrigação de indemnizar, com a verificação de culpa leve? Porque não se exigiu que o requerente houvesse actuado com dolo ou negligência grave, tal como sucede perante o artigo 456.º [542.º] do CPC? O que tem o comportamento de um requerente de providência cautelar de peculiar?

Recordemos o que vimos a propósito do regime especial de responsabilidade do exequente. Como se concluiu, o artigo 819.º do CPC1961 impunha particulares deveres de cuidado, não a todo e qualquer exequente, mas somente ao exequente que promove uma execução que, de acordo com o regime legal aplicável, dispensa a citação prévia do executado. É exactamente por saber ou por ter o dever de saber que o executado não pode influenciar o tribunal antes da realização da penhora, já que a sua oposição só será deduzida depois desta concretizada, que o exequente está sujeito a especiais deveres de cuidado aquando do exercício do direito de acção. Quer isto dizer que é a especial perigosidade da execução sem citação prévia, que potencia a provocação de danos que não podem ser impedidos pelo executado, que impõe especiais cautelas ao exequente aquando do exercício do direito de acção.

530. Será possível avançar razão equivalente àquela que subjaz ao artigo 819.º do CPC1961 quando está em causa o recurso a uma providência cautelar? O que pode explicar o desvio ao artigo 456.º [542.º] nos casos cobertos pelo artigo 390.º [374.º]?

A resposta seria imediatamente positiva se o regime de responsabilidade do requerente de providência cautelar pressupusesse exactamente a mesma fonte de perigo que a execução sem citação prévia comporta: haver a providência sido decretada sem audição da parte contrária. Neste caso, dir-se-ia que sobre o requerente impenderiam especiais deveres de cuidado uma vez que a medida requerida seria ordenada sem que o requerido tivesse podido persuadir o tribunal da sua falta de justificação.

531. Se observarmos os elementos do tipo do artigo 390.º [374.º], verificamos que a equação não pode ser resolvida com esta facilidade.

Na verdade, o artigo 390.º pressupõe a verificação de um de dois resultados: a caducidade da providência por facto imputável ao requerente ou a sua consideração como injustificada. Em lugar algum se faz depender a responsabilidade do requerente da ausência de contraditório prévio do requerido. Não é a impossibilidade de este influenciar o decisor que justifica os especiais deveres de cautela do requerente e, consequentemente, o alargamento do elemento subjectivo do tipo de ilícito.

É evidente que pode dizer-se que os deveres de cuidado se intensificam se o requerente requer a dispensa de citação prévia do requerido porque o requerente sabe que, neste caso, se aumenta o risco de uma decisão incorrecta. Mas este dado, que intervém na concretização da prudência devida, não é determinante para afastar a responsabilidade do requerente quando haja citação prévia do requerido.

532. O que pode justificar a responsabilidade agravada do requerente da providência?

Supomos que a chave para a compreensão do artigo 390.º [374.º] poderá passar pelo grau de prova que é exigido por lei ao decisor de uma providência. O julgador decretará a providência se for feita mera justificação dos factos de que depende o direito alegado. Isto implica que, não obstante a possibilidade de contraditório do requerido, porque a decisão se funda numa instrução diminuta por referência àquela que deverá ser feita na acção principal, sendo a decisão cautelar urgente, se aumenta o risco de decretamento de uma medida afinal injustificada.

Se for verdadeira a colocação acabada de realizar, a responsabilidade do requerente está directamente relacionada com o risco de uma decisão errada, necessariamente implicado num juízo fundado em prova sumária.

No entanto, esta explicação apenas nos permite compreender parte das circunstâncias que podem determinar a responsabilidade do requerente: aquelas em que a pretensão cautelar deduzida não tem, afinal, fundamento, sendo exigível que um requerente, que age com a prudência devida, conhecesse esta circunstância. Quer isto dizer que o aligeiramento instrutório pode justificar a especial responsabilidade do requerente nos casos em que a providência decretada é revogada por ser ulteriormente considerada injustificada – aqui se integrando tanto os casos em que esta revogação sobrevém a oposição, quando não tenha havido contraditório prévio, como aqueles em que a providência é revogada por tribunal de recurso –, bem como naqueles em que ela vem a caducar por trânsito em julgado de uma decisão de improcedência, proferida na acção principal.

533. Mas o que justifica a especial responsabilidade do requerente se a providência vem a caducar por facto que lhe seja imputável?

Se a providência foi bem decretada – veja-se que assim tem de ser pressuposto na interpretação deste segmento da norma sob pena de não ter sentido a distinção entre a caducidade por facto imputável ao requerente e a circunstância de a providência vir a ser considerada injustificada –, pode o requerente ser responsabilizado?

O problema acima equacionado volta a avultar aqui. Qual o ponto de referência da ilicitude da conduta do agente? A caducidade opera como causa de constituição de responsabilidade desde que aquela ocorra por facto imputável ao requerente? Mas, neste caso, a falta de prudência qualifica que intervenção do requerente?

Veja-se que seria admissível um sistema que entendesse que a responsabilidade do requerente seria uma mera contrapartida da provisoriedade da providência. Neste caso, porque o requerente deixara caducar a medida decretada, responderia pelos danos causados ao requerido quer houvesse agido com a prudência normal durante o procedimento da providência ou não. Este o sentido que alguma doutrina parece imputar ao artigo 390.º, n.º 1 na relação a estabelecer entre a caducidade e a responsabilidade do requerente[1002].

534. O artigo 390.º, n.º 1 [374.º, n.º 1] pressupõe, no entanto, a verificação cumulativa de dois elementos: a falta de diligência do requerente e a caducidade da providência por facto que lhe é imputável. Só resta uma de duas alternativas: ou se entende que a falta de diligência no caso de caducidade se confunde com a imputação, ao requerente, do facto que determina a caducidade ou não parece possível imputar um sentido à regra.

Se a interpretação adequada for a primeira[1003] – e nesta deve recair a escolha sob pena de se considerar impossível identificar a norma –, concluir-se-á que a responsabilidade agravada do requerente não tem um fundamento substancial: ele não responde pelos danos provocados por uma providência infundada e decretada num procedimento de elevado risco. Afinal, ele responde pelos efeitos negativos associados ao decretamento de uma providência que, bem ou mal decretada, vem a ser levantada por facto que lhe é imputável. O desvalor do comportamento do requerente assenta exclusivamente na causa *caducidade*.

535. Haverá possibilidade de unificar os fundamentos da responsabilidade agravada do requerente de providência cautelar?

Vimos que, no caso de a providência vir a ser considerada injustificada, o requerente responde se, ao requerer a tutela que requereu e sabendo que esta lhe será eventualmente conferida no fim de um procedimento probatório sumário, não agiu com prudência, indagando da efectiva fundamentação da sua providência. Porque o procedimento é particularmente perigoso, não oferecendo ao requerido o mesmo nível de garantias que é oferecido na acção principal, o requerente tem de agir com particular prudência.

No caso de a providência caducar, o requerente aparentemente responde porque a medida cautelar caduca por facto que lhe é imputável.

Dificilmente se encontrará um traço comum entre estas duas situações. Se, no primeiro núcleo de hipóteses, são razões de fundo a justificar o desvio

---

[1002] Lebre de Freitas/Montalvão Machado/Rui Pinto, Código de Processo Civil anotado, vol. 2.º, *sub* artigo 390.º, n.º 2 [Rui Pinto, Código de Processo Civil Anotado, volume I, *sub* artigo 374.º].

[1003] Neste sentido, Lebre de Freitas, Providência cautelar: desistência do pedido, repetição e caso julgado, *in* Estudos sobre direito civil e processo civil, vol. I, p. 785.

ao elemento subjectivo do ilícito do artigo 456.º [542.º], no segundo, essas razões não se nos apresentam.

536. E qual a relação a estabelecer entre os artigos 390.º [374.º] e 456.º [542.º]? Haverá margem para a aplicação do regime da litigância de má fé na tutela cautelar?

Lebre de Freitas afirma que "a regra é, quanto à indemnização por danos causados, a do artigo 456"[1004]. O artigo 456.º [542.º] será, assim, o parâmetro da responsabilidade em todos os casos não cobertos pelo artigo 390.º, mesmo no que respeita à responsabilidade do requerente de uma providência. Quer isto dizer que a faltar regulação específica de uma qualquer hipótese respeitante a uma providência, deverá a responsabilidade ser aferida pelo tipo de ilícito e pelo tipo de culpa do artigo 456.º e não pelos do artigo 390.º.

Isto vem a significar que a resposta à interrogação acima colocada será positiva se o tipo do artigo 456.º abranger situações não cobertas pelo artigo 390.º. No que respeita ao requerente de providência, supomos que só uma pode estar em causa: a violação do dever de cooperação. Porém, veja-se que a circunstância de o artigo 390.º apenas regular a responsabilidade civil do requerente da providência não exclui que, preenchendo o comportamento do requerente qualquer uma das previsões do artigo 456.º, n.º 2 [542.º, n.º 2], não seja ele condenado em multa. Desta sanção não curou o artigo 390.º, cujo escopo foi o de regular os parâmetros do dever de indemnizar. Só quanto a este efeito da litigância de má fé deve o artigo 456.º ter-se por prejudicado pelo regime do artigo 390.º sempre que o comportamento do requerente preencha o tipo de uma e de outra regra.

3. O ILÍCITO NO TIPO DO ARTIGO 22.º DO CIRE

537. Supomos não errar se dissermos que a regra de responsabiliade por comportamento procesual que entre nós suscitou, por último, maior debate foi o artigo 22.º do CIRE[1005].

[1004] Providência cautelar: desistência do pedido, repetição e caso julgado, *in* Estudos sobre direito civil e processo civil, vol. I p. 786.

[1005] Pedro de Albuquerque, Responsabilidade processual por litigância de má fé, abuso de direito e responsabilidade civil em virtude de actos praticados no processo, pp. 153 e

De acordo com esta disposição, a dedução de pedido infundado de declaração de insolvência, ou a indevida apresentação por parte do devedor, gera responsabilidade pelos prejuízos causados ao devedor ou aos credores, mas apenas em caso de dolo.

O que imediatamente impressiona perante o regime do CIRE é a sua contradição valorativa com os tipos especiais dos artigos 390.º [374.º] e 819.º [858.º e 727.º, n.º 4]. Sendo um meio especialmente perigoso, cujos efeitos na esfera do devedor podem ser incomensuráveis, esperar-se-ia que os deveres de cuidado impostos ao requerente fossem equivalentes àqueles que se impõem ao requerente de providência cautelar ou de execução fundada em título que determina a penhora prévia.

Porém, não é isto que sucede. A lei faz depender a constituição de deveres de indemnizar do dolo do requerente. Nem sequer a negligência grosseira é relevante. O elemento subjectivo do ilícito, não só não está a par com aquele que encontramos nos tipos periféricos, como fica aquém daquele que resulta do tipo central.

É circunstância estranha, para a qual chamámos a atenção em outro lugar[1006]. Outros Autores a surpreenderam, também, sobre ela se pronunciando e propondo diferentes saídas. Porém, há que atender aos pontos de referência de que estas saídas partem para que integrem os resultados.

Se se tomar por referência a responsabilidade, tal como delineada pelo artigo 483.º, n.º 1, do CC, chegar-se-á a uma de duas conclusões. Numa primeira, dir-se-á que o artigo 22.º do CIRE regula matéria diferente daquela que é regulada pelo artigo 483.º do CC. Numa segunda tentar-se-á romper a barreira valorativa desenhada pelo legislador na configuração do ilícito, ampliando-se o elemento subjectivo do ilícito de modo a que seja abrangida pelo menos a negligência grosseira.

---

segs.; Menezes Cordeiro, Litigância de má fé, abuso do direito de acção e *culpa in agendo*, pp. 187 e segs. [2014 (reimp. 2016), § 20.º]; Carvalho Fernandes/João Labareda, Código da Insolvência e da Recuperação de Empresas anotado, 2.ª, I, *sub* artigo 22.º, n.º 3 [3.ª edição atualizada de acordo com o Decreto-Lei n.º 26/2015, de 6 de fevereiro, e o Código de Processo Civil de 2013, 2015]; Menezes Leitão, Código da Insolvência e da Recuperação de Empresas, 4.ª, *sub* artigo 22.º, n.º 1 [12.ª edição, 2022].

1006 Paula Costa e Silva, A liquidação da massa insolvente, pp. 730 e seg., onde se anota o desnível do artigo 22.º do CIRE face ao artigo 456.º, n.º 1 do CPC1961.

538. O artigo 22.º do CIRE refere a responsabilidade do requerente da insolvência pelos prejuízos provocados ao devedor e aos credores.

A que prejuízos se reporta a regra?

Duas respostas são possíveis. Aos prejuízos ou danos processuais típicos. Aos prejuízos ou danos provocados em quaisquer bens jurídicos do devedor e dos credores.

Testemos a primeira saída: a responsabilidade prevista no artigo 22.º do CIRE é uma responsabilidade por danos processuais típicos.

Pergunta-se: se o pedido de declaração de insolvência é infundado há que prever uma responsabilidade especial do requerente por danos processuais típicos?

A resposta a esta interrogação é negativa. As regras sobre repartição destes custos processuais estão traçadas em outro lugar e são aplicadas em toda a sua plenitude. Sendo o nosso sistema genericamente regido pelo princípio *victus victori*, aquele que pede o que não vem a ser conferido suporta os custos processuais, independentemente de qualquer aferição da censurabilidade da sua conduta.

Ora, pressupor que o artigo 22.º do CIRE regula este aspecto – a responsabilidade do requerente por pedido infundado pelos danos processuais típicos – significará entender que as regras sobre encargos com o processo de insolvência têm uma base subjectiva. A parte requerente só pagaria custas se houvesse agido com dolo. Se tivesse requerido a insolvência do devedor – ou sendo requerente o devedor, se ele se houvesse apresentado voluntariamente à insolvência – negligentemente e não obstante ter dado causa à acção, não suportaria qualquer custo processual.

É resultado absolutamente anómalo. Tanto porque pressupõe uma responsabilidade por danos processuais aferida por um tipo de ilícito, como porque faz depender essa responsabilidade de uma actuação dolosa do agente. Por estas razões, supomos não ser esta a saída para o desnível criado pela peculiar configuração do elemento subjectivo do tipo de ilícito no artigo 22.º do CIRE.

539. Resta admitir que a regra prevê os pressupostos de constituição do dever de indemnizar por outros prejuízos que não os danos processuais típicos.

Também esta conclusão surge como anómala quer se contraponha o tipo do artigo 22.º do CIRE ao artigo 483.º do CC, quer este seja confrontado com o tipo central de responsabilidade civil por comportamento processual, quer o seja com os tipos especiais. Na configuração do elemento subjectivo do tipo de ilícito por qualquer uma destas regras o nível mínimo que encontramos é a negligência grosseira. O artigo 22.º do CIRE avança para o dolo. O resultado é estranho num sistema em que a responsabilidade por ilícito processual é, actualmente, desencadeada, pelos menos, por comportamentos processuais gravemente culposos, sendo constituída nos tipos que revelam especial periculosidade quando o agente actua com culpa simples.

540. O que pode explicar esta solução?

Uma primeira explicação pressupõe detectar no CIRE uma intenção de saneamento integral do tecido empresarial nacional.

Como joga esta premissa com o disposto no artigo 22.º do CIRE?

Pense-se: um adoçamento dos deveres de cuidado impostos a quem requer a insolvência ajuda tais requerimentos. Se a parte não precisa, para requerer inconsequentemente a insolvência, de cumprir qualquer dever de indagação, requerê-la-á mal se verifiquem sinais indicativos dessa situação. O ónus dos danos provocados por semelhante requerimento corre por terceiro.

541. Segunda pista justificativa para o artigo 22.º do CIRE: o elemento histórico.

Não se esqueça que a última regra que dispôs especificamente acerca da responsabilidade pelo requerimento de pedido infundado de falência foi o revogado artigo 1152.º. Nesta se previa que, denegada a declaração de falência ou revogada a sentença que a declarara, verificar-se-ia necessariamente e no âmbito do processo de falência, se o requerente agira de má fé. Caso assim tivesse sido, seria condenado em multa e indemnização nos termos da litigância de má fé, ressalvada a responsabilidade criminal. Esta regra sujeitava, assim, a constituição do dever de indemnizar todas as perdas e danos decorrentes de comportamento processual aos parâmetros do artigo 465.º CPC1939[1007] [542.º].

Em face de regras que impunham a actuação dolosa, a doutrina não chegou a uma posição unânime quanto ao concurso da responsabilidade neles prevista com a que poderia ser fundada nas regras gerais, constantes do

[1007] Neste sentido, Revista dos Tribunais [Responsabilidade *civil* do requerente de falência; itálico nosso], p. 306 e segs..

Código Civil[1008]. O que impressionava era o facto de o requerente somente responder por perdas e danos em caso de actuação dolosa que, nas palavras de CUNHA GONÇALVES[1009], se caracterizava por a parte ter agido com a intenção de prejudicar o requerido. Ficava de fora a indemnização de danos causados com um requerimento de falência deduzido com negligência. Esta restrição, surgindo como injustificada, imporia uma complementação das regras vigentes em matéria de responsabilidade por pedido infundado de falência deduzido com dolo através do artigo 2361.º do CC1967.

Com o CPEREF, a regra desapareceu. Deixou de se prever especificamente a responsabilidade por pedido infundado de falência. Não obstante a supressão da remissão para a litigância de má fé, esta responsabilidade seria parametrizada pelas regras constantes do Código de Processo Civil, após a entrada em vigor do CPEREF, ou seja, a partir do início da década de noventa do século passado. Lembre-se que, então, o sistema de responsabilidade por comportamento processual assentava num tipo central e em tipos especiais, aplicáveis às providências cautelares. E recorde-se, igualmente, que àquela data o tipo central, que tipificava o ilícito de dedução de pedido infundado pressupunha o dolo do agente. Só com a reforma de 95/96, o elemento subjectivo do tipo de ilícito central se alastrou à negligência grosseira.

542. Este dado, por si só, permite fundar a estranheza do artigo 22.º do CIRE. Quando o legislador desenhou o tipo de ilícito tinha já um tipo central de ilícito, cujo elemento subjectivo abrangia mais do que o dolo: estendia-se à negligência grosseira.

Mas a estranheza aumenta se pensarmos que, aquando da publicação do CIRE, não só já estava em vigor um tipo central do qual resultava terem sido incrementados os deveres de cuidado da parte, como tinha vigência, em matéria de execução, um tipo especial de ilícito, cujo elemento subjectivo coincide com o que encontramos no artigo 483.º, n.º 1, do CC. Esta

[1008] Defendendo a existência de uma relação de concurso, CUNHA GONÇALVES, Comentário ao código de processo comercial, I, p. 494 que, apesar de aceitar essa complementação, atira a fasquia do elemento subjectivo do tipo para as hipóteses de negligência grosseira. Em sentido inverso, a Revista dos Tribunais, Responsabilidade civil do requerente de falência, 306 e segs., com a tese central de que, fazendo a lei depender a obrigação de indemnizar de pressupostos especiais, não serão invocáveis os princípios gerais da responsabilidade civil.

[1009] Comentário ao Código de processo comercial, I, p. 494.

referência assume enorme relevância. Na verdade, podia considerar-se que, imediatamente antes da entrada em vigor do CIRE, não descrevendo a lei – na altura, o CPEREF – um ilícito específico de requerimento de pedido de insolvência infundado, seria aplicável, a estes casos, o regime do artigo 819.º do CPC1961.

543. A solução do artigo 22.º do CIRE surge em contraciclo. A lei revela dois movimentos muito claros em matéria de responsabilidade por comportamento processual. Em primeiro lugar, uma expansão generalizada dos deveres de cuidado das partes processuais. O carácter ético do processo foi acentuado com a entrada em jogo da negligência. Em segundo lugar, verifica-se um acentuado incremento dos deveres de cuidado, directamente proporcional ao incremento da periculosidade dos meios processuais.

Chegamos ao direito da insolvência e o que verificamos?

Verificamos que este movimento é invertido. No meio que mais danos pode provocar, a responsabilidade depende do dolo do agente.

544. Para além de andar em contraciclo, o artigo 22.º do CIRE anda desalinhado com as soluções que encontramos no direito estrangeiro.

Foi sempre para os processos de liquidação universal que mesmo a doutrina mais restritiva quanto à constituição de deveres de indemnizar por comportamento processual propôs a extensão do tipo de ilícito pelo menos às actuações gravemente negligentes. Nos porcesso de falência, a responsabilidade fundar-se-ia na mera culpa do requerente.

Esta tomada de posição é muito evidente nas ordens jurídicas alemã e italiana. Recorde-se, aqui, quanto à primeira, a polémica suscitada pela decisão do BGH, de 3.10.1961, e de que acima demos nota. Quanto à segunda, confira-se o segundo parágrafo do artigo 96 c.p.c.it., ao qual se reconduzem os procedimentos de falência numa equiparação com a execução forçada[1010]. Porque a parte requerente sabe que o meio de que lança mão desencadeia efeitos altamente gravosos para o requerido. Se assim é, exige-se que a parte cumpra escrupulosamente apertados deveres de cuidado antes de dar impulso à acção. Se o não fizer, incorrerá em responsabilidade por comportamento processual inadmissível.

[1010] Guido Tedeschi, Il giudizio di opposizione alla sentenza dichiarativa di fallimento, pp. 101 e segs..

545. Esta conclusão, seguramente anómala perante todos os dados, só poderá ser revertida perante uma alteração do desenho legal da responsabilidade do requerente de insolvência. Não é, aqui, possível anulá-la com argumentos extraídos da ordem constitucional. Na verdade, se é certo que a Constituição tutela a propriedade privada, certo é, também, que esta tutela não é absoluta. E não pode, sem mais, assentar-se no artigo 62.º CRP – assim como veremos suceder perante outras regras constitucionais, nomeadamente, o artigo 26.º CRP – uma delimitação absoluta da margem do legislador ordinário. A Constituição proíbe-o de criar esquemas de privação da propriedade sem contrapartidas quando essa ablação tenha na sua origem o interesse público. E mais: a privação da propriedade não pode ser arbitrária, deve ser justificada pelo interesse público.

Mas é isto e só isto que resulta do artigo 62.º da Constituição. Dele não se pode inferir, de ponto algum, que o legislador constitucional haja imposto ao legislador ordinário uma específica configuração do elemento subjectivo dos tipos de ilícito dos quais depende a criação de deveres de indemnizar quando a propriedade é atingida. Ler no artigo 62.º da CRP uma instrução vinculante dada ao legislador ordinário para que parametrize os deveres de indemnizar danos provocados na propriedade pelo artigo 483.º CC é dele inferir algo que lá não está.

A solução do artigo 22.º do CIRE é boa?

Supomos, pelas razões expostas, que não. Porquanto se podem compreender os fundamentos do novo sistema de insolvência, ele não impõe um desnivelamento dos deveres de cuidado do requerente em seu benefício. Neste sentido se vem pronunciando toda a doutrina. O nosso sistema tem uma solução que nos parece incompreensível[1011]. Sabendo-se que a

[1011] MENEZES LEITÃO, logo desde a primeira edição do seu Código da Insolvência e da Recuperação de Empresas anotado, de Maio de 2004, *sub* artigo 22.º, n.º 2, posição que mitiga a partir da 3.ª edição e que mantém na 4.ª edição da mesma obra [12.ª edição, 2022]. A alteração da posição do Autor é acompanhada pela restrição que opera na regra de equiparação da culpa grave ao dolo, no vol. 1 do seu Direito das Obrigações.

Manifestando idêntica perplexidade face ao texto legal, PEDRO DE ALBUQUERQUE, Responsabilidade processual por litigância de má fé, abuso de direito e responsabilidade civil em virtude de actos praticados no processo, pp. 153 e segs.; MENEZES CORDEIRO, Litigância de má fé, abuso do direito de acção e *culpa in agendo*, pp. 187 e segs. [2014 (reimp. 2016), n.ºs 89 e 90]; CARVALHO FERNANDES/JOÃO LABAREDA, Código da Insolvência e da Recuperação de Empresas anotado, I, *sub* artigo 22.º, n.º 3 [3.ª edição atualizada de acordo com o Decreto-Lei

insolvência é um meio de grande impacto na vida do devedor, sabendo-se que a declaração do estado de insolvente deve ocorrer num curtíssimo espaço de tempo, com uma clara repercussão sobre a actividade instrutória[1012], não se compreende como veio o legislador determinar, no artigo 22.º do CIRE, que a responsabilidade pelos prejuízos causados ao devedor e aos credores por aquele que requeira a declaração de insolvência dependa de uma actuação dolosa.

546. A solução do artigo 22.º do CIRE, que não é boa, pode ser corrigida pelo aplicador do direito?

Veja-se: a correcção a operar implica alterar as valorações dadas ao sistema pelo legislador num caso em que a solução é inconveniente. Mas em que, apesar da sua inconveniência, a solução não briga com o texto fundamental.

Pode o aplicador alterar a valoração realizada pelo legislador?

No caso, pretende-se uma alteração que implica uma expansão do tipo de ilícito.

Esta expansão visa parametrizar o tipo de ilícito do artigo 22.º CIRE pelo tipo de ilícito – e, neste momento, as posições dividem-se – do artigo 456.º, n.º 2 [542.º, n.º 2] ou do artigo 483.º, n.º 1, do CC.

Primeiro dado: o legislador que desenha a solução do artigo 22.º CIRE move-se num sistema que contém, à data de criação desta regra, um tipo central assente na negligência grosseira e tipos especiais, assentes em negligência simples. O legislador conhece o seu sistema. A valoração especial a que procedeu no artigo 22.º CIRE não será arbitrária.

Em segundo lugar, uma razão metodológica, ancorada na distinção entre as diversas funções do Estado. Só perante a identidade valorativa se pode justificar a expansão de um tipo de ilícito a situações por ele não atingidas. E, ainda assim, há que avançar com a maior prudência como nos demonstram as

n.º 26/2015, de 6 de fevereiro, e o Código de Processo Civil de 2013, 2015]. Paula Costa e Silva, A liquidação da massa insolvente, pp. 730 e segs., anotando o desnível do artigo 22.º do CIRE face ao artigo 456.º, n.º 1, [542.º, n.º 1] do CPC, mas restringindo a equiparação da culpa lata ao dolo na sequência das ponderações feitas pelo legislador no CPC1939.

[1012] Veja-se, *v.g.*, o que relata Paola Marzocchi, La disciplina delle spese e dei danni da responsabilità aggravata in caso di rigetto dell'istanza di fallimento, p. 851 e segs., quanto ao formalismo da justificação de impossibilidade de ressarcimento de despesas e danos, por aplicação do regime dos artigos 91 e 96 c.p.c.it., na fase pré-contenciosa (*camerale*) do processo de falência/insolvência, seguida até ao final da década de noventa do século passado em Itália.

tensões entre o princípio da legalidade e da tipicidade penais em confronto com técnicas como a dos exemplos-padrão[1013]. Mas não cabe ao aplicador ampliar a valoração em si. Esta é função do legislador.

547. O artigo 22.º CIRE é bom?

Não, o artigo 22.º CIRE é inconveniente.

Deve ser mudado?

Supomos que sim. Mas, neste momento, mudámos de plano. Entrámos no plano da política legislativa.

548. Dir-se-á que o resultado a que se chegou acerca do artigo 22.º CIRE parte de uma premissa indemonstrada: a de que o tipo de danos indemnizáveis ao abrigo do artigo 22.º CIRE são danos que se não confundem com os danos processuais típicos e puros.

Já acima deixámos uma pista quanto à dificuldade de integração, no nosso sistema, de uma regra peculiar sobre responsabilidade em matéria de danos processuais típicos que afaste os princípios gerais vigentes nesta matéria. Esta observação repercute-se genericamente quando se pretenda que as regras adjectivas que prevêem deveres de indemnizar assentes em tipos de ilícito próprios, apenas abrangem os danos processuais.

É a esta matéria que será dedicada a análise subsequente.

4. CONCLUSÃO: A ADEQUAÇÃO DOS JUÍZOS DE ILICITUDE REALIZADOS NO TIPO CENTRAL E NOS TIPOS ESPECIAIS

549. Retenha-se, por ora e em jeito de conclusão intercalar, que um confronto dos tipos especiais com o tipo central permite uma ilação: a lei incrementa os deveres de cuidado da parte processual activa sempre que a sua iniciativa processual pode reverter em grave dano para a parte passiva. E assim sucede quando as estruturas processuais em concreto cabíveis revelam uma especial periculosidade.

Se é certo que se observa uma equiparação entre os pressupostos de constituição do dever de indemnizar por referência aos artigos 483.º do CC e

---

[1013] Teresa Serra, Homicídio qualificado. Tipo de culpa e medida da pena. Contributo para o estudo da técnica dos exemplos-padrão no artigo 132.º do Código Penal.

390.º [374.º] e 819.º [858.º e 727.º, n.º 4] do CPC, esta resulta da consagração de um regime próprio de responsabilidade em sede de providências cautelares e de execução sem citação prévia. O legislador afastou, para estes dois núcleos de meios processuais, a valoração e a solução constantes do tipo central, o artigo 456.º [542.º] do CPC. Fê-lo, como se viu anteriormente, desde muito cedo para as providências cautelares. Fê-lo, no caso da execução sem citação prévia assim que esta tipologia de tramitação foi consagrada com generalidade na nossa lei. Deste modo, não é a indução ou a aplicação do argumento *a contrario* a qualquer uma destas regras – quer ao artigo 390.º, quer ao artigo 819.º, ambos do CPC – que determina a conclusão de que, fora do seu âmbito, as actuações apenas se consideram censuráveis e ilícitas se a parte agiu com dolo ou com negligência grave[1014]. É a própria lei que impõe explicitamente esta conclusão no artigo 456.º do CPC.

E há mais um aspecto que não pode deixar de ser tomado em consideração quando se contrapõe o tipo central aos tipos especiais. Retomando o que já acima se afirmou, a circunstância de a lei fazer depender a constituição do dever de indemnizar da mera culpa tanto em sede de providências cautelares, quanto em sede de execução sem citação prévia tem uma justificação: ambos os meios se apresentam como particularmente perigosos para a parte requerida/executada. Quer porque ela não tem a possibilidade de, através da prática de actos postulativos prévios, influenciar a decisão judicial, quer porque a apreciação compatível com a finalidade desses meios é falível se confrontada com a das acções definitivas.

Deste modo, no que respeita à constituição do dever de indemnizar, não é arbitrária a diferença entre os tipos dos artigos 456.º [542.º], por um lado, e 390.º [374.º], 819.º [858.º e 727.º, n.º 4] e 930.º-E [866.º], por outro. Se bem que possa criticar-se a opção do legislador, realizada no tipo central, esta é determinada pela contraposição dos riscos inerentes a meios de baixa periculosidade, porque neles as partes se encontram numa posição de relativa isonomia, e daqueles que representam os meios de mais intensa periculosidade, porque menos garantísticos do que os primeiros.

[1014] Criticando uma metodologia que assim procedesse, Pedro de Albuquerque, Responsabilidade processual por litigância de má fé, abuso de direito e responsabilidade civil em virtude de actos praticados no processo, pp. 135-136.

VIII. A NATUREZA CIVIL DA RESPONSABILIDADE FUNDADA EM LITIGÂNCIA DE MÁ FÉ

1. O PROBLEMA E A PRIMEIRA SOLUÇÃO POSSÍVEL: A NATUREZA PROCESSUAL DA RESPONSABILIDADE FUNDADA NA LITIGÂNCIA DE MÁ FÉ

550. O que vai ocupar-nos neste ponto é a natureza da indemnização prevista pelo artigo 456.º [542.º]. Estaremos perante uma indemnização punitiva? Estaremos perante uma indemnização de danos processuais? Estaremos perante uma indemnização ordenada à reposição do lesado na situação em que se encontraria caso não tivesse ocorrido a lesão, quaisquer que sejam os bens jurídicos atingidos pelo comportamento egligente?

551. Alinhemos os primeiros dados que podem concorrer para uma resposta que conclua no sentido de a indemnização prevista no artigo 456.º [542.º] ser meramente ordenada à anulação dos danos processuais sofridos pelo lesado, parte processual. Esta primeira resposta implicará uma segunda conclusão: os artigos 483.º, n.º 1, do CC e 456.º [542.º] encontram-se numa relação de concurso real.

Segundo o artigo 456.º, n.º 1, o ilícito *litigância de má fé* desencadeia dois efeitos.

Em primeiro lugar, a parte cujo comportamento processual é objectiva e subjectivamente censurável é condenada em multa, a fixar de acordo com o disposto no artigo 27.º do RCP.

Em segundo lugar, a parte que litiga de má fé será condenada em indemnização à parte contrária se esta a pedir.

Para além deste duplo efeito, o comportamento processual ilícito provoca outro ainda: a perda de todos os benefícios que tenham sido concedidos à parte processual carenciada. Apesar da muita instabilidade que tem acompanhado estes regimes, este é um dos aspectos de regime que desde sempre se associou à condenação da parte como litigante de má fé. Por último, ele consta da al. d) do artigo 10.º, n.º 1 da Lei n.º 34/2004, de 29 de Julho de 2004, nos termos do qual a protecção jurídica é cancelada se, em recurso, for confirmada a sentença de condenação do requerente como litigante de má fé.

552. Por seu turno, o artigo 457.º [543.º] fixa o conteúdo da indemnização e prevê alguns aspectos do seu regime.

Quanto ao conteúdo da indemnização, dispõe o artigo 457.º, n.º 1 [543.º, n.º 1] que a indemnização pode consistir no reembolso das despesas a que a má fé do litigante tenha obrigado a parte contrária, nestas se incluindo os honorários do mandatário ou técnico. Mas a indemnização pode, ainda, segundo a al. b) do artigo 457.º, n.º 1, abranger, para além das despesas em que a parte incorreu, os restantes prejuízos sofridos como consequência directa ou indirecta da má fé.

Nos termos do segundo parágrafo do mesmo n.º 1, o juiz arbitrará à parte a indemnização que julgue mais adequada à conduta do litigante.

Quanto ao regime da indemnização, determina a última parte do segundo parágrafo do artigo 543.º, n.º 1 que o juiz fixará sempre a indemnização em quantia certa. Esta imposição poderá determinar, caso não haja elementos que permitam fixar logo na sentença a importância da indemnização, que esta seja fixada segundo o prudente arbítrio do juiz, depois de ouvidas as partes. Este o regime constante do artigo 457.º, n.º 2 [543.º, n.º 2].

553. Enunciados os traços gerais do regime que figura nos artigos 456.º [542.º] e 457.º [543.º] do CPC, este parece apresentar diferenças muito significativas se confrontado com o sistema de responsabilidade por acto ilícito, constante do Código Civil. Estas incidem tanto no plano dos pressupostos da constituição do dever de indemnizar, quanto no dos regimes de arbitramento da indemnização, com repercussão imediata na fixação da natureza jurídica dos deveres de indemnizar.

Sobre os pressupostos nos pronunciámos já na delimitação do tipo de ilícito por comportamento processual. Mas recordem-se aqui os pontos cardinais.

Com uma técnica mais próxima da lei penal do que da lei civil, o artigo 456.º parte de uma tipicidade das condutas que, podendo ser qualificadas como ilícitas, têm aptidão para desencadearem a constituição do dever de indemnizar.

Diversa é a técnica seguida pelo legislador no Código Civil. O tipo central de responsabilidade civil por actos ilícitos não tipifica condutas lesivas. O seu ponto de referência é a situação jurídica do lesado – a titularidade de um direito legalmente protegido[1015] – pelo que qualquer conduta objectivamente apta a lesá-la é abrangida pela norma.

Por outro lado, o artigo 483.º, n.º 1 faz incorrer em responsabilidade civil aquele que, com dolo ou mera culpa, viola situação jurídica alheia. Já a responsabilidade por comportamento processual pressupõe um ilícito doloso ou gravemente negligente. Escapam, assim, à constituição do dever de indemnizar as condutas processuais objectivamente típicas mas que, de um ponto de vista subjectivo, sejam simples ou levemente negligentes. O mesmo é dizer que não merecem censura da lei adjectiva os comportamentos que não sejam nem dolosos, nem gravemente negligentes.

554. Mas há, ainda, uma diferença menos explícita. O artigo 483.º, n.º 1 toma por referência a situação jurídica de um lesado. Pressupõe a provocação de danos na sua esfera para que o lesante seja constituído na obrigação de o indemnizar.

Numa primeira leitura, o artigo 456.º [542.º] parece desligar-se de uma situação relacional. A regra parece intervir mesmo que não sejam violados quaisquer bens jurídicos. Esta circunstância é particularmente evidente se se tomar em consideração que a expressão *dano* não consta do artigo 456.º.

Sabemos, já, que não é assim. O artigo 456.º está ordenado à tutela de bens de naturezas distintas. Primariamente, está ordenado à tutela de um interesse público. A litigância de má fé viola o bem jurídico sistema de justiça, pondo em risco o bem jurídico Justiça. Por esta razão intervirá mesmo que não sejam provocados danos – processuais típicos ou outros – na esfera da contraparte. Porém, se forem provocados danos em bens jurídicos da contraparte, manda o artigo 456.º que estes sejam indemnizados. O artigo 456.º está, deste modo, ordenado tanto à tutela de bens públicos quanto à tutela de bens privados. Nesta sua vertente, a responsabilidade por comportamento processual revela a sua dupla funcionalidade. Ela visa reprimir condutas que lesem bens jurídicos públicos e determina o ressarcimento dos danos provocados em bens jurídicos privados.

[1015] Diversa é a técnica quando em causa está uma disposição legal destinada a proteger interesses alheios. Nessas situações, o ilícito volta a ser típico.

Ao invés da multa, intervenção repressiva que prescinde do dano provocado em bens privados, ou seja, em bens da contraparte, mas que pressupõe a lesão de um bem jurídico público, o ressarcimento dos danos provocados na esfera da contraparte pressupõe a verificação de dois pressupostos: a lesão de um bem jurídico público através do exercício ilícito de situações jurídicas processuais e a lesão de um bem jurídico privado ou individual. A lesão de bens jurídicos públicos e a lesão de bens jurídicos privados encontram-se aparentemente numa relação de cumulação subsidiária imprópria. Assim, se a responsabilidade civil apenas se constitui quando haja danos, a responsabilidade por comportamento ou omissão processual pode constituir-se ainda que não sejam provocados danos na esfera da contraparte[1016]. Mas daqui não pode inferir-se que o instituto intervenha sem lesão de bens jurídicos. Há-a, seguramente, de bens jurídicos públicos sob pena de se não justificar a intervenção oficiosa do juiz e a condenação da parte em multa.

555. Por outro lado, e para além do que respeita aos pressupostos da obrigação de indemnizar, também no que respeita ao conteúdo da indemnização parecem existir diferenças significativas entre os regimes constantes, por um lado, do artigo 457.º [543.º] do Código de Processo Civil e, por outro, do artigo 562.º do Código Civil.

Enquanto que, nos casos abrangidos pelo artigo do 562.º do CC, a indemnização toma por referência o dano, no artigo 457.º, n.º 1 [543.º, n.º 1] a indemnização toma por referência a conduta do litigante. Esta conclusão resultará de uma mera contraposição dos termos dos preceitos em questão. O artigo 562.º do CC dispõe que quem estiver obrigado a reparar um dano deve reconstituir a situação que existiria, se não tivesse ocorrido o evento que obriga à reparação. Esta regra é insensível ao estado subjectivo do agente: este deve repor o lesado na situação em que este se encontraria se não se houvesse

[1016] Menezes Cordeiro, Litigância de má fé, abuso do direito de acção e *culpa in agendo*, n.º 8.II [2014 (reimp. 2016), n.º 24.VI]. No mesmo sentido, Pedro de Albuquerque, Responsabilidade processual por litigância de má fé, abuso de direito e responsabilidade civil em virtude de actos praticados no processo, p. 47, nota 130. Em sentido diferente, porquanto defende uma simplificação máxima dos pressupostos da responsabilidade, à qual reconduz tanto a obrigação de reembolso quanto a obrigação de indemnizar, em ambas identificando a presença de dano, Luso Soares, A responsabilidade processual civil, nºs 69 a 72 (pp. 217 e segs.).

verificado a lesão. Por seu turno, o artigo 457.º, n.º 2 [543.º, n.º 1] determina que, ao arbitrar a indemnização, o juiz deve optar pela indemnização mais adequada à conduta do litigante. Ao invés do que sucede com o artigo 562.º do CC, o artigo 457.º, n.º 1 é sensível ao estado subjectivo do litigante: havendo necessariamente danos, a indemnização, sejam aqueles quais forem, não tem necessariamente de coincidir com eles já que ela será fixada tendo essencialmente como referente o estado subjectivo do agente.

Se o lugar paralelo do artigo 457.º, n.º 1, do CPC for, efectivamente, o artigo 562.º do CC, poderá dizer-se que, enquanto o dever de indemnizar por violação culposa de situação jurídica alheia ou de interesse legalmente protegido visa colocar o lesado na situação em que este se encontraria se não tivesse ocorrido o evento que determina a obrigação de reparar, o dever de indemnizar danos provocados por conduta processual teria, na sua base, a necessidade de adequar o ressarcimento à censurabilidade da conduta.

Repita-se que partindo do pressuposto de que o lugar paralelo do artigo 457.º, n.º 1 é o artigo 562.º do CC, este atenderá essencialmente à repercussão do facto ilícito na esfera do lesado, enquanto aquele, partindo do dano, toma primariamente em conta a censurabilidade da conduta do agente para concretizar a obrigação de indemnizar.

556. A sensibilidade ou insensibilidade do conteúdo da obrigação de indemnizar ao estado subjectivo do lesante influenciaria directamente a natureza das indemnizações previstas, respectivamente, nos artigos 456.º e 457.º do CPC e 483.º, n.º 1, do CC. Enquanto a indemnização prevista no Código de Processo Civil teria natureza punitiva ou retributiva, a indemnização delineada pelo Código Civil seria reintegrativa ou reconstitutiva[1017].

[1017] Contra esta concepção, entendendo que, na imputação por culpa, "a responsabilidade civil, além de uma função reparatória, vai desempenhar uma função sancionatória, na medida em que representa uma sanção ao agente pela violação culposa de uma norma de conduta," MENEZES LEITÃO, Direito das obrigações, 8.ª, vol. I, p. 53 [16.ª edição, 2022, p. 51]. Em todo este debate, não pode deixar de ponderar-se a observação de GOMES DA SILVA, O dever de prestar e o dever de indemnizar [AAFDL Editora, Lisboa (reimp. 2020)], segundo a qual os dois elementos da responsabilidade civil são o dano e o nexo de imputação, pelo que sem dano, não haverá responsabilidade. Em sentido idêntico, MENEZES CORDEIRO, Direito das Obrigações, 1.º volume, p. 265, invoca a irrelevância da tentativa para encontrar na responsabilidade civil função diversa da ressarcitória. Admitindo um enriquecimento das funções da responsabilidade civil, MENEZES CORDEIRO, A responsabilidade civil dos

A diversidade de escopos da responsabilidade processual e da responsabilidade civil teria uma consequência imediata: entre os artigos 456.º do CPC e 483.º do CC verificar-se-ia um concurso real. Enquanto aquele seria ordenado à punição e indemnização de danos estritamente processuais, este seria ordenado à reconstituição e indemnização de posições jurídicas substantivas.

557. A diversidade de natureza das duas indemnizações reflectir-se-ia, ainda, num outro aspecto distintivo dos regimes da responsabilidade processual e da responsabilidade civil: a intervenção oficiosa do tribunal quando a parte age de má fé. Esta característica denota a natureza iminentemente pública da responsabilidade processual.

Daqui resultariam dois corolários. Em primeiro lugar, a intervenção oficiosa do tribunal seria essencialmente justificada porque o que está em causa é a repressão de uma conduta que atenta contra bens de ordem pública.

Desta observação decorre o segundo corolário: se na responsabilidade por litigância de má fé o que está em causa é a intervenção por lesão de bens de ordem pública todo este instituto está pensado para a repressão de uma conduta lesiva de bens de tal natureza e não para a tutela da pretensão privada à compensação ou ressarcimento dos danos sofridos.

Resta extrair a conclusão final: a responsabilidade processual e a responsabilidade civil tanto têm escopos diversos que esses escopos acabam por se reflectir no regime de conhecimento da violação.

558. Se assim for, não poderá atribuir-se à indemnização prevista nos artigos 456.º, n.º 1 [542.º, n.º 1] e 457.º [543.º] a função de indemnizar os danos provocados em bens jurídicos da parte que se não situem numa esfera processual. Dos diferentes bens jurídicos integrados na esfera da parte, o artigo 456.º [542.º] estaria apenas vocacionado para a indemnização dos danos provocados em bens com natureza processual. A indemnização prevista

---

administradores, § 20, n.º 62.IV., admitindo, mesmo, que "[q]uando estejam em causa valores morais – portanto: atinentes à pessoa, à família, à dignidade, à saúde e ao bom nome – a responsabilidade civil deve assumir uma postura mais avançada, retribuindo o mal e prevenindo ofensas." *Ob.* e *loc. cit.*, p. 482. Retirando da função preventiva da responsabilidade a admissibilidade genérica da dedução de pretensões de prevenção do dano, Carneiro da Frada, Responsabilidade Civil, n.º 13 (p. 65).

no Código de Processo Civil estaria somente ordenada à reparação dos danos provocados em situações processuais, cobrindo os danos processuais típicos. A indemnizabilidade dos danos provocados em bens de diferente natureza estaria fora deste normativa. Dela curaria o regime substantivo de responsabilidade por facto ilícito, o que desemboca na seguinte conclusão: o ilícito que deve ser concretizado para que tais danos sejam indemnizados é o do artigo 483.º, n.º 1, do CC, não o do artigo 456.º.

559. A segregação entre a responsabilidade por dano processual e a responsabilidade por dano não processual seria a única saída para os desníveis entre o sistema processual e o sistema substantivo de responsabilidade. Haveria que separar a responsabilidade civil da responsabilidade processual, atendendo às respectivas finalidades.

Após analisar a evolução histórica dos efeitos da litigância de má fé, o tipo do artigo 456.º [542.º] e o conteúdo e o regime do dever de indemnizar, constante do artigo 457.º [543.º], Pedro de Albuquerque conclui que a responsabilidade regulada pelo Código de Processo Civil seria uma responsabilidade estritamente processual, sendo a responsabilidade regulada pelo Código Civil uma responsabilidade civil. O que as distinguiria seria, aparentemente, o tipo de situação jurídica que, sendo violada, desencadearia o dever de indemnizar. A responsabilidade seria processual se a situação jurídica violada fosse uma situação jurídica processual, *maxime*, um dever processual.[1018] O dever de indemnizar constituído por preenchimento do tipo central do artigo 456.º [542.º] destinar-se-ia a cobrir os danos provocados na esfera da contraparte através da violação deste tipo de dever. O ponto de referência do dever de indemnizar seria, assim, o dever, mais correctamente ainda, o dever violado, e não o direito ou o interesse legalmente protegido da contraparte.

560. Pedro de Albuquerque tira ilações do acto lesivo para o bem jurídico violado. Sustentando que a responsabilidade processual pressupõe

[1018] Neste sentido, Pedro de Albuquerque, Responsabilidade processual por litigância de má fé, abuso de direito e responsabilidade civil em virtude de actos praticados no processo, p. 54, onde se lê que "[a] responsabilidade por litigância de má fé está, insista-se, sempre associada à verificação de um puro ilícito processual" e *passim*, na sequência das conclusões de Cordopatri, L'abuso del processo.

a violação de um dever processual, afirma que, assentando a proibição de litigar de má fé num princípio de natureza puramente processual (o princípio da cooperação), "[e]m causa não parecem pois estar eventuais violações de posições de direito substantivo, mas sim e apenas a ofensa de posições ou deveres processuais, num fenómeno que corresponde inteiramente e aí lança as suas raízes, às origens e evolução histórica da responsabilidade processual [...]" ou, "[d]ito de outra maneira: os artigos 456.º [542.º] e seguintes do Código de Processo Civil apenas dizem respeito a ofensas cometidas no exercício da actividade processual a posições também elas processuais ou ao processo em si mesmo"[1019].

Logo em seguida, afirma: "[o]s danos referidos pelo artigo 457.º, n.º 1, al. b) [543.º, n.º 1, al. b)] só podem ser assim os resultantes desse ilícito processual, não os resultantes da ofensa de posições jurídicas substantivas a que o litigante de má fé possa igualmente dar lugar com o seu comportamento"[1020].

561. Ao analisar a aplicabilidade, ao processo civil, do regime do artigo 483.º do CC, Pedro de Albuquerque sustenta que "se alguém viesse pretender não ter aplicação ao âmbito do processo o regime consagrado nos artigos 483.º e 798.º do Código Civil," tal constituiria uma "eliminação arbitrária e apriorística de uma parte importante do nosso Direito, com subversão completa da respectiva lógica."[1021] Mais adiante escreve, assertivamente, que "[a] simples invocação das regras relativas à litigância de má fé, como forma de excluir a aplicação dos artigos 483.º, 762.º e 798.º do Código Civil às lesões causadas através de comportamentos ou actuações processuais constituiria, [...], crassa petição de princípio[1022]. Em vez de se demonstrar, como competiria, que o artigo 456.º [542.º] do Código de Processo Civil

[1019] Responsabilidade processual por litigância de má fé, abuso de direito e responsabilidade civil em virtude de actos praticados no processo, p. 51.

[1020] Responsabilidade processual por litigância de má fé, abuso de direito e responsabilidade civil em virtude de actos praticados no processo, p. 54.

[1021] Responsabilidade processual por litigância de má fé, abuso de direito e responsabilidade civil em virtude de actos praticados no processo, p. 123.

[1022] Em sentido idêntico, afirmando que constitui petição de princípio extrair do artigo 96 c.p.c.it. um limite que ele não contém, já que, para os casos por ele não cobertos, deve ser aplicado o artigo 2043 c.c.it.. Na p. 390 explicitará que os casos não cobertos pelo artigo 96 são todos aqueles em que "os procedimentos de cognição, cautelares, executivos sejam nulos, viciados, irregulares ou, antes, irrituais (para usar um termo que integra todas as hipóteses)

contempla em termos exaustivos e esgotantes, as hipóteses de indemnização devida a actuações lesivas realizadas no âmbito de um processo, dar-se-ia por adquirido o quanto se tem de provar, e afirmar-se-ia, sem mais, não existir, neste quadro, outra responsabilidade que não a imposta pelos artigos da lei processual reguladora da má fé"[1023].

562. O caminho seguido por Pedro de Albuquerque fora já trilhado por Menezes Cordeiro. Fundando-se nos argumentos que fomos arrolando, o Autor conclui que "[a]s remissões para a litigância de má fé não excluem o apelo à responsabilidade civil, em tudo o que não seja assegurado pelo primeiro dos referidos institutos. [...]. A circunspecta e rígida condenação por litigância de má fé é totalmente insuficiente para assegurar a prossecução dos fins do ordenamento."[1024] E, na conclusão acerca das relações entre a *culpa in agendo* e a litigância de má fé, escreve: "[a] litigância de má fé, quando tomada como limitadora da responsabilidade comum, seria inconstitucional. [...]. O problema resolve-se, admitindo ao lado dela, o livre funcionamento da responsabilidade civil, no preciso âmbito dos requisitos comuns."[1025]

563. O estabelecimento de uma relação de concurso real entre os artigos 456.º do CPC e 483.º do CC, com contracção necessária do âmbito de eficácia da responsabilidade processual, seria mesmo uma necessidade face à arbitrariedade da solução constante do Código de Processo Civil caso se entendesse estar prejudicada a indemnização de bens em circunstâncias em que o direito substantivo imporia essa indemnização.

A solução seria mesmo inconstitucional, pois permitiria a lesão não indemnizável de bens tutelados por direitos fundamentais.

Pergunta-se: o que justificaria que uma intervenção com um determinado conteúdo, por ocorrer em processo, não seja considerada como ilícita, sendo

---

com excepção daquelas limitadíssimas hipóteses nas quais para tais procedimentos possam encontrar-se os elementos da má fé ou da culpa grave."

[1023] Responsabilidade processual por litigância de má fé, abuso de direito e responsabilidade civil em virtude de actos praticados no processo, p. 96. Estas fortes afirmações surgem, mais adiante, nas Conclusões n.ºs 35 e 39.

[1024] Litigância de má fé, abuso do direito de acção e *culpa in agendo*, p. 142 [2014 (reimp. 2016), p. 197].

[1025] Litigância de má fé, abuso do direito de acção e *culpa in agendo*, p. 148 [2014 (reimp. 2016), p. 204].

que se uma intervenção com conteúdo idêntico ocorrer fora de processo ela é já considerada ilícita? O que poderia explicar que o sujeito tivesse de suportar, através do seu património, os efeitos de uma actuação processual negligente da contraparte quando é certo que, se essa intervenção não ocorresse em processo, o dever de indemnizar se teria constituído, fazendo nascer o direito de transferir a suportação do dano provocado para o património da parte que agira, de um ponto de vista do sistema substantivo, de modo censurável?

A pergunta resulta da irrelevância, naquele caso, e da relevância, neste, da negligência simples. Danos negligentemente provocados e que seriam indemnizáveis se se considerasse aplicável o regime de responsabilidade civil por facto ilícito não o seriam caso o facto fosse processual e fosse somente aplicado o regime de responsabilidade por facto processual ilícito.

564. A diversidade de pressupostos de constituição do dever de indemnizar não teria qualquer fundamento no confronto do sistema de responsabilidade por intervenção processual, regulado pelo tipo central, o artigo 456.º do CPC, com o sistema de responsabilidade por facto ilícito, regulado noutro tipo central, o artigo 483.º do CC. Perante esta verificação, restaria encontrar uma explicação racional que permitisse uma solução sistematicamente adequada: esta passaria pela distinção dos campos operativos da responsabilidade processual e da responsabilidade civil, reservando para aquela a indemnização de danos provocados em situações estritamente processuais e para esta a lesão de situações substantivas.

565. A esta circunstância acresceria, ainda, o facto de a solução do artigo 456.º do CPC também surgir igualmente como incompreensível no plano intra-sistemático, quer isto dizer, no plano das regras que regulam a responsabilidade por intervenção processual, se se entendesse que aquele afastaria a aplicação do regime da responsabilidade civil[1026]. Isto porque, como vimos, é possível identificar, actualmente, dois conjuntos de meios processuais em que há integral coincidência entre os estados subjectivos do agente a que a lei processual dá relevância para efeito da constituição do dever de indemnizar e aqueles a que a lei substantiva atende para idêntico

[1026] Pedro de Albuquerque, Responsabilidade processual por litigância de má fé, abuso de direito e responsabilidade civil em virtude de actos praticados no processo, pp. 124 e segs..

efeito. Assim sucede no caso das providências cautelares e da acção executiva comum sem citação prévia.

Em ambos os casos, o legislador processual faz depender a constituição do dever de indemnizar os danos sofridos ou pela parte requerida ou pelo executado de uma actuação processual meramente culposa ou negligente. Para que o requerente ou o exequente fiquem obrigados a indemnizar a parte contrária é suficiente que tenham agido sem a prudência normal. Nada justificaria um desnível entre estes tipos periféricos e o tipo central. Pelo que, quanto a estes, e não obstante não ser discutida a natureza das situações jurídicas que desencadeiam os danos – e que serão também elas situações jurídicas processuais – a responsabilidade por comportamento processual acabaria, afinal, por ter um escopo idêntico ao da responsabilidade civil. Nesta hipótese, já não estará em causa a lesão de posições processuais por actuação processual, mas tanto a lesão de posições substantivas, quanto de posições processuais, através de comportamento processual.

2. ENUNCIAÇÃO DA SEGUNDA PROPOSTA DE SOLUÇÃO: A NATUREZA CIVIL DA INDEMNIZAÇÃO PREVISTA NO ARTIGO 456.º [542.º]

566. Comecemos por enunciar a nossa proposta de articulação dos artigos 483.º, n.º 1, do CC e 456.º [542.º].

A indemnização prevista no artigo 456.º é uma indemnização com natureza equivalente àquela que decorre do artigo 483.º, n.º 1, do CC. A indemnização prevista no artigo 456.º é destinada a indemnizar o lesado por todos os danos que haja sofrido com um comportamento processual que a lei considera ilícito.

Mas a ilicitude do comportamento processual, em que se incluem elementos objectivos e subjectivos, é parametrizada pelo artigo 456.º e não pelo artigo 483.º, n.º 1, do CC.

O que a lei faz é uma especial valoração da conduta lesiva, alterando os patamares da ilicitude por referência àqueles que encontramos no artigo 483.º, n.º 1. A ilicitude da conduta processual lesiva de bens jurídicos da contraparte é exclusivamente estabelecida pelo artigo 456.º. Se a contraparte sofre danos em quaisquer bens jurídicos através de um comportamento processual, a sua indemnizabilidade vai depender da verificação do ilícito tal como definido na lei processual. Esta tem um tipo especial de ilícito pelo que prevalece sobre o ilícito desenhado pelo artigo 483.º, n.º 1, do CC.

Da circunstância de a ilicitude ter conformação diversa daquela que encontramos no artigo 483.º, n.º 1 quando o acto lesivo é um acto processual não pode inferir-se que a indemnização pevista no artigo 456.º não tenha escopo ressarcitório. O regime do artigo 456.º é justificado pela natureza do acto lesivo: uma conduta processual.

567. Já acima nos pronunciamos quanto à natureza dos bens jurídicos protegidos pelo artigo 456.º [542.º]. Na responsabilidade por comportamento processual ilícito está efectivamente em causa a lesão de bens públicos, ainda que a natureza oficiosa de uma intervenção a não pressuponha. Basta que a tutela de um bem privado seja permeada por interesses de ordem pública para que a intervenção oficiosa encontre a sua justificação. Pense-se, por exemplo, no que ocorre com os processos de investigação oficiosa de maternidade ou de paternidade. Não obstante o bem jurídico protegido ser, ao abrigo do artigo 26.º da CRP, um bem individual, a sua tutela é de tal modo relevante para o Estado que a acção é promovida oficiosamente.

Mas o reconhecimento de um direito a indemnização da parte contrária revela, claramente, que nem todo o sistema de responsabilidade por comportamento processual está ordenado à tutela do interesse público. Se assim fosse, esta pretensão indemnizatória não seria sequer prevista enquanto efeito necessário de um comportamento processual ilícito e causador de danos.

568. Por outro lado, supomos ser inquestionável que os deveres de indemnizar constituídos quando a parte litiga de má fé pressupõem o exercício tipicamente ilícito de situações processuais. A conduta que o sistema adjectivo de responsabilidade valora é uma conduta ocorrida num processo e que encontra justificação no plano formal. A acção e a sua concreta configuração pressupõem o exercício ilícito de uma situação jurídica processual. Ilícita porque objectiva e subjectivamente típica.

Inferir, deste dado, que somente os danos processuais são indemnizáveis ao abrigo do tipo de ilícito previsto no artigo 456.º é extrair uma conclusão que ainda não cabe nas premissas.

569. Por último, anote-se a nossa adesão à conclusão de Menezes Cordeiro segundo a qual tudo quanto não seja especificamente coberto pelo primeiro instituto, o do artigo 456.º [542.º] do CPC, sê-lo-á pelo segundo, o do artigo 483.º, n.º 1, do CC. Veremos que são vastas as zonas em que o direito delitual geral é convocado a intervir não obstante a natureza processual do comportamento lesivo. Assim sucede em tudo quanto não depende da qualificação de um comportamento como um ilícito.

3. OS DIVERSOS TIPOS DE CONCURSO ENTRE OS ARTIGOS 456.º [542.º] DO CPC E 483.º DO CC

570. Das propostas de articulação dos regimes dos artigos 483.º, n.º 1, do CC e 456.º [542.º] avançadas por Menezes Cordeiro e Pedro de Albuquerque conclui-se que o dever de indemnizar por comportamento processual se distingue do dever de indemnizar por comportamento não processual.

Porém, a verificação desta diversidade ainda não permite uma conclusão quanto à possibilidade de os danos não cobertos pelo regime da litigância de má fé serem indemnizáveis através de uma aplicação do artigo 483.º ou por qualquer outra regra destinada a proteger, directamente, certos bens de personalidade. Assim sucede, com especial relevância, com o artigo 484.º do CC na sua relação com o artigo 456.º [542.º]. Com efeito, se pensarmos em bens que podem ser tpicamente violados através do exercício de direitos processuais aqueles que imediatamente ocorrem são a honra, o nome e o crédito. A honra é, seguramente, um precioso bem. Por ele passa a dignidade da pessoa[1027]. Ao imputar à contraparte factos que podem prejudicar o seu nome/a sua honra, sendo estes factos falsos – pois só neste caso surgirá uma sobreposição das previsões, não devendo, daqui, inferir-se que a honra não possa ser lesada através do modo como se divulgam factos verdadeiros[1028] –, perguntar-se-á que relação de concurso vai estabelecer-se entre o direito

---

[1027] Pais de Vasconcelos, Teoria geral do direito civil, n.º 11 [9.ª edição, 2019 (reimp. 2022)].

[1028] Neste sentido, Menezes Cordeiro, Tratado, I, III, n.º 59.II, que contesta a viabilidade de o campo da ilicitude ser diminuído pela *exceptio veritatis* [IV, 2019 (reimp. 2021), n.º 66], conforme subscreve Almeida Costa, Direito das Obrigações, p. 564 [12.ª edição, 2010 (reimp. 2022)]; Antunes Varela, Das Obrigações em geral, I, p. 548-549. Menezes Leitão, Direito das Obrigações, 8.ª, vol. I, p. 302, dando relevância à distinção entre factos verdadeiros e falsos, sendo que estes preencheriam sempre o tipo e aqueles poderão, em circunstâncias de exercício de um interesse público, apagar a ilicitude [16.ª edição, 2022, pp. 295 e 296].

à indemnização por litigância de má fé, traduzida na alteração, dolosa ou gravemente negligente, dos factos e a indemnização a que a parte tem direito por verificação do tipo do artigo 484.º do CC.

571. É evidente que um outro concurso que, no caso, seria ideal, seria pensável: aquele em que a parte, não obstante não ter agido de modo tipicamente ilícito por referência ao artigo 456.º [542.º] porque não altera a verdade dos factos, alega factos ou formula, a partir deles, juízos de valor, em acção pendente que, sendo verdadeiros, podem provocar uma lesão da honra. Mas, neste caso, a situação de conflito vai resolver-se a favor da invocação processual de tais factos, desde que estes sejam necessários à substanciação da pretensão ou da oposição. Fora deste contexto, serão tais factos valorados sem atenção ao contexto em que foram proferidos. Apenas porque, relativamente a eles, não está preenchida a *ratio* de diminuição de exigibilidade de indagação, justificativa do regime peculiar de responsabilidade por comportamento processual ilícito. Já adiante retomaremos este problema, na medida em que ele vai resultar resolvido com a chamada à colação do regime do artigo 154.º [150.º] do CPC.

No entanto, e com as precisões que a tutela da honra requeira, passaremos, por uma questão de simplicidade de exposição, que até poderia fundar-se na já identificada dispensabilidade de um tipo como o do artigo 484.º CC, face ao sistema de cláusula aberta do artigo 483.º, n.º 1, do CC – onde, seguramente, cabe a tutela do nome ou reputação[1029], sendo afinal omitida, no tipo específico, a precisão que gerou a divergência doutrinária em torno dele –, ao concurso entre os artigos 456.º e 483.º, n.º 1, do CC.

572. A questão de cúpula, que as diferenças entre a responsabilidade por comportamento processual, delineada no Código de Processo Civil, e a responsabilidade por facto ilícito, tal como traçada pelo Código Civil, suscitam, redunda em saber se será possível identificar, ao lado de um dever de indemnizar por conduta processual, parametrizado pelo regime previsto no Código de Processo Civil, um dever de indemnizar por condutas a que aquele sistema é insensível, mas ao qual as regras constantes do Código Civil dariam relevância.

Ribeiro de Fraia, Direito das Obrigações, I, p. 434, distinguirá, ainda, no plano da ilicitude, os factos verdadeiros dos factos falsos. Naquele caso, o ilícito será somente doloso.

[1029] Menezes Leitão, Direito das Obrigações, 8.ª, vol. I, p. 302 [16.ª edição, 2022, p. 297].

A conduta a valorar seria sempre uma conduta processual. Ora, uma resposta positiva à interrogação formulada implicará que se considerem indemnizáveis danos provocados através de conduta processual, quer por preenchimento dos pressupostos do dever de indemnizar configurado pelo artigo 456.º do CPC, quer por preenchimento dos pressupostos do dever de indemnizar delineado pelo artigo 483.º do CC.

O resultado de semelhante resposta seria o de se permitir a indemnização de danos provocados por condutas que o sistema processual não considera ilícitas. Seriam, deste modo, indemnizáveis, ao abrigo do regime processual, os danos provocados através de condutas típicas dolosas ou gravemente negligentes, sendo indemnizáveis por aplicação do regime substantivo os danos provocados através de condutas simples ou levemente negligentes, não obstante serem objectivamente típicas por referência ao artigo 456.º do CPC.

Para a valoração de um comportamento processual relevariam, tanto o artigo 456.º do CPC, quanto o artigo 483.º CC. O juízo conclusivo de desconformidade, objectiva e subjectiva, poderia decorrer de qualquer um daqueles tipos. O dever de indemnizar os danos causados constituir-se-ia uma vez preenchido qualquer deles.

573. Uma outra alternativa consiste em encontrar uma diversidade de âmbitos de aplicação para os artigos 456.º do CPC [542.º] e 483.º, n.º 1, do CC fundada ou extraída de uma diversidade de finalidades dos dois campos normativos. Enquanto o artigo 456.º reagiria contra o ilícito processual no plano intraprocessual, delimitando os danos indemnizáveis a danos estritamente processuais (despesas em que a parte incorreu com e por causa do processo, honorários, custos processuais), o artigo 483.º, n.º 1 ou, mais genericamente, o sistema substantivo de responsabilidade civil destinar-se-ia à tutela de bens jurídicos não processuais através do reconhecimento de deveres de indemnizar danos provocados nesses bens. Os artigos 456.º e 483.º, n.º 1, do CC estariam numa relação de concurso real, sendo este heterogéneo.

574. Um dos argumentos que jogava no sentido de uma diversidade de finalidades da responsabilidade processual e da responsabilidade civil decorria da condenação da parte em multa.

Porém, os elementos que possam extrair-se deste efeito da litigância de má fé não se comunicam à qualificação das relações que se estabelecem entre os artigos 456.º do CPC [542.º] e 483.º, n.º 1, do CC no que ao dever de indemnizar respeita. Só este está em causa quando se pergunta se estas normas estão em concurso real ou em concurso aparente.

575. Tome-se em consideração que, quanto ao pedido indemnizatório, o artigo 456.º, n.º 1 [542.º, n.º 1] não apresenta nenhum desvio em matéria de legitimidade. O regime de dedução por ele traçado é absolutamente igual àquele que se aplica às pretensões indemnizatórias reguladas por outras disposições legais: a tutela da posição da parte contrária, que sofre danos indemnizáveis, depende de impulso nesse sentido.[1030] Disponibilidade privada e legitimidade estão presentes na pretensão indemnizatória da contraparte processual, assim como estão presentes em qualquer pretensão indemnizatória para a qual a lei não fixe um regime especial.

Sendo a indemnização o mecanismo de tutela, por excelência, de situações jurídico-privadas, assim ordenado à tutela de interesses individuais, "falta a base para dar ao Estado a titularidade da pretensão por danos, em ordem a fins penais ou a fins privados tornados penais."[1031] Por esta razão, "o lesado "pretende" civilmente, o lesante "deve" substancial e funcionalmente em termos civis"[1032].

Sendo inegável a presença de uma função punitiva na responsabilidade por comportamento processual objectiva e subjectivamente censurável, desta não decorre um empobrecimento necessário das finalidades do instituto. Ele pode bem comportar, como aparentemente comporta, uma dupla finalidade: para além da intervenção punitiva, prevê o artigo 456.º [542.º] uma tutela reconstitutiva. Uma visa sancionar condutas que lesem interesses de ordem pública, a outra visa tutelar a contraparte lesada.

576. Para que se conclua que os artigos 456.º [542.º] e 483.º, n.º 1, do CC estão numa relação de concurso real, deverá demonstrar-se que as normas têm escopos distintos ou se, tendo escopos idênticos, se ordenam à tutela de diferentes bens jurídicos.

[1030] A título meramente exemplificativo de uma posição jurisprudencial de que não conhecemos excepção quanto à necessidade de dedução de pedido correlato ao direito a indemnização, *cfr.* acórdãos do Tribunal da Relação do Porto, de 23 de Outubro de 2001 (Rapazote Fernandes) e de 28 de Novembro de 2002 (Mário Fernandes).

[1031] Ribeiro de Faria, Indemnização por perdas e danos arbitrada em processo penal, p. 71.

[1032] Ribeiro de Faria, Indemnização por perdas e danos arbitrada em processo penal, p. 71.

Diremos que, tanto numa, quanto na outra hipótese, a aplicação conjunta dos regimes de responsabilidade previstos nos artigos 456.º [542.º] e 483.º, n.º 1, do CC encontra a sua justificação na circunstância de as normas, porque não se encontram numa relação de generalidade/especialidade, estarão numa relação de complementaridade. Assim sucederá se o dever de indemnizar previsto na lei processual tiver um escopo distinto daquele que preside ao dever de indemnizar previsto na lei substantiva. A valia desta asserção dependerá de se demonstrar que a indemnização prevista no artigo 456.º [542.º] não é ressarcitória mas de uma qualquer outra natureza.

Também existirá uma relação de complementaridade entre os artigos 483.º, n.º 1, do CC e 456.º [542.º] se o dever de indemnizar previsto na lei civil estiver funcionalizado à tutela de bens jurídicos diversos daqueles que são tutelados pelo dever de indemnizar previsto no direito adjectivo. Esta hipótese depende de uma demonstração de uma diversidade de bens jurídicos tutelados, sendo certo que esta deverá ser sempre justificada enquanto refracção de uma diversidade do elemento egligente dos tipos de ilícito.

577. Diversa será a resposta se não for possível localizar nenhuma das diferenças alinhadas. Neste caso, e havendo afinal uma relação de especialidade entre normas, a previsão geral cederá perante a previsão especial. O concurso será meramente aparente.

578. No final da análise a empreender a partir deste momento, pode chegar-se a uma de duas soluções: ou as condutas processuais são susceptíveis de juízos próprios de ilicitude, sem que desta circunstância se retire ilação alguma que concorra para uma diversa natureza do dever de indemnizar, ou não. Seja qual for a resposta, uma dúvida estará sempre subjacente a todo o discurso enquanto verso ou anverso: justifica-se – ou não – que as condutas processuais tenham uma valoração autónoma com a consequente repercussão dessa valoração na determinação dos danos indemnizáveis porque derivados de uma actuação objectivamente desconforme e subjectivamente censurável? Havendo uma valoração autónoma das condutas processuais, será essa valoração arbitrária, devendo o aplicador encontrar uma solução que tutela o princípio da igualdade substancial?

579. Por fim, registe-se que há, assim, dois níveis problemáticos no que concerne à articulação dos sistemas de responsabilidade que podem concorrer perante a prática de actos – ou de omissões – processuais.

Um primeiro, respeita ao desvendar dessa relação.

Um segundo, refere-se já à formulação de juízos de adequação do sistema que se encontrou. No entanto, neste segundo plano saímos, já, do campo do sistema tal como é, pensando-o tal como deveria ser.

4. ARTIGO 456.º [542.º] DO CPC E 483.º, N.º 1, DO CC: NORMAS EM CONCURSO APARENTE

580. Que relação existe entre os artigos 456.º do CPC e 483.º CC no que respeita à constituição do dever de indemnizar por comportamento processual?

Numa primeira aproximação a este debate, diremos o seguinte: tanto o direito adjectivo, quanto o direito material determinam a constituição do dever de indemnizar danos. Saber se os danos provocados por comportamento processual podem ser transferidos para o património da parte que actua e qual a relação existente entre o sistema de responsabilidade traçado no Código de Processo Civil e o sistema de responsabilidade fixado no Código Civil vai depender da consideração dos bens jurídicos protegidos por um e por outro sistema.

Pergunta-se: destinar-se-ão os artigos 456.º do CPC e 483.º do CC a tutelar bens jurídicos diversos?

Este aspecto parece-nos absolutamente crucial para uma resposta às relações que se estabelecem entre os artigos 456.º do CPC e 483.º, n.º 1, do CC. E, sobre ele se pronunciou PEDRO DE ALBUQUERQUE, cuja ideia central é a de que a "responsabilidade processual civil, em virtude de litigância de má fé, [...], [destina-se] a reagir apenas contra ilícitos processuais, não contra ilícitos materiais cometidos no processo"[1033].

581. Um acórdão relativamente recente[1034] do Supremo Tribunal de Justiça[1035] mostra-nos que a jurisprudência tem entendimento diverso daquele que é expresso pelo Autor.

[1033] Responsabilidade processual por litigância de má fé, abuso de direito e responsabilidade civil em virtude de actos praticados no processo, p. 151 e *passim*.

[1034] À data da publicação da 1.ª edição desta Monografia.

[1035] Acórdão de 10 de Julho de 2007 (GIL ROQUE).

A situação de que partiu o tribunal superior foi a seguinte: dois autores propuseram acção de condenação contra dois advogados por danos que estes lhes haviam causado no exercício desleixado do mandato judicial. Os réus, na contestação, impugnando a matéria de facto constante da petição, vieram deduzir reconvenção e pedido de condenação dos autores por litigância de má fé.

Os pedidos de indemnização por litigância de má fé são aqueles que nos interessa considerar. Se bem que com montantes distintos, ambos os réus requereram que os autores fossem condenados a indemnizá-los pelos seguintes danos:

- Encargos judiciais;
- Despesas com organização e apresentação de prova;
- Despesas de expediente
- Honorários devidos pelos serviços forenses prestados na presente acção. O pedido de honorários tem uma particularidade: ele é deduzido por um advogado relativamente a serviços que a si próprio prestara na acção. Tendo os autores deduzido oposição à procedência deste pedido e não obstante a escassez de fundamentação no relatório, supomos – atendendo ao fundamento do pedido e ao que se afirma na fundamentação do acórdão – que se deverá ter concluído que o advogado teria direito a ser compensado mas porque realizara trabalho e não porque tivesse deixado de poder dedicar-se a outros serviços remunerados; ficou arredada a indemnização por lucros cessantes.
- *Danos não patrimoniais*: O primeiro réu requereu, ainda, a condenação dos autores na indemnização dos prejuízos sofridos por o processo haver tido repercussão no meio judicial, pois que os factos que lhe eram imputados – desleixo no exercício da sua profissão – "acabaram por ser comentados, causando-lhe um ambiente social e forense prejudiciais e uma consequente *diminuição da confiança* de antigos e novos clientes."

O segundo réu requereu a condenação dos autores no pagamento de 25.000.00 euros pelos prejuízos de natureza não patrimonial que sofrera uma vez que a imputação que lhe fora feita de haver conduzido um processo com desleixo *abalara o seu bom nome.*

Não obstante a disparidade entre os valores atribuídos aos réus pelas instâncias, o que nos interessa reter é que tanto um como outro pediram a condenação dos autores em indemnização por lesão de bens jurídicos que nada têm que ver com bens jurídicos processuais, tenha este conceito o conteúdo que tiver. O primeiro réu, e se bem que não o explicite, vem, afinal, deduzir pedido indemnizatório por lesão do seu bom nome, o mesmo sucedendo com o segundo. E no que é para nós relevante, *nenhuma das instâncias negou a indemnizabilidade destes danos na acção por se tratar de danos provocados por factos que não os factos processuais consubstanciadores da litigância de má fé ou por se tratar de bens jurídicos que não são tutelados através do regime da litigância de má fé.*

582. Poderia pensar-se ser a decisão relatada isolada. Mas não é assim: ela é bem representativa do modo como a jurisprudência vem aplicando o artigo 457.º, n.º 1, al. b) [543.º, n.º 1, al. b)]: na interpretação que os tribunais fazem desta regra e ao invés do que é proposto por Pedro de Albuquerque, ela não se destina a compensar/indemnizar danos provocados em situações jurídicas processuais por factos processuais, mas a declarar indemnizáveis todos os danos sofridos pela parte contrária, seja em que bens jurídicos for, em função da má fé da parte.

583. Supomos que o sistema acolhe a posição assumida pelo Supremo Tribunal de Justiça e não aquela que é avançada por Pedro de Albuquerque.

Por referência ao artigo 483.º, n.º 1, do CC, as peculiaridades do sistema de responsabilidade (incluindo a conformação objectiva dos deveres de indemnizar), traçado no Código de Processo Civil, não se situam no plano dos bens jurídicos tutelados. O que aquele sistema tem de peculiar é a descrição das intervenções ilícitas. A diferença está no juízo de ilicitude, não nos bens jurídicos protegidos. A esfera de protecção do artigo 456.º [542.º] é mais ampla do que a do artigo 483.º. Aquele protege mais bens do que este já que, para além de todos quantos este protege, protege, ainda, bens públicos.

Assim, uma vez qualificada uma conduta processual como ilícita, a parte terá direito a ser indemnizada pelos danos tal como delimitados pelas regras do direito delitual geral. Tem plena aplicação, *v.g.*, o regime do artigo 562.º do CC[1036]. Dito de outro modo, se há diversidade na amplitude da tutela (o artigo 483.º do CC tutela a situação do lesado em situações em que o artigo 456.º

[1036] Identicamente, no sistema alemão, relativamente às previsões específicas dos §§ 717.II, 916, 935 e 940 ZPO, que prevêem deveres de indemnizar, cuja concretização entende ter de

não entende ter havido lesão susceptível de desencadear a constituição do dever de indemnizar), esta decorre de uma diversa qualificação das actuações como ilícitas. É a diferença no elemento subjectivo do tipo que condiciona as hipóteses em que há tutela; mas, desde que haja tutela, não restringe o sistema de responsabilidade processual os bens jurídicos que, sendo violados, são susceptíveis de reintegração. Havendo lesão ilícita[1037], o dano provocado é, todo ele, indemnizável.

584. E mais: não só o sistema processual não restringe os bens jurídicos objecto de tutela através da concessão ao lesado de um direito a indemnização, como não limita os danos indemnizáveis.

Quando a lei admite, no artigo 457.º, n.º 1, al. b), [543.º, n.º 1, al. b)] do CPC, que o lesado deduza pedido indemnizatório, não restringe os danos indemnizáveis. Neste particular, a lei processual não prejudica a aplicação dos critérios constantes dos artigos 562.º do CC e seguintes na fixação do conteúdo da indemnização. A parte lesada, podendo pedir a satisfação de todos os prejuízos sofridos como consequência directa ou indirecta da má fé, pode deduzir um pedido indemnizatório que abranja aquilo a que a doutrina tradicionalmente chamava os danos intrínsecos e os danos extrínsecos.

Não se vislumbra qualquer razão que determine a ler esta tão ampla expressão legal – os prejuízos sofridos como consequência directa ou indirecta da má fé – de modo restritivo, confinando-a a danos verificados em situações jurídicas adjectivas.

Mesmo a doutrina italiana que, confrontada com o artigo 96 c.p.c.it., distingue o dano material do dano processual, assenta esta distinção não no tipo de bem jurídico lesado com o processo, mas no meio através do qual o bem jurídico é lesado: o processo. Na contraposição destes dois tipos de danos, que se não distinguem pela sua natureza mas antes pelo veículo que os provoca[1038], a preocupação doutrinária central consiste em apartar a responsabilidade civil, delitual ou contratual, que tem como causa um facto que não integra o processo e que o precede, da responsabilidade

ser feita por apelo aos §§ 249 BGB, Götz, Zivilrechtliche Ersatzansprüche bei schädingender Rechtsverfolgung, p. 117.

[1037] Carneiro da Frada, Responsabilidade civil, n.º 22 e seg., para a distinção entre a lesão e o dano, fundamental para a autonomização do juízo de ilicitude na responsabilidade civil.

[1038] Piero Pajardi, La responsabilità per le spese e i danni del processo, p. 23.

processual, delitual[1039]. Esta contraposição é fundamental já que o artigo 96 c.p.c.it., cujo elemento subjectivo coincide integralmente com aquele que encontramos no artigo 456.º [542.º] do CPC – a parte apenas responde pelos danos provocados com o seu comportamento processual se actuou com dolo ou culpa grave – restringe os casos de ilicitude do dano[1040]. Pelo que há que demarcar, com clareza, os danos que são causados sem que o veículo dessa causação seja o processo, e que serão considerados ilícitos perante a verificação dos pressupostos do tipo substantivo constitutivo do dever de indemnizar, da lesão provocada seja em que tipo de bem jurídico for, através de um comportamento processual e cuja ilicitude se afere, no sistema jurídico italiano, pelos parâmetros do artigo 96 c.p.c.it..

585. Não deve impressionar-nos a circunstância de o artigo 457.º, n.º 1 [543.º, n.º 1] continuar a assentar a determinação da indemnização no conceito de *prejuízo*. Com efeito, não pode esquecer-se que aquando da grande reforma do sistema processual de responsabilidade, operada pelo Código de 39, estava em vigor o Código Civil de 1867. Ora este dispunha, no seu artigo 2361, que "[t]odo aquelle, que viola ou eglig os direitos de outrem, constitue-se na obrigação de indemnizar o lesado, por todos os prejuízos que lhe causa." Ora, resulta claro que, em 39, limitou-se o legislador a usar a terminologia constante do tipo geral de responsabilidade. Da permanência deste vocábulo no artigo 457.º, n.º 1 não pode, perante este elemento histórico, resultar uma qualquer variação quanto às realidades que são tomadas por referência na concretização da obrigação de indemnizar.

O que a lei inequivocamente pretende é que a parte lesada com uma actuação processual ilícita da parte contrária seja colocada na situação em que se encontraria caso não tivesse ocorrido aquela intervenção. Ora, este é exactamente o princípio geral que rege a conformação objectiva da obrigação de indemnizar, tal como delineada pelo artigo 562.º do CC.[1041] No que respeita aos bens jurídicos tutelados não há diferença entre os artigos 456.º [542.º] e 483.º, n.º 1, do CC.

[1039] Piero Pajardi, La responsabilità per le spese e i danni del processo, pp. 22 e segs..

[1040] Crítico quanto à restrição do artigo 96 c.p.c.it., Pajardi, La responsabilità per le spese e i danni del processo, pp. 86 e segs..

[1041] Quanto às finalidades imputadas pela doutrina ao artigo 562.º do CC, *cfr.* Antunes Varela, Das obrigações em geral, vol. I, n.º 259, nota 3.

586. Não determinará a restrição constante do artigo 457.º, n.º 1, al. b) [543.º, n.º 1, al. b)], nos termos da qual, se são indemnizáveis todos os prejuízos sofridos directa ou indirectamente com a má fé, só são indemnizáveis os prejuízos sofridos como consequência da má fé, uma restrição dos bens jurídicos que, sendo violados, podem ser indemnizados ao abrigo do artigo 457.º, n.º 1, al. b), [543.º, n.º 1, al. b)] do CPC?

Este caminho parece-nos ser seguido por Pedro de Albuquerque que retira da restrição da parte final do artigo 457.º, n.º 1, al. b), [543.º, n.º 1, al. b)] do CPC mais um argumento no sentido de esta norma limitar os danos indemnizáveis aos que foram provocados em situações jurídicas processuais e não aos que podem haver sido causados em situações jurídicas substantivas[1042]. Supomos ser este o sentido a extrair das suas palavras quando escreve que "[o] s danos referidos pelo artigo 457.º/1/b) [543.º, n.º 1.º, alínea)b)] só podem ser assim os resultantes desse ilícito processual, não os resultantes da ofensa de posições jurídicas substantivas a que o litigante de má fé possa dar igualmente lugar com o seu comportamento. Na linha da anterior legislação, o artigo cuida precisamente de dizer que a indemnização só cobre as despesas originadas pela má fé e os prejuízos sofridos unicamente (embora porventura de forma indirecta) com a má fé."[1043]

587. Mas aquilo que a regra restringe não são os bens jurídicos tutelados.

O que a regra visa tornar ostensivo é que apenas são indemnizáveis os danos que tenham como causa a má fé da parte. Fá-lo em total paralelismo com o que estabelece o artigo 483.º, n.º 1, do CC quando este refere que a indemnização se limita aos danos *resultantes* da violação (itálico nosso). A actuação lesiva deverá apresentar um nexo – normativamente construído – com os danos, também eles normativamente parametrizados.

Havendo outras despesas provocadas pelo processo, mas decorrentes de intervenções processuais não ilícitas, estas não são susceptíveis de compensação ao abrigo do artigo 457.º, n.º 1, als. a) e b) [543.º, n.º 1, als. a) e b)].

Aqui o elemento histórico revela-se determinante. Afastando a fórmula *despesas causadas com o processo, no qual a má fé se haja manifestado*, a lei, numa

[1042] Responsabilidade processual por litigância de má fé, abuso de direito e responsabilidade civil em virtude de actos praticados no processo, p. 54.

[1043] Responsabilidade processual por litigância de má fé, abuso de direito e responsabilidade civil em virtude de actos praticados no processo, p. 54.

expressão que diverge daquela que constava do projecto do Código de 39, clarifica que nem todas as despesas feitas num processo, em que tenha havido má fé de uma das partes, são indemnizáveis. Indemnizáveis são somente as despesas e os prejuízos que tenham a má fé – ou, mais correctamente ainda, o acto processual ilícito – como causa.

588. O sentido por nós atribuído à letra do artigo 457.º, n.º 1, al. b) [543.º, n.º 1, al. b)] corresponde, integralmente, à intenção do legislador.

Ao justificar a redacção do artigo 466.º, al. a), do CPC1939, quando este previa o reembolso das despesas a que a má fé obrigou a parte contrária, Alberto dos Reis afirmava que "na alínea a) do artigo 607.º do Projecto dizia-se: "no reembolso das despesas a que o *processo* obrigou a parte vencedora"; na alínea a) do artigo 466.º lê-se: "no reembolso das despesas a que a má fé obrigou a parte contrária." A alteração foi intencional. Pelo Projecto o juiz tinha de atender às despesas provocadas pelo processo; pelo Código só tem de tomar em consideração as despesas ocasionadas pela má fé e como esta pode dizer respeito unicamente a determinada fase do processo, a actos, termos, incidentes limitados, daí a diferença considerável"[1044].

Consequentemente, a relação estabelecida no actual artigo 457.º, n.º 1, al. b) [543.º, n.º 1, al. b)] entre a má fé e os prejuízos em virtude dela sofridos, não visa restringir os danos indemnizáveis aos danos processuais, mas tornar ostensiva a causalidade entre o comportamento e os danos indemnizáveis.

589. Ao que já se disse acresce, ainda, um outro aspecto que demonstra que não são somente os danos provocados em situações jurídicas processuais que devem considerar-se indemnizáveis ao abrigo do artigo 457.º [543.º] do CPC.

Mas, independentemente deste aspecto, veja-se que os danos processuais típicos são absorvidos pela indemnização prevista na al. a) do artigo 457.º, n.º 1, [543.º, n.º 1] do CPC. Aqui cabem todas as despesas que a parte haja realizado com o desenvolvimento de uma actividade processual unicamente necessária por causa da má fé da parte contrária. A parte litiga de má fé se deduz uma pretensão sem qualquer fundamento e se não pode desconhecer esta circunstância. A parte contrária, neste caso, o réu, não obstante a falta de fundamento da pretensão, intervirá no processo. Esta sua intervenção

---

[1044] Código de Processo Civil anotado, vol. II, p. 278.

implicará a realização de despesas, *v.g.* custas processuais e honorários de advogado. Estas despesas são os tradicionalmente chamados danos processuais típicos.

590. Dir-se-á que, até aqui, não foi possível identificar prejuízos verificados em situações processuais puras. Aliás, dificilmente se conseguem identificar bens processuais que, sendo lesados, determinem a obrigação de indemnizar.

No entanto, atendendo à estrutura típica destas situações, percebe-se porque não há danos provocados em bens processuais. O que existe eventualmente são danos em que a parte incorre porque tem de agir não obstante a ilicitude da conduta da contraparte. Este ponto já não constitui, para nós, novidade. Vimos já, acima, que os actos processuais são peculiares. Lícitos ou ilícitos, desencadeiam efeitos processuais contra os quais a contraparte deve agir.

591. Mas mais. As situações jurídicas processuais estão ordenadas à realização dos fins do processo e vão-se constituindo e modelando em função da actuação ou da sequência que as antecede. Os casos tipificados de litigância de má fé não provocam uma supressão ou lesão destas situações na esfera da contraparte. Podem, sim, determinar a constituição de situações jurídicas processuais, que levam à prática de actos que apenas se revelam necessários porque a parte age de má fé.

Perante uma contestação totalmente destituída de fundamento, o autor pode seguir uma de duas estratégias: ou entende que essa falta de fundamento é de tal forma ostensiva que nem justifica a dedução de réplica ou, perante os efeitos constantes do artigo 505.º [587.º, n.º 1], conjugado com o artigo 490.º [574.º], deduz, à cautela, uma réplica.

Em qualquer uma das duas hipóteses, o resultado desejável e adequado será o da improcedência da oposição. Mas o que distingue as duas hipóteses é a circunstância de, na primeira, o autor não ter tido qualquer despesa adicional com a necessidade de dedução de uma réplica que apenas se justifica porque o réu contestou sem fundamento. A intervenção de má fé não provocou a lesão de nenhum bem processual, integrado na esfera do autor. A qualificação da intervenção como sendo de má fé, do ponto da ordem do processo e da conformação do estatuto da contraparte, foi neutra.

592. Se as premissas antecedentes estiverem correctas, impõe-se uma conclusão: se os danos processuais típicos, melhor designados por despesas processuais, são susceptíveis de compensação ao abrigo da al. a) do artigo 457.º, n.º 1 [543.º, n.º 1], os prejuízos a que se refere a al. b) não podem ser equiparados a danos processuais.

593. Ainda na sequência do que anteriormente se vinha discutindo em torno da possibilidade de o artigo 457.º, n.º 1, al. b) [543.º, n.º 1, al. b)] somente se referir "[aos] danos [...] resultantes desse ilícito processual, não [aos] resultantes da ofensa de posições jurídicas substantivas a que o litigante de má fé possa dar igualmente lugar com o seu comportamento,"[1045] cabe ainda fazer uma nova pergunta: se os prejuízos cobertos pelo artigo 457.º, n.º 1, al. b) são os que decorrem do acto – comissivo ou omissivo – processual, que é ilícito, as posições jurídicas substantivas são ofendidas através de que acto? Não será exactamente através do comportamento processual? Que outro acto ilícito há para além do acto ilícito processual? Que outra intervenção é possível identificar para além do comportamento processual da parte?

Supomos que mais nenhuma. A única actuação/omissão que pode ter determinado a lesão de bens jurídicos de que é titular a parte contrária é o comportamento processual de má fé.

O que sucede é que a amplitude da ilicitude é diversa quando se valora um comportamento processual e um comportamento não processual. Pelo que tem razão Pedro de Albuquerque quando afirma que o artigo 457.º, n.º 1, al. b) somente determina a indemnização dos danos resultantes do ilícito processual, pois só este existe.

No entanto, já não podemos acompanhá-lo quando afirma que esses danos resultantes do ilícito processual não podem verificar-se em bens jurídicos protegidos por regras substantivas. Basta um exemplo para se verificar o que dizemos. Suponha-se que, na petição inicial, a parte se permite imputar determinados factos à parte contrária, para daí retirar uma qualquer ilação, ilação que consubstanciará a postulação. Se estas imputações vierem a revelar-se falsas, um efeito se produzirá, necessariamente, a acção será julgada improcedente.

1045 Pedro de Albuquerque, Responsabilidade processual por litigância de má fé, abuso de direito e responsabilidade civil em virtude de actos praticados no processo, p. 54.

Pergunta-se: pode a parte contrária, que se sentiu altamente lesada com as imputações que lhe foram feitas e que vierem a revelar-se falsas, reagir contra aquela que se permitiu fazê-las?

594. O primeiro patamar em que esta questão deve ser resolvida é-nos fornecido pelo artigo 154.º, n.º 2, [150.º, n.º 2] do CPC, nos termos do qual se não considera ilícito o uso de expressões e imputações indispensáveis à defesa da causa[1046].

Neste sentido se pronunciou o BGH, em decisão de 14.11.1961[1047]. Discutia-se, no caso concreto, a responsabilidade da parte ou do seu advogado por afirmações feitas em anterior acção de destituição instaurada contra o representante comum dos sócios num órgão social de determinada sociedade. Na primeira acção, haviam sido proferidas afirmações que o representante considerou desprestigiantes e violadoras da sua honra e do seu bom nome (fora afirmado, na acção, que relativamente ao representante se verificavam *schwerwiegende Bedenken*). O BGH considerou que todas as afirmações de facto, bem como os juízos conclusivos se consideravam justificados e, como tal lícitos. Isto porque, se descontextualizados, poderiam constituir ilícitos, no caso concreto haviam sido destinados e adequados a demonstrar e a provar o ponto de vista da parte que os proferira, estando em estreita relação com o objecto do processo[1048]. Nesta hipótese, não pode ser requerido que a parte que proferiu tais afirmações as revogue ou que seja condenada a abster-se de as proferir[1049]. Inversamente, se as afirmações lesivas de bens jurídicos nenhuma relação apresentarem com os factos substanciadores da causa ou

---

[1046] Não obstante ser especialmente dirigido à análise dos limites do direito de defesa em processo penal têm, no aspecto ora em discussão, plena aplicação as observações de Figueiredo Dias/Costa Andrade, Limites do direito de defesa. O direito de defesa em processo penal, p. 287 e segs., nas quais se demonstra o recuo necessário da tutela da honra quando está em causa o exercício do direito de defesa. Esta circunstância leva os Autores a concluírem por uma impossibilidade de concretização do tipo da difamação, pelo que nem faria sentido avançar para o controlo da ilicitude, que sempre se consideraria justificada, entre outras (nomeadamente, o artigo 31.º, n.º 2, al. b) do CP), através da regra do artigo 154.º [150.º].

[1047] NJW 1962, 243-245. Anotação.

[1048] Neste sentido, Gerhard Walter, Ehrenschutz gegenüber Parteivorbringen im Zivilprozeß, p. 618.

[1049] Esta jurisprudência é retomada pelo BGH em decisão ulterior, de 24.11.1970, NJW 1971, 284-285.

da defesa, deverão ser reprimidas nos termos gerais: nem a sua necessidade, nem a sua adequação encontram justificação[1050].

595. Mas, independentemente da resposta que resultar deste parâmetro de aferição da licitude da conduta da parte, o primeiro ponto a considerar é o seguinte: que intervenção pode estar em causa quando se questiona a lesão de bens jurídicos protegidos por regras substantivas?

Parece que o bem jurídico eventualmente lesado seria, no caso *sub iudice*, a honra.

Pergunta-se, novamente: em que se consubstancia a lesão do bem jurídico? A lesão consubstancia-se na imputação de factos ao lesado, imputação que vem a revelar-se não corresponder à realidade. Mas estas imputações não surgem, para que do artigo 456.º [542.º] possa estar a falar-se, descontextualizadas: elas integram o conteúdo de um acto postulativo. Pelo que a única actuação que poderá estar em causa e que determina a produção de danos é o comportamento processual ilícito ou, na expressão de Pedro de Albuquerque, o ilícito processual. Não há outro facto, sendo que este facto pode, efectivamente, determinar a produção de danos em qualquer bem jurídico da contraparte.

596. Dir-se-á que se não há um outro facto para além do comportamento processual, este deve ser valorado, por um lado, à luz dos critérios do artigo 456.º [542.º] e, por outro, de acordo com os parâmetros do artigo 483.º, n.º 1, do CC. Numa espécie de transposição, para a qualificação de um comportamento processual, das formas de valoração de comportamentos que assumem relevância criminal e civil, partir-se-ia do acto ou da omissão, enquanto *comportamento naturalístico*[1051].

Esta dupla relevância da actuação processual determinaria que, se observada enquanto comportamento processual, lesiva de bens jurídicos processuais, determinaria a constituição de um dever de indemnizar por referência aos critérios do artigo 456.º [542.º] do CPC. Já se observado, esse mesmo comportamento processual, enquanto facto jurídico desligado da sua particular qualidade – ser um acto ou comportamento processual –, lesivo

---

[1050] Gerhard Walter, Ehrenschutz gegenüber Parteivorbringen im Zivilprozeß, p. 618; Weitnauer, Anmerkung zu BGH v. 24.10.1961, p. 490.

[1051] Ribeiro de Faria, Indemnização por perdas e danos arbitrada em processo penal, p. 67.

de bens jurídicos não processuais, esse acto determinaria a constituição de deveres de indemnizar desde que verificados os pressupostos do artigo 483.º, n.º 1, do CC.

Sujeitar-se-ia, assim, um mesmo comportamento a uma dupla valoração, com o efeito imediato de um comportamento processual poder desencadear deveres de indemnizar se for praticado com negligência.

597. Como é evidente, aceitar a metodologia que se expõe implica aceitar que a indemnização prevista no artigo 456.º, n.º 1 [542.º, n.º 1] e que deve ser pedida pela parte lesada está ordenada à tutela de bens jurídicos diversos daqueles que são tutelados pelo artigo 483.º, n.º 1, do CC. E seria a diversidade dos bens tutelados que justificaria a diversidade das valorações, nomeadamente da qualificação de um mesmo comportamento como lícito – se observado do ponto de vista do ordenamento adjectivo – e ilícito – se valorado a partir do ordenamento material. Ora, até aqui, nem foi possível identificar semelhante diversidade de bens jurídicos tutelados, nem encontrar razões que imponham uma leitura compressiva dos artigos 456.º, n.º 1 e 457.º, n.º 1, [543.º, n.º 1] do CPC.

Aliás, contra a possibilidade de se encontrar a tutela de bens diversos joga, também, a circunstância de o efeito decorrente da respectiva violação ser equivalente: a constituição do dever de indemnizar. Não intervêm, assim, na contraposição daquilo que se pretende acantonar sob a designação de responsabilidade processual com a responsabilidade civil diferentes tipos de efeitos/sanções. A indemnização arbitrada não é uma pena mas um meio de eliminação, dentro da medida do possível, dos danos provocados na esfera da parte processual lesada.

598. Ao invés do que se pode afirmar, o argumento histórico não joga contra a conclusão a que acabámos de chegar. Lembre-se que desde a não repercussão dos custos processuais da esfera de uma parte (nomeadamente, da vencedora) para a esfera da outra quando em causa estivesse a mera sucumbência[1052] até à indemnizabilidade de todos os danos provocados com uma intervenção processual maliciosa, passando pelo meio termo da afectação dos custos processuais à parte que houvesse litigado sem justa causa, o nosso sistema foi ampliando a tutela da parte vencedora. Com efeito, o facto de

---

1052 ANDREAS WACKE, Antikes im modernen Zivilprozeß, II.4.

as violações aptas a desencadearem deveres de indemnizar serem ilícitos processuais, não permite restringir os bens jurídicos tutelados através da indemnização a arbitrar ao lesado/contraparte.

Se as regras que delimitavam o valor da indemnização a arbitrar à parte contrária tomando por referência as custas do processo e as custas pessoais, porque eram insensíveis aos danos extrínsecos e, assim, aos bens jurídicos protegidos por regras substantivas – bem como aos danos neles efectivamente causados – não permitiam reparar os danos a estes causados, a partir do momento em que o direito adjectivo modifica, por completo, as regras relativas à extensão dos danos indemnizáveis, admitindo a reparação de todos os prejuízos causados em virtude da má fé do litigante, opera-se uma ruptura com o anterior sistema de responsabilidade por comportamento processual ilícito.

Esta ruptura é expressamente afirmada por ALBERTO DOS REIS quando o Autor afirma que o artigo 466.º CPC1939, actual artigo 457.º [543.º], ao invés de acolher a posição vigente na doutrina, veio permitir a indemnização de todos os prejuízos sofridos por uma parte em virtude da má fé da outra[1053].

599. Contrapor-se-á que, apesar de a lei considerar como danos indemnizáveis todos aqueles que a parte haja sofrido como consequência directa ou indirecta da má fé, daqui se não infere que sejam efectivamente indemnizados todos os danos sofridos. Isto porque, nos termos do artigo 457.º, n.º 1 [543.º, n.º 2], o juiz optará pela indemnização que julgue mais adequada à conduta do litigante. Daqui decorrerá que, a entender-se que os danos sofridos como efeito da má fé podem ser, também, danos sofridos em posições jurídicas substantivas, haveria danos que ficariam por indemnizar caso o juiz optasse apenas pela indemnização parcial, atendendo à conduta do agente. Despontaria, aqui, novamente, a inconstitucionalidade do regime do artigo 457.º [543.º] do CPC se se pretendesse estarem em jogo, não apenas danos provocados em posições adjectivas, mas também danos verificados em posições jurídicas substantivas. Estas podem estar ordenadas à tutela de bens constitucionalmente protegidos pelo que não é admissível a sua lesão sem correspondente indemnização.

[1053] Código de Processo Civil anotado, vol. II, *sub* artigo 466.º.

600. A conclusão relativa à inconstitucionalidade prova demais.

Em primeiro lugar porquanto a concretização do dever de indemnizar bens jurídicos protegidos por regras de direito substantivo pelos parâmetros do artigo 456.º [542.º] não leva à exclusão da indemnização, já que esta existirá quando a parte tenha agido com dolo ou com negligência grave.

Mas o argumento antecedente ainda é fraco. Na verdade, apesar do reconhecimento do direito à indemnização da parte que vê lesada, *v.g.*, a sua honra/nome ou propriedade, pelos danos que a contraparte lhe provoque com dolo ou negligência grave, pode ainda ser esta solução desconforme à Constituição se o texto fundamental impuser diversa conformação daquele direito.

No entanto, se compulsarmos os regimes dos artigos 26.º e 61.º CRP, relativos, respectivamente, aos bens personalidade e propriedade, verificamos que em ponto algum se impõe uma tutela destes bens através de um meio específico, com um conteúdo constitucionalmente determinado. É certo que, quando nos aproximamos de bens jurídicos, estamos acostumados a ver na responsabilidade ressarcitória a melhor tutela possível quando aqueles são violados. Mas estamos habituados a mais ainda: estamos habituados a pensar nesta responsabilidade ressarcitória, parametrizando-a pelo artigo 483.º, n.º 1, do CC. Ora, de ponto algum do texto constitucional se infere que a tutela conferida a bens jurídicos pela Constituição impõe semelhante concepção, exactamente porque a Constituição não determina a parametrização da tutela por tipos específicos de ilícito. Se, "[d]a Constituição pode deduzir-se a existência do dever de protecção, [...] a sua conformação prática concreta deve ser essencialmente deixada, em primeiro lugar, à margem de decisão e prerrogativas de apreciação do legislador"[1054]. Ou, dito de outro modo, "[n]o âmbito da sua liberdade de conformação, o legislador goza aqui de uma relativa latitude [...] desde que se mova dentro da razoabilidade inerente ao Estado de Direito e sem frustrar o próprio princípio da indemnização"[1055].

1054 Reis Novais, As restrições aos direitos fundamentais não expressamente autorizadas pela Constituição, pp. 91-92 [3.ª edição / AAFDL Editora, 2021].

1055 Jorge Miranda/Rui Medeiros, Constituição portuguesa anotada, I, *sub* artigo 62.º, n.º X [Jorge Miranda] [ainda que sem correspondência directa na 2.ª edição revista do volume II desta Constituição Portuguesa anotada, o sentido do trecho transcrito pode, ainda, ser reconhecido na mais recente anotação ao artigo 62.º [Rui Medeiros]].

A Constituição proíbe, seguramente, limitações e restrições *arbitrárias*. Se, por hipótese e uma vez delimitado o âmbito de protecção de dado bem jurídico, o legislador ordinário suprimisse toda e qualquer indemnização quando ocorressem violações desse bem, sem encontrar alternativa a esta tutela reconstitutiva, a presunção será a da desconformidade constitucional da solução legal. Mas, ainda assim, este resultado seria provisório pois que haveria que perguntar se a restrição da tutela não encontraria fundamento de ordem constitucional bastante. Com efeito, a restrição, desde que fosse compatível com os princípios constitucionais reguladores das restrições a direitos fundamentais – necessidade e proporcionalidade –, seria legítima[1056]. Usando ainda terminologia que tomamos emprestada de Reis Novais, haveria que determinar se o *âmbito de garantia efectivo* encontraria legitimidade nos restantes valores do ordenamento[1057].

Em suma, tudo vai depender dos bens em presença e em colisão. O que a Constituição proíbe são restrições e limitações arbitrárias. Voltando ao nosso problema, para além de a Constituição não impor, em passo algum, um direito ressarcitório modelado sobre o artigo 483.º, n.º 1, do CC, podem, ainda, encontrar-se razões justificativas de um tipo especial de ilícito quando a conduta violadora é uma intervenção processual. Na verdade, em todo este debate, não pode esquecer-se que, se os bens jurídicos do lesado merecem protecção, do lado da parte que actua processualmente, tanto merecem tutela constitucional os bens jurídicos que o processo, com a sua intrumentalidade, visa tutelar, como o próprio direito de acção.

601. Já quanto à repercussão do estado subjectivo do agente sobre o conteúdo da indemnização, não estamos seguramente perante uma peculiaridade do sistema processual de responsabilidade delitual. Se assim é, a haver uma inconstitucionalidade do artigo 456.º [542.º], caso este se entenda também ordenado à indemnização de bens tutelados por regras de direito substantivo, essa inconstitucionalidade infectará, igualmente, regras substantivas relativas ao dever de indemnizar.

1056 Gomes Canotilho/Vital Moreira, Constituição da República Portuguesa anotada, I, *sub* artigo 62.º, n.º XIV [4.ª edição, reimp. 2014].

1057 As restrições aos direitos fundamentais não expressamente autorizadas pela Constituição, pp. 292 e segs. (304) [3.ª edição, AAFDL Editora, 2021].

602. É certo que se o estado subjectivo do agente é de relevância primordial em certas zonas do ordenamento, como sucede com o direito penal, o direito civil tende a desinteressar-se da graduação da culpa: todas as intervenções, sejam estas dolosas ou negligentes, desde que ilícitas e causadoras de danos, determinam a constituição do dever de indemnizar[1058]. A tipicidade civil é menos fechada do que a tipicidade penal porque o direito civil da responsabilidade pode, regra geral, prescindir deste elemento. As finalidades próprias da responsabilidade em cada uma destas zonas normativas justificam este desnível.

O facto de o artigo 456.º [542.º] dar relevância ao modo como a parte actua parece apontar no sentido de esta responsabilidade ser diversa daquela que o artigo 483.º, n.º 1, do CC prevê.

Porém, e não obstante este pano de fundo, nem todo o direito civil delitual é insensível ao estado subjectivo do agente. E não o é, tanto no que respeita à constituição de deveres de indemnizar, como no que se refere à conformação objectiva desse dever e à licitude do seu afastamento.

Neste último núcleo de casos, directamente relacionado com as convenções que incidem sobre os efeitos do incumprimento contratual, nasce, na doutrina, a discussão em torno da configuração do elemento subjectivo relevante para a delimitação: os efeitos do incumprimento não podem ser afastados se o devedor actuou com dolo ou negligência/culpa? Só não podem ser afastadas se actuou como dolo ou culpa grave? A contraposição entre a negliegência simples e a negligência grosseira vai avultar neste ponto do sistema substantivo de responsabilidade[1059].

[1058] Almeida Costa, Direito das Obrigações, n.º 49 [12.ª edição, 2010 (reimp. 2022)]; Menezes Cordeiro, Direito das Obrigações, 2.º volume, n.º 332.II. Menezes Cordeiro, Da boa fé no Direito Civil, volume I, n.º 49.V (p. 498).

[1059] Afirmando a nulidade de todas as cláusulas de exclusão de responsabilidade, qualquer que seja a intensidade da negligência (ou da gravidade da culpa, na expressão de Pessoa Jorge, A limitação convencional da responsabilidade civil, p. 14), Pires de Lima/Antunes Varela, Código Civil anotado, *sub* artigo 809, n.º 1; Antunes Varela, Das Obrigações em geral, II, 7.ª, pp. 197 e segs.; na sequência do pensamento destes Autores, ainda Menezes Leitão, Direito das Obrigações, II, 8.ª, pp. 296 e 297. Pinto Monteiro, Cláusulas limitativas e de exclusão de responsabilidade civil, pp. 234 e segs. (236), concluindo pela impossibilidade de afastamento da responsabilidade do devedor decorrente de dolo ou culpa grave por *exigências de ordem pública*, mas aceitando, na sequência de Galvão Telles, Direito das Obrigações, 7.ª, n.º 148, o afastamento da responsabilidade em caso de negligência". No mesmo sentido, Almeida Costa, Direito das Obrigações, pp. 789 e segs. [12.ª edição, 2010

603. Mas mais relevante do que tudo isto. Se é certo que o direito civil delitual dá, regra geral, idêntica relevância ao dolo e à negligência para a determinação da constituição da obrigação de indemnizar, a diversidade destes dois elementos subjectivos do ilícito ou estas modalidades da culpa, se assim se preferir, são determinantes na concretização da obrigação de indemnizar.

Naquilo que agora directamente nos interessa, está em causa o artigo 494.º CC, norma paralela à que decorre do artigo 457.º, n.º 1 [543.º, n.º 2]. Ora, dispõe aquela regra que "[q]uando a responsabilidade se fundar na mera culpa, poderá a indemnização ser fixada, equitativamente, em montante inferior ao que corresponderia aos danos causados, desde que o grau de culpabilidade do agente, a situação económica deste e do lesado e as demais circunstâncias do caso o justifiquem."

Resulta, inequivocamente, deste preceito legal que a indemnização a arbitrar, perante a verificação do tipo do artigo 483.º do CC, não é insensível ao estado subjectivo do agente. Ora, se se aceitar que a regra que reage ao estado subjectivo do agente, impondo-lhe a obrigação de indemnizar, aproxima esta obrigação de uma pena civil, dir-se-á que o artigo 494.º do CC assina uma natureza sancionatória ou punitiva à responsabilidade civil – ou à obrigação de indemnizar – com fundamento em acto ilícito[1060]. Se, sendo

(reimp. 2022)], Menezes Cordeiro, Direito das Obrigações, II, n.º 370 (370.IV e V), na sequência da observação de Pessoa Jorge, A limitação convencional da responsabilidade civil, pp. 7 e segs., quanto à utilidade extrema das cláusulas de conformação dos efeitos do incumprimento, refere a necessidade de a validade ou invalidade das clásulas que significam o renunciar a certas faculdades de efectivar os seus créditos ou de defender os seus direitos depender de uma contextualização harmónica dessas cláusulas. Supomos entroncar, esta última interpretação, no critério adequado: a cláusula há-de ser inserida no contexto em que surge, devendo a sua admissibilidade concreta depender do resultado da equação quanto ao equilíbrio dos vínculos.

[1060] Pereira Coelho, Culpa do lesante e extensão da reparação, pp. 71 e segs., onde se apontam as funções que à responsabilidade civil, cuja natureza reparadora é pressuposta, devem presidir [sobre a evolução do pensamento de Pereira Coelho, *cfr.* a análise de Brandão Proença, A conduta do lesado como pressuposto e critério de imputação do dano extracontratual, p. 154, nota 456]; Menezes Leitão, Direito das obrigações, 8.ª, vol. I, p. 316; Pires de Lima/Antunes Varela [Henrique Mesquita], Código Civil anotado, vol. I, *sub* artigo 483.º, n.º 9; Pinto Monteiro, Cláusulas limitativas e de exclusão de responsabilidade civil, p. 82; Vaz Serra, pp. 229 e segs., onde se aponta para a necessidade de a obrigação de indemnizar ser racional (justa ou proporcionada).

a actuação dolosa, os danos, tal como concretizados por referência ao artigo 562.º do CC, deverão ser integralmente indemnizados, agindo o lesante com mera culpa a indemnização será fixada *equitativamente*[1061]. Ora, sendo que "o dano é qualquer coisa de objectivo[1062]," "a culpa do lesante, pela natureza das coisas, é incapaz de influir sobre a diferença [entre a "situação real" e a "situação hipotética" do lesado]"[1063] caso à responsabilidade civil se reconheça natureza estritamente reconstitutiva ou reintegrativa.

604. Perante a norma contida no artigo 494.º, seguramente que os danos reais serão um dos parâmetros da indemnização a arbitrar pelo juiz de acordo com o seu prudente arbítrio. Mas a indemnização, atendendo ao estado subjectivo do agente, que merece uma menor censura por confronto com a actuação dolosa, se nesta hipótese tem de corresponder aos danos, naquela pode ficar aquém deles[1064]. O artigo 494.º CC que, ao lado de outras regras, como o artigo 566.º, permite questionar a alegada natureza estritamente

---

Em sentido diverso, Brandão Proença, A conduta do lesado como pressuposto e critério de imputação do dano extracontratual, pp. 161 e segs., que entende não decorrer do artigo 494.º, norma moderadora, uma função punitiva da responsabilidade civil já que a indemnização não pode ultrapassar o dano real, contendo antes este preceito "uma *cláusula geral* que confere ao tribunal a faculdade de reduzir *equitativamente* a indemnização," protegendo o lesante ao limitar-lhe a responsabilidade em função de uma pluralidade de circunstâncias, entre as quais, a culpa. (itálicos no texto, na p. 161). Já antes, Pessoa Jorge, Ensaio sobre os pressupostos da responsabilidade civil, p. 364, depois de chamar a atenção para a circunstância de o grau de culpabilidade ter influência na responsabilidade civil, afirmava ser o artigo 494.º do CC uma grande inovação, que permitia a fixação de uma indemnização necessariamente inferior ao dano, já que "a responsabilidade civil não deixa de exercer uma função primordialmente reparadora, e a imposição de indemnização [superior ao dano] envolveria uma *pena* para o lesante e um enriquecimento injusto para o lesado."

[1061] Pires de Lima/Antunes Varela [Henrique Mesquita], Código Civil anotado, vol. I, *sub* artigo 483, n.º 9.

[1062] Mais adiante, p. 70, Pereira Coelho estabelecerá a distinção entre o dano natural e o dano jurídico, afirmando que "se o direito atribui *ao mesmo dano* consequências jurídicas diferentes conforme há culpa ou não há culpa, não se vê por que não possa dar *ao mesmo dano* diferentes efeitos jurídicos consoante o *grau* ou a *forma* da culpa que estiver em causa." Culpa do lesante e extensão da reparação, *loc. Cit.*.

[1063] Culpa do lesante e extensão da reparação, p. 69.

[1064] Menezes Cordeiro, A decisão segundo a equidade, p. 269; Menezes Leitão, Direito das obrigações, 8.ª, vol. I, p. 316; Pires de Lima/Antunes Varela [Henrique Mesquita], Código Civil anotado, vol. I, *sub* artigo 483.º, n.º 9.

reparadora da responsabilidade civil[1065], acaba por acolher solução idêntica à do artigo 457.º, n.º 1, [543.º, n.º 1] do CPC. E não se duvidará que uma indemnização, cujo conteúdo depende da maior ou menor censurabilidade do estado do agente, mostra uma dupla relevância da culpa – ou a dupla valoração do ilícito e da culpa que intervém na completa modelação do dolo e da negligência[1066]: esta interessa, não apenas no plano da tipicidade quando o tipo é sensível ao estado subjectivo do agente[1067], mas também no dos efeitos.

605. Ora, o que o tipo de artigo 456.º [542.º] tem de peculiar é a sua estrutura, atendendo à sua dupla finalidade. Há um dado que jamais se pode perder de vista: originariamente a intervenção sobre a litigância de má fé assumia natureza penal. É na sua evolução que a sanção deixa de interferir quer na relação do agente com o plano da transcendência, quer no da liberdade das pessoas. A sanção passa a ser estritamente pecuniária, ocorrendo a imputação dessa sanção pecuniária através da imposição de uma multa.

É, assim, evidente, que há um claro aspecto punitivo no regime da litigância de má fé. A conduta do agente, que actua processualmente de modo censurável, justifica uma sanção, seja qual for a sua repercussão sobre a parte

---

1065 Outra frente problemática se abre com os designados *punitive damages*, que, na opinião de Pinto Monteiro, Cláusula penal e indemnização, p. 661, nota 1536, desafiam profundamente a dogmática da responsabilidade civil no que respeita às finalidades que afinal lhe podem presidir. Esta matéria não releva actualmente na conformação dos efeitos de comportamentos processuais ilícitos que vimos analisando. Estes determinam a condenação da parte numa indemnização que, se pode ficar aquém, não irá além dos danos reais, pelo que não assume função punitiva. Para Carneiro da Frada, Responsabilidade civil, n.º 13 (pp. 66 e segs.), a questão directamente implicada na indemnização punitiva decorre da necessidade de se saber se, fora dos casos expressamente previstos na lei civil, ou, mais concretamente ainda, no Código Civil, ela deve ser de aceitar. Centrando a discussão deste problema nos pressupostos do tipo central – o artigo 483.º do CC –, conclui que "uma função punitiva é, à partida, estranha ao direito positivo português." Acerca dos danos punitivos, Júlio Gomes, O conceito de enriquecimento, o enriquecimento forçado e os vários paradigmas do enriquecimento sem causa, capítulo XIII.

1066 Numa precisão operada por Figueiredo Dias, Direito Penal. Parte geral, I, capítulo 10.º, §64, já que a valoração do dolo e da negligência na culpa supõe "um alargamento (e, na verdade, um enriquecimento) dos substratos da valoração." Ob. cit., p. 274 [3.ª edição, Gestlegal, 2019, capítulo 10.º, III., 3.1.2., § 64).

1067 Recordem-se, uma vez mais, os exemplos avançados por Menezes Leitão, Direito das obrigações, 8.ª, vol. II, p. 262. Ainda Paula Meira Lourenço, A função punitiva da responsabilidade civil, pp. 249 e seg..

contrária. E o comportamento que justifica uma intervenção sancionatória é um comportamento típico.

No entanto, e não obstante a peculiaridade da técnica do artigo 456.º por referência ao artigo 483.º, n.º 1, do CC, ele não se restringe a prever a punição do agente. Ao lado da intervenção estritamente sancionatória, consagra a lei um dever de indemnizar, cuja beneficiária é a parte lesada com a conduta processual censurada e sancionada.

606. O dever de indemnizar expressamente previsto pelo artigo 456.º, n.º 1, [542.º, n.º 1] do CPC está ordenado à tutela de bens jurídicos que sejam violados através do processo. Por esta razão, apenas a ilicitude se parametriza pelo artigo 456.º.

Mas a esta regra escapa a conformação do dever de indemnizar os danos provocados em bens jurídicos tutelados por intervenção não processual. Tem assim razão Pedro de Albuquerque quando refere que em caso de violação de um direito de crédito, violação processualmente perseguida, os efeitos desta violação devem ser aferidos pelas competentes regras de direito substantivo. Isto porque a actuação lesiva do direito de crédito não é um comportamento processual. O processo vai ordenar-se, no seu todo, à tutela desta situação substantiva. E, a reconhecer-se a existência do direito de crédito e a sua violação, por referência aos parâmetros estabelecidos pelo direito substantivo em sede de cumprimento e incumprimento das obrigações, os efeitos a declarar em decisão serão aqueles que esta zona normativa ditar. Porém, e ainda pensando neste exemplo, se, ao defender-se, o réu deduzir uma oposição cuja falta de fundamento não poderia desconhecer, provoca uma violação autónoma que determinará a indemnização dos danos por ela directa ou indirectamente causados. A indemnização prevista pelo artigo 456.º, n.º 1 [542.º, n.º 1] está ordenada à tutela de quaisquer bens jurídicos que sejam afectados com um tipo específico de veículo: o processo ou o exercício das situações jurídicas processuais.

607. Chegados a este ponto, e na medida em que a indemnização prevista no artigo 456.º, n.º 1, [542.º, n.º 1] do CPC não tutela bens jurídicos diversos daqueles que são tutelados pelo artigo 483.º, n.º 1, do CC, nem visa prosseguir finalidades distintas daquelas que são prosseguidas por este mesmo artigo 483.º, n.º 1, a relação que vai estabelecer-se entre estas duas normas é uma relação de especialidade.

O artigo 456.º, n.º 1 [542.º, n.º 1] recorta, dentro dos factos jurídicos que apresentam a potencialidade de lesão de posições jurídicas alheias, os actos processuais. Este tipo específico de factos jurídicos merece uma valoração diversa daquela que a lei prevê para os factos jurídicos em geral.

Para que a conduta da parte se possa considerar censurável, desencadeando o dever de indemnizar todos os danos provocados na esfera da parte contrária, é fundamental que a sua actuação – ou omissão – se possa considerar dolosa ou gravemente negligente. Concluir-se-á que quando o acto lesivo de bens jurídicos seja um comportamento processual típico, o dever de indemnizar, no que respeita aos pressupostos da sua constituição, obedecerá aos pressupostos estabelecidos no artigo 456.º, n.º 1.

Esta regra, por apresentar um campo de aplicação mais restrito do que o artigo 483.º, n.º 1, do CC – tanto em uma como em outra das regras se pressupõe a verificação de um facto lesivo, sendo que aquela pressupõe um facto lesivo com uma especial qualidade – afasta a sua aplicação. Quer isto dizer que a conformidade de um comportamento processual só pode ser aferida pelo regime do artigo 456.º do CPC, não por apelo ao artigo 483.º, n.º 1, do CC. Assim sendo, os danos provocados em quaisquer bens jurídicos apenas são susceptíveis de imputação à parte lesante se a conduta lesiva for uma intervenção processual dolosa ou gravemente negligente.

Em suma, o tipo de ilícito do artigo 456.º [542.º], sendo especial, prevalece, perante o seu objecto de regulação, sobre o artigo 483.º, n.º 1, do CC.

608. Dir-se-á que o resultado é injusto já que, se a conduta não fosse processual, os danos causados nos bens jurídicos que se entende estarem tutelados pelo artigo 456.º [542.º] do CPC seriam indemnizados desde que a parte agisse com negligência. Na fixação do sentido da regra, tomam-se em consideração os resultados da interpretação e dela se extrai mais um indício no sentido de a indemnização por lesão de bens não processuais não estar submetida à concretização do ilícito do artigo 456.º.

A razoabilidade de uma solução que afaste a indemnizabilidade de danos provocados através de comportamentos simples ou levemente negligentes implica que se encontre uma justificação substancial para ela. E, antecipando o resultado, diremos que essa justificação existe e que revela a ponderação particular que o legislador opera quando se verifica uma colisão entre diversos bens jurídicos, entre eles se contando, necessariamente, o direito de acção em qualquer uma das suas refracções.

Supomos que o conflito mais agudo, atendendo à relevância que a lei constitucional e o direito ordinário lhe conferem, será o conflito entre bens de personalidade e o direito de acção. Ainda assim, esta colisão resolve-se em benefício do direito de acção. Poderá estranhar-se que se aponte um critério estático de resolução de um conflito quando o regime da colisão impõe uma apreciação casuística dos bens em jogo. Porém, a estaticidade do critério resulta da própria demarcação das esferas de lícito e de ilícito, realizada pelo legislador. Seja qual for a ordem que queira conferir-se ao direito de acção no contexto dos bens processualmente protegidos, não pode perder-se de vista que este não é o único bem que entra na equação em caso de colisão. Ao lado do bem individual, encontraremos bens públicos, decorrentes da própria ideia de Estado de Direito. Este assenta na realização da Justiça através do exercício de uma função que o Estado para si reservou: a função jurisdicional. A demarcação específica do ilícito, mesmo que possa considerar-se inconveniente, é fundamental para assegurar a não dissuasão do recurso a um sistema de justiça pública.

609. Note-se, porém, que, para que o conflito se resolva a favor do direito de acção, é necessário que não tenham sido ultrapassados os limites previstos no artigo 456.º [542.º] quanto ao seu exercício.

Este aspecto, já anteriormente assinalado, não pode aqui deixar de ser acentuado. Para que possamos estar a falar de situações em que pode discutir-se o conflito entre a tutela que resulta conferida indirectamente pela configuração do ilícito no artigo 456.º e aquela que resulta *v.g.* dos artigos 70.º ou 484.º, ambos do CC, é fundamental que os factos invocados ou os juízos deles inferidos tenham relação directa com a pretensão deduzida. E que esta não seja, obviamente, uma pretensão deduzida com falta de fundamentação conhecida pelo autor, por este instrumentaliza para atingir um bem de personalidade.

Fora das hipóteses em que a valoração feita pelo legislador processual quanto à ilicitude da conduta do agente parte da existência de uma relação entre os factos e a pretensão, a tutela civil ganha toda a sua plenitude. Factos, verdadeiros ou falsos, que não se encontrem numa relação de substanciação com a pretensão, e que provoquem um dano num bem de personalidade serão valorados pelas regras gerais do direito da responsabilidade delitual. Não obstante surgirem num contexto processual, são espúrios e não justificam o regime peculiar do tipo de ilícito, demarcado pelo artigo 456.º do CPC.

A *ratio* última desta previsão, não pode esquecer-se, é o contexto em que certas afirmações são feitas. Mas essa *ratio* pressupõe que se tome em atenção que, ao invés do que se verifica quando em causa está a aplicação de direito substantivo – circunstância em que se parte do princípio que os pressupostos dessa aplicação estão preestabelecidos – a valoração da conformidade de exercício de uma situação processual pressupõe uma *prozessuale Betrachtungsweise*, traduzida no estado de dúvida contemporâneo ao exercício deste tipo de situação. A dúvida não atinge a situação processual, mas a situação substantiva, sendo que apenas pode ser legitimamente removida através do exercício das situações adjectivas: as situações processuais, como o processo, estão ordenadas à remoção de uma dúvida ancorada nas situações substantivas, objecto da apreciação judicial. Como salienta WACKE, no momento da propositura da acção o seu desfecho não está definido: é tão legítimo um juízo de procedência, quanto um juízo de improcedência[1068]. O decurso do processo, com a sua natureza de sucessão de estados (*Rechtslagen*), na consagrada expressão de GOLDSCHMIDT, irá permitindo antecipar o resultado provável. Recorde-se, aqui, o que já sabiamente dispunham as Ordenações quando a parte tinha causa colorada para demandar.

610. A esta peculiaridade quanto ao estado das coisas inerente à prática de um acto processual e, assim, quanto ao exercício da situação jurídica processual de que ele é o resultado, acresce uma outra circunstância: as situações jurídicas processuais, se exercidas directamente pela parte, não são exercidas com distanciamento. Tudo se altera, segundo cremos e pensamos haver demonstrado, quando a comunidade processual é típica, ou seja, quando as partes litigam através de mandatário judicial. Mas, naqueles casos, tanto a peculiaridade das circunstâncias em que são exercidas as situações processuais, quanto os factores psicológicos que envolvem esse exercício, justificam uma diminuição da censurabilidade da conduta do agente.

611. Os resultados que obtivemos ao longo deste ponto correspondem, aliás, àquela que pode considerar-se a opinião comum nesta matéria. Ao longo do tempo, foi-se assistindo a uma clara evolução no sentido do reconhecimento de limites funcionais e extrínsecos ao direito de acção. Como vimos acima, o exercício de faculdades processuais não pode, em si,

---

[1068] Antikes im modernen Zivilprozeß, II.

ser considerado legítimo pelo facto de o sujeito estar utilizando um meio legalmente previsto e regulado.

Porém, no traçar dos limites do exercício legítimo do direito de acção, bem como na valoração da conduta das partes, sempre se tomaram em consideração as peculiaridades daquela situação jurídica, como se disse, ordenada a remover estados de dúvida em ambiente de conflito. Não é por acaso que os ordenamentos que consagram expressamente um regime particular para o dever de indemnizar quando o acto lesivo é um acto processual revelam soluções idênticas àquela que pode ser encontrada no artigo 456.º, n.º 1, [542.º, n.º 1] do CPC e que, aqueles que as não consagram, levam a doutrina a aplicar as regras gerais relativas ao dever de indemnizar com profundas alterações do elemento subjectivo da ilicitude[1069]. Assim sucede com o Código italiano que, no seu artigo 96, prevê a indemnizabilidade de danos provocados através de condutas processuais dolosas ou gravemente culposas[1070]. Também o legislador brasileiro acolheu regra idêntica: o artigo 16.º [79.º] do CPCbr, prevê a responsabilidade por perdas e danos daquele que litigar de má fé. Não obstante a relativa vacuidade do regime legal constante do artigo 32.º, n.º 1 CPCfr, que prevê, para além da condenação em multa, a responsabilidade da parte que aja judicialmente de forma dilatória ou abusiva pelos prejuízos causados, a jurisprudência é altamente restritiva, entendendo que só poderá falar-se em abuso de processo se o acto da parte for malicioso, de má fé ou se se verificar um erro de tal modo grave na sua conduta que seja equiparado a uma intervenção dolosa[1071].

Idêntico é o panorama no sistema jurídico alemão. Apesar de a lei não prever pressupostos específicos para a constituição do dever de indemnizar danos causados por comportamento processual e com excepção das posições extremas que negam qualquer possibilidade de fazer decorrer deveres de indemnizar de comportamentos processuais, a doutrina e a jurisprudência procedem a uma aplicação dos §§ 823 e 826 BGB, entendendo que os deveres de indemnizar somente poderão ser desencadeados quando a conduta lesiva

---

1069 *Cfr.* a sinopse apresentada por Barbosa Moreira, A responsabilidade das partes por dano processual no direito brasileiro, n.º 3.

1070 Sobre os desvios a esta regra, adiante referidos, quando haja requerimento de falência, Guido Tedeschi, Il giudizio di opposizione alla sentenza dichiarativa di fallimento, p. 98 e segs..

1071 Gérard Couchez, Procédure civile, 14.ª, n.º 150 [*17e édition*, com Xavier Lagarde, 2014].

da parte for dolosa ou gravemente negligente (esta última hipótese apenas para as situações recondutíveis ao § 823 já que o § 826 apenas determina a constituição do dever de indemnizar por actuações contrárias aos bons costumes quando estas sejam dolosas). Segundo a doutrina intermédia, o critério determinante para a imputação de danos a condutas negligentes, regra geral excluídos do dever de indemnizar[1072], é semelhante àquele que o nosso sistema acolhe e que acima decantámos: somente perante meios processuais perigosos se justifica que sobre a parte impendam deveres de cuidado agravados. Sabendo que pode causar um profundo mal ou mesmo a extinção da contraparte (*v.g.* se, sendo esta uma pessoa colectiva, for requerida a sua insolvência), é exigível que a parte seja punida e obriga a indemnizar se agiu com ligeireza.

612. Em suma, a solução do artigo 456.º [542.º] do CPC, que se traduz numa compressão dos casos em que pode ocorrer a transferência do dano da esfera do lesado para a esfera do lesante, não é arbitrária. No confronto directo dos artigos 456.º [542.º] do CPC e 483.º, n.º 1, do CC, há que relembrar que a violação ocorrida através do processo não é equivalente àquela que ocorre sem ser em contexto processual. Com esta precisão supomos operar-se uma restrição relevante no que respeita ao âmbito do tipo do artigo 456.º: para que uma conduta seja valorada pelos seus parâmetros de ilicitude, deveremos estar perante uma conduta processual, no sentido de conduta integrada na sequência pré-ordenada à boa instrução e julgamento da causa. Se o comportamento lesivo ocorre, *v.g.*, na sala de audiências, mas se esse comportamento não integra uma actuação processual, os parâmetros que determinam a sua licitude/ilicitude não são os do artigo 456.º, mas sim, por exemplo, os do artigo 483.º, n.º 1, do CC.

[1072] Walter Zeiss, Schadensersatzpflichten aus prozessualem Verhalten, n.º I, onde se chama a atenção para a necessidade de encontrar um justo equilíbiro [?] entre a não indemnizabilidade de danos alguns porque provocados através do processo e a indemnizabilidade de todos os danos em termos equivalentes àqueles que têm vigência no direito civil. A razão de ser desta necessidade de ponderação especial entronca na impossibilidade de a parte se poder sentir amedrontada por recorrer a tribunal para a tutela de situações jurídicas não inequívocas.

5. A IMPUTAÇÃO: PECULIARIDADE DO PROCESSO CAUSAL

613. Outra das peculiaridades da responsabilidade por comportamento processual ilícito atinge a imputação já que o dano provocado é, por vezes, um *dano à distância*: ele não resulta directamente do acto da parte mas da conjugação deste acto com uma intervenção judicial ou parajudicial.

Perante a alegada *interrupção do nexo causal* – o comportamento da parte que litiga de má fé não provoca directamente os danos, interpondo-se entre estes e a acção daquela uma intervenção do juiz ou de outro auxiliar da Justiça –, conclui-se que a parte não pode incorrer no dever de indemnizar danos que não resultam da sua conduta, pelo que lhe não podem ser imputados.

Este é mais um argumento – a acrescer ao que se retira da impossibilidade de ser considerada ilícita a actuação de um meio que a lei prevê e põe à disposição da parte – para quem visa negar, em abstracto, a possibilidade de previsão de deveres de indemnizar danos pela parte processual.

614. Tentemos centrar o problema suscitado especificamente pela imputação de um resultado à parte processual partindo daquelas que nos parecem ser as premissas adequadas. Fazendo um paralelo com a dogmática penal que deverá responder às questões de imputação tanto para a categoria dos crimes de perigo abstracto e concreto, como para a categoria dos crimes de resultado, e partindo do pressuposto de que a obrigação de indemnizar pressupõe um dano, diremos que, nos casos que agora tentaremos resolver, entre a acção e o seu resultado típico e proibido interpõe-se necessariamente uma acção de um terceiro. O que se pergunta é até que ponto o resultado, para o qual concorre a conduta do terceiro, pode ser ainda imputado à parte. Se a parte, por si só, consegue preencher o tipo de ilícito previsto no artigo 456.º [542.º], para que, nos casos que agora nos interessam, possam ser provocados danos em bens jurídicos da parte contrária, é necessária a ulterior intervenção judicial: parte e juiz são como que *co-autores de um ilícito de comparticipação necessária*. Caímos, em cheio, na matéria da imputação ao tipo objectivo (*Zurechnung zum objektiven Tatbestand*)[1073] ou da imputação objectiva do resultado à acção[1074].

1073 Roxin, Strafrecht, Allg.T, I, § 7, Rdn. 25 e § 11.

1074 Figueiredo Dias, Direito Penal. Parte geral, I, 12.º capítulo [3.ª edição, Gestlegal, 2019].

615. Atente-se que a questão que, neste momento, nos ocupa prende-se com a causalidade enquanto critério de imputação do ilícito. Mais adiante teremos de atender à imputação do resultado, já não no plano da determinação do ilícito, mas no da sua extensão.

Em segundo lugar, esclareça-se que as dificuldades implicadas pela causalidade somente têm relevância autónoma quando se visa a imputação de danos à parte processual se o seu comportamento não for suficiente para a respectiva produção. Nestas hipóteses, a questão que vai levantar-se não respeita à possibilidade de imputação, mas à determinação do limite desse imputação. Este problema assume particular acuidade perante a redacção do artigo 457.º, n.º 1, al. b), [543.º, n.º 1, al. b)] do CPC. Aí se imputam à parte lesante todos os prejuízos, directa ou indirectamente, provocados pela má fé. Até onde será possível estender este segundo termo atendendo a que "o juízo de imputação do dano [realiza] o princípio ético da auto-responsabilidade da pessoa"[1075] é questão que veremos mais adiante.

Deste modo, e esta é a terceira precisão, os problemas que podem ser especificamente suscitados em sede de imputação do resultado à acção, sendo esta um comportamento processual ilícito, respeitam somente às situações em que o acto da parte não é suficiente para desencadear a produção de danos. Se o for, este acto é tão apto a criar a situação de perigo que é proibida pelo tipo de ilícito, que traduz a protecção do bem jurídico e a provocar o seu resultado ou, dito de outro modo, se a acção, para além de constituir uma condição *sine qua non* – no sentido em que, sem ela, não é possível conceber a produção do dano – ou causa adequada do dano[1076], provocar danos em bens jurídicos tutelados pela norma violada – causalidade aferida pelo escopo de protecção da norma[1077].

Neste aspecto, o acto processual não suscita problemas particulares por confronto com aqueles que, em sede de imputação objectiva, suscita um qualquer outro tipo de intervenção[1078].

1075 Carneiro da Frada, Teoria da confiança e responsabilidade civil, p. 620.

1076 Para uma crítica à teoria da causa adequada enquanto critério de imputação do dano à acção, Menezes Cordeiro, Da responsabilidade civil dos administradores, pp. 533 e segs..

1077 Propondo uma generalização do critério do escopo da norma jurídica violada, Menezes Cordeiro, Da responsabilidade civil dos administradores, pp. 535 e segs..

1078 A este núcleo de casos se reporta Hopt, Schadensersatz aus unberchtigter Verfahrenseinleitung, p. 220, a).

Ora, ao conceder protecção a todos os bens jurídicos que, em caso de violação, merecem tutela, a norma do artigo 456.º [542.º], ao proibir condutas que provoquem este resultado, permitirá imputar os danos provocados à acção típica. Numa reconstrução histórica do procedimento que culmina com a lesão, a conduta da parte não é, apenas, condição *sine qua non* do dano, ela é a conduta que produz este resultado, criando o perigo de lesão proibido pelo tipo de ilícito[1079].

616. Nos casos em que a conduta da parte é insuficiente para a produção do dano, a intervenção que acaba por ter a potencialidade de o produzir é uma intervenção judicial ou parajudicial: a lesão do bem jurídico tutelado pela norma violada ocorre através de um acto de um juiz ou, *v.g.*, de um agente de execução. Ora, para que a intervenção judicial ou parajudicial possa provocar um dano indemnizável na esfera da contraparte processual é necessário que a actuação ilícita da parte tenha tido sucesso, ou seja, que o tribunal ou o órgão parajudicial haja acolhido uma pretensão que, numa análise mais detalhada, deveria ter sido rejeitada ou que tenha actuado na sequência da postulação da parte que, sendo formalmente adequada, se reconduz a alguma das hipóteses tipificadas nas als. a), b) ou d) do artigo 456.º, n.º 2 [542.º, n.º 2] ou nos tipos especiais (os artigos 390.º [347.º] e 819.º [858.º e 727.º, n.º 4], ambos do CPC). Nestas situações, a parte terá deduzido uma pretensão cuja falta de fundamento não devia ignorar ou terá feito do processo um uso manifestamente reprovável pois através dele terá pretendido alcançar um fim diverso daquele ao qual ele está ordenado (*v.g.* para, conhecendo a situação económico-financeira da contraparte, lhe provocar prejuízos em cascata). Pode, ainda, a parte ter fundamentado a sua pretensão em factos que sabe

[1079] A concretização da cláusula do perigo proibido pelo tipo de ilícito é fundamental para distinguir os casos em que a parte processual se movimenta dentro dos riscos admissíveis, caso em que actua licitamente independentemente do resultado do processo, daqueles em que a parte exorbita da esfera de risco permitido, situando-se já, com a sua conduta, na zona de perigo proibido ou no espaço de actuação da norma violada. Sobre os riscos gerais não cobertos pela norma alegadamente violada num caso em que se discutia exactamente a responsabilidade pelos custos de uma acção penal em que o réu foi absolvido, Menezes Cordeiro, Da responsabilidade civil dos administradores, pp. 536-537. Sobre a imputação do dano por referência à ultrapassagem do limite do risco juridicamente permitido, Figueiredo Dias, Direito Penal. Parte geral, I, 12.º capítulo, § 22 e segs. (§§ 24-26) [3.ª edição, Gestlegal, 2019, 12.º capítulo, IV., 1, §22 e segs.].

não corresponderem à realidade ou ter amputado a descrição de factos que alterariam o sentido da decisão.

617. Diremos, adicionalmente, que na resolução dos casos em que o dano resulta de uma cadeia complexa – acto postulativo e acto judicial de acolhimento da pretensão – há-de tomar-se em consideração que, para que possa equacionar-se a provocação de um dano ilícito pela parte processual, a decisão – ou a intervenção do órgão parajudicial – deverá ter sido determinada pela postulação. Se o sucesso da parte que litiga de má fé resulta da valoração de um conjunto de intervenções processuais, a decisão poderá estar errada mas, não obstante ter como pressuposto a postulação – ela será condição *sine qua non* –, não a tem como fonte do risco proibido.

Esta circunstância determina que as hipóteses de dano causado através de uma conjugação de intervenção ilícita da parte com acto judicial ou parajudicial nas quais se pode questionar se o dano é ainda objectivamente imputável à parte que age ilicitamente, se restringem, quanto à dedução de pretensão cuja falta de fundamento a parte não pode ignorar, quanto à alteração ou omissão dos factos relevantes de que depende a decisão, bem como quanto ao uso reprovável do processo ou dos meios processuais a hipóteses em que a prática do acto judicial ou parajudicial, causadores directos do dano, se sucedem imediatamente à postulação ou em que ao acto ilícito não se sucede uma sequência processual bastante para que o juiz se possa aperceber da ilicitude do comportamento. Ocorrem imediatamente as hipóteses em que entre a postulação e a prática do acto judicial ou parajudicial não há contraditório da parte lesada, bem como aquelas em que o contraditório não garante a paralisação da prática do acto judicial lesivo[1080]. Em todas estas situações, o meio processual formalmente justificado pela pretensão deduzida pela parte é um meio de perigo elevado. Em todas elas, a parte pode "criar [...] um risco juridicamente relevante de lesão típica de um bem jurídico"[1081].

618. Fixadas as hipóteses em que a lesão pode decorrer de uma conjugação da actuação ilícita da parte e do acto judicial que a acolhe ou do acto

[1080] Apontando o contraditório como a arma mais eficaz contra o dolo ou fraude processual, Cecília Ribeiro, Do dolo em geral e do dolo instrumental em especial no processo civil, p. 111.

[1081] Roxin, Reflexões sobre a problemática da imputação em Direito Penal, *in* Problemas fundamentais de Direito Penal, p. 148.

parajudicial que a pressupõe, pergunta-se: poderão imputar-se à parte os danos que só são provocados porque a intervenção judicial ou parajudicial ocorreu?

Num exemplo apresentado pela doutrina, podem imputar-se à parte os danos decorrentes de uma declaração de insolvência, fundada em factos falsos apresentados por um dos credores do requerido?

Ainda num outro exemplo, podem imputar-se à parte os danos causados pela decretação de um arresto, fundado em factos falsos ou com omissão de factos, que seriam relevantes para uma decisão de improcedência?

Podem imputar-se ao requerente de uma providência cautelar, ordenada sem contraditório, os danos por esta provocados se os factos em que a providência se funda são falsos?

Podem imputar-se ao exequente os danos provocados ao executado por uma penhora realizada pelo agente de execução em execução sem citação prévia quando o exequente não pode ignorar que a obrigação exequenda está extinta?

Em todas as hipóteses figuradas, o acto lesivo não é o acto postulativo; se este bastar, conforme acima se disse, não há problemas particulares de imputação. O acto lesivo ou o acto que desencadeia a lesão dos bens jurídicos da contraparte é o acto judicial ou o acto parajudicial. Se à declaração de insolvência do requerido estiver associado, por exemplo, o vencimento automático de uma pluralidade de créditos, há um efeito decorrente da decisão que não se basta com o mero requerimento da insolvência. Por outro lado, a indisponibilidade dos bens arrestados, com os danos em cascata que pode provocar, não pressupõe apenas o requerimento, mas a decisão judicial que decreta a medida. Situação idêntica ocorre com a penhora. Não obstante a falibilidade do pressuposto do artigo 818.º [733.º, n.º 1] quanto à potencialidade de o executado, através do exercício de contraditório prévio, paralisar a realização da penhora quando a pretensão exequenda é destituída de fundamento, o acto lesivo não é o requerimento de execução, mas sim a penhora.

619. A interposição necessária de um acto de terceiro, um juiz[1082], para a causação do dano, determina parte da doutrina a excluir a imputação desse

[1082] Pronunciando-se sobre esta questão quando a decisão se funda em laudo pericial e perante a eventual quebra de nexo causal quanto aos danos que podem ser imputados ao perito, KLAUS SCHREIBER, Die zivilrechtliche Haftung von Prozeßbeteiligten, p. 137, onde o

dano à parte que age ilicitamente. O acto de terceiro quebraria o nexo causal entre o acto da parte e o dano[1083].

Talvez deva, desde já, fazer-se uma observação e introduzir-se aqui um afinamento.

Quanto à observação. Se é certo que pode conceber-se a intervenção do terceiro como apta a quebrar o nexo, desde logo quando ele evita o resultado proibido, mais dificilmente se pode entender esta interposição como apta a evitar uma imputação sempre que a conduta do lesante tenha sido apta a criar a possibilidade de intervenção, lícita ou ilícita, do terceiro[1084].

Quanto ao afinamento, que vem na sequência da observação. Nas hipóteses que estamos equacionando, a lesão depende de uma pluralidade de intervenções. A lesão pressupõe um acto complexo de natureza procedimental. Se se disser que a intervenção do juiz, acolhedora da pretensão da parte, quebra o nexo causal, estará já a dar-se por adquirido que esta intervenção do juiz tem autonomia, rompendo o nexo entre o acto da parte e o dano. Ou, se se preferir aferir a causalidade pela teoria do escopo da norma[1085] ou do risco proibido[1086], estar-se-á a dar como assente que,

---

Autor não considera verificar-se essa interrupção já que, estatisticamente, 90% das decisões coincide com o sentido das peritagens. Quererá dizer-se que, perante o laudo, a atitude esperada e adequada é a de o juiz seguir acriticamente o que resulta da peritagem, não obstante a sua livre apreciação? Para uma apreciação compreensiva das questões inerentes à imputação de danos aos diversos intervenientes processuais – magistrados, peritos e testemunhas – Jürgen Blomeyer, Schadensersatzansprüche des im Prozeß Unterlegenen wegen Fehlverhaltens Dritter, especialmente e no que respeita aos nexos de causalidade, *cfr.* pp. 64 e segs. (pp. 71 e segs.) e 207 e segs. (p. 210).

1083 Equacionando e resolvendo este problema, Pedro de Albuquerque, Responsabilidade processual por litigância de má fé, abuso de direito e responsabilidade civil em virtude de actos praticados no processo, pp. 143 e segs.; Hopt, Schadensersatz aus unberchtigter Verfahrenseinleitung, p. 221. B).

1084 Münchener Kommentar/BGB, Bd. 2, § 249 (Oetker), Rdn. 150.

1085 Para uma análise do critério de imputação constituído pela esfera de protecção da norma enquanto critério limitador da responsabilidade, Roxin, Reflexões sobre a problemática da imputação em Direito Penal, *in* Problemas fundamentais de Direito Penal, pp. 154 e segs..

1086 A concretização da imputação por referência à teoria do risco proibido não prescinde da sua concretização por referência à causalidade e à causalidade jurídica. Esta a base da observação que a imputação nos dá, simultaneamente, o limite mínimo (traduzido na exigência mínima ou primeiro degrau na imputação, através do relacionamento da conduta ao resultado; Figueiredo Dias, Direito Penal. Parte geral, I, 12.º capítulo, § 4) e o limite máximo (atendendo ao terceiro degrau da imputação, através da concretização do critério

não obstante o perigo criado pela parte, o próprio juiz, com a sua conduta, aumenta o risco existente, piorando a situação do bem jurídico ameaçado[1087], com isto apagando a relevância da conduta que torna a sua possível.

620. Aquilo que está em jogo é exactamente a equação da relevância de cada uma das intervenções para a criação do risco proibido para o bem tutelado através do tipo de ilícito. E, aqui, é fundamental jamais perder de vista qual é o bem jurídico que serve de ponto de referência na concretização do escopo do artigo 456.º [542.º]. Neste exacto momento, avulta novamente a bifrontalidade da responsabilidade por comportamento processual ilícito. Se pensarmos no acto postulativo *a se*, podemos dizer que a sua mera prática é sempre suficiente para criar um estado de perigo e para produzir o resultado que é proibido pela regra do artigo 456.º. No entanto, a correcção desta asserção depende de o ponto de referência da ilicitude ser o bem jurídico não individual protegido pela norma. A intervenção, já o dissemos, merece

---

da conexão de risco; Figueiredo Dias, Direito Penal. Parte geral, I, 12.º capítulo, § 21) [3.ª edição, Gestlegal, 2019, 12.º capítulo, II., § 4 e IV., § 21]. De permeio é necessário depurar a causalidade em sentido estrito das circunstâncias que devem ter-se por juridicamente irrelevantes não obstante terem-se verificado aquando da produção do resultado. Este patamar permitirá a triagem entre condições adequadas e condições não adequadas à produção do resultado (segundo degrau na imputação, que tomará por referência, não apenas a adequação abstracta da circunstância para a produção do resultado, mas também os especiais conhecimentos do agente, assim se resolvendo algumas das dificuldades suscitadas). Estes três patamares de concretização permitem ir depurando o nexo de imputação daquilo que, não obstante haver-se verificado, não é aquilo a que a lei dá relevância enquanto condição que cria o risco proibido pela norma.
Porém, a identificação do critério da criação ou do agravamento do risco proibido como factor relevante na imputação é crucial para justificar tanto os casos em que essa imputação não ocorra sempre que, não obstante a produção de um resultado proibido, o agente tenha diminuído o risco em relação a um bem juridicamente protegido (sobre este ponto, Roxin, Reflexões sobre a problemática da imputação em Direito Penal, *in* Problemas fundamentais de Direito Penal, p. 149), como aqueles em que, não obstante a violação de regras de conduta, o agente não incrementou, através da sua conduta, o risco já criado (sobre este ponto, Roxin, Violação do dever e resultado nos crimes negligentes, *in* Problemas fundamentais de Direito Penal, pp. 256 e segs. e Sobre o fim de protecção da norma nos crimes negligentes, *in* Problemas fundamentais de Direito Penal, pp. 275 e segs.).

[1087] Figueiredo Dias, Direito Penal. Parte geral, I, 12.º capítulo, § 28, na sequência do que fora enunciado como critério de imputação no § 21 [3.ª edição, Gestlegal, 2019, 12.º capítulo, IV., 2., § 28].

uma sanção com verdadeira natureza penal: a parte incorre em condenação em multa. Ora, o que queremos apurar é se o acto postulativo, integrado no acto complexo que atinge bens jurídicos individuais, protegidos através da constituição de um dever de indemnizar, é a intervenção à qual deve ser imputado o dano.

621. A uma resposta positiva podem contrapor-se duas alternativas.

Uma primeira consiste em imputar o resultado à conduta do magistrado. Assim sucederá se puder concluir-se que entre a criação do perigo de lesão pelo acto ilícito da parte e o dano se interpôs uma acção autónoma de terceiro – o juiz – que impede a primeira imputação[1088]. Não estará aqui em causa repescar uma resposta para a não imputação na circunstância de o acto da parte ser uma causa remota, mas sim dar relevância, exactamente à luz da teoria do risco proibido ou do escopo da norma violada, a uma conduta auto-responsável de terceiro que se reconduz à conduta proibida[1089].

Uma segunda alternativa passa pela imputação do resultado, em regime de concurso, à parte e ao magistrado. Esta resposta pressuporá que se lembre que se a parte não consegue provocar o dano sem o concurso de uma actuação de terceiro, este terceiro também não consegue provocar o resultado sem o acto prévio da parte. E o terceiro pode, em casos absolutamente patológicos, é certo, conluiar-se com a parte para concertadamente provocarem um dano à contraparte. Ou pode simplesmente aproveitar-se do perigo criado e praticar o acto lesivo, sem qualquer acordo com o autor da postulação.

622. O problema que aqui se toca nem é novo, nem é privativo da responsabilidade por comportamento processual ilícito. É conhecido tanto da responsabilidade penal, onde é estudado a propósito da co-actuação de terceiro em ligação com a imputação objectiva, como da responsabilidade civil. O que temos de verdadeiramente peculiar nas hipóteses que consideramos e que, supomos, impõe extrema cautela na transposição de resultados, respeita à natureza das funções exercidas pelo agente que pode ser visto como terceiro e aos princípios que informam a sua actuação.

[1088] Figueiredo Dias, Direito Penal. Parte geral, I, 12.º capítulo, § 27 [3.ª edição, Gestlegal, 2019, 12.º capítulo, IV., 1., § 27(4)].

[1089] Ou que "[ancora] um nexo causal específico." Carneiro da Frada, Teoria da confiança e responsabilidade civil, p. 620.

Esta precisão parece-nos ser da maior relevância, já que haverá que ponderar os fundamentos substantivos que determinam a doutrina a aceitar uma imputação de um resultado a alguém quando, entre a sua actuação e esse resultado, se interpõe uma conduta, seja esta do próprio lesado, seja ela de terceiro. Quer isto dizer que para que seja possível imputar à parte um resultado que pressupõe uma actuação de terceiro deverão identificar-se, nos casos sob análise, factores que justifiquem substantivamente essa imputação.

623. No contexto em que agora nos movimentamos, afirma WEITNAUER que os problemas de causalidade relevantes para o preenchimento do tipo de ilícito quando em causa esteja a lesão de bens jurídicos intimamente ligados à pessoa através de comportamento processual são extremamente delicados, suscitando perguntas difíceis. E conclui: "com *nonchalance* é que seguramente não se consegue resolvê-los"[1090].

Pronunciando-se sobre a construção de HOPT, que rejeita a possibilidade da respectiva resolução através da teoria da causalidade adequada por esta ter mostrado não ser capaz de lhes dar resposta[1091], WEITNAUER critica a metodologia deste Autor que posterga aquela construção com base na sua incapacidade de prestar bons resultados em dois exemplos[1092].

Efectivamente, HOPT, sem proceder a uma análise exaustiva das diferentes variáveis que influenciam a imputação quando ocorre a interposição necessária de um terceiro entre o acto ilícito e o resultado proibido nos casos em que se conjugam a actuação da parte e o exercício da função jurisdicional, limita-se a afirmar, apoiando-se em posições doutrinárias e numa decisão judicial, que "actualmente é reconhecido que aquele, que viola um bem jurídico alheio, é também responsável por intervenções erradas (*fehlerhafte*) de terceiro, desde que estas sejam adequadamente causadas pelo estado prévio – ou potencialidade prévia – de lesão"[1093]. Não haverá que ponderar nenhum factor relativo ao exercício da função jurisdicional? Pode a afirmação de HOPT valer para todos os casos, ou seja, valer com a amplitude com que é enunciada?

1090 Schadensersatz aus unberchtigter Verfahrenseinleitung, p. 444.

1091 Schadensersatz aus unberchtigter Verfahrenseinleitung, p. 222.

1092 Schadensersatz aus unberchtigter Verfahrenseinleitung, p. 445. A assertividade da posição de WEITNAUER pode ser ainda compreendida se se atender à circunstância de o Autor haver tentado demonstrar o que a teoria da causalidade adequada poderia – e não poderia – efectivamente prestar.

1093 Schadensersatz aus unberchtigter Verfahrenseinleitung, p. 221.

A listagem das hipóteses configuráveis na conjugação de actuação da parte e de actuação do tribunal permitem ilustrar a nossa dúvida.

624. O nosso ponto de partida é o seguinte: há situações em que a actuação da parte é insuficiente para lesar uma posição substantiva da parte contrária. Nestes casos, é inequívoco que a actuação ilícita do sujeito processual apenas poderá provocar danos na esfera da parte contrária se o juiz acolher a pretensão. Recorrendo a terminologia desenvolvida na dogmática da responsabilidade penal, nos casos que estamos analisando a parte apenas pode atingir o bem jurídico protegido se praticar um primeiro facto directamente – a postulação – e conseguir que um terceiro, o juiz, pratique o segundo – a decisão sobre a postulação.

Se o juiz, não obstante ter-se apercebido da ilicitude, proferir uma decisão que acolhe a pretensão da parte, ocorrendo a lesão do bem jurídico tutelado pela norma, temos um grupo de casos.

Se o juiz não se apercebe da ilicitude, acolhendo a pretensão da parte, ocorre, igualmente, a lesão do bem jurídico tutelado. Mas as hipóteses que podem ser equacionadas nesta grande categoria ainda merecem uma distinção. Numa primeira subcategoria teremos as hipóteses em que o juiz não se apercebe da ilicitude da conduta da parte podendo dela ter-se apercebido. Numa segunda subcategoria estarão os casos em que o juiz não podia ter-se apercebido da ilicitude da conduta da parte.

Intuitivamente, dir-se-á que tanto no primeiro, quanto no segundo conjunto de situações, a lesão ocorre, respectivamente, porque o juiz dirige a sua conduta à produção desse resultado ou porque o juiz provoca a lesão de bens protegidos com a sua conduta, cujo conteúdo é errado, por violação de deveres específicos. No primeiro caso, dir-se-á que o resultado deve ser imputado à conduta autónoma do juiz uma vez que, não obstante a criação de um prévio risco proibido, ele cria, autonomamente, um novo perigo para o bem jurídico tutelado, perigo que é proibido e que vem a decantar-se no resultado também ele proibido. No segundo caso, o juízo já não é tão linear. Se bem que o juiz pudesse ter-se apercebido da ilicitude, porque actua negligentemente, acaba por ser instrumentalizado pela parte: pratica o acto que determina a lesão do bem jurídico protegido pela norma violada.

625. Pergunte-se, em seguida: e não haverá concurso na imputação? Será apagada a relevância da actuação da parte que agiu ilicitamente?

Na verdade, a actividade jurisdicional não destinada à tutela de interesses de ordem pública é informada pelo princípio da não oficiosidade, vertido no brocardo *non procedat iudex ex oficio*. Quer isto dizer que o resultado provocado também não pode conceber-se sem a actuação ilícita da parte.

Será esta actuação uma mera condição *sine qua non* na criação de condições que permitem a criação do estado de risco, acompanhado de lesão, pelo magistrado? Justificará ela uma imputação do resultado à parte que agiu ilicitamente? Ou deverá fazer-se uma distinção nas hipóteses em que o processo confere meios ao juiz para que este se aperceba da ilicitude da conduta da parte, distinguindo-se as hipóteses em que o juiz, apercebendo-se da ilicitude, adquire o domínio da acção, das outras em que o juiz, podendo aperceber-se da ilicitude, dela se não apercebe porque age negligentemente, assim não adquirindo substancialmente o domínio da acção?

626. Continuemos a desfibrar as diversas alternativas que se nos colocam na conjugação das actuações da parte e do juiz. Resultado idêntico àquele que se verificará se o juiz, podendo ter-se apercebido da ilicitude, dela se não apercebe porque actua negligentemente, surge se o juiz, não tendo meios para se aperceber da ilicitude, pratica o acto que lesa o bem jurídico. Em ambos os casos verifica-se o resultado proibido. No entanto, não obstante o resultado, a situação é radicalmente distinta da anterior uma vez que o terceiro, ao ser usado como um instrumento, pratica o acto que, naquelas condições, é esperado que pratique[1094]. Não se podendo aperceber da ilicitude e apesar de ter uma aparente liberdade de acção, o juiz vê-se constrangido pelas circunstâncias a actuar como actua. Se não tem meios para se aperceber de que a pretensão não tem fundamento ou que a parte falseou os factos, o juiz deve acolher a pretensão, acabando por decidir a favor da parte que actua ilicitamente. Nesta hipótese, a relação parte/juiz surge bem próxima da figura da autoria mediata. O *homem-de-trás*[1095], leia-se, a parte, torna o juiz em *executor involuntário do seu plano delituoso*[1096].

[1094] Supomos ser este o núcleo de casos que poderão ser abrangidos pela explicação de Hopt, Schadensersatz aus unberchtigter Verfahrenseinleitung, p. 221. B).

[1095] Figueiredo Dias, Direito Penal. Parte geral, I, 31.º capítulo, § 3, p. 776 [3.ª edição, Gestlegal, 2019, 31.º capítulo, II., § 3, p. 906].

[1096] Figueiredo Dias, Direito Penal. Parte geral, I, capítulo 31.º capítulo, § 3, p. 776 [3.ª edição, Gestlegal, 2019, 31.º capítulo, II., § 3, p. 906].

627. Pensemos, agora, nos casos em que o dano é provocado, não através de uma intervenção do juiz, mas através da intervenção, *v.g.*, do agente de execução. A parte executa uma dívida que sabe estar paga. Atendendo ou à natureza do título ou ao valor da dívida, a execução não tem citação prévia. A penhora precederá a citação do executado. O agente de execução receberá o requerimento de execução, começando as diligências destinadas a apurar bens penhoráveis. Penhora-os, efectivamente, chegando mesmo a vender alguns. A parte agiu ilicitamente ao deduzir uma pretensão que sabe não ter já qualquer fundamento. Mas a sua actuação não permite a lesão de direitos do executado. Só a penhora e a eventual venda atingem este resultado. A lesão resulta do concurso de uma actuação da parte e do agente de execução. O dano será imputável à parte, não obstante a interposição de um terceiro?

Intuitivamente, a situação apresenta-se-nos como diferente por referência àquelas em que a produção do dano requeria a intervenção de um magistrado. Intuitivamente percebemos que o grau de exigibilidade quanto à abstenção da prática do acto de sequência, que provocará directamente a lesão do bem jurídico, por um ou outro interveniente processual é diferente. A intervenção do agente de execução será lícita desde que sejam por ele observadas todas as regras relativas à prática de actos processuais-materiais, para os quais tem competência[1097]. Agente de execução e magistrado intervêm na execução investidos em diferentes competências e funções. O juiz, não obstante ter de decidir sobre o acto postulativo, logo sob provocação da parte, tem por função controlar a conformidade da pretensão, indeferindo-a se ela não merecer cobertura e acolhendo-a no caso inverso. Esta particularidade do processo determina a sua classificação como acto complexo em que os diversos actos se não confundem num efeito final mas são ordenados à produção de um resultado final. Não é esta a função do agente de execução. Deste não é exigível, nos mesmos moldes em que o é de um juiz, que deixe de realizar a actividade que provocará o dano, que se abstenha da prática do acto lesivo – *v.g.*, a realização da penhora – por controlo exercido sobre a legalidade e fundamentação da postulação.

628. A diversidade do estatuto do terceiro, cuja actuação concorre necessariamente com a conduta da parte para a provocação do dano mostra-nos mais um aspecto relevante: o risco de produção de um dano é potenciado

---

[1097] Rosenberg/Gaul/Schilken, Zwangsvollstreckungsrecht, 1.ª, § 7.I.

quando aquele que deve, enquanto terceiro, agir na sequência da actuação ilícita, não tem uma competência que lhe permita comportar-se de modo autónomo. Dito de outra forma, o risco de lesão é tanto maior quanto menor for a competência do terceiro para deixar de completar o processo causal que, globalmente considerado, determina a produção do dano. Ou, ainda numa outra formulação, a consumação da lesão por impulso ilícito da parte dependerá da sua possibilidade de instrumentalização do terceiro.

629. São razões como as que antecedem que impõem uma análise da matéria da imputação objectiva por intervenção processual à luz dos diversos factores que concretamente concorrem perante esse tipo de intervenção.

Comecemos por ponderar a observação feita por Carneiro da Frada quando discute a imputação pela confiança e a devolve à problemática geral da interacção de condutas, como sucede na causalidade psíquica.[1098] Nas suas palavras, centradas no ""mistério" da "duplicidade" do desempenho da confiança na construção da responsabilidade,"[1099] "se uma conduta livre e consciente do sujeito tem a virtualidade de interromper uma série de eventos e ancorar um nexo causal específico, importa considerar se e de que forma é possível tornar alguém responsável por um prejuízo quando entre a sua conduta e a ocorrência de um dano se coloca de permeio uma decisão do lesado."[1100] O ambiente em que o Autor pensa é obviamente diverso do nosso. Nas hipóteses que visamos resolver não está em causa a interferência de uma actuação do lesado que permite questionar se o dano, que tem como condição *sine qua non* uma primeira intervenção do que se pergunta se é o lesante, a este pode ser imputado. A razão da dúvida reside na possibilidade de autodeterminação do lesado que, com a sua conduta, pode impedir a produção do dano.

Porém, e conforme salienta Carneiro da Frada, o problema, equacionado deste modo, escamoteia a realidade. A conduta do lesado não pode ser desintegrada do facto que a provocou. E são as circunstâncias que antecedem a intervenção do lesado que permitem justificar e compreender a sua conduta ou, mais correctamente ainda, a sua opção por uma determinada conduta. Se esta é livre e consciente, não surge sem mais, sendo justificada pelo

---

[1098] Teoria da confiança e responsabilidade civil, n.º 54.

[1099] Teoria da confiança e responsabilidade civil, p. 620.

[1100] Teoria da confiança e responsabilidade civil, p. 621.

estado, criado pelo lesante, que precede a deliberação. Nas situações em que está em causa "uma estrutura de interacção humana onde ecoa o ritmo da coordenação de condutas,"[1101] mais importante do que as causas de eventos são as razões de agir.[1102]

630. Nas hipóteses que enfrentamos, "estão em jogo [...] casos em que o nexo entre a conduta do responsável e o resultado danoso se estabelece através da acção de uma pessoa."[1103] O dano provocado pela conduta ilícita da parte processual só pode produzir-se verificada uma dupla condição: a existência desta conduta e a existência do acto judicial que acolhe a pretensão nele encerrada. Ora, é exactamente neste ponto que começam as dificuldades da imputação atendendo às competências especificamente atribuídas, por lei, ao magistrado.

O concreto conteúdo do acto judicial será condicionado pelos princípios processuais que regem o exercício da função jurisdicional, *v.g.*, pelo dispositivo. Ao juiz apresentam-se duas opções: ou acolhe o acto ou o rejeita. E a sua opção, estando condicionada pela postulação, dependerá da cobertura desta última pelo sistema.

Mas, se é verdade que o acto judicial resulta de uma deliberação consciente e livre do magistrado, certo é também que esta deliberação apenas se revela necessária e existe porque a antecede um acto que suscita o exercício da função jurisdicional.

Quer isto significar que a deliberação do juiz, tal como sucedia quando havia interferência de uma actuação do lesado, não pode ser desintegrada do contexto em que é tomada e plasmada na decisão.

Ao decidir, o juiz só pode tomar em consideração os factos que o processo lhe revela. Se a lei lhe impõe que decida num curtíssimo espaço de tempo, perante uma prova sumária, sem contraditório ou sem contraditório estruturalmente capaz de evitar o dano, serão estes os elementos que o juiz tomará em conta na sua decisão. Decidirá partindo de um cenário construído por uma das partes e estribado numa prova sumária. A sua actuação e o conteúdo do acto decisório são provocados e determinados pela conduta ilícita da parte processual, circunstância que é desta conhecida.

[1101] Teoria da confiança e responsabilidade civil, p. 623.

[1102] Carneiro da Frada, Teoria da confiança e responsabilidade civil, p. 622.

[1103] Carneiro da Frada, Teoria da confiança e responsabilidade civil, p. 624.

631. Mais: a parte processual, que aposta no sucesso da sua conduta ilícita, sabe que este sucesso dependerá da sua capacidade para instrumentalizar o decisor. Se este se aperceber, de imediato, da ilicitude daquela conduta não proferirá a decisão: a malícia terá de vir dissimulada ou trajada de virtude[1104]. A parte espera conseguir mais do erro do juiz do que da verdade da causa[1105].

632. Sendo o acto judicial provocado pela parte que age ilicitamente e que dirige a sua actuação exactamente à prática deste acto, necessário à provocação de um mal à parte contrária, poderão aplicar-se-lhe, em termos de imputação do dano, as considerações feitas a propósito da *Herausforderungshaftung*?

O que as hipóteses com que vimos trabalhando apresentam de peculiar é que aquele que é provocado à acção não é aquele em cuja esfera se produz o dano pelo que não é aquele que, com a sua conduta, concorre para a provocação de um dano *a si mesmo*. Nos casos que nos ocupam, o dano é provocado por um concurso de intervenções. Nas situações em que o juiz age substancialmente mal – porque profere uma decisão que não é suportada pelo sistema já que a pretensão da parte afinal não tem fundamento ou é baseada numa descrição dos factos não coincidente com a realidade – mas conjunturalmente bem – porque, no momento em que é proferida a decisão, não podia ter agido de outro modo – a intervenção que provoca directamente o dano não é a intervenção ilícita: esta é a intervenção que a antecede e prepara. Quer isto dizer que a actuação ilícita do sujeito não é suficiente para a produção do dano: esta requer a prática de um acto de heteronomia que é provocado e conformado pela actuação ilícita.

Ora, o que pode perguntar-se é se ainda podem ser imputados à parte que age ilicitamente os danos provocados por uma *dupla causa*, no sentido em que estes danos são causados não por causas independentes mas por causas que se encontram em cadeia causal, sendo a segunda a directamente produtora do dano mas provocada pela que a antecede, a saber, a conduta ilícita da parte.

[1104] Pressupondo a litigância de má fé, até há pouco, o dolo da parte que age ilicitamente, cabe lembrar que num das suas acepções primeiras, o dolo "[evoluiu] para um processo escondido, ligado a uma simulação ou a uma maquinação, para enganar outrem." Menezes Cordeiro, A responsabilidade civil dos administradores, p. 414.

[1105] Carlo Calvosa, La condanna al ressarcimento dei danni per responsabilità aggravata, p. 388, transcrevendo, sem indicação de fonte, Gai 4, 178.

633. Supomos não haver uma resposta única para as diversas hipóteses que fomos figurando. E, a primeira grande frente de problemas, surge-nos na qualificação da intervenção do juiz. Se vimos, atrás, que há situações em que ele pode ser equiparado a um instrumento de um ilícito consumado em autoria mediata, haverá outras em que ele age autonomamente, plenamente consciente de estar, com a sua conduta, a lesar bens jurídicos protegidos. Pelo meio encontramos os casos em que só por ter actuado com negligência o juiz pratica o acto com um conteúdo que, de um ponto de vista do sistema, não podia ter-lhe sido conferido.

634. Como se resolvem os três tipos de situações?[1106]

A doutrina civilista tem decidido as questões relativas à imputação do resultado (do dano) ao agente quando há interferência de uma intervenção de terceiro assentando na relevância desta intervenção sobre o nexo causal.

Entende-se que o resultado da intervenção de terceiro é ainda imputável ao agente quando a intervenção do terceiro surgir "como um efeito adequado do facto gerador da responsabilidade"[1107]. Dito de outro modo, a intervenção do terceiro, não obstante ter-se verificado, será desconsiderada para efeitos de imputação do resultado das circunstâncias juridicamente relevantes àquele que se pergunta ser o seu autor.

Esta imputação só pára se o terceiro cria, ele próprio, um nexo autónomo de imputação. E o terceiro criará um nexo autónomo de imputação se a sua conduta se puder considerar livre e consciente. Se nos reportarmos às construções vigentes em sede de responsabilidade criminal, a actuação do terceiro não impede a imputação se a sua conduta, atendendo às circunstâncias criadas pelo agente, for absolutamente previsível para este que, sem prejuízo da interposição daquele, continua a ter pleno domínio da acção. Se o não tiver porque o terceiro, não obstante determinado à prática do facto pelo agente,

---

[1106] Haverá, ainda, um quarto grupo de casos. Nas situações agora em referência, o juiz, não obstante a licitude da actuação da parte, profere uma decisão com um conteúdo diverso daquele que é postulado, lesando directamente bens jurídicos protegidos. Estas situações, em que deverá entrar unicamente em acção a responsabilidade por acto jurisdicional, caem fora do nosso âmbito de análise já que nos restringimos às hipóteses em que a parte age ilicitamente.

[1107] Antunes Varela, Das obrigações em geral, vol. I, pp. 897-898.

agir de modo plenamente responsável, a hipótese será já de instigação[1108]. E agirá de modo plenamente responsável o *homem-da-frente*/terceiro que cria um novo estado de risco proibido pela norma ou que aumenta o risco proibido criado pela conduta do *homem-de-trás* de modo doloso. Importante, ainda, precisar que para que se verifique uma hipótese de instigação do juiz pela parte, com os efeitos fixados pelo artigo 490.º CC em matéria de imputação, não bastará que aquela crie condições favoráveis à autodeterminação deste último[1109] ou, dito de outro modo, não bastará que o juiz possa aproveitar-se de um estado de risco criado previamente pela parte. Para que haja instigação, é necessário que a actuação do juiz tenha sido determinada pela actuação da parte.

635. Abstraindo, agora, das hipóteses em que o próprio juiz actua com dolo ou negligência, para que ele aja de acordo com aquilo que a parte que actua ilicitamente espera, é fundamental que ele se não aperceba da ilicitude desta conduta. O juiz não pode aperceber-se de que a pretensão não tem fundamento, de que os factos ou são inverdadeiros ou estão truncados de outros essenciais, de que a parte pretende atingir um fim proibido.

Porém, para que qualquer uma destas hipóteses se verifique, é necessário que concorram diversas circunstâncias que a parte explora. Como dissemos logo de início, somente poderão conceber-se como casos de instrumentalização do juiz, pela parte, aqueles em que o erro de apreciação assim não pode ser considerado se tomadas em conta as circunstâncias em que é proferida a decisão. Ou seja, se a decisão se impõe inexoravelmente perante a postulação, se ela é ainda um efeito esperado.

Ora, a decisão só pode ser entendida como um efeito esperado da postulação se entre uma e outra se não interpuserem outras intervenções relevantes. Assim sucederá em dois núcleos típicos de casos: quando a estrutura processual coarctar o contraditório prévio ou não conferir ao contraditório exercido eficácia efectivamente impeditiva da prática do acto lesivo ou quando a natureza da pretensão determinar uma diminuição significativa do grau de prova exigido para o proferimento da decisão.

[1108] Figueiredo Dias, Direito Penal. Parte geral, I, capítulo 31, § 4; Roxin, Allg. T., II, § 26.III, Rdn. 74.

[1109] Roxin, Allg. T., II, § 26.III, Rdn. 76.

636. Esta observação deve ser integrada na equação de uma resposta para os casos em que a parte consegue provocar o dano através de uma intervenção não culposa do juiz. Na verdade, não é apenas a sua conduta que permite a instrumentalização. Esta só é possível atendendo às particulares circunstâncias em que é exercida a função jurisdicional. A parte acaba por conseguir instrumentalizar o juiz, criando nele um estado de erro, porque explora ou aposta nas debilidades do meio processual.

Em todos estes casos, o juiz, não obstante ter proferido uma decisão com um conteúdo errado, agiu licitamente. Porque actuou com integral cumprimento de todos os deveres que sobre ele impendem. O resultado danoso, apesar da interposição da actuação do juiz, verificou-se, exactamente porque o juiz preencheu, com a sua conduta, o tipo objectivo de ilícito.

637. O que cumpre perguntar é se o resultado deve ser imputado à parte. Supomos que assim deve ser porque o *homem-de-trás* tem um conhecimento real da situação que "[alia] ao domínio da vontade do executor e à circunstância de, face ao engano [...] neste produzido, ele *dever* levar a cabo a acção para assim agir de acordo com o direito"[1110]. O juiz, enquanto executor involuntário do plano doloso da parte, age sem culpa[1111] ou conforme ao Direito[1112].

Poderia perguntar-se se, neste caso, afinal o juiz não age com falta de consciência da ilicitude não censurável[1113].

Supomos que não. Com efeito, o juiz quer praticar o acto tal como o pratica uma vez que, face às circunstâncias, ele é o único acto que pode representar como devendo ser praticado. Ele tem, assim, dolo de tipo. Mas ele apenas tem dolo de tipo porque está em erro. No entanto, este erro não atinge a valoração que ele possa fazer quanto à conformidade do acto que pratica: se o juiz representasse correctamente as condições da actuação da parte, em casos não patológicos, não praticaria o acto que praticou ou, talvez de modo ainda mais preciso, o juiz não praticaria o acto com aquele conteúdo concreto. Isto porque o juiz sempre teria de praticar um acto de decisão.

1110 Figueiredo Dias, Direito Penal. Parte geral, I, capítulo 31, § 12.

1111 Figueiredo Dias, Direito Penal. Parte geral, I, capítulo 31, § 12.

1112 Jescheck/Weigend, Lehrbuch des Strafrechts, § 62.II.3.

1113 Figueiredo Dias, Direito Penal. Parte geral, I, capítulo 31, § 17.

Quer isto dizer que o juiz, não obstante a sua conduta preencher o tipo de ilícito, não tem consciência de que a sua actuação é ilícita. Mas esta falta de consciência não resulta de ele não ter podido saber, caso se apercebesse das reais condições em que actuou, que o acto tal como o praticou é proibido. O juiz sabe ou jamais poderá deixar de saber que, se a parte actua ilicitamente e salvo as hipóteses de má fé instrumental, tem o dever de rejeitar a sua pretensão. Porém, e face às condições criadas, ele não tem como se aperceber de que age mal, ou seja, não tem como saber que, através da sua conduta voluntária e livre, concorre para a criação do resultado proibido pela norma. O juiz age claramente em erro: ele não sabe nem tem como saber que a sua conduta está a preencher um tipo de ilícito, não obstante a voluntariedade da prática do acto que determina esse preenchimento.

O erro atinge o quê? Supomos que as circunstâncias de facto em que o juiz funda a sua decisão. E este erro será, no núcleo de casos que analisamos, um erro não censurável: o juiz cumpriu escrupulosamente todos os seus deveres quando decidiu, não lhe sendo exigível que fizesse mais ou diferente.

638. A exploração pela parte que age ilicitamente das debilidades do meio processual impedirá que lhe seja imputado o resultado da sua conduta, a saber, o dano causado à contraparte?

Supomos que não. Com efeito, é o conhecimento destas variáveis que consubstancia o conhecimento real da situação pelo *homem-de-trás*. A parte que conhece as debilidades da estrutura processual sabe que elas potenciam a impossibilidade de o juiz agir de modo a impedir a lesão de bens jurídicos protegidos da contraparte.

639. A circunstância de a parte ter preenchido, com o seu comportamento, o tipo do artigo 456.º [542.º] e de ter logrado aproveitar-se de circunstâncias que impedem o juiz de se aperceber da ilicitude daquela conduta, vindo a ser praticado o acto de que depende a lesão de bens jurídicos protegidos, permite-nos extrair duas conclusões.

Em primeiro lugar, a de que à parte é directamente imputável a lesão dos bens jurídicos protegidos por actuação ilícita determinante da provocação do resultado proibido.

Em segundo lugar, a da irresponsabilidade do terceiro/o juiz que agiu sem dolo de tipo e sem negligência.

640. No pólo oposto encontra-se a situação em que o juiz, apercebendo-se da ilicitude, age com dolo. Neste caso, a parte logra o resultado pretendido mas não por haver instrumentalizado o juiz. Este age autonomamente, de modo plenamente responsável. Se assim é, está afastada a possibilidade de qualificação da relação que se estabelece entre a parte que age ilicitamente e o juiz como uma autoria mediata[1114].

A conduta do juiz é ilícita, fazendo-o incorrer em responsabilidade por actuação jurisdicional: a lesão dos bens jurídicos determinará a constituição de obrigação de indemnizar.

A pergunta que imediatamente se coloca é se esta responsabilidade do juiz apaga a imputação do resultado à parte que agiu ilicitamente. Como dissemos, o juiz apenas actua porque a parte agiu previamente. O juiz funda o exercício patológico e censurável da função jurisdicional na postulação. Estaremos perante uma situação de concurso de autorias, havendo um desvalor da acção da parte – tentativa da parte – e um desvalor do resultado causado pelo juiz? Haverá autorias paralelas? Haverá uma instigação da parte e uma autoria material do juiz?

O acto da parte justifica formalmente a intervenção do juiz. Mas, no momento em que o juiz se apercebe da ilicitude da conduta da parte, passa a agir autonomamente. Há um desvio relevante do processo causal. Se, com a sua conduta, o juiz provocar danos, estes ser-lhe-ão imputados. A parte atingiu o resultado pretendido. Mas só assim sucedeu porque um terceiro agiu autonomamente e sem ser determinado/instigado por ela. A sua determinação na criação e consumação do risco proibido aproveitam o contexto criado pela parte. Não obstante, o juiz actua autonomamente, com total domínio da acção que provocou o resultado proibido.

641. Poderá dizer-se que a conduta da parte apenas merece uma censura pelo desvalor da sua acção, censura que seria irrelevante no plano da responsabilidade civil já que esta pressupõe o dano/resultado provocado não pela sua conduta, mas pela conduta do magistrado?

Colocar a questão deste modo seria desvirtuar a realidade por duas ordens de razões.

Em primeiro lugar, a parte, com a sua conduta, preenche um tipo de ilícito, aquele que está previsto no artigo 456.º [542.º].

[1114] FIGUEIREDO DIAS, Direito Penal. Parte geral, I, capítulo 31, § 21.

Em segundo lugar, a parte não se ficou por uma pura intenção. Ela desenvolveu um comportamento que é proibido pela norma, permitindo a actuação dolosa subsequente do magistrado. Afinal, ambos concorrem, cada um com a sua actuação, para a provocação do dano, sendo que cada um dos intervenientes parasita a actividade independente do outro para que essa provocação seja viável. Ambos concorrem para o resultado, o primeiro criando o perigo proibido, o segundo, incrementando esse perigo.

642. Pode, ainda nestas hipótese, imputar-se o dano provocado à parte?

Juntando os dados coligidos, diremos, em primeiro lugar, que a parte, com o seu comportamento, preencheu o tipo de ilícito previsto no artigo 456.º [542.º].

Em segundo lugar, verifica-se que, não obstante o preenchimento deste tipo, o comportamento da parte, por si só, não é suficiente para provocar a lesão de bens jurídicos protegidos. Essa lesão resulta da conjugação das actuações da parte e do juiz.

No entanto, e apesar da insuficiência da conduta da parte para a produção do resultado proibido, este veio a verificar-se. Se bem que assim tenha acontecido em circunstâncias que não permitem afirmar que ela continua a ter o domínio do processo causal, ela quer a prática do acto que vem a provocar o resultado proibido. Afinal, a sua conduta foi adequada à criação de um estado de lesão. É certo que assim foi com permeio de um ilícito doloso do juiz. Mas a responsabilidade específica deste não impede que a parte que agiu ilicitamente seja condenada no dever de indemnizar a contraparte pelos prejuízos que com o seu comportamento processual ilícito a esta tenham sido provocados.

643. Resta uma última observação. Este núcleo de casos não se pode confundir com aquele em que a parte e o juiz agem concertadamente para a provocação de um dano na contraparte. Neste caso, e ainda que haja diversidade temporal e qualitativa das intervenções, parte e juiz são co-autores. Ambos concorrem, com actuações concertadas, para a consumação do resultado proibido por lei. O resultado será imputado a ambos.

644. Para o fim ficaram as situações em que o processo continha elementos que permitiam ao juiz ter-se apercebido da ilicitude da conduta da parte mas da qual ele, por ter agido com negligência, não se apercebeu.

Neste caso, o resultado proibido só é possível porque o juiz actuou mal. E actuou mal no exercício das suas funções. A sua negligência determinou a prática do acto lesivo dos bens jurídicos protegidos. O juiz concorreu, com a sua conduta, para a produção do resultado quando devia ter evitado esta situação.

Ontologicamente, o juiz não agiu de modo plenamente responsável. Ele não permitiu, querendo, a lesão de bens jurídicos. Ele não tem dolo de tipo já que não age "com conhecimento e vontade de realização do tipo objectivo de ilícito"[1115]. Mais uma vez ele age como age porque está em erro de conhecimento sobre a realidade de facto: ele representa-se as circunstâncias de uma forma tal que supõe, livre e conscientemente, que a decisão que profere é a decisão adequada.

Sucede que este erro do juiz tem como causa imediata o modo negligente como exerce as suas competências jurisdicionais. Se ele tivesse actuado de forma diligente, ter-se-ia apercebido da ilicitude da conduta da parte uma vez que o processo continha os elementos necessários a uma adequada representação da realidade. Neste caso, o juiz acaba por se encontrar numa situação peculiar: ele pratica o acto que, afinal, não seria esperado que praticasse – um juiz que agisse diligentemente ter-se-ia apercebido da ilicitude da conduta da parte, não acolhendo a sua pretensão; logo: o acto praticado pelo juiz não pode ser visto como um efeito necessário ou adequado à conduta anterior da parte –, se bem que tenha praticado o acto que a parte desejava que ele praticasse. O juiz tem dolo de tipo: ele quer proferir a decisão que profere, assim completando o preenchimento do tipo e provocando a lesão/resultado proibido. Mas, somente assim sucede porque o juiz está em erro: ele não se apercebe de que a parte está a agir ilicitamente. Porém, este seu erro só se verifica porque o juiz actuou negligentemente.

Também nesta circunstância o juiz age sem dolo de tipo: ele não dirige a sua conduta ao preenchimento de um tipo objectivo de ilícito representando-o como tal. E também nesta hipótese o juiz age em erro sobre a factualidade típica. Mas, ao invés do que sucedia quando o juiz agira diligentemente, não se podendo aperceber de que, com a sua conduta, preenchia um tipo objectivo de ilícito – pelo que não estaria em causa o preenchimento eventual de um tipo de ilícito negligente –, neste caso, o preenchimento do tipo de ilícito ocorre porque o juiz actuou negligentemente no exercício da função

---

[1115] FIGUEIREDO DIAS, Direito Penal. Parte geral, I, capítulo 13, § 4.

jurisdicional. É porque ele exerce mal a função de julgar que o resultado proibido sobrevém. E ele exerce mal a função de julgar numa dupla acepção: porque actuou com negligência e porque, ao assim ter procedido, provocou o resultado proibido.

645. As consequências que devemos tirar do que antecede serão as seguintes.

Em primeiro lugar, a conduta do juiz/terceiro não é a conduta esperada ou adequada atendendo ao comportamento da parte – mesmo que seja a conduta por esta desejada. O juiz não age numa situação de instrumentalização. Isto implica que havendo um tipo específico de ilícito que cubra a sua intervenção, fundada em negligência, ele terá sido preenchido. Se este tipo de ilícito determinar a constituição do dever de indemnizar a parte pela intervenção judicial negligente, o resultado da acção autónoma será imputado ao juiz.

Em segundo lugar, não obstante a circunstância de a parte ter actuado de um modo aparentemente inidóneo para a produção do resultado desejado – a prática de um acto judicial que acolha a sua pretensão – devido à negligência do juiz, esse resultado sobreveio. Ela criou o risco proibido pela norma que tutela os bens da contraparte. Com a sua postulação, a parte concorreu para a lesão desses bens jurídicos. O resultado da acção deverá ser-lhe imputado.

6. O LIMITE DA IMPUTAÇÃO DO RESULTADO: O DANO INDEMNIZÁVEL

646. Até aqui tentámos determinar a quem deve ser imputado o resultado proibido pela norma. O que teremos de verificar, agora, é que realidades se devem ter por integradas neste resultado ou, dito de outro modo, que danos devem ter-se por indemnizáveis. Até onde vai a imputação?

Esta pergunta e a resposta que a ela se der assumem tanto mais relevância quanto pode ser verificada uma tendência jurisprudencial para fixar a indemnização em unidades de conta, numa espécie de projecção dos cálculos que se fazem para o estabelecimento da multa. Mas a indemnização não é uma multa, não é uma reacção punitiva a uma conduta ilícita e censurável, submetida a limites máximos e mínimos como se de uma pena se tratasse. A indemnização visa compensar um dano, frequentemente incutido, quando o acto lesivo é um acto processual, em bens imateriais – honra e bom nome – e que amiudadamente assume, quando o dano já não atinge este tipo de bens, a forma de dano de privação de uso[1116]. Por isso a obrigação de indemnizar, em que incorre a parte que, litigando de má fé, infligiu danos à parte contrária, há-de ter como limite máximo o montante do dano[1117], sendo de afastar a tendência jurisprudencial para fixar a indemnização, se bem que não expressamente mas por apelo a uma ideia de equidade, em valores que apresentam uma certa relação com o valor da causa e com o valor da multa. Ora, mesmo que o tribunal deva fixar a indemnização segundo critérios de equidade, de alguma base racional e objectiva tem de partir. Esta só pode ser constituída pelo dano sofrido e, como tal, pelo dano potencialmente indemnizável.

647. O artigo 457.º, n.º 1, al. b) [543.º, n.º 1, al. b)] dá-nos uma resposta que pressupõe uma repartição do dano em termos não coincidentes com aqueles que encontramos na lei civil[1118]. A parte que age ilicitamente responde por todos os prejuízos directa ou indirectamente causados à parte contrária[1119]. Nem o ponto aparentemente paralelo, constituído pelo artigo 79.º, n.º 1 Código das Sociedades Comerciais, auxilia na interpretação desta regra já que aquilo que neste está em causa, não é uma delimitação do dano – a delimitação do conteúdo da obrigação de indemnizar do gerente ou administrador aos danos directamente causados –, mas a previsão de uma situação de responsabilidade – a responsabilidade directa e sem intermediação da sociedade do gerente ou administrador perante sócios e credores[1120].

[1116] Assim sucede, *v.g.*, quando é realizada uma penhora em execução que vem a revelar-se inadmissível ou injustificada, em providência cautelar de arresto, que é declarada injustificada ou que vem a caducar, em restituição provisória de posse, que caduca ou é declarada ulteriormente injustificada e, regra geral, sempre que a parte é impedida, por decisão proferida em providência cautelar, de praticar actos de alienação ou de oneração do seu património.

[1117] Acórdão do Tribunal da Relação de Évora, de 26 de Outubro de 2006, que claramente distingue a multa, sanção processual típica, da indemnização, destinada à reparação do dano sofrido.

[1118] Identicamente quanto à indistinção, no direito positivo alemão, da contraposição entre danos directos e danos indirectos, Lange/Schiemann, Schadensersatz 3.ª, § 2.III. Acerca das razões que terão determinado o legislador BGB a não fazer qualquer referência a esta classificação, Medicus, Unmittelbarer und mittelbarer Schaden, I.3.

[1119] Karl Heinrich Görres, Die Haftung für den Ersatz von Kosten und Schäden nach deutschem Prozessrecht, p. 374.

[1120] Menezes Cordeiro, Da responsabilidade civil dos administradores, n.º 64.3.

Numa interpretação literal do preceito, dir-se-ia não haver limite a uma imputação que pudesse ser justificada por uma causalidade natural. Seria indemnizável todo o dano que pudesse ter a intervenção processual ilícita como causa, por mais remota, inadequada ou atípica que esta se mostrasse. A indemnização cobriria *damnum emergens e lucrum cessans*[1121] ou "*damnum emergens e lucrum cessans, damnum circa rem e damnum extra rem*"[1122], ou, ainda de outra forma, os danos intrínsecos e os danos extrínsecos que pudessem ainda, por mais remota que fosse essa ligação, encontrar na actuação de má fé a respectiva causa.

648. Não haverá qualquer limite à imputação de danos cuja causa natural seja um comportamento processual?

Não obstante ser difícil, face aos dados de direito positivo, propor um critério como aquele que, segundo Karl Heinrich Görres[1123], terá vigorado no direito comum – em caso de verificação de danos directos e indirectos, estes serem indemnizados até ao limite máximo fixado no dobro dos danos directos – ou avançar com aquele que a nossa legislação medieval e moderna conheceu no que respeitava à proporção entre custos processuais e custos pessoais – esta fórmula não permite justificar a imputação de acordo com um conceito de dano –, supomos que a expressão constante do artigo 457.º, n.º 1, al. b) [543.º, n.º 1, al. b)] deverá ser lida à luz das coordenadas de determinação do dano indemnizável que o direito da responsabilidade civil propõe. Afrontamos, aqui, uma das maiores dificuldades da obrigação de indemnizar[1124]: a da determinação, em concreto, do dano indemnizável.

1121 Fixando a origem em D. 46, 8, 13 pr., Kaser, Das römische Privatrecht, 1er Abschnitt, § 117, nota 20. Acerca da possibilidade de identificar uma distinção entre danos directamente provocados e danos indirectamente provocados em D. 13, 4, 2, 8 e D. 12, 3, 3, passagens em que, ao valor do objecto da prestação, se fazem acrescer outros valores na fixação do montante devido pelo lesante à contraparte, Kaser, Das römische Privatrecht, 1er Abschnitt, § 117.2c) e nota 18.

1122 Karl Heinrich Görres, Die Haftung für den Ersatz von Kosten und Schäden nach deutschem Prozessrecht, p. 374.

1123 Die Haftung für den Ersatz von Kosten und Schäden nach deutschem Prozessrecht, p. 374.

1124 Staudinger Kommentar, 12.ª, § 249, Rdn 32, onde o Autor afirma que, aceite que a imputação do dano deve conhecer limites, saber, em concreto, como proceder a essa delimitação é das questões mais discutidas do direito da responsabilidade por dano.

649. Independentemente das propostas que prescindem de uma definição unitária de dano[1125] e apesar das críticas que são dirigidas às teorias normativas[1126], supomos que a determinação do dano indemnizável convoque critérios jurídicos[1127]. Estes permitirão limitar ou mitigar[1128] os resultados incomportáveis de uma causalidade estritamente físico-naturalística[1129]; *o dano indemnizável não deve ser simplesmente entendido como uma grandeza de ordem pré e extrajurídica*[1130]. Não obstante o evento lesivo poder, no nosso contexto, ser entendido naturalisticamente como a causa de um dano[1131] – o dano não pode ser pensado sem este evento[1132] –, haverá que apelar a valorações jurídicas na identificação daquilo que deve ser considerado indemnizável. Supomos que estas, quer assentem na consideração de que a causa juridicamente relevante do dano indemnizável será somente a causa adequada – que apontará como indemnizável o dano que possa dizer-se concretamente previsível e provável,

---

[1125] Ulrich Magnus, Schaden und Ersatz, p. 19.

[1126] Ulrich Magnus, Schaden und Ersatz, pp. 14 e segs..

[1127] Por todos, Pedro de Albuquerque, Responsabilidade processual por litigância de má fé, abuso de direito e responsabilidade civil em virtude de actos praticados no processo, p. 150; Menezes Cordeiro, Da responsabilidade civil dos administradores, p. 547; Larenz, Schuldrecht, I, § 27.II; Staudinger Kommentar, 12.ª, § 249 (Medicus), Rdn 32 e segs.; Zeuner, Schadensbegriff und Ersatz von Vermögensschäden, p. 380.

[1128] Menezes Cordeiro, Da responsabilidade civil dos administradores, p. 532, partindo da observação de que a conduta ilícita de qualquer administrador "pode provocar danos fenomenais, em cascata, distantes, por vezes, daquilo que poderia resultar da contemplação isolada do acto perpetrado," conclui que a causalidade, que assentará em critérios normativos (p. 547), "terá, então, um papel decisivo na delimitação dos danos a considerar." Em sentido idêntico, Carneiro da Frada, Teoria da confiança e responsabilidade civil, p. 628; Münchener Kommentar/BGB, 3.ª, vor § 249 (Grunsky), Rdn 37; Staudinger Kommentar, 12.ª, § 249 (Medicus), Rdn 32.

[1129] Carneiro da Frada, Responsabilidade civil, n.º 24; Teoria da confiança e responsabilidade civil, n.º 55.

[1130] Zeuner, Schadensbegriff und Ersatz von Vermögensschäden, p. 380. Muito próximo, Larenz, Schuldrecht, I, § 27.II.

[1131] Propondo um afastamento da causalidade natural na responsabilidade por danos ambientais sob pena de, não obstante a adequação entre a intervenção e o dano, não ser possível a imputação e optando por uma imputação exclusivamente assente no critério do risco, por último e entre nós, Ana Perestrelo de Oliveira, Causalidade e imputação na responsabilidade civil ambiental, § 7.

[1132] Deutsch/Ahrens, Deliktsrecht, § 30.I.1.; Münchener Kommentar/BGB, 3.ª, vor § 249 (Grunsky), Rdn 36; Larenz, Schuldrecht, I, § 27.III.a).

segundo o ponto de vista de um observador experiente[1133], com exclusão de danos totalmente imprevisíveis ou improváveis – quer prescindindo da causa após a sua mera contemplação enquanto condição *sine qua non* e considerando indemnizável o dano que atinge os bens ou interesses protegidos pela norma de cuja violação se trata[1134], têm o objectivo, não obstante a expressa afirmação da teoria da diferença, destinada a estabelecer os estados *ex ante* e *ex post* o evento lesivo, de delimitar o dano que tem a causa natural como justificação única. Sem prescindir de uma tutela adequada do lesado, tais critérios visam limitar a responsabilidade do lesante a danos que ele poderia ter previsto e evitado.

Se a parte age dolosamente, deverão ser-lhe imputados todos os danos que ela tenha querido provocar e relativamente aos quais o seu comportamento seja causalmente adequado[1135]. Supomos que, em rigor, possa ainda ser a causalidade adequada a determinar esta imputação. Com efeito, se o agente actua com dolo e se o seu comportamento é final, do seu ponto de vista e por mais improváveis ou imprevisíveis que os danos provocados pudessem apresentar-se para o homem médio, para ele não podem dizer-se imprevisíveis[1136].

650. Retornando ao disposto no artigo 457.º, n.º 1, al. b), [543.º, n.º 1, al. b)] do CPC, diremos que, apesar da aparente ausência de limites para o dano indemnizável – estar-se-ia perante uma restauração[1137] da situação

---

1133 E não de um observador ideal. Em crítica à figura do observador ideal, LARENZ, Schuldrecht, I, § 27.III; Staudinger Kommentar, 12.ª, § 249 (MEDICUS), Rdn 39 que afirma que na construção desta figura se corre o risco de antecipar conhecimentos que, só depois da ocorrência do evento lesivo podem ser efectivamente conhecidos. Afirma, com espírito, que depois de um acontecimento lesivo, o sujeito tende a ser mais esperto do que era antes.

1134 Em crítica à teoria da esfera de protecção da norma, não enquanto fundante de responsabilidade, mas enquanto critério de determinação concreta do dano, LARENZ, Schuldrecht, I, § 27.III.b)2.

1135 Staudinger Kommentar, 12.ª, § 249 (MEDICUS), Rdn 49.

1136 Neste sentido, supomos concorrer a observação de MENEZES CORDEIRO, Litigância de má fé, abuso do direito de acção e *culpa in agendo*, quando afirma que a morte da parte provocada pelos efeitos da propositura de uma acção infundada com dolo da contraparte a esta deve ser imputada apesar da atipicidade do meio escolhido.

1137 Acerca da inadequação deste termo (*Wiederherstellung*) atendendo a que o lesado pode ver entrar no seu património bens que não o integravam em virtude do conteúdo da obrigação de indemnizar, Staudinger Kommentar, 12.ª, § 249 (MEDICUS), Rdn. 21.

em que o lesado se encontraria caso não tivesse ocorrido o evento danoso, construída com base num juízo de prognose[1138], considerando-se indemnizável todo o dano, qualquer que fosse ainda a sua previsibilidade e probabilidade para o lesante – devem ser chamados à colação, na sua aplicação, os critérios acima enunciados. E, neste contexto, exactamente porque estamos perante a constituição de uma obrigação de indemnizar danos diversos dos danos processuais típicos, valem aqui integralmente as considerações que a teoria da responsabilidade civil vem operando na concretização do conteúdo daquela obrigação. Neste ponto, nenhuma peculiaridade é provocada sobre o conteúdo da obrigação de indemnizar pela natureza processual do comportamento ilícito. E o que é relevante é que, não excluindo a lei processual nenhum tipo de dano[1139], todo ele deverá ser indemnizado desde que coberto pelos critérios da lei civil.

7. A AUTONOMIA DA PRETENSÃO INDEMNIZATÓRIA

651. Do artigo 456.º, n.º 2 [542.º, n.º 2] resulta, com clareza, que a sorte da pretensão indemnizatória, fundada em comportamento processual inadmissível, tem total autonomia face à pretensão principal. Por isso pode a parte vencedora ser condenada como litigante de má fé: o sucesso da demanda não invalida os juízos de ilicitude e de censurabilidade da sua conduta.

A autonomia da condenação da parte como litigante de má fé reflecte-se em diversos aspectos do seu regime.

Um deles, com expressa consagração legal, respeita à recorribilidade da condenação. Nos termos do artigo 456.º, n.º 3 [542.º, n.º 3], haverá pelo menos um grau de recurso sobre a decisão que haja condenado a parte como litigante de má fé. A regra destina-se a garantir a impugnação da decisão independentemente da verificação dos pressupostos objectivos de admissibilidade do recurso. Comprimindo a sua opção originária – que

[1138] Staudinger Kommentar, 12.ª, § 249 (Medicus), Rdn 28, afirma que a determinação da situação que existiria caso o evento danoso não tivesse ocorrido requer tanto mais *profecia* quanto mais afastada no tempo possa ser a sua repercussão desse evento.

[1139] Quanto à relevância da distinção entre danos directos e danos indirectos, não acolhida pelo BGB, mas constante de legislação especial e com o intuito de limitação do dano indemnizável ao dano directamente causado, Lange/Schiemann, Schadensersatz 3.ª, § 2.III.

pressupunha serem os efeitos deste tipo de condenação altamente vexatória e estigmatizante e previa a recorribilidade da condenação até ao Supremo Tribunal de Justiça –, veio o legislador admitir tal recurso, mas somente em um grau.

Desta regra decorrem dois corolários. Em primeiro lugar, o de que a decisão sobre a litigância de má fé tem autonomia face à decisão proferida sobre e na causa principal. Mas, por outro lado, da autonomia da condenação decorre a neutralidade desta condenação no que respeita ao valor da causa. Conforme decidiu o Supremo Tribunal de Justiça, o valor da condenação é irrelevante para a determinação do valor da causa, sendo, consequentemente, irrelevante para a determinação do valor da sucumbência para que se verifique se o recurso da decisão proferida na causa e sobre a causa é admissível ou não[1140].

652. Mas a autonomia reflecte-se, ainda, em outro ponto: pode ser titular do direito à indemnização a parte que vem a ser absolvida da instância por ilegitimidade na acção. Com efeito, os efeitos negativos do comportamento da parte lesante podem repercutir-se na esfera daquela, mesmo que não venha a recair qualquer juízo sobre a pretensão principal. E tais efeitos, sendo provocados por um comportamento ilícito e censurável, devem ser anulados.

A conclusão que acabamos de enunciar contraria a decisão da Relação do Porto, de 13 de Julho de 2007[1141]. Se bem que o tribunal não haja declarado abertamente que a ilegitimidade da parte prejudica a condenação da parte contrária em indemnização pelos danos que para aquela tenham derivado do comportamento processual inadmissível desta, parece ter subscrito semelhante posição. Com efeito, lê-se no acórdão em citação: "[...], os réus pretendem ser ressarcidos dos danos decorrentes da instauração de acções judiciais pelos autores e das imputações que nos articulados dessas acções os autores lhes fazem. *Face à ilegitimidade da sociedade E, enquanto ré-reconvinte, estão apenas em causa os danos sofridos pelos réus F e G1*"[1142].

[1140] Acórdão de 22 de Novembro de 2006 (PINTO HESPANHOL).

[1141] Publicado na ROA, ano 66, II (Set. 2006), 875-899 e anotado por PEDRO DE ALBUQUERQUE, Responsabilidade processual por litigância de má fé, abuso de direito e responsabilidade civil em virtude de actos praticados no processo, anotação, pp. 901-913.

[1142] Itálico nosso.

A limitação do direito à indemnização por comportamento processual inadmissível à parte que seja declarada legítima não tem qualquer apoio na lei, nem resulta da natureza do instituto em apreciação. Na verdade, se o dano pode decorrer da simples propositura da acção (*v.g.* lesão do direito à honra, ao bom nome), bastará tal actuação para que a parte possa e deva ser censurada, incorrendo no dever de indemnizar a parte lesada. Pouco importa, para este efeito, se o lesado vem ou não a ser ulteriormente considerado parte ilegítima: a violação de bens juridicamente protegidos já ocorreu, sendo independente da verificação do preenchimento dos pressupostos processuais pelo tribunal.

8. A MULTA

653. A condenação da parte como litigante de má fé pressupõe a análise e qualificação do comportamento da parte de modo a ter-se por concretizado o tipo de ilícito. Apesar de uma alegada "degradação dos padrões de actuação processual a que temos vindo a assistir e do realce que se impõe dar ao princípio da cooperação e aos deveres de boa fé e de lealdade processuais"[1143], o proferimento de uma decisão em que se condena a parte por ilícito processual não é tarefa simples de realizar atendendo ao grau de prova exigido por lei para que o tribunal profira uma decisão condenatória. Tipicamente, a parte, quando litiga com má fé não se limita a deduzir uma pretensão cuja falta de fundamento não pode ignorar. Vai-se comportando de má fé ao longo de todo o procedimento, violando reiteradamente o dever de boa fé processual. Quer porque insiste numa pretensão que sabe não ter fundamento, quer porque vai esgotando os diversos meios que tem ao seu alcance para protelar o proferimento e o ulterior trânsito em julgado de uma decisão, que, perante os dados do processo, lhe deverá ser desfavorável.

654. Estas considerações suscitam duas observações. A primeira que vimos ser um dos pontos revelados pela jurisprudência, a de que, regra geral, só uma análise do conjunto das intervenções da parte ou "um juízo global sobre a conduta processual [da parte]"[1144] permite um juízo assertivo

---

[1143] Acórdão do Tribunal da Relação de Lisboa, de 1 de Fevereiro de 2006 (Isabel Tapadinhas).

[1144] Acórdão do Tribunal da Relação de Lisboa, de 9 de Janeiro de 1997 (Ferreira Girão).

quanto à ilicitude e censurabilidade do seu comportamento. Em segundo lugar, a ponderação do comportamento global da parte, constitutivo de um ilícito continuado, deverá ter repercussão directa no montante da multa aplicada à parte. Com efeito, supomos que esta deverá variar em função do comportamento que a parte vai revelando ao longo do processo. Se depois de deduzir uma pretensão ou uma oposição, cuja falta de fundamento não pode deixar de conhecer, reiterar nesta pretensão será merecedora de uma punição mais forte do que merecerá se, depois de praticado o ilícito processual, vier assumi-lo, sujeitando-se aos efeitos do seu comportamento[1145].

9. O RESPONSÁVEL PELA MULTA E PELA INDEMNIZAÇÃO

655. Dir-se-ia inútil abrir um ponto para determinar quem é o responsável pela indemnização. O responsável seria o lesante.

Porém, mesmo que assim se respondesse, ter-se-ia transferido a dificuldade de determinação do obrigado à reparação para a determinação do conceito de lesante.

Ora, a determinação do obrigado à reparação assume, quando o facto lesivo é um comportamento processual, particular relevância desde que se tenha em mente a comunidade processual típica. Em texto anterior, sublinhámos a relevância deste aspecto na aplicação de regimes que ancoram na parte[1146]. Conforme então sustentámos, a maioria dos actos processuais é praticada, não pela parte representada, mas sim por advogado, representante que se encontra vinculado ao cumprimento dos deveres processuais, que impendem sobre a parte, bem como a deveres deontológicos.

A relevância desta configuração peculiar da comunidade processual em sede de responsabilidade por litigância de má fé traduz-se no facto de, tendo o mandatário autonomia técnica, a maioria da actividade processual ser por

---

[1145] Sobre este ponto, *cfr.* Acórdão do Tribunal da Relação de Évora, de 26 de Outubro de 2006 (Fernando Bento), em que a parte, depois de ter deduzido oposição a uma providência cautelar inominada, vem assumir que a sua oposição carecia de fundamento. Não obstante haver sido condenada por litigância de má fé (o ilícito estava já consumado), esta sua atitude foi ponderada pelo tribunal.

[1146] Acto e processo. O dogma da irrelevância da vontade na interpretação e nos vícios do acto postulativo, § 11.

ele exclusivamente controlada. É o mandatário quem procede à concreta conformação dos actos que vão sendo praticados ao longo do processo, quer isto dizer, é o mandatário quem decide, regra geral, o como e o que fazer. Por esta razão e independentemente da imputação directa dos efeitos dos actos praticados pelo mandatário à parte, em matéria de responsabilidade por actuação processual admissível perguntar-se-á "sobre quem deve recair a sanção do dolo"[1147], já que "o processo [é] conduzido em juízo obrigatoriamente por técnicos".

Esta característica tem a sua relevância na configuração da responsabilidade por litigância de má fé, imputada, em primeira linha, à parte. Ora, o que pode perguntar-se é que tipo de responsabilidade impende, afinal, sobre a parte, sabendo-se, além do mais, que ela convive com a responsabilidade do mandatário, modelada pelo artigo 459.º [545.º] do CPC.

656. Este problema não é novo. Aliás, a proposta de consagração de um regime de responsabilidade dos mandatários, no CPC1939, terá, nas palavras de Alberto dos Reis, desencadeado uma *tempestade* na Comissão Revisora[1148].

Segundo Alberto dos Reis se, regra gera, o dolo substancial é imputável à parte, o dolo instrumental, traduzido numa censurável utilização dos meios processuais é imputável ao advogado. E, neste contexto, pergunta: "é justo que a parte suporte as consequências de factos e atitudes que não quis nem autorizou, de que, porventura, nem teve conhecimento? É admissível que pela conduta pessoalmente maliciosa do mandatário responda o mandante?[1149]"

Supomos que as dúvidas devem ser levadas mais longe, atingindo os tipos que Alberto dos Reis exclui. Na verdade, se é certo que o advogado só conhece os factos que a parte lhe apresenta, é também certo que o advogado se encontra sujeito a deveres deontológicos que, em nosso entender, lhe impõem uma análise crítica daquilo que a parte lhe relata. Com efeito, o advogado sabe que os factos alegados terão, regra geral, de ser provados. Isto implica que o adequado exercício do direito de acção por seu intermédio lhe imponha que interrogue a parte acerca da prova disponível antes de instaurar

---

[1147] Manuel Rodrigues, Lições de Direito Processual Civil, n.º 299, p. 358.

[1148] Código de Processo Civil anotado, II, *sub* artigo 465.º, p. 273.

[1149] Código de Processo Civil anotado, II, *sub* artigo 465.º, pp. 273 e 274.

a acção ou deduzir a sua oposição. Para além da normal experiência, este escrutínio lhe permitirá detectar eventuais alterações da verdade dos factos.

Por outro lado, quanto à dedução de pretensão ou de oposição sem fundamento, também tem o advogado meios de o escrutinar. Aliás, regra geral não é a parte quem define a pretensão que deve ser deduzida. O tipo de frequência é aquele em que a parte relata ao advogado uma situação de facto para a qual ele tentará encontrar a solução jurídica. Conforme dissemos já em outro lugar, o advogado deve comportar-se, na relação com o seu constituinte, como o pretor se comportava com as partes: *da mihi facta, dabo tibi ius*. Se o advogado não pode litigar contra as instruções da parte que representa, não deve seguir todas as instruções que recebe. Aqui avultam, uma vez mais, as particularidades do exercício da uma profissão submetida a rigorosos deveres deontológicos. Têm absoluta actualidadee as palavras de ALVES DE SÁ: "[a] pena [contra o litigante de má fé] é sempre um meio *correctivo* e por isso muita vez inefficaz. Melhores são os remédios *preventivos*, e esses consistem na boa organização da magistratura dos advogados, pois, sendo esta respeitável, os litigantes de má fé não terão quem lhes proponha as acções"[1150].

657. Se quem litiga, regra geral, não é a parte mas sim o seu mandatário e ainda que os efeitos dos actos por este praticados se repercutam na esfera daquela, esta separação entre autor e agente não pode deixar de ser ponderada quando se pergunta quem é o responsável pela multa e pela indemnização, decorrentes da qualificação da conduta da parte como uma conduta processual de má fé. Tanto mais quando se pondera nos deveres que vinculam o advogado no exercício da sua profissão. Sendo um representante, é um representante com uma enorme autonomia.

A lei atende a esta circunstância, prevendo, no artigo 459.º [545.º], a responsabilidade do mandatário da parte. Por razões estritamente corporativas, ao juiz não é conferido poder sancionatório directo sobre o mandatário. Não é assim em todos os sistemas, como resulta das regras vigentes nos ordenamentos anglo-saxónicos ou mesmo daquelas que são construídas no sistema alemão[1151]. Mas, entre nós, verificada a responsabilidade

---

[1150] Commentario ao Código do Processo Civil Portuguez, 2.º volume, pp. 335-336.

[1151] *Cfr.*, a este propósito, a decisão do BGH de 13.3 1979. Neste aresto o tribunal discutiu a possibilidade de imputar a obrigação de indemnizar à parte que promevera uma execução por dívida já paga mas em que o pagamento não lhe fora comunicado por negligência de uma

pessoal e directa do mandatário na actuação de má fé, deste facto será dado conhecimento, pelo juiz, à Ordem dos Advogados. Será, depois, esta entidade a apurar a efectiva responsabilidade do mandatário, aplicando-lhe, se concluir pela sua responsabilidade, as sanções disciplinares competentes e condenando-o na quota-parte das custas, multas e indemnização que lhe parecer justa.

658. Pensemos, agora, nos casos em que a parte ou tem de actuar, necessariamente, através de representante legal, ou em que, atendendo à sua natureza, deve estar em juízo através dos seus órgãos. O que justifica que a responsabilidade por comportamentos que, na sua relevância intraprocessual, se repercutam na esfera da parte – se são deduzidas uma pretensão ou uma defesa com falta de fundamento, quem sucumbe é a parte, não o seu representante, o mesmo sucedendo se o fundamento de facto da acção ou da defesa forem falseados ou incompletos ou se através do processo se visar um objectivo ilegal –, nos efeitos desencadeados pela respectiva ilicitude se repercutam na esfera do agente, ou seja, do representante? Não deverá o acto ilícito, tal como o lícito, produzir todos s seus efeitos na esfera do representado? Estará, ainda, o artigo 458.º do CPC1961[1152], preso ao brocardo *societas delinquere non potest*?

O regime previsto no artigo 458.º surge como um sintoma da natureza arcaica da responsabilidade por comportamento processual. Na verdade, e perante o regime geral de responsabilidade das pessoas colectivas pelos actos dos titulares dos seus órgãos, a imputação do ilícito a estes sujeitos surge como dogmaticamente desajustada. Pelo menos os efeitos das intervenções que se contenham dentro dos poderes dos órgãos devem produzir-se directamente na esfera da pessoa colectiva, ainda que se esteja perante a repercussão de efeitos derivados de actos ilícitos. A ser possível concretizar algum efeito da actuação ilícita do titular do órgão, este situar-se-ia no plano interno e sem qualquer repercussão na concretização dos elementos do tipo do artigo 483.º do CC: para além dos efeitos que a actuação ilícita pudesse desencadear

---

secretária do seu advogado. O aspecto que, aqui, nos interessa ressaltar respeita à afirmação do BGH de que a responsabilidade pelos danos provocados pela execução recairia sobre o advogado e não sobre a sua representada.

[1152] O artigo 544.º do CPC2013 apenas contempla a responsabilidade do representante de incapazes e não já também, como no artigo 458.º CPC1961, a responsabilidade do representante de pessoas colectivas ou sociedades.

sobre a posição do titular do órgão, este seria responsável perante a pessoa colectiva que, relativamente a ele, exerceria um eventual direito de regresso por indemnização por ela directamente suportada em face de terceiro, a saber, a contraparte na acção.

Se é verdade que a solução do artigo 458.º do CPC1961 se mostra envelhecida face às evoluções da dogmática da responsabilidade civil quando o autor do acto é uma pessoa colectiva, não pode deixar de ponderar-se que a intervenção do artigo 456.º é tipicamente punitiva, tendo a sua origem em esquemas penais de repressão. Estes sempre se revelaram hostis à imputação de ilícitos penais a pessoas colectivas, sendo-lhe ainda hoje hostil um sistema dogmaticamente tão evoluído quanto o sistema alemão[1153]. Vários são os factores que podem explicar esta hostilidade, desde as dificuldades suscitadas pela concretização do elemento subjectivo do tipo de ilícito, à inadequação do tipo de culpa e à inviabilidade de aplicação da sanção típica: a pena. Observada a partir deste ângulo e face às dificuldades que a concretização de tipos punitivos suscita quando o autor do acto não é uma pessoa singular, apesar da evolução registada na dogmática da responsabilidade civil que admite, tanto por razões de isonomia com a responsabilidade de pessoas singulares, como por influência directa de outros sistemas, a responsabilidade directa/pessoal da pessoa colectiva, bem como ponderando a justificação que pode ser apresentada para estes desvios de imputação – não será substancialmente justo fazer responder por uma intervenção aquele que não tem qualquer domínio ou controlo directo sobre ela[1154] –, a opção do artigo 458.º do CPC1961não surge como arbitrária. O mesmo sucede com a opção do artigo 459.º do CPC1961 [545.º].

659. Numa futura revisão do sistema processual, a regra do artigo 458.º do CPC1961 [544.º] deverá ser reanalisada de modo a ser compatibilizada com a interpretação que das regras de responsabilidade civil das pessoas colectivas se vem fazendo[1155]. Dir-se-á que esta não é premente atendendo a

---

1153 Münchener Kommentar/StGB, Bd. I, vor § 25 (Wolfgang Joecks), Rdn 16 e segs..

1154 Neste sentido e no que respeita ao mandatário judicial, Alberto dos Reis, Código de Processo Civil anotado, vol. II, p. 273.

1155 Dispõe o artigo 544.º do CPC2013, sob a epígrafe "responsabilidade do representante de incapazes", o seguinte: "[q]uando a parte for um incapaz, a responsabilidade das custas, da multa e da indemnização recai sobre o seu representante que esteja de má-fé na causa."

que ao artigo 458.º do CPC1961 ainda pode ser imputado um sentido idêntico àquele que resulta do artigo 500.º do CC. A responsabilidade ali prevista operaria no plano interno, limitando-se a lei a esclarecer, para os casos em que a parte é uma pessoa colectiva, que a responsabilidade desta dependeria da concretização do tipo de ilícito pelo titular do órgão.

Mesmo que assim fosse, a solução do artigo 458.º do CPC1961, apesar de implicar já a aceitação de uma responsabilidade aquiliana da própria pessoa colectiva, mostrar-se-ia ainda assim desajustada. A interpretação proposta remeteria para o artigo 500.º do CC, transpondo para o regime da responsabilidade por intervenção processual o regime da responsabilidade do comitente por actos do comissário. Porém, foi já demonstrado que este regime não responde de modo totalmente satisfatório aos problemas suscitados pela imputação de intervenções de titulares de órgãos à pessoa colectiva. Talvez não porque esta responsabilidade seja excluída em situações em que deveria ser concretizada, mas porque ela pressupõe uma dissociação entre a pessoa colectiva e o seu órgão.

Contudo, apesar do desgaste temporal do seu fundamento dogmático, a opção do legislador plasmada no artigo 458.º do CPC1961 não impede a tutela da posição jurídica do lesado. Aliás, e após as sistemáticas alterações a que o regime processual civil tem estado submetido, dificilmente se pode considerar que o legislador desconheça as novas coordenadas do direito da responsabilidade civil e que mantenha, por inércia ou por distracção, uma solução dogmaticamente ultrapassada. Com efeito, o aplicador do Direito, para além da relutância normal, terá relutância agravada em assacar desconhecimento ou alguma distracção ao legislador num momento em que este interveio em matéria de responsabilidade processual, criando a taxa sancionatória excepcional. Se, residindo o objectivo do processo legislativo na alteração das estruturas e respectivos princípios específicos, se pode avançar com a eventual distracção ou inconveniência temporal numa adaptação do regime dos artigos 456.º [542.º] e seguintes, já assim não se pode seguramente fazer quando o objectivo do legislador é exactamente o de intervir em matéria de responsabilidade. E isto verificou-se tanto na reforma de 95/96, quanto na recente reforma operada pela alteração do regime das custas e multas processuais.

660. Tudo concorre para uma conclusão: o legislador não esteve distraído ao manter, primeiro em 95/96, depois em 2008, o artigo 458.º do CPC [544.º]. Fez uma opção que, como todas as que realiza, goza da presunção de haver sido ponderada. Ponderada não apenas no contexto específico do direito processual civil, mas no do sistema jurídico em geral. Ao manter-se afastado das evoluções dogmáticas do direito da responsabilidade, fez uma escolha consciente. Talvez deva admitir-se que, actualmente, a sua não é a melhor opção. Mas é uma opção possível e pragmaticamente aceitável. Até à sua revisão, deverá ser aplicada, conforme, aliás, vem ocorrendo, ao que supomos, sem dificuldades de maior, na prática judicial. Eventuais problemas decorrentes de uma incorrecta delimitação subjectiva da pretensão podem ser remediados pelo que, desta banda, não avulta argumento determinante no sentido da necessidade de ab-rogação do regime. Pode ser mais perfeito, mas, tal como está, vem servindo à tutela dos lesados por comportamentos processuais ilícitos.

10. RECORRIBILIDADE DA CONDENAÇÃO?

661. A condenação da parte como litigante de má fé é, segundo o disposto no artigo 456.º, n.º 3 [542.º, n.º 3], recorrível em pelo menos um grau. Apesar da restrição da recorribilidade desta condenação até ao Supremo Tribunal de Justiça, a lei considera, eventualmente porque se trata de intervenção sancionatória desde sempre conotada com uma elevada carga pejorativa, a decisão recorrível independentemente da sucumbência.

Apesar deste regime, em acórdão de 8 de Junho de 2005 (Gil Galvão), o Tribunal Constitucional pronunciou-se sobre a constitucionalidade da norma constante do artigo 24.º do ETAF, se interpretada no sentido de não admitir recurso para o pleno da Secção de Contencioso Administrativo do Supremo Tribunal Administrativo da decisão proferida por uma das suas subsecções, quanto à parte em que, nesta, se condena a parte como litigante de má fé, tendo o Tribunal Constitucional tecido as seguintes considerações. Em primeiro lugar, a de que a norma não é inconstitucional tanto porque a Constituição não impõe a recorribilidade de todas as decisões, mas apenas a das decisões penais, contra-ordenacionais e transgressionais. Ora, porque "as sanções processuais não constituem [...] sanções criminais; elas possuem uma natureza específica e são cominadas para ilícitos praticados no processo, visando promover o seu normal desenvolvimento" e porque "constituem sanções indiscutivelmente estranhas ao direito disciplinar e ao direito de mera ordenação social," não podendo este último abrangê-las porque "as multas processuais [são] sanções historicamente anteriores e não filiadas no direito penal," "*a reapreciação judicial dessa matéria insere-se na liberdade de conformação do legislador ordinário*" (itálico no original). Independentemente de ficar por esclarecer o que quer o Tribunal significar quando se limita a afirmar que as multas processuais têm uma natureza específica, sendo certo que, no que à fixação dos demais efeitos da litigância de má fé respeita, não se pode duvidar da natureza substantiva das regras que os fixam[1156], independentemente de não se saber até que fase histórica terá o mesmo tribunal regredido para afirmar a não filiação das multas processuais ao direito penal, estranha-se a relativa insensibilidade para a natureza de pena civil, originariamente, sanção penal, das multas processuais, quando se observam, não apenas os seus fundamentos, mas os valores que podem atingir.

Será razoável admitir-se que a decisão que aplica uma pena civil, cujo valor pode chegar a 100 UC, seja irrecorrível, sendo recorrível a decisão que aplica uma multa em processo de transgressão? Supomos que a pouca razoabilidade de um sistema que responda positivamente a esta interrogação dispensa mais demonstração.

11. DEDUTIBILIDADE DE PEDIDO GENÉRICO E AUTONOMIA DE MEIOS?

662. Um dos aspectos debatidos no contexto da indemnização dos danos provocados a uma das partes pelo comportamento ilícito e culposo da outra prende-se com o momento – e não com o meio, como já acima dissemos – em que o pedido deve ser deduzido.

A lei silencia em torno deste traço do regime da litigância de má fé no artigo 457.º [543.º]. No entanto, esta omissão, que sempre permeou o tipo central, nem sempre se registou nos tipos periféricos. Conforme já acima salientámos, em matéria de falência, o Código de Processo Civil impunha o conhecimento da má fé na pendência do processo em que a declaração de falência, havendo sido requerida e mesmo decretada, viesse a ser, respectivamente, denegada ou revogada. E não era apenas a imposição deste conhecimento na pendência do procedimento ou, dito de modo talvez ainda mais correcto, pelo juiz do procedimento, que a lei previa. Mais ainda dispunha o artigo 1188.º que esta declaração se destinava à condenação da parte em multa e indemnização nos termos dos artigos 456.º [542.º] e

---

[1156] GÖTZ, Zivilrechtliche Ersatzansprüche bei schädingender Rechtsverfolgung, p. 117.

seguintes, salva a acção criminal a que houvesse lugar. Quer isto dizer que, com ressalva da reacção estritamente criminal, a reacção sancionatória, através da imposição de multa, e ressarcitória, através da condenação em indemnização, deveriam ocorrer na pendência do procedimento de falência.

663. Não obstante jurisprudência e doutrina se encontrarem divididas, sendo sustentado tanto que o pedido de indemnização pode ser formulado em acção autónoma, como que este deve ser formulado ainda na acção em que a má fé se verifica, reitere-se que em nenhuma destas posições se pode ver uma repristinação do princípio da tipicidade das acções: qualquer uma é boa para a dedução do pedido de indemnização, mesmo que se exija que este seja deduzido naquela que está pendente. O que está em causa é somente determinar até que momento pode a parte contrária requerer a condenação daquela que litigou de má fé em indemnização.

A integração da imputação da responsabilidade pelas custas no *officium iudicis* do *ius actionis*, é, segundo CORDOPATRI[1157], já afirmada assim tanto em BÁRTOLO, quanto em BALDO. Actualmente, assim seria também, quer para a responsabilidade simples[1158], quer para a responsabilidade agravada[1159]. A competência para decretar o reembolso das despesas e a indemnização dos danos pertence, funcional e inderrogavelmente, ao juiz da acção. Um pedido deduzido em outra acção e em outra sede deve ter-se por inadmissível[1160]. As razões avançadas para esta competência exclusiva do juiz da acção são as de que, por um lado, ninguém melhor do que o juiz da acção, que concluiu pela temeridade da lide, para conhecer da má fé da parte, por outro, que a incindibilidade entre o juízo de mérito e o juízo a proferir sobre o comportamento processual da parte é tão forte que admitir o conhecimento desta por um juiz diverso do juiz da acção seria contribuir para situações de contradição de julgados e, por fim, que decorrendo a responsabilidade agravada de uma violação praticada ao longo de um processo, dos deveres de lealdade e de probidade, para o respectivo conhecimento está "*naturaliter vocato il giudice dello stesso processo*"[1161].

1157 L'abuso del processo, I, p. 336.

1158 L'abuso del processo, II, p. 624.

1159 L'abuso del processo, II, pp. 626 e segs.

1160 L'abuso del processo, II, pp. 610-611.

1161 CORDOPATRI, L'abuso del processo, II, pp. 628-629.

Em sentido equivalente, SATTA/PUNZI consideram, sem qualquer espécie de hesitação, que a condenação por responsabilidade agravada é requerida perante o "stesso giudizio di merito", pronunciando-se o juiz sobre o *an* e o *quantum* dos danos. Segundo estes Autores, é princípio consolidado na jurisprudência que é competência exclusiva do juiz do procedimento, de cujo êxito ou decurso se pretenda fazer derivar a responsabilidade processual agravada, pronunciar-se sobre o *an* e o *quantum* do dano[1162].

664. Já acima demos conta da ausência de uma posição comum na jurisprudência e na doutrina. Se olharmos para o artigo 457.º, n.º 1 [543.º, n.º 1], parece-nos possível uma resposta imediata e intuitiva: se a parte apenas sofreu, com a má fé, os danos discriminados na al. a), então deverá pedir a respectiva indemnização na acção em que a má fé se verificou. Porém, se houver sofridos outros prejuízos, ou seja, se a má fé da contraparte lhe provocou danos em outros bens jurídicos, então poderia pedir o respectivo ressarcimento em acção autónoma.

665. Uma das razões que podem militar no sentido de se concluir pela necessidade de permitir a dedução de pedido indemnizatório fundado em comportamento processual ilícito em processo ulterior àquele em que tal ilicitude se verificou respeita à impossibilidade de delimitação dos danos indemnizáveis ou, sequer, da possibilidade de eles serem, então, identificados, surgindo somente após o termo do processo.

Supomos que o artigo 471.º, n.º 1, al. b) [556.º, n.º 1, al. b)] permite contornar esta dificuldade. Apesar das restrições à formulação de pedidos genéricos, a lei admite que o pedido seja formulado nestes termos quando não seja possível determinar, no momento da sua dedução, de modo definitivo, as consequências do facto ilícito. Este regime é aplicável, seja qual for o facto ilícito que fundamenta o pedido indemnizatório. A litigância de má fé constitui facto ilícito. O pedido indemnizatório por danos por ela provocados pode ser um pedido genérico[1163]. A exigência do artigo 471.º, n.º 1, al. b) é, somente, a de que os pressupostos da obrigação de indemnizar

---

[1162] Também neste sentido, CORDOPATRI, L'abuso del processo, II, p. 627.

[1163] Em sentido contrário, o acórdão da Relação de Évora, de 26 Outubro de 2006 (FERNANDO BENTO), que, depois de afirmar que o pedido indemnizatório não pode ser arbitrário, pressupondo a identificação das despesas provocadas pela má fé, sem avançar qualquer fundamento, conclui que "a lei adjectiva restringe a admissibilidade do pedido genérico aos

sejam deduzidos e conhecidos na acção em que é formulado o pedido indemnizatório: "condena-se desde que resolvida, no sentido positivo, a questão do *quantum debeatur*, relegando-se a determinação do *quantum debeatur*, se impossível desde logo, para momento subsequente"[1164].

Este esquema permite responder nos casos em que o dano não é passível de ser determinado pela parte que deduz o pedido indemnizatório. Se assim é, parece que a natureza indeterminada do dano se não pode opor ao entendimento de que o pedido indemnizatório deve ser deduzido na acção em que a parte litigou de má fé.

666. Os problemas agudizam-se, porém, quando se verifica que a parte não sofreu dano algum até ao termo do processo em que a contraparte litigou com má fé.

Dir-se-á que, neste caso, continuar a impor a dedução de pedido indemnizatório na acção em que se verificou a má fé da contraparte equivale a suprimir este direito à indemnização. Com efeito, se a parte não sofreu danos, não terá legitimidade substantiva para deduzir uma pretensão indemnizatória.

O argumento parece determinante, apontando no sentido de, pelo menos para estas situações, se ter de admitir que a parte possa deduzir o pedido indemnizatório em acção autónoma. E dir-se-á, de imediato, como nenhuma razão justifica que esta situação mereça tratamento diverso daqueloutra em que a parte podia, mas não deduziu, pedido indemnizatório na acção em que a má fé se verificou, afinal a parte lesada seria encabeçada numa faculdade alternativa de meios. A admissibilidade da dedução do pedido indemnizatório na acção pendente visava, afinal, beneficiá-la, dispensando-a da propositura de uma nova acção e permitindo a máxima concentração da decisão. Se assim é, a parte lesada poderia optar livremente entre deduzir o pedido na acção em que a má fé se verificara ou em acção autónoma. Como acima se disse, era este o caminho apontado por Riperi[1165] que qualificava o concurso decorrente dos meios colocados ao dispor da parte como um concurso de acções.

---

casos previstos no artigo 471.º, n.º 1, do CPC [leia-se, 556.º, n.º 1 actual CPC], nos quais não se enquadra o presente."

[1164] Barbosa Moreira, A responsabilidade das partes por dano processual no direito brasileiro, n.º 9, p. 33. Em sentido semelhante, Fabio Milman, Improbidade processual, p. 228.

[1165] Corcorso di norme e concorso di azioni nella responsabilità per spese e danni nel processo civile, pp. 392 e segs..

667. A hipótese em que o dano é superveniente ao processo em que se verificou a má fé parece, assim, apontar para a imediata aceitação da admissibilidade de dedução do pedido indemnizatório em processo autónomo àquele em que a parte actuou ilicitamente. Haverá casos em que assim sucede inexoravelmente, bastando confrontar o artigo 389.º [373.º]. Podemos, agora, ignorar, por irrelevante, a imputabilidade ao requerente da caducidade da providência. Se compulsarmos o artigo 390.º [374.º] verificamos que aí se prevê a indemnizabilidade de danos provocados ao requerido quando a providência vem a caducar. As circunstâncias que, na sequência do princípio da instrumentalidade entre providência e tutela principal, se prendem com a acção principal só podem verificar-se depois de decretada a providência e findo o procedimento cautelar. Com efeito, só pode caducar uma providência já decretada. Em todos os casos em que o dano seja indemnizável, entre os factos constitutivos do direito a indemnização, um figura que se verifica necessariamente depois de findo o procedimento: a caducidade da própria providência. Assim ocorre se, *v.g.*, a parte requerida sofre danos na sequência do decretamento de uma providência que vem a caducar ou porque o requerente não instaura a acção principal, ou porque esta fica parada, por negligência sua, por um período superior a 30 dias. Os factos de que depende a concretização do tipo que reconhece um direito a indemnização são, por natureza, de verificação ulterior à do encerramento do procedimento. Porque os elementos do tipo do artigo 390.º apenas se podem verificar findo o procedimento, é evidente que, neste caso, não poderia exigir-se que a parte requeresse uma indemnização durante o procedimento. Na verdade, não o poderia fazer já que o facto lesivo não estaria ainda verificado.

Também se a lesão provocada preencher um ilícito penal, atendendo ao princípio da adesão, deverá a indemnização ser requerida em processo autónomo, independentemente da condenação na acção em que a parte litigou de má fé.

668. Supomos, porém, que a conclusão a que se chega em face do tipo do artigo 390.º [374.º] ou quando o ilícito constitui crime não é generalizável. Com efeito, a circunstância de não terem sido provocados danos na pendência do processo convive com uma actuação tipicamente ilícita da contraparte. Ora, para que se conclua que a parte tem de poder deduzir pedido indemnizatório em nova acção sob pena de ser privada da tutela dos seus bens jurídicos pressupõe que se demonstre previamente que a parte, porque não sofreu danos, não tem legitimidade para requerer a condenação da contraparte como litigante de má fé, deixando a sua condenação em danos que possa vir a sofrer para momento futuro.

Um dos aspectos que não pode deixar de ser ponderado em toda esta discussão é o de que o pedido indemnizatório terá a sua procedência necessariamente dependente de uma qualificação do comportamento da contraparte na anterior acção como um comportamento ilícito. Assim, a questão que imediatamente se coloca é a seguinte: se a contraparte não sofreu danos na pendência do processo deve ou pode pedir a condenação da contraparte como litigante de má fé? E deve ou pode fazê-lo porque pretende acautelar a eventual superveniência de danos, assim não prejudicando a sua indemnizabilidade em processo autónomo?

669. Até este momento deixámos inexplorada a pista que deve ser explorada quando se pergunta em que momento deve ser conhecida a má fé do litigante. E a pergunta é: pode a má fé ser conhecida e declarada em processo diverso daquele em que ela se verificou? Deve a má fé ser conhecida e, eventualmente, declarada no processo em que ela se verificou?

A lei afirma que este objecto deve ser conhecido *ex officio*. E esta pista é determinante na resposta a dar a qualquer questão conexa com os efeitos da má fé, seja este o da condenação da parte em multa, seja ele o da sua condenação em indemnização. Na verdade, tanto um quanto outro efeito dependem da verificação da ilicitude do comportamento processual da parte, ou seja, dependem de um juízo de desconformidade objectiva e subjectiva de uma intervenção ou omissão ocorrida num determinado processo.

Se o juiz da acção deve conhecer da litigância de má fé, não pode esta questão ser suscitada pela parte contrária, ainda que esta não haja sofrido quaisquer danos?

A resposta é necessariamente positiva. Se uma questão é de conhecimento oficioso, incumbindo ao juiz dela conhecer mesmo que não haja impulso, pode o seu conhecimento ser provocado pela parte.

Se assim é, não pode ver-se na ausência contemporânea de dano um impedimento à dedução de pedido de condenação do litigante de má fé em multa. E esta atitude da contraparte é fundamental para que não veja prejudicada a dedução de pedido indemnizatório ulterior, cuja procedência depende da qualificação de um comportamento processual da outra parte como um comportamento processual ilícito e culposo, gerador de danos. Mas deve ainda dizer-se mais. Com efeito, é inverosímil que a contraparte não haja sofrido nenhum dos danos que a lei adjectiva considera indemnizável quando a outra parte actua de má fé. Na verdade, atendendo aos danos processuais típicos, identificados na al. a) do artigo 457.º, n.º 1 [543.º, n.º 1, al. a)], dificilmente se poderá dizer que a contraparte os não haja sofrido. Pode ainda não ter sofrido todos os danos que a má fé vem a desencadear, mas seguramente que os danos processuais típicos estão já verificados.

670. A única questão que a concentração de objectos processuais desencadeia respeita à conjugação da possibilidade de dedução de pedido condenatório de danos não sofridos na pendência do processo em que a parte actuou de má fé com o que a lei dispõe no artigo 457.º, n.º 2 [543.º, n.º 2]. Neste preceito, a lei aponta o acto em que deve ser conhecida a má fé: este acto é a sentença. Ressalve-se, desde já, que a circunstância de a lei traçar esta charneira não significa que não possa haver condenação da parte como litigante de má fé em instância de recurso. Neste caso, ao invés de o conhecimento dessa má fé ser realizado na sentença, deverá sê-lo no acórdão.

No fundo, o que está em causa é concentrar o conhecimento da má fé e a condenação nos respectivos efeitos no acto terminal da instância em que essa má fé se verificou. O que não quer ainda dizer que se deva ter já por resolvida uma outra questão: a de se saber se a apreciação da má fé, cujo conhecimento pode eventualmente considerar-se prejudicado pela eficácia preclusiva do caso julgado[1166], não pode ser realizado, relativamente a actos praticados na primeira ou na segunda instância, respectivamente, pela segunda instância ou pelo Supremo Tribunal de Justiça.

Esta questão respeita à preclusão intraprocessual, não à preclusão extraprocessual, decorrente do trânsito em julgado da decisão.

671. Mas regressemos ao que se dispõe no artigo 457.º, n.º 2 [543.º, n.º 2]. Aí se refere que se não houver elementos que permitam fixar a importância

[1166] Henckel, Prozessrecht und materielles Recht, pp. 95 e segs. e a análise que deste ponto da sua construção é realizada por Gaul, Rechtskraft und Verwirkung, IV. (pp. 254 e segs.). A discussão é muitíssimo interessante porque Henckel, ao invés de assentar a eficácia preclusiva directamente na autoridade da decisão, parte para este efeito do jogo entre a atribuição e o exercício de faculdades procesuais e a tutela da posição da contraparte: a *Verwirkung* operada pelo caso julgado é mais uma emanação da tutela da confiança.

da indemnização na sentença, deverão ser ouvidas as partes, sendo a indemnização fixada segundo o prudente arbítrio do juiz. Conhecemos já a justificação para este regime: ele favorece a parte que se vê confrontada com a má fé da parte contrária. Aquela deve ser poupada a um novo procedimento, destinado a liquidar os danos sofridos. A concentração de objectos, bem como a sua imediata liquidação do valor da indemnização, permite a execução da sentença sem mais diligências prévias. Evitando uma sentença ilíquida, a lei excepciona da extinção do poder jurisdicional do juiz da acção a matéria da fixação do quantitativo da indemnização. Mas é somente esta questão que pode, ainda, ser decidida depois de proferida a sentença, não a relativa à verificação de um comportamento processual ilícito e culposo da parte. A extensão do poder jurisdicional restringe-se à liquidação.

Pergunta-se: se não for possível determinar, quer até ao proferimento da sentença, quer até ao momento que imediatamente se segue à sua prolação, a extensão do dano provocado pela má fé da parte, será razoável limitar o conteúdo da indemnização a arbitrar ao lesado?

A resposta negativa parece-nos intuitivamente correcta. Nenhum fundamento substancial pode ser invocado em abono de um sistema que, devendo ser favorável à parte lesada, afinal a desfavorece. Se não puder estender a indemnização a danos ainda não sofridos aquando do respectivo arbitramento, será prejudicada por um regime cujo único objectivo é o de a beneficiar.

672. À admissibilidade de um ulterior pedido de condenação em danos supervenientemente sofridos poderia contrapor-se a necessidade de a parte que litiga de má fé conhecer, de imediato, a extensão do dano. Mas este seu interesse não é atendível ao ponto de se transformar em prejuízo para aquele que foi lesado através de um comportamento altamente censurável.

673. Poderia, ainda, avançar-se com a eficácia preclusiva do caso julgado. Mas esta poderá, quando muito, obstar a que em nova acção se venha a invocar, pela primeira vez, a ilicitude do comportamento processual pretérito, para dela se extraírem efeitos que estão em oposição com o sentido da decisão transitada. Esta perspectiva não impede, porém, que a decisão entretanto transitada e que haja reconhecido a ilicitude do comportamento da parte em acção anterior tenha autoridade de caso julgado em ulterior acção de indemnização. Em abono da posição que enunciamos e apesar da limpidez do texto do artigo 457.º, n.º 2 [543.º, n.º 2], deve ser chamado à colação o artigo 564.º, n.º 2, do CC: se os danos futuros, não obstante serem previsíveis, não forem determináveis, deve a fixação da indemnização ser deixada para decisão ulterior.

674. A toda a construção antecedente subjaz uma ideia: a de que a faculdade de exigibilidade da indemnização caduca se a parte não houver suscitado a apreciação da má fé da contraparte no processo em que esta se verificou. Se ela pode deixar a determinação da indemnização de danos futuros para decisão ulterior, será perante o tribunal em que pende o processo em que se verifica o comportamento de má fé que o conhecimento desta questão deve ser suscitado.

Será necessariamente assim?

Veja-se que, até aqui, nos limitámos a demonstrar que concluir por uma preclusão da questão da má fé, caso esta não seja invocada perante o tribunal da acção, não implica uma inviabilização do direito à indemnização da contraparte. Por esta razão, este tópico argumentativo não atinge os pressupostos da corrente que sustenta uma concentração de objectos.

675. Pergunte-se, novamente: haverá alguma razão de fundo que possa justificar que deva ser o juiz da acção a conhecer da litigância de má fé? Não poderá este conhecimento ser provocado pela parte lesada perante um outro juiz, seja este um juiz de instância superior, seja este um juiz de um novo processo?

A lei não tomou posição expressa sobre este ponto. A preclusão de pretensões é algo de absolutamente excepcional no nosso sistema. Estes dados parecem abrir caminho a uma solução que passe pela não caducidade da faculdade de exigir indemnização por danos causados na sequência de um comportamento de má fé caso esta não seja requerida perante o juiz da acção. A parte lesada poderia requerer a apreciação da má fé da contraparte, bem como requerer a sua condenação em indemnização quer perante o tribunal de recurso, quer em processo autónomo. Um juiz diverso daquele perante o qual se verificara o comportamento ilícito e culposo poderia, não obstante o silêncio deste último, apreciar a inadmissibilidade do comportamento da parte.

Vimos, já, que a nossa jurisprudência, acompanhada de parte da doutrina, admite a condenação da parte por comportamentos de má fé ocorridos perante tribunal diverso daquele que se pronuncia. Admite-o, primariamente, no caso em que essa pronúncia provém do tribunal de recurso, ainda que os comportamentos de má fé tenham ocorrido exclusivamente perante o tribunal *a quo*. Por outro lado, parte da jurisprudência e da doutrina admitem, ainda, que a parte possa pedir a condenação da outra parte em indemnização em processo autónomo. O que, nesta segunda construção, fica por apurar é se se deve considerar admitida, não apenas a dedução de indemnização em processo autónomo, mas a própria pronúncia de tribunal diverso daquele perante o qual se verificou a má fé acerca dos pressupostos da indemnização, *scilicet*, acerca da verificação de um comportamento processual ilícito em processo diverso daquele em que este ocorreu.

676. Não obstante a aparente diversidade de situações, a questão implicada na atribuição de competência a juiz diverso daquele perante o qual a parte litigou de má fé para se pronunciar sobre a conformidade desta actuação processual é idêntica. Note-se que, nesta afirmação, não devem considerar-se abrangidos os casos em que só o tribunal de recurso tem elementos suficientes para, numa apreciação compreensiva do comportamento da parte, concluir pela inadmissibilidade do seu comportamento.

Esta análise compreensiva pode implicar a ponderação, tanto de comportamentos ocorridos perante o tribunal *a quo*, como perante comportamentos verificados perante o tribunal *ad quem*. As únicas hipóteses que nos interessam e que podem estar envolvidas na pergunta acerca da exclusividade da competência do juiz perante o qual a parte litigou de má fé são aquelas em que os comportamentos inadmissíveis ocorreram exclusivamente perante o tribunal *a quo*.

677. Uma distinção parece imediata. A admitir-se um conhecimento da má fé por tribunal diverso daquele perante o qual o comportamento se verificou, esse conhecimento só pode considerar-se admissível na medida em que o juízo a emitir não possa pôr em causa uma decisão transitada em julgado. Se, por hipótese, a parte vem requerer a condenação da contraparte, que obteve ganho de causa, tendo a decisão transitado em julgado, em processo autónomo, fundando uma pretensão indemnizatória na falta de fundamento da pretensão ou da defesa, dir-se-á, intuitivamente, que esta pretensão é inadmissível por colidir com a decisão pretérita.

A excepção a esta conclusão seria constituída pelas hipóteses em que a parte pode interpor recurso extraordinário da decisão, vindo nele a demonstrar que a outra litigara de má fé, deduzindo pretensão que sabia não ter qualquer fundamento e que somente fizera vencimento por se verificar algum dos fundamentos previstos nas als. a), b), c) ou e) do artigo 771.º [696.º].

Inversamente, se a parte veio efectivamente a decair, seria possível conceber que, na sequência deste decaimento, a parte contrária viesse requerer a sua condenação em indemnização, fundando este pedido na má fé na dedução da pretensão ou da defesa na anterior acção. Neste caso, a condenação apresentar-se-ia em sintonia com o conteúdo da anterior decisão, podendo ser vista como um seu desenvolvimento não obstante aquela não se haver pronunciado sobre a questão da litigância de má fé.

678. Mas deverá admitir-se que seja um juiz diverso daquele perante o qual ocorreu o comportamento de má fé a pronunciar-se sobre esta questão ainda que a nova pronúncia requerida não colida com a decisão pretérita?

Dir-se-ia que não, na medida em que nenhum juiz estará melhor colocado para conhecer da má fé do que aquele perante o qual a parte agiu ilicitamente. Se esta observação é absolutamente certeira, ela ainda não apresenta razão determinante para se entender ser exclusiva a competência do juiz perante o qual a parte litiga de má fé. Com efeito, na sua base estarão eventuais problemas de prova: em instância ou em procedimento autónomo dificilmente se demonstraria e provaria a má fé de que o próprio juiz da causa se não apercebeu.

Acescentar-se-á, ainda, que podem militar contra uma pronúncia por juiz diverso daquele perante o qual a parte litigou de modo ilícito e censurável razões relacionadas com a dignidade da Justiça e dos órgãos de soberania que a aplicam, bem como com o princípio da legalidade dos meios de reacção a decisões nulas ou ilegais. Se a parte puder, perante o que ela entende ser uma omissão de pronúncia e ao invés de desencadear os mecanismos próprios de reacção a decisões viciadas, propor acção autónoma, aí deduzindo um pedido de indemnização com fundamento em comportamento processual inadmissível pretérito da contraparte, será um tribunal, ao qual a lei não reconhece a competência para controlar a validade da decisão.

679. Este argumento surge-nos como decisivo contra a apreciação em acção autónoma da má fé de um litigante, devendo, no entanto, tomar-se, aqui, em consideração, algumas decisões judiciais que parecem contrariá-lo.

Na verdade, a jurisprudência já afirmou que não se verificará uma nulidade da sentença se o tribunal deixar de conhecer da má fé da parte. Esta posição é alicerçada essencialmente em dois fundamentos.

Por um lado, sustenta-se que se o tribunal se não pronuncia sobre a má fé, deve inferir-se deste silêncio que o julgador entende não estar verificado o ilícito processual descrito no artigo 456.º [542.º][1167]. Por outro, afirma-se que, deduzido pedido de indemnização para ressarcimento de danos provocados com a má fé, sendo este pedido marginal ou secundário, a omissão de pronúncia sobre ele não gera uma nulidade da sentença, mas uma "simples omissão ou nulidade de carácter geral"[1168].

É jurisprudência que só parcialmente é possível acompanhar, uma vez que não tem integral apoio nos dados do sistema, sendo-lhes contrária.

680. Comecemos pela primeira decisão. Nela afirma-se que se o tribunal não profere decisão sobre a má fé de uma ou de ambas as partes se deve inferir que assim sucede porque o tribunal entende que aquela se não verificou. Mas como se compatibiliza esta asserção com a imposição legal de conhecimento *ex officio* da litigância de má fé?

Dir-se-á que sem qualquer dificuldade já que o tribunal não tem de pronunciar-se, na decisão, sobre toda e qualquer matéria que seja de conhecimento oficioso. Este dever de conhecimento somente se verificará se os dados da situação decidenda impuserem esse conhecimento. Se, em concreto, nenhuma intervenção da parte ou das partes requerer decisão sobre a respectiva licitude ou ilicitude, o tribunal não tem o dever de se pronunciar sobre esta matéria.

Porém, para que assim seja, é necessária a verificação do pressuposto enunciado: o de que nenhum comportamento da parte mereça pronúncia quanto à eventual verificação de má fé. Em situação inversa, a decisão terá omitido o conhecimento de uma questão que é imposto por lei: o artigo 456.º [542.º] impõe ao juiz que condene a parte se o seu comportamento processual for inadmissível. Neste caso e como decorrência do artigo 668.º, n.º 1, al. d) [615.º, n.º 1, al. d)], conjugado com os artigos 660.º, n.º 1 [608.º, n.º 1] e 456.º, n.º 1 [542.º, n.º 1], a decisão será nula.

[1167] Acórdão do Tribunal da Relação de Lisboa de 11 de Março de 1999 (Silva Santos). Em sentido inverso, acórdão do Tribunal da Relação do Porto de 2 de Março de 1998 (Marques Peixoto).

[1168] Acórdão do Tribunal da Relação do Porto de 20 de Maio de 1999 (João Bernardo).

681. A conclusão antecedente afasta-nos da segunda decisão. Nela se sustenta que a omissão de pronúncia sobre o pedido de condenação em indemnização por litigância de má fé não constitui uma nulidade da sentença, mas somente uma nulidade *de carácter geral*. Ali se identifica a omissão de pronúncia com uma nulidade geral, supondo-se que, por este termo, se pretende afirmar estar verificada uma nulidade inominada.

O fundamento da decisão é equivocado: afirma-se que a sentença não é nula porquanto o pedido de indemnização por litigância de má fé é um pedido marginal ou secundário. Talvez se pretenda dizer que o pedido de indemnização por litigância de má fé não é o pedido principal e que este pedido só casualmente será deduzido no processo.

Apesar de assim ser, o enquadramento dado pelo tribunal à matéria da litigância de má fé, para além de revelar o modo degradado como entende este instituto, não permite a ilação retirada. Não há qualquer razão substancial que permita afastar, relativamente ao pedido de condenação em indemnização deduzido por uma parte processual, com fundamento em litigância de má fé da parte contrária, o regime dos artigos 660.º, n.º 1 [608.º, n.º 1] e 668.º, n.º 1, al. d) [615.º, n.º 1, al. d)]. A lei impõe ao tribunal que conheça de todas as questões suscitadas pelas partes. Ressalvam-se, somente, os casos em que esse conhecimento deve ser dispensado atendendo a relações de prejudicialidade entre objectos processuais. Não é este necessariamente o caso do pedido de condenação da parte em indemnização por litigância de má fé. Só assim será se a decisão proferida sobre a causa for incompatível com uma condenação por comportamento processual ilícito. Assim sucederá se o tribunal der razão à parte contra a qual é deduzido pedido de indemnização por dedução de pretensão ou de defesa sem fundamento. No entanto, ainda nesta hipótese, o não conhecimento do pedido não decorre da sua natureza secundária ou marginal; decorre, sim, da relação de prejudicialidade entre objectos processuais.

682. Para além do que resulta já, deve ainda reforçar-se a posição acabada de avançar quanto à necessidade de a apreciação do comportamento da parte ser realizado pelo tribunal perante o qual esta litigou de má fé. Deve, neste contexto, retomar-se o que já acima se disse quanto ao conhecimento oficioso da má fé. Deste traço de regime resultou o reconhecimento da legitimidade da parte, que se vê confrontada com um comportamento inadmissível, para suscitar o conhecimento desta questão, ainda que fosse possível afirmar que ela não sofrera quaisquer danos – o que, perante a indemnizabilidade de danos processuais típicos, dificilmente se poderá conceber.

Porque o conhecimento oficioso da má fé implica a actuação de meios intra-processuais caso haja uma omissão de pronúncia, quando esta seja justificada, a não actuação destes meios determina, ainda, a preclusão de conhecimento desta matéria em nova acção. Reitere-se que aquilo que aqui está em causa não é afirmar uma preclusão de um direito a indemnização caso a má fé haja sido apreciada e decidida pelo juiz perante o qual ocorreu o comportamento processual ilícito. O que está em causa é a preclusão do conhecimento da própria má fé da parte. Tendo o juiz o dever de se pronunciar sobre esta matéria, não se pronunciando, quando a parte entende que tal pronúncia deveria ter ocorrido, deverá ela, sob pena de preclusão, desencadear o conhecimento da competente nulidade. Para que assim seja, é necessário que as circunstâncias de que resulta esta apreciação sejam cognoscíveis durante a acção em que a má fé ocorreu. Conhecemos já um caso em que assim não pode acontecer: quando a parte requerente de providência cautelar venha a ser responsabilizada pelos danos provocados à contraparte quando deixa caducar a providência cautelar por não ter instaurado a acção principal nos tempos estabelecidos pela lei processual. Nesta circunstância, o fundamento da responsabilidade é de formação complexa, havendo pressupostos cuja verificação é necessariamente ulterior ao termo do próprio procedimento.

683. Mas esta excepção ao princípio da preclusão há-de valer, conforme sustentam Pajardi[1169] e Pioli[1170], sempre que a estrutura processual seja incompatível com um *simultaneus processus*, ou seja, sempre que a causa da não dedução de pedido indemnizatório dos danos provocados à parte durante o procedimento seja a estrutura processual concreta e não a inércia desta última.

Em suma, numa clara atenuação de regras de preclusão, assentes numa base estritamente objectiva, decorrente da existência de fundamentos de revisão fundados em circunstâncias contemporâneas da acção, mas insusceptíveis de invocação, que seja possível à contraparte, através das faculdades processuais de dedução de matéria de facto e de direito que a lei lhe confere, invocar a referida má fé.

1169 La responsabilità per le spese e i danni del processo, p. 359.

1170 Anotação a Cass. 6.2.1984, p. 1996.

Que este é o limite a uma eficácia preclusiva resulta com clareza até dos fundamentos do recurso de revisão. Se neles se atentar, a lei apenas permite a impugnação do caso julgado se, em recurso extraordinário, se vier discutir matéria que, podendo ter sido discutida no processo anterior, o não foi. É a hipótese da invocação da falsidade. Este fundamento abre a via da impugnação mas somente se o seu fundamento – a falsidade – que, porque respeitante a meios de prova contemporâneos do processo, aí podia ter sido discutida e apreciada, o não foi.

12. Conclusão: a natureza civil da indemnização por comportamento processual ilícito

684. Se puder qualificar-se como civil uma responsabilidade ordenada à indemnização de bens privados, haverá que concluir, quanto à natureza da indemnização desencadeada por comportamento processual ilícito, que se trata de uma indemnização civil.

No final verifica-se que não há uma responsabilidade processual, ordenada à indemnização de danos provocados em situações jurídicas processuais e por isso apartada de uma responsabilidade civil por facto ilícito.

Há uma responsabilidade por comportamento processual ilícito, cujos pressupostos são fixados pelo artigo 456.º [542.º] do CPC mas cujo conteúdo é estabelecido pelas regras competentes do direito civil[1171]. Esta é destinada a indemnizar os danos sofridos por todos os bens da contraparte tutelados pelo tipo de ilícito. Quer isto dizer que a expressão responsabilidade processual não pode ter outro significado que não seja o de apontar inequivocamente para o tipo de comportamento que pode desencadear deveres de indemnizar: comportamentos processuais[1172]. Isto porque do que se trata é de determinar a indemnização de todos os bens jurídicos da contraparte, violados com a

---

[1171] Neste sentido, o Acórdão do Tribunal da Relação do Porto, 23 de Outubro de 2001 (Rapazote Fernandes), que decidiu que, não obstante a condenação em indemnização depender da dedução de pedido nesse sentido, a sua atribuição não se subordina à verificação dos pressupostos que a lei prevê para a responsabilidade civil.

[1172] Neste sentido, Guido Tedeschi, Il giudizio di opposizione alla sentenza dichiarativa di fallimento, p. 100, quando sustenta que a responsabilidade por danos e custos processuais é justificada por uma actividade processual.

conduta dolosa ou gravemente negligente. "Se a multa se configura como uma sanção de natureza exclusivamente processual [...], já a indemnização, efectivando a responsabilidade civil decorrente da má fé processual, pressupõe o dano, restringindo a obrigação de indemnização aos que resultarem dessa violação (artigo 483.º n.º 1, 562.º e 563.º do CC)"[1173].

685. O que o sistema processual tem de particular é a descrição dos comportamentos típicos que são considerados ilícitos e que, como tal, desencadeiam o dever de indemnizar. Neste sentido, é lapidar o acórdão da Relação de Coimbra, de 9 de Maio de 2000 (António Geraldes), segundo o qual "[a] conduta processual apenas é *civilmente* sancionada quando reflicta comportamentos dolosos ou caracterizados por negligência grave" (itálico nosso). E agora se podem ter por cabalmente justificadas as palavras de Alberto dos Reis que, em anotação ao artigo 466.º CPC1939, actual artigo 457.º [543.º], afirmaria: "[e]m todo o caso o sentido da lei é manifesto. *A má fé processual é fonte de responsabilidade civil*; [...]"[1174] (itálico nosso).

Neste sentido dirá, por último, a Relação de Lisboa, em acórdão de 16 de Dezembro de 2003, que a responsabilidade decorrente da litigância de má fé é uma responsabilidade civil processual.

E assim é, de facto. Nenhum dos traços do regime da responsabilidade por delito processual determinou conclusão diferente. Os danos provocados em qualquer tipo de bem jurídico protegido da contraparte devem ser indemnizados.

686. A conclusão a que acabámos de chegar, não só não é inconsequente para a determinação da relação que se estabelece entre os artigos 456.º [542.º] e 483.º, n.º 1, do CC, como tem repercussão num dos aspectos do regime de recorribilidade da decisão que condena a parte por litigância de má fé.

Em acórdão de 12 de Setembro de 2006 (João Camilo) o Supremo Tribunal de Justiça decidiu que "versando a referida condenação como litigante de má fé, matéria processual, [...] não pode ser aqui reapreciada a citada condenação," deixando, consequentemente, de conhecer do recurso

---

[1173] Acórdão do Tribunal da Relação de Lisboa, de 26 de Outubro de 2006 (Fernando Bento).

[1174] Código de Processo Civil anotado, vol. II, p. 270.

quanto a este objecto. Esta decisão reflecte a jurisprudência constante do Supremo Tribunal de Justiça[1175].

Temos as maiores reservas quanto a semelhante jurisprudência. Se os factos que podem originar a condenação prevista no artigo 456.º, n.º 1 [542.º, n.º 1] são factos processuais, não estarão seguramente em causa regras processuais na condenação.

O facto de o tipo de ilícito de que resulta responsabilidade por comportamento processual constar do Código de Processo Civil não significa que se esteja perante uma regra de natureza processual, no sentido pressuposto pelo artigo 755.º, n.º 1, al. b)[1176]. E só este podia ser o sentido a conferir a esta regra sob pena, uma vez mais, de a recorribilidade poder ser manipulada. Ora, o que determina a natureza de uma regra não é o diploma em que ela se acha contida, mas aquilo que através dela se regula. No artigo 456.º [542.º], não estão em causa regras de procedimento, mas regras materiais relativas ao ilícito cometido pelas partes aquando da prática de actos ou da omissão de deveres processuais.

687. Fazendo um balanço dos resultados alcançados quanto à análise do tipo de ilícito por comportamento processual e à extensão dos deveres de indemnização por ele desencadeados, diremos que o sistema nacional, em confronto, por exemplo, com o sistema germânico, protege mais fortemente os bens jurídicos da contraparte do que este. Ao admitir, inequivocamente, um tipo de ilícito negligente ao lado de um tipo de ilícito doloso no seu tipo central resolve uma equação relativamente à qual a doutrina e a jurisprudência alemãs se encontram profundamente divididas. Para parte dos autores, a solução constante do artigo 456.º, n.º 2 [542.º, n.º 2] será claramente exagerada na resolução do conflito entre o exercício lícito do direito de acção e a alocação das desvantagens sofridos por esse exercício[1177].

[1175] *Cfr.*, *v.g.*, acórdãos de 21 de Junho de 2006 (Vasques Dinis), 12 de Setembro de 2007 (Maria Laura Leonardo), 26 de Setembro de 2007 (Vasques Dinis), 10 de Outubro de 2007 (Vasques Dinis) e 5 de Março de 2008 (Bravo Serra).

[1176] Revogado pelo Decreto-Lei n.º 303/2007, de 24/07.

[1177] Häsemeyer, Schadensersatz im Zivilrechtsstreit, pp. 139 e segs., reflectindo a posição maioritária, onde afirma que a responsabilidade pela lesão de bens jurídicos da contraparte, como o nome, a honra, a saúde, que designa por responsabilidade por danos colaterais (*Haftung für Begleitschaden*) ao invés da responsabilidade pela realização das situações

Para outros, conterá a solução que, com excepção dos tipos processuais de perigo abstracto, é a adequada[1178].

Seja qual for o juízo que se emita sobre a adequação da solução legal, certo é que a lei toma posição, cortando a fronteira entre o lícito e o ilícito de forma equivalente à das legislações que expressamente se pronunciam sobre este problema (*cfr.*, *v.g.*, os artigos 14.º CPCbr73 [77.º] e 96 c.p.c.it.): a licitude termina quando a parte actua de forma dolosa ou gravemente negligente.

---

subjectivas de cada uma das partes (*Durchführungshaftung*), deve ser limitada aos danos infligidos com dolo e que sejam contrários aos bons costumes.

1178 Hopt, Schadensersatz aus unberechtigter Verfahrenseinleitung, pp. 236 e segs..

IX. COMPORTAMENTO PROCESSUAL ILÍCITO E ABUSO DO DIREITO

1. LITIGÂNCIA DE MÁ FÉ E ABUSO DO DIREITO: A INTERVENÇÃO DO ARTIGO 334.º DO CC

688. Até aqui, a litigância de má fé surgiu-nos como a figura que intervém sempre que a parte viola, com dolo ou negligência grave, deveres processuais em que a lei a encabeça. Uma vez verificados os seus pressupostos, a lei comina tal violação com uma pena civil: o comportamento da parte, sejam quais forem os respectivos efeitos na esfera da contraparte, merece, por si só, censura. A reacção não tem, nesta sua vertente, escopo compensatório ou ressarcitório, mas claramente punitivo.

Porém, se com a sua actuação a parte provoca danos à contraparte, estes são indemnizáves, sejam quais forem os bens jurídicos atingidos. O comportamento processual é apto a provocar danos com esta universalidade. Os bens jurídicos através dele atingidos podem ser quaisquer uns, não sendo situações jurídicas processuais. Seja qual for a natureza dos bens jurídicos violados, os danos provocados pelo comportamento processual são indemnizáveis desde que se verifiquem os pressupostos de que o tipo central do artigo 456.º [542.º] do CPC faz depender a constituição do direito à indemnização.

689. Pergunta-se: há espaço, ao lado da litigância de má fé, para uma intervenção da cláusula geral do abuso do direito? Será a litigância de má fé o único instituto a intervir quando se pergunta acerca do modo como tais situações são actuadas? Haverá campo para a intervenção de outros institutos? Constituirá a litigância de má fé a reacção a comportamentos ilícitos e dolosos ou gravemente negligentes, devendo intervir outros institutos quando o comportamento é disfuncional? O que sucede quando o exercício do direito de acção é meramente instrumental e não final, ou seja, o que sucede se a parte actua situações jurídicas processuais, não para influenciar a decisão judicial destinada a resolver um conflito de interesses, mas para provocar um *mal* à parte contrária? O que acontece, *v.g.*, se a parte, apesar de recorrer ao meio processual mais adequado à tutela da situação jurídica violada e não obstante a inequívoca necessidade dessa tutela, não deduz a pretensão de modo exaustivo, espartilhando-a por múltiplas acções? Não há limites à conformação do objecto do processo? Perante comportamentos emulativos da parte, não sucede nada? Só sucede alguma coisa desde que verificados os pressupostos da litigância de má fé? Desencadear-se-ão os efeitos previstos em outras cláusulas gerais do sistema? Ou deverá considerar-se que, quanto às situações jurídicas processuais, somente o modo de exercício que determina o preenchimento dos pressupostos da litigância de má fé merece reacção desfavorável do sistema?

Será a litigância de má fé, simultaneamente, a projecção e a concretização exaustiva do abuso do direito de acção?

690. Logo no início deste trabalho fizemos eco das palavras de Alberto dos Reis, que têm data anterior à da entrada em vigor do Código Civil de 66. Na edição de 1940 do seu Código de Processo Civl anotado[1179], Alberto dos Reis afirmará que "*[p]orque o abuso do direito de accionar se considera um facto ilícito, sujeita-se a responsabilidade quem pratica esse abuso procedendo de má fé. Essa responsabilidade desdobra-se em duas sanções: multa e indemnização.*" Esta transcrição deve ser contextualizada: ao referir-se à figura do abuso de direito, Alberto dos Reis não está a tratar este instituto como autónomo por referência à litigância de má fé, mas como instituto que, no processo, se confunde com a litigância de má fé. A datação da posição do Autor é relevante pois denota que, apesar da ausência de expressa referência legal, não só seria possível admitir a figura do abuso de direito[1180], como a ela reconduzir os casos em que a parte, *por litigar de modo particularmente censurável ou de má fé*, incorria em multa e no dever de indemnizar a parte contrária.

Há já algumas décadas, Castro Mendes afirmava que a questão era saber se o exercício abusivo do direito de acção apenas diz respeito ao autor que, tendo razão, faz "a acção desempenhar uma função diversa, designadamente

[1179] P. 327.

[1180] Veja-se, em sentido inverso, Zani, La mala fede nel processo civile, pp. 80 e segs., lugar em que o Autor, debatendo a possibilidade de integração da má fé processual no abuso de direito, não só nega relevância autónoma a esta cláusula geral, como afasta a sua aplicação a comportamentos processuais dolosos ou temerários.

a de prejudicar ou incomodar o réu"[1181]. E concluía que "os reflexos no campo processual desta nova solução substantiva [o artigo 334.º do CC] constituem um problema ainda não suficientemente esclarecido"[1182].

Castro Mendes tinha a mais absoluta razão: a alteração de paradigma quanto ao abuso de direito foi de tal ordem, ainda que apenas se confrontem os trabalhos preparatórios de Vaz Serra com a versão final conferida ao artigo 334.º, que seria difícil pensar no impacto desta cláusula no campo do processo.

Porque poderia Alberto dos Reis afirmar que a litigância de má fé era a projecção do abuso do direito no processo? Porque aquando da sua afirmação, o abuso estava intrinsecamente ligado à intervenção intencionalmente dirigida à provocação de um mal. E a intenção de provocação de um mal, equivalendo à má fé, com ela se confundia. O abuso era um tipo eminentemente subjectivo, pensado para responder à actuação emulativa.

Ainda nesta linha, Cunha de Sá escrevia, em 1973, que "além do Código Civil, muita outra legislação tem sido apontada como fazendo apelo à ideia de abuso de direito"[1183]. Entre ela, refere os artigos 456.º [542.º] e 459.º [545.º] do Código de Processo Civil[1184].

691. Supomos, porém, que a nova configuração que o abuso do direito vem a assumir implica repensar toda esta relação.

Fazê-lo pressupõe que se tenha um dado sempre presente: a litigância de má fé desencadeia dois efeitos, a saber, a aplicação de uma pena e a constituição do dever de indemnizar. Porque assim é, uma e outra dependem da verificação de um elemento subjectivo no tipo: a parte há-de ter litigado com dolo ou com negligência grave. Inversamente, o abuso desprendeu-se de elementos subjectivos: a sua base é puramente objectiva. A lei quer travar um exercício que possa considerar-se abusivo, sendo-lhe irrelevante, perante a abusividade da conduta, qual a colocação de fins do agente. O que importa, *prima facie*, é impedir a contrariedade da actuação à boa fé e aos bons costumes. Se, eventualmente, a actuação abusiva provocar danos, então poderão intervir outras figuras, destinadas a repará-los.

1181 Direito processual civil, IIº vol. n.º 132 (p. 241).

1182 Direito processual civil, IIº vol. n.º 132 (p. 243).

1183 Abuso de direito, p. 142.

1184 Abuso de direito, p. 143.

Esta razão impõe que não possa acolher-se uma corrente jurisprudencial que considera que o abuso do direito de recurso aos tribunais é somente sancionado nos termos dos artigos 456.º [542.º] e 457.º [543.º][1185].

Para além desta figura, outras intervirão para bloquear os efeitos da actuação abusiva. O artigo 456.º [542.º] apenas regula o abuso que, sendo subjectivamente qualificado, permite impor uma sanção à parte e, se o seu comportamento tiver provocado danos, impor-lhe a obrigação de indemnizar.

692. Recentemente e de modo aprofundado, tomou posição expressa sobre esta matéria MENEZES CORDEIRO.

Na sua monografia dedicada à matéria da litigância de má fé, do abuso do direito de acção e da culpa *in agendo*, o Autor, depois de analisar as diversas opções de relacionamento entre as leis e os conceitos processuais e as leis e os conceitos substantivos[1186], afirma que "o nível adjectivo não é arbitrário: ele próprio integra-se na ordem jurídica, promovendo o repercutir dos seus valores fundamentais"[1187].

Equivalendo o princípio da boa fé "à capacidade que o sistema jurídico tem de [...] reproduzir os seus valores fundamentais"[1188], ele vale no domínio processual civil[1189].

É observação absolutamente verdadeira: também no domínio processual vale, como cláusula geral, a boa fé. Aliás, que a boa fé é vector fundamental do sistema processual, no que respeita ao modo como as partes se comportam reciprocamente, decorre do artigo 266.º-A [8.º]: ao longo de todo o processo as partes devem agir de boa fé e observar os deveres de cooperação. Como também já acima dissemos, o processo não é agnóstico, não se podendo confundir os planos da provocação de efeitos processuais típicos com a admissibilidade ou a procedência da postulação.

1185 Por último, Acórdão do Tribunal da Relação de Lisboa, de 9 de Fevereiro de 2006, com referências.

1186 Litigância de má fé, abuso do direito de acção e culpa *in agendo*, n.º 28 e segs. (n.º 30) [2014 (reimp. 2016), n.º 12].

1187 Litigância de má fé, abuso do direito de acção e culpa *in agendo*, p. 91 [2014 (reimp. 2016), n.º 12.VI].

1188 Litigância de má fé, abuso do direito de acção e culpa *in agendo*, p. 91 [2014 (reimp. 2016), n.º 54.I].

1189 Litigância de má fé, abuso do direito de acção e culpa *in agendo*, n.º 31.1, p. 93 [2014 (reimp. 2016), n.º 54.II, III].

693. As situações de abuso de direito são mais extensas do que aquelas que o artigo 456.º [542.º] reconduz à litigância de má fé já que esta, pressupondo comportamentos típicos, não abarca todos os grupos de casos que vêm sendo reconduzidos a situações de abuso de direito. Neste sentido, decidiu a Relação de Lisboa, em acórdão de 24 de Abril de 2008, que ao invocar, na réplica, determinada excepção, agia o autor da acção com abuso de direito de acção. A razão estaria numa violação clara da boa fé, impondo-se a *suppressio* da faculdade de invocação de excepções com determinado conteúdo uma vez que esta alegação consubstanciaria, de um ponto de vista material, um *venire contra factum proprium*.

Este caso é particularmente curioso, na medida em que o tribunal concluiu que o autor não apenas agira abusivamente, como litigara de má fé. Os pontos de referência dos dois juízos são distintos. A litigância de má fé foi inferida a partir da omissão, pelo autor, na petição inicial, de factos que teriam determinado uma diferente visão da realidade. O autor sustentara que o réu ocupava abusivamente determinado prédio quando se verificava que, afinal, entre autor e réu havia sido celebrado, por escrito particular, um acordo que legitimava aquela ocupação. Esta omissão levou à qualificação da conduta do autor como de litigância de má fé. Porém, a este juízo acresceu o de exercício abusivo do direito de acção. Este abuso verificar-se-ia porque o autor, na réplica e depois de o réu haver afirmado a existência de um contrato, legitimador da ocupação, viera invocar a respectiva nulidade por falta de forma. Esta posição da Relação entronca na corrente jurisprudencial que, ao invés da doutrina e no que respeita às inalegabilidades formais, porque "confrontada com a realidade de situações clamorosamente injustas e contrárias à lógica do sistema"[1190], admite a *suppressio* da faculdade de invocação de vícios formais.

694. Continuando o seu pensamento, Menezes Cordeiro assenta o regime do abuso em duas vertentes – a cessação da conduta abusiva e a reparação dos danos perpetrados –, assim se devendo passar as coisas quando o abuso seja cometido relativamente a situações processuais[1191]. Com estes pressupostos, questiona se "o abuso do direito, em processo, não será pura

---

[1190] Menezes Cordeiro, Tratado, I, IV, n.º 131.I e II [V, 2017 (reimp. 2021), p. 343].

[1191] Litigância de má fé, abuso do direito de acção e culpa *in agendo*, n.º 31.III [2014 (reimp. 2016), n.º 54.III].

e simplesmente absorvido pela litigância de má fé"[1192]. Numa conclusão que acompanhamos dirá que, se existem áreas de coincidência, a regra é a de não haver essa coincidência, nem em termos processuais, nem em termos materiais[1193].

O abuso não é, efectivamente, absorvido pela litigância de má fé. Como acima dissemos, o instituto da litigância de má fé tem uma preocupação que ultrapassa aquela que preside ao mero abuso. A litigância, porque assenta em ilícitos culposos, desencadeia a aplicação de uma pena civil e determina a obrigação de indemnizar os danos provocados por aquela actuação. O tipo que lhe é paralelo não é o artigo 334.º do CC, é o artigo 483.º do mesmo diploma legal.

Menezes Cordeiro fundará num argumento de ordem processual a autonomia do abuso do direito aplicado às situações jurídicas processuais e dos deveres de indemnizar que faz surgir. Dirá que a actual atipicidade das acções, por contraposição ao sistema de *actiones*, do direito romano, pressupõe a possibilidade de pedir a indemnização de danos, provocados por actuação abusiva, em processo diverso daquele em que tal abuso ocorreu[1194]. Supomos, porém, que mesmo que se entenda que a litigância de má fé deve

---

[1192] Litigância de má fé, abuso do direito de acção e culpa *in agendo*, p. 93 [2014 (reimp. 2016), n.º 55.I].

[1193] Litigância de má fé, abuso do direito de acção e culpa *in agendo*, n.º 32.I e II [2014 (reimp. 2016), n.º 55.I].

[1194] Menezes Cordeiro, Litigância de má fé, abuso do direito de acção e culpa *in agendo*, n.º 32.I [2014 (reimp. 2016), n.º 50], refere, ainda, o conhecimento oficioso da litigância de má fé. Supomos que este traço de regime pode, ao invés de traduzir um afastamento entre esta figura e a do abuso do direito, determinar a respectiva aproximação já que, tal como a litigância de má fé, também o abuso de direito vem sendo considerado uma excepção material de conhecimento oficioso.

Argumentação semelhante pode ser encontrada em Pedro de Albuquerque, Responsabilidade processual por litigância de má fé, abuso de direito e responsabilidade civil em virtude de actos praticados no processo, pp. 65 e segs., onde o Autor afirma, de modo absolutamente inquestionável, que "[a] responsabilização por litigância de má fé não consiste, nem nunca consistiu, numa forma de penalização do litigante probo e de benefício ou favorecimento de quem não observa os seus deveres ou posições passivas processuais, através da limitação dos meios de reacção contra o comportamento ilícito" (p. 65). Como é evidente, os problemas estarão na determinação do que deva considerar-se um comportamento ilícito, aspecto debatido em texto e relativamente ao qual se manifestam as nossas divergências com o Autor em referência.

ser apreciada na acção em que ocorre o comportamento abusivo que assuma as características de que o artigo 456.º [542.º] faz depender a condenação da parte, não pode identificar-se o conhecimento oficioso necessário de uma questão num dado processo ou mesmo a dedução obrigatória de pedido indemnizatório nesse processo com o sistema de tipicidade dos meios processuais. Com efeito, uma coisa é identificar uma pretensão com um tipo específico de procedimento, outra, a imposição da formulação de um pedido ou do conhecimento de uma questão num qualquer procedimento.

695. Em termos materiais, a autonomia do abuso de direito face à litigância de má fé seria justificada pela circunstância de o primeiro não estar sujeito às limitações da segunda. Tanto porque, para o abuso, valeria qualquer violação da boa fé, dolosa ou negligente, como porque, exigindo esta figura a ocorrência de danos, todos os danos são indemnizáveis.

Supomos que é este passo que não pode ser acompanhado. Veremos que o processo conhece diversos mecanismos de repressão do abuso do direito. E vimos já que nem todos os comportamentos abusivos podem ser reconduzidos a ilícitos típicos do artigo 456.º [542.º]. O acórdão da Relação de Lisboa acima citado constitui exemplo desta afirmação. Zeiss identificou muitos mais ao aplicar, às faculdades processuais e com a expressa advertência de estes casos se não poderem confundir com os de abuso das pretensões materiais[1195], as diversas manifestações de abusividade[1196]. O BVerfG chegou, inclusivamente, a concluir que o próprio direito de acção, entendido como direito de acesso aos tribunais, estaria sujeito a *Verwirkung/suppressio* como qualquer outra situação jurídica material ou adjectiva[1197]. Para tanto, haveria apenas que

1195 Die arglistige Prozesspartei, p. 50, onde se estabelece a distinção entre o exercício abusivo das faculdades substantivas – *v.g.*, a dedução de uma pretensão que já se encontra prescrita – e o abuso da faculdade processual. Veja-se, porém, que a ligação entre a abusividade da pretensão substantiva e a abusividade da faculdade processual estão interligadas. Neste exemplo, se a parte deduz uma pretensão prescrita, deduz uma pretensão a que falta fundamento substantivo.

1196 Die arglistige Prozesspartei, essencialmente E e F.

1197 BVerfG, de 26.1.1972, pp. 676 e seg.. Muito crítico quanto a esta construção, concluindo que as situações jurídicas processuais com assento constitucional não estão sujeitas ao regime do § 242 BGB, Wilhelm Dütz, Verwirkung des Rechts auf Anrufung der Gerichte, p. 1025 e segs.. Já antes, em 1973, Baumgärtel, Treu und Glauben im Zivilprozeß, p. 367, se pronunciara contra a Verwirkung do direito de acção com fundamento em princípios derivados do Estado de Direito.

assegurar que a parte não tivesse sofrido restrições ou constrangimentos nesse acesso.

696. Entre os mecanismos processuais destinados a reprimir condutas abusivas encontram-se a litigância de má fé e a taxa sancionatória excepcional. Mas estas figuras estão desenhadas, não apenas para reprimir o abuso, mas para imputar uma pena civil à parte. Esta prescinde da provocação de um dano em bens juridicamente protegidos da parte contrária. Porém, como toda a pena, não prescinde de elementos subjectivos específicos. A intervenção sancionatória ou punitiva, ainda um corolário da origem penal da acção maliciosa, mostra que o abuso é reprimido e punido enquanto conduta ilícita *a se*. A intervenção não é apenas paralisadora dos efeitos do acto abusivo; vai mais longe, determinando a aplicação de uma sanção. Na litigância de má fé, somente o pedido indemnizatório pressupõe um dano em bens jurídicos da contraparte.

Este sistema de intervenções não é estranho ao abuso do direito, pensado em torno do artigo 334.º do CC. Também este regime e apesar da ambiguidade da qualificação do exercício abusivo como ilegítimo, permite diversos tipos de intervenção[1198]. Mas, para que o acto abusivo desencadeie deveres de indemnizar, é necessário que estejam reunidos os pressupostos de que depende a obrigação de indemnizar.

697. O que surge como específico, na ligação entre o abuso do direito de acção, mesmo que este se estenda a todos os grupos de casos de actos abusivos, e a constituição de deveres de indemnizar, não é a qualificação de uma actuação como abusiva. O que é diferente, conforme já acima se salientou, são os pressupostos de que depende a imputação de danos sofridos por uma parte àquela que litigou abusivamente. Sendo o parâmetro desta específica situação de responsabilidade estabelecido pelo artigo 456.º, n.º 2 [542.º, n.º 2], este dever apenas se constitui se a parte agiu com dolo ou com negligência grave. Nos demais casos, o abuso terá outras reacções mas não determinará a obrigação de indemnizar danos. A solução inversa, traduzida pela ligação do abuso aos pressupostos do artigo 483.º do CC em prejuízo da solução específica, constante do artigo 456.º, n.º 2, implicaria um desnível

---

1198 Ribeiro de Faria, Direito das Obrigações, vol. I, n.º 35.2.4. [2020 (reimp. 2021), § 38.2.4.]; Pais de Vascocelos, Teoria geral do direito civil, n.º 71.e).

valorativo quando em causa está o mesmo tipo de situação jurídica e, como tal, a necessidade de uma valoração unitária em sede de ilícito. Uma vez superada a distinção quanto à indemnizabilidade de danos intrínsecos e danos extrínsecos, os danos indemnizáveis por violação de bens jurídicos através do exercício abusivo do direito de acção não sofrem, de um ponto de vista do direito positivo, qualquer restrição. A especificidade do artigo 456.º reside, por contraposição ao artigo 483.º do CC, no elemento subjectivo do tipo de ilícito. Mas o artigo 456.º não visa prejudicar a aplicação do artigo 334.º do CC. Os contornos específicos da litigância de má fé, enquanto reacção punitiva e ressarcitória, decorrem de ponderações próprias da natureza das situações exercidas de modo abusivo.

698. Aquando da análise da transição do sistema processual de 1939 para o de 1961 demos nota da proposta apresentada por Vaz Serra, em momento muito próximo ao da publicação do Código de Processo Civil de 1961.

Vimos, então, que Vaz Serra propunha a integração da matéria da litigância de má fé no que à descrição dos comportamentos típicos e às suas repercussões intersubjectivas respeitava no Código Civil. E vimos também que o Autor fazia duas propostas muito claras. A primeira consistia em submeter o regime de responsabilidade por comportamentos processuais antijurídicos ou abusivos ao regime geral da responsabilidade civil. A segunda, e esta a mais sensível, traduzia-se em determinar a constituição do dever de indemnizar os danos causados à parte contrária por comportamentos processuais ilícitos, não apenas dolosos, mas igualmente negligentes.

Esta opção foi rejeitada pelo legislador em 1961. No tipo central, a obrigação de indemnizar danos por comportamentos processuais inadmissíveis continuou a restringir-se ao respectivo cometimento com dolo. A conduta processual negligente, mesmo a gravemente negligente, não desencadeava qualquer dever de reparar os danos provocados à parte contrária. Esta opção manteve-se ainda na reforma de 1967. Somente em 95/96 decide o legislador alterar o elemento subjectivo do tipo central da responsabilidade processual, passando a cominar com multa e impondo a obrigação de indemnizar às condutas processuais inadmissíveis gravemente negligentes.

699. Se tomarmos em atenção os diversos dados que concorrem para o sistema de responsabilidade processual verificamos que, durante largo tempo, conviveram tipos especiais de ilícito, cujo elemento subjectivo era a negligência simples, com um tipo central doloso.

Mesmo actualmente, a opção do legislador, que estendeu a solução que encontramos no direito civil material às providências cautelares e a determinado tipo de acção executiva, não foi a de considerar indemnizáveis os danos provocados por todo e qualquer comportamento processual culposo, mas apenas os danos causados por comportamentos dolosos e gravemente negligentes.

Vimos que existem razões que podem explicar este aparente desnível valorativo. Tanto as providências cautelares, quanto as acções executivas sem citação prévia são meios especialmente perigosos para a parte requerida ou executada. Ao recorrer a tais meios que, na ponderação dos seus interesses e dos da parte contrária, claramente pendem a seu favor, tem o requerente/exequente um dever de especial cuidado. A concessão da faculdade de usar tais meios é acompanhada de um dever de cuidado.

700. Voltemos a perguntar: será legítimo considerar abusivos, ao abrigo da cláusula geral do abuso do direito, comportamentos que não são absorvidos pelo tipo central do artigo 456.º [542.º]? Poderão considerar-se indemnizáveis danos provocados por comportamentos processuais que o artigo 456.º não considera ilícitos através da respectiva qualificação como abusivos ao abrigo da cláusula geral do artigo 334.º do CC?

Se a resposta à primeira interrogação é positiva, a resposta à segunda é negativa. Mesmo que se considere que a opção do legislador não é boa, devendo ponderar-se uma equiparação do elemento subjectivo do tipo do artigo 456.º ao elemento subjectivo do tipo do artigo 483.º do CC, certo é que, não sendo arbitrária nem conduzindo a uma solução incomportavelmente injusta, deverá aquela opção ser considerada vinculante para o aplicador do Direito.

701. Quererá esta conclusão significar que todo e qualquer comportamento processual se pode dizer lícito se, sendo a actuação típica recondutível ao artigo 456.º [542.º], não for actuado com dolo ou com negligência grave?

Aqui a resposta é, segundo cremos, uma vez mais negativa. O tipo central não tem maior potencialidade de atracção do que os tipos periféricos. A avaliação do regime concretamente aplicável vai depender de a melhor analogia se estabelecer com o tipo central ou com os tipos periféricos. Ora, o que nos parece mais relevante na contraposição entre uns e outros, respeita ao critério que justifica as soluções peculiares dos tipos periféricos. Como vimos, estes sujeitam a parte ao dever de indemnizar os danos sofridos pela parte contrária por comportamentos dolosos ou negligentes, qualquer que seja a modalidade em que esta, em concreto, se apresente. O que justifica esta solução – que passa pela equiparação dos elementos do tipo àqueles que constam do tipo central no direito civil material – é a sua especial perigosidade e danosidade para a contraparte. Se assim é, na determinação do regime concretamente aplicável, deverá o aplicador perguntar se o meio que foi actuado tem ou não uma especial perigosidade ou danosidade para a parte contrária. Se a tiver, a situação será atraída pelo regime de responsabilidade, não do tipo central, mas antes do tipo periférico. Inversamente, se a situação concreta não apresentar nenhuma daquelas características, deverá ser regulada pelo tipo central.

2. ABUSO E PODER GERAL DE DIRECÇÃO DO PROCESSO

2.1. Considerações gerais

702. Dissemos, acima, que o sistema processual conhece formas peculiares de reacção a comportamentos abusivos. Entre estas, conta-se o poderosíssimo meio traduzido pelo poder geral de direcção do processo [dever de gestão processual], em que é investido o juiz. Ao abrigo do artigo 265.º, n.º 1 [6.º, n.º 1], este poder de disciplina[1199] impõe-lhe que impeça a realização de actividade processual inútil, porque dilatória e impertinente[1200]. Com origem nos poderes de direcção e de fiscalização do juiz na fase de instrução[1201], foram desde a sua origem ordenados – no que se revela uma concepção extremamente moderna do processo – à rápida, simples e económica preparação, discussão e julgamento da causa e à correspondência entre a decisão e a verdade e a justiça, ou, dito de outro modo, aos fins de "tornar *breve* e *útil* a instrução e discussão e *justa* a decisão da causa"[1202].

[1199] Alberto dos Reis, Comentário ao Código de Processo Civil, vol. 3.º, p. 7.

[1200] Humberto Theodoro Júnior, Abuso de Direito Processual no Ordenamento Jurídico Brasileiro, in AAVV, Abuso de direitos processuais, p. 108.

[1201] Alberto dos Reis, Comentário ao Código de Processo Civil, vol. 3.º, pp. 7 e segs.; Varela/Bezerra/Nora, Manual de processo civil, p. 31.

[1202] Alberto dos Reis, Comentário ao Código de Processo Civil, vol. 3.º, p. 9.

Para além da concessão de um poder geral de direcção ao juiz, ao abrigo do qual deverá intervir para reprimir "os [...] desmandos [das partes]" que "acusam diligência imoderada"[1203], elege a lei o tempo processual dentro do qual deve ser exercido: a audiência prévia, nos processos em que ela é admissível e, sendo-o, não seja dispensada. É nesta audiência que, apresentados os requerimentos probatórios, o tribunal se pronunciará sobre a admissibilidade da prova, devendo rejeitar, não somente a prova ilícita, mas toda a que, atendendo à matéria ainda a instruir, se mostre impertinente e dilatória[1204].

Por fim, razões históricas poderão justificar manifestações tópicas do poder de direcção. Assim sucede se a parte juntar espontaneamente documentos ao processo e o juiz entender que são impertinentes ou desnecessários. Neste caso, deverá mandar retirá-los do processo e restituí-los à parte, que *será, ainda, condenada em multa* (artigo 443.º [543.º]). Nesta circunstância, o abuso, para além de inconsequente, nem sempre é gratuito. Mais do que ver a sua pretensão rejeitada, a parte pode ainda ser onerada com o pagamento de multas processuais.

Também quando é requerida perícia pelas partes se manifesta o poder de direcção do juiz. Devendo a parte, no requerimento probatório, indicar logo o objecto da perícia, enunciando as questões de facto que pretende ver esclarecidas através da diligência (artigo 577.º, n.º 1 [475.º, n.º 1], o juiz, sem sequer conferir contraditório à outra parte, indefere o requerido se entender que a diligência é impertinente ou dilatória. Por outro lado, e mesmo que ordene a realização da perícia, ao delimitar o seu objecto, indeferirá as questões – não admitirá a realização da perícia sobre questões – que considere inadmissíveis ou irrelevantes (artigo 578.º [476.º]).

2.2. Inadmissibilidade e ilicitude do comportamento processual da parte

703. O poder de direcção [dever de gestão processual, nos termos do artigo 6.º CPC2013] confere ao juiz um poder geral de indeferir a realização

---

1203 Alberto dos Reis, Comentário ao Código de Processo Civil, vol. 3.º, p. 12.

1204 Com a introdução do artigo 591.º, em 2013, o legislador modificou o regime anteriormente disposto no artigo 508.º-A, designadamente, no que diz respeito aos fins da audiênca prévia (artigo 508.º-A, als. a) a e); artigo 591.º, n.º 1, als. a) a g) CPC2013).

de actividade processual inútil e impertinente. A intervenção, requerendo o que é inútil, é indamissível.

Este ponto de partida permite suscitar, imediatamente, duas questões. Que relação se estabelece entre as categorias da admissibilidade/inadmissibilidade e até onde poderá pensar-se que o juízo de inadmissibilidade seria suficiente para impedir a provocação de danos.

Quanto ao confronto entre a valoração processual típica, construída em torno do par admissibilidade/inadmissibilidade de uma conduta processual e a categoria da ilicitude, adverte HENCKEL que não é possível afirmar, sem mais, a ilicitude de uma conduta adjectivamente indamissível e fundar nela um dever de indemnizar[1205].

704. HENCKEL chama, de imediato, a atenção para uma especificidade do comportamento processual por referência ao comportamento extra-processual. Este, ou produz de imediato os seus efeitos típicos ou, por qualquer razão ligada à sua génese, não está apto a produzi-los. Quer isto dizer que entre a prática do acto (de autonomia, acrescentaríamos) e a produção dos seus efeitos típicos não existe qualquer hiato.

Não é assim com o comportamento processual ou não é exactamente assim com o comportamento processual. Este, uma vez praticado, desencadeia de imediato um efeito típico: necessidade de exercício da função jurisdicional. Praticado um acto no processo, sobre ele se pronunciará, regra geral e com a excepção agora aqui não relevante dos actos que se devem ter por prejudicados por decisão dada a outras pretensões, o tribunal. Mas o acto postulativo, para desencadear o efeito último pretendido pelo seu autor necessita de uma dupla valoração: a da respectiva admissibilidade e a da sua procedência. Só perante a cumulação destas valorações (ou perante a simples procedência sem admissibilidade por falta de pressupostos mas sempre com sujeição aos limites do artigo 288.º, n.º 3, [278.º, n.º 3] do CPC[1206]) obtém o autor do acto o efeito último pretendido.

1205 Prozessrecht und materielles Recht, p. 291.

1206 A solução constante do artigo 288.º, n.º 3 [278.º, n.º 3] foi defendida por TEIXEIRA DE SOUSA muito antes da sua consagração. Deve mesmo dizer-se que o Autor atingia os resultados que esta regra veio permitir, de uma forma explícita, não obstante a ausência de disposição legal, revelando que os pressupostos estão substancialmente ordenados à tutela de interesses. A sua posição, se bem que já depurada dos pontos do sistema em que se apoiava

Retomando o pensamento de GOLDSCHMIDT, o acto postulativo, porque dirigido à obtenção de um acto de heteronomia conforme aos interesses do seu autor, caracteriza-se por visar a persuasão do tribunal e assim se distinguindo do acto não postulativo. A postulação não vive sem heteronomia, ou seja, o acto não produz, de imediato, o efeito pretendido pelo autor: carece da interposição de um título judicial, de uma decisão.

705. Do que antecede pareceria decorrer que a categoria da inadmissibilidade bastaria para evitar a produção de efeitos negativos na esfera da contraparte. Porque o acto não chegara a surtir o efeito último pretendido, não poderia ter desencadeado qualquer consequência danosa na esfera da parte contrária: os efeitos estariam bloqueados pela inadmissibilidade do acto.

Porém, o que deve ser perquirido é se a conclusão antecedente está correcta, ou seja, se a inadmissibilidade paralisa todos os efeitos do acto não admitido. Já afirmámos que o acto postulativo, tal como o acto constitutivo, produz de imediato um efeito processual típico: o de desencadear o exercício necessário do poder jurisdicional. Por esta razão pareceu-nos, então, impossível fazer assentar qualquer distinção entre os diversos tipos de actos das partes no critério da imediata ou diferida produção de efeitos no processo: todo o acto processual, se o é e porque, antes de ser acto processual, é acto jurídico, produz efeitos jurídicos.

706. Mas regressemos à nossa questão: a inadmissibilidade bloqueará todo e qualquer efeito negativo que o acto processual possa repercutir sobre a parte contrária?

Se bem que o acto ou, de modo ainda mais correcto, a postulação nele veiculada, não tenha logrado uma apreciação de mérito, o acto foi praticado e integrou o processo. A sua simples existência pode ter implicado um dano na esfera da parte contrária se, na expressão de HENCKEL, não se limitou a criar uma determinada situação processual, ou seja, se determinou a agressão de um bem jurídico protegido[1207].

Pense-se, por hipótese, na dedução de um pedido pelo autor ou pelo réu fora dos momentos em que a lei permite a constituição de semelhante

---

antes da reforma de 95/96, pode ser conferida em Estudos sobre o novo processo civil, p. 83 e segs..

[1207] Prozessrecht und materielles Recht, p. 292.

cumulação objectiva sucessiva. Suponha-se, agora, que a pretensão é sustentada em factos totalmente falsos e altamente prejudiciais, na sua simples enunciação, para a parte contrária. Se bem que o pedido não venha sequer a ser apreciado, por extemporâneo, sendo o acto considerado inadmissível, certo é que da mera alegação dos factos pode decorrer um dano para a parte contrária (*v.g.*, pode esta ver a sua honra atingida).

O dano anteriormente descrito não é anulado ou coberto pela desconsideração da postulação. A inadmissibilidade visa responder aos efeitos do acto num plano eminentemente intraprocessual, bloqueando-os. Porém, e porque no plano ontológico o acto existe, pode ele ter provocado efeitos que a estrutura processual não consegue (porque a isso nem sequer se destina) bloquear. É perante a verificação destes efeitos que há que proceder à valoração do acto, perguntando, uma vez verificada a impotência da categoria da inadmissibilidade, se aquele título impõe uma censura concreta da conduta do agente e se é bom para fundar a obrigação de indemnizar.

707. Em suma, pensamos poder concluir com Henckel: a valoração processual, que redunda num juízo de admissibilidade/inadmissibilidade de um acto, não afasta a valoração desse acto à luz de critérios eminentemente materiais, sendo possível qualificar tal acto, com total autonomia da valoração processual que ele admite, como lícito ou ilícito, como não culposo ou como culposo[1208]. Sempre que as repercussões do acto vão para além deste efeito intraprocessual não podem evitar-se tais repercussões com a valoração da inadmissibilidade. Intervirão outros instrumentos, entre os quais a responsabilidade civil decorrente de comportamento processual ilícito e culposo. Esta conclusão não é, para nós, estranha. Já em outro estudo havíamos concluído que olhar os actos processuais como meros actos jurídicos simples redunda num empobrecimento do seu real significado jurídico. Aí está mais um plano em que a colocação de fins do agente releva para a aplicação de um regime particular ao acto processual, a saber, o da responsabilidade.

Mas esta responsabilidade será determinada, perante um comportamento processual, pelo tipo de ilícito *litigância de má fé.* Esta intervém quando a inadmissibilidade não é suficiente para esgotar os efeitos do acto processual desconforme. Inadmissibilidade e ilicitude não são valorações reciprocamente

---

[1208] Prozessrecht und materielles Recht, p. 305.

excludentes, podendo um acto ser simultaneamente inadmissível e desencadear os efeitos típicos da má fé.

Com efeito, mesmo que o acto não produza os efeitos últimos que o autor intencionara, exactamente porque a postulação vem a ser considerada inadmissível, pode o acto adjectivo ter provocado danos na esfera da parte contrária. Se esta hipótese se verificar, preenchido o tipo do artigo 456.º [542.º], constituir-se-á o dever de indemnizar. A litigância de má fé destina-se a sancionar comportamentos processuais ilícitos, independentemente de um juízo de inadmissibilidade[1209]. Ou seja, a qualificação de um comportamento como ilícito é autónoma face à sua qualificação como formalmente inadmissível. Deste modo, pode um comportamento ser, simultaneamente, ilícito e inadmissível. Um acto pode ser inadmissível se for praticado fora de tempo, se a postulação através dele veiculada for considerada totalmente inútil. O acto é desconforme, mas ainda não é ilícito. A admissibilidade não visa sancionar a conduta do agente atendendo aos fins que o determinam: é categoria agnóstica, que prescinde de qualquer consideração de fins do agente e que se restringe a uma apreciação da desconformidade objectiva entre comportamento e parâmetros do sistema. Assim não sucede já com o comportamento que é qualificado como de má fé.

3. A TAXA SANCIONATÓRIA EXCEPCIONAL

708. Para além da reacção bifronte representada pela litigância de má fé – condenação da parte em pena civil ou multa e, ocorrendo danos, em indemnização à parte contrária quando a parte exerce absuivamente o direito de acção de forma dolosa ou gravemente negligente –, conta o sistema processual, actualmente, com uma nova intervenção sobre o comportamento processual abusivo: a parte que pratica um acto de postulação considerado inadmissível, porque destituído de fundamento, não apenas se vê confrontada com um juízo de inadmissibilidade dessa postulação, como ainda a condenação da parte no pagamento da designada taxa sancionatória excepcional. Como já acima se disse, a parte que actua de modo típico, por referência ao artigo 447.º-B [531.º] do CPC, é condenada no pagamento de

[1209] *Cfr.*, neste sentido, o acórdão do Supremo Tribunal de Justiça de 17 de Novembro de 2021 (Luís Espírito Santo).

uma taxa que inclusivamente ultrapassa aquela que pode ser aplicada quando ela litiga de má fé. Não se retomarão aqui os aspectos problemáticos deste novo regime que já se salientaram (*cfr.* ponto 293 e ss..).

4. A COMPENSAÇÃO DE CUSTOS PROCESSUAIS: A REGRA VICTUS VICTORI E O INTERESSE PROCESSUAL

709. A terceira via de intervenção sobre o comportamento processual abusivo é representada pelo interesse processual. Compreender exactamente o alcance deste enquadramento pressupõe que se analise, ainda que com a brevidade que o escopo escolhido para este trabalho determina, as regras gerais relativas à repartição dos custos processuais.

Tomámos o disposto no artigo 456.º [542.º] do CPC como ponto de referência para a identificação da ilicitude da conduta da parte.

Poderíamos ter começado por um outro nível problemático, a saber, o da mera sucumbência. Já acima deixámos enunciado que um dos problemas mais debatidos ao longo da história do processo civil respeita, não tanto aos comportamentos maliciosos da parte, mas àqueles que, determinando a obrigação de compensar custos, se questiona se devem ou não ser considerados ilícitos e culposos. Referimo-nos ao clássico problema da identificação da natureza da obrigação de suportar os custos processuais, normalmente referida como a responsabilidade processual simples.

710. O debate em torno desta questão, aparentemente esgotado depois da monografia de Chiovenda, *La condanna nelle spese giudiziali*, foi, por último, retomado por Cordopatri, em monografia que percorre mais de 1000 páginas.

A obra de Cordopatri é orientada à comprovação de uma tese que parte do sentido que imputa a duas regras do ordenamento jurídico-processual italiano. A tese é a de que a responsabilidade processual, enquanto responsabilidade pela alocação dos custos decorrentes de um processo, tem um fundamento unitário, a violação culposa de deveres processuais. As duas regras, os artigos 91 e 92.

A construção de Cordopatri é absolutamente crucial para a compreensão das questões implicadas naquela que tradicionalmente se designa por *responsabilidade simples*. O Autor combate frontalmente a explicação que, depois de Chiovenda, a doutrina, nomeadamente a italiana – e esta não pode ignorar o artigo 92, *comma* 2, c.p.c.it.– parece aceitar acriticamente quanto ao fundamento da imputação de custos processuais. Nesta sede, haverá que encontrar o fundamento substantivo da imputação de custos à parte por eles responsável[1210]. E, afirma Cordopatri, tanto na monografia em referência, quanto em artigo ulteriormente publicado e em que mantém as suas anteriores posições[1211], a resposta dada pela generalidade da doutrina – a de que a suportação dos custos do processo recai sobre a parte sucumbente[1212] – não é credível num sistema em que a lei permite que nem sempre seja a parte vencida a suportar tais custos. Aliás, e como salienta Riperi, atendendo à quantidade de excepções que a regra *victus victori* conhece no sistema italiano, nem estas quase se podem entender como excepções, nem aquela regra se pode dizer uma regra geral[1213].

Cordopatri sustenta, afinal, que a regra *victus victori*, fundada no facto objectivo da sucumbência, não explica um regime altamente valorativo de imputação de custos processuais. A razão desta asserção é o artigo 92, *comma* 2, c.p.c.it., onde a lei prevê que o juiz possa declarar compensados

---

1210 Pajardi, La responsablità per le spese e i danni del processo, p. 100, onde afirma, a propósito da condenação do sucumbente nas despesas do processo, que dizer que o fundamento dessa condenação é a sucumbência é não dizer nada.

1211 Cordopatri, L'abuso del processo e la condanna alle spese, pp. 249 e seg., depois de referir que, que seja do seu conhecimento, não foi apresentada, após a publicação do seu estudo – que não obteve *valida ed efficace contestazione* – qualquer outra proposta para a articulação dos artigos 91 e 92, *comma* 2, c.p.c.it., formula hipóteses quanto à influência que aquele terá tido em outros autores.

1212 Chiovenda, La condanna nelle spese giudiziali, p. 169, afirmava que "a principal característica do princípio moderno da condenação nas despesas judiciais está exactamente no facto de ser esta condicionada pela sucumbência pura e simples e não pela intenção ou atitude/comportamento do sucumbente (má fé, culpa)." Porém, e quanto à relevância do juízo de culpa relativamente ao vencedor, *cfr.* ob. cit., p. 172, onde se justificam os casos em que a parte onerada com os custos processuais é o vencedor que actua judicialmente ou sem interesse processual ou que "[multiplica] a uma exuberância própria do luxo, os meios de defesa e de ataque." Albanese, Il dolo processuale, p. 11, antes da entrada em vigor do novo c.p.c.it.; Carlo Calvosa, La condanna al rissarcimento dei danni por responsabilità aggravata, p. 380, sustentando que a responsabilidade pelas custas, ligada após Justiniano à sucumbência, tinha fundamento na culpa do litigante no direito romano clássico.

1213 Concorso di norme e concorso di azioni nella responsabilità per le spese e danno nel processo civile, p. 350.

custos entretanto suportados se se verificar um *giusto motivo*[1214]. Perante esta norma, o Autor afirma que "a pretensa individualização do pressuposto da responsabilidade na chamada noção de sucumbência pura e simples leva, necessariamente, à conclusão de que, ao lado de uma hipótese de responsabilidade pela sucumbência existem outras hipóteses de responsabilidade, que prescindem da sucumbência"[1215]. Se assim é, haverá que encontrar um fundamento unitário para a responsabilidade pelos custos processuais, que permita explicar cabalmente qualquer situação de imputação, esteja nela somente presente a sucumbência ou um justo motivo[1216].

711. Com este ponto de partida, CORDOPATRI parte em busca do que possam ser estes *giusti motivi*, confrontando-os com a sucumbência. O seu método é claro: se aprofundar o que está implícito na sucumbência, compreenderá que circunstâncias poderão integrar o conceito de *justos motivos*. Ao analisar, a partir das fontes e trabalhando directamente sobre elas, a evolução da obrigação de suportar os custos do processo, chega a uma primeira conclusão, a de que não é possível compreender o actual instituto da responsabilidade processual, tal como disciplinado pelo ordenamento italiano, à luz do perfil que esta responsabilidade assumia na experiência romana. Se, nesta, a responsabilidade pelos custos do processo tinha natureza essencialmente penal, actualmente, a responsabilidade por tais custos tem natureza ressarcitória[1217].

CORDOPATRI vai mesmo mais longe, tecendo, sem o explicitar, dura crítica contra o pensamento de CHIOVENDA, ao afirmar que pretender-se operar a análise e compreensão da actual responsabilidade pela alocação dos danos processuais típicos por apelo à configuração que o instituto tinha na tradição romana "significa pôr e resolver os problemas definidores do nosso tempo mediante o uso de adereços conceptuais obsoletos ou, seja como for, não mais utilizáveis"[1218]. Segundo CORDOPATRI, esta mutação na noção de

---

1214 Acerca da recente evolução sofrida pelo artigo 92, *comma* 2, c.p.c.it., especialmente no que respeita às iniciativas tendentes à supressão da passagem respeitante aos justos motivos, *cfr.* CORDOPATRI, L'abuso del processo e la condanna alle spese, p. 252, nota 12.

1215 L'abuso del processo, vol. I, p. 10.

1216 Sobre a evolução do artigo 96, *comma* 2, c.p.c.it., *cfr.* notas 86 e 619 *supra*.

1217 L'abuso del processo, vol. I, p. 19.

1218 L'abuso del processo, vol. I, p. 19.

responsabilidade está directamente relacionada com o facto de se tratar de uma realidade em que a "elaboração [...] [se desenvolve] ao longo de um segmento, cujos extremos são constituídos, respectivamente, de um lado, pela configuração da acção como direito privado, numa estrutura organizatória que não se preocupa com a liberalidade do serviço de justiça e, do outro, da configuração da acção como direito público, numa ordem estadual que suporta e visa repartir aqueles custos"[1219].

712. As fontes permitem-lhe uma segunda conclusão, fulcral para a sua tese central: a de que jamais a obrigação de suportar custos dependeu apenas da sucumbência[1220]. Em abono da sua posição avança, nomeadamente, com as observações feitas quer por glosadores civilistas, quer por glosadores canonistas a propósito da situação do contumaz. Este, mesmo que saísse vencedor, suportava as custas do processo, nestas se incluindo as custas em que incorrera a contraparte até à constituição do *giudizio*. Se assim era, já a Glosa permitia uma conclusão: a de que a obrigação de suportar os custos processuais se liga à violação de deveres processuais (no caso do contumaz, o dever de participar do processo) e não necessariamente à sucumbência[1221]. O direito comum permitirá concluir que nele não teve vigência a regra *victus victori*, impendendo a obrigação de compensar custos ou de reembolsar despesas apenas sobre a parte sucumbente quando esta haja litigado *sine iusta causa*[1222].

713. A tese central de CORDOPATRI é a de que a ligação da obrigação de suportar os custos processuais ligada à sucumbência jamais significou uma objectivização da responsabilidade e que, na sua origem, estará sempre a violação de deveres processuais. Isto porque a sucumbência, ao invés de poder

[1219] L'abuso del processo, vol. I, p. 46.

[1220] Já muito antes, SCHWEIZER, Uber Prozesskosten, mit besonderer Rücksicht auf Landesgesetze und sächsisches Recht, p. 69 e segs., demonstrara que, no direito comum, a obrigação de compensar custos ou de pagar os custos processuais dependia ou de uma desobediência a um comando do tribunal (*v.g.*, a comparência para citação) ou da provocação desses custos através de actuações irrelevantes. Em ambas as situações a conduta da parte é censurável pelo que incorrerá ela na obrigação de suportar os custos a que deu causa.

[1221] L'abuso del processo, vol. I, p. 290.

[1222] L'abuso del processo, vol. I, p. 350.

ser considerada um estado puramente objectivo, tem implícito um juízo de censurabilidade/temeridade no recurso a tribunal[1223].

Não estranharemos esta conclusão se nos lembrarmos do texto do Título XLVII, I das O.F., onde se dispunha que "no caso em que o vencido foi em culpa somente de fazer demanda que não devêra, sem outra malícia, será condenado nas custas singelas." E a familiaridade com a conclusão de CORDOPATRI cresce se se recordar uma das presunções já acima referidas e que se aplicava quando o juiz decidia se a parte vencida tinha ou não justa causa de litigar para assim a isentar ou condenar no pagamento das custas pessoais à outra: presumia-se que a parte vencida não tinha justa causa para litigar. Numa pesquisa que não é, aqui, necessário acompanhar *paripassu*, CORDOPATRI conclui que o fundamento específico da imputação à parte, seja ela sucumbente ou não, dos custos do processo reside na violação de deveres processuais.

A conclusão idêntica chegara já PAJARDI. Ao analisar a matéria da causalidade, o Autor afirma que entre a causalidade (causação) e a sucumbência não há contraposição, mas harmonia. E acrescenta: "[a] sucumbência é, simultaneamente, num plano conceptual e estatístico, o elemento normalmente revelador da causalidade"[1224].

714. Um aspecto do pensamento de CORDOPATRI deve aqui ser fixado já que ele permite reflectir acerca da eventual segregação entre uma responsabilidade processual, que se destinaria a reparar danos estritamente processuais, e uma responsabilidade civil, destinada a reparar danos provocados em bens jurídicos não processuais. A primeira precisão que deve operar-se respeita ao sentido que CORDOPATRI dá à expressão danos processuais. Estes são os danos processuais típicos, a saber os custos em que as partes incorrem por causa do processo. Com este ponto de referência, veja-se que ao interpretar Ins. 4, 16, CORDOPATRI afirma que já JUSTINIANO estabelecia uma clara distinção entre deveres processuais que, sendo violados, faziam decorrer efeitos processuais, e deveres processuais que, em caso de

[1223] RIPERI, Concorso di norme e concorso di azioni nella responsabilità per spese e danni nel processo civile, p. 357, chegará a um resultado inverso, afirmando que os justos motivos que exoneram o sucumbente da obrigação de pagamento das despesas processuais só podem ter um conteúdo: uma ausência de culpa do sucumbente. Mais adiante concluirá que, nos processos contenciosos, não é possível, numa primeira aproximação, encontrar um outro fundamento que não seja a pura sucumbência. *Ob. cit.*, p. 354.

[1224] La responsablità per le spese e i danni del processo, p. 213.

violação, desencadeavam efeitos substantivos. O reembolso de despesas deve ser entendido, no pensamento de JUSTINIANO, como o resultado de uma sucumbência temerária, por sua vez induzida pela violação de deveres processuais.

715. Se a matéria que constitui a análise prioritária de CORDOPATRI toca tangencialmente aquela que nos ocupa, há dois aspectos que são, para nós, da maior importância e que impõem que as suas posições sejam permanentemente consideradas.

A primeira, respeita à amplitude daquilo que CORDOPATRI considera abrangido pela noção de dano processual. Se bem que o Autor tenha um objectivo em vista – recorde-se, encontrar o fundamento unitário para a obrigação de suportar custos processuais – não confina os danos decorrentes de violações de situações jurídicas processuais ao universo dos bens jurídico-processuais. Aliás e perante a redacção, quanto a nós, inequívoca do artigo 96 c.p.c.it., que prevê os efeitos da malícia e da negligência no processo, dificilmente o poderia fazer.

A segunda, e que vimos confirmada no que respeita às actuações dolosas ou gravemente negligentes das partes, a de que é sempre possível encontrar um dever de actuação, contra o qual a parte se comportou. Se as conclusões de CORDOPATRI se puderem sustentar, no que respeita à obrigação de suportar custos sem intervenção maliciosa ou gravemente negligente no nosso sistema jurídico, questão que não integra o objecto do presente estudo, então dir-se-á que é efectivamente possível localizar um fundamento unitário para todo o dever de compensar custos processuais.

Neste contexto, duas observações.

Sabemos já que, quando a parte actue maliciosa ou de forma gravemente negligente, o dever de indemnizar pode confinar-se somente aos custos com o processo. Basta que a contraparte tenha sofrido somente os danos processuais típicos.

Em segundo lugar, e no que se refere ao eventual fundamento do dever de suportação das custas processuais, a diversidade de conformação do direito positivo pode implicar uma diversidade de resposta. Tudo dependerá do sistema de normas e dos regimes através delas veiculados.

716. No que respeita ao sistema jurídico português, parece poder dizer-se que a obrigação de suportar os custos processuais não é totalmente objectivada, bastando-se com a sucumbência enquanto causa universal de imputação.

A responsabilidade pelas custas apresentar-se-á como uma responsabilidade fundada numa censurabilidade da conduta do agente, sendo que o elemento subjectivo, a culpa simples na causação do processo, não é explicitado.

Vários são os regimes que concorrem para esta conclusão e que desmentiriam a pura objectividade ou agnosticismo na imputação dos custos processuais em torno da regra *victus victori*. Este ponto é da maior relevância para a visão global da responsabilidade por comportamento processual e para a determinação das fronteiras entre a responsabilidade em que o elemento subjectivo do tipo de ilícito é a culpa simples, cujo reflexo será o pagamento dos custos processuais, entre nós aferidos pelos artigos 447.º-A [530.º], 447.º-C [532.º] e 447.º-D [533.º] a que pode cumular-se a taxa sancionatória excepcional (artigo 447.º-B [531.º]), e a responsabilidade em que o elemento subjectivo do tipo de ilícito é o dolo ou a culpa grave, e que dará lugar ou ao pagamento daqueles custos ou ao seu pagamento, acrescido da indemnização pelos demais danos provocados à contraparte com a actuação ilícita e gravemente culposa.

Assim, se pode dizer-se que, em regra, vale no sistema jurídico português o princípio *victus victori*, devem imediatamente reportar-se os casos em que, não obstante a sucumbência, não é a parte sucumbente quem suporta as custas do processo. Quer isto dizer que, apesar de não explicitar, como faz o Código de Processo Civil italiano no artigo 92, *comma* 2[1225], a existência de justos motivos que podem exonerar, parcial ou totalmente, a parte vencida da suportação dos custos do processo, o sistema jurídico português conhece este tipo de motivos já que conhece situações em que não é a parte sucumbente a parte onerada com o pagamento dos custos do processo.

Em todos eles vamos encontrar fundamento equivalente: a parte sucumbente não suportará custos se não provocou[1226], ou seja, se com o seu comportamento não deu causa ao processo. Neste domínio, o comportamento extra e pré-processual da parte tem a maior relevância[1227]. Se certa actuação

---

1225 *Cfr.* notas 86, 619 e 1190 *supra*.

1226 Pajardi, La responsablità per le spese e i danni del processo, pp. 101 e segs..

1227 Pajardi, La responsablità per le spese e i danni del processo, pp. 110 e segs..

extra-processual, isoladamente considerada, pode não fundar uma pretensão, ela concorre para o juízo de necessidade da acção[1228].

717. Depois de dispor, no artigo 446.º, n.º 1 [527.º, n.º 1], que na decisão em que julgue a causa ou algum dos seus incidentes o tribunal condena em custas a parte que a elas deu causa, concretiza o n.º 2 que quem dá causa às custas é a parte vencida, na proporção em que o for. A regra geral em matéria de suportação de custos do processo é, assim, a regra *victus victori*[1229]. Sem necessidade de aferir se a parte sucumbente deu causa à acção em circunstâncias merecedoras de qualquer censura pela sua actuação, a lei faz impender sobre ela, pelo simples facto da sucumbência, a obrigação de pagamento de custos, nestes se integrando os custos em que haja incorrido a parte contrária.

718. Sucede que a regra *victus victori* é modificada numa pluralidade de situações. Assim ocorre quando a parte vencedora recorre inutilmente ao processo, *rectius*, quando a parte vencedora não tem interesse processual[1230]

[1228] PAWLOWSKY, Die "Berühmung" als unerlaubte Handlung, p. 851, generalizando o problema do caso que ficou conhecido como *Kindernähmaschinen* (BGHZ 38, 200-208), concluindo que a actuação do putativo lesante de direitos de exclusivo – em resposta a uma comunicação que o futuro autor lhe enviara, advertindo-o de que, com a sua actividade, violava o seu direito de exclusivo, o futuro réu rejeita esta imputação, concitando o futuro autor a demonstrar-lhe a lesão que lhe atribui – não constitui ilícito autónomo. Não obstante poder considerar-se esta qualificação como verdadeira, dela não deve resultar uma irrelevância da conduta para a determinação da causação do processo.

[1229] Em sentido inverso e na sequência do regime de compensação de custas em vigor, as declarações de voto das Conselheiras MARIA HELENA BRITO e MARIA JOÃO ANTUNES ao acórdão n.º 128/2007, de 27 de Fevereiro de 2007 (MOURA RAMOS), assentes na distinção entre um conceito amplo e um conceito estrito de *dar causa à acção*. O que o conceito amplo de dar causa à acção traz consigo, na circunstância de a parte ter de pagar uma taxa de justiça que é devida pela contraparte, devendo haver ulterior compensação por custas de parte entre as partes, e que era explicitado no Preâmbulo do Decreto-Lei n.º 324/2003, é, uma vez mais, a transferência para o particular do ónus de aplicar meios para reaver da contraparte o que lhe é devido e o encargo de sofrer um prejuízo se esta compensação se revelasse impossível, poupando-se o Estado, quer o recurso a estes meios, quer o prejuízo que sofreria caso houvesse que restituir taxas pagas pela parte vencedora e fosse confrontada com uma parte vencida insolvente ou de baixos recursos.

[1230] Este pressuposto há-de ser entendido com as particularidades que já em seguida lhe serão apontadas e confinado às situações em que a parte não tem necessidade de recurso a

– quer porque a parte vencida não ofereceu qualquer resistência extraprocessual à sua pretensão, quer porque a parte vencida não estava em condições de poder oferecer qualquer resistência eficaz a essa pretensão, quer ainda quando a parte vencedora não retira qualquer efeito útil acrescido da decisão. Em qualquer um destes casos e não obstante obter uma decisão de mérito favorável, a parte vencedora suporta os custos do processo. E suporta-os porque a parte sucumbente não deu causa à acção[1231]. A parte vencedora, venceu, tinha justa causa de litigar, mas não tinha necessidade de litigar. Abusa do processo e do seu direito de acção[1232], em circunstâncias que merecem uma intervenção claramente punitiva: vence mas suporta os custos desse vencimento. A mera desconformidade objectiva é suficiente para o desencadear deste efeito. O interesse processual é um dos instrumentos de repressão da lide abusiva. Intervirá de modo não excludente de outros instrumentos repressivos caso na actuação da parte concorram os pressupostos que determinam a aplicação dos respectivos regimes.

719. Outra hipótese em que a regra *victus victori* não tem aplicação cobre os casos em que, na pendência da acção, se verifica que a obrigação exigida ainda não está vencida. Não contestando o réu a existência, mas somente a exigibilidade, será condenado sem perda do benefício do prazo. O credor, não

---

tribunal ou se, tendo-a, não escolhe o meio mais adequado à prossecução do seu interesse substantivo. Outros casos imputados a este pressuposto, nomeadamente por SCHÖNKE, um dos Autores que maior atenção lhe reservou, querendo erigi-lo em conceito fundamental do sistema [Das Rechtsschutzbedürfnis, pp. 13 e segs.], são absorvidos por figuras como a litigância de má fé se verificado o respectivo tipo subjectivo de ilícito. Assim sucede quando o Autor recorre a tribunal sendo que só aparentemente se propõe obter tutela jurídica; na verdade, o seu verdadeiro objectivo é prosseguir um fim estranho ao processo [*cfr.* Das Rechtsschutzbedürfnis, p. 34].

1231 O efeito que acabamos de imputar à falta de interesse nas situações tipificadas determina um afastamento da sua compreensão como uma condição de admissibilidade da acção ou da decisão de mérito, acompanhando-se, na nossa doutrina, a posição de CASTRO MENDES, Direito processual civil, II, p. 234. Em sentido inverso, qualificando o interesse processual como um pressuposto processual de conhecimento não oficioso, TEIXEIRA DE SOUSA, O interesse processual na acção declarativa, pp. 18 e segs.. Supomos que o regime legal impõe, necessariamente, um conhecimento oficioso da falta de interesse. Porém, este vector é incompatível com o proferimento de uma decisão formal ou processual.

1232 Estabelecendo idêntica ligação, BURKHARD HESS, Abuse of procedure in Germany and Austria, pp. 156 e seg..

obstante obter uma decisão de mérito favorável, pagará as custas da acção (*cfr.* artigo 662.º, n.º 2, al. b) e n.º 3 [610.º, n.º 2, al. b) e 3]). Mais uma vez, a parte vencedora é onerada com os custos do processo. E, em simetria com o que acontece nas situações abrangidas pelo artigo 449.º [535.º], assim sucede, não porque o autor tenha instaurado acção destinada a obter a condenação do réu em obrigação ainda não cumprida, mas porque o réu não exerce resistência à pretensão. O recurso a tribunal mostrou-se totalmente desnecessário uma vez que a atitude do réu indicia que ele teria cumprido a obrigação a que se encontrava adstrito. O autor ganhou a acção mas porque esta era desnecessária, deu causa às custas do processo, devendo, consequentemente, suportá-las. Mais uma vez se verifica que a parte recorreu abusivamente a tribunal já que se atesta estar ela destituída de interesse processual. É, assim, o interesse processual, pressuposto ordenado a evitar a litigância inútil, a reprimir a conduta da parte vencedora: esta, apesar de vencer, é penalizada com a suportação das custas processuais. E esta obrigação surge perante a verificação dos pressupostos objectivos do artigo 662.º [610.º].

720. As recentes reformas do sistema processual trouxeram, ainda, novos casos de afastamento da regra *victus victori*. Destas apenas relevam as que podem apresentar ligação com o abuso das situações jurídicas processuais.

Um primeiro caso é constituído pela regra constante do artigo 447.º-C, n.º 4 [532.º, n.º 4]. Sempre que uma diligência seja manifestamente desnecessária e lhe presida um intuito dilatório, o encargo a que ela dê lugar será sempre suportado pela parte que a requereu. Isto significa que, se a parte requerente for parte vencedora, este encargo não entrará nas suas custas de parte a suportar pela parte vencida. Mais uma vez basta que se verifique que a diligência é meramente dilatória e desnecessária para que a parte seja penalizada com a suportação do encargo a que a diligência dá lugar. Se a parte requereu tal diligência com dolo, negligência grave, leve ou levíssima, é irrelevante para o funcionamento desta regra. Porém, se se verificar que a parte actuou com dolo ou negligência grave, sendo a diligência dilatória, deverá, ainda, ser condenada em multa e em indemnização à parte contrária ao abrigo do regime da litigância de má fé.

Uma segunda hipótese de alteração da regra *victus victori* acontece se a parte recorre a tribunal judicial sempre que era admissível (e efectivamente viável) o recurso a meios alternativos de resolução do litígio. Neste caso, sendo vencedora, não poderá imputar as suas custas de parte à parte vencida.

Uma vez mais, não releva qualquer valoração da conduta da parte para o funcionamento da regra constante do artigo 447.º-C, n.º 4. Se ela recorreu a tribunal, sabendo que podia recorrer a meios alternativos, ou se o fez desconhecendo esta possibilidade, é irrelevante. A regra limita-se com a verificação de pressupostos totalmente objectivos. O recurso desnecessário a tribunal é penalizado com a suportação das custas de parte no processo.

721. Se tentarmos extrair um princípio das diversas regras relativas à imputação dos custos do processo, diremos que o nosso sistema, apesar de aparentemente fundar a obrigação do respectivo pagamento na regra *victus victori*, assenta aquela obrigação na justificação do recurso a tribunal. Mesmo que a parte actue ao abrigo do seu direito de acção, se este for exercido em circunstâncias que revelam a inutilidade concreta desse exercício, a parte, quer obtenha ganho de causa, quer saia vencida, será onerada com o pagamento das custas processuais. Se, tipicamente, o recurso a tribunal se justifica quando a parte obtém ganho de causa, nem sempre assim sucede. Deste modo, a regra *viutus victori* é temperada no nosso sistema por uma série de contra-regras que, no seu conjunto, nos permitem inferir aquele princípio geral.

E, numa segunda conclusão, verifica-se que o instrumento escolhido pela lei processual para reprimir o uso abusivo do processo ou, dito de outro modo, o exercício abusivo do direito de acção é o interesse processual[1233]. Este pressuposto intervém directamente sobre a lide emulativa e/ou desnecessária. O direito processual conhece, assim, figura com objectivos idênticos àqueles que são obtidos através do funcionamento da cláusula geral do abuso do direito no direito substantivo naquilo que esta tem de autónomo face a outros institutos, nomeadamente, face à responsabilidade civil. Com efeito, se da intervenção abusiva resultarem danos para terceiro, a cláusula geral do abuso do direito, de *per si*, não permite a respectiva reparação. Sendo uma figura de

[1233] Conferindo ao interesse processual função de saneamento da litigância sem justificação, HOPT, Schadensersatz aus unberechtigter Verfahrenseinleitung, p. 174, nota 2. Prevenindo contra os perigos de ampliação do pressuposto em causa e advertindo para os perigos reais da sua instrumentalização política, na sequência de FASCHING, EKKERHARD SCHUMANN, "Kein Bedürfnis für das Rechtsschutzbedürfnis", pp. 446 e seg.. Identicamente, DÖLLE, Pflicht zur redlichen Prozessführung, p. 289, referindo a *proveniência duvidosa* das declarações constantes da Lei de 27 de Outubro de 1933, que veio introduzir alterações na ZPO.

base objectiva, deverá ser complementada por outras regras que permitam a imputação a quem age abusivamente. Ora, conforme terá resultado do brevíssimo excurso pelas regras relativas à suportação dos custos (ou, como também são conhecidos, dos danos processuais típicos), o interesse processual apresenta grandes virtualidades se confrontado com a cláusula do abuso de direito. Este impede que a parte que actua abusivamente afecte, através da sua actuação, a parte que se vê confrontada com o exercício abusivo do direito de acção. E permite mais: permite que esta, nos casos tipificados na lei, impute os custos da sua intervenção processual a quem agiu abusivamente. Quer isto dizer que o interesse processual permite a imputação dos danos processuais típicos à parte que age abusivamente sem necessidade de recurso a outras regras.

X. A RUPTURA COM OS PRINCÍPIOS DA JUSTIÇA

1. AS COORDENADAS DO PROBLEMA

722. A conclusão a que acabámos de chegar acima e que apontava para um exaurimento do conhecimento da má fé no processo em que esta ocorreu tem de ser reponderada face aos argumentos que podem ser encontrados, tanto na promoção do Ministério Público no recurso interposto de acórdão da Relação do Porto e que veio a ser conhecido através de acórdão do Supremo Tribunal de Justiça, de 4 de Outubro de 2007, como na jurisprudência alemã.

Na sua promoção e perante uma burla cometida pela parte em acção em que fora proferida decisão transitada em julgado, o Ministério Público veio sustentar que "o princípio da intangibilidade das (*sic*) decisão judicial transitada em julgado, ou mesmo de uma certa concepção da infalibilidade do juiz (o juiz não erra nem é enganado...) não permite excluir a responsabilização deste tipo de comportamentos (comportamentos processuais ilícitos) realizadas (*sic*) através do processo ou num quadro da actividade processual." Desta afirmação resulta ser entendimento do Ministério Público que o não conhecimento da existência de uma burla processual pelo juiz da causa, cuja decisão apenas se justifica porque, não se apercebendo de tal burla, acolhe a pretensão da parte que veio a ser arguida em processo posterior, não prejudica que esta burla seja conhecida em novo processo. O Supremo Tribunal de Justiça, não obstante não ter apreciado as questões relativas ao caso julgado, acolheu a conclusão do Ministério Público, reconduzindo a burla processual ao tipo de burla. Foi um passo extremamente importante, sendo invertida a jurisprudência anterior. Esta, fundando-se na completude dos esquemas reactivos intra-processuais a comportamentos adjectivos ilícitos, negava a possibilidade de repressão penal da conduta da parte. Esta poderia, quando muito, ser condenada por litigância de má fé[1234].

[1234] Acórdão do Supremo Tribunal de Justiça de 29 de Outubro de 2003 (Silva Flor).

723. O ponto de partida para a posição do Ministério Público tem de ser necessariamente um: o facto de uma decisão haver transitado em julgado não impede que, em processo posterior, se apreciem factos que destroem a eficácia daqueles que constituem o seu fundamento. Note-se que os factos relevantes e que vêm a constituir o objecto da segunda apreciação – no caso relatado, a burla –, não são supervenientes. Estes factos são contemporâneos da anterior acção. Tanto assim é que o problema somente se levanta porquanto o juiz da primeira causa foi determinado por aquela burla.

Mas há que ir mais longe. Os efeitos da destruição do fundamento da primeira decisão não se confinam àquele fundamento. A destruição do fundamento da decisão implicará a impossibilidade de manutenção da própria decisão. Ora, aquilo que fica por saber é, em primeiro lugar, se o nosso sistema admite que o fundamento de uma decisão transitada em julgado seja reapreciado numa acção autónoma. Em segundo lugar, há que determinar se este procedimento, sendo autónomo, interfere directamente com a decisão judicial, transitada em julgado, cujo conteúdo foi determinado pela burla.

Uma saída possível consiste em considerar as duas acções com independência. A primeira decisão, não obstante fundar-se em factos que se revelam inverdadeiros, manter-se-ia. A segunda decisão, porque destinada a pronunciar-se sobre questão diversa daquela que determinara a primeira pronúncia – aquela destinara-se a apreciar uma dada pretensão, no caso concreto, a admissibilidade material da pretensão de execução específica de um contrato promessa de compra e venda de um imóvel, esta destinar-se-ia a apreciar e a extrair os efeitos da existência de burla processual na acção pretérita –, não colidiria com aquela.

A saída seria uma falsa saída. Na verdade, não podem manter-se as duas decisões. Isto porque se conclui que a decisão de procedência da pretensão deduzida pela autora na primeira acção se fundou numa burla: à parte não pode ser reconhecido um direito que, afinal, se verifica não lhe pertencer. Este o resultado da segunda acção, que mina irremediavelmente o fundamento e a decisão da primeira sentença.

724. Os problemas que enfrentamos foram já submetidos à apreciação da jurisprudência e da doutrina alemãs no exacto contexto em que aqui se colocam. Ali se discutiu se deveria admitir-se a dedução de pretensão indemnizatória, ao abrigo do § 826 BGB, não obstante esta pretensão colidir com decisão anterior e transitada em julgado. A resposta positiva a esta interrogação, que implicava aceitar uma *Rechtskraftdurchbrechung*[1235] através da utilização de um meio diverso do recurso extraordinário, encontra as suas raízes no direito comum[1236] e o seu fundamento último em razões de justiça material: a parte não pode retirar efeitos para si benéficos de uma decisão que obteve através da prática de actos altamente censuráveis, sendo legítimo que a contraparte, que se vê confrontada com danos decorrentes de uma actuação dolosa e contrária aos bons costumes, por eles se possa ressarcir. E, para além desta actuação ressarcitória, devem, ainda, reconhecer-se à parte contra a qual foi obtida uma decisão ou um título executivo de modo altamente censurável as pretensões de inibição de recurso à execução e de devolução/entrega do título executivo.

725. O reconhecimento da necessidade de aceitar a actuação de meios diversos do recurso extraordinário, destinados a minar a eficácia de uma anterior decisão, não foi pacífico, sendo primeiramente acolhida pela jurisprudência[1237]. Numa posição absolutamente consistente desde a sua primeira decisão, o RG/BGH sempre entendeu que o recurso ao § 826 BGB é justificado quando o caso julgado, que serve finalidades que o transcendem[1238] e que não se destina a transformar o que não é direito em direito[1239], foi provocado e obtido de modo ilícito, *scilicet*, quando estão reunidos os pressupostos de que o § 826 BGB faz depender a constituição de direito a indemnização.

[1235] O conceito de *Rechtskraftdurchbrechung* não tem equivalente na dogmática processual civil portuguesa. Dela resulta a cessação do efeito de caso julgado de uma decisão. Este efeito é produzido pela superveniência de uma nova decisão que, não operando a destruição da primeira, determina a sua perda de eficácia. O fundamento deste resultado reside na incompatibilidade entre os dois títulos, sendo o segundo obtido para corrigir os efeitos induzidos pelo primeiro.

[1236] Münchener Kommentar/BGB, § 826 (Wagner), Rdn 129, onde, remetendo para a decisão publicada em RGZ 36), 249, se dá nota de que as pretensões de inibição de instauração de execução e de entrega, ao putativo devedor, do título executivo, têm a sua origem no *gemeines Recht.*

[1237] Supomos ser a primeira decisão de 26.4.1900, RGZ 45, 75-83.

[1238] RG de, RGZ 155 (58): "Aber sie [die Rechtskraft] ist schließlich nicht um ihrer selbst willen da, und man darf nicht ihren Wert übertreiben."

[1239] RG de, RGZ 78 (393): "Die Wirkungen der Rechtskraft müssen aufhören, wo diese bewußt rechtswidrig zu dem Zweck herbeigeführt ist."

Esta solução sofreu inicialmente fortes críticas da doutrina, que acentuava a sua colisão frontal com o instituto do caso julgado[1240]. Porém, e como salienta WAGNER, é efectivamente verdade que, não obstante a aceitação, pelo RG/BGH, da dedução de pretensões materiais, destinadas a operar um *Rechtskraftdurchgriff*, há mais de um século, não pode dizer-se que a autoridade do caso julgado haja sido diminuída por esta via[1241]. Com efeito, o BGH impõe a verificação de pressupostos muitíssimo rigorosos para que a decisão possa ser derrogada[1242].

726. Entre as decisões relevantes do RG/BGH, que culminam, porquanto conseguimos verificar, com uma decisão de 29.6.2005, encontra-se a que foi proferida em 26.4.1900. No processo de que proveio o aresto, o RG era confrontado com a necessidade de se pronunciar sobre a admissibilidade de um pedido de indemnização, deduzido na sequência de uma execução, titulada por sentença, alegando o autor, sucessor do então devedor putativo de um título de crédito e executado, que o exequente obtivera o título prestando falsas declarações e assim violando o juramento prestado no processo. Com efeito, e apesar de não poder fazer prova deste facto, o então réu alegara ter já pago o valor em dívida. O então autor contrariara esta afirmação, prestando, assim, falsas informações ao tribunal. Tanto por estas, como por falso juramento, fora o exequente condenado numa pena de prisão de dois anos. O RG sustenta que o reconhecimento de uma qualquer pretensão indemnizatória ao então réu colide com o caso julgado anteriormente formado já que aquela se destina a operar uma reversão dos efeitos substantivos deste último. Partindo de uma concepção material, o RG conclui que, sindicar através de nova acção, se à causa pretérita presidia uma *iusta causa*, equivaleria a esquecer que a decisão transitada constitui uma nova causa para o direito de crédito invocado pelo então autor. À restituição do que fora prestado na sequência da execução do título opor-se-ia o caso julgado anteriormente formado.

Se, até aqui, todos os argumentos concorrem no sentido da inadmissibilidade da dedução de um pedido ao abrigo do § 826, ao tomar posição quanto à restituição introduz o RG uma ressalva: a esta restituição opor-se-ia o

---

[1240] ROSENBERG/SCHWAB, Zivilprozessrecht, 10ª, § 161.

[1241] Münchener Kommentar/BGB, § 826, Rdn 129.

[1242] Acentuando especificamente este ponto, CHARALABOS KLADOS, § 826 BGB – Ein legitimes Mittel zur Durchbrechung der Rechtskraft, p. 709.

caso julgado enquanto não fosse possível detectar que a sentença houvesse sido extorquida através de uma acção ilícita (*wiederrechtliches Abnötigen*). E, continua o tribunal, que, no caso concreto, se discutia a procedência de uma pretensão indemnizatória, fundada em conduta proibida. Neste contexto, verificava-se que a decisão posteriormente executada havia sido obtida através de uma omissão e de uma negação fraudulenta do pagamento pela parte. Ora, perante estes factos, a pretensão que surge na esfera da contraparte é uma pretensão fundada num delito/acto ilícito, pretensão que não pode ter-se por excluída pelo caso julgado. A força de caso julgado não poderá opor-se ao princípio fundamental, segundo o qual as violações dolosas determinam a obrigação de indemnizar os danos causados. Mais afirma o tribunal que se os pressupostos e os efeitos da decisão foram fabricados através de uma actuação ilícita, penalmente punida, se a parte obteve esta decisão através de fraude e perjúrio, não pode negar-se à sua contraparte o direito a ser indemnizada pelos danos que sofreu.

727. Adiante pronuncia-se o RG sobre as relações existentes entre a acção fundada no § 826 e o recurso extraordinário de impugnação do caso julgado (*Wiederaufnahmeklage*). Numa construção que o BGH retomará, o RG sustenta que as regras relativas ao recurso regem a admissibilidade de uma impugnação de decisões transitadas em julgado no plano processual. Ora, na acção instaurada ao abrigo do § 826 não estará em causa a impugnação do caso julgado, uma vez que esta não se destina a questionar a decisão pretérita, mas somente a compensação/*Ausgleichung* dos danos sofridos em virtude dos efeitos formais daquela decisão.

Alguns anos mais tarde e depois de, em decisão de 2.12.1904, o RG ter deixado aberta a porta à dedução de pedido indemnizatório contra a parte que obtivera a sentença através de comportamento doloso[1243], o mesmo RG pronunciou-se novamente acerca da admissibilidade da dedução de pretensão

[1243] No caso concreto, a parte litigara dolosamente porquanto, conhecendo a morada do seu marido, réu no processo de divórcio, afirmou desconhecê-la, limitando-se a afirmar que supunha que ele se encontrava algures na América. Com estas declarações, conseguiu provocar a citação por via edital. Também a decisão, que decretara o divórcio, com declaração de culpa exclusiva do cônjuge marido, não pôde ser pessoalmente notificada ao réu. Através de recurso ordinário, obviamente interposto fora de prazo, o réu veio demonstrar que a autora conhecia a sua morada e que com ele mantivera contactos durante o período de tempo que antecedera a acção. Neste contexto, o BGH afirma a inadmissibilidade do recurso, com

material indemnizatória, conflituante com os efeitos do caso julgado[1244]. Sustentando que, não obstante a crítica que a doutrina desferira contra a posição iniciada pelo tribunal em 1900, não haveria razões para a inflectir, já que a procedência de um pedido formulado ao abrigo do § 826 BGB não poria em causa a decisão anteriormente transitada.

Em 27.3.1968, o BGH proferia acórdão, no qual revogava as decisões vindas das instâncias e que afirmavam dever a parte, que alegava a existência de uma burla processual fundada em falsificação de documentos, aguardar pela decisão a proferir no processo penal competente antes de ser viável a *Restitutionsklage*. Esta decisão do BGH tem uma particularidade: o tribunal admitiu que a burla cometida na obtenção de um título executivo fosse invocada contra um terceiro, entretanto portador desse título (no caso, um cessionário), de modo a impedir que este possa executar esse título, hipótese que não tem expressa previsão no § 580 ZPO, maxime, IV.

728. Numa decisão de 5.6.1963, o BGH, não obstante aceitar genericamente a vigência desta cláusula, julgou a pretensão do autor improcedente. A situação de facto era a seguinte. Anos depois de decretado o divórcio por mútuo consentimento de um casal que que havia acordado que o cônjuge marido continuaria a pagar uma pensão de alimentos ao cônjuge mulher até ao momento em que esta viesse a casar ou a morrer, o cônjuge marido veio pedir a condenação daquela no pagamento de uma indemnização, ao abrigo do § 826 BGB. Alegou que o acordo de pagamento da pensão de alimentos fora a contrapartida da desistência, pelo cônjuge mulher, da sua pretensão de instauração de acção de divórcio litigioso, com fundamento em violação do dever de fidelidade por ele. Com efeito, o cônjuge marido mantinha uma relação extraconjugal com S, com quem veio, após a decretação do seu divórcio, a casar. Sucede que também a cônjuge mulher mantinha já durante o casamento com o autor uma relação extraconjugal com K. Esta relação foi invocada como fundamento na acção de divórcio de K e de sua mulher, sendo aquele declarado cônjuge culpado. Após o divórcio de K, este e a ré não casaram. Perante esta circunstância, o agora autor deixou de pagar a pensão de alimentos à ré. Esta veio, então, requerer a condenação do autor nesse pagamento, obtendo uma decisão favorável.

---

fundamento em extemporaneidade, mas abre a possibilidade de o réu vir a deduzir uma *Restitutionsklage* ou pedir uma indemnização, ao abrigo do § 826 BGB.

[1244] Decisão de 9.2.1911, RGZ 142, 213-217.

Após ter sido condenado, o autor vem instaurar acção de indemnização, ao abrigo do § 826 BGB, alegando que a ré conseguira a decisão condenatória por meio da produção de falsas informações. Com efeito, a ré impugnara o facto de o acordo de prestação de alimentos ter tido como pressuposto o seu casamento com K assim que este obtivesse o divórcio. Deste modo, lograra a ré que o tribunal não considerasse o seu iminente casamento com K como elemento integrante da base do negócio/acordo. Ora, de duas uma: ou a ré provocara um erro qualificado por dolo na pessoa do autor quando o deixara crer, ao com ele acordar a prestação de alimentos, que o seu casamento com K aconteceria mal este se divorciasse, ou prestara falsas informações ao tribunal já que, sabendo que o seu iminente casamento com K constituíra base do negócio, impugnara este facto. De todo o modo, ao exigir que o autor continuasse a pagar-lhe uma pensão de alimentos, a ré utilizava em seu benefício o caso julgado formado sobre uma decisão que ela sabia ser errada pelo que fazia, desse caso julgado, um uso doloso e contrário aos bons costumes.

A rejeição da pretensão indemnizatória foi fundada pelo tribunal na circunstância de o autor não alegar, nesta nova acção, factos novos pois que a actual causa de pedir havia sido já apreciada em acção pretérita.

729. Na sua decisão de 27.3.1968 o BGH chegou a conclusão diversa, percorrendo um caminho muito criticado pela doutrina[1245]. Na situação submetida à apreciação do tribunal, o autor peticionava indemnização ao abrigo do § 826 BGB. Fundava a sua pretensão em fraude processual. Porque a fraude processual constitui, no sistema alemão, fundamento de recurso extraordinário/*Wiederaufnahme*, decidiram as instâncias que a parte não podia recorrer directamente ao § 826 BGB, devendo, antes, demonstrar, na competente acção penal, a existência daquela fraude e, com base nesta decisão, impugnar a decisão transitada. O BGH conclui que aquele recurso não era necessário, não sendo igualmente necessária a acção penal. Os institutos da *Wiederaufnahme* e da indemnização responderiam a diferentes finalidades, pelo que a parte poderia recorrer directamente ao § 826 para obter a paralisação dos efeitos de uma decisão que alegasse e demonstrasse haver sido obtida por meio de fraude processual.

[1245] Baumgärtel/Scherf, Ist die Rechtsprechung zur Durchbrechung der Rechtskraft nach § 826 BGB weiterhin vertretbar?, 316-318.

730. Analisando as decisões do BGH, através das quais este tribunal admitiu o recurso directo ao § 826 pela parte que alegava ter sofrido danos na sequência de uma decisão obtida com fraude processual da outra, em 1956 GAUL mostrava a contradição valorativa daquelas decisões, atendendo à impermeabilidade da *Wiederaufnahmeklage* à cláusula geral da boa fé[1246]. ROSENBERG abria, na 9.ª edição, datada de 1961, do seu *Lehrbuch des deutschen Zivilprozessrechts*, o § 157.IV, dedicado à remoção ou supressão do caso julgado através de meios jurídico-materiais, com a seguinte afirmação: "[o] caso julgado não pode ser afastado através de meios jurídico-materiais, sobretudo não pode ser afastado, conforme inúmeras vezes foi tentado, com o auxílio do § 826 BGB." Independentemente da sua nova localização – o § 163 – posição idêntica é subscrita por SCHWAB que, na 10.ª edição da mesma obra, agora já com o título *Zivilprozessrecht* e datada de 1969, mantém a anterior afirmação de ROSENBERG. Também em 1969 e comentando uma das decisões do BGH em que este vem admitir que o § 826 BGB funcione como uma cláusula geral análoga à prevista no § 580 ZPO, ZEISS afirma que, em torno deste problema, jurisprudência e doutrina se encontram quase que em oposição inconciliável[1247]. Em 1970, BAUMGÄRTEL, em conjunto com DIETER SCHÄRF, escrevia um artigo em que contrariava os diversos argumentos subscritos pelo BGH, na sua decisão de 27.3.1968, na qual o tribunal veio a admitir que a parte requeresse a condenação daquela que obtivera uma decisão com base em fraude processual, com fundamento directo no § 826 BGB e sem prévia interposição de *Wiederaufnahmeklage*[1248]. Também HENCKEL desfere uma crítica violenta contra a solução escolhida pelo BGH[1249]. Do seu ponto de vista, as regras sobre impugnação do caso julgado não têm qualquer lacuna de valoração que não possa ser imediatamente preenchida por recurso à analogia. Com efeito, a ideia de justiça não pode ser desligada da circunstância de a sua concretização resultar exactamente da conjugação das regras sobre o caso julgado e os fundamentos de *Wiederaufnahme* constantes da lei. É esta interacção que revela o que deva ser considerado como *Gerechtigkeit*. Por esta

---

[1246] Die Grundlagen des Wiederaufnahmerechts und die Ausdehnung der Wiederaufnahmegründe, pp. 31 e segs..

[1247] Restitutionsklage und Klage aus § 826 BGB – BGHZ 50, 115, 363.

[1248] Ist die Rechtsprechung zur Durchbrechung der Rechtskraft nach § 826 BGB weiterhin vertretbar?, pp. 316-318.

[1249] Prozessrecht und materielles Recht, pp. 104 e segs..

razão, que vem a ser material, conclui que a via do § 826 BGB traduz uma fraude à lei. Ainda em 1979, SPELLENBERG demonstrava que, ao lado do § 580, não pode ser aplicado o § 826 BGB, sendo apenas legítimo aplicar a cláusula geral do exercício abusivo de situações jurídicas em casos especiais e excepcionais[1250].

Só em tempos mais recentes parte da doutrina veio a considerar admissível o recurso ao § 826 BGB como forma de compensar a parte por danos sofridos pelo comportamento processual doloso e contrário aos bons costumes da contraparte, sem necessidade de recurso à *Wiederaufnahmeklage*. Não obstante ser o movimento jurisprudencial reconhecido como um adequado desenvolvimento jurisprudencial do sistema jurídico[1251]ou como *Richterrecht*[1252], sendo a sua admissibilidade aceite quase como algo de absolutamente evidente[1253], esta posição não pode considerar-se pacífica[1254]. Já em 1995, GAUL, retomando a sua anterior construção, voltaria a criticar a posição do BGH, bem como os apoios que foi concitando na doutrina[1255].

731. Supomos que o ponto de partida, que não deve ser escamoteado quando se admite o recurso directo ao § 826 BGB, respeita aos efeitos que esta pretensão tem sobre um caso julgado anterior. Sejam quais forem os artifícios semânticos ou construtivos em que se possa assentar, é um facto que a decisão de procedência de uma pretensão indemnizatória, destinada a reparar danos provocados por uma decisão proferida em ação anterior, colide directamente com esta, visando compensar ou anular os seus efeitos. No fundo, a pretensão indemnizatória, acompanhada da cessação de efeitos da primeira decisão, tem um único objectivo: na expressão de GRUNSKY, voltar a pôr as coisas em ordem[1256]. Isto porque se o juiz se apercebe, numa segunda

---

1250 Rechtskraft und Gerechtigkeit – LG Hannover, NJW 1979, 221, pp. 555 e segs..

1251 Münchener Kommentar/ZPO (GOTTWALD), § 322, Rdn 204; Münchener Kommentar/ZPO (BRAUN), § 322, Rdn 10 e 22; ROSENBERG/SCHWAB/GOTTWALD, Zivilprozessrecht, 16.ª, § 161.III, Rdn 7.

1252 CHARALABOS KLADOS, § 826 BGB – Ein legitimes Mittel zur Durchbrechung der Rechtskraft, p. 710.

1253 Zöller/ZPO, Vor § 578 [GREGER], Rdn 17.

1254 Com indicações, BAUR/GRUNSKY, Zivilprozessrecht, 10ª, Rdn 247; GRUNSKY, Zivilprozessrecht, 13.ª, Rdn 247.

1255 Rechtskraft und Verwirkung, p. 265.

1256 Grundlagen des Verfahrensrechts, 2.ª, § 47.III.3, p. 496.

acção ou em execução de uma decisão que esta está errada, não obstante estar vinculado pelo caso julgado, tentará fazer o que for necessário para corrigir este erro.

Esta tendência é tanto mais acentuada quanto mais injustiça do caso concreto se o juiz se deixar manietar por respostas fundadas em esquemas formais de solução. Veja-se como a nossa jurisprudência contornou habilmente as dificuldades levantadas pelo princípio do dispositivo quando em causa estivesse uma alteração do pedido. Impossibilitada de exortar a parte a alterá-lo mas absolutamente consciente de que a parte contrária, aquela que deve ser tutelada pelo contraditório associado ao dispositivo, não veria minimamente prejudicadas estas garantias do processo equitativo, a jurisprudência qualifica como simples requalificação casos em que está já em causa uma verdadeira alteração do pedido. Fá-lo com excelentes razões e apoiada em argumentos de ordem substancial, aliás aqueles que valem seguramente na interpretação das regras processuais.

732. Uma vez assente que a admissibilidade de uma correcção dos resultados materiais obtidos através de uma decisão implica uma colisão com o caso julgado, há que perguntar se esta colisão pode ou não ser aceite. E esta a grande dificuldade que esta solução encerra. Na verdade, o sistema jurídico em que ela se desenvolveu conhece meios de cassação do caso julgado. À semelhança do que entre nós ocorre, estes pressupõem a verificação de hipóteses extremas de erro e de injustiça da decisão.

Colocados perante este problema, supomos que a sua solução não deverá passar pela criação de manobras de diversão. Não valerá a pena discutir, por um lado, a diversidade de objectos processuais entre as duas acções e, por outro, a diferença de objectivos das pretensões indemnizatória e cassatória do caso julgado. É evidente que a parte somente deduz a pretensão indemnizatória porque foi prejudicada com uma anterior decisão, por sua vez determinada por um acto ilícito da contraparte[1257]. E que, através desta pretensão, a parte visa corrigir a anterior decisão. Acresce que, nos casos

[1257] Utilizamos aqui a expressão *acto ilícito* em ligação com o § 826 do BGH não obstante o BGH, na sua decisão de 27 de Março de 1968, ter feita a extraordinária afirmação, criticada por Baumgärtel/Scherf, Ist die Rechtsprechung zur Durchbrechung, p. 316, nos termos da qual aquele parágrafo não pressupõe a ilicitude de uma conduta mas somente a sua natureza dolosa e a contrariedade aos bons costumes.

em que o recurso extraordinário é admissível, a parte somente se sujeita a demonstrar a verificação de um fundamento de rescisão porque, se o não fizer, o seu recurso não terá sucesso. Podendo escolher, a parte não passaria pela via da rescisão quando somente lhe interessa o juízo rescindente[1258]. Se pudesse obter a destruição – jurídica ou de facto – do caso julgado através de um meio alternativo ao recurso e se esse meio fosse mais célere e eficaz, seguramente que a parte nunca optaria pelo meio mais complexo.

Em suma, se o problema a resolver pressupõe que se confrontem os limites do efeito de caso julgado[1259], então que estes sejam confrontados. Mesmo que este confronto possa significar a necessidade de aceitar que o efeito de caso julgado pode e deve ser graduado. Assim deverá ocorrer, segundo a jurisprudência e a doutrina alemãs, quando ele é obtido por meio de fraude ou de outra actuação da parte, dolosa e contrária aos bons costumes. Nestas hipóteses, até aqui as únicas em que se admite um caso julgado de fraca ou diminuída intensidade[1260], a este poderão ser opostas as pretensões materiais, decorrentes do § 826 BGB[1261]. Estas terão um efeito imediato: inverter os efeitos da anterior decisão. Ora, ao admitir-se esta inversão ou anulação dos efeitos da anterior decisão, transitada em julgado, só num plano puramente formal se poderá dizer que esta última se mantém incólume[1262]. Nas palavras de SPELLENBERG, afirmar que há uma diferença substancial entre a Restitutionsklage, destinada a destruir uma decisão, e a acção de indemnização do § 826 BGB, que pressupõe a manutenção da decisão, sendo que, esta última não atinge o caso julgado é puro formalismo[1263].

1258 Muito crítico, assim, quanto à posição do BGH que admite um concurso real entre os §§ 580 ZPO e 826 BGB, ZEISS, Restitutionsklage und Klage aus § 826 BGB – BGHZ 50, 115, p. 366.

1259 Claramente neste sentido, RG de 26.4.1900, RGZ 45, 75-83 (77).

1260 Münchener Kommentar/ZPO (BRAUN), vor §§ 578 f.f., Rdn 22.

1261 Para uma exclusão da responsabilidade do Estado pela demora na aplicação da Justiça, que implique uma reapreciação das decisões toamadas pelo juiz ao longo do processo exactamente com fundamento no efeito de caso julgado – esta reapreciação pressuporia aceitar que viesse a demonstrar-se a incorrecção/*Unrichtigkeit* das anteriores decisões, o que é vedado pelo caso julgado –, JÜRGEN BLOMEYER, Die Haftung des Staates für die Verzögerung von Zivilprozessen, pp. 560-561.

1262 ZEISS, Restitutionsklage und Klage aus § 826 BGB – BGHZ 50, 115, 364, fazendo idêntica observação, sob a forma de crítica, à posição que sustenta, na linha de alguns arestos do BGH, que o § 826 não colide com o caso julgado uma vez que a decsão se mantém incólume.

1263 Rechtskraft und Gerechtingkeit – LG Hannover, NJW 1979, 221.

2. AS COORDENADAS DE RESOLUÇÃO DO PROBLEMA

733. Vários são os pontos à luz dos quais a questão aberta tem de ser reflectida.

Em primeiro lugar, há que atender às razões de segurança e de certeza, que inequivocamente fundam o efeito de caso julgado[1264]. Se as garantias do processo equitativo visam que a decisão seja justa, criando mecanismos que permitam uma aproximação da matéria de facto em que se funda à realidade e que a solução jurídica seja a mais adequada ao caso concreto, certo é que estes dois objectivos podem não se verificar. Ainda assim e seja qual for a sua sorte ulterior, a decisão forma caso julgado. Este é "exigência da boa administração da justiça, da funcionalidade dos tribunais e da salvaguarda da paz social, pois [...] obsta a que sobre a mesma situação recaiam soluções contraditórias"[1265].

Mas sempre se admitiu que este princípio de imutabilidade da decisão judicial tem limites. Sempre que "o processo ou a decisão se encontrem afectados por vícios cuja gravidade justifica que se sacrifique a segurança resultante do caso julgado à justiça devida à situação apreciada"[1266] admite-se a impugnação da decisão transitada. Conforme sustentou o Supremo Tribunal de Justiça, em acórdão proferido em 29 de Maio de 2008 (Santos Carvalho), se um dos valores fundamentais do direito é o da segurança das decisões judiciais, "tal valor não é absoluto nem é o mais importante, pois sobreleva o da justiça, particularmente quando estão em causa direitos fundamentais da pessoa humana. [...] *a imutabilidade da sentença que decorre do caso julgado tem de ceder sempre que se torna flagrante que foi contrariado o sentido de justiça*" (itálico nosso). A afirmação é proferida em recurso de revisão interposto de decisão condenatória, pela prática do crime de homicídio agravado. O fundamento do recurso, a diminuição de imputabilidade do réu, não fora nem alegada, nem demonstrada na acção de que resultou a decisão. Sendo a sua causa contemporânea do julgamento, não foi nele tida em conta. O Supremo Tribunal de Justiça, apesar de não considerar ulteriormente demonstrada a diminuição de imputabilidade[1267], proclamou

---

[1264] Teixeira de Sousa, Estudos sobre o novo processo civil, p. 596.

[1265] Teixeira de Sousa, Estudos sobre o novo processo civil, p. 596.

[1266] Teixeira de Sousa, Estudos sobre o novo processo civil, p. 597.

[1267] O réu alegara encontrar-se em situação de stress pós-traumático – tratava-se de ex-combatente –, mas o médico que procedeu ao exame pericial não encontrou sintomas compatíveis com esta patologia.

a possibilidade de revisão de uma decisão quando esta fosse imposta *pelo sentido de justiça*.

O caso julgado encontra, assim, na realização de justiça o seu limite. Se esta se mostra grave e flagrantemente violada, o caso julgado e os valores que lhe subjazem devem ceder. O argumento não explicitado em toda esta polémica respeita ao que se pressupõe no caso julgado. Como se disse, neste se subentende uma adequação da decisão aos dados do sistema. O caso julgado não cria; enuncia. Mesmo quando cria.

734. Admitida a impossibilidade de prevalência do caso julgado sempre mas somente quando se verifique uma grave e flagrante quebra da justiça, pergunta-se: e como se pode paralisar este caso julgado?

Em tese, de diversos modos.

Num primeiro, o caso julgado pode ser quebrado directamente. Nesta hipótese, impugna-se a decisão que o formou. Cassa-se o título, impedindo-se que este continue a produzir efeitos e impedindo-se que ele possa ser feito valer em qualquer contexto. Mais uma vez em tese, podem, aqui, imaginar-se dois esquemas. Num primeiro, o meio de cassação do caso julgado limitar-se-ia a destruir a decisão proferida. Num segundo, o meio seria híbrido, contendo uma primeira fase de cassação e, uma segunda, de redecisão. Esta a matriz da generalidade dos sistemas. O recurso de revisão tem um duplo efeito: reabre o poder jurisdicional, impondo ao tribunal que anule a decisão se verificado um dos fundamentos típicos do recurso. Mas também lhe confere poder jurisdicional para que proceda a novo julgamento da causa.

Num segundo modo, o caso julgado pode ser quebrado ou, dito talvez de modo mais impressivo, aniquilado, indirectamente. Nesta hipótese, não se interferirá directamente sobre a decisão pretérita e flagrantemente injusta. O que se fará é simplesmente percorrer um novo meio processual, em que se deduzam pretensões materiais que anulam o conteúdo da decisão transitada. Este o caminho seguido na Alemanha, com alguma unanimidade pelo menos nos casos em que se encontra vedado o recurso extraordinário.

735. Se olharmos o nosso sistema, podemos verificar que a opção do legislador recaiu na primeira forma e, dentro dela, na segunda modalidade. Literalmente, o direito positivo dispõe que o caso julgado somente pode ser posto em causa através de recurso extraordinário[1268]. Uma vez verificada a existência de um dos fundamentos típicos de cassação (juízo rescisório), o tribunal deve reapreciar a causa e decidi-la (juízo rescindente).

Aparentemente, não admite a nossa lei, de forma expressa, que o efeito de caso julgado possa ser paralisado de modo diverso. Apenas se prevê que o efeito *cessação do efeito de caso julgado* seja provocado pela decisão proferida na fase rescisória do recurso extraordinário.

Nem se vislumbra regra que permita, não obstante a manutenção formal de uma decisão transitada, a aniquilação dos seus efeitos através de nova decisão. A faculdade de a parte inverter os efeitos de uma decisão que formou caso julgado através do exercício de pretensões materiais não tem apoio no nosso sistema. Aliás, as regras vigentes quanto à impugnação do caso julgado, interligadas com o efeito de caso julgado, apontam claramente no sentido da inviabilidade do reconhecimento daquela faculdade.

A resposta à interrogação que nos ocupava parecia haver sido alcançada: se o sistema contém uma tipicidade fechada, não apenas de fundamentos de cassação do título que produz o efeito de caso julgado, como ainda do meio através do qual essa cassação pode ser obtida, não deve aceitar a dedução de pretensões materiais que invertam os efeitos imutáveis de uma decisão.

A solução pode considerar-se pragmaticamente boa porquanto se estriba no sistema positivo literalmente interpretado e porque dá corpo a três dos pilares fundamentais desse mesmo sistema: à certeza das situações jurídicas, à dignidade das decisões dos tribunais[1269] e, assim, ao prestígio dos próprios tribunais[1270] e, como corolário, à paz social.

[1268] Neste contexto, é neutra a contracção, recentemente introduzida no nosso sistema, entre a revisão e a oposição de terceiro.

[1269] Ou à ideia de *estabilidade das instituições*, conforme se lê na declaração de voto da Conselheira Maria dos Prazeres Beleza ao ac. n.º 644/98 (Bravo Serra), do Tribunal Constitucional, numa aceitação da expressão de Fernanda Palma, Direito Penal – Parte geral, pp. 131 e seg.. Deve chamar-se a atenção para a circunstância de Fernanda Palma não conceber o caso julgado enquanto valor absoluto. Na passagem citada, escreve que "[a] reserva de caso julgado apenas se fundamenta em razões de segurança e estabilidade das instituições penais cujo valor é necessariamente inferior à igualdade e à necessidade da pena."

[1270] A crítica a esta ligação entre a prática de um acto judicial e o prestígio funcional dos tribunais foi realizada por Cavaleiro de Ferreira, Pressupostos processuais *in* Obra Dispersa, I, pp. 369 e segs. (pp. 392 e segs).

736. Mas, agora, pergunte-se: num caso em que a sentença é tão flagrantemente errada quanto aquela que esteve na origem do acórdão do Supremo Tribunal de Justiça, de 4 de Outubro de 2007, devendo-se este erro exclusivamente à burla processual praticada pela parte, *i.e.*, fundando-se a decisão que formou caso julgado em erro determinado por comportamentos altamente censuráveis da parte, pode admitir-se:

- Que a burla processual fique impune porque, apesar de contemporânea do processo, não foi identificada pelo decisor?
- Que a parte, beneficiada pela decisão que obteve através de burla processual, possa desta retirar vantagens?

Aqui, a certeza beneficia aquele que teve um comportamento altamente censurável, penalizando a contraparte. Dir-se-á que esta pôde exercer o seu contraditório na acção em que aquela decisão veio a ser proferida, pelo que as desvantagens que sofre resultam da sua má gestão das faculdades processuais que lhe teriam permitido evitar este resultado.

Mas haverá paz social em casos como o relatado?

Supomos que a resposta intuitiva a qualquer uma das perguntas antecedentes será negativa. O comportamento da parte é de tal modo desvalioso que constitui ilícito penal, *ultima ratio* do sistema. Parece chocante, não somente que este comportamento fique impune, mas também que a parte que age de modo censurável possa retirar proveito de um resultado, determinado pela sua conduta ilícita e culposa. Parece chocante que, em homenagem ao caso julgado, a parte possa arrogar-se a titularidade do direito de propriedade sobre um determinado imóvel quando é certo que retira este efeito de uma decisão obtida através de burla processual.

737. Há, no entanto, que ter em consideração que responder como se respondeu às duas questões suscitadas implica aceitar, por um lado, uma reapreciação dos fundamentos da anterior acção e, por outro, uma alteração dos seus efeitos substantivos. Dir-se-á que, sobre aqueles, não se formou caso julgado. Todavia, se reapreciados, conclui-se inexoravelmente, que a anterior decisão não se pode manter. Se esta se mantivesse e produzisse os seus efeitos, a parte continuaria a poder invocar o caso julgado, retirando benefícios da decisão determinada pela burla. A reapreciação dos fundamentos da acção pretérita leva necessariamente à conclusão de que a anterior decisão tem um fundamento errado, estando, também ela, errada[1271]. Se é certo que, em determinadas circunstâncias, nem toda a decisão é afectada, podendo, ainda, manter-se parte dos efeitos dela derivados[1272], em outros casos, a decisão proferida sobre factos, que minam o fundamento da anterior decisão, acabam por a prejudicar. E, nestes casos, ainda se chega à conclusão de que, não podendo a parte retirar benefícios da decisão anterior, o efeito de caso julgado deixa de se produzir.

738. Permitirá o nosso sistema semelhante construção?

O primeiro ensaio deverá passar por uma extensão máxima das hipóteses em que deve ser admitida a cassação da decisão pretérita através do recurso extraordinário de revisão. Não obstante o seu alegado acanhamento, o artigo 696.º [771.º] cobre uma série muito significativa de situações em que o caso julgado pode ser impugnado. A decisão é susceptível de rescisão por erro, revelado por novos elementos de prova, por violação de garantias processuais fundamentais respeitantes à parte ou ao decisor – ainda que não seja demonstrada a injustiça material da decisão proferida – ou, ainda, por invalidade de negócio processual. Esta primeira etapa permitirá já resolver uma pluralidade de casos em que a manutenção da sentença, em homenagem ao caso julgado, representaria uma injustiça intolerável. Assim sucederia no caso decidido pelo Supremo Tribunal de Justiça, através do acórdão de 4 de Outubro de 2007: segundo os factos dados como provados no acórdão, a prova em que se fundara a decisão era, toda ela, falsa, desde os documentos aos depoimentos das testemunhas.

A segunda via a equacionar é aquela que a jurisprudência e, na sua sequência, a doutrina, alemãs vêm percorrendo: aceitar que os efeitos de uma decisão, aparentemente imutáveis, possam ser invertidos quando aquela represente uma violação grave dos princípios de justiça. E, aqui, podemos equacionar dois modelos de actuação desta cláusula geral. Em primeiro lugar,

---

[1271] Esta situação não se confunde com aquela em que, não havendo que questionar os pressupostos de facto ou de direito de uma decisão, por superveniência de nova lei devam ser reponderados os seus efeitos materiais. Neste sentido, as declarações de voto dos Conselheiro Sousa e Brito e Maria dos Prazeres Beleza, no acórdão do Tribunal Constitucional n.º 644/98 (Bravo Serra), no qual se discutiu a revisibilidade da pena por superveniência de lei mais favorável ao réu condenado por decisão transitada em julgado.

[1272] Grunsky, Grundlagen des Verfahrensrechts, § 47.III.3.

podemos concebê-la como causa de impugnação directa do caso julgado. Em segundo lugar, podemos entendê-la como cláusula geral de paralisação dos efeitos do caso julgado, a actuar quer em meio destinado à sua impugnação, quer em meio que vise somente reverter os efeitos já produzidos pela decisão.

Veja-se que não está em causa a destruição de um caso julgado através de recurso extraordinário de revisão. No caso decidido pelo Supremo Tribunal de Justiça, é de um acórdão proferido em acção penal que deverá resultar a cessação do efeito de caso julgado. Este esquema implica aceitar que há outros meios de paralisar o efeito de caso julgado para além do recurso extraordinário de revisão.

739. Vimos que, na Alemanha, a jurisprudência e alguma doutrina percorreram este último caminho, sustentando que a prática não dispensa uma cláusula geral destinada a repelir exercícios grosseiramente abusivos do direito, não podendo o direito processual reivindicar uma autonomia face ao direito material que impedisse o funcionamento de semelhante cláusula[1273].

O BGH[1274] vai, mesmo, mais longe, afirmando que não há uma relação de consumpção entre os dois meios já que têm finalidades distintas. A parte pode optar pela acção de indemnização, de modo a anular os efeitos negativos que a decisão transitada em julgado sobre si repercuta, mesmo que pudesse, em concreto, interpor recurso anulatório da decisão. Isto porque, enquanto o recurso visa atingir o caso julgado, a acção de indemnização visa repor a parte na situação em que se encontraria caso a parte contrária não houvesse agido, no processo, de forma dolosa e contrariando os bons costumes[1275]. Se bem que se afirme que a melhor solução seria a de se proceder, por via legislativa, a um alargamento dos fundamentos da *Restitutuion*[1276], porque esta não ocorreu, deve admitir-se a *Durchbrechung* do caso julgado através de acção autónoma instaurada ao abrigo do § 826 BGB.

740. Esta construção da jurisprudência alemã teve eco, entre nós, através de Manuel de Andrade[1277], numa passagem das suas lições de 1948/49,

[1273] Rosenberg/Schwab/Gottwald, Zivilprozeßrecht, § 161.III.3.

[1274] Decisão de 27.3.1968, BGHZ 50, 115 e segs..

[1275] Em crítica a esta construção do BGH, que ignora as funções do §§ 580 e 581 ZPO, Grunsky, Grundlagen des Verfahrensrechts, § 47.III.3.

[1276] Rosenberg/Schwab/Gottwald, Zivilprozessrecht, § 161.III.3.

[1277] Noções elementares de processo civil 1948/49, n.º 281.

lamentavelmente suprimida das subsequentes edições que deixam intocada a matéria dos recursos[1278]. Depois de afirmar que o leque do artigo 771.º [696.º] do CPC) é *bastante acanhado*, já que nele não encontram previsão fundamentos expressamente acolhidos em outros ordenamentos – dolo da parte vencedora contra a vencida –, nem fundamentos que dele deveriam efectivamente constar por serem considerados suficientemente graves para dele constarem – *v.g.*, erro de facto irrecusável, tornado patente à vista dos próprios autos e outros que, *de lege ferenda*, venham a ser identificados, como seria o caso de exercício de coacção pela parte sobre o juiz ou sobre a contraparte[1279] –, entende que o carácter taxativo do artigo 771.º exclui a possibilidade de reacção através deste meio nas hipóteses referidas.

Porém – e aqui releva o conhecimento directo do sistema alemão –, pergunta Manuel de Andrade se não poderá admitir-se, tal como vinha admitindo a jurisprudência alemã, que a parte vencida lance mão de pretensões materiais de compensação dos efeitos provocados por uma decisão obtida dolosamente ou de pretensões inibitórias de execução. A resposta de Manuel de Andrade é negativa[1280]. O fundamento, já o afirmámos: mesmo que se diga que a actuação de pretensões materiais não colide com o caso julgado, porquanto não interfere directamente com a decisão[1281], certo é que tais pretensões implicam uma "*contradição prática* (e não apenas teórica [...]) com a respectiva sentença e quebra, portanto, da autoridade de caso julgado"[1282].

741. Alberto dos Reis ponderou a posição de Manuel de Andrade. Depois de a relatar, irá tentar demonstrar que o sistema não precisa de responder às situações identificadas por Manuel de Andrade através da

---

[1278] Teixeira de Sousa, Aspectos metodológicos e didácticos do direito processual civil, pp. 134-135, chamando a atenção para o facto de a segunda edições das Noções, datada de 1956 e preparada com a colaboração de Antunes Varela, não abranger as matérias da execução e dos recursos, possivelmente deixadas para um segundo volume, que nunca veio a ser publicado.

[1279] Noções elementares de processo civil 1948/49, pp. 228-229 e nota 2 da p. 229.

[1280] Noções elementares de processo civil 1948/49, p. 230.

[1281] Assim, *v.g.*, Wagner, *in* Münchener Kommentar/BGB, §826, onde o Autor escreve: "*Mit dem Schadensersatzanspruch aus § 826 wird zwar die materielle Rechtskraft des Urteils durchbrochen, doch bleibt es formell intact.*"

[1282] Noções elementares de processo civil 1948/49, p. 230.

admissibilidade de dedução de pretensões materiais compensadoras dos efeitos da decisão já que aquelas encontram resposta directa no mecanismo de revisão.

Acerca da possibilidade de fazer valer novos fundamentos de revisão, afirma que, tendo a enumeração do artigo 771.º [696.º] carácter taxativo, não pode esta hipótese ser admitida. Depois de descrever os mecanismos que, no sistema alemão e supostamente no sistema italiano, visam facultar à parte vencida um meio processual de reacção quando, não sendo a decisão susceptível de impugnação, ela fique "absolutamente desarmada perante os prejuízos que possa causar-lhe a sentença injusta, quando obtida por meios fraudulentos ou em condições irregulares"[1283], Alberto dos Reis analisa os fundamentos destas acções. E conclui: "[c]omo se vê, as acções indicadas só têm viabilidade quando a parte vencedora haja usado de dolo para obter a sentença passada em julgado"[1284].

Ora, se bem que o dolo da parte não releve enquanto causa autónoma de impugnação do caso julgado, ele deverá, segundo Alberto dos Reis, ter-se traduzido quer em viciação da prova, quer em corrupção do juiz. Porque em qualquer uma destas hipóteses o recurso de revisão é admissível, seria desnecessária a previsão do dolo da parte enquanto fundamento autónomo de revisão. Por outro lado e porque este dolo releva enquanto causa mediata de impugnação do caso julgado, seria através desta via que a parte lesada poderia reagir contra a decisão injusta e não através de acção autónoma de indemnização. Os meios de que a jurisprudência alemã teve de lançar mão para corrigir os efeitos de uma decisão obtida por actuação dolosa e atentatória dos bons costumes da parte seriam desnecessários num ordenamento que, não fazendo depender a impugnação de um acto criminalmente punível, dá resposta a situações não cobertas pela *Wiederaufnahme*.

742. Até aqui, é-nos possível acompanhar o posicionamento de Alberto dos Reis.

No entanto, duas observações do Autor impõem alguma reflexão adicional.

A primeira, prende-se com o facto de considerar que o dolo da parte, fundamento de revisão expressamente previsto no sistema italiano, não tem autonomia face aos fundamentos previstos nas als. a) e c) do artigo 771.º

[1283] Código de Processo Civil anotado, vol. VI, p. 371.

[1284] Código de Processo Civil anotado, vol. VI, p. 372.

[als. a) e b) do artigo 696.º]: cometimento, pelo juiz, de ilícito criminalmente punível e falsidade dos meios de prova. Vimos que a doutrina italiana relaciona este fundamento, *v.g.*, aos casos em que a parte, se bem que não inviabilize, num plano formal, a dedução de defesa pela contraparte, ou a inviabiliza substancialmente ou a torna de tal modo difícil que, na prática, a impede. Dir-se-á que estas situações são raras[1285]. Mas ocorrem, conforme demonstra a decisão do Supremo Tribunal de Justiça, de 17 de Abril de 2008 (Fonseca Ramos).

O Supremo Tribunal de Justiça foi determinado a pronunciar-se no âmbito de um recurso de revisão de decisão condenatória de uma sociedade A ao pagamento de determinada quantia à sociedade B. A sociedade A funda o recurso de revisão na falsidade de documento (um extracto de factura) que teria determinado a decisão a rever. A sociedade B contrapõe que a decisão teria sido exactamente aquela que foi uma vez que o tribunal a fundara, não no documento, mas nos efeitos da revelia da agora autora, então ré. O Supremo Tribunal de Justiça vem dar razão à autora, revogando a decisão proferida, afirmando que "a sentença foi condenatória da ré porquanto se atribuiu força probatória ao documento – extracto de factura – que não foi impugnado por não ter havido contestação". Antes perguntara o Supremo: "[s]e não fosse junto aquele documento a condenação baseava-se em quê, já que a Autora teve que alegar a causa de pedir, formular o pedido e instruir a acção observando as regras do ónus da prova".

743. Diremos que, com o que acaba de se relatar, não só não se compreende que ligação tem este acórdão com o problema que nos ocupa – o pensamento de Alberto dos Reis quanto à coincidência entre os fundamentos do recurso de revisão previstos nas então alíneas a) e c) do artigo 771.º [696.º] e o dolo da parte, fundamento de *revoca*, constante do n.º 1 do artigo 395 c.p.c.it. –, como dificilmente se pode compreender como pode o Supremo Tribunal de Justiça afirmar o que afirma quanto à necessidade de produção de prova – só neste caso a valoração do documento na fase da sentença poderia ter alguma relevância – sobre factos que devem ter-se por não carecidos de prova uma vez que, atendendo aos efeitos de uma revelia que, no caso, era operante – não se verificava qualquer uma das hipóteses previstas pelo artigo 485.º [568.º] –, se têm de ter por provados. Mesmo que

---

1285 Assim e para o sistema italiano, Satta/Punzi, Dirittto processuale civile, n.º 304/I.

o tribunal pudesse ter fundado a sua decisão sobre a matéria de facto no documento, este não poderia considerar-se determinante daquela decisão.

No entanto, fizemos questão de deixar a situação assim descrita para que se compreenda como tem a jurisprudência de encontrar, mesmo contra todas as soluções expressamente decorrentes da lei, saída para hipóteses em que, não havendo lugar a recurso de revisão, a manutenção da decisão transitada constituiria violação incomportável da boa fé. Relatemos os demais factos dados como provados pela primeira instância. E, uma vez tomados estes em consideração, chegar-se-á a uma conclusão: a decisão do Supremo Tribunal de Justiça, sendo frontalmente contrária ao que a lei dispõe, é a única possível perante um sistema em que o recurso de revisão não é admitido quando haja dolo da parte. Vejamos que factos são estes.

A sociedade A e a sociedade B tinham sócios comuns, C e D. C era gerente de ambas as sociedades. Ambas as sociedades têm a sua sede no domicílio de C.

C e D entram em conflito. Perante esta situação, C, enquanto gerente da sociedade B, instaura acção de condenação contra a sociedade A, invocando a realização de serviços por esta sociedade àquela que, alegadamente, não teriam sido pagos. A autora junta um extracto de factura à petição. A sociedade A é citada para a acção, sendo a citação recebida pelo mesmo C, enquanto gerente, no seu domicílio. C nada faz pelo que, juridicamente, a sociedade A, ao não deduzir contestação, entra em revelia. Considerando provados os factos alegados pela autora, o tribunal condena a ré, a sociedade A, no pagamento da quantia alegadamente em dívida. Ulteriormente, a sociedade B instaura execução contra a sociedade A. É no contexto desta acção e já depois do trânsito em julgado da condenação, que o sócio D toma conhecimento do ocorrido. Nesta sequência, instaura recurso de revisão da sentença, invocando, como fundamento, a falsidade do extracto de factura junto pela então autora aos autos. Pede a revisão da sentença porquanto a obrigação em que fora condenada afinal não existia.

744. Se bem se verificar, o recurso de revisão é insensível aos factos, claramente reprováveis, que acabámos de relatar. E é evidente que tanto a sociedade A, quanto o Supremo Tribunal de Justiça se apercebem disto, tentando, através do único caminho que, perante um sistema de *numerus clausus*, lhes resta, atingir a decisão fraudulentamente obtida: dirão uma e outro que o documento foi determinante para a decisão cuja revisão se pede.

Mas parece-nos evidente e inquestionável que o que foi determinante foi a revelia. Ora, o facto de a revelia ter sido provocada dolosamente pelo gerente da sociedade B, também gerente da sociedade A, não constitui fundamento do recurso de revisão. A decisão, não obstante a gravidade da conduta da autora, poderá manter-se?

O Supremo Tribunal de Justiça, respondendo substancialmente bem, concluiu pela negativa. Mas, para o fazer, teve de enveredar por um caminho ínvio. E somente assim teve de proceder porquanto o legislador entendeu que o dolo da parte não teria autonomia face aos fundamentos constantes das actuais als. a) e b) do artigo 771.º [669.º]. Ora, é exactamente a situações como aquela que acabámos de relatar que responde o artigo 395, *comma* 1, c.p.c.it.: com a sua actuação, a parte impediu, materialmente, a defesa da ré. Formalmente, tudo parece estar bem. A ré foi citada, a citação foi validamente feita, a ré não contestou tendo tido formalmente a possibilidade de o fazer. Mas os factos são estes porquanto a autora se comportou de modo contrário à boa fé, agindo maliciosamente.

745. Poderá admitir-se que, no nosso sistema, semelhante resultado fique impune?

O Supremo Tribunal de Justiça, no acórdão em referência, respondeu: "[u]ma acção judicial existe [...] porque tem um facto concreto que a sustente e fundamente; ora, quando esse facto existe e tem origem na prática de um crime a decisão judicial que vier a ser proferida com base nesse facto não pode manter-se na ordem jurídica. [...] Se o pedido e a causa de pedir se baseiam em factos ilícitos e fraudulentos a decisão judicial proferida com base neles tem que ser revista."

746. Ainda voltando ao pensamento de ALBERTO DOS REIS, o Autor, fechando a porta a qualquer tipo de acção destinada a compensar os efeitos sofridos pela parte vencida por esta atentar contra a autoridade do caso julgado, afirma que, perante esta sua tomada de posição, se dirá que "vão ficar sem reparação injustiças porventura clamorosas"[1286]. E, conclui, exactamente no sentido em que MANUEL DE ANDRADE concluíra[1287]: "[p]ode isso suceder. Mas admite-se que a lei tenha preferido admitir esses sacrifícios da justiça, que

[1286] Código de Processo Civil anotado, vol. VI, p. 372.

[1287] Noções elementares de processo civil 1948/49, p. 231.

aliás devem ser bastante raros, a consentir que se comprometa gravemente a certeza jurídica e a paz social, deixando a porta aberta a tentativas pouco sérias, por vezes, de ressuscitar litígios já arrumados por sentença transitada em julgado"[1288].

747. Deverá ser mesmo assim?

Este o ponto que ainda nos resta equacionar. E aqui haverá que retomar o pensamento expresso por VAZ SERRA, de que acima se deu já nota. O Autor, depois de expor o pensamento de MANUEL DE ANDRADE, lança questão idêntica a esta. Afirmando que a doutrina de MANUEL DE ANDRADE era sustentada perante o direito então vigente, perguntava: Será, porém, a melhor [solução] de *lege ferenda*?[1289]

A resposta de VAZ SERRA é negativa. Com efeito, sustentava o Autor que o modo como a parte obtivera a decisão – astuciosamente, por meio de provas falsas ou actos contrários ao direito[1290] – não poderia ser desconsiderado. Se o sistema permitia ou não a impugnação da decisão, era problema de natureza processual. Descarta-o, afirmando que o que importa é "somente se deve admitir-se, contra o abuso que a obtenção da sentença representa, o direito de indemnização e as outras eventuais consequências da ilicitude do acto, problema de direito material"[1291]. Nesta sequência, escreve: "[p]or muito respeitável que seja a autoridade de caso julgado, mais o é ainda a necessidade de evitar que, por meio de sentenças injustas conseguidas dolosamente, se obtenham vantagens em detrimento de outrem"[1292].

VAZ SERRA percorre caminho equivalente àquele que o BGH iniciara: entende que a intervenção de pretensões materiais, destinadas a compensar os efeitos de uma decisão transitada em julgado ou a bloquear a sua utilização, é questão que não colide com o efeito de caso julgado.

Supomos que é um caminho percorrido pelas boas razões, com o único objectivo de ultrapassar um regime rígido e fechado de impugnação de decisões transitadas em julgado.

1288 Código de Processo Civil anotado, vol. VI, p. 372.

1289 Abuso do direito (em matéria de responsabilidade civil), p. 313.

1290 Abuso do direito (em matéria de responsabilidade civil), p. 311.

1291 Abuso do direito (em matéria de responsabilidade civil), p. 311.

1292 Abuso do direito (em matéria de responsabilidade civil), p. 311.

Porém, e como já acima dissemos, afirmar esta independência entre os dois planos – o de uma decisão que se manteria intocada e o das pretensões materiais de compensação dos efeitos ou de paralisação da utilização dessa mesma decisão – é artificial. Se os problemas estão na necessidade de articulação dos regimes rígidos de impugnação de decisões transitadas em julgado com determinados valores fundamentais do sistema, dos quais não é possível abdicar, então que se encontre uma solução que tente resolver este dilema e não contorná-lo. Se é certo que "o resultado prático não seria muito diferente do propugnado por aqueles que aplicam aqui [no caso de extensão do campo de aplicação do recurso de revisão] a teoria do abuso do direito"[1293], a saída há-de passar por uma intervenção sobre a decisão.

Aliás, o legislador havia-se proposto encontrá-la aquando da elaboração do Código de 1961. Sensível à necessidade de pôr fim ao abuso do direito de acção, traduzido na invocação de uma decisão obtida através de dolo da parte, e inspirando-se na solução da lei italiana, havia proposto que este constituísse fundamento de revisão (*cfr.* artigo 771.º, n.º 3 do Projecto da Comissão de revisão do Código de Processo Civil[1294]). Uma vez decidido, por sentença transitada em julgado, que se verificara dolo da parte vencedora sobre a parte vencida, a sentença seria susceptível de impugnação[1295]. A proposta não veio, porém, a vingar sem que nos tenha sido possível localizar o fundamento da decisão do legislador[1296].

748. Ponderando os dados antecedentes, supomos que o caminho que deverá ser percorrido de modo a que seja possível acolher, não obstante o trânsito em julgado de uma decisão, os valores fundamentais que o abuso de direito traduz, passará, não por uma abertura a meios de paralisação ou de compensação dos efeitos do caso julgado com manutenção de uma decisão que é de tal modo errada ou que foi obtida de modo tão manifestamente reprovável que é necessário lançar mão daqueles meios. Supomos que o

---

[1293] Vaz Serra, Abuso do direito (em matéria de responsabilidade civil), p. 314.

[1294] Projectos de revisão, II, p. 116, n.º 11.

[1295] Vaz Serra, Abuso do direito (em matéria de responsabilidade civil), p. 314, assinalando esta proposta da Comissão.

[1296] Para além do dolo da parte vencedora, previa, ainda, a Comissão de Revisão que a decisão fosse revisível quando se verificasse "erro de facto irrecusável constante do processo". Projectos de revisão, II, p. 116, n.º 11. Também esta regra não passou para o texto final do artigo 771.º CPC1961.

caminho deverá implicar uma reinterpretação do artigo 771.º [696.º] e dos seus fundamentos, à luz de um vector fundamental do Estado de Direito: o princípio da igualdade.

O instrumento metodológico que vai servir a tarefa de concretização deste princípio será a analogia, não enquanto simples método de integração de lacunas, mas enquanto forma de pensamento. Neste ponto, e se bem que a determinação dos fundamentos de impugnação do caso julgado seja uma questão de *medida*[1297], esta não poderá estar sujeita a critérios de estrita discricionariedade. A medida do legislador ordinário terá necessariamente como parâmetro os vectores fundamentais da Constituição. Entre eles, a imposição de uma igualdade material: concessão de tratamento igual ao que é igual[1298]. Perante duas situações de injustiça intolerável de uma decisão, exactamente porque ambas afrontam o princípio do Estado de Direito, não se compreende que, face a uma, possa a parte lesada reagir, simplesmente porque a lei ordinária lhe franqueia a porta da revisão, devendo suportar os efeitos da outra, porque a lei ordinária não prevê, para este caso, um fundamento de revisão.

Uma hipótese paradigmática da necessidade de alargamento da revisibilidade da decisão foi já identificada pelo Supremo Tribunal de Justiça, na decisão acma identificada. Tendo de percorrer um caminho relativamente ínvio para pôr termo aos efeitos de uma decisão proferida em processo que afinal não assegurara os direitos da parte demandada – o contraditório foi meramente formal – por intervenção de uma actuação altamente censurável da parte contrária – dolo da parte, representado pela inviabilização do exercício do direito de defesa, o Supremo Tribunal de Justiça, confrontado com uma decisão intoleravelmente injusta, estribou-se ainda no texto da lei.

749. Mas pensemos, ainda, num outro núcleo de hipóteses. Pensemos nos casos em que o juiz, por erro sobre as circunstâncias de facto, julga estar sendo corrompido. Na verdade, assim não sucede, devendo-se a percepção do juiz a uma equivocada representação da realidade. Neste caso, o tipo da

---

1297 Alberto dos Reis, Código de Processo Civil anotado, vol. VI, p. 337.

1298 Jorge Miranda/Rui Medeiros [Jorge Miranda], Constituição portuguesa anotada, Tomo I, *sub* artigo 13.º, com vastíssimas referências jurisprudenciais concretizadoras do princípio da igualdade [volume I, 2.ª edição revista, Universidade Católica Editora, 2017].

al. a) do artigo 771.º [699.º] não se preenche: a sentença não foi proferida por corrupção do juiz. Mas pergunta-se: comportar-se-ão diferentemente, de um lado, um juiz que foi efectivamente corrompido e, de outro, um juiz que, não tendo sido realmente corrompido, acha que o foi? A resposta é necessariamente negativa. Seguramente que ambos os decisores terão o mesmo tipo de comportamento exactamente porque ambos se supõem na mesma situação: ambos esperam obter uma vantagem que lhes não é devida, ambos exercerão a função jurisdicional com claro desvio de poder. Ambos exercem o poder jurisdicional de modo aparentemente adequado – porque ambos proferem uma decisão – mas ambos o exercem com uma determinação diversa daquela que leva à sua concessão e com violação dos deveres profissionais.

Deverá este segundo núcleo de casos permitir a impugnação da decisão transitada em julgado? Deverá esta manter-se porque o tipo legal – a al. a) do artigo 771.º – prevê a condenação do juiz pelo crime de corrupção, condenação que não será proferida? Supomos que a resposta só pode ser uma: tanto no caso de corrupção, quanto naquele em que o juiz, por erro, supõe estar sendo corrompido, se verifica o fundamento que determina a impugnação segundo o tipo legal: um desvio de poder qualificado por uma actuação recondutível à prática de um ilícito criminal. O poder de atracção da excepção é superior ao poder de atracção da regra: o análogo valorativo não são os casos em que não há desvio de poder, são antes aqueles em que este existe.

750. Podemos, ainda, imaginar mais um grupo de situações. Pensemos nos casos em que, estando em curso um procedimento criminal por corrupção do juiz, é publicada uma lei de amnistia que abrange este tipo de ilícito. Ao abrigo do artigo 128.º, n.º 2 CP, o procedimento criminal extinguir-se-á sem decisão. O tipo do artigo 771.º, al. a) [696.º, al. a)] não se preencherá. Imaginem-se, agora, as seguintes hipóteses. Numa primeira, a amnistia surge encontrando-se já o procedimento em recurso. A primeira instância declarara verificada a prática de crime. Ainda mais duas sub-hipóteses: os fundamentos do recurso são, num caso, estritamente formais, no outro, substanciais. Segundo núcleo de casos: a lei de amnistia é publicada antes do proferimento de qualquer decisão em primeira instância. Aqui, ainda duas sub-hipóteses. Numa primeira, o juiz nada mais diz acerca dos factos criminosos que lhe foram imputados no processo extinto. Numa segunda, o juiz, confortado pela inviabilidade de procedimento criminal, confessa a existência de corrupção, referindo-se até aos casos concretos em que proferiu decisões determinado por ela. O tipo do artigo 771.º, al. a) continua sem se preencher. Deverá afirmar-se que as decisões entretanto proferidas e transitadas em julgado e relativamente às quais o juiz declara ter sido determinado por corrupção não podem ser impugnadas porque não está preenchida a al. a) do artigo 771.º?

Veja-se como a resposta positiva, que ainda julgamos ser, nesta hipótese, a adequada – mais uma vez se verifica que o juiz actuou com desvio de poder e determinado por factos que constituem ilícito criminal – merece em algumas das sub-hipóteses levantadas maiores reservas do que nas outras. Uma confissão pública do juiz, a que acresce uma condenação em primeira instância da qual foi interposto um recurso por razões estritamente formais indicia, fortemente, que houve efectivamente corrupção, não obstante a inviabilidade da repressão penal.

751. Supomos que não se questionará que um sistema dificilmente se possa afirmar conforme, *v.g.*, ao princípio do processo equitativo se não permitir a destruição do caso julgado com fundamento em preterição das garantias processuais fundamentais, digam estas respeito às partes ou ao decisor[1299]. Não obstante o recurso de revisão, enquanto salvaguarda destas garantias processuais fundamentais, ter estrita consagração constitucional para o processo criminal (*cfr.* artigo 29.º, n.º 6 CRP), o princípio do processo equitativo não tem o seu campo de aplicação reservado a este tipo de procedimento. É afirmado enquanto garantia processual universal no artigo 20.º, n.º 4 CRP.

Mas, para além da ligação que se estabelece entre a necessidade de consagração legal de um mecanismo que permita a impugnação do caso julgado por violação das garantias processuais fundamentais, *maxime*, do contraditório, ainda em sede de condenação criminal vai a Constituição mais longe. No seu artigo 29.º, n.º 6 dispõe que "os cidadãos injustamente condenados têm direito, nas condições que a lei prescrever, à revisão da sentença [...]." O legislador ordinário tem liberdade para prever o meio através do qual esta revisão opera. Todavia, não pode deixar de prever o

---

[1299] Neste sentido, Isabel Alexandre, O caso julgado na jurisprudência constitucional portuguesa, p. 20.

meio quando a condenação seja objectivamente injusta[1300]. Para além da constituição necessária de um direito a indemnização contra o Estado por danos sofridos na sequência de uma condenação injusta[1301] – solução que pode revelar a ilicitude da resistência a decisões injustas por opção da lei pela solução ressarcitória[1302] – tem de assistir ao réu a faculdade de impugnação da decisão transitada em julgado[1303].

É, de algum modo, estranho que o legislador constitucional tenha ancorado verbalmente as garantias constantes deste preceito à cidadania. Esta ligação teria como efeito uma restrição injustificada dos direitos processuais fundamentais daqueles que, havendo sido injustamente condenados por tribunal português, não tivessem com o Estado um vínculo de cidadania. Este resultado, incomportável à luz do artigo 15.º, n.º 1 CRP – porque não atinente a situações jurídicas integradas nos tipos referidos no n.º 2 da mesma regra –, evitar-se-á se se entender que o termo cidadão há-de ser entendido no sentido de pessoa[1304].

752. A nossa proposta de partida, que deve ser agora desenvolvida, assenta na seguinte premissa: sendo possível encontrar situações de conflito entre o valor caso julgado e outros valores fundamentais do sistema, deverá operar-se uma ponderação concreta quanto à sustentabilidade da decisão. Esta ponderação, a ser realizada, deverá sê-lo por um tribunal[1305], assim se afastando os riscos que Castro Mendes intuía e visava repelir e que ficam bem patentes quando afirma, em 1978 – o tempo, aqui, tem a maior relevância –, que "a validade da sentença ilegal está de acordo com o princípio da separação de poderes"[1306] e que "a sentença é um *acto de autoridade soberana*;

[1300] Jorge Miranda/Rui Medeiros [Taipa de Carvalho], Constituição portuguesa anotada, Tomo I, *sub* artigo 29, n.º XI [volume I, 2.ª edição revista, Universidade Católica Editora, 2017].

[1301] Gomes Canotilho/Vital Moreira, Constituição da República Portuguesa anotada, vol. I, *sub* artigo 29, n.º XII [4.ª edição, reimp. 2014].

[1302] Barbas Homem, Reflexões sobre o justo e o injusto: a injustiça como limite do direito, p. 643.

[1303] *Cfr.* os artigos 696.º, al. h) e 696.º-A do CPC2013.

[1304] Neste sentido, Gomes Canotilho/Vital Moreira, Constituição da República Portuguesa anotada, vol. I, *sub* artigo 29, n.º XV [4.ª edição, reimp. 2014].

[1305] Neste sentido, Paulo Otero, Ensaio sobre o caso julgado inconstitucional, n.ºs 7.4 e 8.5.

[1306] Caso julgado, poder judicial e Constituição, p. 48.

acto que não pode ser posto em causa por qualquer outro poder do Estado"[1307]. É neste contexto e somente neste contexto que escreve: "na nossa ordem jurídica a sentança injusta – mesmo que faça de branco negro e equipare quadrados a círculos [...] – é válida"[1308]. Os perigos inerentes a uma cláusula de destruição do caso julgado estarão arredados se somente o poder judicial puder controlar e declarar a existência de uma injustiça intolerável em decisão pretérita. O caso julgado – e o quanto ele de substancial significa –, entendido como garantia do cidadão contra alterações normativas justificadas por razões de oportunidade e de conveniência do Estado[1309], estará salvaguardado.

Mas para além de implicar uma garantia do cidadão contra o Estado, o caso julgado é, igualmente, o valor fundamental na afirmação da independência da função jurisdicional e, com ela, dos órgãos que a exercem face às demais funções do Estado e, também aqui, essencialmente face àqueles que as exercem.

Esta conclusão resulta clara se se confrontarem as diversas disposições que, durante o período do constitucionalismo monárquico, foram regendo as garantias da função jurisdicional, culminando com o artigo 19.º da Constituição de 1838. Este dispunha que "[n]enhuma autoridade pode avocar as causas pendentes, sustá-las ou fazer reviver os processos findos." As preocupações que presidiram à consagração destes regimes – vedar a intervenção do monarca, em nome de quem era realizada a justiça e que detinha o poder jurisdicional – desaparecem com o advento da República.

753. A nossa proposta vai no sentido de, a partir do artigo 771.º [696.º], ser construída uma cláusula geral de admissibilidade da revisão de uma decisão judicial que possa representar uma injustiça intolerável. Tratar-se-á de avançar um passo na cláusula de admissão de controlo de constitucionalidade de decisões judiciais[1310], cujo efeito de caso julgado nos parece

---

1307 Caso julgado, poder judicial e Constituição, p. 49.

1308 Caso julgado, poder judicial e Constituição, p. 48.

1309 Sobre a alteração do papel do juiz, na sequência do Congresso de Viena, de 1815, traduzida na impossibilidade de ingerência do monarca nas decisões judiciais por supressão do poder de revogação, Michael Stolleis, The profile of the judge in the European tradition, pp. 208 e segs..

1310 Larenz/Canaris, Methodenlehre der Rechtswissenschaft 3.ª, p. 162. Entre nós, Paulo Otero, O caso julgado inconstitucional, p. 121, para os casos em que a decisão judicial seja directa e imediatamente inconstitucional, admitindo, na ausência de meio, uma adaptação

inquestionável[1311]. Mas a decisão considerada intoleravelmente injusta não será somente aquela que, segundo os dados do direito positivo, interpretado restritivamente, permita a revisão. Neste ponto nos afastamos de CHIOVENDA, já que o Autor, depois de aceitar que a decisão intoleravelmente injusta não se pode manter, confina a concretização desta cláusula geral aos fundamentos de *revoca* expressamente previstos pelo legislador[1312]. É certo que o faz num sistema que abre estes fundamentos por contraposição àqueles que encontrámos no nosso sistema. Não obstante, diremos que há-de ser, em última instância, o confronto entre valores constitucionais fundamentais a nortear a determinação da amplitude da impugnação. A analogia valorativa permitirá a aproximação de muitas hipóteses não directamente cobertas aos tipos legais.

É evidente que a nossa construção pressupõe que se aceite, em primeiro lugar, o confronto dos valores fundamentais do sistema, representados, de um lado, pela certeza e pela segurança, repercutidas na autoridade e na intangibilidade do caso julgado, e, de outro, pela impossibilidade de subsistência de sentenças intoleravelmente injustas[1313], ou seja, de decisões cujos efeitos são incomportáveis porque irrazoáveis[1314]. Mas, em segundo lugar, ela impõe que se admita que este confronto não merece sempre uma solução, ditada *a priori* e em benefício do caso julgado. No final, o que se discutirá será o fundamento último do sistema jurídico e, curiosamente, a função que, nesta fundamentação última, desempenha o caso julgado.

754. Neste confronto, supomos que a primeira pedra que temos de assentar é a seguinte: a segurança, quando a definição é alcançada por via

do recurso de revisão. Identicamente, RUI MEDEIROS, A decisão de inconstitucionalidade, pp. 614 e segs., admitindo que a inconstitucionalidade seja fundamento autónomo do recurso de revisão.

[1311] Neste sentido, BARBAS HOMEM, Reflexões sobre o justo e o injusto: a injustiça como limite do Direito, § 25.II.

[1312] Istituzioni di diritto processual civile, II, n.ºs 403 e 405.

[1313] Conclusões das alegações do Ministério Público no recurso de que proveio o ac. n.º 310/2005 (MOURA RAMOS), do Tribunal Constitucional.

[1314] Tomamos a expressão *irrazoabilidade* emprestada de BARBAS HOMEM, Reflexões sobre o justo e o injusto: a injustiça como limite do Direito, p. 650, local onde o Autor conclui pela existência necessária de um limite à validade do Direito, traduzido na injustiça que é muitas vezes expressa, entre outros, pelos vocábulos irrazoabilidade e irracionalidade.

judicial, obtém-se através do instituto do caso julgado. O que significa que o caso julgado é um instrumento necessário à preservação da segurança. Mas neste contexto não deve impressionar-se excessivamente o facto de o Tribunal Constitucional, acompanhado da doutrina[1315], ter concluído que o caso julgado é, em si mesmo, um valor constitucionalmente tutelado[1316]. Com efeito, mesmo que – de uma certa perspectiva – possa o caso julgado considerar-se um valor em si, mais adequado nos parece dizer que, não obstante a sua tutela constitucional enquanto valor autónomo, substancialmente o caso julgado é um valor ordenado à tutela de outros valores: a segurança, a certeza e a paz social.

755. E mesmo que o caso julgado seja um valor constitucional em si, se "[...] a Constituição aceita como um valor próprio o respeito pelo caso julgado [...] é ela própria, [no] n.º 3 do artigo 282.º, que vem estabelecer situações de excepcionalidade ao respeito pelo caso julgado: e *daí o dever-se concluir que um tal valor se não perfila como algo de imutável ou inultrapassável*"[1317] (itálico nosso).

Assim, e apesar de o Tribunal ter passado a considerar o caso julgado como um valor em si, vale a doutrina do acórdão n.º 87/78 da Comissão Constitucional acerca da relação a estabelecer entre os valores da segurança, da igualdade e da justiça, segundo o qual "[n]ão deixa de impressionar a segurança inerente à garantia dada pelo Estado aos cidadãos de que, uma vez dito o direito pelos tribunais, outros órgãos não irão diminuir a força obrigatória das decisões[1318]. Não obstante, a segurança não deve ser hipostasiada a ponto de obnubilar exigências de igualdade e de justiça que lhe fluem da própria vida e que requerem uma acção constante desse mesmo Estado. O caso julgado não é um valor em si; *a sua protecção tem de se estear em*

1315 Para este confronto, Isabel Alexandre, O caso julgado na jurisprudência constitucional portuguesa, pp. 20 e segs..

1316 *Cfr.* ac. n.º 352/86 (Mário Afonso), onde se lê que "a força do caso julgado, inerente às decisões judiciais insusceptíveis de recurso ordinário, que lhes concede força executiva ou declara definitivamente o direito, se deva arvorar em princípio constitucional implícito, como decorre ainda do artigo 282.º, n.º 3 da Constituição [...]."

1317 Ac. 644/98 (Bravo Serra).

1318 Esta consideração – a da eficácia vinculante universal das decisões judiciais – não releva nas situações que estamos analisando uma vez que a eventual cassação ou anulação do caso julgado operaria por via judicial.

interesses substanciais que mereçam prevalecer, consoante o sentido dominante na ordem jurídica"[1319] (itálico nosso).

756. A proposta que esboçámos não é inovadora. Há já alguns anos, PAULO OTERO sustentava que "uma ordem jurídica fundada exclusivamente em valores de certeza e segurança levaria ao esquecimento da justiça"[1320] e que "tal como a lei positiva não é absoluta, também o não são as decisões judiciais"[1321]. Já antes e numa passagem referida às normas, mas que tem plena aplicação quando pensamos no caso julgado e na segurança que ele asseguraria: "[o] Direito injusto negando-se a si próprio como Direito, nunca pode colocar sequer o problema da sua segurança expressa na sua obediência"[1322], "a segurança nunca pode ser prosseguida de forma cega em relação à justiça"[1323].

Se o princípio é o da estabilidade do caso julgado, esta estabilidade deverá necessariamente ceder quando for possível localizar vícios tão graves quanto aqueles que o artigo 771.º [696.º] prevê: crime que envolva o julgador, falsidade da prova e violação grosseira do princípio do contraditório. Estes fundamentos são de tal ordem graves que prescinde a lei da sua repercussão concreta sobre a decisão. Com efeito e porque não existe uma relação de implicação necessária entre a respectiva verificação e o acerto ou desacerto da sentença, permitindo-se a revisão, não pode afirmar-se que esta seja admissível, nestes casos, porque a sentença é injusta. Poderá ser justa ou não, este ponto nem sequer se discutirá no recurso. Porque o que releva é que o processo que a ela levou não se considera admissível, quer porque foram violadas garantias inerentes à ideia de processo equitativo – tanto no que respeita às garantias do decisor, como no que se refere à garantia de acesso, repercutida no contraditório –, quer porque a prova está viciada.

[1319] Acórdão da Comissão Constitucional n.º 87, de 16 de Fevereiro de 1987.

[1320] Acerca deste ponto e da concepção do que, para o Autor, possa significar esta expressão ou, ainda mais amplamente, o conceito de Direito justo, *cfr.*, por último, Instituições políticas e constitucionais, vol. I, 11.6, capítulo em que PAULO OTERO apresenta a sua concepção de ordem jurídica axiologicamente justa, aquela através da qual o Direito, na sua dimensão teleológica, deve garantir a justiça, a segurança e a liberdade. Com maiores desenvolvimentos quanto a este ponto, Legalidade e Administração Pública, n.ºs 2.1.3. e 8.4.1..

[1321] O caso julgado inconstitucional, Nota prévia, p. 10.

[1322] Lições de Introdução ao Estudo do Direito, p. 212.

[1323] Lições de Introdução ao Estudo do Direito, p. 212.

Embora não reveladores de um tão intenso desvalor, são ainda fundamentos de revisão, aqueles que se prendem com uma incompletude, ulteriormente revelada, da prova e com a invalidade do acto de autodeterminação, subjacente à decisão homologatória. Naquele caso, a mera apresentação de nova prova determinante[1324] revela o desacerto da decisão final, ou seja, a sua injustiça, não obstante a sua legalidade – atendendo aos elementos probatórios de que dispunha, o tribunal decidiu bem. Neste, tutela-se ainda a autonomia privada, pilar fundamental de um Estado de Direito democrático. A revisão é ainda admitida quando um caso julgado colida com decisão definitiva e vinculante para o Estado português, proferida em recurso interposto para instância internacional. Por último e enquanto efeito da unificação dos recursos extraordinários, com o alargamento dos fundamentos de revisão ao fundamento do anterior recurso de oposição de terceiro, o caso julgado pode, ainda, ser cassado quando o processo haja sido simulado e o juiz não tenha feito uso dos poderes que o artigo 665.º [612.º] lhe confere[1325].

757. Veja-se que a proposta de construção de uma cláusula geral de admissibilidade de decisão intoleravelmente injusta terá como parâmetro de aferição os fundamentos do recurso de revisão que, de um ponto de vista valorativo, são bem dissemelhantes entre si. E se se ponderar que a lei admite a revisão quando um meio de prova não considerado permite demonstrar que a anterior decisão não é a melhor, dificilmente se pode excluir a admissibilidade quando se conclui que a anterior decisão, não só não é a melhor possível como, não o sendo, é intoleravelmente injusta.

758. A tentativa de construção de uma cláusula geral de admissibilidade da revisão quando a decisão seja intoleravelmente injusta pode, também, ser ancorada em duas decisões fundamentais do Tribunal Constitucional[1326] e na

---

[1324] Quanto à ligação entre a evidência do erro da decisão e a apresentação de documento novo, vejam-se as decisões do BGH de 28.10.1971, de 27.5.1981 e de 21.1.1988.

[1325] E, ainda, nos termos do disposto na al. h) do artigo 696.º do CPC2013, caso a decisão transitada em julgado seja suscetível de originar a responsabilidade civil do Estado por danos emergentes do exercício da função jurisdicional.

[1326] Já em 2 de Julho de 2008, o Tribunal Constitucional veio decidir, em aresto relatado por Mário Torres, acerca do caso decidido administrativo. Neste acórdão, volta o Tribunal a reafirmar a sua anterior doutrina: "Como a jurisprudência deste Tribunal (na esteira, aliás, de entendimento já defendido pela Comissão Constitucional) tem reiteradamente afirmado

promoção do Ministério Público no acórdão do Supremo Tribunal de Justiça, de Outubro de 2007.

O Tribunal Constitucional, depois de ter afirmado que o caso julgado, mesmo que representando um bem constitucionalmente tutelado, há-de ser confrontado com outros valores do sistema, proferiu dois acórdãos extremamente relevantes no que respeita a esse confronto. Referimo-nos aos acórdãos n.º 209/04 (Gil Galvão) e n.º 310/2005 (Moura Ramos), que apresentam fortes traços de identidade, como aliás sublinha o Tribunal na segunda decisão.

Em primeiro lugar, as acções de que resultaram as sentenças transitadas em julgado haviam corrido à revelia dos réus. Em segundo lugar, os então réus somente tomaram conhecimento de que contra eles correra um processo e de que contra eles fora proferida uma decisão mais de cinco anos após o trânsito em julgado das sentenças. No processo de que vem a resultar o acórdão do Tribunal Constitucional de 2004, a decisão fora proferida em 19 de Fevereiro de 1993, tendo transitado em julgado em 3 de Março de 1993. O então réu alega ter tomado conhecimento da pendência da acção e do proferimento da decisão em 4 de Junho de 2002, interpondo recurso de revisão em 26 de Junho de 2002. No processo de que provém o aresto de 2005, a decisão fora proferida em Junho de 1987, tendo transitado em julgado em 11 de Junho de 1987. O então réu alega ter tomado conhecimento da pendência da acção e do proferimento da decisão mais de quinze anos após o seu proferimento, interpondo recurso de revisão em 27 de Maio de 2002.

[...], nem sequer o *caso julgado* (judicial) beneficia de protecção constitucional absoluta, apesar da possibilidade de convocação, em seu apoio, não apenas do princípio da segurança jurídica inerente ao princípio do Estado de direito (artigo 2.º), mas também da especial força vinculativa das decisões dos tribunais (artigo 205.º, n.º 2) e do princípio da separação de poderes (artigos 2.º e 111.º, n.º 1, todos da CRP). [...]. Como, a este propósito, se referiu no n.º 2.4. do Acórdão n.º 310/2005, "*o caso julgado, configurando-se como um valor constitucionalmente relevante, deverá dispor de algum grau de protecção (de intangibilidade), em termos de a sua ultrapassagem só ser aceitável dentro de um lógica de balanceamento ou ponderação com outros interesses dotados, também eles, de tutela constitucional. E, seguindo este entendimento, se é certo que a existência de um meio processual de ultrapassagem do caso julgado,* v. g. *com as características que o nosso ordenamento adjectivo confere ao recurso de revisão (e ao recurso de oposição de terceiro), cumpre igualmente um objectivo dotado de relevância constitucional (que decorre do artigo 20.º da CRP), não é menos certo que, descontada a supressão pura e simples da existência desse (de um qualquer) meio de ultrapassagem do caso julgado – supressão esta constitucionalmente ilegítima – ao legislador ordinário sempre assistirá um apreciável grau de liberdade na configuração concreta desse meio processual.*"

759. Em ambas as situações se verifica que o prazo para a interposição do recurso de revisão há muito se havia esgotado. Um primeiro registo curioso: enquanto que no julgamento de admissibilidade do recurso de revista, de que provém o acórdão n.º 209/2004, o tribunal judicial não admitiu o recurso, aplicando a norma cuja inconstitucionalidade a parte veio suscitar, na apreciação da admissibilidade do recurso de revista, de que provém o acórdão n.º 310/2005, o tribunal admitiu o recurso de revista (já o tribunal da revista, uma vez que a primeira instância proferira despacho de inadmissibilidade do recurso por esgotamento do prazo de cinco anos sobre o trânsito em julgado da decisão), desaplicando a norma que o Tribunal Constitucional declarara inconstitucional – ainda que sem força obrigatória geral – no acórdão n.º 209/2004.

Em ambos os recursos e independentemente do sentido da pretensão deduzida no recurso de constitucionalidade, o Tribunal foi determinado a pronunciar-se acerca da conformidade constitucional da fixação de um prazo limite para a impugnação do caso julgado, tal como constante do então artigo 772.º, n.º 2, [697.º, n.º 2] do CPC, nos casos em que a parte nenhuma possibilidade teve, nem de se fazer ouvir – antes do proferimento da decisão –, nem mesmo de dizer que não pôde ser ouvida – porque foi esgotado o prazo de interposição de recurso extraordinário de revisão.

No acórdão n.º 209/2004, o Tribunal Constitucional entendeu ser o recurso de revisão admissível, não obstante estar ultrapassado o prazo de cinco anos sobre o trânsito em julgado da decisão. No acórdão n.º 310/2005, o Tribunal toma posição exactamente inversa: por estar excedido o prazo de cinco anos sobre o trânsito em julgado da decisão, o recurso de revisão deve ser considerado inadmissível.

760. Haverá contradição entre as decisões?

A resposta é negativa, tornando manifesta a falibilidade de uma posição que não pondere os diversos valores em presença. Se se tomar em consideração que o caso julgado, na situação analisada no acórdão n.º 209/04, determinara o estabelecimento de um vínculo de filiação e que o caso julgado, na situação analisada no acórdão n.º 310/2005, se formara sobre uma decisão que deferira determinada partilha, compreender-se-á porque, naquele caso, o Tribunal Constitucional considerou intolerável a restrição operada pelo então artigo 772.º, invertendo este juízo quando estão em causa interesses puramente patrimoniais. No primeiro acórdão, o acórdão n.º 209/04, a acção que correra à revelia do réu fora uma acção de investigação de paternidade. Correndo à revelia do réu, a sentença nela proferida veio a reconhecer o vínculo de filiação entre autor e réu. Os interesses em presença são pessoalíssimos, os efeitos decorrentes do estabelecimento da filiação dos mais relevantes para a Pessoa. Introduzindo uma alteração radical na estrutura de afectos e de laços sociais, a filiação repercute efeitos em todas as esferas, pessoais e patrimoniais, entre as quais não é despicienda a sucessória. Os efeitos da segunda decisão não atingem esta magnitude. Por esta razão, não devem ceder os valores tutelados pelo caso julgado.

Em síntese, foram as matérias relativamente às quais emergiu a questão da constitucionalidade de um prazo, que restringe direitos processuais fundamentais, ancorados no princípio do processo equitativo, que marcaram compreensivelmente o sentido das decisões do Tribunal Constitucional.

761. Em ambas as decisões relatadas, o Tribunal Constitucional apenas se pronunciou sobre a conformidade constitucional de uma solução que impede a impugnação do caso julgado por razões de ordem temporal. E, conforme se sublinha no acórdão 209/04, esta apreciação foi feita em concreto: não estava em causa discutir, genericamente, a conformidade constitucional de um prazo limite para a impugnação do caso julgado, mas somente a discussão da conformidade constitucional de um prazo limite para a impugnação do caso julgado quando a acção correu à revelia e a citação foi nula em acção de investigação de paternidade[1327].

Da contraposição das duas decisões parece resultar, com alguma evidência, a afirmação de uma cedência da intangibilidade do caso julgado em homenagem à intangibilidade do núcleo da Justiça.

762. Contra a posibilidade de extrapolar, destas decisões do Tribunal Constitucional, a construção de uma cláusula geral de impugnação do caso

---

[1327] Veja-se a primeira decisão constante do acórdão: "a) Julgar inconstitucional, por violação do princípio do contraditório, em que se integra a proibição da indefesa, ínsito nos artigos 2.º e 20.º da Constituição, a norma contida no n.º 2 do artigo 772.º do Código de Processo Civil, na parte em que prevê um prazo absolutamente peremptório de cinco anos para a interposição do recurso de revisão, contados desde o trânsito em julgado da sentença a rever, quando interpretada no sentido de ser aplicável aos casos em que a acção na qual foi proferida a decisão cuja revisão é requerida foi uma acção oficiosa de investigação de paternidade, que correu à revelia e seja alegado, para fundamentar o pedido de revisão, a falta ou a nulidade da citação para aquela acção."

julgado, dir-se-á que a ponderação de interesses feita pelo tribunal somente respeitou ao prazo fixado na lei para a impugnação do caso julgado, sendo que o fundamento alegado tinha expressa previsão legal: a revelia absoluta do réu, justificada pela sua falta de citação e de conhecimento atempado da acção.

É verdade que, em nenhuma decisão, se pronunciou o Tribunal sobre a admissibilidade de uma impugnação que não encontre fundamento expresso na lei. Se dos dois acórdãos consta a afirmação de que o caso julgado, sendo um valor em si, deve ser confrontado com outros valores fundamentais do ordenamento, podendo ceder, certo é que em nenhum destes arestos se sustentou que pudesse extrair-se do sistema uma cláusula geral de impugnação do caso julgado quando a decisão sobre a qual ele se formou se considere, na expressão de CHIOVENDA, intoleravelmente injusta[1328].

Mas recorde-se, aqui, o acórdão do Supremo Tribunal de Justiça, de Outubro de 2007. Dir-se-á que, na situação decidenda, seria ainda possível revogar o caso julgado com fundamento na apresentação de falsos documentos e na prestação de falsos depoimentos. Este, aliás, o argumento de ALBERTO DOS REIS, acima referido, para justificar a ausência de consagração legal expressa do dolo processual enquanto causa autónoma de revisão. A sua repercussão acabaria por se revelar, sendo este processualmente relevante, quer na actuação do decisor, quer na instrução da causa.

763. Seria possível defender a vigência de semelhante cláusula geral no nosso sistema quando o artigo 771.º [696.º] procede a uma enumeração que o legislador quis claramente fechada[1329]? Poderá afirmar-se, na sequência do pensamento de HENCKEL, que do artigo 771.º, conjugado com o caso julgado, resulta a ideia de justiça vigente na nossa ordem jurídica?

A primeira precisão a operar respeita ao elemento sobre o qual aquela cláusula poderia assentar: não estará em causa ensaiar a construção de uma cláusula geral que vise permitir a impugnação de casos julgados por eventual

---

[1328] Istituzioni di diritto processuale civile, II, n.º 403.

[1329] Respondendo directamente a esta pergunta, para o sistema jurídico brasileiro, mas com razões que podem ser transpostas para qualquer outro sistema, TERESA ARRUDA ALVIM WAMBIER, Nulidades do processo e da sentença, p. 377, passagem em que defende ser argumento fraco aquele que afasta o processo fraudulento da rescisória por ausência de específica previsão legal [2021, p. 485]. Em sentido idêntico e por último, Recurso especial, recurso extraordinário e ação rescisória, 2.ª, n.º 17.4.

contradição entre decisões. O que cumpre perguntar é se o princípio da igualdade não impõe que, perante fundamentos valorativamente equivalentes àqueles que constam do artigo 771.º e não obstante a abrangência desta previsão, não deverá admitir-se a impugnação da decisão transitada em julgado. Alberto dos Reis escrevia que a determinação dos "casos excepcionais em que o princípio da segurança deve ser sacrificado ao princípio da justiça [...] é uma questão de *medida*, de *política judiciária*"[1330]. Diremos que a medida, apesar da enunciação legal, tem parâmetros claros: o princípio da isonomia e a incompatibilidade entre os valores do sistema e a manutenção de uma decisão intoleravelmente injusta. Neste contexto, afirmou Rui Medeiros que, na delimitação legal do âmbito do recurso de revisão, "a ordem constitucional não pode ser ignorada"[1331].

764. A solução proposta parece conflituar com as regras com assento constitucional que protegem os casos julgados. Mesmo na hipótese da contradição mais crítica entre o fundamento jurídico de uma decisão e os valores fundamentais do sistema, a Constituição impede a ingerência com os casos julgados que se hajam formado sobre sentenças que procederam à aplicação de norma considerada inconstitucional[1332]. Segundo o artigo 282.º, n.º 3 CRP, o caso julgado apenas pode ser afectado se a norma declarada inconstitucional respeitar a matéria penal, disciplinar ou de ilícito de mera ordenação social e se for de conteúdo menos favorável ao arguido. A intangibilidade do caso julgado é acentuada pela circunstância de a própria lei constitucional apenas admitir uma modelação dos efeitos da declaração de inconstitucionalidade por decisão fundamentada do Tribunal Constitucional no que respeita à sua eficácia retroactiva e à repristinação normativa.

[1330] Código de Processo Civil anotado, vol. VI, p. 337.

[1331] A decisão de inconstitucionalidade, p. 619.

[1332] Esta situação é diversa daquela que prevê o artigo 13.º, n.º 1, do CC que preserva o caso julgado produzido sobre decisão proferida ao abrigo de lei interpretada face ao sentido autêntico que a esta seja conferido por ulterior lei interpretativa. Nos casos abrangidos no artigo 282.º, n.º 3, da CRP, a declaração de inconstitucionalidade proferida pelo Tribunal Constitucional não teve o objectivo de esclarecer o sentido de uma norma. Sobre o âmbito de aplicação do artigo 13.º, n.º 1. Acerca da dificuldade metodológica da necessidade declarada de preservação de efeitos perante a publicação de uma lei interpretativa, *maxime* perante as *causae finitae*, Baptista Machado, Sobre a aplicação no tempo do novo Código Civil, n.º 59.

No entanto, se bem se verificar, não é idêntico o campo de aplicação deste preceito constitucional e aquele em que actuará a cláusula geral de impugnação assente em injustiça intolerável da decisão. Não está em causa afectar um caso julgado porque assente em regra que, ulteriormente, veio a ser considerada inconstitucional. O que está em causa é admitir a impugnação do caso julgado se este se forma sobre uma decisão obtida num procedimento em que é possível identificar um desvalor idêntico àqueles em que a lei admite a impugnação.

765. Dir-se-á ainda que, não obstante esta diversidade, idêntica deve ser a equação de valores: se da Constituição resulta uma preservação do caso julgado ainda que seja declarada inconstitucional a norma que fundou a decisão, ou seja, se o sistema preserva o caso julgado, mesmo quando a decisão contraria a Constituição, resulta do texto constitucional que, entre uma manutenção do decidido e a reposição da constitucionalidade, a lei prefere a manutenção do decidido. No fundo, a lei prefere a decisão que contraria valores constitucionalmente preservados em homenagem a um outro valor constitucionalmente consagrado: o caso julgado. Este prevalece sempre sobre os demais.

Esta conclusão provaria demais, tanto porque a ponderação entre valores diversos há-de ser feita em concreto, como porque, conforme foi já decidido pelo Tribunal Constitucional, não obstante a vigência do princípio da intangibilidade do caso julgado, este cede perante a injustiça intolerável, traduzida na produção de uma decisão com frontal violação dos princípios do processo equitativo. É resultado perfeitamente compatível com um texto constitucional que, não absolutizando o caso julgado, admite que, da ponderação de outros direitos e interesses constitucionalmente protegidos, resulte a cedência do primeiro[1333].

766. A solução proposta não é isenta de riscos. Se ela pressupõe que, ao invés do que afirmava Arato de Solos, a Justiça habita entre nós, não se tendo refugiado sob a forma de Astreia no Céu até que os equinócios com

---

[1333] Jorge Miranda, Manual, VI, p. 290 [volume III, 1.ª edição, 2014. Tomo VI, 4.ª edição revista e atualizada, 2013, § 3.º, n.º 89, II]; Jorge Miranda/Rui Medeiros [Rui Medeiros], Constituição portuguesa anotada, Tomo III, *sub* artigo 282.º, n.º VII [volume III, 2.ª edição revista, Universidade Católica Editora, 2020, XXIII e segs.].

ela coicidam, dir-se-á que se abre a via para uma impugnação sistemática de decisões transitadas. Este o temor de qualquer tentativa de abertura dos casos de revisão de decisões judiciais[1334]. Mas supomos que a existência de um despacho de admissibilidade do recurso, destinado à análise, ainda que perfunctória, da verificação de uma hipótese de decisão intoleravelmente injusta, travará este temor. Aliás, recorde-se o que sublinhava WAGNER: não obstante a admissibilidade da compensação dos efeitos de decisões judiciais transitadas em julgado, mas obtidas de modo doloso e contrários aos bons costumes, o número de casos em que o BGH reconheceu a pretensão são bem poucos. O instituto que traz Astreia à Terra não teve, afinal, a potencialidade de degradar a autoridade do caso julgado.

Como não é isenta de riscos nenhuma proposta destinada a resolver os designados *hard cases*. No termo da nossa investigação os encontrámos. E se o princípio deve ser o da intangibilidade do caso julgado, a reapreciação da situação da vida por ele regulada há-de ser permitida quando este mesmo caso julgado entre em ruptura com o núcleo da justiça ou, recorrendo a uma expressão já generalizada, quando a decisão seja intoleravelmente injusta. A lei dá-nos indícios quanto aos casos típicos em que assim sucede. Constam eles do artigo 771.º [696.º] do CPC. Talvez se penalizem os tribunais, mas esta penalização, decorrente da necessidade de verificar, em sede de admissibilidade do recurso, se está ou não concretizada aquela cláusula geral, é argumento pouco ponderoso quando se confronta, directamente, com a injustiça manifesta de uma decisão e, indirectamente, com o prestígio dos próprios tribunais. Também estes órgãos reforçarão a sua dignidade se, reconhecendo injustiças pretéritas, admitirem as medidas destinadas a corrigi-las. Afinal, aos tribunais cabe, por imperativo constitucional, administrar a justiça em nome do povo.

767. Verifique-se que os comportamentos da parte que devem merecer censura em processo ulterior, são contemporâneos de uma acção em que foi

[1334] Note-se a preocupação de VAZ SERRA quanto a este ponto quando propõe que ou se admita a dedução de pretensões materiais destinadas a compensar ou a paralisar os efeitos de uma decisão obtida abusivamente e com o objectivo de causar intencionalmente danos na esfera da contraparte que são contrários aos bons costumes ou se alarguem os casos de revisão, de modo a deles se fazerem constar os casos em que a decisão resultou de dolo de uma parte contra a outra. Abuso do direito (em matéria de responsabilidade civil), p. 314.

proferida decisão transitada, podendo ser qualificados como litigância de má fé. No caso da burla processual exercida sobre o juiz, a parte tanto deduz uma pretensão cuja falta de fundamentação conhece, como altera a verdade dos factos, fazendo um uso manifestamente reprovável dos meios processuais.

Ao admitir-se que estes comportamentos possam ser reapreciados em acção ulterior, há que questionar se uma vez decidido que, na primeira acção, a parte actuou de má fé, pode, ainda, a contraparte deduzir pedido indemnizatório.

A resposta positiva parece-nos evidente. Se a má fé pode, em casos extremos, ser conhecida em acção autónoma, uma vez conhecida esta má fé e, assim, a ilicitude e a censurabilidade da conduta da parte processual, causadora de danos na esfera da contraparte, não pode deixar de admitir-se que esta deduza pedido de indemnização[1335].

[1335] Em 10 de Maio de 2021, foi publicada em Diário da República a Proposta de Lei 92/XIV/2, dando-se início ao processo legislativo. Para além de uma alteração da regra sobre uso anormal do processo, lia-se no artigo 696.º da Proposta que "[...] 1 – A revisão de decisão transitada em julgado é admissível quando:

(...)

c) A parte vencedora tenha sido definitivamente condenada em processo penal por conduta incompatível com a subsistência da decisão recorrida;

d) A decisão recorrida tenha por fundamento decisão sobre questão prejudicial que tenha sido revogada depois do proferimento da decisão impugnada;

(...)."

Em 28 de Março de 2022 foi declarada a caducidade do procedimento.

XI. CONCLUSÃO

768. Alinhando algumas conclusões diremos, em primeiro lugar, que a actuação processual não é ausente de juízos de valor substanciais. O exercício das situações processuais não é agnóstico, está ordenado à prossecução das finalidades do processo, sendo inadmissível a sua utilização para a lesão de bens jurídicos protegidos.

As partes estão vinculadas a uma série de deveres processuais: probidade, lealdade, boa fé. A violação destes deveres, através de actuações típicas, dolosas ou gravemente negligentes, determina a ilicitude do comportamento processual. O comportamento processual ilícito desencadeia uma pluralidade de efeitos. Determina a condenação da parte numa pena civil ou multa, provoca a constituição de um dever de indemnizar danos processuais típicos e danos provocados em quaisquer bens jurídicos da contraparte, implica a perda de todos os benefícios associados ao estatuto de parte que goza de protecção jurídica.

A condenação da parte em multa – actualmente uma sanção civil – não pressupõe a provocação de um dano na esfera da parte contrária. Basta que o comportamento da parte seja típico para que ela seja condenada por lesão do bem jurídico Justiça. A litigância de má fé consubstancia um desrespeito claro pelo poder judicial. A intervenção legal é punitiva.

769. A litigância de má fé apresenta-se, quanto à constituição da obrigação de indemnizar, como uma especial situação de responsabilidade. Esta resulta do preenchimento de um ilícito próprio.

Litigância de má fé e responsabilidade civil não são realidades jurídicas da mesma ordem. A litigância de má fé é um tipo de ilícito, a responsabilidade civil é uma forma de reacção ao ilícito. A litigância de má fé descreve uma conduta típica como ilícita. A responsabilidade civil é a tutela, por excelência, de bens jurídicos lesados.

770. A litigância de má fé, sendo um tipo especial de ilícito, concretiza, para os casos por ele absorvidos, o ilícito a que se refere o artigo 483.º, n.º 1, do CC. A relação entre os artigos 456.º [542.º] e 483.º, n.º 1 é uma relação de especialidade, estando as regras, quanto à determinação do ilícito, em concurso aparente.

771. O facto de a responsabilidade pelos danos provocado ao lesado resultar do preenchimento de um tipo especial de ilícito não significa que a indemnização atribuída ao lesado não tenha escopo ressarcitório. Bem ao invés, verificada a ilicitude da actuação, a parte que age de má fé fica obrigada a indemnizar o lesado por todos os danos que o direito delitual geral considera indemnizáveis. A indemnização decorrente do preenchimento do tipo de ilícito *litigância de má fé* – a que vai necessariamente acrescer o dano – é destinada a compensar o lesado por todos os danos sofridos, em qualquer um dos seus bens jurídicos.

772. O dano indemnizável, que não se reconduza aos danos processuais típicos – *v.g.*, custas processuais, encargos com o processo, despesas de patrocínio –, é determinado pelos critérios constantes dos artigos 562.º e seguintes do CC. Não obstante poder o juiz optar pela indemnização que lhe pareça mais razoável, a indemnização pressupõe um dano, não podendo desprender-se dele. A indemnização tem, a partir da reforma processual de 39, natureza ressarcitória inequívoca. Não encontram justificação no sistema soluções que levem à condenação numa indemnização por referência ao valor da causa ou ao da multa aplicada.

773. Ao lado do tipo central, encontram-se tipos especiais de responsabilidade. Estes nivelam o tipo de ilícito pelo tipo do artigo 483.º do CC. Nas situações previstas por lei – responsabilidade do exequente em execução sem citação prévia, responsabilidade do exequente em acção executiva para entrega de imóvel arrendado, fundada em título extrajudicial, e responsabilidade do requerente de providência cautelar, o elemento subjectivo do tipo abrange o dolo e a negligência, grave ou simples.

O confronto entre o tipo central e os tipos especiais permite uma conclusão: a ilicitude da conduta processual depende, quanto à valoração legal que, nos diversos tipos, dela é realizada, da especial periculosidade da estrutura processual. A um maior perigo do meio processual faz a lei corresponder um incremento dos deveres de cuidado da parte que a ele recorre.

O grande desnível no sistema é actualmente constituído pelo tipo do artigo 22.º do CIRE. Sendo um meio, cujos efeitos são particularmente gravosos, a lei faz depender a responsabilidade de uma actuação dolosa do requerente.

774. A última reflexão é induzida pela qualificação da intervenção sobre um comportamento processual ilícito como litigância de *má fé*. As razões históricas e a tradição jurídica nacional justificam esta designação. No entanto, ela não pode induzir em erro. A expressão *má fé* aponta claramente para a presença de uma intenção malévola do agente[1336], para um conhecimento de factos ou circunstâncias que induzem a rejeição da sua actação pelo Direito. Se este sentido correspondia ao conceito de má fé quando a reacção se fundava em comportamentos dolosos, ele não é compatível com um sistema que intervém repressivamente sobre comportamentos negligentes. As alterações introduzidas no elemento subjectivo do tipo de ilícito, descrito no artigo 456.º [542.º], têm de permear todo este sistema de responsabilidade. A litigância ou, numa expressão que a língua portuguesa afinal conhece, a litigação de má fé não recebe esta qualificação, atendendo às condições psicológicas do agente, mas aos parâmetros éticos que lhe são exigidos. A má fé processual é, actualmente, uma má fé ética, encontrando os seus limites ou contraponto na boa fé ética[1337]. Relembrando uma ideia de Menezes Cordeiro já acima citada, a entrada em jogo da negligência no tipo de ilícito deu contornos éticos à má fé processual.

[1336] Humberto Theodoro Júnior, Abuso de Direito Processual no Ordenamento Jurídico Brasileiro, *in* AAVV, Abuso de direitos processuais, p. 115.

[1337] *Cfr.*, no mesmo sentido, o acórdão do Supremo Tribunal de Justiça de 29 de Maio de 2009 (Álvaro Rodrigues).

JURISPRUDÊNCIA

1. NACIONAL

Tribunal Constitucional/Comissão Constitucional

Ac. n.º 87/78, de 16 de Fevereiro de 1978 (Jorge Miranda), Apêndice ao DR de 3 de Maio de 1978

Ac. n.º 7/84, de 24 de Janeiro de 1984 (Mário Brito), DR, II, de 3 de Maio de 1984

Ac. n.º 81/84, de 18 de Julho de 1984 (Messias Bento), Acórdãos do Tribunal Constitucional, vol. 4.º, 225-237

Ac. n.º 11/85, de 9 de Janeiro de 1985 (Cardoso da Costa), Acórdãos do Tribunal Constitucional, vol. 5.º, 337-342

Ac. n.º 138/85, de 24 de Agosto de 1985 (Magalhães Godinho), DR, II, de 27 de Fevereiro de 1986

Ac. n.º 152/85, de 31 de Julho de 1985 (Vital Moreira), DR, II, de 2 de Janeiro de 1986

Ac. n.º 185/85, de 23 de Outubro de 1985 (Magalhães Godinho), Acórdãos do Tribunal Constitucional, vol. 6.º, 411-421

Ac. n.º 218/86, de 2 de Julho de 1986 (Vital Moreira), Acórdãos do Tribunal Constitucional, vol. 8.º, 613-621

Ac. n.º 234/86, de 9 de Julho dc 1986 (Nunes de Almeida), DR, II, de 9 de Fevereiro de 1987

Ac. n.º 259/86, de 23 de Julho de 1986 (Cardoso da Costa), DR, II, 27 de Novembro de 1986

Ac. n.º 218/86, de 2 de Julho de 1986 (Vital Moreira), Acórdãos do Tribunal Constitucional, vol. 8.º, 613-621

Ac. n.º 234/86, de 9 de Julho de 1986 (Nunes de Almeida), DR, II, de 9 de Fevereiro de 1987

Ac. n.º 259/86, de 23 de Julho de 1986 (Cardoso da Costa), DR, II, 27 de Novembro de 1986

Ac. n.º 352/86, de 16 de Dezembro de 1985 (Mário Afonso), Acórdãos do Tribunal Constitucional, vol. 8.º, 559-569

Ac. n.º 456/87, de 10 de Dezembro de 1987 (Monteiro Dinis), DR, II, de 11 de Março de 1988

Ac. n.º 349/89, de 12 de Abril de 1989 (Mário de Brito), DR, II, de 27 de Junho de1989

Ac. n.º 353/89, de 12 de Abril de 1989 (Cardoso da Costa), DR, II, 28 de Junho de 1989

Ac. n.º 61/90, de 14 de Março de 1990 (Messias Bento), Acórdãos do Tribunal Constitucional, vol. 15.º, 531-536

Ac. n.º 333/90, de 13 de Dezembro de 1990 (Nunes de Almeida), DR, II, de 19 de Março de 1991

Ac. n.º 442/91, de 20 de Novembro de 1991 (Alves Correia), DR, II, 2 de Abril de 1992

Ac. n.º 70/92, de 24 de Fevereiro de 1992 (Monteiro Diniz), www.tribunalconstitucional.pt

Ac. n.º 129/92, de 1 de Abril de 1992 (Messias Bento), www.tribunalconstitucional.pt

Ac. n.º 194/92, de 21 de Maio de 1992 (Ribeiro Mendes), www.tribunalconstitucional.pt

Ac. n.º 255/93, de 3 de Março de 1993 (Tavares da Costa), www.tribunalconstitucional.pt

Ac. n.º 200/94, de 1 de Março de 1994 (Bravo Serra), DR, II, de 30 de Maio de 1994

Ac. n.º 440/94, de 7 de Junho de 1994 (Monteiro Diniz), DR, II, de 1 de Setembro de 1994

Ac. n.º 103/95, de 22 de Fevereiro de 1995 (Messias Bento), www.tribunalconstitucional.pt

Ac. n.º 604/95, de 8 de Novembro de 1995 (Nunes de Almeida), DR, II, de 16 de Março de 1996

Ac. n.º 1104/96, de 23 de Outubro de 1996 (Sousa Brito), www.tribunalconstitucional.pt

Ac. n.º 227/97, de 12 de Março de 1997 (Ribeiro Mendes), www.tribunalconstitucional.pt

Ac. n.º 559/97, de 7 de Outubro de 1997 (Tavares da Costa), www.tribunalconstitucional.pt

Ac. n.º 602/97, de 14 de Outubro de 1997 (Assunção Esteves), www.tribunalconstitucional.pt

Ac. n.º 647/97, de 26 de Novembro de 1996 (Nunes de Almeida), www.tribunalconstitucional.pt

Ac. n.º 357/98, de 12 de Maio de 1998 (Guilherme Fonseca), www.tribunalconstitucional.pt

Ac. n.º 363/98, de 13 de Maio de 1998 (Fernanda Palma), www.tribunalconstitucional.pt

Ac. n.º 581/98, de 20 de Outubro de 1998 (Sousa e Brito), www.tribunal constitucional.pt
Ac. n.º 644/98, de 17 de Novembro de 1998 (Bravo Serra), www.tribunal constitucional.pt
Ac. n.º 52/99, de 20 de Janeiro de 1999 (Messias Bento), www.tribunalconstitucional.pt
Ac. n.º 389/99, de 23 de Junho de 1999 (Maria dos Prazeres Pizarro Beleza), www.tribunalconstitucional.pt
Ac. n.º 567/99, de 20 de Outubro de 1999 (Helena Brito), www.tribunal constitucional.pt
Ac. n.º 456/00, de 25 de Outubro de 2000 (Fernanda Palma), www.tribunal constitucional.pt
Ac. n.º 548/00, de 13 de Dezembro de 2000 (Bravo Serra), www.tribunal constitucional.pt
Ac. n.º 86/01, de 8 de Março de 2001 (Nunes de Almeida), www.tribunal constitucional.pt
Ac. n.º 289/02, de 3 de Julho de 2002 (Artur Maurício), www.tribunalconstitucional.pt
Ac. n.º 453/02, de 30 de Outubro de 2002 (Tavares da Costa), www.tribunal constitucional.pt
Ac. n.º 156/2003, de 19 de Março de 2003 (Paulo Mota Pinto), www.tribunal constitucional.pt
Ac. n.º 215/03, de 28 de Abril de 2003 (Tavares da Costa), www.tribunal constitucional.pt
Ac. n.º 388/04, de 2 de Junho de 2004 (Paulo Mota Pinto), www.tribunal constitucional.pt
Ac. n.º 582/04, de 28 de Setembro de 2004 (Fernanda Palma), www.tribunal constitucional.pt
Ac. n.º 22/05, de 18 de Janeiro de 2005 (Benjamim Rodrigues), www.tribunal constitucional.pt
Ac. n.º 275/05, de 25 de Maio de 2005 (Fernanda Palma), www.tribunal constitucional.pt
Ac. n.º 302/05, de 8 de Junho de 2005 (Gil Galvão), www.tribunalconstitucional.pt
Ac. n.º 310/05, de 8 de Junho de 2005 (Moura Ramos), www.tribunalconstitucional.pt
Ac. n.º 643/2006, de 28 de Novembro de 2006 (Maria dos Prazeres Beleza), www.tribunalconstitucional.pt
Ac. n.º 128/2007, de 27 de Fevereiro de 2007 (Moura Ramos), www.tribunal constitucional.pt
Ac. n.º 227/07, de 28 de Março de 2007 (Paulo Mota Pinto), www.tribunal constitucional.pt
Ac. n.º 255/07, de 30 de Março de 2007 (Bravo Serra), www.tribunalconstitucional.pt
Ac. n.º 357/2008, de 9 de Julho de 2008 (Pamplona de Oliveira), www.tribunal constitucional.pt

Ac. n.º 370/2008, de 2 de Julho de 2008 (MÁRIO TORRES), www.tribunalconstitucional.pt
Ac. n.º 30/2020, de 16 de Janeiro de 2020 (PEDRO MACHETE), www.tribunal constitucional.pt

Supremo Tribunal de Justiça

Ac. de 20 de Março de 1907 (SERRA E MOURA), RTr 25.º anno (1906-1907), 340-342
Ac. de 28 de Maio de 1948 (ARTUR A. RIBEIRO), BMJ 7 (Jul. 1948), 204-206
Ac. de 2 de Julho de 1948 (RAUL DUQUE), BMJ 8 (Set. 1948), 190-193
Ac. de 22 de Outubro de 1948 (RAUL DUQUE), BMJ 9 (Nov. 1948), 201-205
Ac. de 12 de Novembro de 1948 (ROCHA FERREIRA), BMJ 10 (Jan. 1949), 218-219
Ac. de 30 de Novembro de 1948 (A. BÁRTOLO), BMJ 10 (Jan. 1949), 225-228
Ac. de 7 de Janeiro de 1949 (ALMEIDA RIBEIRO), BMJ 11 (Mar. 1949), 116-120
Ac. de 24 de Junho de 1949 (ALMEIDA RIBEIRO), RTr ano 67, 313-316
Ac. de 1 de Julho de 1949 (ROCHA FERREIRA), BMJ 14 (Set. 1949), 167-168
Ac. de 8 de Novembro de 1949 (A. BÁRTOLO), BMJ 16 (Jan. 1950), 184-188
Ac. de 11 de Fevereiro de 1950 (UTRA MACHADO), BMJ 19 (Jul. 1950), 284-286
Ac. de 28 de Abril de 1950 (ROBERTO MARTINS), BMJ 18 (Maio 1950), 330-333
Ac. de 27 de Junho de 1952 (ARTUR RIBEIRO), BMJ 31 (Jul. 52), 369-372
Ac. de 1 de Maio de 1953 (RAUL DUQUE), BMJ 37 (Jul. 1953), 189-194
Ac. de 11 de Maio de 1954 (ALMEIDA RIBEIRO), BMJ 43 (Jul. 1954), 368-369
Ac. de 27 de Julho de 1954 (A. BÁRTOLO), BMJ 44 (Set. 1954), 313-315
Ac. de 22 de Novembro de 1955 (MANUEL MALGUEIRO), BMJ 52 (Jan. 1956), 556-561
Ac. de 9 de Março de 1956 (BEÇA DE ARAGÃO), BMJ 55 (Abril 1956), 231-235
Ac. de 18 de Maio de 1956 (BALTASAR PEREIRA), BMJ 57 (Jun. 1956), 288-291
Ac. de 19 de Fevereiro de 1957 (BALTASAR PEREIRA), BMJ 64 (Mar. 1957), 417-423
Ac. de 12 de Novembro de 1957 (MÁRIO CARDOSO), BMJ 71 (Dez. 1957), 473-476
Ac. de 25 de Abril de 1958 (CARLOS SAAVEDRA), BMJ 76 (Maio 1958), 381-388
Ac. de 6 de Junho de 1958 (LOPES CARDOSO), BMJ 78 (Jul. 1958), 306-309
Ac. de 14 de Novembro de 1958 (LOPES CARDOSO), BMJ 81 (Dez. 1958), 363-368
Ac. de 23 de Janeiro de 1959 (LOPES CARDOSO), BMJ 83 (Fev. 1959), 351-353
Ac. de 13 de Fevereiro de 1959 (LOPES CARDOSO), BMJ 84 (Mar. 1959), 427-430
Ac. de 24 de Fevereiro de 1959 (S. FIGUEIRINHAS), BMJ 84 (Mar. 1959), 442-444
Ac. de 22 de Abril de 1959 (AGOSTINHO FONTES), BMJ 86 (Maio 1959), 369-377
Ac. de 12 de Fevereiro de 1960 (BARBOSA VIANA), BMJ 94 (Mar. 1960), 209-213
Ac. de 19 de Fevereiro de 1960 (LOPES CARDOSO), BMJ 94 (Mar. 1960), 242-245
Ac. de 19 de Fevereiro de 1960 (SOUSA MONTEIRO), BMJ 94 (Mar. 1960), 250--255

Ac. de 25 de Outubro de 1960 (Agostinho Fontes), BMJ 1000 (Nov. 1960), 544-549
Ac. de 12 de Maio de 1961 (Lopes Cardoso), BMJ 107, 492-496
Ac. de 24 de Outubro de 1961 (Bravo Serra), BMJ 110 (Nov. 1961), 400-402
Ac. de 4 de Maio de 1962 (Lopes Cardoso), BMJ 117, 415-417
Ac. de 31 de Maio de 1963 (Lopes Cardoso), BMJ 127 (Jun. 1963), 367-371
Ac. de 28 de Junho de 1963 (José Osório), BMJ 128 (Jul. 1963), 494-498
Ac. de 21 de Janeiro de 1964 (Albuquerque Rocha), BMJ133 (Fev. 1964), 389-393
Ac. de 27 de Outubro de 1964 (Albuquerque Rocha), BMJ 140 (Nov. 1964), 410-418
Ac. de 18 de Maio de 1965 (Albuquerque Rocha), BMJ 147 (Jun. 1965), 219-224
Ac. de 22 de Junho de 1965 (Albuquerque Rocha), BMJ 148 (Jul. 1965), 250-256
Ac. de 2 de Julho de 1965 (Torres Paulo), BMJ 149 (Out. 1965), 319-322
Ac. de 7 de Maio de 1968 (Carvalho Júnior), RLJ 102, 170-173
Ac. de 21 de Junho de 1968 (Oliveira Carvalho), BMJ 178 (Jul. 1968), 176-178
Ac. de 18 de Abril de 1969 (Ludovico da Costa), BMJ 186 (Maio 1969), 164-167
Ac. de 7 de Julho de 1970 (Albuquerque Rocha), BMJ 199 (Out. 1970), 163-170
Ac. de 17 de Novembro de 1972 (Oliveira Carvalho), BMJ (Nov. 1972), 164-169
Ac. de 4 de Maio de 1973 (João Moura), BMJ 227 (Jun. 1973), 81-85
Ac. de 8 de Junho de 1973 (João Moura), BMJ 228 (Jul. 1973), 142-144
Ac. de 4 de Janeiro de 1974 (João Moura), BMJ 233 (Fev. 1974), 105-108
Ac. de 15 de Outubro de 1974 (Eduardo Correia Guedes), BMJ 240 (Nov. 1974), 194-196
Ac. de 28 de Outubro de 1975 (Rodrigues Bastos), BMJ 250 (Nov. 1975), 156-158
Ac. de 13 de Outubro de 1977 (Octávio Garcia), BMJ 270 (Nov. 1977), 177-180
Ac. de 20 de Outubro de 1977 (Rodrigues Bastos), BMJ 270 (Nov. 1977), 180-183
Ac. de 21 de Fevereiro de 1978 (Oliveira Carvalho), BMJ 274 (Mar. 1978), 269-273
Ac. de 26 de Abril de 1978 (Costa Soares), BMJ 276 (Maio 1978), 291-297
Ac. de 11 de Julho de 1978 (Aquilino Ribeiro), BMJ 279 (Out. 1978), 165-170
Ac. de 14 de Novembro de 1978 (Aquilino Ribeiro), BMJ 281 (Dez. 1978), 219-221
Ac. de 30 de Novembro de 1978 (Costa Soares), BMJ 281 (Dez. 1978), 268-271
Ac. de 13 de Janeiro de 1979 (Oliveira Carvalho), BMJ 284 (Mar. 1979), 176-186
Ac. de 5 de Abril de 1979 (Abel de Campos), BMJ 286 (Maio 1979), 200-206
Ac. de 9 de Outubro de 1979 (Ferreira da Costa), BMJ 290 (Nov. 1979), 289-292
Ac. de 21 de Novembro de 1979 (Corte Real), BMJ 291 (Dez. 1979), 498-503
Ac. de 10 de Abril de 1980 (Aquilino Ribeiro), BMJ 296 (Maio 1980), 173-183
Ac. de 22 de Janeiro de 1981 (Mário de Brito), BMJ 303 (Fev. 1981), 178-181
Ac. de 28 de Junho de 1984 (Campos Costa), BMJ 338 (Jul. 1984), 366-371

Ac. de 26 de Novembro de 1985 (FREDERICO BAPTISTA), BMJ 351 (Dez. 1985), 358-364
Ac. de 13 de Fevereiro de 1990 (SOARES TOMÉ), www.dgsi.pt
Ac. de 6 de Junho de 1990 (CURA MARIANO), www.dgsi.pt
Ac. de 7 de Fevereiro de 1991 (BALTASAR COELHO), BMJ 404 (Mar. 1991), 351-358
Ac. de 2 de Fevereiro de 1993 (AMÂNCIO FERREIRA), www.dgsi.pt
Ac. de 9 de Fevereiro de 1993 (SOUSA MACEDO), www.dgsi.pt
Ac. de 6 de Maio de 1993 (ARAÚJO RIBEIRO), www.dgsi.pt
Ac. de 15 de Junho de 1993 (MARTINS DA COSTA), www.dgsi.pt
Ac. de 13 de Outubro de 1993 (CARDONA FERREIRA), www.dgsi.pt
Ac. de 28 de Outubro de 1993 (FIGUEIREDO DE SOUSA), www.dgsi.pt
Ac. de 8 de Março de 1994 (CARLOS CALDAS), www.dgsi.pt
Ac. de 17 de Março de 1994 (ZEFERINO FARIA), www.dgsi.pt
Ac. de 30 de Novembro de 1994 (JOSÉ MARTINS DA COSTA), BMJ 441 (Dez. 1994), 236-245
Ac. de 8 de Fevereiro de 1995 (DIAS SIMÃO), www.dgsi.pt
Ac. de 17 de Maio de 1995 (CARVALHO PINHEIRO), www.dgsi.pt
Ac. de 7 de Dezembro de 1995 (FERREIRA DA SILVA), www.dgsi.pt
Ac. de 9 de Outubro de 1996 (RAMIRO VIDIGAL), www.dgsi.pt
Ac. de 9 de Janeiro de 1997 (NASCIMENTO COSTA), www.dgsi.pt
Ac. de 14 de Outubro de 1997 (FERNANDES MAGALHÃES), www.dgsi.pt
Ac. de 12 de Março de 1998 (FIGUEIREDO DE SOUSA), www.dgsi.pt
Ac. de 30 de Junho de 1998 (MACHADO SOARES), www.dgsi.pt
Ac. de 9 de Julho de 1998 (FIGUEIREDO DE SOUSA), www.dgsi.pt
Ac. de 10 de Novembro de 1998 (FRANCISCO LOURENÇO), www.dgsi.pt
Ac. de 20 de Janeiro de 1999 (FRANCISCO LOURENÇO), www.dgsi.pt
Ac. de 28 de Janeiro de 1999 (QUIRINO SOARES), www.dgsi.pt
Ac. de 9 de Dezembro de 1999 (PAIS DE SOUSA), www.dgsi.pt
15 de Março de 2001 (NASCIMENTO COSTA), www.dgsi.pt
Ac. de 3 de Maio de 2001 (AZAMBUJA DA FONSECA), www.dgsi.pt
Ac. de 22 de Maio de 2001 (TOMÉ DE CARVALHO), www.dgsi.pt
Ac. de 5 de Junho de 2001 (SILVA PAIXÃO), www.dgsi.pt
Ac. de 26 de Junho de 2001 (PINTO MONTEIRO), www.dgsi.pt
Ac. de 26 de Setembro de 2001 (DINIZ ANTUNES), www.dgsi.pt
Ac. de 6 de Dezembro de 2001 (AFONSO DE MELO), www.dgsi.pt
Ac. de 24 de Janeiro de 2002 (AFONSO DE MELO), www.dgsi.pt
Ac. de 14 de Fevereiro de 2002 (FERREIRA DE ALMEIDA), www.dgsi.pt
Ac. de 28 de Fevereiro de 2002 (GARCIA MARQUES), www.dgsi.pt
Ac. de 28 de Fevereiro de 2002 (FERREIRA DE ALMEIDA), www.dgsi.pt
Ac. de 28 de Fevereiro de 2002 (VICTOR MESQUITA), www.dgsi.pt

Ac. de 28 de Fevereiro de 2002 (Barros Caldeira), www.dgsi.pt
Ac. de 5 de Março de 2002 (Faria Antunes), www.dgsi.pt
Ac. de 5 de Março de 2002 (Faria Antunes), www.dgsi.pt
Ac. de 14 de Março de 2002 (Joaquim de Matos), www.dgsi.pt
Ac. de 4 de Abril de 2002 (Joaquim de Matos), www.dgsi.pt
Ac. de 9 de Maio de 2002 (Araújo de Barros), www.dgsi.pt
Ac. de 6 de Junho de 2002 (Ferreira Girão), www.dgsi.pt
Ac. de 11 de Junho de 2002 (Araújo de Barros), www.dgsi.pt
Ac. de 19 de Setembro de 2002 (Ferreira de Almeida), www.dgsi.pt
Ac. de 19 de Setembro de 2002 (Quirino Soares), www.dgsi.pt
Ac. de 19 de Setembro de 2002 (Nascimento Costa), www.dgsi.pt
Ac. de 1 de Outubro de 2002 (Afonso de Melo), www.dgsi.pt
Ac. de 2 de Outubro de 2002 (Emérico Soares), www.dgsi.pt
Ac. de 3 de Outubro de 2002 (Ferreira Girão), www.dgsi.pt
Ac. de 8 de Outubro de 2002 (Silva Salazar), www.dgsi.pt
Ac. de 10 de Outubro de 2002 (Ferreira de Almeida), www.dgsi.pt
Ac. de 10 de Outubro de 2002 (Simões Freire), www.dgsi.pt
Ac. de 15 de Outubro de 2002 (Ferreira Ramos), www.dgsi.pt
Ac. de 15 de Outubro de 2002 (Ferreira Ramos), www.dgsi.pt
Ac. de 24 de Outubro de 2002 (Silva Salazar), www.dgsi.pt
Ac. de 21 de Novembro de 2002 (Ferreira de Almeida), www.dgsi.pt
Ac. de 5 de Dezembro de 2002 (Faria Antunes), www.dgsi.pt
Ac. de 5 de Dezembro de 2002 (Pinto Monteiro), www.dgsi.pt
Ac. de 5 de Dezembro de 2002 (Pinto Monteiro), www.dgsi.pt
Ac. de 12 de Dezembro de 2002 (Silva Salazar), www.dgsi.pt
Ac. de 12 de Dezembro de 2002 (Pinto Monteiro), www.dgsi.pt
Ac. de 17 de Dezembro de 2002 (Silva Paixão), www.dgsi.pt
Ac. de 17 de Dezembro de 2002 (Ponce de Leão), www.dgsi.pt
Ac. de 18 de Dezembro de 2002 (Duarte Soares), www.dgsi.pt
Ac. de 9 de Janeiro de 2003 (Araújo de Barros), www.dgsi.pt
Ac. de 16 de Janeiro de 2003 (Abílio Vasconcelos), www.dgsi.pt
Ac. de 21 de Janeiro de 2003 (Pinto Monteiro), www.dgsi.pt
Ac. de 30 de Janeiro de 2003 (Oliveira Barros), www.dgsi.pt
Ac. de 4 de Fevereiro de 2003 (Ferreira Ramos), www.dgsi.pt
Ac. de 11 de Fevereiro de 2003 (Afonso de Melo), www.dgsi.pt
Ac. de 18 de Fevereiro de 2003 (Joaquim de Matos), www.dgsi.pt
Ac. de 27 de Fevereiro de 2003 (Ferreira Girão), www.dgsi.pt
Ac. de 27 de Fevereiro de 2003 (Luís Fonseca), www.dgsi.pt
Ac. de 30 de Abril de 2003 (Araújo de Barros), www.dgsi.pt
Ac. de 27 de Maio de 2003 (Oliveira Barros), www.dgsi.pt

Ac. de 12 de Junho de 2003 (Santos Bernardino), www.dgsi.pt
Ac. de 8 de Julho de 2003 (Luís Fonseca), www.dgsi.pt
Ac. de 18 de Setembro de 2003 (Ferreira de Almeida), www.dgsi.pt
Ac. de 23 de Setembro de 2003 (Santos Bernardino), www.dgsi.pt
Ac. de 25 de Setembro de 2003 (Salvador da Costa), www.dgsi.pt
Ac. de 2 de Outubro de 2003 (Araújo de Barros), www.dgsi.pt
Ac. de 16 de Outubro de 2003 (Salvador da Costa), www.dgsi.pt
Ac. de 16 de Outubro de 2003 (Ferreira de Almeida), www.dgsi.pt
Ac. de 29 de Outubro de 2003 (Silva Flor), www.dgsi.pt
Ac. de 13 de Novembro de 2003 (Santos Bernardino), www.dgsi.pt
Ac. de 27 de Novembro de 2003 (Quirino Soares), www.dgsi.pt
Ac. de 27 de Novembro de 2003 (Salvador da Costa), www.dgsi.pt
Ac. de 4 de Dezembro de 2003 (Salvador da Costa), www.dgsi.pt
Ac. de 11 de Dezembro de 2003 (Quirino Soares), www.dgsi.pt
Ac. de 11 de Dezembro de 2003 (Lucas Coelho), www.dgsi.pt
Ac. de 18 de Dezembro de 2003 (Bettencourt de Faria), www.dgsi.pt
Ac. de 18 de Dezembro de 2003 (Bettencourt de Faria), www.dgsi.pt
Ac. de 18 de Dezembro de 2003 (Víctor Mesquita), www.dgsi.pt
Ac. de 18 de Dezembro de 2003 (Afonso de Melo), www.dgsi.pt
Ac. de 15 de Janeiro de 2004 (Luís Fonseca), www.dgsi.pt
Ac. de 15 de Janeiro de 2004 (Santos Bernardino), www.dgsi.pt
Ac. de 19 de Janeiro de 2004 (Lopes Pinto), www.dgsi.pt
Ac. de 27 de Janeiro de 2004 (Alves Velho), www.dgsi.pt
Ac. de 12 de Fevereiro de 2004 (Bettencourt de Faria), www.dgsi.pt
Ac. de 19 de Fevereiro de 2004 (Lucas Coelho), www.dgsi.pt
Ac. de 19 de Fevereiro de 2004 (Araújo Barros), www.dgsi.pt
Ac. de 18 de Março de 2004 (Víctor Mesquita), www.dgsi.pt
Ac. de 18 de Março de 2004 (Salvador da Costa), www.dgsi.pt
Ac. de 25 de Março de 2004 (Santos Bernardino), www.dgsi.pt
Ac. de 15 de Abril de 2004 (Salvador da Costa), www.dgsi.pt
Ac. de 13 de Maio de 2004 (Quirino Soares), www.dgsi.pt
Ac. de 13 de Maio de 2004 (Salvador da Costa), www.dgsi.pt
Ac. de 27 de Maio de 2004 (Luís Fonseca), www.dgsi.pt
Ac. de 2 de Junho de 2004 (Fernandes Cadilha), www.dgsi.pt
Ac. de 24 de Junho de 2004 (Quirino Soares), www.dgsi.pt
Ac. de 1 de Julho de 2004 (Ferreira Girão), www.dgsi.pt
Ac. de 13 de Julho de 2004 (Luís Fonseca), www.dgsi.pt
Ac. de 23 de Setembro de 2004 (Araújo Barros), www.dgsi.pt
Ac. de 30 de Setembro de 2004 (Ferreira de Almeida), www.dgsi.pt
Ac. de 30 de Setembro de 2004 (Araújo Barros), www.dgsi.pt

Ac. de 7 de Outubro de 2004 (Maria Laura Leonardo), www.dgsi.pt
Ac. de 19 de Outubro de 2004 (Víctor Mesquita), www.dgsi.pt
Ac. de 18 de Novembro de 2004 (Lucas Coelho), www.dgsi.pt
Ac. de 25 de Novembro de 2004 (Salvador da Costa), www.dgsi.pt
Ac. de 16 de Dezembro de 2004 (Oliveira Barros), www.dgsi.pt
Ac. de 16 de Dezembro de 2004 (Luís Fonseca), www.dgsi.pt
Ac. de 11 de Janeiro de 2005 (Lopes Pinto), www.dgsi.pt
Ac. de 13 de Janeiro de 2005 (Araújo Barros), www.dgsi.pt
Ac. de 10 de Fevereiro de 2005 (Luís Fonseca), www.dgsi.pt
Ac. de 10 de Fevereiro de 2005 (Luís Fonseca), www.dgsi.pt
Ac. de 15 de Fevereiro de 2005 (Sousa Peixoto), www.dgsi.pt
Ac. de 23 de Fevereiro de 2005 (Fernandes Cadilha), www.dgsi.pt
Ac. de 24 de Fevereiro de 2005 (Araújo Barros), www.dgsi.pt
Ac. de 24 de Fevereiro de 2005 (Ferreira Girão), www.dgsi.pt
Ac. de 3 de Março de 2005 (Araújo Barros), www.dgsi.pt
Ac. de 17 de Março de 2005 (Luís Fonseca), www.dgsi.pt
Ac. de 27 de Abril de 2005 (Salvador da Costa), www.dgsi.pt
Ac. de 5 de Maio de 2005 (Araújo Barros), www.dgsi.pt
Ac. de 10 de Maio de 2005 (Pinto Monteiro), www.dgsi.pt
Ac. de 24 de Maio de 2005 (Silva Salazar), www.dgsi.pt
Ac. de 9 de Junho de 2005 (Bettencourt Faria), www.dgsi.pt
Ac. de 29 de Junho de 2005 (Salvador da Costa), www.dgsi.pt
Ac. de 12 de Julho de 2005 (Ferreira Girão), www.dgsi.pt
Ac. de 12 de Julho de 2005 (Bettencourt de Faria), www.dgsi.pt
Ac. de 11 de Outubro de 2005 (Salvador da Costa), www.dgsi.pt
Ac. de 21 de Junho de 2006 (Vasques Dinis), www.dgsi.pt
Ac. de 22 de Junho de 2006 (Ferreira Girão), www.dgsi.pt
Ac. de 12 de Setembro de 2006 (João Camilo), www.dgsi.pt
Ac. de 24 de Outubro de 2006 (Paulo Sá), www.dgsi.pt
Ac. de 22 de Novembro de 2006 (Pinto Hespanhol), www.dgsi.pt
Ac. de 13 de Fevereiro de 2007 (João Camilo), www.dgsi.pt
Ac. de 14 de Fevereiro de 2007 (João Bernardo), www.dgsi.pt
Ac. de 1 de Março de 2007 (Salvador da Costa), www.dgsi.pt
Ac. de 5 de Junho de 2007 (Fonseca Ramos), www.dgsi.pt
Ac. de 10 de Julho de 2007 (Gil Roque), www.dgsi.pt
Ac. de 12 de Setembro de 2007 (Maria Laura Leonardo), www.dgsi.pt
Ac. de 20 de Setembro de 2007 (Maria dos Prazeres Pizarro Beleza), www.dgsi.pt
Ac. de 26 de Setembro de 2007 (Vasques Dinis), www.dgsi.pt
Ac. de 4 de Outubro de 2007 (Simas Santos), www.dgsi.pt
Ac. de 10 de Outubro de 2007 (Vasques Dinis), www.dgsi.pt

Ac. de 11 de Outubro de 2007 (Salvador da Costa), www.dgsi.pt
Ac. de 29 de Janeiro de 2008 (Santos Bernardino), www.dgsi.pt
Ac. de 5 de Março de 2008 (Bravo Serra), www.dgsi.pt
Ac. de 13 de Março de 2008 (Bernardino Soares), www.dgsi.pt
Ac. de 13 de Março de 2008 (Cardoso de Albuquerque), www.dgsi.pt
Ac. de 13 de Março de 2008 (Pires da Rosa), www.dgsi.pt
Ac. de 17 de Abril de 2008 (Fonseca Ramos), www.dgsi.pt
Ac. de 29 de Maio de 2008 (Santos Carvalho), www.dgsi.pt
Ac. de 20 de Março de 2014 (Salazar Casanova), www.dgsi.pt
Ac. de 18 Fevereiro da 2015 (Silva Salazar), www.dgsi.pt
Ac. de 8 de Outubro de 2019 (Maria João Vaz Tomé), www.dgsi.pt
Ac. de 12 de Novembro de 2020 (Maria do Rosário Morgado), www.dgsi.pt
Ac. de 17 de Novembro de 2021 (Luís Espírito Santo), www.dgsi.pt
Ac. de 8 de Fevereiro 2022 (Luís Espírito Santo), www.dgsi.pt
Ac. de 15 de Fevereiro de 2022 (Maria João Vaz Tomé), www.dgsi.pt
Ac. de 24 de Maio de 2022 (Ferreira Lopes), www.dgsi.pt

Relação de Coimbra

Ac. de 5 de Junho de 1951 (Perestrelo Botelheiro), BMJ 31 (Jul. 1952), 463-465; Revista de Direito e de Estudos Sociais, ano VII, n.º 1 (Jan./Mar. 1954), 261-263
Ac. de 16 de Janeiro de 1979 (Soares Tomé), BMJ 284 (Mar. 1979), 294
Ac. de 24 de Janeiro de 1979 (Gama Vieira), BMJ 284 (Mar. 1979), 294
Ac. de 5 de Março de 1991 (Silva Graça), www.dgsi.pt
Ac. de 23 de Fevereiro de 1994 (Santos Lourenço), BMJ 434 (Mar. 1994), 701-702
Ac. de 27 de Maio de 1997 (Francisco Lourenço) BMJ 467 (Jun. 1997), 637
Ac. de 18 de Janeiro de 2000 (António Geraldes), www.dgsi.pt
Ac. de 9 de Maio de 2000 (António Geraldes), www.dgsi.pt
Ac. de 12 de Maio de 2016 (Abrantes Geraldes), www.dgsi.pt
Ac. de 14 de Junho de 2016 (Barateiro Martins), www.dgsi.pt
Ac. de 4 de Janeiro de 2017 (Rosa Tching), www.dgsi.pt
Ac. de 18 de Dezembro de 2019 [Manuel Augusto de Matos], www.dgsi.pt
Ac. de 16 de Março de 2021 (Fonte Ramos), www.dgsi.pt
Ac. de 22 de Fevereiro de 2022 (Luís Espírito Santo), www.dgsi.pt
Ac. de 10 de Março de 2022 (Adelaide Magalhães Sequeira), www.dgsi.pt

Relação de Évora

Ac. de 18 de Fevereiro de 1993 (Óscar Cartola), www.dgsi.pt

Ac. de 16 de Janeiro de 1997 (Mário Pereira), www.dgsi.pt
Ac. de 26 de Outubro de 2006 (Fernando Bento), www.dgsi.pt

Relação de Guimarães

Ac. de 5 de Janeiro de 2005 (António Magalhães), www.dgsi.pt
Ac. de 10 de Setembro de 2013 (António Figueiredo de Almeida), www.dgsi.pt
Ac. de 23 de Maio de 2019 (Eugénia Cunha), www.dgsi.pt

Relação de Lisboa

Ac. de 4 de Maio de 1895 (Andrade), Gz. Rl., ano 8, 730-733
Ac. de 3 de Maio 1899 (Tavares), Gz. Rl., ano 13, 333-337
Ac. de 15 de Setembro de 1992 (Santos Bernardino), www.dgsi.pt
Ac. de 23 de Fevereiro de 1995 (Eduardo Baptista), www.dgsi.pt
Ac. de 26 de Setembro de 1996 (Silva Pereira), www.dgsi.pt
Ac. de 9 de Janeiro de 1997 (Ferreira Girão), www.dgsi.pt
Ac. de 3 de Fevereiro de 1998 (Hélder Roque), www.dgsi.pt
Ac. de 18 de Junho de 1998 (Marcos Rodrigues), www.dgsi.pt
Ac. de 11 de Março de 1999 (Silva Santos), www.dgsi.pt
Ac. de 23 de Março de 1999 (Seara Paixão), www.dgsi.pt
Ac. de 15 de Novembro de 2000 (Ferreira Marques), www.dgsi.pt
Ac. de 4 de Junho de 2002 (Moreira Camilo), www.dgsi.pt
Ac. de 18 de Dezembro de 2002 (Arlindo Rocha), www.dgsi.pt
Ac. de 16 de Dezembro de 2003 (Arnaldo Silva), www.dgsi.pt
Ac. de 17 de Fevereiro de 2005 (Salazar Casanova), www.dgsi.pt
Ac. de 5 de Maio de 2005 (Pereira Rodrigues), www.dgsi.pt
Ac. de 30 de Junho de 2005 (Sacarrão Gonçalves), www.dgsi.pt
Ac. de 30 de Junho de 2005 (Manuel Gonçalves), www.dgsi.pt
Ac. de 12 de Outubro de 2005 (Clemente Lima), www.dgsi.pt
Ac. de 9 de Novembro de 2005 (Mário Morgado), www.dgsi.pt
Ac. de 1 de Fevereiro de 2006 (Isabel Tapadinhas), www.dgsi.pt
Ac. de 9 de Fevereiro de 2006 (Aguiar Pereira), www.dgsi.pt
Ac. de 22 de Fevereiro de 2006 (Ramalho Pinto), www.dgsi.pt
Ac. de 20 de Junho de 2006 (Maria do Rosário Morgado), www.dgsi.pt
Ac. de 2 de Fevereiro de 2007 (Fátima Galante), www.dgsi.pt
Ac. de 15 de Fevereiro de 2007 (Manuela Gomes), www.dgsi.pt
Ac. de 24 de Junho de 2008 (Abrantes Geraldes), www.dgsi.pt

Ac. de 13 de Julho de 2010 (Ilídio Sacarrão Martins), www.dgsi.pt
Ac. de 21 de Novembro de 2013 (Ilídio Sacarrão Martins), www.dgsi.pt
Ac. de 26 de Junho de 2014 (Maria Teresa Albuquerque), www.dgsi.pt
Ac. de 19 de Dezembro de 2017 (Rijo Ferreira), www.dgsi.pt
Ac. de 11 de Setembro de 2019 (João Lee Ferreira), www.dgsi.pt
Ac. de 9 de Janeiro de 2020 (José Maria Sousa Pinto), www.dgsi.pt
Ac. de 21 de Janeiro de 2020 (Cristina Coelho), www.dgsi.pt
Ac. de 5 de Novembro de 2020 (Jorge Leal), www.dgsi.pt
Ac. de 16 de Dezembro de 2021 (Nelson Borges Carneiro), www.dgsi.pt
Ac. de 12 de Maio de 2022 (Carlos Castelo Branco), www.dgsi.pt
Ac. de de 12 de Maio de 2022 (Jorge Leal), www.dgsi.pt

Relação do Porto

Ac. de 15 de Março de 1944 (Melo e Freitas), RTr ano 62, 204-208
Ac. de 14 de Dezembro de 1977 (Góis Pinheiro), BMJ 274 (Mar. 1978), 314
Ac. de 15 de Junho de 1978 (Pinto Gomes), BMJ 279 (Out. 1978), 254
Ac. de 14 de Dezembro de 1977 (Góis Pinheiro), BMJ 274 (Mar. 1978), 314
Ac. de 4 de Março de 1993 (Emerico Soares), www.dgsi.pt
Ac. de 26 de Setembro de 1994 (Guimarães Dias), www.dgsi.pt
Ac. de 20 de Fevereiro de 1995 (Antero Ribeiro), www.dgsi.pt
Ac. de 2 de Maio de 1996 (Sousa Peixoto), www.dgsi.pt
Ac. de 16 de Fevereiro de 1998 (Gonçalves Ferreira), www.dgsi.pt
Ac. de 2 de Março de 1998 (Marques Peixoto), www.dgsi.pt
Ac. de 20 de Maio de 1999 (João Bernardo), www.dgsi.pt
Ac. de 2 de Novembro de 2000 (Camilo Camilo), www.dgsi.pt
Ac. de 23 de Outubro de 2001 (Rapazote Fernandes), www.dgsi.pt
Ac. de 28 de Novembro de 2002 (Mário Fernandes), www.dgsi.pt
Ac. de 13 de Julho de 2006 (Deolinda Borges Varão), ROA ano 66, II (Set. 2006), 875-899
Ac. de 12 de Junho de 2008 (Ferreira da Costa), www.dgsi.pt
Ac. de 3 de Novembro de 2010 (Melo Lima), www.dgsi.pt
Ac, de 18 de Janeiro de 2011 (Luís Lameiras), www.dgsi.pt
Ac. de 13 de Fevereiro de 2017 (Manuel Domingos Fernandes), www.dgsi.pt
Ac. de 25 de Janeiro de 2018 (Maria Luísa Arantes), www.dgsi.pt
Ac. de 09 de Setembro de 2019 (Fernanda Almeida), www.dgsi.pt
Ac. de 6 de Fevereiro de 2020 (Fernando Baptista), www.dgsi.pt
Ac. de 14 de Julho de 2020 (Williiam Themudo Gilman), www.dgsi.pt

Tribunais de 1.ª instância

4.º Juízo Cível de Lisboa (HERNÂNI LENCASTRE), *Scientia Iuridica* tomo X, n.os 53/56 (Maio/Dez 1961), 474-476

2. ESTRANGEIRA

2.1. Alemanha

Bundesverfassungsgericht

Besch. v. 26.1.1972, NJW 72, 675-678
Besch. v. 25.2.1987, NJW 1987, 1929-1930
Besch. v. 11.10.1994, NJW 1995, 40-41

Reichsgericht/Bundesgerichtshof

Urt. v. 14.11.1883, RGZ 11, 415-420,
Urt. v., RGZ 36, 249
Urt. v. 26.4.1900, RGZ 45, 75-83
Urt. v. 2.12.1904, RGZ 59, 259-266
Urt. v. 9.2.1911, RGZ 142, 213-217
Urt. v. 7.3.1956, BGHZ 20, 169-172
Beschl. v. 4.3.1957, BGHZ 24, 21-30
Urt. v. 9.12.1958, BGHZ 29, 65-75
Urt. v. 3.10.1961, BGHZ 36, 18-24
Urt. v. 24.10.1961, JZ 1962, 486-489
Urt. v. 14.11.1961, NJW 1962, 243-245
Urt. v. 5.11.1962, BGHZ 38, 200-208
Beschl. v. 15.11.1962, BGHZ 38, 237-241
Urt. v. 27.3.1968, BGHZ 50, 115-124
Urt. v. 24.11.1970, NWJ 1971, 284-285
Urt. v. 28.10.1971, BGHZ 57, 211-216
Urt. v. 21.3.1972, NJW 1972, 1045-1046
Urt. v. 27.11.1975, BGHZ 65, 300-304
Urt. v. 22.6.1976, NJW 1976, 2162-2163
Urt. v. 25.10.1977, BGHZ 69, 373-380
Urt. v. 13.3.1979, BGHZ 74, 9-20

Urt. V. 27.5.1981, BGHZ 80, 389-399
Urt. v. 21.3.1982, BGHZ 85, 212-221
Urt. v. 5.10.1982, BGHZ 85, 110-115
Urt. v. 8.1.1985, BGHZ 93, 191-213
Urt. v. 23.5.1985, BGHZ 95, 10-23 (NJW 1985, 1959-1961)
Urt. v. 10.6.1986, NJW 1986, 2502-2503
Urt. v. 3.2.1987, BGHZ 99, 391-400
Urt. v. 21.1.1988, BGHZ 103, 121-129
Urt. v. 22.3.1989, BGHZ 107, 296-315
Urt. v. 15.4.1994, BGHZ 126, 1-12
Urt. v. 18.10.1995, BGHZ 131, 90-95
Urt. v. 3.7.1997, BGHZ 136, 199-211
Urt. v. 18.7.2002, BGHZ 151, 384-389
Urt. v. 29.6.2005, NJW 2005, 2991-2995

2.2. Itália

Corte Costituzionale

- Ord. de 22.10.1987, FIt, 1988, 2559-2561
- Ord. de 22.2.1990, FIt, 1990, 3338-3339

Corte di Cassazione

- Sent. de 24.3.1904 [*Corte de Cassazione da Firenze*], FIt 1904, 1433-1440, com anotação de Montani
- Sent. de 1.12.1956, Riv. di dir. proc., 1958, 588-561, com anotação de Francesco Carnelutti
- Sent. 6.6.1957, FIt 1958, 1033-1035
- Sent. de 8.7.1957, FIt 1958, 883-894
- Sent. de 15.3.1958, FIt 1958, 883-894
- Sent. de 26.2.1965, Riv. di dir. proc. 1965, 617-624
- Sent. de 26.6.1973, FIt 1974, 3020-3034
- Sent. de 5.8.1983, FIt/Rep. 1983, *Spese Giudiziali*, n.º 59
- Sent. De 3.6.1983, Fit 1984, 221-226, com anotação de R. Santulli
- Sent. De 6.2.1984, Fit 1984, 1989-1998, com anotação de G. Pioli
- Sent. De 6.4.1987, Fit 1987, 2071-2073
- Sent. De 18.12.1987, Fit 1988, 2321-2327

- Sent. De 25.1.1989, Fit 1990, 238
- Sent. De 1.2.1993, Fit 1993, 2547-2554
- Sent. De 10.10.1996, Fit/Rep. 1996, *Spese Giudiziali*, n.º 8
- Sent. de 22.8.1997, FIt 1998, I, 878-891
- Sent. de 20.2.1998, FIt 1998, 3175-3176
- Sent. de 7.5.1998, Fit 1999, 1288-1291
- Sent. de 5.5.1999, FIt 2000, 394-395
- Sent. de 28.2.2000, Fit 2000, 2231-2240, com anotação de M. FABIANI
- Sent. de 19.2.2002, FIt 2002, 2083-2084

Corte d'Apello/Nápoles

- Sent. de 15.5.1957, Fit 1958, 883-894

Tribunale di Bergamo

- Sent. de 7.7.1957, Fit 1958, 883-894

Tribunale di Rimini

- Sent. de 21.8.2000, FIt. 2001, 3415-3423

Tribunale di Roma

- Sent. de 31.3.1958, Fit 1958, 883-894

BIBLIOGRAFIA

AAVV. Abuse of procedural rights: comparative standards of procedural fairness, ed. Michele Taruffo, Kluwer Law International, The Hague/London/Boston, 1999

AAVV. Abuso dos direitos processuais, José Carlos Barbosa Moreira (org.), Instituto Ibero-Americano de Direito Processual, Forense, Rio de Janeiro, 2000

Abdo, Helena Najjar. O abuso do processo. Apresentação de Andrea Proto Pisani, Colecção Estudos de Direito de Processo Enrico Tullio Liebman, v. 60, Editora Revista dos Tribunais, São Paulo, 2007

Actas da Comissão Revisora do projecto do Código do Processo Civil, 1.ª revisão, coligidas e anotadas por Ernesto Campos Andrada J.or e Paulo Cancella d'Abreu, Tipografia Universal, Lisboa, 1917

Actas da Comissão Revisora do projecto do Código do Processo Civil, 2.ª revisão, coligidas e anotadas por Ernesto Campos Andrada J.or e Paulo Cancella d'Abreu, Tipografia Universal, Lisboa, 1919

Actas da Comissão Revisora do projecto do Código do Processo Civil, últimas revisões, projecto definitivo e emendas, coligidas e anotadas por Ernesto Campos Andrada J.or e Paulo Cancella d'Abreu, Tipografia da Emprêsa Diário de Notícias, Lisboa, 1922

Albanese, Gerardo. Il dolo processuale, Ferd. Bideri, Napoli, 1930

Albuquerque, Martim. O poder político no renascimento português, Separata dos Estudos Políticos e Sociais, vol. IV e V, Lisboa, 1968 [2.ª edição revista - Babel, Lisboa, 2012]

___. Portugal e a *iurisdictio imperii*, Revista da Faculdade de Direito da Universidade de Lisboa, vol. XVII (1964), 303-353

___ - *vide* Albuquerquer, Ruy/Albuquerque, Martim

Albuquerque, Pedro de. A representação voluntária em Direito Civil. Ensaio de reconstrução dogmática, Almedina, Coimbra, 2004

___. Responsabilidade processual por litigância de má fé, abuso de direito e responsabilidade civil em virtude de actos praticados no processo. Anotação ao Acórdão do Tribunal da Relação do Porto, de 13 de Julho de 2006, ROA ano 66, II (Set. 2006), 875-913 (citado: Responsabilidade processual por litigância de má fé, abuso de direito e responsabilidade civil em virtude de actos praticados no processo, anotação)

___. Responsabilidade processual por litigância de má fé, abuso de direito e responsabilidade civil em virtude de actos praticados no processo. A Responsabilidade por Pedido Infundado de Declaração da Situação de Insolvência ou Indevida apresentação por Parte do Devedor, Almedina, Coimbra 2006 (citado: Responsabilidade processual por litigância de má fé, abuso de direito e responsabilidade civil em virtude de actos praticados no processo)

Albuquerque, Ruy. A Lei dos Conluios de 1570. Algumas notas, Ciência e Técnica Fiscal, n.os 47-48 /1962), 717-816

Albuquerque, Ruy/Albuquerque, Martim. História do Direito Português, I volume (1140-1415), 12.ª, Lisboa 2005 [3.ª ed., 2022, AAFDL Editora]; volume I, Tomo II, col. J. Artur A. Duarte Nogueira, José Adelino Maltez e Mário Leite, Lisboa, 1983

___. História do Direito Português. Elementos auxiliares, I volume, [Pedro Ferreira], Lisboa, 1992

Alexandre, Isabel. O caso julgado na jurisprudência constitucional portuguesa, *in* Estudos em homenagem ao Conselheiro José Manuel Cardoso da Costa, Coimbra Editora, Coimbra 2003, 11-77

___. Provas ilícitas em processo civil, Almedina, Coimbra 1998

Almeida, Cândido Mendes de. Codigo Phillipino ou Ordenações e Leis do Reino de Portugal, recopiladas por mandado d'el-Rey D. Philippe I, Decima-quarta edição. [...], addicionada com diversas notas philologicas, historicas e exegeticas [...], Rio de Janeiro, Typographia do Instituto Philomathico, 1870, reprodução *fac simile* Fundação Calouste Gulbenkian, Lisboa 1985; com Nota de Apresentação de Mário Júlio de Almeida Costa; (cit. Ordenações Filipinas)

Alvim, Teresa Arruda. Resistência injustificada ao andamento do processo, RePro, 17/1980, 13-24

___. Nulidades do processo e da sentença, 6.ª edição revista, ampliada e actualizada de acordo com a Reforma Processual 2006/2007, Editora Revista dos Tribunais, São Paulo 2007 [Teresa Arruda Alvim, 11.ª edição revista, atualizada e ampliada, Thomson Reuters – Revista dos Tribunais, 2021]

___. Recurso especial, recurso extraordinário e ação rescisória. Controle das decisões judiciais por meio de recursos de estrito direito e de ação rescisória, 2.ª, actualizada de acordo com a Lei 11.672/2008, Editora Revista dos Tribunais, São Paulo 2008

Andrade, Manuel A. Domingues de. Noções elementares de processo civil. Súmula de lições proferidas ao curso do 4.º ano jurídico de 1948-1949, compilação e publicação de António Manuel da Veiga, Universidade de Coimbra, 1949

___. Noções elementares de processo civil, com a colaboração do Prof. Antunes Varela, nova edição revista e actualizada pelo Dr. Herculano Esteves, Coimbra Editora, Coimbra, 1979

___. Teoria geral das obrigações, I, com a colaboração de Rui de Alarcão, Almedina, Coimbra, 1958

___. Teoria geral das obrigações, 3.ª edição, com a colaboração de Rui de Alarcão, Almedina, Coimbra, 1966

Antunes Varela – *cfr.* Varela, João de Matos Antunes

Antunes Varela/J. Miguel Bezerra/Sampaio e Nora – *cfr.* Varela, João de Matos Antunes/Bezerra, J. Miguel/ Nora, Sampaio

Aristóteles. Constituição dos Atenienses. Introdução, tradução do original grego e notas de Delfim Ferreira Leão, Fundação Calouste Gulbenkian, Lisboa, 2003

Ascensão, José de Oliveira. O abuso do direito e o art. 334 do Código Civil: uma recepção transviada, Estudos em homenagem ao Professor Doutor Marcello Caetano no centenário do seu nascimento, Faculdade de Direito da Universidade de Lisboa, Coimbra Editora, Coimbra 2006, 607-631

___. O Direito. Introdução e Teoria Geral, 13.ª, Almedina, Coimbra, 2017 [reimp. 2019]

___. Direito Penal de Autor, Lex, Lisboa, 1993

Azevedo, João Lúcio de. Elementos para a História Económica de Portugal (séculos XII a XVII), introdução de Jorge Borges de Macedo, Gabinete de Investigações Económicas do Instituto Superior de Ciências Económicas e Financeiras, Lisboa, 1967

Barata, Álvaro do Amaral. Parecer, Revista da Ordem dos Advogados, ano 10, 3 e 4, 516-530

Barbosa, Pedro. *Commentarii ad Interpretationem Tituli ff. De Iudiciis,* Ulyssipone, Petri Craebeeck, 1613

Barbosa de Magalhães – *cfr.* Magalhães, J. M. Vilhena Barbosa de

Barbosa Moreira – *vide* Moreira, José Carlos Barbosa

Barone, Carlo M.. Responsabilità aggravata delle parti e provvedimenti d'urgenza, FIt, vol. XCVI, 3020-3024

Baumgärtel, Gottfried. Treu und Glauben im Zivilprozeß, ZZP 86 (1973), 352-372

Baumgärtel, Gottfried/Scherf, Dieter. Ist die Rechtsprechung zur Durchbrechung der Rechtskraft nach § 826 BGB weiterhin vertretbar?, JZ 1970, 316-318

Baur, Fritz. Anmerkung zu BGH v. 3.10.1961, JZ 1962, 95-96

Baur, Fritz/Grunsky, Wolfgang. Zivilprozeßrecht, 10.ª, Lucterland, Neuwied 2000 [continuação: *vide* Grunsky, Wolfgang. Zivilprozessrecht, 13.ª]

Betti, Emilio. Processo civile romano, Nuovo Digesto Italiano, Unione Tipografico-Editrice Torinese, vol. XVII

Blomeyer, Jürgen. Die Haftung des Staates für die Verzögerung von Zivilprozessen, NJW 1977, 557-561

___. Schadensersatzanspüche des im Prozeß Unterlegenen wegen Fehlverhaltens Dritter, Carl Heymann Verlag, Köln/Berlin/Bonn/München, 1972

Bötticher, Eduard. Prozeßrecht und Materielles Recht. Rezensionsabhandlung über Wolfram Henckel, Prozeßrecht und Materielles Recht, 1970, ZZP 85 (1972), 1-29

Boursier, Marie-Emma. Le principe de loyauté em droit processuel, Dalloz, Paris, 2003

Braga, Paula Sarno. A aplicação a terceiros da multa administrativa do parágrafo único do art. 14 do CPC: aspectos polémicos, *in* Aspectos polêmicos e atuais sobre os terceiros no processo civil (e assuntos afins), coordenação Fredie Didier Jr e Teresa Arruda Alvim Wambier, Revista dos Tribunais, São Paulo, 2004, 755-778

___. O inciso V do art. 14 do CPC e a Estipulação de um Novo Dever de Lealdade, que visa assegurar, em Última Análise, a Efetividade dos Provimentos Mandamentais e de Outros Provimentos Judiciais, Antecipatórios e Finais, RDDP, 19 (2004), 71-91

___. O parágrafo único do art. 14 do CPC e a multa punitiva imputada aos Infratores do Dever Processual Previsto no inciso V: um *Contempt of Court* à Brasileira, RDDP, 17 (2004), 76-97

Bruschi, Gilberto Gomes. A tutela antecipada e a postura do juiz diante do pedido liminar – A possibilidade de sua concessão antes da citação do réu visando maior efetividade ao processo, Estudos em homenagem à Professora Teresa Arruda Alvim Wambier, José Miguel Garcia Medina *et alter* (org.), Editora Revista dos Tribunais, São Paulo, 2008, 424-441

Bunge, Jürgen. Zivilprozess und Zwangsvollstreckung in England und Schottland. Eine Gesammtdarstellung mit internationalem Zivilprozess, einem Glosar und eine Bibliographie, 2.ª, Duncker & Humblot, Berlin, 2005

Buzzacchi, Chiara. L'abuso del processo nel diritto romano, Giuffrè, Milano, 2002

Cabedo, Jorge. Praticarum observationum sive decisionum Supremi Senatus Regni Lusitanae, Pars Prima, Antuerpiae, Apud Joannem Keerbergium, 1620; Pars Secunda, Antuerpiae, Apud Joannem Keerbergium, 1620 (citado *Praticarum observationum*)

Cabral, António Vanguerve. Pratica judicial, muyto util e necessaria, Coimbra, Na Officina de Francisco de Oliveira, MDCCLVII

Caetano, Marcello. História do Direito Português. Fontes – Direito Público (1140-1495), 2.ª, Verbo, Lisboa, 1985

Calvosa, Carlo. La condanna al risarcimento dei danni per responsabilità aggravata, Rivista trim. Di dir. e proc. Civ., 1954, 378-413

____. Riflessioni sulla frode alla legge nel processo, Riv. Di dir. proc., 1949, 64-108

Campos, Diogo Leite de. As três fases de princípios fundamentantes do Direito Tributário, ROA, ano 67, I, 51-80

Larenz, Karl/Canaris, Claus-Wilhelm. Methodenlehre der Rechtswissenschaft, 3.ª, Springer, Berlin, 1995

Canotilho, J.J. Gomes/Moreira, Vital. Constituição da República Portuguesa Anotada, 4.ª revista, vol. II, Wolters Kluwer Portugal – Coimbra Editora, Coimbra, 2010 [reimp. 2014]

Canotilho, J.J. Gomes/Moreira, Vital. Constituição da República Portuguesa Anotada, 4.ª revista, vol. I, Coimbra Editora, Coimbra, 2007 [reimp. 2014]

Castro Mendes – *vide* Mendes, João de Castro

Castro, Manuel Mendes de. Practica Lusitana, Tomus Primus e Tomus II, Conimbricae: Ex Typog. Antonii Simoens Ferreyra, Anno Domini MDCCXXXIX

Castro, Manuel d'Oliveira Chaves e. Estudos sobre a reforma do processo civil ordinario portuguez, Imprensa da Universidade, Coimbra, 1866

Carnelutti, Francesco. Sistema del Diritto Processuale Civile, 3 volumes, CEDAM, Padova, 1938

Cerqueira, Luís Otávio Sequeira de. Antecipação dos efeitos da tutela por abuso de direito ou manifesto propósito protelatório do réu, Direito civil e processo. Estudos em homenagem ao Professor Arruda Alvim, Araken de Assis *et alter* (coord.), Editora Revista dos Tribunais, São Paulo, 2008, 1550-1559

Chiovenda, Giuseppe. Istituzioni di diritto processuale civile, 2 volumes, Jovene, Napoli, 1933

____. La condanna nelle spese giudiziali, Edizioni Scientifiche Italiane (Univ. Camerino), 1901 [reimp. 2013]

Coelho, Francisco Pereira. Culpa do lesante e extensão da reparação, RDES ano VI (1950-1951), 68-87

Cordeiro, António Manuel da Rocha e Menezes. Do abuso do direito: estado das questões e perspectivas, ROA, ano 65 (2005), 327-385

____. Da boa fé no Direito Civil, 2 volumes, Almedina, Coimbra, 1984 [2017 (reimp. 2020)]

____. A decisão segundo a equidade, O Direito, ano 122 (1990), II, 261-280

____. Direito das Obrigações, 2 volumes, AAFDL, Lisboa; 1.º volume, 1990 [reimpressão da edição de 1980]; 2.º volume, 1988 [reimpressão da edição de 1980]

____. Litigância de má-fé, abuso do direito de acção e *culpa in agendo*. Estudo de Direito civil e de Direito processual, com exemplo no requerimento infundado da insolvência, à luz do Código de 2004, 2.ª edição aumentada e atualizada, Almedina, Coimbra 2011 [Litigância de má-fé, abuso do direito de acção e *culpa in agendo*. Estudo de Direito civil e de Direito processual civil, com exemplo no requerimento infundado da insolvência, 3.ª edição aumentada e atualizada, à luz do Código de Processo Civil de 2013, Almedina, Coimbra, 2014 (reimp. 2016)]

___. Da responsabilidade civil dos administradores das sociedades comerciais, Lex, Lisboa, 1997

___. Tratado de Direito Civil, volumes I, III e IV, Almedina, Coimbra [IV – Parte Geral, Pessoas, 5.ª edição revista e acualizada, 2019 (reimp. 2021); V – Parte Geral, Exercício Jurídico, 3.ª edição revista e actualizada, 2017 (reimp. 2021)]

Cordeiro, Catarina Pires. A responsabilidade do exequente na nova acção executiva: sentido, fundamento e limites, Cadernos de Direito Privado 10 (Abril/Junho 2005), 13-29

Cordopatri, Francesco. L'abuso del processo. I. Pressuposto storici; II. Diritto positivo, CEDAM, Padova, 2000

___. L'abuso del processo e la condanna alle spese, RTDPC LIX (2005), 249-280

Corominas, Joan/Pascual, José A. Diccionario crítico etimológico castellano e hispánico, 5 volumes, Gredos, Madrid, 1983 (citado: Diccionario crítico)

Corrêa Telles/Correia Telles – vide Telles, José Homem Correia

Correia, António Simões. Código de Processo Civil na Jurisprudência e na Doutrina, 4 volumes, Livraria Ferin, Lda, Lisboa, 1949

Costa, Mário Júlio de Almeida. Direito das Obrigações, 10.ª, reelaborada, Almedina, Coimbra, 2006 [12.ª ed., 2010 (reimp. 2022)]

___. História do Direito Português, 4.ª edição revista e actualizada, com a colaboração de Rui Manuel de Figueiredo Marcos, Almedina, Coimbra, 2009 [5.ª edição revista e actualizada, 2012 (reimp. 2021)]

Costa, Stefano. Il dolo processuale in tema civile e penale, Giappichelli, s.l. [Torino] 1930

Couchez, Gérard. Procédure civile, 14.ª, Sirey, Paris, 2006

Cruz, Sebastião. Direito Romano, I, Introdução. Fontes, 2.ª, Coimbra, 1973

Cunha, Paulo. Processo Comum de Declaração, Apontamentos de Artur Jorge e Jaime Lemos, segundo as prelecções do Prof. Dr. Paulo Cunha ao Curso de Processo Civil (4.º ano) na Fac. de Dir. da Univ. de Lisboa, ano lectivo de 1939-1940, tomos I e II, 2.ª, reprodução da primeira edição, com actualizações de legislação introduzidas pelos autores dos apontamentos, Augusto Costa & C.ª Limitada (dep.), Braga, 1944

___. Simulação processual e anulação do caso julgado, Lisboa, 1935

Cunha, Paulo Manuel dos Santos Coelho de Sá. Ilicitude, dolo, negligência e culpa em Direito Civil, Relatório de Mestrado (inédito), Faculdade de Direito da Universidade de Lisboa, 1992

Deutsch, Erwin/Ahrens, Hans-Jürgen. Deliktsrecht. Unerlaubte Handlungen. Schadensersatz. Schmerzensgeld, 4.ª, Carl Heymanns Verlag, Köln et alter 2002

DIAS, Jorge de Figueiredo. Direito Penal. Parte geral. Tomo I. Questões fundamentais – A doutrina geral do crime, 2.ª, Coimbra Editora, Coimbra, 2007 [3.ª ed., Gestlegal, 2019]

DIAS, Jorge de Figueiredo/ANDRADE, Manuel da Costa. Limites do direito de defesa. O direito de defesa em processo penal, ROA, ano 52, I, 273-292

DIAS FERREIRA – vide FERRERIA, José Dias

DÖLLE, Pflicht zur redlichen Prozessführung, FS für Otto Riese aus Anlass seines 70. Geburtstages, Müller, Karlsruhe, 1964, 279-294

DÜTZ, Wilhelm. Verwirkung des Rechts auf Anrufung der Gerichte. Zugleich eine Besprechung des Beschlusses des BVerfG v. 26.1.1972, p. 1025-1028

EICHLER, Hermann. Buchbesprechung Klaus Hopt, Klaus. Schadensersatz aus unberechtigter Verfahrenseinleitung. Eine rechtsvergleichende Untersuchung zum Schutz gegen unberechtigte Inanspruchnahme staatlicher Verfahren, ZZP 83 (1970), 348-353

EMILIANO, António Henrique de Albuquerque. Latim e romance na segunda metade do século XI. Análise scripto-linguística de documentos notariais do *Liber Fidei* de Braga de 1050 a 1110, Fundação Calouste Gulbenkian, Lisboa, 2003

ENGISCH, Karl. Die Idee der Konkretisierung in Recht und Rechtswissenschaft unserer Zeit, Karl Winter, Heidelberg, 1953

ESSER, Josef. Buchbesprechung zu Klaus Hopt, Schadensersatz aus unberechtigter Verfahrenseinleitung, ZZP 83 (1970), 348-352

FARIA, Jorge Leite Areias Ribeiro de. A indemnização por perdas e danos arbitrada em processo penal – o chamado processo de adesão, Almedina, Coimbra, 1978

___. Algumas notas sobre o finalismo no direito civil, BFD ano 69 (1993), 71-160 e 70 (1994), 133-219

___. Direito das Obrigações, 2 volumes, reimpressão dos Apontamentos das lições proferidas na Universidade Católica – Porto, Almedina, Coimbra, 2003 (1.º volume), 2001 (2.º volume) [volume I, 2.ª edição actualizada e ampliada por Miguel Pestana de Vasconcelos e Rute Teixeira Ribeiro, Almedina, Coimbra, 2020 (reimp. 2021)]

FARINHA, João de Deus Pinheiro. Código de Processo Civil anotado, 2 volumes, Edições Ática, Lisboa, 1965

FECHNER, Erich. Kostenrisiko und Rechtswegsperre – Steht der Rechtsweg offen?, JZ, 24 (1969), 349-354

FENN, Herbert. Schadenshaftung aus unberechtigter Klage oder Rechtfertigungsgrund der Inanspruchnahme eines gesetzlich und geregelten Verfahrens? ZHR 132 (1969), 344-369

FERNANDES, Luís Carvalho/LABAREDA, João. Código da Insolvência e da Recuperação de Empresas anotado, Quid Iuris?, Lisboa, 2008 [3.ª edição atualizada de acordo com o Decreto-Lei n.º 26/2015, de 6 de fevereiro, e o Código de Processo Civil de 2013, 2015]

FERRÃO, F.A.F. da Silva. Theoria do Direito Penal applicada ao Codigo Penal Portuguez, 8 volumes, Imprensa Nacional, Lisboa, 1857

FERREIRA, José Dias. Código de Processo Civil annotado, 3 tomos, Lisboa, 1887

___. Novissima Reforma Judiciaria annotada, Imprensa da Universidade, Coimbra, 1892

FERREIRA, Manuel Cavaleiro de. Pressupostos processuais *in* Obra Dispersa, I, 1933/1959, Universidade Católica, Lisboa, 1996, 369-410

FIGUEIREDO DIAS – *vide* DIAS, Jorge de

FIGUEIREDO, José Anastásio de. Synopsis Chronologica de subsídios ainda os mais raros para a História e Estudo crítico da legislação portugueza, 2 volumes, Lisboa, na Officina da mesma Academia [Academia Real das Sciencias], Anno MDCCXC

FRADA, Manuel António de Castro Portugal Carneiro da. Direito Civil. Responsabilidade Civil. O método do caso, Almedina, Coimbra, 2006 [reimp. 2010]

___. Teoria da confiança e responsabilidade civil, Almedina, Coimbra, 2004 [reimp 2018]

FRANCHI, Giuseppe. Procedimento ingiuntivo e responsabilità aggravata, Riv. di dir. proc., 1965, 617-624

FRANCO, António Luciano de Sousa. Finanças Públicas e Direito Financeiro, com a colaboração de Eduardo Paz Ferreira, Associação Académica da Faculdade de Direito de Lisboa, Lisboa, 1980

FREIRE [REIS], Pascoal José de Melo. Historiae Juris Civilis Lusitani. Liber singularis, Conimbricae, Typis Academicis, 1815

___. Institutiones Juris Civilis Lusitani cum publici tum privati, Livro IV. De obligationibus et actionibus, Conimbricae Typis Academicis, 1815

FREITAS, José Lebre de. A acção executiva depois da reforma, 4.ª Edição, Coimbra Editora, Coimbra, 2004 [A Ação Executiva – À luz do Código de Processo Civil de 2013, 7.ª Edição, Gestlegal, 2017]

___. Estudos sobre direito civil e processo civil, volumes I e II, Coimbra Editora, Coimbra, 2009

FREITAS, José Lebre de/MACHADO, A. Montalvão/PINTO, Rui. Código de Processo Civil Anotado, volume 1.º, 2.ª, Coimbra Editora, Coimbra, 2008 [PINTO, Rui. Código de Processo Civil Anotado, volume I, Almedina, Coimbra, 2018]

FREITAS, José Lebre de/MACHADO, A. Montalvão/PINTO, Rui. Código de Processo Civil Anotado, volume 2.º, Coimbra Editora, Coimbra, 2001 [PINTO, Rui. Código de Processo Civil Anotado, volume II, Almedina, Coimbra, 2018]

FREITAS, José Lebre de/MENDES, Armindo Ribeiro. Código de Processo Civil Anotado, volume 3.º, Coimbra Editora, Coimbra, 2003 [FREITAS, José Lebre de/MENDES, Armindo Ribeiro/ALEXANDRE, Isabel, Código de Processo Civil Anotado, volume 3.º, Almedina, Coimbra, 2022]

FREITAS, José Lebre de/SANTOS, Cristina Máximo dos. O Processo Civil na Constituição, Coimbra Editora, Coimbra, 2008

GARCIA, Maria Olinda. A responsabilidade do exequente e de outros intervenientes processuais. Breves considerações, Coimbra Editora, Coimbra, 2004

GASPERINI, Maria Pia. Domanda cautelare e responsabilità aggravata ex artigo 96 c.p.c, Riv. di di. proc., anno LI (Luglio/Settembre 1996), 885-918

GAUL, Hans Friedhelm. Die Grundlagen des Wiederaufnahmerechts und die Ausdehnung der Wiederaufnahmegründe. Zugleich ein Beitrag zum Problem der Analogie beim enumerativen Ausnahmerechtssatz, Bielefeld, 1956

___. Die Haftung aus dem Vollstreckungszugriff, ZZP 110 (1997), 1, 3-31

___. Rechtskraft und Verwirkung. Zugleich zur Rechtfertigung der Verbindlichkeit des Richterspruchs, Festschrift für Wolfram Henckel zum 70. Geburtstag, Gerhardt/Diedrichsen/Rimmelspacher/Costede (org.), Walter de Gruyter, Berlin/New York 1995, 235-271

___. Ungerechtfertigte Zwangsvollstreckung und materielle Ausgleichansprüche, AcP 173 (1973), 323-340

GELLIUS, Aulus. *Noctes Atticae,* disponível em www.forumromanorum.org.

GLISSEN, John. Introdução histórica ao Direito, tradução de A.M. Hespanha/ Macaísta Malheiros, Fundação Calouste Gulbenkian, Lisboa, 1988 [8.ª ed.. Lisboa, Fundação Calouste Gulbenkian, 2016]

GOLDSCHMIDT, James. Der Prozeß als Rechtslage. Eine Kritik des prozessualen Denkens, Scientia Verlag Aalen, 1986 (2. Neudruck der Ausgabe Berlin, 1925)

GOMES CANOTILHO/VITAL MOREIRA, *vide* CANOTILHO, J.J. Gomes/MOREIRA, Vital

GOMES, Alexandre Caetano. Manual pratico, judicial, civel e criminal, Lisboa, Off. Domingos Gonsalves, 1751

GOMES, Júlio Manuel Vieira. O conceito de enriquecimento, o enriquecimento forçado e os vários paradigmas do enriquecimento sem causa, Universidade Católica Portuguesa, Porto, 1998

GOMES, Nuno Sá. Notas sobre o problema da legitimidade e natureza da tributação das actividades ilícitas e dos impostos proibitivos, sancionatórios e confiscatórios, Comemoração do XX aniversário do Centro de Estudos Fiscais, Direcção-Geral das Contribuições e Impostos, Lisboa, 1983

GONÇALVES, Luiz da Cunha. Comentário ao Código de processo comercial, 3 volumes [1.º/1914; 2.º/1916; 3.º/1918], Lisboa

Gordo, Joaquim José Ferreira. Fontes próximas da Compilação Filipina ou Indice das Ordenações e Extravagantes, de que proximamente se derivou o Código Filippino, Lisboa, Na Officina da Academia Real das Sciencias, Anno MDCCXCII

Görres, Karl Heinrich. Die Haftung für den Ersatz von Kosten und Schäden nach deutschem Prozessrecht, ZZP 35 (1906), 313-400

___. Über das Verschulden im Prozesse (*Culpa in processu*), ZZP 34 (1905), 1-106

Grasso, Eduardo. Note sui danni da illecito processuale, Riv. Dir. proc., 1959, 270-285

Götz, Klaus-Jürgen. Zivilrechtliche Ersatzansprüche bei schädingender Rechtsverfolgung, Duncker & Humblot, Berlin 1989

Grinover, Ada Pellegrini. Ética, abuso do processo e resistência às ordens judiciárias: o *contempt of court*, RePro, 102/2001, 218-227

Grunsky, Wolfgang. Grundlagen des Verfahrensrechts. Eine vergleichende Darstellung von ZPO, FGG, VwGO, FGO, SGG, 2.ª, Gieseking, Bielefeld, 1974

___. Zivilprozessrecht, 13.ª, Carl Heymanns Verlag, Köln/München, 2008

Häsemeyer, Ludwig. Schadenshaftung im Zivilrechtsstreit, R. v. Decker's Verlag, Heidelberg – Hamburg, 1979

Hellwig, Konrad. Prozeßhandlung und Rechtsgeschäft, FG der Berliner juristischen Fakultät für Otto v. Gierke zum Doktor-Jubiläum, Breslau, 1910, 2.º volume, 41-113

___. System des deutschen Zivilprozessrechts, 2 volumes, Teil 1. Ordentliches Verfahren, ausschließlich besondere Prozeßarten und Zwangsvolsstreckung. Teil 2. Besondere Prozeßarten und schiedsrichterliches Verfahren. Zwangsvolsstreckung, herausgegeben von Paul Oertmann, Leipzig, 1912

Henckel, Wolfram. Prozessrecht und materielles Recht, Verlag Otto Schwartz & CO, Göttingen, 1970

Hespanha, António Manuel. As vésperas do Leviathan. Instituições e poder político. Portugal – séc. XVII, 2 volumes, s.ed., s.l., 1986

Homem, António Pedro Barbas. *Judex perfectus*. Função jurisdicional e estatuto judicial em Portugal, 1640-1820, Almedina, Coimbra, 2003 (cit. *Judex perfectus*)

. Reflexões sobre o justo e o injusto: a injustiça como limite do Direito, RFD XXXIX-2 (1998), 587-650

Homem, António Pedro Barbas. História do pensamento jurídico. Guia de estudo. Associação Académica da Faculdade de Direito de Lisboa, Lisboa, 2004

Hopt, Klaus. Schadensersatz aus unberechtigter Verfahrenseinleitung. Eine rechtsvergleichende Untersuchung zum Schutz gegen unberechtigte Inanspruchnahme staatlicher Verfahren, C. H. Beck, München, 1968 (citado: Schadensersatz aus unberechtigter Verfahrenseinleitung)

JACOBS, Günther. Strafrecht. Allgemeiner Teil: die Grundlagen und die Zurechnungslehre, 2. erweiterte und neubearbeitete Auflage, Walter de Gruyter, Berlin, 1991

JESCHECK/WEIGEND, Lehrbuch des Strafrechts, Duncker & Humblot, Berlim, 1996

JHERING, Rudolph von. Vermischte Schriften juristischen Inhalts, Scientia Verlag, Aalen 1968 (Neudruck der Ausgabe Leipzig, 1879)

JORDÃO, Levy Maria. Commentario ao Codigo Penal portuguez, 4 tomos, Lisboa, Typographia de José Baptista Morando, 1853

JORGE, Fernando de Sandy Lopes Pessoa. Ensaio sobre os pressupostos da responsabilidade civil, 2.ª reimpressão da edição de 1968, Almedina, Coimbra, 1995

___. A limitação convencional da responsabilidade civil, BMJ 281, 5-32

___. O mandato sem representação, Lisboa, 1961

JORGE MIRANDA/RUI MEDEIROS, *vide* MIRANDA, Jorge/MEDEIROS, Rui

KASER, Max. *Infamia* und *Ignominia* in den römischen Rechtsquellen, Zeitschrift der Savigny-Stiftung für Rechtsgeschichte, 73 (1956), 220-278

___. Das römische Privatrecht. Erster Abschnitt. Das altrömische, das vorklassische und klassische Recht, 2.ª, C. H. Beck, München, 1971

___. Das römische Privatrecht. Zweiter Abschnitt. Die Nachklassischen Entwicklungen, C. H. Beck, München, 1959

KASER, Max/HACKL, Hefermehl, Das römische Zivilprozessrecht, 2.ª, C. H. Beck, München, 1996

KAUFMANN, Arthur. Analogie und "Natur der Sache." Zugleich ein Beitrag zur Lehre vom Typus, 2. vebesserte und durch ein Nachwort ergänzte Auflage, R. v. Decker & C. F. Müller, Heidelberg, 1982

KLADOS, Charalabos. § 826 BGB – Ein legitimes Mittel zur Durchbrechung der Rechtskraft?, JuS 1997, 705-710

KONZEN, Horst. Rechtsverhältnisse zwischen Prozessparteien, Duncker & Humblot, Berlin, 1976

LANGE, Hermann/SCHIEMANN, Gottfried. Schadensersatz, 3.ª, Mohr Siebeck, Tübingen, 2003

LARENZ, Karl. Lehrbuch des Schuldrechts, Band I. Allgemeiner Teil, 14.ª, C. H. Beck, Müncehn, 1987

LEBRE DE FREITAS/RIBEIRO MENDES, *vide* FREITAS/ MENDES

LEITÃO, Luís Manuel Teles de Menezes. Código da Insolvência e da Recuperação de Empresas anotado, 1ª edição, Almedina, Coimbra 2004 e 4.ª, Almedina, Coimbra 2008, [12.ª edição, 2022]

___. Direito das obrigações, 3 volumes, Almedina, Coimbra; vol. I. Introdução. Da constituição das obrigações, 8.ª edição, 2009; vol. II. Transmissão e extinção das obrigações. Não cumprimento e garantia do crédito, 8.ª edição, 2011; vol. III. Contratos em especial, 8.ª edição, 2013 [Vol. I. Introdução da Constituição das Obrigações, 16.ª edição, 2022; Vol. II. Transmissão e Extinção das Obrigações. Não Cumprimento e Garantias de Crédito, 13.ª edição, 2021; Vol. III. Contratos em Especial, 14.ª edição, 2022]

___. O enriquecimento sem causa no direito civil. Estudo dogmático sobre a viabilidade da configuração unitária do instituto, face à contraposição entre as diferentes categorias de enriquecimento sem causa, Almedina, Coimbra, 2005

Lima, Alcides de Mendonça. Abuso do direito de demandar, RePro, 19/1980, 57-66

___. O princípio da probidade no Código de processo civil brasileiro, RePro, 16/1979, 15-42

Lima, [Fernando Andrade] Pires de/Varela, [João de Matos] Antunes. Código Civil anotado, volume I, 4.ª edição revista e actualizada, com a colaboração de M. Henrique Mesquita, Coimbra Editora, Coimbra, 1987

Lindemann, Carsten. Die Haftung des Gläubigers für die ungerechtfertigte Einleitung eines gerichtlichen Verfahrens, Nomos Verlagsgesellschaft, Baden-Baden, 2002

Linhares, José Manuel Aroso. Entre a reescrita pós-moderna da modernidade e o tratamento narrativo da diferença ou a prova como um exercício de passagem nos limites da juricidade. (Imagens e reflexos pré-metodológicos deste percurso), Coimbra Editora, Coimbra, 2001

Lipari, F. G.. Il dolo processuale, Scietà Editrice Libraria Orazio Fiorenza, Palermo, 1926

Lobão – vide Sousa [de Lobão], Manoel de Almeida e

Lourenço, Paula Meira. A função punitiva da responsabilidade civil, Coimbra Editora, Coimbra, 2006

Lucon, Paulo Henrique dos Santos. Fraude de execução, responsabilidade processual civil e registo da penhora, RePro, 98/2000, 161-175

Lüke, Gerhard. Betrachtungen zum Prozeßrechtsverhältnis, ZZP 108 (1995), 427-454

Löwer, Der Anspruch des im Hauptprozeß obsiegenden Arrestbeklagten auf Erstattung der Kosten des Widerspruchverfahrens

Machado, João Baptista. Sobre a aplicação no tempo do novo Código Civil. Casos de aplicação imediata. Critérios fundamentais, Livraria Almedina, Coimbra, 1968

Magalhães, J M. Vilhena Barbosa de. Litigar de má fé, Gazeta da Relação de Lisboa, anno 20 (1907), 401-402

___. Processo civil e comercial. Lições proferidas no ano lectivo de 1939-40, compiladas por Jorge Santos Vieira e António Folgado da Silveira, Lisboa, 1940

Magnus, Ulrich. Schaden und Ersatz. Eine rechtsvergleichende Untersuchung zur Ersatzfähigkeit von Einbußen, J.C.B. Mohr (Paul Siebeck), Tübingen, 1987

Marcos, Rui Manuel de Figueiredo. A legislação pombalina. Alguns aspectos fundamentais, 2.ª, Almedina, Coimbra, 2006 [reimp. 2022]

Marinoni, Luiz Guilherme. Abuso de direito de defesa e parte incontroversa da demanda, Editora Revista dos Tribunais, São Paulo, 2007 [2.ª edição revista, 2011]

___. Antecipação da tutela, 10.ª edição revista, actualizada e ampliada, Editora Revista dos Tribunais, São Paulo, 2008

___. Tutela de urgência e tutela da evidência. Soluções processuais diante do tempo da justiça, 4.ª edição revista, atualizada e ampliada, Thomson Reuters – Revista dos Tribunais, 2021

Marques, Mário Reis. História do Direito Português Medieval e Moderno, 2.ª, Almedina, Coimbra 2002 [reimp. 2009]

Marzocchi, Paola. La disciplina delle spese e dei danni da responsabilità aggravata in caso di rigetto dell'istanza di fallimento, RTDPC, Anno LV (2001), 851-864

Mayer-Maly, Theo. Rechtsirrtum und Rechtsunkenntnis als Problem des Privatrechts, AcP 170 (1970), 133-180

Medeiros, Rui. A decisão de inconstitucionalidade. Os autores, o conteúdo e os efeitos da decisão de inconstitucionalidade da lei, Universidade Católica, Lisboa, 1999

Medicus, Dieter. Unmittelbarer und mittelbarer Schaden, C. F. Müller, Heidelberg/Karlsruhe, 1977

Mello, Alexandre de Sousa e. Revista dos Tribunais, 1.º anno (1882-1883), Secção doutrinal, Direito e processo civil, 100-101

Melli Freirii/Melo Freire – vide Freire [dos Reis], Pascoal José de Melo

Mendes, João de Castro. Caso julgado, poder judicial e Constituição, RFD XXVI, 47-49

___. O direito de acção judicial. Estudo de processo civil, Lisboa, 1959

___. Direito processual civil. Apontamentos das lições redigidas com a colaboração de um grupo de Assistentes, 3 volumes, Edição revista e actualizada, AAFDL, Lisboa, 1987

___. História do Direito Romano. Apontamentos das lições dadas ao 1.º ano jurídico de 1965-1966, 2 volumes, Associação Académica da Faculdade de Direito, Lisboa, 1965

___. Manual de Processo Civil, dep. Coimbra Editora, Lisboa, 1963

Merêa, Paulo. Bosquejo histórico do recurso de revista, Separata do n.º 7 do Boletim do Ministério da Justiça, Lisboa, 1948

___. Elementos de História do Direito Português, de acordo com as lições ao curso de 1937-38, Casa do Castelo, Coimbra, 1938

___. Estudos de Direito Hispânico Medieval, 2 volumes, Por ordem da Universidade, Coimbra, 1.º volume: 1952; 2.º volume: 1953

___. Sobre o juramento purgatório no direito hispânico medieval, RDES ano VII, n.º 1 (Jan./Mar. 1954), 71-81

Merkl, Adolf. Rzension von James Goldschmidt, Der Prozeß als Rechtslage, Gesammelte Schriften, 5 volumes, Duncker & Humblot, Berlin 1993-2006, volume 1, tomo I (1993), 425-436

Miller, C.J. Contempt of court, reimpressão da 3.ª edição (2000), Oxford University Press, Oxford, 2006

Milman, Fabio. Improbidade processual: comportamento das partes e de seus procuradores no processo civil, Forense, Rio de Janeiro, 2007 [2.ª edição, 2009]

Miranda, Jorge. Manual de Direito Constitucional. Tomo VI. Inconstitucionalidade e garantia da Constituição, 3.ª, Coimbra Editora, Coimbra, 2003 [Manual de Direito Constitucional, Vol. III, 1.ª edição, 2014. Tomo VI, 4.ª edição revista e atualizada, 2013]

Miranda, Jorge/Medeiros, Rui. Constituição da República Portuguesa Anotada, Coimbra Editora, Coimbra; Tomo I, 2005; Tomo II, 2006; Tomo III, 2007 [Volume I. Preâmbulo. Princípios fundamentais. Direitos e deveres Fundamentais – artigos 1.º a 79.º, 2.ª edição revista, Universidade Católica Editora, 2017. Volume II. Organização económica. Organização do poder judiciário – artigos 80.º a 201.º, 2.ª edição revista, Universidade Católica Editora, 2018. Volume III. Organização do poder político. Garantia e revisão da Constituição. Disposições finais e transitórias – artigos 202.º a 296.º, 2.ª edição revista, Universidade Católica Editora, 2020]

Mommsen, Theodor. The provinces of the roman Empire. From Caeser to Diocletian, 2 volumes, tradução de William P. Dickinson, Barnes & Noble, 1996 (reimp. 2019)

Moncada, Luís Cabral de. Elementos de História do Direito Romano, vol. II, Parte geral. Teoria geral da relação jurídica, Coimbra Editora, Coimbra, 1924

___. Lições de Direito Civil. Parte geral, 2.ª edição, revista e actualizada, vol. II, Coimbra, 1955

Monteiro, António Pinto. Cláusulas limitativas e de exclusão de responsabilidade civil, BFD, suplemento XXVIII (1985)

___. Cláusulas limitativas e de exclusão de responsabilidade civil, reimpressão da edição de 1985, com Nota de Actualização, Almedina, Coimbra, 2003 [reimp. 2020]

___. Cláusula penal e indemnização, Almedina, Coimbra, 1990

Monteiro, Jorge Sinde. Responsabilidade por conselhos, recomendações ou informações, Almedina, Coimbra, 1989

MONTENEGRO, Artur. Lições de Direito Romano, coligidas por Domingos Meneres Pimentel, Lisboa, 1937

MORAIS [SILVA], António de. Grande Dicionário da Língua Portuguesa, 10.ª, 12 volumes

MORAIS, Teresa. Considerações sobre os meios de prova no Direito Medieval Português, dissertação inédita de mestrado, Faculdade de Direito de Lisboa, 1987

___. Dos meios de prova no Direito Medieval Português – Notas para a história do juramento probatório, Estudos em Homenagem ao Professor Doutor Raul Ventura, Faculdade de Direito da Universidade de Lisboa/Coimbra Editora, Coimbra 2004, 401-444.

___. Leis gerais desde o início da Monarquia até ao fim do reinado de Afonso III. Levantamento comparativo entre os *Portugaliae Monumenta Historica*, o Livro Das Leis e Posturas e as Ordenações de D. Duarte, Estudos em Homenagem ao Professor Doutor Manuel Gomes da Silva, Faculdade de Direito da Universidade de Lisboa 2001, 799-882

MOREIRA, José Carlos Barbosa. A responsabilidade das partes por dano processual no direito brasileiro, Temas de direito processual, Saraiva, São Paulo, 1977, 16-35

Münchener Kommentar zum Bürgerlichen Gesetzbuch, Bd. 2 (§§ 241-432), 3.ª, C.H.Beck, München, 1994

Münchener Kommentar zum Bürgerlichen Gesetzbuch, Bd. 2 (§§ 241-432), 4.ª, KURT REBMANN/FRANZ-JÜRGEN SÄCKER, C.H.Beck, München, 2001

Münchener Kommentar zum Bürgerlichen Gesetzbuch, Bd. 5 (§§ 705-853, PartGG, ProdHaftG), 4.ª, KURT REBMANN/FRANZ-JÜRGEN SÄCKER/ROLAND RIXECKER, C.H.Beck, München, 2004

Münchener Kommentar zum Strafgesetzbuch, volume I, C.H.Beck, München, 2003

Münchener Kommentar zur Zivilprozessordnung, 2 volumes, C.H.Beck, München; 1.ª ed., 1992; 2.ª ed., 2000; 3.ª ed., 2008

NABAIS, José Casalta. O dever fundamental de pagar impostos. Contributo para a compreensão constitucional do estado fiscal contemporâneo, Almedina, Coimbra 2004 [reimp. 2020]

NARDI, Enzo. Istituzioni di Diritto Romano, 3 volumes, ristampa emendata, Giuffrè, Milano, 1997

___. Schema delle Istituzioni di Giustiniano nel loro quadro finale, Giuffrè, Milano, 1978

NAZARETH, Francisco J. Duarte. Elementos do processo civil, para uso dos seus discípulos, 2.ª edição correcta e muito augmentada, Coimbra, na Imprensa da Universidade, 1854

___. Elementos do processo civil, para uso dos seus discípulos, primeira parte, 4.ª edição (posthuma), volume primeiro, Coimbra, Imprensa da Universidade, 1874

___. Elementos do processo criminal, para uso dos seus discípulos, 2.ª edição reformada e muito augmentada, Coimbra, Imprensa da Universidade, 1849

___. Elementos do processo criminal, para uso dos seus discípulos, 3.ª edição correcta e muito augmentada, Coimbra, Imprensa da Universidade, 1853

___. Elementos do processo criminal, para uso dos seus discípulos, 4.ª edição revista e consideravelmente augmentada, Coimbra, Imprensa da Universidade, 1861

Niese, Werner. Die doppelfunktionelle Prozeßhandlungen. Ein Beirrag zur allgemeinen Prozeßrechtslehre, Vandenhoeck&Ruprecht, Göttingen 1950

Nogueira, José Duarte. Lei e poder régio. I. As leis de Afonso II, Associação Académica da Faculdade de Direito de Lisboa, Lisboa, 2006

Novais, Jorge Reis. As restrições aos direitos fundamentais não expressamente autorizadas pela Constituição, 2.ª, Wolters Kluwer Portugal – Coimbra Editora, Coimbra 2010 [As restrições aos direitos fundamentais não expressamente autorizadas pela Constituição, AAFDL Editora, 2021]

Nuñes Padilla, Luiz R. Litigância de má fé no CPC reformado, RePro, 78/1995, 101-107

Oliveira, Ana Perestrelo de. Causalidade e imputação na responsabilidade civil ambiental, Almedina, Coimbra, 2007

Oliveira, Nuno Manuel Pinto de. Cláusulas acessórias ao contrato. Cláusulas de exclusão e de limitação do dever de indemnizar e cláusulas penais, 3.ª, Almedina, Coimbra, 2008

___. Contrato de compra e venda. Noçós fundamentais, Almedina, Coimbra, 2007

___. Sobre o conceito de ilicitude do artigo 483.º do Código Civil, *in* Estudos em Homenagem a Francisco José Velozo, Associação Jurídica de Braga, Braga 2002, 521-544

Ortolan, M. Explicacion histórica de las Instituciones del Emperador Justiniano, novíssima edicion, revisada y aumentada, D. Francisco Perez de Anaya/D. Melquíades Perez Rivas (trad.), D. Leocadio Lopez, Madrid, 1887

Otero, Paulo. Ensaio sobre o caso julgado inconstitucional, Lex, Lisboa 1993

___. Lições de Introdução ao Estudo do Direito. Ano lectivo de 1997/1998, I volume, 1.º Tomo, Lisboa, 1998

___. Instituições políticas e constitucionais, volume I, Almedina, Coimbra, 2007

___. Legalidade e Administração Pública. O sentido da vinculação administrativa à juridicidade, Almedina, Coimbra, 2003

Pajardi, Piero. La responsabilità per le spese e i danni del processo, Dott. A. Giuffrè, Milano, 1959

PALMA, MARIA FERNANDA. Direito Penal – Parte geral, Lições proferidas ao 4.º ano da licenciatura em Direito – ano lectivo de 1993-1994, AAFDL Lisboa, 1994

PARECER DA PROCURADORIA GERAL DA REPÚBLICA (MANUEL MATOS), de 27 de Abril de 2006, descritores: taxa de justiça [*et alter*], disponível em www.dgsi.pt.

PAWLOWSKY, Hans-Martin. Die "Berühmung" als unerlaubte Handlung, BB 20 (1965), 849-851

___. Zur Funktion der Prozeßkosten, JZ 1975, 197-202

PECHER, Hans Peter. Die Schadensersatzansprüche aus ungerechtfertigter Vollstreckung, Duncker&Humblot, Berlin, 1967

PEGAS, Manuel Álvares. Commentaria ad Ordinationes Regni Portugalliae: tractatio scientifica, utrique foro perutilis ac necessaria, ex jure naturali, ecclesiastico, civili, romano, hispano et lusitano, 2.ª, XIV Tomos (citado *Ad Ordinationes*)

PEGAS, Manuel Álvares. Resolutiones forenses praticabiles: in quibus multa, quae in utroque foro controversa quotidie versantur, uberrima legum, et D.D. allegatione resolventur, Pars Secunda, 2.ª, Ulyssipone, Michaelis Rodrigues, 1742 (citado *Resolutiones forenses praticabiles*)

PEREIRA, Bento. *Promptuarium Judicium*, Eborae, ex Typographia Academiae, 1690

PEREIRA E SOUSA – vide SOUSA, Joaquim José Caetano Pereira e

PESSOA, José Carlos de Carvalho. Codigo de Processo Civil notado, 2 volumes, Typographia Almadense, Almada, 1883

PINTO, Basílio Alberto de Sousa. Lições de Direito Criminal Portuguez: redigidas segundo as prelecções oraes do exmo senhor Basílio Alberto de Sousa Pinto, por António Maria Seabra d'Albuquerque, Coimbra, na Imprensa da Universidade, 1861

PINTO, Eduardo Vera-Cruz. As origens do Direito português. A tese germanista de Teófilo Braga, Associação Académica da Faculdade de Direito de Lisboa, Lisboa, 1996

PINTO, Rui. A acção executiva depois da reforma, JVS, Lisboa, 2004

PIRES DE LIMA/ANTUNES VARELA – *cfr.* LIMA, Pires de/VARELA, Antunes

PROENÇA, José Carlos Brandão. A conduta do lesado como pressuposto e critério de imputação do dano extracontratual, Almedina, Coimbra, 1997

[O] projecto do Codigo do Processo Civil. Estudos criticos sobre os trabalhos da 2.ª revisão do projecto na commissão do governo, GAZETA DA ASSOCIAÇÃO DOS ADVOGADOS DE LISBOA, 1.º Anno (anno judicial 1873-1874), 155-160, 204-208, 237-240, 285-288, 301-304, 327-332, 346-350, 492-494, 536-542, 598-603, 616-619, 653-655, 686-688 [EDUARDO ALVES DE SÁ]; 2.º Anno, (anno 1874-1875), 396-399 e 410-413 [PAULO MIDOSI], 613-616 [SIMÃO DE CALÇA E PINA], 628-631 e 644-649 [FERREIRA DE CAMPOS], 658-659 [ANTÓNIO GIL], 674-677 [HENRIQUE FERREIRA]

[O] projecto do Codigo do Processo Civil. Discussão, Gazeta da Associação dos Advogados de Lisboa, 3.º Anno (anno 1875-1876), 225, 227-228, 242, 243, 274, 275, 327

[O] projecto do Codigo do Processo Civil. Parecer da commissão nomeada pela Associação, Gazeta da Associação dos Advogados de Lisboa, 3.º Anno (anno de 1875-1876), 194-207, 258-264, 289-300 [Carlos Zeferino Pinto Coelho {Presidente}/Vicente Rodrigues Monteiro/Alberto António de Moraes Carvalho Junior {Relator}]

[O] projecto do Codigo do Processo Civil. Representação dirigida á camara dos dignos pares do reino, Gazeta da Associação dos Advogados de Lisboa, 3.º Anno (anno de 1875-1876), 305-320 e 321-322 [Manuel Maria da Silva Beirão {Presidente}/Paulo Midosi {Secretário perpétuo}/Frederico Augusto Franco de Castro {2.º Secretário}]

[O] projecto do Codigo do Processo Civil. Observações sobre os projectos de Codigo do processo civil portuguez, apresentados pelo sr. Alexandre de Seabra e pela respectiva Comissão revisora, Revista de Legislação e de Jurisprudência, [Bernardo Serpa Pimentel/ José Joaquim Paes da Silva Júnior/José Joaquim Fernandes Vaz/Chaves e Castro], 5.º Ano (1872/1873), 6.º Ano (1873/1874) e 7.º Ano (1874/1875)]

Projectos de revisão do Código de Processo Civil, II. Recursos ordinários e recursos para o Tribunal Pleno, Relator: Luís Francisco Lopes Navarro. Recursos extraordinários de revisão e de oposição de terceiro, Relator: Conselheiro Eduardo Coimbra, Edição Oficial, Imprensa Nacional de Lisboa, 1958

Quadros, Fausto de. A protecção da propriedade privada no Direito Internacional Público, Lex, Lisboa 1998 [reimp. 2017]

Reforma dos recursos em processo civil. Trabalhos preparatórios, Ministério da Justiça [DGPJ], Almedina, Coimbra, 2008

Rego, Carlos Francisco de Oliveira Lopes do. Comentários ao Código de Processo Civil, 2 volumes, 2.ª, Almedina, Coimbra, 2004

Reis, José Alberto dos. Código de Processo Civil anotado, Coimbra Editora, Coimbra, 1940

___. Código de Processo Civil anotado, volume I, 3.ª, reimpressão, Coimbra Editora, Coimbra, 1982 [reimp. 2012]

___. Código de Processo Civil anotado, volume II, 3.ª, reimpressão, Coimbra Editora, Coimbra, 1981 [reimp. 2012]

___. Código de Processo Civil anotado, volume VI, reimpressão, Coimbra Editora, Coimbra, 1985 [reimp. 2012]

___. Comentário ao Código de Processo Civil, volume 2.º, Coimbra Editora, Coimbra 1945 e 3.º, Coimbra Editora, Coimbra, 1946

____. A figura do processo cautelar, BMJ 3 (Novembro 1947), 27-91

____. A má fé no litígio, RLJ 85.º ano (1952-1953), 329-332

Repertorio das Ordenações, e Leys do Reyno de Portugal, novamente correcto: accrescentado, Tomos Primeiro e Segundo, Lisboa, MDCCXLIX, No Mosteiro de S. Vicente de Fora, Câmara Real de Sua Magestade [s/a, mas da autoria de Jeronymo da Sylva Pereira]

Responsabilidade civil do requerente de falência, Revista dos Tribunais, 56 (1939), 306-308

Revista de Direito e de Estudos Sociais, ano VII, 1 (Jan/Mar 1954), Jurisprudência crítica, 263-267

Revista de Legislação e de Jurisprudência, 79.º ano (1946/1947), Processo Civil. Consulta, 35-38

Revista de Legislação e de Jurisprudência, 79.º ano (1946/1947), Processo Civil. Consulta, 55-61

Revista dos Tribunais, ano 62 (1944), Secção de doutrina: Má fé [Sá Carneiro], 194-197

Ribeiro, Cecília da Silva de. Do Dolo em geral e do dolo instrumental em especial no processo civil, ROA ano 9 (1949), n.os 3 e 4, 83-113

Ribeiro, José Joaquim Teixeira. Lições de Finanças Públicas, 5.ª edição, refundida e actualizada [reimpressão], Coimbra Editora, Coimbra, 1997

Riperi, Carmelo. Concorso di norme e concorso di azioni nella responsabilità per spese e danni nel processo civile, RTDPC, 1987, 340-396

Rocha, Manuel António Coelho da. Ensaio sobre a História do governo e da Legislação de Portugal para servir de Introdução ao Direito pátrio, 7.ª, Imprensa da Universidade, Coimbra, 1896

Rodrigues, Francisco César Pinheiro. Indenização na litigância de má-fé, Revista dos Tribunais, São Paulo *et alter*, ano 73 (1984), 9-17

Rodrigues [Júnior], Manuel. Lições de Direito Processual Civil, redigidas por João de Matos e J. Sant'ana Godinho, edição autorizada e revista pelo mestre, Lisboa 1940

Rosenberg, Leo. Lehrbuch des deutschen Zivilprozessrechts, C. H. Beck, München und Berlin 1961

____. Stellvertretung im Prozess. Auf der Grundlage und unter eingehender, vergleichender Darstellung der Stellvertretungslehre des bürgerlichen Rechts enbst einer Geschichte der prozessualischen Stellvertretung, Franz Vahlen, Berlin 1908

Rosenberg/Gaul/Schilken. Zwangsvollstreckungsrecht, 11.ª, C. H. Beck, München, 1997

Rosenberg/Schwab, Zivilprozessrecht, 10.ª, C. H. Beck, München, 1969

Rosenberg/Schwab/Gottwald, Zivilprozessrecht, 16.ª, C. H. Beck, München, 2004

Roxin, Claus. Problemas fundamentais de Direito Penal, 3.ª, Vega, Lisboa, 1998

___. Strafrecht. Allgemeiner Teil. Band I. Grundlagen. Der Aufbau der Verbrechenslehre, 4.ª, C.H.Beck, München, 2006 (citado: Allg. T., I)

___. Strafrecht. Allgemeiner Teil. Band II. Besondere Erscheinungsformen der Straftat, C.H.Beck, München, 2003 (citado: Allg. T., II)

Sá, Eduardo Alves de. Commentario ao Código do Processo Civil Portuguez, 3 volumes, Typ. De Christovão Augusto Rodrigues, Lisboa, 1878

Sá, Fernando Augusto Cunha de. Abuso do direito, reimpressão da edição de 1973, Almedina, Coimbra, 1997

Sampaio, J. M. Gonçalves. A acção executiva e a problemática das execuções injustas, 2.ª, revista, actualizada e ampliada, Almedina, Coimbra, 2008

Santana, Selma Pereira. A negligência grosseira: contributo para a discussão sobre sua autonomia material, Liber discipulorum para Jorge de Figueiredo Dias, org. Manuel da Costa Andrade et alter, Coimbra, Coimbra, 2003, 571-595

Santos, António Furtado dos. A punição dos litigantes de má fé no direito pátrio, BMJ n.º 4 (Jan. 1948), 44-56

Santos, Maria Madalena Marques dos. Tábua de correspondência entre as Ordenações Afonsinas, Manuelinas de 1512 e Filipinas. Contribuição para uma edição crítica das Ordenações do Reino, Relatório de mestrado, Lisboa, 1993

Satta, Salvatore/Punzi, Carmine, Dirittto processuale civile, 13.ª edição, CEDAM, 2000

Savigny, Friedrich Carl von. System des heutigen römischen Rects, vol. VI, Veit und Comp., Berlin, 1847

Schönke, Adolf. Das Rechtsschutzbedürfnis. Studien zu einem Zivilprozessualen Grundbegriff, Detmold, Frankfurt a.M. 1950

Schreiber, Klaus. Die zivilrechtliche Haftung von Prozessbeteiligten, ZZP 105, 129-144

Schulz, Fritz. Derecho romano clásico, traducción por José Santa Cruz Teigeiro, Bosch, Barcelona 1960 [Lex, reimp. 2021]

Schumann, Ekkerhard. "Kein Bedürfnis für das Rechtsschutzbedürfnis" – Zur Fragwürdigkeit des Rechtsschutzbedürfnisses als allgemeiner Prozessvorausetzung, FS Hans Fasching zum 65. Geburtstag, Manzsche Verlags – und Universitätsbuchhandlung, Wien, 1988, 439-449

Schweizer. Uber Prozesskosten, mit besonderer Rücksicht auf Landesgesetze und sächsisches Recht, AcP 1 (1820), 65-82

Seabra, Alexandre de. Pontos mais importantes das minhas divergências com a commissão revisora do codigo de processo civil, RLJ 7.º Ano (1874/1875), 585-587

___. Projecto do Codigo do Processo Civil Portuguez, 1869

____. Projecto definitivo do Codigo do Processo Civil Portuguez, 1872 (13 de Junho)

____. Projecto definitivo do Codigo do Processo Civil Portuguez, antecedido de carta dirigida ao Presidente da Comissão de Revisão do Código, 1872 (10 de Setembro)

____. Resposta ás observações publicadas na Revista de Legislação e Jurisprudência ácerca do projecto do codigo do processo civil, O Direito, Tomo V (5.º ano/1874), 129-130, 145-146, 305-307, 417-419 e 609-611 e ano 6.º (1875), 289-291

Serra, Adriano Paes da Silva Vaz. Abuso do direito (em matéria de responsabilidade civil), B.M.J. 85 (1959), 243-342

____. Anotação ao acórdão do Supremo Tribunal de Justiça de 7 de Maio de 1968, R.L.J. ano 102, 173-176

____. Culpa do devedor ou do agente, Separata do BMJ 68, Lisboa, 1957

____. Obrigação de indemnização (Colocação, Fontes, Conceito e espécies de dano. Nexo causal. Extensão do dever de indemnizar. Espécies de indemnização). Direito de abstenção e de remoção, BMJ 84 (1959)

____. Realização coactiva da prestação (Execução). (Regime Civil), Separata do BMJ n.º 73 (1958)

Serra, Teresa. Homicídio qualificado. Tipo de culpa e medida da pena. Contributo para o estudo da técnica dos exemplos-padrão no artigo 132.º do Código Penal, Almedina, Coimbra, 1990

Serra Ruiz, Rafael. Honor, honra e injuria en el Derecho medieval español, Departamiento de Historia del Derecho, Universidad de Murcia 1969

Silva, Manuel Gomes da. O dever de prestar e o dever de indemnizar, Lisboa 1944 [AAFDL Editora, Lisboa (reimp. 2020)]

Silva, Nuno J. Espinosa Gomes da. O direito subsidiário das Ordenações Filipinas num comentário de António Leitão Homem, RDES Ano XXIV (1977), 175-200 [201-218, Apêndice com a publicação do comentário]

____. O Direito Subsidiário Num Comentário às Ordenações Manuelinas atribuído a Luís Correia, Estudos de Direito Público em Honra do Professor Marcello Caetano, Ática, Lisboa 1973, 253-280 [281-294, transcrição do Título V do Livro 2.º do comentário das Ordenações atribuído a Luís Correia]

____. História do Direito Português. Fontes de Direito, 4.ª, revista e actualizada, Fundação Calouste Gulbenkian, Lisboa 2006 [7.ª edição revista e aumentada, 2019]

Silva[Sylva], Manuel Gonçalves da. Commentaria ad Ordinationes Regni Potugalliae, Ulyssipone, Antonii Pedrozo Galram, 1732 (citado *Commentaria ad Ordinationes*)

Silva, Paula Costa e. *De minimis non curat praetor*. O acesso ao sistema judicial e os meios alternativos de resolução de controvérsias: alternatividade efectiva e complementaridade, RePro 158 (Abril 2008), 93-106

___. O dogma da irrelevância da vontade na interpretação e nos vícios do acto postulativo, Coimbra Editora, Coimbra, 2003

___. Saneamento e condensação no novo processo civil: a fase da audiência preliminar, *in* Aspectos do novo processo civil, AAVV, Lex, Lisboa 1997, 213-269

___. As garantias do executado, Themis, Ano IV, n.º 7 (2003), 199-214

___. A liquidação da massa insolvente, ROA, Ano 65 (Dezembro 2005), 713-744

___. A Ordem do Juízo de D. João III e o regime processual experimental, RePro 156 (Fevereiro 2008), 237-250

___. A reforma da acção executiva, 1.ª, Coimbra Editora, Coimbra 2003; 3.ª, Coimbra Editora, Coimbra, 2003

Soares, Fernando Luso. A responsabilidade processual civil, Almedina, Coimbra, 1987

Sousa, Joaquim José Caetano Pereira e. Esboço de hum diccionario juridico, theorico e pratico, remissivo ás Leis compiladas, e extravagantes, Tomo I, A-E, Typographia Rollandiana, Lisboa 1825; Tomo II, F-Q, Typographia Rollandiana, Lisboa 1827; Tomo III, R-Z, Impressão Régia, Lisboa 1827 (citado Esboço de hum diccionario juridico)

Sousa, Joaquim José Caetano Pereira e. Primeiras linhas sobre o processo civil, Tomo I a III, Segunda edição correcta, e acrescentada, Lisboa, Na Typografia Rollandiana, 1819

___. Primeiras linhas sobre o processo civil, Tomo IV, Lisboa, Na Impressão Regia, 1820

___. Primeiras linhas sobre o processo civil, Tomo I e II, Nova edição, Lisboa, Na Typografia Rollandiana, 1858

Sousa [de Lobão], Manoel de Almeida e. Collecção de Dissertações e Tractados Varios em supplemento ás segundas linhas sobre o processo civil e ás notas a elles relativas, Lisboa, Imprensa Nacional, 1855

___. Dissertações sobre os Dízimos Ecclesiásticos e Oblações pias, Na Imprensa Régia, Lisboa, 1819

___. Segundas linhas sobre o processo civil ou antes addições ás primeiras do bacharel Joaquim José Caetano Pereira e Sousa, Parte I, Imprensa Nacional, Lisboa 1869/1910

___. Segundas linhas sobre o processo civil ou antes addições ás primeiras do bacharel Joaquim José Caetano Pereira e Sousa, Parte II, Imprensa Nacional, Lisboa, 1869

___. Tratado pratico das avaliações e dos damnos, Lisboa: Imprensa Régia, 1826

Sousa, Miguel Teixeira de. A acção executiva singular, Lex, Lisboa, 1998

___. Aspectos metodológicos e didácticos do direito processual civil, Lisboa, 1993

___. Estudos sobre o novo processo civil, 2.ª, Lex, Lisboa, 1997

___. O interesse processual na acção declarativa, AAFDL, Lisboa, 1989

___. Introdução ao processo civil, 2.ª, Lex, Lisboa 2000

___. A reforma da acção executiva, Lex, Lisboa 2004

SOUSA FRANCO (VER FRANCO)

SOUZA, Luiz Sérgio Fernandes de. Abuso de direito processual. Uma teoria pragmática, Editora Revista dos Tribunais, São Paulo 2005 [Existe 2.ª edição de 2019]

SPELLENBERG, Ulrich. Rechtskraft und Gerechtigkeit - LG Hannover, NJW 1979, 221, JuS 1979, 554-559

STAUDINGER KOMMENTAR ZUM BÜRGERLICHEN GESETZBUCH, 12.ª, Schweitzer, Berlin

STOLLEIS, Michael. The profile of the judge in the European tradition, TRAMES, 12/2 (2008), 204-214

STRYKIUS, Samuel. Operum Praestantiorum. Collectio nova, volumen I.II, Halae Magdeburgicae, 1746; volumen III.IV, Hale Magdeburgicae, 1747

TALAMANCA, Mario. Processo civile (diritto romano), Enciclopedia del Diritto, Giuffrè, vol. XXXVI

TEDESCHI, Guido Uberto. Il giudizio di opposizione alla sentenza dichiarativa di falimento, CEDAM, Padova, 1962

TEIXEIRA, António Braz. Direito Fiscal I. Lições do ano lectivo de 1984-1985, Associação Académica da Faculdade de Direito, Lisboa, 1985

TELES [TELLES], Inocêncio Galvão. Direito Romano, Parte geral. Súmula das lições proferidas em 1943-1944, Tomo I, Lisboa, 1944

___. Direito das Obrigações, 7.ª, Coimbra Editora, Coimbra 1997 [reimp. 2010]

TELLES, José Homem Corrêa [Correia]. Commentario critico à Lei da Boa Razão em data de 18 de Agosto de 1769, *in* Auxiliar jurídico servindo de Appendice à decima quarta edição do Código Philippino ou Ordenações do reino de Portugal, recopiladas por mandado de El-Rey D. Philippe I [...] por Candido Mendes de Almeida, vol. I e II, Typographia do Instituto Philomathico 1869, reprodução fac-simile, Fundação Calouste Gulbenkian 1985

___. Digesto Portuguez ou Tratado dos Direitos e Obrigações Civis, accommodado às Leis e Costumes da Nação Portuguesa para servir de subsídio ao novo Código Civil, Tomos I, II e III, 4.ª, Coimbra: na Imprensa da Universidade, 1853

___. Doutrina das acções accommodada ao foro de Portugal, 3.ª, Com Addições da nova Legislação do Código Commercial Portuguez, do Decreto N.º 24 de 16 de Maio de 1832, e outros, que dérão nova face á Administração da Justiça, Imprensa Nacional, Lisboa, 1837

___. Doutrina das acções accommodada ao foro de Portugal, 5.ª, Com Addições da nova Legislação do Código Commercial Portuguez, do Decreto N.º 24 de 16 de Maio de 1832, e outros, que dérão nova face á Administração da Justiça, Coimbra, 1859

___. Formulário de libellos e petições summarias á imitação do Formulário de Gregorio Martins Caminha. Accomodado á nov. ref. De 21 de Maio de 1841, 4.ª, Coimbra, 1869

___. Manual do processo civil. Supplemento do Digesto Portuguez, [1.ª], Imprensa da Universidade, Coimbra, 1842

___. Manual do processo civil. Supplemento do Digesto Portuguez, 4.ª, Coimbra, 1858

Theodoro Júnior, Humberto. Tutela antecipativa. Evolução. Visão comparatista. Direito brasileiro e direito europeu, RePro 157 (Março 2008), 129-146

Tilmann, Winfried. Das Haftungsrisiko der Verbräucherverbände, NJW 1975, 1913-1919

Trutter, Josef. Bona fides im Civilprozesse. Ein Beitrag zur Lehre von der Herstellung der Urteilsgrundlage, R. Oldenbrug, München, 1892

Varela, João de Matos Antunes. Das obrigações em geral, vol. I, 4.ª reimpressão da 10.ª edição, revista e actualizada, Almedina, Coimbra, 2006 [reimp. 2022]

Varela, João de Matos Antunes. Das obrigações em geral, vol. II, 7.ª edição, revista e actualizada, Almedina, Coimbra, 1997 [reimp. 2022]

Varela, João de Matos Antunes/Bezerra, J. Miguel/ Nora, Sampaio e. Manual de processo civil, 2.ª, revista e actualizada, Coimbra Editora, Coimbra, 1985

Vasconcelos, Pedro Pais de. Contratos atípicos, Almedina, Coimbra, 1995 [2.ª edição, 2009]

___. Teoria geral do direito civil, 6.ª edição, Almedina, Coimbra 2010 [9.ª edição, 2019 (reimp. 2022)]

Vasques, Sérgio. O Princípio da Equivalência como Critério de Igualdade Tributária, Almedina, Coimbra, 2008

Ventura, Raúl. Manual de Direito Romano, Coimbra Editora (dep.), Lisboa 1963

Vicente, Dário Moura. Direito Comparado, volume I. Introdução e parte geral, Almedina, Coimbra 2008 [5.ª edição revista e atualizada, 2022]

Vinnius, Arnoldus. *In quatuor Libros Intitutionum Imperialium Commentarius Academicus et Forensis*, Tomus Secundus, Lugduni, sumptibus Fratrum de Tournes, MDCCLXVII

Viterbo, Fr. Joaquim de Santa Rosa de. Elucidário das palavras, termos e frases que em Portugal antigamente se usaram que hoje regularmente se ignoram, Edição crítica por Mário Fiúza, 2 volumes, Livraria Civilização, Porto/Lisboa, 1.º volume 1965; 2.º volume 1966

Wach, Adolph. Handbuch des Deutschen Civilprozessrechts, Erster Band, Duncker & Humblot, Leipzig, 1885

Wacke, Andreas. Antikes im modernen Zivilprozeß, Zivilprozeß und Praxis. Das Verfahrensrecht als Grundlage Juristischer Tätigkeit, FS Egon Schneider zur

Voolendung des 70. Lebensjahres, Verlag für die Rechts – und Anwaltspraxis, Herne/Berlin 1998, 465-490

WAGNER, Gerhard. Rechtsschutz – und Kostenfragen des Minderheitenschutzes bei der AG und beim bürgerlich-rechtlichen Verein, ZZP 105 (1992), 294-313

WALTER, Gerhard. Ehrenschutz gegenüber Parteivorbringen im Zivilprozeß, JZ 1986, 614-619

WAMBIER, Luiz Rodrigues. O *contempt of court* na recente experiência brasileira – anotações a respeito da necessidade premente de se garantir efetividade às decisões judiciais, RePro n.º 119 (Jan. 2005), 35-60

WAMBIER, Teresa Arruda Alvim – *cfr.* ALVIM, Teresa Arruda

WEITNAUER, Hermann. Aktuelle Fragen des Haftungsrechts, VersR 21 (1970), 585-598

___. Anmerkung zu BGH v. 24.10.1961, JZ 1962, 489-491

___. Schadensersatz aus unberechtigter Verfahrenseinleitung, AcP 1970, 437-450

WENGER, Leopold. Institutionen des römischen Zivilprozeßrechts, Verlag der Hochschulbuchhandlung, Max Hueber, München, 1925

XAVIER, Alberto. Manual de Direito Fiscal, reimpressão [Edição de 1974], s.e., Lisboa, 1981

ZANI, Gino. La mala fede nel processo civile, Foro Italiano, Roma, 1931

ZEISS, Walter. Buchbesprechung: Klaus Hopt, Schadensersatz aus unberechtigter Verfahrenseinleitung. Eine rechtsvergleichende Untersuchung zum Schutz gegen unberechtigte Inanspruchnahme staatlicher Verfahren, JZ 1970, 198-199

___. Die arglistige Prozeßpartei. Beitrag zur rechtstheoretischen Präzisierung eines Verbotes arglistigen Verhaltens im Erkenntnisverfahren des Zivilprozesses, Duncker & Humblot, Berlin, 1967

___. Restitutionsklage und Klage aus § 826 – BGHZ 50, 115, JuS 1969, 362

___. Schadensersatzpflichten aus prozessualem Verhalten, NJW 1967, 703-709

ZEUNER, Albrecht. Schadensbegriff und Ersatz von Vermögensschäden, AcP 163 (1964), 380-400

ZÖLLER Zivilprozessordnung. Kommentar, 26.ª, GEIMER/GREGER *et alter*, OVS, Köln, 2007

FONTES E COLECTÂNEAS DE DOCUMENTOS LEGAIS

Codex Theodosianus, Mommsen/Meyer, Berlin 1905, disponível em webu2.upmf-grenoble.france

Corpus Iuris Civilis quo Ius universum Iustiniameum comprehenditur, [...], cum Notis repetitae quintum praelectionis D. Dionysii Gothofredi I.C., Coloniae Allobrogum, Ex Typographia Iacobi Stoer, M.DC.XXIV

Corpus Iuris Civilis, Digesto, vertido para castelhano por Alvaro D'Ors *et alter*, Editorial Aranzadi, Pamplona 1968

Corpus Iuris Civilis, Iustiniani Institutiones, vertidas para italiano por Enzo Nardi, Istituzioni di Diritto Romano, B, Testi, ristampa emendata, Giuffrè, Milano 1997

[El] Digesto de Justiniano, 3 tomos, A. D'Ors *et alter*, Aranzadi, Pamplona 1968

Duodecim Tabularum Leges – Lei das XII Tábuas, disponível em www.thelatinlibrary.com.

[Das] Edictum Perpetuum. Ein Versuch zu seiner Wierherstellung. Otto Lenel, 3.ª, Bernhard Tauchnitz, Leipzig 1927

Gaius Instituionen, herausgegeben, übersetzt und kommentiert von Ulrich Manthe, Wissenschaftliche Buchgesellschaft, Darmstadt 2004

Legis Romanae Wisigothorum, Fragmenta ex Codice Palimpsesto, Sanctae Legionensis Ecclesiae, Regia Historiae Academia Hispana, Matriti, apud Ricardum Fe, Regiae Academiae Typographum, MDCCCXCVI

Leis extravagantes e Repertório das Ordenações de Duarte Nunes de Lião, Coimbra: Na Real Imprensa da Universidade. Anno de MDCCLXXXXVI, reprodução *fac simile* com nota de apresentação de Mário Júlio de Almeida Costa, Fundação Calouste Gulbenkian, Lisboa 1987

Lex romana Visigothorum, instruxit Gustavus Haenel, Lipsiensis, Editio post sichardum prima, MDCCCXLVIII, Prostat Berolini apud Guilelmum Besserum

Ordenações e Leys do Reyno de Portugal confirmadas e estabelecidas pelo Senhor Rey D. João IV, Lisboa, MDCCXLVII, No Mosteiro de S. Vicente de Fora, Câmara Real de Sua Magestade

Ordenações del-Rei Dom Duarte, reprodução *fac simile*, edição preparada por Martim de Albuquerque e Eduardo Borges Nunes Fundação Calouste Gulbenkian, Lisboa 1988

PORTUGALIAE MONUMENTA HISTORICA. LEGES ET CONSUETIDINES, 2 volumes, ALEXANDRE HERCULANO, Academia das Ciências de Lisboa, Lisboa 1856

REPERTÓRIO OU INDICE ALPHABETICO, E REMISSIVO DE TODAS AS LEIS PUBLICADAS DESDE 1815 ATE AO ESTABELECIMENTO DA REGENCIA NA ILHA TERCEIRA EM 1829, E DESDE MAIO DE 1833 ATE JULHO DO CORRENTE ANNO, Alipio Freire de Figueiredo Abreu Castello Branco/Albino Abranches Freire de Figueiredo, Imprensa de J.F. de Sampayo, Lisboa 1840 (citado: Repertório)